TONGXIN YEARBOOK 2018

同心年鉴

（2018）

同心县地方志编审委员会办公室　编

方志出版社
Publishing House of Local Records

图书在版编目（CIP）数据

同心年鉴. 2018 / 同心县地方志编审委员会办公室编. -- 北京 : 方志出版社，2019.10

ISBN 978-7-5144-3831-4

Ⅰ. ①同… Ⅱ. ①同… Ⅲ. ①同心县—2018—年鉴 Ⅳ. ① Z524.34

中国版本图书馆 CIP 数据核字（2019）第 246468 号

同心年鉴（2018）

编　　者：同心县地方志编审委员会办公室
责任编辑：李　静

出 版 者：方志出版社
地址　北京市朝阳区潘家园东里 9 号（国家方志馆 4 层）
邮编　100021
网址　http://www.fzph.org
发　　行：方志出版社图书经销中心
电话　（010）67110500
经　　销：各地新华书店
排　　版：北京中文天地文化艺术有限公司
印　　刷：北京中科印刷有限公司

开　　本：889 × 1194　　1/16
印　　张：23.5
字　　数：719 千字
版　　次：2019 年 10 月第 1 版　2019 年 10 月第 1 次印刷

ISBN 978-7-5144-3831-4　　定价：258.00 元

序

贫困问题一直是困扰人类社会发展的重大问题。中国作为世界上最大的发展中国家，为解决贫困问题进行了长期不懈的努力。改革开放以来，特别是党的十八大以来，以习近平同志为核心的党中央把脱贫攻坚作为全面建成小康社会的底线任务和标志性指标，纳入“五位一体”总体布局和“四个全面”战略布局，以前所未有的力度推进精准扶贫、精准脱贫，扶贫开发成就举世瞩目，显著改善了贫困地区和贫困群众生产生活条件，具有重大的现实意义和深远的历史意义。身处中华民族几千年发展历史上将首次整体消除绝对贫困现象的伟大时代，如何更好地发挥地方志的存史、育人、资政的作用，是新时代全国地方志系统必须深入研究和着力解决的重大课题。

党的十八大以来，在党中央国务院的正确领导下，全国地方志系统深入学习贯彻习近平新时代中国特色社会主义思想，紧紧围绕党和国家事业发展需要，深入推进地方志改革创新发展，凝心聚力，稳扎稳打，勇于担当，主动作为，全国地方志形势和地方志工作者的精神面貌发生了深刻变化，取得了优异成绩。其中，为贯彻落实《全国地方志事业发展规划纲要（2015—2020年）》，经中国地方志指导小组领导批准，中国地方志指导小组办公室于2015年、2017年先后启动民族地区与贫困地区志书、年鉴出版资助工程（以下简称“志鉴出版资助工程”），对国家级贫困县（区、旗、县级市），中西部地区、少数民族边疆地区面临出版经费困难的志书和综合年鉴给予出版资助。实施志鉴出版资助工程是紧扣时代脉搏、坚持创新发展、传承弘扬中华优秀传统文化的一项创举，不仅有力推动了“两全目标”的实现，而且数十部资助出版的志书、年鉴及时记述了民族地区与贫困地区在全面建成小康社会伟大征程中取得的新成绩和新经验、出现的新情况和新问题、涌现的优秀人物和典型事迹，留住地方文化的“根”和“魂”，为这些地区的经济社会发展、地域文化传播、爱国主义教育、精神文明建设等提供了历史借鉴和智力支持，对全面提升民族地区与贫困地区文化建设水平、确保民族地区与贫困地区和全国其他地区同步全面建成小康社会具有重要意义。

尤为可喜的是，志鉴出版资助工程促成了一批扶贫志书的编纂出版，在文化脱贫攻坚中发挥了独特的作用。例如，《贵州省减贫志》全面系统客观记述了从1978

年至2015年贵州省扶贫、减贫工作的历程及取得的经验，为贵州省实施大扶贫战略提供了有力的资政辅治参考，集中体现了地方志工作因时而动、顺势而为的新作为。前不久，由福建省地方志编委会和人民网共同编纂的《闽宁扶贫协作图志》，是全国首部扶贫协作图志，图文并茂、直观立体、全方位地展现闽宁扶贫协作波澜壮阔的历程，弘扬“闽宁一家亲”“携手奔小康”的深厚情谊和滴水穿石、久久为功的精神，是贯彻落实习近平总书记扶贫工作重要论述精神，服务国家精准扶贫、精准脱贫战略的有力举措。希望各地以此为鉴，编纂出版更多、更好的扶贫志书、年鉴，助力国家精准扶贫、精准脱贫战略的实施，充分展现地方志的独特价值和作用。

当前，我国脱贫攻坚已进入全面决战决胜的关键时期，尚未脱贫的贫困地区集中分布在中西部深山区、极端干旱山区、高寒阴湿地区等，文化建设还比较薄弱，文化产品还不够丰富，文化精品更是少之甚少。同时，这些地区往往是民族文化、历史文化、红色文化、生态文化富集区，具有发展文化旅游、推进文化扶贫的巨大潜在优势，也是繁荣发展地方志事业的巨大文化宝库。要发挥好文化扶贫凝聚人心的优势，善于利用方志文化优势为贫困地区“赋能”，在脱贫攻坚中做出方志人应有的贡献。要发挥好中国名镇志文化工程、中国名村志文化工程的引领作用，大力加强乡镇村志编纂，让百姓记得起乡情、记得住乡愁，凝聚贫困乡镇村庄的强大民心，补齐贫困乡镇村庄的文化短板，以“扶智”的方式“扶志”，践行习近平总书记强调的“扶贫先扶智，扶贫必扶志”的重要理念。

求木之长者，必固其根本；欲流之远者，必浚其泉源。扶贫扶起的是志气骨气，传承的是家国情怀，守护的是绿水青山。扶贫既要富口袋，也要富脑袋。必须坚持文化脱贫和物质脱贫两手抓，筑牢贫困地区文化之基，补足信仰精神之钙，引领脱贫发展之舵。全国地方志系统要围绕中心、服务大局，坚决投入脱贫攻坚这场必须打赢的硬仗，积极参与脱贫攻坚战，发挥优势和特长，深入挖掘文化资源，着力补齐文化短板，努力帮助民族地区与贫困地区的文化建设实现较大的发展提升，在全面建成小康社会、实现中华民族伟大复兴中国梦的征程中贡献方志人的力量。

是为序。

中国社会科学院院长
中国地方志指导小组组长　谢伏瞻

民族地区与贫困地区年鉴出版资助工程领导小组

组　　长：高　翔

常务副组长：冀祥德

副 组 长：高京斋　邱新立

民族地区与贫困地区年鉴出版资助工程领导小组办公室

主　　任：冀祥德

副 主 任：邱新立

成　　员：于伟平　刘永强　冷晓玲　李　静

《同心年鉴》编审委员会

《同心年鉴（2018）》编纂人员

主　　编：丁立军

副 主 编：马　玲

责任主编：余晓莉

特邀编审：郭勤华

编　　辑：姜国权　周玉兰　邓丽君

图　　照：余晓莉　李兴全　虎　峰　丁　锋　金　鹏　白明栋

资料收集：武兴军　马青才　桂佳琪

编 辑 说 明

一、《同心年鉴（2018）》以马克思列宁主义、毛泽东思想、邓小平理论、“三个代表”重要思想、科学发展观、习近平新时代中国特色社会主义思想为指导，坚持辩证唯物主义和历史唯物主义的立场、观点、方法，存史求真。

二、《同心年鉴（2018）》全面、客观、系统地记述了2017年同心县社会各方面发展的基本情况，按年度分专题，全面反映以经济建设为中心的社会各项事业的发展历程和主要成就，是年度资料性文献，为社会各界提供可靠的信息，为同心县的改革、发展和稳定服务，为广大读者服务。

三、《同心年鉴（2018）》设25个类目：特载、大事记、同心概览、中国共产党同心县委员会、同心县人民代表大会、同心县人民政府、政协同心县委员会、群众团体、法治 军事、经济管理、社会管理、农业和农村经济、工业园区建设、交通运输和信息产业、商贸、住房与城乡建设、环境与资源、教育与科技、卫生与计划生育、文化、财税金融、民族宗教、乡镇（管委会） 社区概览、人物、附录。

四、《同心年鉴（2018）》采用分类编辑法，以类目为单元，由分目和条目组成，条目标题均为黑体加【 】。

五、《同心年鉴（2018）》中的综合资料与数据时限为2017年1月1日至12月31日。由于统计数据的来源、口径、方式、时间的不同，可能有差异，请读者以统计局提供的资料为准。

六、《同心年鉴（2018）》条目中民族一词，一般指汉族以外其他少数民族，自治区、市、县、部门及单位名称第一次出现用全称并括注简称，再次出现均用简称。

七、《同心年鉴（2018）》所用条目均由县各部门（单位）及驻县所属单位撰写，并经单位领导审核。

八、《同心年鉴（2018）》的编纂工作得到了同心县各部门、各单位的大力支持，在此深表谢意。错误疏漏之处，敬请大家谅解。

2017 年 8 月 15 日，自治区党委常委、政府常务副主席张超超（前排左四）到同心县调研工业经济运行和重点项目建设

2017 年 3 月 14 日，自治区党委常委、组织部部长盛荣华（前排左二）调研同心县基层党建及脱贫攻坚工作

2017 年 4 月 10 日，自治区党委常委、纪委书记许传智（前排右二）调研同心县党风廉政建设和反腐败工作

2017 年 1 月 20 日，自治区人大常委会副主任肖云刚（左三）到同心县开展慰问活动

2017 年 7 月 10—11 日，自治区副主席姚爱兴（前排左二）调研同心县教育文化民生工程进展情况

2017 年 3 月 24 日，自治区政协副主席田成江（右二）考察同心县帮扶村情况

2017 年 5 月 10 日，吴忠市委书记、市人大常委会主任沈左权（前排右二）调研同心县经济社会发展、脱贫攻坚情况

2017 年 8 月 8 日，吴忠市市长喜清江（前排右三）到兴隆乡李堡村调研工作

2017 年 12 月 20 日，中共同心县委第十三届九次全体（扩大）会议召开

2017 年 12 月 22—24 日，中国人民政治协商会议同心县第十一届委员会第二次会议召开

2017 年 12 月 23—25 日，同心县第十八届人民代表大会第二次会议召开

2017 年 12 月 20 日，同心县委书记马洪海在县委第十三届九次全体（扩大）会议上作县委工作报告

2017 年 12 月 23 日，同心县县长丁炜在县第十八届人民代表大会第二次会议上作政府工作报告

2017 年 12 月 24 日，同心县人大常委会主任王自成在县第十八届人民代表大会第二次会议上作人大工作报告

2017 年 12 月 22 日，同心县政协主席田成川在县政协十一届委员会第二次会议上作政协工作报告

2017 年 2 月 14 日，同心县党的建设工作会议召开

2017 年 2 月 24 日，同心县义务教育均衡发展迎验工作推进会召开

2017 年 1 月 4 日，同心县“三城联创”工作推进会召开

2017 年 4 月 14 日，自治区推动移风易俗树立文明乡风现场推进会在同心县召开

2017 年 9 月 18 日，宁夏打赢教育脱贫攻坚战推进会在同心县召开

2017 年 3 月 15 日，北京三聚环保 & 宁夏荣华生物秸秆生物质循环利用项目开工仪式在同心县举办

2017 年 4 月 23 日，香港新华集团董事会主席蔡冠深（前排右三）率考察团到同心县考察

2017 年 9 月 18 日,《求是》杂志社总编辑陶骅（右三）调研同心县经济社会发展及移风易俗活动开展情况

2017 年 5 月 12 日，同心县与宁夏水务投资集团签订水务一体化合作协议

2017 年 8 月 25 日，福建中医药大学到同心县调研，双方举办座谈会暨投资合作签约仪式

2017 年 7 月 19 日，助推脱贫富农战略“2017 宁夏百名专家基层服务行”活动在同心县河西镇同德移民村润德庄园启动

2017 年 6 月 30 日，同心县举办“不忘初心 砥砺奋进”庆祝建党 96 周年广场大合唱比赛

2017 年 8 月 16 日，网络书香数字图书馆阅读推广活动——数字化时代阅读专题讲座在新区图书馆举行

2017 年 1 月 16 日，南京证券同心营业部及金融扶贫工作站揭牌

2017 年 10 月 16 日，宁夏社科院与同心县智力扶贫签约暨脱贫富民调研基地揭牌仪式在新区行政中心举行

2017 年 10 月 13 日，同心县被中国诗歌学会授予“中国诗歌之乡”荣誉称号

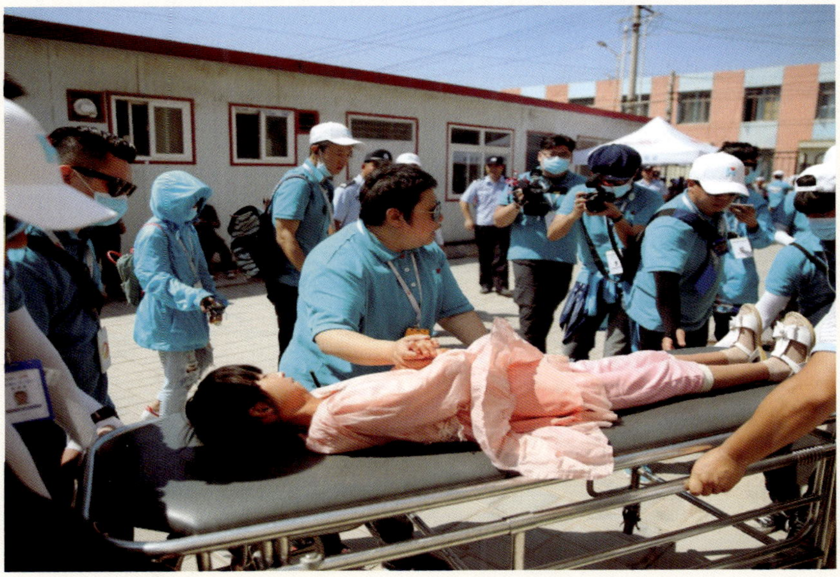

2017 年 8 月 16 日，“韩红爱心 · 百人援宁”医疗公益活动团在县人民医院开展大型义诊活动

张家塬乡范堡子村退耕还林示范区

养牛专业合作社

精细化养羊

甘草育苗基地（下马关·陈儿庄）

甘草规范化种植基地（下马关·陈儿庄）

银柴胡种子生产基地（马高庄·邱家渠）

银柴胡规范化种植基地（预旺·郭阳洼）

黄芪种子生产基地（马高庄·马高庄村）

黄芪规范化种植基地（下马关·陈儿庄）

永昌建材城

同德慈善产业园

同德中小企业创业孵化园

光伏电站

风电场

风电生产基地

新城建设

“两馆一中心”

红军西征纪念馆

美丽村庄建设

移风易俗

滨河大道

夕阳下的清水河

目　录

中国共产党同心县委员会

综　述

重要会议

常务工作

纪检监察

群众团体

工　会

共青团

妇女联合会

科学技术协会

民 政

扶贫开发

安全生产监管

农业和农村经济

农牧业

水 务

住房与城乡建设

城乡规划与发展

住房公积金管理

居民供水

环境与资源

环境保护

国土资源

教育与科技

综　述

宁夏同心阿语学校

防震减灾

气象测报

卫生与计划生育

综 述

综合监督

妇幼保健

疾病防控

同心县人民医院

中医院

文　化

综　述

广播电视

图书服务

转播台

财税金融

财　政

田老庄乡

马高庄乡

张家塬乡

兴隆乡

石狮管委会

豫园社区

富兴社区

人　物

附　录

特　载

在同心县委十三届九次全体（扩大）会议上的工作报告

中共吴忠市委常委、同心县委书记　马洪海

（2017年12月20日）

这次会议的主要任务是：深入贯彻落实党的十九大精神、自治区第十二次党代会精神和吴忠市第五次党代会精神，审议《中共同心县委　政府2018年工作要点》《同心县2018年全面深化改革工作要点》，进一步动员全县各级党组织和广大党员干部群众，高举习近平新时代中国特色社会主义思想伟大旗帜，牢牢把握稳中求进工作总基调，巩固"稳"的基础，增强"进"的动力，不忘初心、牢记使命，齐心协力、奋勇赶超，共同谱写新时代同心科学发展新篇章。

2017年，是党的十九大胜利召开之年，是实施"十三五"规划的重要之年，也是供给侧结构性改革的深化之年。一年来，在区市党委、政府的坚强领导下，县委团结带领全县广大干部群众以迎接、学习、宣传、贯彻党的十九大精神为主线，统筹推进"五位一体"总体布局，协调推进"四个全面"战略布局，牢固树立和贯彻落实新发展理念，积极适应把握引领经济发展新常态，全面做好稳增长、促改革、调结构、惠民生、防风险各项工作，全县呈现出党的建设全面加强、经济持续健康发展、脱贫攻坚稳步推进、城乡建设扎实进行、人民生活持续改善、深化改革有序推进、社会大局和谐稳定的良好局面，同心昂首迈入新时代。2017年，预计全县完成地区生产总值61亿元，增长10%；规上工业增加值20亿元，增长16%；完成全社会固定资产投资107亿元，增长15%；完成地方公共财政预算收入2.3亿元，可比口径增长17%；地方公共财政预算支出51.7亿元，增长22.7%；实现社会消费品零售总额13.6亿元，增长10%；城镇居民人均可支配收入2.2万元，增长9%；农村居民人均可支配收入8200元，增长10%；贫困村农民人均可支配收入达到7400元，增长13%；减贫人口20906人，圆满完成了年初确定的各项目标任务。

一、深入学习宣传贯彻党的十九大精神，在学懂弄通做实上下功夫

常委会认为，党的十九大在政治上、理论上、实践上取得了一系列重大成果，就新时代坚持和发展中国特色社会主义的一系列重大理论和实践问题阐明了大政方针，就推进党和国家各方面工作制定了战略部署，是我们党在新时代开启新征程、续写新篇章的政治宣言和行动纲领。一年来，我们把学习宣传贯彻落实党的十九大精神作为首要政治任务，在党的十九大召开前，早谋

划、早部署、早着手、早行动，迎接盛会热学热议，第一时间组织全县广大党员干部认真收听收看党的十九大会议直播。党的十九大闭幕后，县委召开十三届八次全体（扩大）会议研究通过了《中共同心县委关于深入学习宣传贯彻党的十九大精神的实施意见》《党的十九大精神学习宣传工作方案》，全面部署学习宣传贯彻党的十九大精神，坚持领导干部示范学、丰富载体灵活学、专题培训扎实学、理论宣讲引导学、带着问题深入学。在学懂上下功夫。发挥县委中心组示范作用，把学习党的十九大精神作为主要内容，先后召开全县领导干部大会、县委常委会、县委全委会，邀请中央党校专家、自治区党校教授进行辅导，开展专题研讨，力求学深学透、融会贯通。县级领导干部率先垂范、以身作则，读原著、学原文、悟原理，带头学习领会、带头深钻细研、带头践行要求，坚持不懈地用习近平新时代中国特色社会主义思想武装头脑，切实增强“四个自信”。在弄通上下功夫。各级党组织采取学习班、读书会、报告会等多种形式，组织党员干部原原本本、逐字逐句学习党的十九大精神和习近平新时代中国特色社会主义思想。各县级领导带头深入基层联系点进行集中宣讲、开展调查研究，进一步明确发展思路，完善思路举措，凝聚发展共识。充分发挥县委党校主阵地作用，分期分批对副科级以上干部、第一书记进行轮训，切实推进党的十九大精神入脑入心。组建5个宣讲团，广泛开展对象化、分众化、互动化宣讲，推动党的十九大精神进企业、进农村、进机关、进校园、进社区、进军营、进网络，迅速在全县兴起了学习宣传党的十九大精神的热潮。先后举办党的十九大精神宣讲会545场次、邀请中央和自治区专家宣讲2场次，受众人数达46700人次。在做实上下功夫。坚持问题导向，各级党组织把县委、县政府确定的目标任务进一步细化、具体化，在脱贫攻坚、产业发展、项目建设、民生改善、全面从严治党等方面出实招、求实效，排出时间表、路线图、任务书，一个节点一个节点往前推进，以钉钉子精神全面抓好落实，以勇于创新、攻坚克难的良好作风抓好党的十九大精神贯彻落实。

二、牢固树立和践行新发展理念，转型发展新动能进一步释放

常委会认为，发展是解决一切问题的基础和关键，发展必须是科学的发展。一年来，我们以推进供给侧结构性改革为主线，围绕自治区第十二次党代会提出的“三大战略”部署要求，按照“工业强县、农业稳县、商贸活县、城镇化带县、生态立县”的发展思路，深入研究经济工作中的方向性、前瞻性、全局性问题，先后出台了《贯彻落实自治区第十二次党代会精神实施意见》和《同心县创建绿色经济示范县规划》等30余件重要文件，进一步明确了实现富民强县目标的新思路、新办法、新举措，形成了“全党抓发展、重点抓经济、突出抓产业、关键抓项目、核心促脱贫”的发展路径，优化了顶层设计，明确了发展方向，实现发展动能新转换。

项目建设加速推进。紧紧扭住项目建设这个“牛鼻子”，大力推行重大项目工作联席会议和县级领导包抓项目等制度，150个重点项目开工149个，开工率99%，预计完成投资120亿元。1—11月份，同心县固定资产投资增速位居全区第二。香港新华集团、北京三聚环保、广东荣阳、海尔集团、中利牧晖5家上市企业在同心县投资实体经济。自治区重点项目马高庄水库、马塘水库建成投入使用；自治区60大庆献礼项目县职教中心、城市环境综合整治全速推进，以项目带动投资、拉动发展的保障能力持续增强。圆满完成全国工商联十一届十次常委会议招商引资180亿元目标任务，签订项目协议36个，签约资金267.3亿元。今年全年上争项目资金56.05亿元，完成吴忠市下达任务的107.5%；招商引资到位资金80亿元，分别完成区市下达任务的107.6%和105.3%。

工业经济提质扩量。坚定不移实施工业强县战略，着重在调结构、扩园区、广招商、上项目、抓落实上下功夫，制定出台了“资本市场意见”“服务业发展意见”等政策措施，兑现“工业十条”政策资金395万元。实施伊兴、德海2个技术改造项目，贴息1200余万元。完善园区基础设施，加快低成本改造，目前，入园企业71家，投产57家，吸纳从业人员3250人，1000名建档立卡贫困群众实现了稳定就业，同德园区成功入选全国农村创业创新园区目录。全县新增规上企业10家，达到63家。

现代农业提档增效。积极推进农业供给侧结构性改革，着力构建现代农业产业体系、生产体系、经营体系。进一步巩固发展特色产业，今年全县新增有机枸杞0.8万亩，累计发展13万亩；优质中药材6.5万亩，累计发展35万亩；文冠果6万亩，累计发展11万亩。发展酿酒葡萄1万亩、油用牡丹1.4万亩、肉牛38万头、羊190万只、黑毛驴1万头。积极发展多种形式适度规模经营，全年新增专业合作社62家，累计培育694家，辐射带动农户46495户，统一组织销售农产品达到10.63亿元；新增家庭农场35家，累计培育107家；发展农业产业化重点龙头企业21家、休闲农业企业34家，初步形成了产加销一体、一二三产业融合发展格局。同心县被自治区确定为良好农业规范认证示范县。

服务业提速升级。以丝路文化、红色同心、古城韦州为文化内涵，全力推进全域旅游示范县创建工作，完成了莲花山、天台山、汪家塬村旅游基础设施建设。开工建设韦州古城国家AAAAA级景区、罗山东麓葡萄文化特色小镇、东部环线风景大道旅游驿站、黄谷川西部健康运动主题特色小镇等旅游项目，全域旅游、全线旅游格局初步显现，同心县被自治区列入第二批全域旅游示范县，韦州镇成功申报国家第二批特色小镇。深入实施电子商务进农村项目，建成村级电商服务站81个，预计今年电商销售额突破1.1亿元，增长14%。金融服务业持续快速发展，全县金融机构发展到23家，存款余额达135亿元，增长19.3%；贷款余额达100亿元，增长34.1%，存款、贷款规模和存贷比均居山区九县前列，全县经济社会发展的内生动力不断增强。润德、瑞禾源等5家企业签订了新三板服务意向合作书，金融业发展势头强劲。

城乡区域发展统筹推进。编制《同心县空间规划》《同心县城乡总体规划》，完成下马关、韦州、预旺、河西等乡镇总体规划编制。坚持棚改政策不动摇，实施棚户区改造、清水河综合治理、同心大道跨清水河大桥等48个市政项目，棚户区拆迁改造6849户，全县在建普通商品房面积150万平方米，改造危窑危房1324户，新建润德、菊花台公租房140套，城镇综合承载能力明显提升，宜居宜业美好家园内涵提升。加快推进农业农村现代化，深入开展“美丽乡村”创建，建成美丽乡镇2个、美丽村庄10个，建设高标准农田10万亩，农村生产生活条件明显改善。统筹区域发展，西部扬黄灌区产业结构调整步伐加快，中部干旱山区生态恢复稳步推进，东部旱作塬区高效旱作节水农业优势凸显，形成了东中西并驾齐驱的产业发展格局。

绿色经济发展新格局基本构建。牢固树立绿水青山就是金山银山的理念，以创建全区绿色经济示范县为抓手，统筹推进绿色经济十大工程和自治区生态经济林示范工程、罗山东麓荒漠化治理工程，全面完成罗山自然保护区环境问题整改，县林业局被评为全国防沙治沙先进集体。完成人民公园、兴隆公园等城市绿化工程1200亩，园林县城创建通过自治区住建厅初验。大力实施山水林田湖草一体化生态保护，在深度贫困的7个乡镇种植耐旱耐寒文冠果6万亩；在罗山东麓栽植葡萄1万亩；在生态移民迁出区实施生态自然修复、草原补播和人工饲草地30万亩，绿色产业成为群众脱贫致富的绿色银行。坚决打好污染防治攻坚战，深入实施蓝天、碧水、净土三大专项行动，铁腕开展燃煤锅炉改造、秸秆禁烧监管、扬尘综合整治，顶格问责6名污染防治不力责任人、16起环境污染违法行为。完善生态环境管理制度，全面推进“河长制”工作，探索推行“河长+警长制”工作模式，县乡村三级河长制组织体系全覆盖，同心的天更蓝、水更绿、空气更清新，城乡环境质量大幅提升。

全面深化改革取得新成效。坚持把全面深化改革和创新驱动发展作为提升经济发展速度、提高发展质量的根本动力，强化重点改革任务谋划部署，纵深推进重点领域改革，32项改革任务落地见效，理顺了关系、解决了难题、释放了活力。国有林场改革、城乡水务一体化改革、建档立卡户脱贫退出机制等19项改革基本完成年度任务，全区涉农资金整合试点工作取得明显成效，同心县荣获自治区金融环境创建奖。监察体制改革、农村土地经营权抵押贷款试点、农民工返乡创业、公立医院综合改革等13项改革加快推进。全县农村土地承包经营权流转面积21.1万亩，117个村的118.06万亩土地完成确权，农村土地承包经营权抵押贷款通过自治区中期评估验收，位列全区5个试点县第二名。持续深化行政审批制度改革，主动承担全区相对集中行政审批制度改革试点，行政服务事项全部入驻新政务服务中心。政务服务中心下马关分中心挂牌运行，有力解决了东部5个乡镇近18万群众办事难、办事远的问题。

三、坚持脱贫富民价值取向和工作导向，人民群众的获得感和幸福感显著增强

常委会认为，增进民生福祉是发展的根本目的。十三届县委始终把打赢脱贫攻坚战，与全区全国一道进入全面小康社会作为初心和使命，始终坚持以人民为中心的发展思想，举全县之力把民生难事办好、把惠民实事做实，人民群众的获得感、幸福感明显增强。

扎实推进精准扶贫精准脱贫。县委常委会坚持以身作则、以上率下，一级带着一级干，一级做给一级看，凝聚起了全县上下打赢脱贫攻坚战的强大合力。坚持精准扶贫、精准脱贫基本方略，扎实开展精细精准精确的“绣花”式扶贫，加强建档立卡贫困户动态管理，完成整村推进年度任务。今年，将有15个贫困村、2万多人实现精准脱贫，贫困面下降到12%以下，下降6个百分点。基础设施建设扎实推进。建设农村公路172.5千米，概算投资1.4亿元，养护工作不断提高。启动建档立卡贫困户等4类重点对象4700余户危窑危房改造工程，开工建设1300户，主体完工1200户。实施电信普遍服务建设项目和宽带乡村项目，新建成通信基站17座，年内全县所有行政村实现宽带全覆盖。生态移民斩断了穷根。完成马高庄、胡麻旗等3个移民点建设，回购清水壹号小区住房1000套，完成搬迁安置移民2570人，住房分配到户1000户4509人。实施生态移民村产业发展三年行动计划，盘活、整合25个移民村闲置土地和圈棚设施，大力发展一村一品庭院经济，趟出了移民群众后续产业发展的新路子。特色产业夯实了稳定脱贫。聚力发展有机枸杞、中药材、油用牡丹、文冠果、酿酒葡萄、黑毛驴等特色种养业，让群众在发展特色产业中增加经营性收入，在产业基地打工中增加工资性收入，在土地流转中增加财产性收入。建成中核集团扶贫产业园和下马关亿金民族服饰等扶贫车间，吸纳1000余名建档立卡贫困群众就业。扶贫车间建设经验在全国“百企帮百村”工作交流会上进行了交流。创新推出的“扶贫产业园+劳务移民+就业扶贫”“党建+扶贫”等产业扶贫模式，被自治区列入2017年最亮点工作之一。同心县“扶贫+”模式被《人民日报》民生周刊评为2017年民生示范工程。精神扶贫增强了内生动力。深入开展“三先开路”主题教育，制定了《同心县精神扶贫总体工作方案》，启动精神扶贫“十大专项行动”，健全完善“421”脱贫奖补机制，安排专项资金4400万元，对2016年已脱贫的11194户贫困户进行奖补，有效激发了贫困群众脱贫内生动力，让群众既“富口袋”，又“富脑袋”。“三位一体”的帮扶增添了活力。深化闽宁对口协作帮扶、致公党党派帮扶、中核集团央企帮扶、南京证券“一司一县”帮扶、建设银行“一行一县”帮扶、建信财险“一保一县”帮扶、人保财险“政融保”帮扶、“百企帮百村”企业帮扶，进一步强化了“三位一体”大扶贫格局支撑。今年以来，金融机构为20500余户贫困户发放贷款8.8亿元，户均4.3万元，解决了贫困群众发展的资金瓶颈。严格督查促进了工作落实。先后成立9个“两代表一委员”脱贫攻坚民生督查组、1个扶贫资金专项督查组和10个专项督查指导组，对国家和区市督查调研等反馈同心县的92个问题进行全面督导指导、限期整改。

深入实施教育优先发展战略。把教育作为阻断贫困代际传递的根本途径，全面改造49所薄弱学校校园校舍，开工建设47所贫困村幼儿园，有效改善办学条件，同心县被评为全国营养改善计划先进县和全国“阳光校餐”优秀县。全面落实“3+9+3”教育扶贫工程，实现了从小学到高中阶段全免费教育。发起成立教育扶贫（兴俊）基金，初始规模达到4100多万元，实现了贫困家庭学生从学前教育到大学全程资助。扎实开展“控辍保学”专项行动，已有337名学子重回校园。探索建立因辍即劝机制，建立完善贫困孩子教育电子信息档案。同心县教育扶贫基金、建档立卡学生数据库等做法受到区市好评，全区打赢教育脱贫攻坚战推进会在同心县召开。全县教育教学质量持续提升，高考成绩稳定提高，中考成绩位居吴忠市前列。全县义务教育基本均衡发展高标准通过区市评估验收。

全力实施健康同心战略。加强基层医疗卫生服务体系建设，投资2.7亿元，开工建设县医院妇儿综合楼、中医院综合楼、妇幼保健院，完善县城新区医院基础设施和设备配置。迁建丁塘镇卫生院，新建5所村卫生室，实现了标准化村卫生室全覆盖，构建了县乡村三级医疗卫生服务网络。深化医疗卫生体制改革，加快推进分级诊疗制度，组建了2个县域医联体，开展家庭医生签约服务，累计完成常住人口签约15.2万人，签约率45.6%，其中建档立卡贫困人口签约10.35万人，签约率100%。同心县公立医院综合改革在自治区考核中位居第一，并代表自治区迎接了国家卫计委的考核。强化健康扶贫，实行先诊疗后付费和医疗救助基金精准帮扶，贫困患者自付最高不超过5000元，对建档立卡贫困户就诊报销后剩余费用不设起付线，每人每年累计救助最高16万元，筑牢因病返贫防线。对全县2157名贫困患者信息进行全面核实并登记造册免费治疗，目前已治愈161人。

扎实推进文化事业和文化产业发展。深入实施文化惠民工程，扎实推进自治区基本公共体育服务体系示范县创建工作，开工建设黄谷川滑雪场（一期），规划建设韦州AAAAA级特色文化古镇。新建了老城区综合体育馆和2个笼式球场，实施了141个村综合文化服务中心和2个乡镇文化站，基层文化基础设施日趋完善，文化惠民工程酿出了基层群众的幸福滋味，文化产业发展迎来了光明前景。打造“文学同心、摄影同心、民艺同心”品牌，中国诗歌学会“贫困地区诗歌文化建设工程启动仪式”在同心县举行，同心县被评为全国第13个“中国诗歌之乡”。深化“送文化、种文化”活动，2017年全区文化科技卫生“三下乡”集中示范活动在同心县召开。实施“身边的感动”工程，组织拍摄了移风易俗微电影《还要过日子》、反腐倡廉微电影《界河》

等多部作品，民族团结微电影《干亲》获吴忠市2017年第三届微电影大赛一等奖，文艺小品《儿女亲家》深受群众喜爱。主旋律更加唱响，正能量更加强劲，文化自信得到彰显，文化软实力有效提升。

着力完善社会保障体系。按照兜底线、织密网、建机制的要求，全面建成覆盖全民、城乡统筹、权责清晰、保障适度、可持续的多层次社会保障体系。为全县49132名低保对象发放低保金18754万元，为46519名困难群众、低保边缘户、流浪乞讨人员等特殊群体发放临时救助金1600余万元。深入开展和谐社区创建，积极争取设立了豫海镇永春社区，建设了县综合养老服务中心、预旺敬老院、新华社区服务站及日间照料中心、韦州镇马庄子等12个农村社区服务站。强化社会事务和社会福利工作，完成河西敬老院、韦州敬老院五保老人入住工作。完成了王团镇圆枣村等15个留守儿童之家，为全县154个行政村配备了“三留守”关爱督导员。扎实推进救灾救济工作，下拨资金1560万元，救助灾民3.5万人次，以实实在在的举措让人民群众感受到党和国家的温暖。

四、扎实推进社会治理创新，社会大局保持和谐稳定

常委会认为，社会和谐稳定是改革发展的前提，也是人民群众安居乐业的基础。一年来，我们以提高公众安全感和满意度为目标，以构建共建共治共享的治理格局为重点，坚持源头治理、综合治理、依法治理、系统治理，全县民族团结、宗教和顺、社会和谐的良好局面得到了巩固。

民主法治建设不断加强。积极发展社会主义民主政治，坚持党的领导、人民当家作主、依法治国有机统一，全力支持人大及其常委会依法行使职权，支持和保障政协充分履行政治协商、民主监督、参政议政职能。坚持党管武装，深化“双拥”共建活动、全民国防教育、民兵预备役建设等工作成效显著。巩固和扩大爱国统一战线，档案、党史、工青妇、工商联、老干部、残疾人事业、慈善救助和关心下一代等工作统筹推进。

社会大局和谐稳定。深入开展立体化社会治安防控体系建设和智能图控工程，实施“雪亮工程”，建成公共安全管理平台、公共安全视频监控中心和4个乡镇综治视联网系统。组织开展“攻命案、破小案、打黑恶、防诈骗”四大战役和打击“盗抢骗”专项行动，全县共立刑事案件585起，破获刑事案件382起，破案率65.3%，比上年提高3.5个百分点，全年命案、“八类案件”全破，实现了刑事案件、“八类案件”、“两抢一盗”案件、治安案件和交通、消防安全事故“六个下降”。严厉打击非法集资、非法借贷，进一步巩固“无传销县”创建成效。全年未发生食品安全事故、公共卫生事件、涉枪涉爆致人死亡案件。严格落实安全生产责任制，安全生产实现“三下降”，有力保障了人民群众生命财产安全。

新一轮禁毒人民战争强力推进。以争创全区全国禁毒示范县和禁毒“摘帽”为目标，先后在全县115所中小学校、25家企业单位开展滚动式“禁毒流动”宣传活动，受教育群众2.2万余人次。开展禁种铲毒行动，确保罂粟、大麻“零种植”。打造了禁毒示范县“六个十”工程，同心县毒品集散地、中转地、消费地的突出问题得到有效遏制。今年以来，共破获毒品案件50起，抓获毒品犯罪嫌疑人67人，缴获海洛因41.7公斤、冰毒4.2公斤、大麻658.49公斤，缴获毒品海洛因占全区的90%，收戒吸毒人员310人。先后成功破获“3·14”“4·17”等特大贩卖毒品案，顺利通过全区禁毒摘帽初验。

信访矛盾问题有效化解。严格落实信访工作目标责任制和县级领导干部定期下访接访包案调处等制度，坚持关口前移、源头治理，一手抓信访积案化解减存量，一手抓初信初访控增量实施社会稳定风险评估机制和“三级联动”化解机制，加大信访调处力度，重点围绕征地拆迁、劳资纠纷、环境污染等领域，切实解决发生在群众身边不合理、不合法的问题，保证了党的十九大期间等重大时间节点“零非访”。今年，共劝返赴银进京信访群众47批390人次，依法打击处理非访23人次。通过召开矛盾纠纷排查化解会、积案分析会和落实矛盾纠纷排查化解“两个责任”，共排查矛盾纠纷1510件，化解1490件，化解率98.7%，有力回应了人民群众的合理诉求。

民族团结进步创建持续深化。全面贯彻党的民族政策和宗教工作基本方针，坚持“中华民族一家亲、同心共筑中国梦”总目标，在全区县一级率先制定了《同心县创建全国全区民族团结进步示范县实施方案》，深入实施民族宗教工作“八大行动”，新创建21个民族团结示范点，其中豫西社区、财政局、预旺镇等5个单位（乡镇）荣获自治区民族团结进步创建活动示范单位（乡镇）。深入开展宗教领域突出问题专项治理行动，对6条道路、38个十字路口的112块路牌进行了清理更换。严密防范“门徒会”“全能神”等邪教组织滋生。依法严厉打击非法宣教活动，先后拆除非法活动场所2处、拘留非法宣教人员15人、遣返60人，制止了6批125人次非法宣教活动。坚决遏制以寻宗祭祖为名开展非法宗教活动的歪风邪气，有效维护了现有宗教格局稳定。同心县治理非法宗教活动“五步工作法”获得自治区党委统战部的表彰。

五、扎实推进全面从严治党，党的建设在从严从实中持续加强

常委会认为，党的建设是我们党在新时代进行伟大斗争、推进伟大事业、实现伟大梦想必须坚定不移开展的伟大工程。一年来，我们以全面从严治党“六大工程”、“铸廉和铸勤”两大行动为抓手，认真履行管党治党政治责任，聚焦薄弱环节，强化责任担当，积极主动作为，推动全面从严治党向纵深发展，为打赢脱贫攻坚战提供了坚强的组织保障。

始终将党的政治建设摆在首要位置。常委会坚决维护以习近平同志为核心的党中央权威和集中统一领导，始终坚持向党中央看齐、向党的理论路线、方针政策看齐、向党中央决策部署看齐，不折不扣贯彻执行党中央和区市县党委的决策部署，始终把对党忠诚、政治坚定作为立身之本、为政之基，旗帜鲜明讲政治。常委会班子成员带头严格遵守党的政治纪律和政治规矩，不断强化“四个意识”，增强“四个自信”，做到“四个看齐”，确保了政令畅通。带头学习党章、尊崇党章、维护党章、贯彻党章，严格执行新形势下党内政治生活若干准则，始终保持了共产党人的先进性和纯洁性。

扎实推进“两学一做”学习教育常态化制度化。先后组织24次中心组学习、11次专题辅导、3次专题研讨，以上率下，示范带动。扎实开展以默写入党誓词、牢记政治生日等“十个一”为主要内容的“党建促进月”活动，探索推行“4+X”主题党日模式，组织开展了“传承红色基因、争做合格党员”等各具特色的主题党日活动，推动“三会一课”等基本制度在支部落实、在基层见效，使“两学一做”真正融入日常、抓在经常。以“五查五促五提升”和“八大行动”为支撑，坚持边学边查边改，查摆问题6810个，整改96.9%。深入开展“抓落实、勇担当，提振干事创业精气神”活动，引导广大党员干部争做“四讲四有”合格党员，涌现出了“全县脱贫攻坚优秀共产党员李进祯”等先进典型，全县上下学先进、争先进、当先进的氛围日益浓厚。

不断加强思想建设。坚决落实意识形态工作责任制，牢牢掌握意识形态工作主动权。制定了《同心县党委（党组）意识形态责任制考核办法》《同心县党委（党组）网络意识形态责任制实施细则》等制度，对各党委（党组）落实意识形态工作责任制情况进行专项督查。加强互联网内容建设，健全了网络舆情收集处置、信息研判处置等制度，依法对县内网站、自媒体和微信平台进行监控，及时处置不良网络舆情，推动网络空间清朗。加强社会主义核心价值体系建设，扎实开展群众性精神文明创建活动，成功创建财政局、新华村2个全国文明单位（村镇）和4个区级文明单位、10个市级文明单位。深化公民思想道德建设，培树了马忠斌、马永海等一批道德模范。坚持团结稳定鼓劲、正面宣传方针，围绕纪念建党96周年、党的十九大和自治区第十二次党代会等重大宣传主题，对全县脱贫攻坚、特色产业、移风易俗等工作开展全方位、深层次宣传，讲好同心故事、传播同心声音、展示同心形象。以民风建设“十个一”工程为载体，在电视台、党政信息网等媒体开辟专栏，大力宣传移风易俗新风尚，积极倡导婚事新办简办，成功举办了同心县首届集体婚礼，全区推动移风易俗树立文明乡风推进会在同心县召开。

着力打造忠诚干净担当的干部队伍。认真落实好干部标准，坚持“五个注重”和“凡提四必”要求，共调整使用干部3批130人次，选拔使用了一批在脱贫攻坚、棚户区改造等重点工作、一线工作中埋头苦干、务实担当、表现突出的优秀干部，如期完成超职数配备干部消化工作。加大干部教育培训力度，对全县科级领导干部进行了2轮全覆盖培训。选派38名科级领导干部和50名中青年干部赴山东潍坊和海原党校开展拓展培训。深入实施“百名年轻后备干部墩苗育才”工程，选拔13名优秀年轻干部到乡镇挂职，充实乡镇脱贫攻坚力量。选派32名新任职干部到信访局、扶贫办和乡镇挂职锻炼。结合群团组织改革和集中换届，选派21名年轻干部到工青妇等群团组织兼职挂职。严格干部日常监督管理，结合整治涉农扶贫领域腐败问题和不正之风，对61名科级干部给予党政纪处分和组织处理，让有为者有位，失职者失位。

夯实筑牢党的基层基础。建立县乡两级书记抓党建促脱贫月度例会制度，深入开展“三大三强”行动，大力实施“两个带头人”工程，按标准落实村级为民服务资金859万元、办公经费334万元，村干部任职补贴全部按上年度农村居民可支配收入的3倍执行。大力实施“村级组织活动场所规范化建设工程”，共投资2420万元，新建村级阵地60个，改扩建阵地63个，全县200平方米以上村级组织活动场所达到了93%以上。建立村干部“负面清单30条”，调整不胜任、不称职村党组织书记12人。分类确定致富带头人679名，充实完善村级后备干部445人。探索建立第一书记“三述三评”考核机制，对履职尽责不到位、考核排名末位的10名第一书记、9名工作队员召回调换。深入推进“空壳村清零2020行动”，投入7300万元专项资金，组织98个贫困村与15家企业（合作社）签订了借贷经营协议，每年按投入资金的10%返还收益，目前已有6家企业向24个贫困村兑付收益资金148万元。深入实施“五个一”工程，非公企业和社会组织党的组织覆盖率分别达到91.45%、90.1%。创新党建与脱贫融合模式，探索推行的支部建在产业链上带领群众脱贫致富的“全产业链式”党建带扶贫新机制，得到党中央和区市领导汪洋、赵乐际、石泰峰、沈左权同志的关注并批示。

不断优化人才创业环境。深入实施“人才回引”工程，先后引进腾辉民族服饰和回乡阳光食品等33家企业入驻扶贫产业园。组织申报博士后服务项目10个，涉及8个部门、23项服务内容和22个专业。为北京307医院、福建泉州医院、宁夏附属医院等领域专家学者设立“专家公寓”14套。承办以“助推脱贫富民战略”为主题的“2017宁夏百名专家基层服务行”活动，组织5063名专业技术人员参加公共科目培训，举办职业技能培训班21期900余人，进一步提高了基层技术人才的专业水平。

反腐败斗争压倒性态势初步形成。充分运用监督执纪"四种形态"，全面加强纪律建设和纪律审查，持续强化损害群众利益和不正之风查处力度。今年以来，办结中纪委网上转办件34件，自治区纪委转办督办件15件，市纪委交办信访件24件；县纪委办理信访举报件119件，处置问题线索246件，上升了82.22%；立案132件，增长118.75%；给予党政纪处分138人，增长了133.9%，移送司法机关3人，查处乡科级干部21人，向不相隶属的纪委移送问题线索7件；县人民检察院立案侦查职务犯罪案件5件8人，向人民法院提起公诉6件12人，有力巩固了党风廉政建设和反腐败工作压倒性态势。处置涉农扶贫领域线索65条，立案80件，给予党政纪处分77人，通报曝光典型案例24件77人。先后2次对56个脱贫攻坚项目及扶贫资金支付情况进行了督查，下发通报1期、问题整改通知单18份、约谈部门负责人8名。制定了《关于进一步加强"村财乡管"工作的实施方案》《从严管理村干部30条负面清单》，从具体问题"堵漏洞"。围绕贯彻落实《监督条例》和《问责条例》，在全区率先制定了《同心县各级纪委加强对同级党委监督工作暂行办法》《同心县各级党委（党组）监督责任清单》和《同心县各级纪检组织专责监督责任清单》，层层压实监督责任，同心县执纪审查工作位居全区各市县前列。

作风建设常抓不懈。坚持抓早抓小，持之以恒正风肃纪，纠正"四风"，扎实推动作风建设从宽松软走向严紧硬。通过中央八项规定精神"回头看"，清理规章制度1546条，保留制度1368条，修订完善制度117条，废止制度78条。围绕正风肃纪、提升效能，持续强化作风建设，全年实施监督检查53次，先后启动问责程序65次，问责6个部门59名干部；下发通报18期，通报批评单位51个。开展2轮次巡察，收到意见建议84条，共向被巡察党组织反馈问题121条，提出意见建议19条，移交问题线索23件，立案13件，给予党政纪处分15人，组织处理11人。

常委会在抓好各项工作的同时，高度重视自身建设。班子成员按照"六个带头"的要求，加强思想理论和专业知识学习，深入基层开展调查研究，不断提高领导科学发展、驾驭全局的能力。严格遵守党的政治纪律和政治规矩，带头践行"三严三实"，带头落实中央八项规定精神，带头管好家属和身边工作人员，自觉加强廉洁自律。坚持民主集中制，严肃党内政治生活，严格遵守决策程序，全年召开31次常委会、6次全委会，对重大事项进行集体研究、科学决策、民主决策，修订完善《十三届县委常委会工作规则》，决策水平不断提高，班子凝聚力、战斗力不断增强，进一步树立了团结协作、执政为民、廉洁勤政、开拓创新的良好形象。

回顾过去一年的工作，在压力大、困难多、任务重的情况下，全县经济社会发展取得的成绩来之不易，全面从严治党取得的成绩来之不易。这是区市党委、政府正确领导和亲切关怀的结果，是全县各级党组织、广大党员干部群众负重拼搏、团结奋斗的结果。在此，我代表县委常委会，向各位委员、同志们，向全县广大干部群众表示衷心的感谢和崇高的敬意！

在总结工作成绩的同时，也清醒地看到，我们工作中还存在一些突出问题和不足：一是发展不平衡不充分的一些问题尚未解决，污染防治和生态建设任重道远，少数党员领导干部谋划水平不高，担当精神不强，服务能力和办事效率有待进一步提高，部分工作还存在责任不明确，推进机制不到位，难点重点工作尚未破局，体制机制改革尚未触及等。二是经济发展的内生动力还不强，现代化产业体系处于起步阶段，参与市场竞争能力弱。三是脱贫攻坚还存在精准不够、精确不实、精细不足的问题，特别是帮扶不到位、产业起步晚、脱贫持续性不够同时并存。四是部分基层党组织抓党的建设还不够有力，党组织生活不规范，“三会一课”制度落实不到位，覆盖面不宽。五是形式主义、官僚主义还依然存在，一些隐性、变异“四风”和消极腐败现象时有发生等。对此，县委常委会将始终保持清醒头脑，不回避矛盾，不掩盖问题，进一步强化底线思维，狠抓工作落实，以钉钉子精神，攻坚克难、补齐短板，精准施策、逐一破解，以全新的思维理念和工作作风，切实解决发展中遇到的新问题新难题。

各位委员、同志们，以上是县委常委会一年来的主要工作，希望同志们对常委会工作提出宝贵的意见和建议，我们将以时不我待的责任担当、只争朝夕的行动自觉，团结带领全县广大干部群众更加紧密地团结在以习近平同志为核心的党中央周围，撸起袖子加油干，决战脱贫攻坚、决胜全面小康，为全面推进脱贫富民而不懈奋斗！

（中共同心县委办公室）

在同心县第十八届人民代表大会第二次会议上的工作报告

同心县人大常委会主任　王自成

2017 年 12 月 24 日

2017 年主要工作

2017 年是全县人民攻坚克难、砥砺前行，各项事业加快发展的一年，也是县人大常委会接力奋进、传承创新，各项工作扎实开展的一年。一年来，在县委的坚强领导下，常委会坚持以习近平新时代中国特色社会主义思想为指引，全面学习宣传贯彻党的十八大和十九大精神，紧紧围绕县委决策部署，认真履行宪法和法律赋予的各项职责，为推动全县经济、政治、文化、社会和生态文明建设作出了应有贡献。

一、自觉坚持党的领导，在落实县委重大决策部署、服务全县大局上准确站位

树立政治意识，把牢政治方向，是我们做好各项工作的坚强保证。常委会始终把坚持党的领导、人民当家作主、依法治国有机统一贯穿于人大工作全过程，坚定正确的政治方向。

在维护县委领导权威上做到思想自觉。坚持党的领导与依法履职相结合，紧紧围绕县委决策和工作大局，谋划确定常委会工作思路和工作要点。坚持人大党组报告制度，重大问题、重要活动、重点议题及时向县委请示汇报，充分听取县委意见，服从县委决定。坚持人大工作服务经济社会发展，将县委重视、政府关注、人民关心、社会关切作为人大工作的重中之重，统筹安排人大监督、决定、任免、代表等各项工作和重要活动，做到思想上合心，工作上合力，部署上合拍。

在贯彻县委决策部署上做到行动自觉。始终把县委重大决策部署扛在肩膀上、落实在行动上。围绕项目实施，牵头组织“两代表一委员”采取视察与督查相结合，先后 6 次深入清水河大桥、三聚环保、预旺水库等 100 多个重点项目建设现场，及时协调和督促有关部门解决项目开工、土地征收、工程进度等问题，促进县委决策实施。围绕重点工作，对脱贫富民产业、三城联创、农田水利建设等工作进行视察调研，提出意见建议，为县委决策提供依据。围绕重大事项，就城乡规划管理、重点项目融资、棚户区改造等进行调研，依法作出决议决定 18 项，及时将县委决策通过法定程序变为全县人民的共同意志和自觉行动。

在完成县委中心工作上做到落实自觉。常委会牢固树立全局观念和大局意识，按照县委统一安排，班子成员主动担当，积极参与、支持全县改革发展、重大项目建设及阶段性重点工作，加强对联系乡镇、部门工作的指导和检查，特别是在脱贫攻坚督查指导工作中，经常深入联系乡镇、村社、农户，蹲点调研，检查督导，尽心竭力为群众办实事、解难事、做好事，支持和帮助联系乡镇扎实推进精准脱贫的各项工作。同时，发挥人大优势，动员全县各级人大代表和社会各界力量参与扶贫工作，不断凝聚脱贫攻坚强大合力。

在实现县委人事意图上做到执行自觉。常委会严格遵循法定程序，使党管干部与人大任免有机结合，确保了县委重要人事意图的顺利实现。换届以来，共任命县人民政府副县长6人，代理检察长1人，任免“一府两院”组成人员33人，任命法院人民陪审员34人，接受辞呈9人，补选人大代表14人。加强对人大任命干部的监督，组织开展了对工信、民政两个政府部门的工作评议，坚持政府组成部门主要负责人、法检“两院”副职领导的年度履职报告制度，并进行满意度测评，促使“一府两院”组成人员由人大任命、受人大监督、为人民履职的意识进一步提高。

二、坚持依法履职，在强化监督实效、维护人民群众根本利益上不忘初心

人民群众的关注点永远是人大工作的着力点。常委会坚持把维护和解决人民群众最关心、最直接、最现实的问题作为工作的出发点，切实加大监督力度，督促“一府两院”实现在本届人大一次会议上作出的承诺。一年来，共召开常委会会议8次、主任会议17次，听取审议“一府两院”专项工作报告32项，开展视察、检查、调研36次，提出审议、评议意见129条，有效提升了人大监督的工作效果和社会效应。

全力推动脱贫攻坚工作。实施脱贫攻坚，直接关系决胜小康目标实现。常委会把脱贫攻坚列为监督工作的重中之重，按照县委要求，成立“两代表一委员”专题调研督查组，采取不打招呼、随机入户的方式，先后8次对脱贫攻坚工作进行全覆盖式督查检查，通过对10个乡镇（管委会）、52个贫困村、1500多个贫困户的走访调查，现场指出和纠正问题400多个，整理形成意见建议64条，引起了政府高度重视，县委对此给予充分肯定。在此基础上，今年8月，专题听取审议政府关于脱贫攻坚工作情况的报告，针对脱贫措施缺乏精准、部门帮扶对接不够、项目推进不快、基础设施不完善等问题，提出了进一步在精准识别扶贫对象、创新精准管理机制、补齐基础设施短板、凝聚精准扶贫力量、坚决打好脱贫攻坚战等9条意见建议，转交相关部门研究落实。

加强计划预算审查监督。常委会高度关注经济运行态势和预算执行情况，先后听取审议政府关于上半年计划、预算执行和年度预算调整方案及决算、审计报告，提出了重点支持壮大工业经济、加快项目建设、积极培植财源、优化投资环境等意见和建议，作出了批准同心县2016年财政决算的决议和批准2017年地方政府债券项目预算调整方案的决定，将自治区下达同心县地方政府新增债券资金3.02亿元纳入财政预算，力求实现财政收支平衡。围绕新《预算法》的贯彻执行，就财政全额预算、严格预算管理、预决算公开透明、推进国库集中支付等进行了专项检查，推动了新《预算法》在同心县的有效实施。主任会议还专题调研和听取审计问题整改情况，确保审计意见落实到位。

切实促进民生问题解决。政府提出的10件民生实事，事关人民群众切身利益，是政府对全县人民的庄严承诺。常委会牢牢坚持以人民为中心的工作导向，定期组织代表听取有关部门汇报，深入项目工地查看进度，要求优先安排民生资金，保证工程质量，强化统筹协调，加快项目进度。同时，常委会还对重点民生工程持续关注，盯住不放，跟踪问效，督促政府及有关部门积极回应美丽乡村、饮水安全、农村道路、公共安全、社会保障、气象服务等人民群众的现实关切，让群众享受更多的改革发展成果。围绕现代农业发展、特色产业提质增量，开展了有机枸杞、文冠果、葡萄、养殖专业合作社的调研视察，支持和督促政府及有关部门积极解决“三农”工作中存在的问题，推进了新农村建设和农业产业化进程。

高度关注城建环境保护。抓住规划这一城市建设的龙头，听取和审议“三规合一”、村庄规划实施情况等报告，对城乡规划法实施情况进行执法检查，督促政府强化规划编制、管理和实施。紧扣提升城市建设水平，对老城区实施的48个市政项目，常委会从年初开工、年中进展、年末完成三个环节加大监督，在组织开展的多次视察调研中，累计深入项目现场46个，提出建议35条，特别对广大居民关心的道路、供水、供热以及休闲、娱乐、停车等问题进行重点监督，有力促进了项目建设。立足构建绿色发展新格局，持续对植树造林和园林城市创建工作进行调研审议，建议科学规划、落实林权、加强管护，促进林业生态建设。聚焦环境治理，对新环境保护法开展执法检查，督促严格环保执法，开展环境综合治理，全县环境质量进一步提升。

助推社会事业统筹发展。常委会积极顺应人民群众过上美好生活的新期待，选择群众关心关注的重点事项开展监督活动。教育是发展的基础和根本，常委会听取和审议教育法贯彻情况报告，就职业教育园区建设、公办幼儿园和校舍安全工程等方面开展视察调研，推动义务教育均衡发展。围绕健康同心目标，实地察看新区医院、中医院综合楼、村级标准化卫生室等建设情况，听取审议医疗卫生体制改革专项报告，督促有关部门进一步改善就医条件，创新完善管理模式，抓好医疗服务和健康保障。持续对食品药品安全、饮水安全等社会热点进行监督，作出理顺管理体制、加大财政投入、完善监管机制、提高执法能力的审议意见，督促有关方面整改落实。关注文化旅游工作，支持政府加快乡村旅游基础设施建设，打造全域旅游示范县。对民族宗教、“五保”供养、社会创新管理进行调研，促进工作开展。

三、强化依法治县，在推进民主法制建设、实现公平正义上务实作为

常委会坚持以推进社会主义民主法治建设、强化社会公平正义为己任，进一步加大法律监督力度，积极推进依法行政、公正司法和全民守法，为全面建成小康社会提供强有力的法治保障。

加强宪法宣传教育，推进全民学法守法。常委会积极承担宣传宪法责任，以第四个国家宪法日为契机，支持有关部门开展“宪法宣传月”活动，不断加大法制宣传教育力度，培养全县广大干部职工和人民群众形成自觉学法、懂法、守法、用法的习惯。严格落实向宪法宣誓制度，制定了《同心县人大常委会关于宪法宣誓实施办法》，组织对人大及其常委会选举和任命的人员向宪法宣誓，增强国家机关工作人员的法制意识，彰显宪法权威。听取审议关于“六五”普法、依法治县情况和“七五”普法规划安排意见的报告，并就进一步加强法制宣传教育和依法治县工作作出决议，为全面开展普法教育提供法律依据。

开展执法检查，规范依法行政。厉行法治，促进发展是人大常委会监督工作的重要内容。常委会高度重视法律法规在同心县的贯彻执行，采取上下联动等方式，重点对教育法、城乡规划法、环境保护法等8部法律法规开展执法检查。常委会还围绕法治政府建设开展了专题调研，听取审议规范性文件备案审查、社会治安管理等专项工作报告，专题视察公安执法规范化建设、社区矫正等工作，提出了进一步加强管理、转变职能、规范执法等意见，稳步推进法治政府和法治社会建设工作。

加强司法监督，维护司法公正。推进公正司法、维护社会公平正义是人大常委会义不容辞的职责。常委会高度重视民事审判工作，通过听取和审议法院关于民事审判工作情况的报告，提出了强化审判管理、提高办案质量等建议，县人民法院认真整改落实，促使审判工作质量有了明显提升。常委会还十分关注职务犯罪预防工作，将其列为监督检查的重点，要求县人民检察院要积极开展预防宣传和警示教育，强化犯罪分析，创新预防机制，有效遏制和减少职务犯罪。

创新监督方式，切实增强监督实效。在履行监督职能过程中，常委会注重改进监督方法，创新监督方式，力求监督实效。一是多措并举。坚持打好“组合拳”，逐步探索形成了听取审议专项报告、执法检查、专题调研、明察暗访、专题询问、工作评议和满意度测评等多种形式交叉组合、接力推进的综合监督模式。坚持监督工作、人事任免与讨论决定重大事项等工作相结合，力求监督工作的综合效应。二是多方联动。采取党代表、人大代表和政协委员联动以及县乡人大联动等方法开展监督工作，充分发挥各方面的优势和积极性，形成监督合力。三是多面发力。既注重抓好当年议题的跟进落实，又注重对以往重要工作的连续监督，做到一抓到底，力求抓出成效。正确处理监督与支持的关系，寓支持于监督之中，致力于共同做好全县工作。

四、坚持人民至上，在发挥代表主体作用、人民当家作主上服务保障

人大代表来自人民，是人民代表大会的组成人员，也是常委会做好工作的源泉和动力。常委会始终注重发挥密切联系人民群众这一最大优势，不断强化代表在人大工作中的主体作用。

强化培训，增强履职能力。代表履职水平的高低直接关系到人大工作的成效。换届之后，常委会集中时间、集中精力，对新当选的人大代表进行集中培训。同时，举办两期代表履职学习班，分别就人民代表大会制度、十九大精神、代表法、人大监督、反腐倡廉等相关课题进行了专题辅导，参加人数达580余人次。通过培训，代表们的履职热情、履职能力和履职成效进一步提升。

优化服务，创造履职条件。常委会坚持尊重代表、依靠代表、服务代表的原则，及时帮助代表解决工作和生活中遇到的困难和问题，努力形成尊重、支持代表依法履职的良好氛围，增强代表的荣誉感和责任感。一年来，向代表发放《宁夏人大》等各类刊物500余册，邀请代表列席常委会会议72人次，组织代表参加视察、调研等活动106人次，为代表知情知政，行使管理国家事务、管理经济文化事业、管理社会事务权利提供了有力保障。

注重联系，反映群众意愿。开展县人大常委会组成人员联系县人大代表、县人大代表联系选民活动，广泛听取代表、群众的意见和建议。今年以来，围绕审议特色产业发展、脱贫攻坚、生态建设、农贸市场整治等重点工作，深入20多个县直部门、10个乡镇，召开座谈会19场次，先后听取200多名代表和基层群众的意见，保证常委会提出的审议意见、作出的决定决议能够集中反映最广大人民群众的共同意愿。

完善机制，增强办理实效。常委会着力从议案建议“提得好、交得准、办得成”上下功夫，不断优化办理流程、规范办理工作、总结督办经验。同时，将办理工作关口前移，协助代表做好议案建议修改和提交工作，提高代表议案建议质量；采取有力措施，督促承办单位密切配合，形成合力，对代表反复提出的重点难点问题统筹逐步解决；突出督办重点，将海如女子中学教学区维修等4件议案和6件重点建议确定为主任会议督办件，通过现场调研、召开会议等形式，督促承办单位加大办理力度，取得了良好效果。目前4件议案全部办结，52件代表建议已解决或基本解决。

加强指导，提高整体水平。加强对乡镇人大工作的指导，及时总结交流人大工作经验，帮助新一届乡镇人大建立健全相关工作制度，规范工作程序，为基层人大依法开展工作打下了坚实基础；分期组织乡镇人大主席外出考察学习，认真落实乡镇人大主席列席常委会会议制度，进一步提升了乡镇人大工作整体水平。

五、打牢履职根基，在加强自身建设、提升履职能力上从严从实

常委会适应新形势、新任务、新要求，以“不忘初心、继续前进”为不竭动力，进一步加强自身建设，提升履职水平，不断丰富和完善人大工作的地方实践。

坚持把政治思想建设放在首位。严守党的政治纪律和政治规矩，打牢依法履职的政治思想基础。建立健全常委会党组中心组学习制度，深入开展“两学一做”学习教育制度化常态化，牢固树立“四个意识”，切实在思想上政治上行动上与以习近平同志为核心的党中央保持高度一致。在加强政治理论学习的同时，重视加强人大理论和业务知识的学习，促使全体党员干部真正做到政治上讲忠诚、思想上知敬畏、行动上守规矩，努力营造风清气正、干净干事的良好氛围。坚持把制度建设贯穿始终。为适应新形势新任务对人大工作的新要求，常委会非常重视制度建设，先后修改、制定21项工作制度，以制度管人、管事、管财，有力地推动了常委会各项工作依法、规范、有序开展。坚持作风建设永远在路上。把调查研究、倾听群众意见贯穿于常委会履职全过程，围绕产业发展、卫生城市创建等课题，深入基层了解情况，接地气、摸实情、连民心，形成了35篇针对性强、富有建设性的调研报告。常委会认真履行党风廉政建设主体责任，班子成员坚持“一岗双责”，带头遵守廉洁自律准则，严格执行中央八项规定和区市县委有关规定，自觉接受人民群众和人大代表监督，树立和维护常委会及机关的良好形象。坚持把机关建设摆上重要日程。大力推进学习型、服务型和创新型机关建设，加强机关党组织建设，认真落实“三会一课”制度，注重发挥党组织战斗堡垒和党员的先锋模范作用，以班子建设带动队伍建设，着力提高人大工作队伍的整体素质。

各位代表，县人大常委会一年来所取得的成绩，是在县委的坚强领导下，县人大常委会组成人员、全县各级人大代表和全体机关干部职工兢兢业业、履职尽责、扎实工作的结果，是“一府两院”和各乡镇、县直各部门密切配合、团结协作的结果，是全县人民充分信任、大力支持的结果。在此，我代表县人大常委会表示崇高的敬意和衷心的感谢！

回顾过去一年的工作，我们也清醒地认识到，常委会的工作还存在一些问题和不足：重大事项决定权行使还不充分，在推动人大及其常委会决议决定落实上还不到位；监督方式的综合运用还有短板，常委会会议审议质量还不高，监督问效的力度还不大；国家工作人员任后监督探索不够，缺乏有效抓手；对代表建议办理存在的“重答复、轻落实”现象监督纠正不力；一些工作制度、工作机制还不够健全。这些都需要在今后工作中着力加以改进和完善。

2018年主要任务

2018年是深入贯彻落实党的十九大精神的重要一年，也是本届常委会各项工作持续推进的一年。县人大常委会工作的总体要求是：高举中国特色社会主义伟大旗帜，坚持以习近平新时代中国特色社会主义思想为指导，认真学习贯彻落实党的十九大精神，协调推进“四个全面”战略布局，全面践行“五大发展理念”，按照县委十三届九次全体（扩大）会议确定的目标任务，坚持党的领导、人民当家作主和依法治国的有机统一，主动作为，奋发有为，认真履行法定职责，为打赢脱贫攻坚战、决胜全面建成小康社会而努力奋斗。

一、立足新时代新思想，坚定正确的政治方向

深入学习宣传贯彻党的十九大精神是当前和今后一段时期内的首要政治任务。常委会要坚持用党的十九大精神武装头脑，指导实践，推动工作。要牢固树立“四个意识”，自觉以习近平新时代中国特色社会主义思想为行动指南，做到思想上深刻认同、行动上坚定遵循。切实加强党组对常委会工作的领导，保证党的路线方针政策和县委决策部署在人大工作中得到落实。坚持围绕中心、服务大局，按照县委十三届九次全体（扩大）会议确定的工作思路，开展各项视察、调研、检查活动，形成工作合力。坚持重大事项及时向县委请示汇报，重要工作和重大活动事先听取县委的意见，保证人大各项工作始终沿着正确的方向前进。

二、围绕新目标新部署，切实增强人大监督实效

紧紧围绕发展第一要务，切实加强监督工作，促进同心县经济社会全面协调发展。适时听取审议计划执行情况报告、财政预算执行情况报告和审计工作报告，审查批准财政决算及财政预算调整方案。强化重点工作监督，突出经济结构调整、重点项目建设、脱贫富民产业、乡村振兴战略、招商引资等重点工作，综合运用听取和审议专项工作报告、执法检查、调研视察、跟踪督查等多种形式，加大监督力度，促进经济健康发展。加强对民生工作的监督，重点围绕脱贫攻坚、生态环保、美丽乡村、食品安全、文化教育、医疗卫生、就业保障、全域旅游、公共服务等民生事项，督促和支持“一府两院”及时回应群众关切，全力办好民生实事，不断提高公共服务的整体水平，努力让人民群众过上更好的生活。加强对法律法规的监督，持续推进法治建设，不断强化普法宣传，继续选择相关法律法规开展执法检查。加强对公、检、法、司的工作监督和法律监督，大力推进严格执法、公正司法、全民守法，维护社会和谐稳定。加强对规范性文件的备案审查工作，建立备案审查衔接联动机制，规范备案审查范围，完善备案审查程序。要进一步强化审议意见督办落实，适时听取办理情况报告，并进行满意度测评，对于部分重点工作和群众普遍关注的重大问题，要开展持续监督、跟踪监督、问效监督，确保监督工作取得实效。

三、把握新举措新理念，认真行使决定权和任免权

讨论决定本行政区域内的重大事项，是人民当家作主、依法管理国家和社会事务的直接体现。常委会要进一步完善行使重大事项决定权的制度机制，围绕县委重大决策部署，认真研究供给侧结构性改革、保障改善民生、行政审批改革、优化发展环境等方面的新需求，结合听取审议有关专项工作报告，依法适时对带有全局性、根本性、长远性的重大事项做出决议决定。在行使人事任免权上，要坚持党管干部和人大依法行使任免权有机统一，充分发扬民主，进一步完善任前法律考试、供职发言、投票表决、颁发任命书、宪法宣誓等工作程序，依法任命首届县监察委员会副主任、委员，支持监察委员会依法履职。积极探索任后监督的新途径、新举措，坚持在“一府一委两院”中开展“年初听安排、年中查进展、年底要结果”活动，在政府组成部门中广泛开展“向人民报告”活动，在被任命人员中开展工作评议、满意度测评活动，以加强对被选举和任命人员的有效监督，促使其尽职尽责，不辜负党和人民的重托。

四、总结新经验新做法，积极发挥代表主体作用

自觉践行“以人民为中心”的理念，坚持代表主体地位，不断丰富活动形式，积极拓宽民主渠道，切实保障人大代表的知情权、参与权、表达权和监督权。健全和落实保障代表知情知政的各项措施，协调“一府一委两院”定期向代表通报工作情况。强化代表培训工作，进一步提高代表素质和履职能力。继续坚持“三联系”制度，实现常委会组成人员联系代表、代表联系选民经常化。扩大代表对常委会活动的参与面，邀请更多的基层人大代表参加常委会组织的视察、调查、执法检查等活动和列席常委会会议。提高代表议案建议提出质量和办理质量，统筹抓好议案建议督办。健全代表述职制度，推进人大代表向选民述职常态化、制度化。建立代表履职档案，记录代表履职情况，并逐步向选民和社会公开。不断完善代表阵地建设，充分发挥“人大代表之家”的功能和作用。

五、顺应新形势新要求，努力加强常委会自身建设

常委会要努力成为全面担负起宪法法律赋予的各项职责的工作机关，成为同人民群众保持密切联系的代表机关。加强政治思想建设，全面学习贯彻落实好党的十九大精神，按照中央要求和县委统一部署，扎实开展“不忘初心，牢记使命”主题教育，巩固“两学一做”学习教育常态化制度化成果，牢固树立“四个意识”，始终在思想上政治上行动上同以习近平同志为核心的党中央保持高度一致，确保人大工作正确的政治方向。加强制度机制建设，从构筑程序规范、运转高效、充满活力的运行机制入手，继续健全和完善人大及其常委会各项工作制度，实现常委会工作的规范化、程序化、制度化。加强党风廉政建设，严格落实党风廉政建设主体责任，切实履行“一岗双责”，遵守党风廉政建设各项规定。认真执行中央八项规定和区市县有关规定，树立人大干部的良好形象。做好群众来信来访，维护群众合法权益。加强机关作风建设，坚持转变作风，深入实际，贴近群众，努力改进调研视察、执法检查、专题询问、跟踪督办等工作程序。发挥好各专工委的职能作用，进一步提高工作水平和办事效率。高度重视人大宣传工作，全方位、多层次、广角度地展现人大工作实绩，积极营造代表履职的良好氛围。要加强同上下级人大的沟通联系，积极开展多种形式的交流互动，共同推进人大工作向前发展。

各位代表，站在新时代新起点上，历史赋予我们重任，人民寄予我们厚望。让我们在县委的坚强领导下，不忘初心、牢记使命、同心同德、开拓进取，扎实履行宪法和法律赋予的神圣职责，为同心县决胜脱贫攻坚、全面建成小康社会、实现人民对美好生活的向往作出新的更大的贡献！

（同心县人大常委会办公室）

在同心县第十八届人民代表大会第二次会议上的工作报告

同心县人民政府县长　丁　炜

（2017年12月23日）

2017年工作回顾

今年是本届政府履职开局之年。我们以习近平新时代中国特色社会主义思想为指引，认真学习宣传贯彻党的十九大、自治区第十二次党代会精神。在县委的坚强领导下，在县人大、政协的监督支持下，团结和依靠全县人民，攻坚克难，真抓实干，着力破解发展难题，县域经济稳步发展，社会大局和谐稳定，较好完成了县十八届人大第一次会议确定的各项目标任务。

一年来，全县多项工作走在全区前列，亮点纷呈。同心县扶贫车间建设工作受到国务院扶贫办、全国工商联的充分肯定；"扶贫+"脱贫富民模式被人民日报社《民生周刊》评为2017年全国民生示范工程；荣获全国营养改善计划"阳光校餐"优秀县、全国基础教育质量监测优秀县、"中国诗歌之乡"称号；被评为自治区食品安全先进县、自治区良好农业规范认证示范县、全区转移就业示范县；成功创建自治区园林县城；义务教育均衡发展工作顺利通过自治区评估验收；获批全区涉农资金整合试点县、壮大村集体经济试点县；在全区率先实现"一行一县""一保一县"帮扶结对；全区推动移风易俗树立文明乡风现场观摩推进会、全区打赢教育脱贫攻坚战推进会先后在同心县召开。

（一）聚焦项目保增长，经济平稳健康发展。实施扶贫产业园三期、棚户区改造等150个项目。新华集团、三聚环保、荣阳实业、海尔集团、中利玫晖5家上市企业在县投资实体产业。全国工商联常委会议、中阿博览会分别完成招商引资签约267.3亿元、100亿元。上争项目和招商引资分别到位资金56.05亿元和80亿元，均超额完成目标任务。预计全年完成地区生产总值61亿元，同比增长10%；规上工业增加值20亿元，增长16%；全社会固定资产投资107亿元，增长15%；地方公共财政预算收入2.3亿元，可比口径增长17%；地方公共财政预算支出51.7亿元，增长22.7%；社会消费品零售总额13.6亿元，增长10%；城乡居民人均可支配收入分别达到2.2万元和8200元，增长9%和11%。今年是同心县实施项目最多的一年，也是实体经济项目取得重要突破的一年，项目建设有力地支撑了固定资产投资和产业发展，县域经济发展的质量和效益进一步提升。

（二）集中力量攻难点，脱贫攻坚取得新成效。整合资金21.1亿元，实施56个扶贫项目。经复查复核和查漏补缺，新识别出贫困人口2070户7954人。探索出了扶贫车间+贫困户、小微扶贫+贫困户、"6+1+N"等产业扶贫模式。亿金民族服饰、旱天岭扶贫车间建成投产。开工建设19个村和3000户贫困户屋顶光伏扶贫项目。为2.05万户建档立卡贫困户发放贷款8.8亿元，户均4.3万元，建档立卡贫困户贷款覆盖率74.3%。投入资金1210万元实施"扶贫保"，建档立卡贫困户家庭意外伤害保险和财产类保险实现全覆盖。整合资金7300万元，扶持98个贫困村发展集体经济。选聘1150名建档立卡贫困群众为生态护林员，人均年收入1万元。先后建成马高庄村等5个移民点，回购清水壹号普通商品房1000套，搬迁安置移民2570人，住房分配到户1000户4509人。修建农村道路438.5千米。完成3个贫困村电网改造。新建通信基站67座，行政村实现宽带和4G网络全覆盖。完成危房危窑改造1324户。投资2400万元实施了安全饮水巩固提升工程。在社会各界大力支持下，筹资4150万元设立教育扶贫基金（兴俊基金），实现教育资助和免费教育“两个全覆盖”，今年已资助贫困学生21929人1062.4万元。实施“健康扶贫惠民工程”，注资1000万元设立健康扶贫基金，目前已救助建档立卡贫困户和特困供养人员2279人286万元。深入开展“百企帮百村”和社会组织帮扶活动，闽宁对口、中核集团等帮扶资金近7000万元，各驻村工作队投入帮扶资金4100多万元。市县近3300名干部职工、20多个社会公益组织近1500余名志愿者驻村或入户开展帮扶工作。坚持扶贫与扶志扶智相结合，深入开展“三先开路”主题教育、精神扶贫“十大专项行动”。为2016年稳定脱贫的11194名贫困群众发放“421”奖补资金4400万元。产业、金融、生态、易地搬迁、教育等各类扶贫措施、扶贫力量发挥了明显的叠加效应，脱贫的基础更加扎实，群众的观念逐步转变，全县脱贫攻坚取得新的成效。2017年，13个贫困村销号，5229户20611人脱贫，贫困发生率由2014年的32.1%下降到11.93%。贫困群众人均可支配收入达到7400元，增长12%。

（三）加快推进调转促，产业发展水平提升。农业结构调整步伐加快。德谷万亩有机枸杞、太阳系万亩中药材完成年度建设任务，海尔安格斯肉牛、德泽黑毛驴二期、驰马聚丰芦笋等项目加快推进，金垚育种葡萄基地开工建设。新增有机枸杞0.8万亩、中药材6.5万亩、文冠果6万亩，累计分别达到13万亩、35万亩、11万亩。发展酿酒葡萄1万亩、油用牡丹1.4万亩、肉牛38万头、羊190万只、黑毛驴1万头。全县粮食产量达到33.1万吨，总产量及增幅均位居全区第二位。农业节约用水600万立方米。农民专业合作社、家庭农牧场分别发展到707家、122家。农业逐步由玉米种植、牛羊养殖为主向多元化、规模化、高效化转变，农业发展和农民增收的路子进一步拓宽。工业经济发展提速。71家企业入驻园区，腾辉服饰、伊兴羊绒等57家投产，吸纳就业3250人。新能源装机规模达到183万千瓦。“羊把式”商标被评为中国驰名商标。同德慈善产业园入选全国农村创业创新园区目录。咸辉主席和张超超常务副主席对同心县扶贫产业园建设给予了充分肯定。新增规上企业10家，总数达到63家。工业经济集聚度明显提高，发展势头良好，成为支撑县域经济发展的新动能。第三产业迸发活力。开工建设豫海万家等10个房地产项目，累计新建续建普通商品房150万平方米。截至11月底，全县金融机构存款余额达135亿元，增长19.3%；贷款余额首次突破百亿元，达到102亿元，增长45.7%。IPO绿色通道政策吸引力增强，朗斐纳斯、德泓国际等16家拟IPO企业在同心县注册。产业板块70%在同心的嘉泽新能源在上交所主板上市。企业融资由银行贷款为主逐步向多元化融资方向转变。同心县荣获自治区金融环境创建奖。“回回集市”被评为全国电子商务示范企业。预计2017年全县电商销售额1.1亿元，增长14%。开工建设韦州古城、罗山东麓葡萄文化特色小镇、东部环线风景大道旅游驿站、黄谷川滑雪场等项目，完成汪家塬村、莲花山、天台山等乡村旅游基础设施建设。同心县被列入自治区第二批全域旅游示范县。

（四）加大投入优环境，城乡面貌明显改观。基础设施不断完善。实施了清水河综合治理、同心大道跨清水河大桥等48个市政建设项目，完成投资36.4亿元。棚户区改造征收6849套，安置到户537户。人民公园基本建成。完成豫海南街、长征东西街等12条道路改造工程，县城交通主动脉更趋畅通。实施了10万亩国土整治项目。同预五期、S101同心过境段建成。马高庄水库、预旺水库、马塘水库等重大水利工程建成。实施1个美丽乡镇、10个美丽村庄建设项目。韦州镇被列入全国第二批276个特色小镇之一和自治区首批特色小镇培育计划。城乡基础设施和公共服务水平进一步提升。生态环境持续改善。出台《同心县创建绿色经济示范县规划》。实施城东防护林、同预公路绿色通道等造林绿化十大工程。完成生态移民迁出区生态修复、草原补播、人工饲草种植30万亩。全年造林13万亩，森林覆盖率达到8.5%。划定永久基本农田红线。扎实开展2017绿盾专项行动，完成罗山自然保护区清理整治。全面推行"河长+警长制"，县乡村三级河长制组织体系全覆盖。出台禁牧封育问责办法。打响大气污染防治攻坚战，克服极大困难，淘汰20蒸吨以下燃煤锅炉65台。城市环境空气质量优良天数比例达到82.7%。林业局被评为全国防沙治沙先进集体。全民环保意识进一步增强，人居环境明显改善。

（五）补齐短板惠民生，社会事业全面进步。 教育事业迈上新台阶。教育三年行动计划顺利实施。投资4.46亿元，实施"全面改薄"、义务教育学校标准化建设等8类项目。职业教育中心完成年度建设任务。开工建设47所贫困村幼儿园。扎实开展"控辍保学"专项行动，228名孩子重返校园。教师轮岗交流和逢晋必下常态化。对在农村学校任教的390名教师分别授予"最美乡村教师""最美乡村功勋教师"荣誉称号并给予表彰奖励。教育教学质量稳步提高，高考成绩稳中有进，中考成绩位居吴忠市前列。医疗卫生服务实现新提升。县医院妇儿综合楼、中医院综合楼、妇幼保健所加快建设，新区医院完成设备购置、人员招录，迁建丁塘镇卫生院，新建5所村卫生室，实现村卫生室全覆盖。组建2个县域医联体。常住人口家庭医生签约15.16万人，其中建档贫困人口签约率100%。人民群众就医条件有了新的改善。人口自然增长率11.68‰，出生政策符合率95.1%，全面完成区市下达任务。文化体育实现新突破。新建改建村级综合文化服务中心141个，实现了行政村村级综合文化服务中心全覆盖。微电影《干亲》获吴忠市2017年第三届微电影大赛一等奖。五道岭子写生基地业内知名度不断提高。马忠斌、马永海获第六届全国道德模范提名奖。李进祯被区市县分别追授为脱贫攻坚优秀共产党员，新华社、《光明日报》、央视新闻频道等主流媒体持续刊发和报道李进祯先进事迹。财政局、新华村荣获全国文明单位、文明村称号。建成老城区综合体育馆、2个标准化乡镇文化站、2个社区笼式球场，人民群众有了更多更好的文化体育活动场地。同心县荣获自治区青少年竞标赛田径金牌，实现了金牌零的突破。社会保障机制进一步完善。开工建设了综合养老服务中心、预旺敬老院、新华社区服务站、日间照料中心、12个农村社区服务站，建成了王团镇圆枣村等15个留守儿童之家。累计发放低保、救灾、临时救助等各类资金3.3亿元。筹措资金3000多万元，有质量地完成"明厨亮灶"等10件民生实事。人民群众实实在在地感受到了党和政府的温暖。创业就业扶持力度加大。发放全民创业担保贷款4300万元。累计发放农村妇女创业担保贷款7.2亿元，全区排名第一。培育发展小企业133家，提供就业岗位1345个，城镇新增就业2137人。农村劳动力转移就业7.5万人，工资性收入近8亿元。社会环境稳定和谐。实施"雪亮工程"和"护航工程"，组织开展攻命案、破小案、打黑恶、防诈骗"四大战役"、打击"盗抢骗"和重点项目保障专项行动，实现"六个下降"。以争创全区全国禁毒示范县为目标，打造"六个十工程"，成功破获"3·17"等毒品案件，顺利通过全区毒品问题重点整治县摘帽考核验收。全县没有发生重大群体性事件和重大安全事故，平安同心建设取得新进展。严格落实信访工作目标责任制和县级领导干部定期下访接访包案调处等制度，共排查化解矛盾纠纷1490件，信访案件化解率达到98.68%。妥善解决了退役士兵再就业安置问题。紧扣“中华民族一家亲、同心共筑中国梦”总目标，扎实开展民族团结进步创建。坚持党的宗教工作基本方针，不断巩固民族团结、宗教和顺的良好局面。治理非法宗教活动“五步工作法”获自治区统战部实践创新奖。县/工商联获全国“五好”县级工商联。知联会“343”工作法在全区推广。

（六）稳妥推进抓改革，发展活力不断增强。不动产统一登记、农村集体“三资”等32项改革稳步推进，国有林场、城乡水务一体化等19项改革完成年度任务，公立医院综合改革等13项改革加快推进。成立城市管理综合执法局。率先在全区完成劳动保障监察执法体制改革和卫生计生综合执法体制改革。与自治区同步实现“多证合一、一照一码”登记模式。持续深化“放管服”改革，积极争取全区相对集中行政许可权改革试点。启动国家监察体制改革试点工作。改革催生了动力，激发了活力。

一年来，我们落实全面从严治党主体责任，扎实推进“两学一做”学习教育常态化制度化。坚持依法行政，加强法治政府建设，自觉接受县人大法律监督、工作监督和政协民主监督，办结人大代表议案建议45件、政协提案73件。加强行政监察和审计监督，项目结算审计266项，节约财政资金2.3亿元。县政务服务中心投入使用，下马关政务分中心挂牌运行，政府门户网站率先在全市上线运行。劳动保障监察“四部门联合办案”和“三部门联合调解”做法得到国家人社部肯定。及时妥善处置了“8·20”危险化学品泄漏等重大突发事件，有效应对了大规模爆发的玉米粘虫灾害。地震局获全国防震减灾工作先进单位。人民武装、统计、外事、气象等工作取得新成绩。政府执行力和公信力进一步增强。

各位代表，2017年的成绩来之不易、非常难得。这是县委坚强领导、总揽全局、科学谋划的结果，是县人大、政协有力监督、鼎力支持、全力参与的结果，是社会各界持续关注、倾注热情、添砖加瓦的结果，也是全县上下同心协力、精诚团结、负重拼搏的结果。

在此，我代表县人民政府，向全县各族人民、广大干部职工，向人大代表、政协委员、工商联、人民团体、离退休老同志，向驻同武警官兵、政法干警，向区市驻同单位，向参与同心建设、关心支持同心发展的社会各界人士致以崇高的敬意和衷心的感谢！

在肯定成绩的同时，我们也清醒地认识到，同心县发展中还存在一些问题和不足：一是产业发展的层次较低，产业配套能力弱，产业链条还不长，产品附加值低，有影响力的品牌少，三次产业融合发展的程度还不够高，支撑和带动县域经济发展的能力亟待提高；二是脱贫攻坚工作中还存在不少短板和薄弱环节，基础工作还不够扎实，精准度还不够高，小农户与大产业的利益联结机制还需要进一步完善；三是随着产业发展壮大和脱贫攻坚的深入推进，面临着就业观念陈旧和企业缺人的双重难题；四是城乡人居环境、公共服务、民生保障、生态建设等方面与新时代人民群众对美好生活的向往还有很大差距；五是政府系统干部职工工作作风有待于进一步转变，工作执行力和效率还有待于进一步提高，等等。这些问题，我们将高度重视，认真研究，切实加以解决。

2018年预期目标和主要工作

2018年是全面贯彻落实党的十九大精神的开局之年，是纪念改革开放40周年、自治区成立60周年的喜庆之年，是决战脱贫攻坚、实施“十三五”规划承上启下的关键一年，也是转型发展、攻坚克难、开辟新征程的重要一年。

我们的工作思路是：以习近平新时代中国特色社会主义思想为指引，全面贯彻落实党的十九大、中央经济工作会议及自治区党委十二届三次全会、吴忠市委五届五次全会精神，按照县委十三届九次全体会议部署，统筹推进“五位一体”总体布局，协调推进“四个全面”战略布局，坚持稳中求进工作总基调，以脱贫富民统揽全县经济社会发展全局，以“学习贯彻年、脱贫攻坚年、工作落实年”活动为主线，突出产业发展、脱贫富民、纵深推进全面从严治党三大重点，奋力推进经济社会各项事业高质量发展，加快“五个同心”建设步伐。

经济社会发展预期目标：实现地区生产总值增长10%左右；全社会固定资产投资增长10%左右；规上工业增加值增长12%以上；地方公共财政预算收入增长10%以上；财政支出增长12%以上；社会消费品零售总额增长10%；城镇居民人均可支配收入增长9%；农村居民人均可支配收入增长11%左右；主要约束性指标全面完成区市下达任务。

为实现上述目标，重点抓好以下九个方面的工作：

（一）着力补短板强弱项，坚决打赢年度脱贫攻坚硬仗。认真贯彻落实自治区脱贫富民战略，围绕10个贫困村出列、6个深度贫困村退出、2万贫困人口脱贫、80个脱贫销号村巩固提升，全力推进脱贫攻坚。

聚焦“五个精准”。精准落实脱贫富民政策。用足用活自治区脱贫富民36条和深度贫困地区倾斜政策，落实到具体项目和具体工作。实施“金融扶贫五大工程”，建档立卡贫困户贷款余额达到10亿元以上，户均5万元以上。提升“扶贫保”层次，确保实现“三个转变”。精准培育发展扶贫产业。加大龙头企业、合作社、大户培育力度，促进特色种养业规模化、标准化、市场化，让贫困群众在发展特色产业中增加经营性收入，在产业基地打工增加工资性收入，在土地流转中增加财产性收入。加快实施光伏扶贫项目，培育发展乡村旅游、电商等扶贫产业。因地制宜，鼓励扶持贫困村、贫困群众走专业村、专业户等差异化增收路子。用好管好壮大村集体经济专项资金，实现村集体经济全覆盖。精准实施生态扶贫。加强生态林场建设，在生态移民迁出区推进200万亩生态自然修复、草原补播和人工饲草地建设，加快发展文冠果等生态经济林，实现生态效益、经济效益双赢。争取新增生态护林员500名。精准推进易地搬迁扶贫。全面完成“十三五”时期易地扶贫搬迁任务。加大职业技能、实用技术、致富带头人培训，年内培训贫困人口1万人以上，其中劳务移民6000人以上。实施劳务移民就业援助计划，引导和帮助劳务移民到企业务工或经商创业，加快农业转移人口市民化。精准激活内生动力。坚持扶贫与扶志扶智相结合，落实县委精神扶贫总体部署，深化移风易俗“十个一”工程和精神扶贫“十大专项行动”，教育引导贫困群众走勤劳致富、脱贫光荣的路子。

打赢“六场硬仗”。打赢安全饮水硬仗。实施饮水工程改造提升工程，保障贫困群众明年7月底前喝上清洁、安全的饮用水，实现贫困村安全饮水工程全覆盖、入户全覆盖，供水保证率100%。打赢危房危窑改造硬仗。建档立卡贫困户危房危窑改造，在自治区补助的基础上，县财政每户再补助1万元。采取乡村统筹、农户自建、基层组织帮建等方式，明年3月份开工，7月前全部建成入住，实现全覆盖。打赢健康扶贫硬仗。摸清因病返贫底数，开发APP平台，精准救治，加大救助力度。因病返贫建档立卡户住院费用报销超过90%、个人自付部分每年累计不超过5000元，建档立卡户家庭医生签约率100%，防止“病根”变“穷根”。打赢教育扶贫硬仗。管好用好教育扶贫基金（兴俊基金），落实好教育扶贫“两个全覆盖”政策。持续开展“控辍保学”专项行动，健全完善贫困孩子教育数据库，建立因辍即劝机制，着力解决义务教育阶段孩子辍学问题。打赢解决移民村遗留问题硬仗。实施生态移民村产业发展三年行动计划，盘活、整合生态移民村闲置土地和棚圈设施，力争流转土地20万亩，引进龙头企业发展规模经营；种植苹果、葡萄等经济林，发展庭院经济5000亩。建成河西同德及下马关田园、平远、三山井等扶贫车间，吸纳贫困人口就业2000人以上。年内新建扶贫车间12个，实现1000户以上的移民村全覆盖。已建成的移民安置点，各类设施齐全，全部配套到位。打赢基础设施建设硬仗。实施100个贫困村整体提升工程，对标“两不愁三保障”“五通八有”标准，项目资金向贫困村倾斜，年内实现贫困村道路硬化、巷道硬化等基础设施全覆盖，特别是填平补齐计划出列的10个贫困村和退出的6个深度贫困村基础设施和公共服务配套。

继续实施“百企帮百村”工程，深化闽宁协作和央企、县内外企业帮扶工作。借助中核集团和红谷滩新区帮扶支持，加大消费扶贫力度。巩固提升2014—2017年销号村和脱贫人口脱贫成果，加大非贫困村扶持力度。开展扶贫领域作风问题专项治理行动、户籍清理专项行动，坚决预防和打击扶贫领域职务犯罪，巩固脱贫成果，确保脱贫成效。

（二）着力扩大投资，支撑经济稳定增长。加大项目建设力度，实施东环路、扶贫车间等158个项目，完成年度投资204亿元。加快完善项目前期工作，重点加快实施亿金民族服饰二期、润德冻干枸杞等126个新建项目，实施泉商国际酒庄、万头安格斯肉牛繁育等32个续建项目。上半年元波羊绒、汽车客运站等项目建成。职业教育中心、清水河综合整治8月份建成投入使用。天然气、扶贫产业园污水处理厂、通用机场等PPP项目建成投入使用。全力做好银昆高速、西海固脱贫攻坚水源工程等项目协调服务工作。坚持不懈争项目，紧盯国家和自治区利好政策，充实完善项目库，跑京赴银争取倾斜政策和项目资金，积极争取蔡家沟水库、下马关防洪排涝、棚改基础设施等项目，力争2018年上争资金突破40亿元。千方百计抓招商，以环渤海（雄安新区）、长三角、珠三角为重点区域，主动对接，以商招商、产业链招商，引进无污染、劳动密集型实体产业项目。积极对接太阳山生物医药产业园项目，力促帕罗纺织、壹加壹万头肉牛养殖基地等项目落地。开展项目建设环境问题专项整治，完善政府和企业风险分担、互惠共赢的合作机制，落实财政扶持、用地保障等各类惠企政策措施，全力优化营商环境，让企业和投资者安心投资。力争2018年20家招商企业落地，到位资金90亿元以上。

（三）着力深化供给侧结构性改革，推动经济向高质量发展阶段迈进。认真学习领会习近平新时代中国特色社会主义经济思想，落实“七个坚持”，深入推进供给侧结构性改革，推动经济高质量发展。支持壮大民营企业，清理涉企收费项目，能减则减、能免则免，全力为企业减负松绑。探索设立过桥资金，帮助企业解决融资难融资贵的问题。引导企业建立现代企业制度，弘扬企业家精神、工匠精神。认真组织开展第四次全国经济普查。

实施农业增效工程。坚持质量兴农、绿色兴农，推动农业政策从增产导向转向提质导向。优化农业发展布局。灌区重点在调整产业结构上求突破，大力发展高效节水农业，打造现代农业种植示范区。压减籽粒玉米6万亩，发展高效节水灌溉5万亩；中部干旱区域在荒漠化生态系统治理和移民迁出区自然修复上做文章，打造中部生态恢复林草产业示范区；东部旱作塬区在发展旱作节水农业、庭院经济上下功夫，打造旱作节水农业示范区。实施“四个一”产业示范带动工程，年内新增有机枸杞2万亩、文冠果10万亩、中药材6万亩、葡萄2万亩、黄花1万亩、芦笋1万亩、小杂粮30万亩、黑毛驴1万头、基础母牛2万头、肉羊10万只。巩固发展养殖专业村15个，扶持建设肉牛规模养殖场10个、肉羊规模养殖场15个。支持建设中国伊牧云·牧场。新增农业经营主体585家，其中区市龙头企业5家、家庭农场20家、合作社60家、种养大户500户。培育机械收割、无人机作业等服务主体20家以上。农业增加值增速达5%以上。增强农产品竞争力。实施“优质特色农产品挺进大中城市”战略，依托对口帮扶协作单位及“互联网”、O2O实体店等，提升叫响同心枸杞、同心红葱、同心生态鸡等健康绿色产品知名度。建立有机枸杞等农产品质量追溯体系。积极申报银柴胡、同心荞麦国家地理标志认证。强化农业科技服务。加强农业科技队伍建设，一个产业一套科技服务团队，探索政府购买农业服务。推广农业新技术、新品种，推进玉米秸秆、柠条肥料化、饲料化综合利用，推广应用炭基复合肥，年内秸秆综合利用率达到80%。强化牛羊鸡等动物疫病和玉米、经济作物病虫害综合防治。积极创建国家良好农业规范认证示范县，争创国家农产品质量安全县。

实施工业提质工程。围绕“轻新健”产业布局，降成本、增效益、强产业，加快推进工业强县进程。提升工业集聚发展水平。做大羊绒、服装、纺纱等产业，开工建设蓝欧纺织、闽江服饰、鸭婆豆腐等18个项目，大兵毛毡、龙泉山风干牛肉等15个项目投产达效。开工建设新能源20万千瓦，积极争取30万千瓦，年内装机规模突破200万千瓦。新增规上企业12家，工业产值达到90亿元。增强园区承载服务功能。建成扶贫产业园四期标准化厂房，开工建设羊绒产业园二期、扶贫产业园拓展区。进一步完善道路、给排水、污水处理等基础设施，落实财政奖补、融资担保、厂房免租、订单式培训等优惠政策，推进园区公园化建设，打造全区低成本示范园区。

实施服务业提档工程。坚持改造提升传统产业和发展新业态并举，促进第三产业持续健康发展。激发商贸流通活力。支持快递和物流发展，整合县内物流快递市场，建成生海物流园，启动桃山交通物流园规划。规划建设汽车销售4S中心。建设预旺农产品交易市场、下马关建材市场和河西市场。提升电商服务能力。推动电商持续健康发展，电商服务站覆盖90%以上的乡村，形成“一村一品一店”农村经济新业态。打响中“国·回回集市”电商品牌，提升和沐生活网运营水平，让更多的绿色有机富硒生态产品从网上卖出去。增强金融服务实力。争取中国银行、泰康人寿、建信财险分支机构落户同心。统筹整合，优化配置，提高基金使用效益，今年力争9大基金规模达到3亿元，撬动信贷资金20亿元。同心惠民担保公司担保贷款余额达到3.5亿元。探索成立企业、银行、政府共同出资的产业基金。出台股权投资奖补办法，加强拟上市企业辅导，引导企业走多元化融资路子，提高资本市场的活跃度。加强金融市场监管，防范和化解金融风险。展现全域旅游魅力。加快全区全域旅游示范县创建步伐。编制完成全域旅游规划，出台旅游产业扶持政策，设立旅游产业发展基金。加快编制完善韦州特色小镇、润德枸杞小镇、罗山东麓葡萄文化特色小镇、黄谷川西部健康运动主题特色小镇规划，完善配套道路、绿化、停车场等基础设施。建成5个旅游驿站，继续开发黄草岭、莲花山生态旅游、汪家塬农耕文化等特色乡村旅游。举办油用牡丹观赏、枸杞采摘、冰雪旅游观光等特色旅游活动。旅游业新增500个以上就业岗位，力争全年游客接待和旅游收入分别增长20%和8%以上。挖掘养老服务潜力。争取建设养老护理院、养老公寓，预旺敬老院投入使用。按照医养联合体模式，把综合养老服务中心打造成全区医养结合示范点。年内新增限上企业

6家，力争第三产业增加值增速达到8%以上。

（四）着力推进城乡一体化建设，大幅提升宜居水平。提升县城综合服务功能。高起点科学编制规划。严把规划关，编制完成县域空间规划及海绵城市、特色小镇、乡村振兴规划，形成以县城为龙头、集镇和中心村为带动、自然村落为基础的城乡一体衔接发展格局，严格容积率等控制性指标管理，体现规划科学性、严肃性和前瞻性。高质量加快城市建设。推进“一河、两岸、三桥、三广场、四公园、十三条主干道路”整治提升和改造建设。加大清水河综合治理力度，新增水面3000—4000亩，把清水河县城段打造成生态河、景观河、民生河。加强清水河两岸、北沟两岸综合整治。建成同心大道跨清水河大桥、平远路连接扶贫产业园大桥、羊绒工业园中央大道向西延伸段大桥。建设生态广场、红军三军会聚广场、休闲广场和长征西街小微公园、清水公园、诗苑、扶贫产业园小微公园。新建、改造提升豫海街、长征街、G70连接线、西环路等13条主干街道。坚持棚改政策不动摇，棚户区改造年内征收3000户以上。新建普通商品房200万平方米。开工建设第三供热中心扩容工程。实施第二水厂新增5万立方米供水能力工程。高标准严格管理城市。开展“城市建设管理提升年”活动，城市清扫、小区物业、公共设施、市容市貌等综合管理有大提升。继续开展“三城联创”，实施“绿化、美化、亮化、净化”工程。县城新修和改造道路全部绿化。围绕跨清水河大桥、三馆两中心、综合体育中心等公共建筑实施景观亮化。商砼站、大型停车场等迁出城区。城市机械清扫率达到75%。加大执法力度，依法严厉打击和处罚私搭乱建、占道经营、擅自变更容积率等违法违规行为，治理马路市场顽疾。展现道路畅通、干净整洁、管理有序、生态宜居的城市形象。

大力实施乡村振兴战略。按照“产业兴旺、生态宜居、乡风文明、治理有效、生活富裕”要求，加大乡村建设力度，提升农村整体发展水平。新建农村公路300千米，开工建设同预公路六期、王预公路、土涝子沟大桥等工程。实施王团镇美丽小城镇和丁塘镇窑岗子村等20个美丽村庄建设工程。实施农村环境综合整治三年行动计划，制定乡村污水处理厂和垃圾填埋场建设规划，推进“厕所革命”，每个乡镇每年高标准整治1—2个村，逐步实现全覆盖。打造石狮“近郊农业示范镇”，下马关“庭院经济富民示范镇”，韦州“旅游富民示范镇”，丁塘“非贫困乡镇富民示范镇”，兴隆“近郊农业及户外运动健康特色小镇”等特色乡镇，每个乡镇每年打造1—2个示范村。加强农村基层工作，健全自治、法治、德治相结合的乡村治理体系。深化拓展“三大三强”行动和“两个带头人”工程，力争培养致富带头人1000名以上，着力培养造就一支懂农业、爱农村、爱农民的“三农”工作队伍。

（五）着力发展社会事业，持续保障和改善民生。新增财力的95%用于民生改善，满足人民群众向往美好生活的新时代需要，增强获得感、幸福感、安全感。优先发展教育事业。制定《同心县加快教育事业发展助推精准扶贫三年行动计划》。实施“全面改薄”、教师周转宿舍等项目。开工建设县城第九小学，规划建设县城第十小学。县城一小、二中等续建项目完工投入使用。47所幼儿园投入使用，新建17所幼儿园，学前三年毛入园率达到80%以上，确保幼有所育。职教中心依托宁夏工商职业技术学院2018年春季先期招生，9月份正式招生。实施名校名师工程，继续开展教学竞赛活动，落实与西北师大等对外合作计划，提升教师队伍整体素质和教育教学质量。加强特殊教育、网络教育。进一步优化城乡教育资源均衡配置，有效解决大班额、择校、师资结构性短缺、孩子辍学等问题，缩小区域、城乡、校际差距，推进教育公平。义务教育均衡发展工作顺利通过国家评估认定。提升医疗卫生服务水平。持续深化医药卫生体制改革，健全现代医院管理制度，完善基层公共医疗服务体系和公共卫生服务体系网络。加强全科医生队伍建设，打造新生儿科、骨科等特色优势科室。全县常住人口家庭医生签约覆盖率达到35%以上，重点人群达到65%以上。新区医院启动运营，中医院综合楼、妇幼保健院建成投入使用，加快下马关卫生院提质改造，争取实施疾控中心迁建项目。人口出生率、政策符合率、自然增长率达到区市下达指标要求。繁荣发展文体事业。以创建国家公共文化服务体系示范区、自治区公共体育服务体系示范县为目标，繁荣发展社会主义文艺，弘扬传播社会主义核心价值观，深入实施文化惠民工程，加快建设文化同心。提升广播电视制播能力。发挥“中国诗歌之乡”名片效应，推出一批精品力作。加强“非遗”保护传承，建设“非遗”博物馆和“非遗”产业化创业基地，叫响“尕妹子”回族剪纸、炕围画等指尖上的文化产业品牌。建设微电影创业基地，打造一批文学、摄影、美术创作工作室。充分发挥体育馆、全民健身活动中心和村级综合文化服务中心作用，举办广场演出、文化下乡、农民文艺活动展演150场次以上。组队参加自治区第十五届运动会，举办同心第三届全民运动会。健全社会保障体系。加快建设覆盖全民、城乡统筹、权责清晰、保障适度、可持续的多层次社会保障体系。加大创业就业扶持引导力度，实施“百企万人就业工程”，吸引更多在外人员回乡创业、就近就业。开展企业订单式培训，提高培训精准度，破解企业招工难和贫困户就业难“双难”问题。新增城镇就业2000人以上，农村劳动力转移就业7万人，实现工资性收入8亿元。加大清欠保支力度，保障农民工工资。高标准完成政府承诺为民办理的民生实事。

（六）着力创新社会治理方式，促进社会和谐。扎实开展“七五普法”。依法严厉打击涉众型经济犯罪和黄赌毒黑拐骗等违法犯罪活动，严防暴恐活动、个人极端事件和公共安全事件发生。严厉打击村霸和宗族恶势力，维护农村和谐稳定。深入实施“雪亮工程”，推动县乡村三级综治视联网中心建设。加大矛盾纠纷排查化解力度，严防严控“民转刑”案件和命案发生。牢固树立安全发展理念，坚决遏制重特大生产安全事故发生。健全食品药品安全监管网络和执法体系。认真贯彻落实党的民族政策和宗教工作基本方针，坚持“中华民族一家亲、同心共筑中国梦”总目标，深入推进创建全国民族团结进步示范县“八大行动”。依法加强宗教事务管理，引导宗教界人士和信教群众切实增进“五个认同”，自觉做到爱党爱国、尊法守法、正信正行。加快全区双拥模范县“两连冠”和全国双拥模范县创建工作。着力打造共建、共治、共享社会治理新格局。

（七）着力加强生态文明建设，促进绿色发展。牢固树立绿水青山就是金山银山的理念，深入实施生态立县战略，全力创建全区绿色经济示范县。开展国土绿化行动。实施国土绿化2万亩，其中县城绿化2000亩、村庄绿化1000亩、城东防护林1000亩。实施生态移民迁出区10万亩生态自然修复、30万亩生态经济林、百万亩生态林场建设。全县森林覆盖率达到9%。持续推进罗山自然保护区综合治理。扎实开展第三次土地调查。落实耕地保护责任制，完成生态保护红线、永久基本农田、城镇开发边界三条控制线划定工作。创建全国防沙治沙示范县。加强生态环境保护。构建政府主导、企业主体、社会组织和公众共同参与的环境治理体系。开展“蓝天、碧水、净土”三大行动，打好污染防治攻坚战。实施供暖提标改造工程。加大燃煤锅炉淘汰力度，提高清洁能源利用比例，严禁秸秆焚烧，强化散煤、扬尘污染监管，加强机动车污染防治，加快淘汰“黄标车”。加强农业农村面源污染防治。加强重污染天气应对处置，城市环境空气质量优良天数比例稳步提高。全面落实“河长制”，对清水河、金鸡沟、长沙河等6条河沟进行生态治理，逐年实现全覆盖。铁腕治污，健全环保信用评价、信息强制性披露、严惩重罚等制度，破解“企业污染、群众受害、政府买单”的困局。落实领导干部生态环境损害责任终身追究制度，坚决制止和惩处破坏生态环境行为。

（八）着力推进全面深化改革，激发发展活力。稳步推进监察体制、农村集体产权、安全生产等12大类41项改革任务。全面开展农村宅基地“房地一体”确权颁证。开展农业社会化综合服务改革试点，着力在政府购买农业公益性服务上取得突破。加快推进城乡环卫一体化、社会治安立体化防控体系改革。继续深入推进相对集中行政许可权改革，成立同心县行政审批局。深化供销社综合改革。稳步推进农业综合水价改革。完成环境保护机构监测监察执法垂直管理改革。探索开展领导干部自然资源资产离任审计。加快推进豫海镇、河西镇等五个乡镇城镇管理网格化试点。

（九）着力实施创新驱动战略，打造发展引擎。抢抓自治区创新驱动30条政策机遇，加大科技创新力度，制定出台科技创新政策。鼓励企业加大科技研发投入，提高R&D经费投入强度，打造枸杞、中药材、羊绒、亚麻籽等研发平台。依托园区争创自治区“双创”示范基地，建设科技创新示范园区。实施爱心煤化工、天予枣业、鲁人能源等技术改造项目。培育“专精特新”企业10家、企业研发中心3—5家。实施品牌带动战略，加大中国驰名商标培育力度，打造宁夏著名商标2个，宁夏名牌产品3个。加大人才培养力度，柔性引进科技、金融、教育、卫生、企业管理等领域紧缺型人才，建设专家公寓，成立专家工作站，为人才提供良好的服务保障。

继续做好国防动员、人防等工作，加强统计、气象、防震减灾、老龄、妇女儿童、残疾人、慈善救助、国有资产管理等工作，让人民群众拥有更加安居乐业的环境。

建设人民满意的政府

全面完成明年的各项目标任务，对政府工作提出了新的更高的要求，我们将牢固树立以人民为中心的发展思想，实干兴同、实干惠民，着力建设新时代人民满意的政府。

着力建设对党忠诚的政府。坚持把政治建设放在首位，旗帜鲜明讲政治，牢固树牢“四个意识”，坚定“四个自信”，自觉维护党中央权威和集中统一领导，在思想上政治上行动上同以习近平同志为核心的党中央保持高度一致。扎实开展“不忘初心、牢记使命”主题教育，严守政治纪律，坚定政治信仰，增强政治担当，坚决贯彻中央及区市和县委决策部署，把坚持党对一切工作的领导贯穿政府工作的全过程、各方面。落实全面从严治党主体责任，全面提升政治执行力，打造忠诚干净担当的干部队伍。

着力建设学习型政府。深入学习领会习近平新时代中国特色社会主义思想和党的十九大、自治区第十二次党代会精神，学原著、读原文、悟原理，在学懂弄通做实上下功夫。强化“本领恐慌”意识，广泛学习理论、经济、法律、科技等方面知识，不断提高政府系统各级干部综合素质。学深学透，学以致用，善于在文件中找政策、找项目、找资金，把学习成效体现在谋发展、解难题、促成效上，体现在能干事、会干事、干成事上，体现在锐意创新、攻坚克难、狠抓落实上，力求思想适应发展变化、知识适应时代要求、能力适应工作需要。

着力建设法治政府。进一步健全完善重大行政决策的规则和程序，依法决策，科学决策。充分发挥法律顾问在参与和制定重大行政决策、推进依法行政中的重要作用，年内实现政府部门法律顾问全覆盖。坚持规范公正文明执法，稳步推进综合执法，实行行政执法公示、执法全过程记录、重大执法决定法制审核。加大政务公开力度，及时回应社会关切，提高政府工作透明度。落实政府重大决策出台前依法向县人大报告制度，自觉接受人大法律监督和工作监督、政协民主监督，主动接受媒体和群众监督。政府公职人员带头尊法学法用法守法，确保政府所有工作在法治轨道上运行。

着力建设高效政府。牢固树立服务意识、效率意识，推行OA办公，建设政务服务“一张网”，加快构建“不见面、马上办”的审批模式，推动实体大厅和网上大厅融合发展。向李进祯等身边先进典型学习，多当“射门人”、少当“二传手”，养成雷厉风行、立马就办、一抓到底、干就干好的工作作风和敬业态度，把工作做精做细做实，当天工作当天清零，切实提升政府系统各级干部执行力。坚持以制度管人管事，建立脱贫攻坚定期调度机制、重点工作重点项目推进机制、人大议案建议政协提案办理机制、政府议定事项督查督办机制、重点工作挂账销号机制、工作通报倒逼机制六大机制。强化督促检查，跟踪问效，追责问责，指导监督政府部门认真履行职责，主动担当作为，推动工作落实。

着力建设廉洁政府。继续深入推进“两学一做”教育常态化制度化，严格落实中央八项规定精神和区市县相关规定，持之以恒正风肃纪。构建“亲清”新型政商关系。严格管理办公用房和公务用车，严防“四风”反弹，严控“三公”经费。坚决落实国家监察体制改革要求，健全廉政风险防控机制，实现对所有行使公权力的公职人员全覆盖。加强重点领域环节监管，严查重点领域和关键岗位腐败，严格项目资金监管，建立扶贫资金负面清单制度，严惩损害群众利益的不正之风和腐败行为。

各位代表：脱贫征程催人急，矢志小康敢为先。新时代、新征程，需要我们有新作为、续写新篇章。让我们以习近平新时代中国特色社会主义思想为指引，在县委的坚强领导下，不忘初心，牢记使命，同心同德，同向同行，以永不懈怠的精神状态和一往无前的奋斗姿态，努力完成明年的各项工作任务，为打赢脱贫攻坚战，如期全面建成小康社会而不懈奋。

名词解释

1. 教育扶贫“两个全覆盖”：教育资助从学前到大学全覆盖，建档立卡贫困家庭学生免费教育从学前到高中阶段全覆盖。

2. 健康扶贫惠民工程：贫困患者年度内在自治区内医疗机构发生住院费用，其中个人自付合规费用在基本医保、大病保险、商业健康保险、扶贫保、社会救助、疾病应急救助、医疗救助“一站式”报销后，报销比例超过10%或当年住院自付费用累计超过5000元时，超过部分由县财政予以兜底保障；个人自付合规费用在兜底报销后剩余部分和其他费用，在扣除各类医疗保险支付部分、重点优抚医疗救助报销部分、民政医疗救助部分、健康扶贫政府保障兜底部分、社会其他资助后，由县健康扶贫基金按70%给予救助，每人每年累计救助不超过16万元；全年门诊累计费用按50%给予救助，最高不超过2000元。

3. 三先开路：扶贫先扶志，治穷先治愚，脱贫先脱旧。

4. 精神扶贫“十大专项行动”：一是开展“十星级民风建设模范户”评选活动；二是开展“我脱贫我光荣”评选活动，发挥示范带动作用；三是开展精神扶贫有奖征文活动，为脱贫攻坚鼓劲加油；四是拍摄精神扶贫微电影，传递脱贫正能量；五是编排精神扶贫巡演节目，丰富精神生活；六是创作精神扶贫文艺作品，占领文化阵地；七是开展精神扶贫宣讲活动，提高脱贫政策知晓率；八是举办精神扶贫演讲比赛，激发脱贫强烈愿望；九是开展“脱贫一线红旗飘”评选活动，激励基层党组织发挥战斗堡垒作用；十是开展光荣脱贫事迹展播，营造脱贫氛围。

5.“421”脱贫奖补机制： 按照年度脱贫计划，经验收达到或超过贫困线、实现脱贫目标的、不返贫的老百姓，由县人民政府以户为单位连续三年给予奖励，其中第一年奖励4000元，第二年奖励2000元，第三年奖励1000元。奖励资金采取以奖代补形式发放，奖励资金主要用于扶持脱贫家庭发展生产，巩固脱贫成效。

6. IPO（Initial Public Offerings，简称IPO）： 即企业首次公开募股，向公众出售股份。

7. 六个下降： 刑事发案、八类案件、“两抢一盗”案件、侵财类案件、强奸案件、诈骗案件下降。

8.“六个十工程”： 十个社区戒毒康复示范点、十个戒毒康复就业扶持示范基地、十个禁毒宣传示范长廊、十个职业培训学校禁毒宣传教育基地、十个禁毒专业志愿服务组织、十个禁毒宣传预防示范娱乐场所。

9.“四部门联合办案”和“三部门联合调解”： 公安、检察院、法院、人社局四部门联合办案和工会、工商联、人社局三部门联合调解，开展劳动保障监察工作。

10. 五位一体： 经济建设、政治建设、文化建设、社会建设、生态文明建设五位一体。

11. 四个全面： 全面建成小康社会、全面深化改革、全面依法治国、全面从严治党。

12. 五个同心： 实力同心、魅力同心、活力同心、文化同心、幸福同心。

13. 金融扶贫五大工程： 建档立卡贫困户信用等级提升扩贷、“扶贫保”增项扩规、金融服务入乡进村、扶贫贷款到人到户、扶贫产业担保基金扩规增容。

14. 金融扶贫三个转变： “扶贫保”由生活类保险向产业类保障转变，金融服务由农户申请向银行主动下沉转变，扶贫产业担保由风险类管控向扶持产业转变。

15. 移风易俗“十个一”工程： 一是用好一个村级活动场所，二是建好一条民风示范巷，三是用好一个农民文化广场，四是建立一套村规民约，五是成立一个红白理事会，六是成立一个道德评议会，七是设立一个善行义举榜，八是用好一个“道德大讲堂”，九是建立一支志愿服务队伍，十是建立一支乡贤队伍。

16. 中央经济工作会议“七个坚持”： 坚持加强党对经济工作的集中统一领导；坚持以人民为中心的发展思想；坚持适应把握引领经济发展新常态；坚持使市场在资源配置中起决定性作用，更好发挥政府作用；坚持适应我国经济发展主要矛盾变化完善宏观调控；坚持问题导向部署经济发展新战略；坚持正确工作策略和方法。

17. 一河、两岸、三桥、三广场、四公园、十三条主干道路： 一河，清水河；两岸，清水河两岸、北沟两岸；三桥，同心大道跨清水河大桥、平远路连接扶贫产业园大桥、羊绒工业园中央大道向西延伸段大桥；三广场，生态广场、红军三军会聚广场、休闲广场；四公园，长征西街小微公园、清水公园、诗苑、扶贫产业园小微公园；13条主干道路，新建和改造提升豫海街、长征街、G70连接线、团结街、清水街、同心大道、东环路、西环路、文化街、新区学院路、平远路、羊绒园区大道、大寺路。

18. 创建全国民族团结进步示范县“八大行动”： 深入开展民族团结进步宣传教育深化行动；深入开展民族团结进步创建深化行动；深入开展和谐寺观教堂创建深化行动；深入开展各类创建融合推进行动；深入开展民族宗教事务依法治理行动；深入开展宗教领域突出问题有效整治行动；深入开展民族宗教工作“三支队伍”培训培养行动；深入开展民族宗教工作舆论引导行动。

19. 三城联创： 自治区园林县城、卫生县城、文明县城。

20. 政府承诺为民办理的民生实事：（1）实施建档立卡户危房改造圆梦计划。（2）实施北沟等片区棚户区改造安居计划。（3）实施脱贫富民产业保险惠民计划。（4）实施健康同心关爱计划。（5）实施校园安全和环境提升计划。（6）实施城乡居民出行安全计划。（7）实施“蓝天碧水净土”专项行动计划。（8）实施“厕所革命”推进计划。（9）实施偏远地区饮水安全保障计划。（10）实施主干渠道交叉路口安全畅通计划。（11）实施肉牛养殖特色产业奖补提标计划。

21. 中国伊牧云·牧场：建立牛羊全程可视化追溯监管平台，互联网活畜交易平台，互联网投资认领平台、互联网金融桥平台，为金融与养殖无缝对接，实现线上融资贷款、伊牧鲜平台实现清真牛羊肉和优质特色农产品线上销售。

22. 实施“四个一”产业示范带动工程：在贫困地区建设100个产业扶贫示范村，培育100家扶贫龙头企业，培育1000家扶贫产业合作社，发展10000名致富带头人。

在政协同心县第十一届委员会第二次会议上的工作报告

同心县政协主席 田成川

（2017年12月22日）

2017年工作回顾

2017年是党的十九大胜利召开之年，是打赢脱贫攻坚战的关键之年，也是新一届政协工作打基础的重要一年。一年来，在中共同心县委的坚强领导下，县政协常委会坚持团结民主两大主题，不忘初心、牢记使命，围绕县十三次党代会确定的各项目标任务，充分发挥社会主义协商民主的重要渠道和专门协商机构作用，认真履行政治协商、民主监督、参政议政三大职能，各项工作取得新进展，顺利完成了十一届一次会议确定的目标任务。

一、坚持党的领导，牢牢把握正确政治方向

常委会深入学习宣传贯彻党的十九大精神，自觉维护以习近平同志为核心的党中央权威和集中统一领导，自觉在思想上政治上行动上同党中央保持高度一致，不断用习近平新时代中国特色社会主义思想武装头脑、指导实践、推动工作。严格遵守党的政治纪律和政治规矩，不断强化“四个意识”，增强“四个自信”，做到“四个看齐”。深入学习宣传贯彻自治区第十二次党代会精神、吴忠市第五次党代会和县十三次党代会精神，准确把握同心县发展的总体思想、奋斗目标、美好前景，认真贯彻落实区市县党委各项决策部署，确保政协履职与县委中心工作保持高度一致，确保政协事业始终沿着正确的方向前进。

二、立足中心任务，为同心发展积极建言献策

聚焦县委、县政府中心工作，充分发挥政协优势，为改革发展议政建言、汇聚力量。

协商计划突出发展要务。紧密结合县委、县政府重大决策部署，向政协委员、相关部门征集年度协商议题，主动征询县委、县政府主要领导意见，报请县委常委会议审议通过，政协全体会议通过后实施，切实增强了协商计划的权威性和可操作性。2017年，在广大政协委员的共同努力下，九个重点协商议题圆满完成，为县委、县政府决策提供了参考。

全会协商凝聚发展共识。在县政协十一届一次全会期间，委员们围绕政府工作报告、政协常委会工作报告、政协提案工作报告等进行了认真讨论，就棚户区改造、产业结构调整、羊绒产业发展、城市管理、道路交通整治、精准扶贫精准脱贫等事关全县经济社会发展的热点问题，进行了热烈讨论，所提意见建议得到及时回应，有力地促进了协商议政水平的不断提高。

专题协商贡献委员才智。以专题协商形式，组织委员围绕棚户区改造、全域旅游、食品安全监管、提案办理、民生实事等5个议题进行协商，提出意见建议20多条，其中县委对棚户区改造的专题协商成果，给予充分肯定，同时希望政协持续关注，多宣传、多解疑释惑、多参与支持，把这件民生实事办好办实。

三、围绕重点工作，不断促进参政议政成果转化

政协工作始终坚持履职为民理念，自觉服从服务于全县工作大局，力求做到政为民所议、言为民所建、策为民所献、力为民所出。

视察调研更加务实。2017年县政协重点围绕全县文物保护、精准扶贫精准脱贫、“三城联创”、中小微企业发展、残疾人就业及其生存状况等工作，组织政协委员开展视察调研活动5次，撰写视察、各类调研报告17篇，提出意见建议50多条，为县委、县政府科学决策提供了参考。

提案办理得到加强。县政协十一届一次会议期间，共收到委员提案109件，立案88件，提案办结率83%。其中，把涉及全县经济社会发展、人民群众普遍关心的热点难点问题10件提案列为重点提案。县人民政府高度重视提案督办工作，定期在政府常务会议上专题听取提案办理情况汇报，对加快提案办理进度、提高办理质量、明确办理责任、强化督查考核等作出了明确要求。对重点提案政府领导亲自抓，政协领导领衔督办，联合对提案办理进行了多次专项督查，进一步提高了提案办理质量。政协常委会议专题听取提案办理情况通报，就加快提案办理，提出意见建议。

社情民意促进施策。鼓励委员结合自身工作，沉到基层，用心倾听民声民意，用事实和数据说话，深入分析，着力提高社情民意的含金量。一年来，共撰写社情民意信息22件，其中，自治区政协采用2件，县政府领导批示2件。自治区政协将《关于将同心皮毛行业打造成为西北地区集散地的建议》提交自治区人民政府。针对《进一步提高建档立卡贫困群众对扶贫政策的知晓率》的社情民意被县政府主要领导批示，相关部门强化措施，加大宣传力度，群众对脱贫富民政策的知晓率大幅提高。

四、强化民主监督，助推县委、县政府重大决策部署落实

按照县委统一部署，县政协紧紧围绕全县重点工作，扎实开展民主监督，着力提高监督实效，促进了县委、县政府重大决策部署的贯彻落实。

助推民生工程落实。组织区市县政协委员积极参与“两代表一委员”专项督查工作，实地督查重点工程和项目120个，共开展各项民主监督活动30次，提出意见建议200多条。重点对脱贫攻坚、工业项目、市政建设、棚户区改造、农林水牧、社会管理和承诺为民办理的10件实事以及深化改革等九个方面的工作进行民主监督。督查组通过深入基层、走访群众、实地查看等形式就工作中存在的问题提出具体意见建议。

助力打赢脱贫攻坚战。县政协领导带头参与精准扶贫督查视察工作。主席、副主席带领委员和相关工作人员到脱贫销号村，对政策宣传落实、项目实施、产业发展等进行专项督查。通过进村入户，认真倾听群众心声，详细了解所需所求，及时向县委汇报督查结果，为推动全县坚决打赢脱贫攻坚战作出努力。

监督为民促进工作。按照县人民政府安排，首次委派政协委员列席政府常务会议，全年共列席会议13人次。4名委员担任县人民法院人民陪审员。组织50多名委员参加电视问政、民主评议、听证会、检务公开、环保督查等民主监督活动。政协委员在助力化解社会矛盾纠纷、维护群众利益、推动依法办事、公开公正办事等方面发挥了积极作用。

五、服务全县大局，发挥大团结大联合作用

充分发挥团结民主作用，积极引导政协各参加单位，动员广大政协委员，以更加务实作风为全县精准扶贫精准脱贫贡献力量。

参加单位助力脱贫攻坚。县工商联动员全县民营企业投身“百企帮百村”活动，助力精准扶贫。全县有61家企业投入扶贫资金350多万元，带动群众投资280多万元发展养殖业。2017年荣获全国“五好”工商联荣誉称号。县总工会争取350余万元帮扶资金，帮助困难职工解决生活、就医等方面的困难。团县委筹集希望工程资金110.5万元，资助建档立卡贫困户大学生402人。县妇联为2200多名农村妇女发放创业贷款8200多万元，为广大农村妇女提供创业就业资金支持。县文联着力开展文艺扶贫志愿服务，打造4个书香村部，帮助贫困群众实现思想脱贫。县残联为全县120户特困残疾人家庭每户救助2200元，为300户困难残疾人家庭每户救助800元，为12539名残疾人购买意外伤害保险。县科协在脱贫销号村建立基层农技协会、乡村科普e站、科普惠农服务站各14个，建立县科技专家服务团1个、乡科技服务团10个，用科学技术助力脱贫攻坚。县伊协号召宗教界人士带头践行社会主义核心价值观，弘扬中华民族优秀文化，积极宣讲移风易俗，自觉抑制高价彩礼、薄养厚葬等不良风气，为信教群众做出了榜样。知联会借助新媒体平台，组织开展公益活动100多次，筹集善款300多万元，助孤助学助残近万人，其中“润苗”孤儿救助行动，荣获首届宁夏精准扶贫公益慈善项目大赛金奖。

履职为民彰显委员本色。广大政协委员力所能及地在捐资助学、生产扶持、扶贫济困、帮助就业等方面倾力相助。政协委员为“教育扶贫（兴俊）基金”“百企帮百村”活动共捐助580万元。同德慈善基金会致力于开展助困助残工作，争取自治区创投项目，举办钻石贴画和剪纸培训班，实施贫困残疾人帮扶康复项目。周生良、马奇虎、张殿成、余永海、顾存才、马维宗、马宗昌、郭嘉等委员积极响应县委、县政府号召，为脱贫攻坚出力。田彦兰委员通过“精准扶贫文化先行”活动，在同德移民村举办剪纸刺绣培训班，培训200多人次，帮助移民村妇女居家就业。田坤委员的炕围画，代表宁夏参加文化部主办的“一条海上丝路，万千非遗瑰宝”，泉州国际艺术节非遗展演活动。白明俊委员荣获全国群众体育先进个人，赵永宏委员组织实施的“宁夏阳光沐浴工程”荣获国家农牧渔业丰收奖三等奖，马彩霞、阿曼古丽委员获自治区第二届“百孝之星”荣誉称号，李建成委员荣立三等功一次，马建梅委员荣获自治区骨干教师和学科带头人称号，陈树军、余海堂、张岚等委员分别受到市县级表彰。

团结联谊更加广泛活跃。积极落实“三联系”制度，主动走访宗教界、经济界委员，引导宗教界人士和企业家积极发挥优势，为构建和谐社会、促进同心发展贡献力量。在委员中开展政协委员“话践行社会主义核心价值观”活动两期。组织委员围绕“家庭、家教、家风”“工匠精神”等主题开展座谈交流讨论，引导委员自觉践行社会主核心价值观。对外交流更加活跃。接待13个来自山东、安徽、海南、天津、重庆等地各级政协，考察了同心县精准扶贫工作、民族团结、革命文化、电子商务等方面的工作，促进了同心与各地的相互交流。

六、坚持固本强基，打造高素质政协干部队伍

常委会以打造“懂政协、会协商、善议政”的委员干部队伍为目标，切实加强自身建设，夯实履职基础。

委员能力显著提升。制定委员履职量化考核

评价办法，重点突出“参加一次学习培训、提交一件提案、参与一次视察调研、反映一条社情民意信息、办一件实事好事”的“五个一”活动，通过考核，委员履职的积极性、主动性明显提高。向委员发送手机报12期，拓宽了知情明政渠道。向全体政协委员征订了《华兴时报》，为委员学习、履职提供了参考。以树立委员良好形象为目标，扎实开展“推进移风易俗、树立文明乡风、建设尚俭同心”活动，向全体委员发出倡议，号召委员发挥示范作用，带头推进移风易俗，带头宣传教育，带头践行婚事新办、丧事简办。举办专题文学艺术培训班，引导委员积极投身建设文化同心。

制度建设不断健全。以政协章程为核心，制定和修订了政协全体会议工作规则、常务委员会工作规则、委员履职工作规则、专委会通则、提案工作条例、反映社情民意信息等各项制度，进一步完善覆盖会议组织、经常性工作、自身建设的制度，推进履职工作不断向制度化、规范化、程序化迈进。

机关帮扶扎实有效。政协机关扎实开展对口帮扶工作，定期走访困难群众。积极协调解决了虎湾子村部、学校、幼儿园建设用地困难。动员11户群众实施易地搬迁。争取宁夏政协兴华爱心基金重特大疾病贫困户专项资金14.4万元，救助同心县5名重特大疾病贫困户。

文史资料彰显文化底蕴。本着“亲历、亲见、亲闻”的原则，为全国政协编纂的《回族百年实录》收集整理文史资料90篇，其中入选29篇，图片23幅，忠实记录了同心民风民俗、陕甘宁省豫海县回民自治政府成立、“三军会聚同心城”盛况，以及解放以来，为同心发展做出突出贡献的老一辈革命家、外地工作者的感人故事。

机关建设持续加强。以打造“学习型、和谐型、服务型、效能型”机关为目标，持续加强机关干部队伍作风建设，不断提高机关党员干部服务群众、服务委员的能力。扎实推进“两学一做”学习教育常态化制度化，广大党员干部“四个意识”显著增强，自觉维护以习近平同志为核心的党中央权威和集中统一领导。严格落实“三会一课”制度，党组成员带头讲党课，自觉过好双重组织生活。严格贯彻执行中央八项规定精神，自觉践行党的群众路线。深入实施同心县全面从严治党“六大工程”，扎实开展“铸廉铸勤”行动，坚决整治机关干部中的“庸懒散拖”行为。

各位委员，一年来，我们所取得的工作成绩，是县委正确领导，县人大常委会、县人民政府大力支持和各乡镇、各部门积极配合的结果，是政协各参加单位、广大政协委员、政协工作者和社会各界人士共同努力的结果。在此，我代表县政协常委会表示衷心的感谢！

在肯定成绩的同时，我们也看到，面对新使命、新任务，政协工作还存在着一些问题和不足。主要表现在：个别委员履职担当的责任心和主动性有待进一步增强；委员视察调研建言献策的能力有待进一步提升；政协提案社情民意的质量有待进一步提高。我们将在今后的工作中高度重视，认真研究，着力改进。

2018年主要工作

2018年是全面贯彻落实党的十九大精神的开局之年，是改革开放40周年，是决胜全面建成小康社会、实施“十三五”规划承上启下的关键一年。县政协工作的总体要求是：高举中国特色社会主义伟大旗帜，以邓小平理论、“三个代表”重要思想、科学发展观、习近平新时代中国特色社会主义思想为指导，在县委的坚强领导下，全面贯彻落实党的十九大精神，坚持统筹推进“五位一体”总体布局和协调推进“四个全面”战略布局，牢固树立和践行新发展理念，按照中共同心县委十三届九次全委（扩大）会议的决策部署要求，牢牢把握团结民主两大主题，把协商民主贯穿于政治协商、民主监督、参政议政全过程，为加快建设实力同心、魅力同心、活力同心、文化同心、幸福同心，坚决打赢脱贫攻坚战，决胜全面建成小康社会凝聚新时代的磅礴力量。

一、深入学习宣传贯彻党的十九大精神，努力为全县发展凝聚共识

常委会把学习宣传贯彻落实党的十九大精神作为当前和今后的首要政治任务，组织开展主题鲜明、形式多样、务实有效的学习活动，切实在“学懂弄通做实”上下功夫，深刻领会十九大报告关于加强协商民主和人民政协工作的重要论述。引导委员准确把握人民政协协商民主的性质定位，始终坚持政协工作的正确方向。召开常委会议专题学习贯彻党的十九大精神，不断强化“四个意识”，坚定“四个自信”，做到“四个看齐”，更加紧密地团结在以习近平同志为核心的党中央周围，切实用习近平新时代中国特色社会主义思想武装头脑、指导实践、推动工作。全面贯彻落实自治区第十二次党代会精神、吴忠市第五次党代会和县委十三届九次全委（扩大）会议精神，团结引导委员把思想和行动统一到区市县党委的决策部署上来，努力将县委的工作要求转化为政协履职的自觉行动。

二、紧扣协商主题，努力为县域经济跨越发展协商建言

推动同心经济社会发展，实现全面建成小康社会是我们共同的目标和责任，也是全县人民群众的热切期盼。我们要充分发挥政协全委会、常委会、主席会议的协商平台作用，积极献发展之计、建睿智之言。着眼于绿色经济发展，按照生态立县的战略要求，围绕生态经济林发展，就文冠果种植情况进行协商；围绕农业特色产业，就小杂粮产业发展情况进行协商；围绕加强环境保护，就大气污染防治工作进行协商，为同心县创建全区绿色经济示范县尽责尽力。着眼于共建共治共享，围绕农村基层民主政治建设，就村监会履职落实情况进行协商，形成有事好商量，众人的事情由众人商量的生动局面。着眼于加强和创新社会治理，围绕禁毒工作，就创建全国全区禁毒示范县进行协商，为维护同心县社会和谐稳定贡献力量。着眼于提高保障和改善民生水平，不断满足人民日益增长的美好生活需要为目标，围绕学前教育发展，就幼有所育进行协商；围绕精准脱贫，就金融扶贫工作进行协商；围绕不动产登记工作，就农村房地一体登记进展情况协商；围绕乡村振兴战略，就培育新型经营主体进行协商，及时提出有效管用的对策建议。

三、坚持履职为民，努力为民生改善尽责出力

常委会要始终坚持以人民为中心的发展思想，自觉把群众的小事当成我们的大事来办，主动为民发声、为民建言，把服务群众、维护群众利益作为履职工作的出发点和落脚点。做好视察调研工作。进一步改进和完善视察调研的方式方法，力求调研的力度和深度，努力使形成的视察调研报告内容有新意、分析有深度、意见建议有操作性。做好提案工作。进一步提高提案立案、交办、落实质量，要继续加强提案的督办工作，通过政府领导领办、政协领导联合督办重要提案等形式，提高提案的办结率，推动人民群众关注的问题得到落实。做好社情民意工作。充分发挥委员联系面广、代表性强的优势，组织委员深入基层联系点，广泛听取和收集基层群众的愿望和心声。认真做好社情民意信息的编辑、报送和反馈工作，给委员和群众满意答复。积极参与共建共治共享。委员要在所联系的各界人士和基层群众之间发挥桥梁和纽带作用，动员社会力量共同参与社会治理工作，为创建“和谐社区”“和谐寺观教堂”贡献力量，切实当好县委、县政府政策措施的宣传员、反映社情民意的信息员、化解社会矛盾的调解员，让更多人分享改革发展的红利。

四、突出政协主题，努力为委员搭建好协商交流平台

牢牢把握团结和民主两大主题，以持续开

展委员“话践行社会主义核心价值观”活动为载体，组织开展多种形式的联谊交流活动，不断夯实共同价值根基，为全县经济社会发展凝聚前行力量。加强与宗教界代表人士的联系，积极宣传党的民族政策和宗教工作基本方针，大力宣传同心县近年来在经济社会发展和各项事业建设等方面取得的新成就，营造人人珍惜团结、人人维护团结的浓厚氛围。加强与工商联的联系，动员鼓励委员积极投身于全县精准扶贫精准脱贫中，多做扶贫济困、雪中送炭的活动。加强与党外知识分子的联系，让党外知识分子通过政协平台，发挥参政议政、建言献策的作用。加强对外联谊交流活动，对考察交流的外省市县政协，讲好同心故事，传播同心声音，增进对同心县的了解。加强与新闻媒体的沟通联系，把宣传委员作为重点，讲好委员在服务“五个同心”建设实践过程中的生动故事，切实起到示范引领作用。

五、树立自身形象，努力为履行政协职能夯实基础

以“懂政协、会协商、善议政”为目标，持续抓好委员队伍建设，进一步拓宽委员学习渠道，继续为委员征订《华兴时报》，向委员发送学习资料，办好委员培训班，不断提升委员理论水平。加强委员履职管理，持续开展“五个一”活动，不断提升委员履职积极性。密切与委员的沟通联系，坚持“三联系”走访委员制度，确保本届政协委员走访全覆盖。加强各乡镇委员基层联系点工作，切实发挥委员联系服务群众的作用。进一步活跃界别工作，突出界别特色，设立委员工作室，支持委员开展界别活动。加强专委会建设，切实开展对口协商工作。持续开展机关帮扶工作，助力全县打赢脱贫攻坚战。加强机关党建和党风廉政建设，持续推进“两学一做”学习教育常态化制度化。严格贯彻执行中央八项规定精神及区市县若干规定，扎实开展“不忘初心，牢记使命”主题教育，持之以恒抓“四风”，切实改进工作作风，不断提高机关服务能力。强化制度执行力，不断提升政协工作和机关建设的科学化水平。

各位委员、同志们，集众智才能成伟业，聚合力方可谱新篇。让我们紧密地团结在以习近平同志为核心的党中央周围，在县委的正确领导下，不忘初心、牢记使命，始终坚持以人民为中心的发展思想，不断提高履职能力，为坚决打赢脱贫攻坚战，实现人民对美好生活的向往而不懈奋斗。

“1+N”助推精准脱贫

——宁夏回族自治区吴忠市同心县创新发展“同德村模式”纪实

宁夏回族自治区吴忠市同心县河西镇同德村是“十二五”期间最大的新建移民村，全村占地面积1万亩，搬迁安置东部山区3个乡镇11个村的贫困群众1379户6131人。近年来，该村把支部建在产业链、党员聚在产业链、农民富在产业链的“1+N”牵引带动模式，破解了移民村后续产业培育难题，找到了精准脱贫致富奔小康的发展路径。2015年农民人均可支配收入达到5400元，同比增长20%。2016年5月15日，中央政治局委员、中组部部长赵乐际在同德村视察时，充分肯定了“1+N”支部助推精准脱贫模式，认为:“这个做法好，实现了两个支部间的牵引带动。把党组织建好了，对企业的发展能起到引领作用，使企业的发展更健康。”

一、做法多样引热潮

“支部+产业”牵引带动移民增收。在同德

村，“1+N”的产业脱贫致富模式，让移民得了实惠。“1”就是支部和党员，是全村移民脱贫致富的领头雁。“N”就是培育新型经营主体和增收产业。该村党支部积极鼓励和支持本村2—3家有实力的养殖大户与因病因残贫困户合作，成立养殖合作社，采取集中养殖、托管代养、入股分红等合作经营方式，引导贫困户以圈棚入社、资金入股、投工投劳等方式，实现“抱团脱贫”。同时，放大用活多个扶持基金和资金，全村创建养殖信用户590户，发放养殖户贷款达5000万元，牛羊饲养量分别达到300头和2万只，建成了饲草加工厂1家。村民冶学云和5个股东贷款100多万元盖起了牛棚、羊圈，计划把村里的建档立卡户全部纳入合作社，按收入分红。针对青壮年外出靠体力务工，缺乏技术的现状，村党支部主动对接同心县扶贫技工学校，组织村民参加养殖技术、枸杞栽培、装挖机技能操作等培训班16期750多人，培养劳务经纪人12名，每年有组织和自发输出劳动力1200人次，50%属于智力输出，人均实现务工收入15000元。村党支部还抢抓机遇，争取同心县聚能汇鑫电力有限公司实施完成屋顶分布式光伏产业扶贫试点项目，企业、村委会及村民三方签订租赁协议，按照600元/年左右的标准租赁贫困户屋顶。目前，每年每户兑现屋顶租赁费500元，逐步享受贫困户用电不花钱，卖电有收入，参股能分红的“红利”，直接有效增加贫困户收入。

“支部+企业”牵引带动移民华丽转身。按照“产业强村、产业富民”的发展思路，同德村2013年成功引进了一家集枸杞种植、加工、销售于一体，产品出口欧盟、美国的有机枸杞生产企业——润德庄园，流转土地7100亩，在按照第一个五年亩均600元，第二个五年亩均700元，后三个五年分别为800元和900元的标准获得土地收益的基础上，同德村党支部积极与润德庄园科技有限公司党支部建立共建互助联盟，形成村企联合大党建格局，组建枸杞种植协调小组、劳务输出小组等功能党小组，协调解决实际问题，使基层党建、产业发展、社会治理及群众增收实现“多赢”。每逢6—8月枸杞采摘高峰期，各个党小组每天为近3000名茨农服务。村党支部书记杨耀成是采摘小组组长，总是优先安排建档立卡贫困户采摘枸杞；党员杨耀秀承包管理350亩枸杞，他带领聋哑人杨占有等残疾移民锄草、抹芽、修枝。在壮大产业基地，加大产品研发、扩大精深加工、延长产业链的基础上，优先解决建档立卡贫困户到企业务工，参与田间管理、生产加工等各个环节，引导建档立卡贫困户每户都有1人成为“产业工人”，每人每年从枸杞产业中获得产业流转、采摘、务工等各类收入达到5000元以上，保证贫困户群众在润德庄园“打上工、有事干、能赚钱”。通过村企联动合作，积极探索发展绿色生态观光、庄园休闲采摘体验和农家乐旅游项目，使枸杞产业成为脱贫增收的“绿色银行”。

“支部+电商”牵引带动村民线上线下创业就业。同德村党支部紧抓电商产业向贫困村倾斜的政策机遇，发挥村级“电商服务站”作用，大力发展电商产业扶贫，鼓励贫困户从事电商产业，为移民群众提供便民服务，减轻移民群众负担。该村积极争取区交通运输厅帮扶，投资60多万元开工建设村综合农贸市场，借助同心县“回回集市”等电商平台，支持贫困户参与商贸流通，发展第三产业。该村多名年轻人借助“回回集市”进行线上的商贸流通，销售本村有机枸杞等特色农产品，有的在中小企业孵化园自主创业做“微商”。村党支部对建档立卡贫困户采取减免房租等优惠政策，支持他们在农贸市场创业就业。目前，42户因残贫困户和12户因病贫困户在低保政策兜底和医疗救助扶持的基础上，通过争取创业小额贷款、农村妇女创业小额贷款等各类优惠贷款贴息扶持，创办各类商贸实体店54家，每户每年实现营业收入10000元以上。

二、成效显著创增收

产业发展了，农民增收了。同德村坚持把支部建在产业链上，构建村支部、龙头企业、农村合作组织等多方参与、市场化运作的“1+N”产业发展格局，打造有机枸杞种植、龙头企业加工、庭院养殖、劳务输出、光伏扶贫、农村电商等精准扶贫措施“六位一体”的生态农业扶贫综合体，使移民群众的收入多元化，形成了有机枸杞、养殖、光伏、劳务、电商等五大扶贫产业，探索推行了“支部＋合作社＋龙头企业＋贫困户”党建扶贫模式，在龙头企业中建立党支部，组建贫困村产业链功能型党小组，让群众在产业链的各个环节增加收入，加快了脱贫步伐。

品牌打响了，企业盈利了。村党支部一头连着企业，一头连着农户，形成了“支部＋产业链”精准扶贫模式，使企业获得了丰厚的利润，让农民有了可观的收入。润德庄园加工的富硒枸杞干果年总产量已达到400吨，主要出口欧美、东南亚及中国香港等地。预计今年枸杞鲜果年产量将达到1万吨，总产值将突破2亿元。润德庄园后续将开发枸杞根粉、枸杞根片、枸杞原浆、枸杞多糖等系列产品生产线，建设一处集规模种植、生产研发、产品展示、生态观光等全产业链的生态产业基地。截至目前，已开发了22个品种，打造的人才枸杞高地和生态农业扶贫示范基地，使河西镇同德移民新村贫困群众在获得租金的同时，就近务工并成为产业工人，亩均收入突破6000—8000元，为全县产业脱贫起到十分显著的示范带动作用。

村企联姻了，支部加强了。积极探索城乡联建、村企联建的有效形式，将村级党组织的政治优势、企业的经济优势有效对接，运用企业经营管理理念共谋、共管、共建移民新村，打造出同德村的“211脱贫工程”。即村企两个支部发挥龙头带动作用，围绕一个有机枸杞产业链，带动1000多户群众脱贫致富。以支部的龙头带动为牵引，发挥农村党员“1对1”结对帮扶示范带动作用，与企业签订长期用工劳务合同，组织党员群众在枸杞园进行田间生产管理和枸杞采摘，使移民变为产业工人，保证了贫困户群众在家门口打上工、有事干、能赚钱，确保移民群众真正搬得下、稳得住、管得好、逐步能致富。“211脱贫工程”为党员赢得了口碑，为支部竖起了威望，实现基层共建、利益共享。

原载于《中国改革报》5月25日

（李　斌）

大事记

1月

9日　全县2016年度效能目标管理考核工作全面开始。考核组分乡镇，政府经济部门，政府非经济部门，党委、人大、政协机关，群团组织与区市属部门5个组，由县领导带队，通过听取汇报、现场勘验、查阅图片资料等方式，进行全面考核评定。

12—13日　国务院扶贫开发领导小组第三方评估组，对同心县脱贫攻坚工作进行评估。12日，政府县长、县脱贫攻坚领导小组副组长丁炜就同心县脱贫攻坚工作情况进行汇报。13日，国务院扶贫开发领导小组脱贫攻坚工作成效第三方评估组先后到扶贫产业园、"回回集市"电子商务服务中心、白石头沟水库、润德庄园、下马关水库、宁夏德泽万头黑毛驴繁育基地、下马关镇三山井村建档立卡贫困户家中，详细了解同心县脱贫攻坚工作情况。

12—14日　吴忠市教育督导评估组对同心县创建区级义务教育发展基本均衡县工作进行市级评估，首批12个乡镇的39所学校通过验收。

16日　南京证券同心营业部及金融扶贫工作站揭牌。南京证券向同心县捐赠100万元扶贫资金，并分别与宁夏亿金民族服饰有限公司、宁夏天益创农业开发有限公司签订资本运作财务顾问意向合作协议。

17日　全县2017年度文化科技卫生"三下乡"活动在预旺镇启动。

18日　县领导马洪海、丁炜、马玉祥、郭耀峰带领相关部门负责人赴银川考察宁夏路桥集团公司。座谈会上，双方表示将在现代物流园建设、现代农业发展、桥梁建设、PPP合作等方面寻求合作，实现双方互赢发展。

19—20日　自治区医院等级评审专家组对县人民医院"二级甲等医院"进行复审验收，县人民医院顺利通过"二甲"复审。

23日　同心县召开2016年度党（工）委书记抓基层党建工作和党风廉政建设述职会，听取乡镇党委和县委直属基层党（工）委书记抓基层党建工作和党风廉政建设情况的汇报，对深入推进基层党建和党风廉政建设各项任务的落实进行安排部署。

25日　全县党风廉政建设和反腐败工作会议传达十八届中央纪委七次全会、自治区纪委十一届八次全会和吴忠市纪委五届二次全会精神，总结2016年党风廉政建设和反腐败工作，部署2017年工作。

是月　县人大党组领导班子、县委领导班子、县政府党组领导班子、县政协党组领导班子及全县各部门各单位各乡镇分别召开2016年度民主生活会。

△ 同心县投资3000多万元的政务服务中心建成，该中心建筑面积4950平方米，设立服务窗口100个、后台审核审批岗位60个，规划进驻窗口单位40个，进驻人员150人左右。

△ 国家发改委网站发布《关于印发全国红色旅游经典景区名录的通知》，同心县陕甘宁省豫海县回民自治政府旧址、同心县红军西征纪念园和豫旺堡西征红军总指挥部旧址3个红色旅游景区入选全国红色经典景区名录。

△ 在中国气象局公布的第四批标准化气象灾害防御乡（镇）名单中，同心县下马关镇入选全国标准化气象灾害防御示范乡镇。

△ 宁夏银行吴忠分行与吴忠市政府共建，联合公安系统建设的警银亭在同心县正式投入运行。

△ 中央文明办在广西钦州举办全国道德模范与身边好人现场交流活动，并隆重发布2016年12月“中国好人榜”。同心县霞光公益组织志愿者丁秋菊荣登“助人为乐”好人榜，是宁夏唯一一名上榜的“好人”。

△ 同心县“宁夏同心县双维绒毛有限公司”等14家企业被吴忠市人民政府命名为2014—2015年度吴忠市“守合同重信用”企业。

△ 同心县发放春节慰问金1826.52万元，共慰问75071人（户、个）。

2月

3日 县领导马洪海、丁炜在同心会见宁夏林业研究所有限公司董事长、国家重点实验室主任李健，宁夏森淼科技集团有限公司董事长兼总裁沈效东一行，并就投资合作事宜进行协商。

6日 最高人民检察院党组书记、检察长曹建明到同心县视察调研并到丁塘镇小山村看望慰问“全国模范检察官”马俊。

7日 县领导马洪海、丁炜、王自成、田成川等先后到县城新区、扶贫产业园、红军西征纪念园、中寺片区棚户区、火车站等地，实地调研部分道路工程规划建设、新区医院广场及停车场规划、棚户区改造规划等情况部署2017年大县城建设项目规划建设情况。

8—9日 县长丁炜先后到扶贫产业园、清水河综合治理工程项目区、丁塘镇农资销售店、豫海镇德丰种子销售店、石狮管委会砚台村、王团镇圆枣村等地，专题调研全县部分重点项目、春耕备耕情况和全县文化教育事业发展工作。

9日 全县公安工作会议贯彻落实上级政法、公安工作会议精神，总结2016年全县公安工作，部署2017年全县公安工作，并对2016年度公安工作先进集体、先进个人、优秀警属、优秀协警进行表彰。

13日 县委、县政府决定对县司法局等4个政法工作先进集体、豫海镇人民政府等11个平安建设工作先进集体和杨琴等6名政法工作先进个人、叶娟等24名平安建设工作先进个人予以表彰奖励。

14日 吴忠市委常委、县委书记马洪海主持召开全县春耕备耕形势会商会，对全县气象、墒情、水情进行通报，共同研判全县春耕备耕形势。

是日 全县党的建设工作会议总结安排全县组织、宣传、统战、政法工作。并表彰奖励2016年度全县党的建设工作中涌现出的先进集体、先进个人。

△ 县委、县政府决定授予丁塘镇党委等15个单位为全县宣传思想文化工作先进集体，授予苏峰等15人为全县宣传思想文化工作先进个人，授予王自忠等人为优秀文学创作者，授予倪晓江等9人为全县优秀通讯员，授予同心县天天乐业余文艺宣传队等2个团队为同心县优秀文艺团队。对王团镇等5个禁毒工作先进集体、豫海镇豫园社区等20个禁毒工作示范集体和马晓国等45名

禁毒工作先进个人进行表彰奖励。对豫海回民高级中学等30所学校命名为“毒品预防宣传教育示范学校”。对河西镇等20个单位授予民族团结进步创建活动先进集体称号，对马斌文等30人授予民族团结进步创建活动先进个人称号。

15日 同心县召开全县禁毒“摘帽”攻坚誓师大会，总结安排全县禁毒工作，动员全县确保年内摘掉全区毒品问题重点整治县“帽子”，并对2016年禁毒工作先进集体和个人进行表彰奖励，对“无毒村”“无毒单位”进行命名。

是日 吴忠市委副书记、市长喜清江深入同心县扶贫产业园企业和项目建设工地，调研园区首季开门红项目情况。一季度共储备项目10个，总投资183.1亿元，其中新建项目3个，投资151.3亿元；续建项目7个，投资31.8亿元；已开工建设项目5个。

17日 全县重点项目推进会通报2016年“两大任务”完成情况，安排部署2017年“两大任务”和重点建设项目。

是日 同心县被正式授牌命名为自治区“无烟草广告县城”，标志着同心县“三城联创”工作取得阶段性成效。

△ 首届宁夏精准扶贫慈善公益项目大赛落幕，19个精准扶贫慈善公益项目获奖。同心县“润苗”行动孤儿救助项目和“你的路不孤单”救助涉毒家庭留守娃公益项目分获金、银奖。

19日 县长丁炜在同心会见宁夏水务投资集团有限公司副总经理马渊一行，并就城乡水务一体化改革相关事宜进行洽谈。

21日 县委中心组（扩大）学习会邀请自治区党委政策研究室副主任罗全福，作中央一号文件及自治区一号文件专题辅导报告。

23日 全县重点建设项目大会暨豫海万家开工仪式在新区隆重举行。2017年，计划实施重点项目150个，概算总投资203亿元，计划完成年度投资153亿元，完成年度固定资产投资120亿元，增长20%。

25日 同心县召开“推动移风易俗　树立文明乡风　建设尚俭同心”动员会，安排部署全县“推动移风易俗、树立文明乡风、建设尚俭同心”工作，并命名工业信息化和商务局等10个单位为2016年度县级文明单位，豫海镇兴隆村等7个村为2016年度县级文明村，届时为2017—2020年。授予李宗道等9人为同心县第一届乡贤，授予丁秋菊等10人为同心县第四届“道德模范”，授予马彦国等11人为同心县第四届“最美同心人”，授予丁生俊等24户家庭为“十星级民风建设模范户”，授予宁夏润德生物科技有限责任公司等12家企业和商户为2016年度“同心好商家”。

是月 同心县召开非法盗挖地下文物和古生物化石专项整治暨丁家二沟村盗挖坑洞集中爆破炸毁现场会议，开展非法盗挖文物和古生物化石专项整治行动，依法打击非法盗挖文物和古生物化石违法行为。

△ 县公安局连破2起特大运输贩卖毒品案件，抓获毒品犯罪嫌疑人2名，查获毒品海洛因325.32克、冰毒4.2公斤，查扣涉案车辆1辆，强制收戒吸毒人员2名。

△ 同心县委、县政府出台《同心县关于规范党员领导干部操办婚丧喜庆事宜的暂行规定》，明确党员领导干部操办婚丧喜庆事宜“十四条禁令”。

△ 同心县启动“你的路不孤单”救助涉毒家庭留守娃禁毒公益项目。已通过腾讯公益筹集善款5.6万元，并成功晋级首届宁夏精准扶贫慈善公益项目大赛。

△ 全县各乡镇启动“推动移风易俗　树立文明乡风”活动。

△ 中国人民武装警察部队党委二届十次全会表彰10个“基层建设标兵中队”，武警同心县中队荣获基层建设标兵中队称号。

3月

1日 同心县启动食品安全先进县创建工作。

是日 同心县召开全县农业农村工作暨机关干部下农村送政策促发展活动动员会，表彰奖励农村工作先进集体、先进个人、优秀龙头企业和新型经营主体，抗洪抢险先进集体和个人；总结2016年度农业农村工作，安排部署2017年度农业农村工作；安排部署2017年度机关干部“下农村、送政策、抓改革、促发展”活动。

2—3日 县长丁炜先后到石狮管委会、张家塬乡、预旺镇、韦州镇等地，专题调研2017年全县15个计划脱贫销号村的产业发展、基础设施、生态环境治理、农村社会事业等方面的情况。

3日 县委、县政府授予同心县社会经济调查队等24个单位“2016年度脱贫攻坚先进集体“荣誉称号；赠予中国致公党北京市委员会等16个单位荣誉牌匾；授予荆汉智等58名同志“2016年度脱贫攻坚先进工作者“荣誉称号；授予河西镇同德村等9个村“脱贫攻坚先进村”荣誉称号；授予河西镇顾青科等200户脱贫群众“脱贫攻坚光荣户”荣誉称号。

7日 同心县召开全县脱贫攻坚推进会贯彻落实中央和区市一系列脱贫攻坚推进，总结2016年脱贫攻坚工作，安排部署2017年脱贫攻坚工作。表彰奖励200名脱贫攻坚光荣户、9个脱贫攻坚先进村、24个脱贫攻坚先进集体、58名先进个人。

9日 县委、县政府决定对王团镇等6个完成人口和计划生育工作目标任务较好的乡镇兑现目标管理责任奖，对马勇等15名2016年度全县计划生育工作优秀村干部及优秀信息员予以表彰。

13日 同心县开通精准扶贫智能信息短信平台。

14日 自治区党委常委、组织部部长盛荣华一行先后到河西镇同德移民村、宁夏润德生物科技有限责任公司、同心清真大寺、红军西征纪念园等地，调研基层党建及脱贫攻坚工作。

15日 马洪海、丁炜在同心会见北京三聚环保新材料股份有限公司副总裁付兴国，并参加在同心县举行的三聚环保万吨级秸秆综合利用项目开工仪式。

是日 自治区葡萄花卉产业发展局到同心县调研，对同心县拟利用5万亩土地建设葡萄产业园区的前期相关事宜进行现场审议。调研组认为同心县发展酿酒葡萄产业的基础条件好，由韦州镇韦一、韦二、南门、河湾、旧庄、甘沟6个行政村5万亩连片土地，土质、墒情（土壤湿度是否适于耕种的情况）及气候，都适宜葡萄的种植。

16日 全县2017年卫生和计划生育工作会议传达国家及自治区、吴忠市卫生计生工作会议精神，总结2016年全县卫计工作、安排部署2017年工作，对获得2016年度目标管理责任奖、2014—2016周期计划生育三星级乡镇代表及先进个人进行表彰；县委副书记、县长丁炜与各乡镇管委会负责人分别签订2017年全县人口和计划生育目标管理责任书。

17日 同心县召开2017年全县安全生产工作会议暨县安委会第一次会议，总结2016年安全生产工作、2016年消防安全工作；安排部署2017年安全生产工作、2017年消防安全工作；表彰奖励2016年度全县安全生产工作和消防安全工作先进单位和先进个人，签订2017年度安全生产责任书。

19日 县人民医院举办首届新生儿及围产医学危重症相关疾病诊疗学习班。特邀宁夏医科大学总医院等医院5位专家教授，围绕新生儿复苏指南的进展、产后出血诊治新进展等内容进行讲解与辅导。

20日 县长丁炜在同心县会见广州荣阳实业集团总经理朱鸿韬一行，双方就澳普利发oplv万套标准化门窗建设项目进行签约。

24日 同心县通报2016年以来查处的10起涉农扶贫领域腐败案件。

是日 同心县召开全县2016年度效能目标管理考核工作表彰大会，总结2016年工作，表彰奖励效能目标管理考核先进集体。

29日 马洪海在同心会见宁夏国有资产投资控股集团有限公司党委书记、董事长吴琼一行，双方就重点项目建设等领域投融资合作事宜进行洽谈。

是月 同心县移风易俗活动启动并全面开展。通过印发《全县推动移风易俗、树立文明新风倡议书》，编写《移风易俗“三字经”》，编排移风易俗快板书，印制社会主义核心价值观、移风易俗宣传挂历，组织拍摄微电影《还要过日子》等多种形式，移风易俗工作呈现出动员广、形式活、载体新、影响大的良好态势。

△ 《吴忠日报》报道：同心县加快推进农业供给侧结构性改革，抢抓自治区全域旅游产业发展机遇，先后引进香港新华集团、厦门泉州商会在韦州镇发展万亩葡萄种植，打造葡萄小镇。

△ 同心县三聚环保万吨级秸秆综合利用项目正式开工。

△ 同心县率先在宁夏推行县级禁毒办机构实体化运行，核定县禁毒工作管理服务中心全额事业编制10名，其中主任1名。核定后的县禁毒工作管理服务中心由县禁毒办归口管理，属财政全额拨款的副科级事业单位。

△ 国家认监委下发《关于开展国家良好农业规范认证示范区（县）创建活动的通知》，同心县被列为国家首批良好农业规范认证示范创建县。

△ 同心县首家丝印厂——宁夏兰卿商贸有限公司兰卿丝印厂正式投产营运。

4月

1日 同心县举行“清明祭英烈”活动，缅怀革命先烈的丰功伟绩，颂扬革命先烈的崇高精神，激发全县广大干部群众继承革命遗志，发扬优良传统，凝聚全县上下打赢脱贫攻坚的决心和建设“五个同心”的正能量。

是日 同心县政务服务中心投入运行。该服务中心投资3500多万元，5000平方米，设立服务窗口100个，后台审核审批岗位60个，进驻窗口单位33个，进驻人员120人。

5日 同心县投资810万元，规划建设公共安全视频监控中心和12个乡镇综治中心。

6日 同心县整合资金5800万元，在全县100个贫困村开展资产收益性扶贫试点。

10日 自治区党委常委、纪委书记许传智一行到河西镇同德村、宁夏润德生物科技有限公司等地，调研同心县党风廉政建设和反腐败工作。

11日 县政协第十一届委员会第二次常委会审议通过《政协同心县委员会关于反映社情民意信息工作的办法》《政协同心县委员会关于委员履职量化考核管理的办法（试行）》，并专题协商棚户区改造。

12日 同心县召开2016年度县直机关党组织书记抓基层党建工作述职会，听取检察院、政协、宗教局、司法局、交通运输局、阿语学校2016年党建工作述职，并现场进行述职点评。

△ 中共同心县第十三届委员会第四次全体会议召开。会议应到县委委员41名，候补委员8名，实到县委委员33名、候补委员8名，符合法定人数。会议投票表决乡镇党政领导班子正职和政府直属部门负责人拟任人选。

14日 全区推动移风易俗树立文明乡风现场

推进会在同心县召开。会后，自治区党委常委、宣传部部长、文明委主任赵永清和相关部门负责人观摩同心县在推动移风易俗、树立文明乡风方面的典型做法。

17日 同心县公安局侦破特大贩卖运输毒品案，抓获犯罪嫌疑人3人，缴获毒品12公斤。

是日 吴忠市人大常委会副主任郝明、市政协副主席李焕民对同心县2017年市级农林水牧、基础设施、社会事业等16个项目进展情况进行督查。2017年，吴忠市共确定同心县农林水牧、基础设施、社会事业等项目16个，其中农林水牧项目6个，基础设施项目5个，社会事业项目5个，项目总投资约23亿元，计划年内完成投资约19亿元。截至4月，16个项目已开（复）工12个，项目开工率75%。完成工程建设投资2亿元。

△ 同心县召开创建全区全国禁毒示范县动员会，贯彻落实全国禁毒工作电视电话会议精神和全区禁毒工作暨创建全国禁毒示范区启动会议精神，总结全县第一季度禁毒“摘帽”工作，部署全区全国禁毒示范县创建工作，推动全县禁毒“摘帽”攻坚战取得胜利。

23—24日 23日，全国政协教科文卫体委员会副主任、香港中华总商会会长、香港新华集团董事会主席蔡冠深到同心县考察。24日，在银川市与同心县签订投资建设罗山东麓葡萄酒特色小镇合作协议。项目由香港新华集团统一规划建设，概算总投资60亿元，计划三年完成项目规划建设任务。

24日 第十三届全国见义勇为英雄模范表彰大会在北京召开，同心县韦州镇旧庄村村民马永海获全国见义勇为模范称号。

28日 全区推进“两学一做”学习教育常态化制度化工作电视电话会议召开。

是月 同心县成立农村土地承包经营权抵押贷款风险补偿基金，初始规模500万元，将有效防范抵押贷款风险，实现抵押贷款商业化可持续发展。

△ 同心县羊把式民族皮草加工专业合作社所属的“羊把式YANG BaSHI”商标被国家工商总局商标局认定为中国驰名商标，这是同心县继“同心圆枣”后第2件荣获中国驰名商标的品牌商品。

5月

5日 县委、县政府决定给予破获特大贩毒案的同心县公安局禁毒大队记集体三等功一次，给予马成等11人记个人三等功一次。

6日 同心县破获“3·14”特大贩毒案，缴获疑似毒品海洛因11.2公斤，抓获犯罪嫌疑人两名。

10日 吴忠市委书记、市人大常委会主任沈左权到同心县重点项目建设工地、产业园区等地，调研经济社会发展、脱贫攻坚情况。

是日 “健康中国基层行”百市千县精准健康扶贫系列慈善活动在同心县文化广场隆重举行。共募集善款3010051元，其中广东省卓如医疗慈善救助基金会捐赠200万元，为贫困患者发放医疗慈善救助卡365张。

12日 同心县与宁夏水务投资集团正式签订水务一体化合作协议，标志着同心县水务一体化改革正式进入操作实施阶段。

是日 自治区党委书记石泰峰到同心县调研民族宗教工作和经济社会发展有关情况，他强调，要认真贯彻落实习近平总书记在宁夏视察时的重要讲话精神，深入开展民族团结进步创建活动，坚持宗教中国化方向，不断巩固发展民族团结、宗教和顺的良好局面。

18日 中央纪委驻国家民委纪检组长、国家民委党组成员周小莹一行到同心县调研民族团结进步创建工作。

19日　同心县召开推进“两学一做”学习教育常态化制度化暨群众评议机关作风活动推进会，传达学习中央推进“两学一做”学习教育常态化制度化工作座谈会和自治区电视电话会议精神。全面总结全县开展“两学一做”学习教育以来取得的成效和存在的问题，并安排部署推进“两学一做”学习教育常态化制度化和群众评议机关作风活动。

20日　同心县休闲农业推进年活动启动仪式暨王团镇沟南村首届乡村旅游牡丹观光节开幕式在王团镇沟南村举行。

30日　维宗博爱基金会在县教育局举行2016年—2017年在校特困大学生资助金发放仪式，为44名在校特困大学生发放资助金14.5万元。

是月　同心县出台《同心县落实残疾人两项补贴工作方案》，共为11254人发放补贴款1200余万元。

6月

1日　自治区主席咸辉深入同心县韦州镇、下马关镇部分种植基地，对产业扶贫进行专题调研。咸辉强调，要深刻领会习近平总书记关于脱贫攻坚的一系列重要讲话精神，把产业扶贫摆在更加突出的位置，大力发展高效节水优势特色产业，带动更多贫困群众增收，夯实精准稳定可持续脱贫的产业基础。

是日　同心县被评为全国营养改善计划工作优秀县。

2日　同心县第三幼儿园（安溪幼儿园）举行开园仪式，该园占地总面积为1.3万平方米，可设18个教学班，容纳600余名幼儿。

是日　同心县在王团镇召开县乡两级党委书记抓党建促脱贫月度例会，吴忠市委常委、县委书记马洪海主持会议并讲话。

5日　同心县创建绿色经济示范县规划评审会在银川召开。

8日　宁夏冷冻食品行业协会在同心县成立。

13日　北京雷学金助学金签约启动仪式在同心县举行。计划在10年内资助全县140名贫困大学生完成学业，每名学生每年资助1万元，连续资助4年，捐资总金额为560万元。

14—15日　同心县第二批51所学校通过吴忠市义务教育均衡发展评估复核。

15日　吴忠市召开创建全国禁毒示范市推进会电视电话会议，同心县政府县长丁炜在吴忠主会场参加会议并与吴忠市委书记沈左权签订《2017年度禁毒工作目标管理责任书》。

是日　同心县首次使用植保无人机防控农作物疫情。

19日　同心县与建行宁夏分行签订金融扶贫合作协议，在全区县一级率先签订“一行一县”对口合作协议。

20日　同心县工商联等被评为2016年“领导班子好、会员发展好、商会建设好、作用发挥好、工作保障好”的全国“五好”县级工商联。

23日　在建党96周年来临之际，吴忠市市长喜清江，市政协主席孙瑛一行到同心县看望慰问老党员、生活困难党员。

30日　为庆祝中国共产党成立96周年，同心县在文化广场举行“不忘初心　砥砺奋进”大合唱比赛。

是日　吴忠市委书记沈左权到盐同红集中连片贫困区，对脱贫攻坚工作进行调研。在同心县调研时强调，要积极调整产业结构，围绕精准脱贫大力发展优势特色产业。

是月　同心县印发“河长制”工作方案。

7月

1日　同心县举行“传承红色基因·争做合格党员·喜迎党的十九大”庆“七一”主题党日

活动，庆祝中国共产党96周年诞辰。

是日 同心县公安局河西派出所破获一起非法持有毒品大麻案，抓获犯罪嫌疑人1名，现场缴获毒品大麻175.69公斤。

△ 自治区党委常委、组织部部长盛荣华率队到同心县，就提高基层党组织建设水平、实施脱贫富民战略开展调研。

△ 同心县召开韦州古城总体规划和特色旅游规划汇报会。根据规划方案，将把韦州古城打造成创新型、生态型和国际型的中国第一古镇，并形成旅游产业聚合力。

△ 同心县举办自治区第十二次党代会精神专题辅导报告会。会上著名学者郝彤以《振奋精神再起航 实干兴宁谱新章》为题，作自治区第十二次党代会精神专题辅导。

12日 自治区党委常委、组织部部长盛荣华在韦州镇调研基层党建工作，并主持召开部分贫困村党支部书记抓基层党建促脱贫富民座谈会，就学习贯彻自治区第十二次党代会精神，推进“两学一做”学习教育常态化制度化，夯实农村基层党建基础提出要求。

13日 同心农村商业银行股份有限公司创立大会暨第一次股东大会顺利召开，同心县农村信用联社正式改制为同心农村商业银行，标志着第一家同心人自己的银行正式成立。

是日 同心县“十二五”时期最后一批移民75户266人迁往吴忠市孙家滩、利通区同利村及蔡桥移民安置区，标志着全县“十二五”时期移民任务全面完成。

14日 15时至18时左右，同心县东部下马关、预旺、马高庄和张家塬等4个乡镇10个行政村遭遇强降水、冰雹灾害性天气，冰雹直径1厘米左右，强降水、冰雹持续时间15分钟左右，最大降水量达到16.7毫米，部分群众受灾严重，无人员伤亡。据统计，受灾群众1263户4423人，农作物受灾面积25946亩，其中小麦12217亩、西瓜5129亩、玉米4520亩、小杂粮1380亩、马铃薯1100亩、中药材300亩、油料600亩、枸杞700亩、晾晒枸杞鲜果25吨。直接经济损失约2133.14万元。

24日 同心县通用机场项目入选44个重大市政工程领域重点PPP项目，是自治区唯一入选项目。

25日 自治区民委主任丁卫东带领全区民族团结进步创建互观互检现场观摩团，观摩全县民族团结进步创建工作。

26日 同心县召开2017年上半年党（工）委书记抓基层党建暨党风廉政建设述职会，提出抓基层党建和党风廉政建设工作的思路和措施。

27—28日 中国证监会办公厅副巡视员曾彤到下马关镇三山井村、南京证券同心营业部等地，调研证券行业“一司一县”结对帮扶工作开展情况。

31日 同心县邀请国防大学信息作战与指挥训练教研部教授吴留群为全县广大党员干部作国防教育专题辅导报告，教育引导全县广大党员干部铭记光辉历史、传承红色基因。

是日 在建军90周年之际，同心县在文化广场举行“不忘初心 砥砺前行 军民同心共筑中国梦”广场文艺演出。

是月 自治区60大庆献礼工程——同心至海原高速公路进展顺利，已完成总工程量的80%。同海高速2015年10月开工建设，计划通车时间为2017年12月。

△ 吴忠市召开创建全国禁毒示范推进会，对全市禁毒工作先进集体和个人进行表彰。同心县禁毒委荣获2016年全市禁毒工作综合考核一等奖，同心县公安局喜获2016年全市禁毒工作先进集体。

△ 县委宣讲团赴各单位集中宣讲自治区第十二次党代会精神。

8月

1—3日 同心县举办科级领导干部学习贯彻自治区十二次党代会精神专题研讨班，全县397名科级领导干部参加。

3日 全国政协常委、民建中央常务副主席郝明金到同心县韦州镇荣振“支部+6村+1企+N”联合合作社，调研培育农民合作组织、龙头企业等新型农业经营主体，强化与贫困户的利益联结，发挥组织带头作用；培育壮大贫困村集体经济，探索资源变资产、资金变股金、农民变股东等农村产权制度改革等情况。

8日 吴忠市政府市长喜清江在同心县下基层联系点兴隆乡李堡村和扶贫联系点预旺镇调研时强调，要突出产业发展，完善基础设施，强化社会治理，加强基层党建，为脱贫致富奔小康提供示范样板。

10日 吴忠市政法系统英模先进事迹巡回报告会在同心县举行，全县400多人聆听报告。

11日 同心县“十三五”时期易地扶贫搬迁第三批170户829名劳务移民集中入住新区家园A区新楼房。

是日 市委常委、县委书记、县总河长马洪海主持召开全面推行河长制工作第一次会议，研究部署同心县全面推行河长制工作。

△ 同心县召开全县脱贫攻坚工作专题会议，通报全县脱贫攻坚总体进展情况及国家、区市督查发现问题整改落实情况；各相关部门分别汇报产业扶贫、金融扶贫、健康扶贫、教育扶贫、危房危窑改造及社会救助（政策兜底）情况。

△ 同心县召开全县简政放权放管结合优化服务改革工作推进会，传达学习李克强总理在全国深化简政放权放管结合优化服务改革电视电话会议上的讲话精神，通报放管改革工作的进展情况。

15日 自治区党委常委、常务副主席张超超到同心县调研工业经济运行和重点项目建设，强调要优化投资环境，支持企业对标行业先进，找准市场定位，推动经济可持续发展。

16日 新西兰著名畜牧专家蒂姆教授到同心县对200多人进行养殖培训。

是日 由国家图书馆主办的“春雨工程”网络书香阅读推广活动在同心县启动。

△ “韩红爱心·百人援宁”医疗公益活动团到同心县开展大型义诊活动。

20日 宁夏青少年发展基金会和同心县团委在同心县预旺镇举办“北京大鸾翔宇慈善基金会‘恩来助学金’（同心）发放仪式”。为同心县50名大学新生每人发放助学金5000元，共计25万元。

23日 宁夏股权托管交易中心与同心县签署战略合作协议，双方将实现资源共享，协同创新，借力资本市场推进金融创新，助推区域经济快速发展。

是日 自治区食品药品监督管理局授予同心县自治区食品安全先进县称号。

24日 自治区政府副主席刘可为到同心县调研清水河综合治理情况。

25—26日 福建中医药大学副校长郑健到同心县开展学术讲座和义诊，并与同心县签署医疗帮扶校县合作协议。

26日 中央媒体深度贫困地区采访团到同心县扶贫产业园、润德庄园等地，采访脱贫攻坚工作开展情况。

27日 同心县政务服务中心下马关分中心正式挂牌运行。这是全区第一家县级政务服务中心在乡镇设立分支机构，辐射同心县东部5个乡镇18万人，标志着同心县政务服务中心辐射半径缩小到30千米以内。

是月 吴忠市出台《盐同红集中连片贫困地区区域发展与脱贫富民攻坚实施意见》，打造盐同红贫困地区脱贫共同体。

△ 同心县扬黄灌区玉米突发黏虫危害，虫害严重田块百株虫量多达6000头。黏虫害严重发生的面积达到2万多亩，其中韦州、下马关等乡镇大暴发，其他乡镇还在不断蔓延扩散。

△ 同心县实现河长制管理全覆盖。在全县23条河湖沟道全部安装河长制公示牌，河湖沟道清理整治专项行动全面启动。

9月

5日 同心县成立教育扶贫基金，共为建档立卡贫困家庭的在校学生募捐爱心善款54万元。

是日 县委、县政府表彰奖励2017年度全县教育工作先进集体和先进个人。

是日 县委制定《关于深入贯彻中央八项规定精神进一步加强和改进县级领导班子作风建设的实施意见》。

7日 同心县公安局韦州派出所对韦州非法土炼油厂予以全面取缔，共铲除取缔非法土炼油厂2家，拆除油炉4座。

8日 2017中国—阿拉伯国家博览会第四届一带一路技术平台转移国际合作峰会暨中阿国际科技产业合作联盟成立大会在银川举行。同心县政府县长丁炜参加推介会并全方位地推介同心县的历史、文化、资源以及政策优势，参会企业汉能控股、阿曼海润、北京京鹏等多家企业表示将带队到同心县考察投资，推动宁夏中部干旱带的扶贫进程。

9日 同心县组织400人参加第六届宁夏黄河金岸（吴忠）国际马拉松赛。

11日 以“共建卓越质量共享品质生活”为主题的2017年“质量月”活动启动仪式暨宣传咨询服务活动在同心县举行，标志着同心县“质量月”活动正式拉开帷幕。

11—13日 吴忠市委宣传部验收组对同心县52个村级综合文化服务中心建设项目进行验收。52个村基础设施建设项目已全部完成。

12日 凌晨，同心县公安局成功破获一起重大贩毒案，抓获犯罪嫌疑人1名，缴获毒品海洛因33克。

13日 中国诗歌协会副秘书长周所同考察同心县申报“中国诗歌之乡”工作。

是日 人社部调研同心县劳动保障监察综合行政执法体制改革工作。

14日 西部影城王团镇沟南希望小学落成。

是日 县委、县政府对在2016年度考核中被确定为优秀等次的马建堂等224名公务员给予嘉奖奖励，颁发证书，每人奖励现金800元，对全县2014—2016年度中连续三年获得优秀等次的金明琴等42名公务员记三等功，颁发奖励证书和奖章，每人奖励现金1500。

15日 由中国社会福利基金会、深圳前海椰子金融信息服务有限公司、芒果V基金、湖南广播电视台、《变形计》栏目组联合发起的“一元梦想计划暨变形计励志帮扶金”公益慈善捐赠活动在下马关镇红城水小学举行，该校192名孩子获赠新校服。

是日 同心县公安局正式启用“小警通”警务APP。

△ 同心县在中寺棚改片区举行“大干实干100天、决战决胜四季度”秋季项目大会战集中开工仪式，全县47个重点项目集中开工，拉开秋季项目大会战序幕。

18日 2017年宁夏打赢教育脱贫攻坚战推进会在同心县召开。会议学习贯彻习近平总书记在深度贫困地区脱贫攻坚座谈会上的重要讲话精神、全国打赢教育脱贫攻坚战现场会和全区脱贫攻坚政策落实工作会精神，总结交流教育精准扶贫工作经验。会后，参会人员分组观摩第五中学等学校教育基础设施和教育教学情况。各县和部分学校做了交流发言，签订高校结对帮扶任务书、职业学校结对帮扶协议。

是日 吴忠市委书记沈左权到同心县就盐同红集中连片贫困地区区域发展情况进行调研督查。

22日 同心县妇女第十次代表大会听取并通过《关于同心县妇联第九届执行委员会工作报告》，选举产生县妇联第十届执行委员会委员25人，周桃花当选为主席，庞悦、周晓玲为副主席。

26日 吴忠市委常委、县委书记马洪海在预旺镇主持召开县乡两级党委书记抓党建促脱贫月度例会。

27日 同心县召开中共十九大期间安保维稳暨消防工作动员会，安排部署党的十九大安保维稳暨消防工作，分析研判全县综治维稳形势，保障十九大期间安全稳定。

30日 同心县城市管理综合执法局揭牌。

是日 同心县召开2017年秋冬季农田水利基本建设动员会暨河长制工作推进会，安排2017年秋冬季农田水利基本建设工作，通报河长制工作开展情况。

是月 同心县国土部门依法查处16起非法占用耕地行为。

△ 《吴忠日报》报道：1—9月，同心县累计上争项目299个，到位资金33.85亿元；在建招商引资项目41个（其中新建33个、续建8个），总投资250亿元，到位资金73.6亿元。抢抓全国工商联十一届十次常委会议机遇，签订项目协议12个，签约资金218亿元，完成签约任务180亿元的121%。圆满完成中阿博览会招商引资项目签约任务，同心县与香港新华集团签订同心县罗山东麓文化小镇建设项目，合同金额100亿元。厦洽会同心县与厦门银江资本管理有限公司签订罗山东麓万亩葡萄种植项目，总投资20亿元。

△ 同心县全面启动“绿盾2017”罗山自然保护区清理整治专项行动并成立联合执法组。

△ 建行同心支行在河西镇杨河套子村设立全区首个“裕农通”普惠金融服务点，农户在家门口就可享受优质、便捷的金融服务。

△ 同心县全面实施按级别和所在地相结合的县乡两级河长制，其中县级3条，分别是清水河（同心段）、大甜水河（苦水河支流）和折死沟，乡镇级20条。23条河湖沟渠河长及工作职责公示牌已全部安装完毕，河长亮证上岗。

10月

11日 江苏省青少年发展基金会捐资援建的马高庄乡阳光希望小学落成。

13日 中国诗歌学会在同心县举行“中国诗歌之乡”授牌仪式，同心县被授予“中国诗歌之乡”称号。

16日 宁夏社科院与同心县智力扶贫签约暨脱贫富民调研基地揭牌仪式在新区行政中心举行。

17日 宁夏亿金民族服饰有限公司扶贫车间投产，车间有工人200余人，其中建档立卡户109人。

18—24日 中国共产党第十九次全国代表大会胜利召开，全县各界干部群众通过电视、广播、网络手机等各种媒体持续关注大会进程，习总书记的报告成为全县人民最关注、最鼓舞、最幸福、最自豪的热议话题。

20日 宁夏社会组织公益投创项目——同心县同德公益慈善基金会贫困残疾人帮扶康复项目启动仪式在同心县特教学校举行。项目资金20万元，计划对重度残疾人康复指导35人，残疾人就业基地指导35人，生态移民村残疾人家庭救助55人，贫困残疾大学生资助10人。

26日 同心县举办河长制工作培训班，对县乡村三级河长、各乡镇（管委会）及河长制领导小组成员单位负责人、河长制办公室工作人员进行业务培训。

27日 同心县在文化广场举办首届集体婚礼，来自全县的12对年轻人参加婚礼。

是日 《吴忠日报》报道：同心县强力推进脱贫攻坚，整合资金21亿元，实施5类56个扶贫项目，确保脱贫销号贫困村15个，整村推进贫困村7个，脱贫人口20055人。脱贫销号村人均可支配收入增长幅度高于全县平均水平2个百分点。

△ 全县各部门、各单位相继召开会议传达学习贯彻党的十九大精神，迅速掀起学习贯彻党的十九大精神的热潮。

11月

8日 吴忠市市长喜清江到兴隆乡李堡村宣讲党的十九大精神。

是日 同心县决定追授兴隆乡民生保障服务中心主任李进祯脱贫攻坚优秀共产党员称号，号召各级党组织和广大党员干部向李进祯学习。

9日 在全国“万企帮万村”扶贫车间座谈会上，同心县结合移民搬迁建设“扶贫车间”经验受到国务院扶贫办肯定，将在全国推广学习。

10日 中国共产党同心县第十三届委员会第八次全体（扩大）会议审议通过《中共同心县委员会关于学习宣传贯彻中共十九大精神的实施意见》。会议应到县委委员37名，候补委员8名，实到县委委员35名，候补委员5名，符合法定人数。会议的主要任务是：对全县深入学习宣传贯彻中共十九大精神进行全面安排部署，在全县范围内迅速兴起学习好、宣传好、贯彻好中共十九大精神的热潮。

11日 中央宣讲团中共十九大精神宣讲报告会在宁夏人民会堂举行，同心县集中收听收看中央宣讲团中共的十九大精神宣讲报告会。

13日 同心县通报6起涉农扶贫领域腐败典型案件。

14日 吴忠市义务教育均衡发展评估复核组对同心县推进义务教育均衡发展工作进行市级评估，同心县第三批30所学校全部通过复核。

17日 “腾讯智慧校园＋教育精准扶贫”启动仪式在县教育局举行，“互联网＋教育”新模式促进教育信息化发展。

19日 同心县环境污染问题整改落实推进会通报当前存在的环境问题，并对秸秆焚烧、燃煤锅炉淘汰及污水处理厂提标改造进度慢、河长制工作落实不到位等突出问题整改工作进行安排部署。

20—21日 同心县开展河长制年度考核验收，对全县12个乡镇（管委会）的河长制工作开展情况进行考核验收。

21日 香港信和·黄廷方奖学金发放仪式在教育局举行，同心县45名贫困生每人获得2000元奖学金，共计9万元。

23日 全县科级领导干部学习宣传贯彻中共十九大精神专题培训班在县委党校开班。此次培训共举办3期，每期两天，全县400余名科级领导干部参加。

24日 自治区中共十九大精神宣讲团成员、自治区党校党史党建教研部主任刘文长教授在同心县宣讲中共十九大精神。

27日 同心县二小片区棚户区改造回购安置工作全面启动。

29日 《吴忠日报》报道：同心县抓住开展支持农民工等人员返乡创业试点的政策优势和产业转移、经贸人才回乡创业支援家乡建设的契机，依托扶贫产业园现有资源，投资1.5亿元规划新建占地面积360亩的回乡经贸人才“双创”基地（同心县扶贫产业园二期），制定“双创”相关优惠政策，成为支持回乡创业人员的重要载体。

30日 中国梦书画院、人民法治书画院创作写生同心基地在同心县图书馆揭牌。

是月 同心县通过县财政注入资金50万元、职工个人每年缴纳互助金50元等途径，筹措资金近100万元，启动职工大病医疗互助行动。

△ 全区首家县级专业禁毒网站同心县禁毒网正式运行。

△ 同心县736家餐饮服务单位全部完成“明厨亮灶”创建，共计奖励资金50万余元。

△ 吴忠市委常委、县委书记马洪海主持召开县委部门、群团组织、政府经济部门、乡镇（管委会）2017年工作总结暨2018年工作思路谋划汇报会。会上，各部门围绕学习贯彻中共十九大精神和自治区第十二次党代会精神，总结2017年的工作并谋划2018年工作，提出工作措施和目标任务。

12月

1日 同心县对大气污染防治行动进行专项督查，要求企业对防尘等环保措施不到位的情况限期整改落实，全县其他非煤矿山环境污染企业均已停产。

是日 《宁夏日报》报道：2017年，同心县新增注册商标38件，累计达223件。申报的“洞子沟苦水枸杞”“尼阿麦面粉”等5件商标被评为宁夏名牌产品，“羊把式”皮草、“圣峰”枣业被评为2017年宁夏名牌称号。

1—2日 江西省南昌市红谷滩新区与同心县签订友好县区框架协议。

6日 自治区评估验收同心县义务教育均衡发展工作。

是日 《宁夏日报》报道：同心县为河湖沟道配备213名保洁员，对河湖沟道加强保护。

7日 吴忠市委书记沈左权调研同心县“十三五”时期易地扶贫搬迁住房工程建设、教育扶贫、扶贫产业园项目建设、村级学习宣传中共十九大精神、实施乡村振兴战略情况。

是日 自治区党委、自治区政府在兴隆乡举行学习李进祯先进事迹座谈会，在全社会掀起向李进祯学习的热潮。吴忠市委追授李进祯同志为全市“脱贫攻坚优秀共产党员”

8日 《吴忠日报》报道：同心县马家塘水库主体工程完工，年供水量1000万立方米的水库开始下闸蓄水。

是日 同心县公安局启动“巡处一体化、情指一体化、交巡一体化”暨“三化网格”警务模式。

11日 吴忠市政府市长喜清调研同心县河长制工作进展情况及清水河流域保护和水污染整治等工作。

13日 同心县举行中共十九大精神辅导报告会，邀请中央党校马克思主义学院副教授、复旦大学哲学博士唐爱军作《夺取新时代中国特色社会主义伟大胜利》的专题辅导报告。

19日 自治区副主席、公安厅厅长许尔锋先后到王团镇、县交警大队等地进行实地调研，详细了解同心县禁毒及各项工作开展情况。

20日 中国共产党同心县第十三届委员会第九次全体会议在同心县城举行，会议应到县委委员37名，候补委员8名，实到县委委员34名，候补委员7名，符合法定人数。全会听取和讨论马洪海作的《高举习近平新时代中国特色社会主义思想伟大旗帜，为全面推进脱贫富民而不懈奋斗》的工作报告，审议通过《中共同心县委、县人民政府2018年工作要点》和《同心县2018年全面深化改革工作要点》。

21日 同心县组织广大干部职工参加《将改革进行到底》理论知识考试。

22—24日 中国人民政治协商会议同心县第十一届委员会第二次会议在县城新区召开，大会应到委员109名，实到委员98名，符合政协章程规定。同心县政协主席田成川向大会作工作报告。会议通过县政协2018年度协商计划；听取并通过县政协十一届二次会议提案审查情况报告；通过县政协十一届二次会议决议。

23—25日 同心县第十八届人民代表大会第二次会议在县城新区召开。大会应到代表204人，实到代表190人，符合法定人数，县长丁炜向大会作政府工作报告。会议表决通过同心县人民政府工作报告决议、同心县2017年国民经济和社会发展计划执行情况与2018年国民经济和社会发展计划决议、同心县2017年财政预算执行情况和2018年财政预算决议、同心县人民政府落实民生计划暨承诺为民办实事报告决议、同心县人大常委会工作报告决议、同心县人民法院工作报告决议和同心县人民检察院工作报告决议。

25日 同心县监察委员会挂牌成立，县第十八届人大常委会第九次会议选举产生监察委员会主任、副主任、委员。

是月 吴忠市检察院70多名干警到同心县河西镇菊花台村，与276户建档立卡贫困户结成帮扶对子。

△ 2017年，县城污水处理厂提标改造已完成工程量的90%以上，仪器设备采购已到位正在安装；同德工业园区污水处理厂已完成土建工程；中央环保督察发现的5台燃煤锅炉，已全部整改到位；县城建成区20蒸吨/小时以下燃煤锅炉已拆除31台。

△ 同心县实现异地就医直接结算。

是年 同心县实施规划引领、提质扩容、城乡安居、美丽乡村、绿色建筑、质量安全“六大工程”，拉开中心城区构架，城乡面貌焕然一新，全县住房和城乡建设工作稳步推进。

△ 自治区下达同心县招商引资目标任务59亿元，在建招商引资项目20个，到位资金63.48亿元，完成目标任务107.6%。全县共储备招商引资项目28项，总投资达660亿元，涵盖特色农业、工业、商贸、旅游、新能源等“轻新健”产业。

△ 同心县实施文化扶贫工程，建成村综合文化服务中心129个，除13个村因生态移民常住人口少外，实现村综合文化服务中心全覆盖。

△ 同心县对1996年以来全县发布的127件行政规范性文件进行清理，其中，废止26件、宣布失效2件、需要修改完善10件。

△ 同心县从事羊绒购销加工的人员达1万多人，全县有绒毛经营企业100多家，其中羊绒加工企业43家，规模以上企业28家，安装梳绒机1000多台（套），拥有先进的洗绒生产线4条。

△ 韦州镇加大镇区改造建设，完成总规划及特色小城镇规划，城镇规模逐步扩大，成功跻身全区21个重点建设的小城镇。

△ 2017年上半年，受理涉农扶贫领域腐败问题案件47件，初核45件，立案40件，给予党政纪处分16人，移送司法机关3人，通报典型案例5件22人；立案查处违反中央八项规定精神1起；查处群众身边“四风”问题案件7件。2017年，全县共处置问题线索107件，同比增长20.22%；立案80件，同比增长166.67%；了结45件；处分党员干部39人（乡科级党员干部2人），同比增长254.5%。

△ 同心县实施特色产业种植、园林县城创建、城东防护林建设、绿色通道建设、退耕还林工程、天然林保护工程、移民迁出区生态修复、清水河环境综合整治绿化、应急水源地绿化、乡村绿化十大林业工程，完成营造林15.8万亩，包括人工造林6.3万亩，退耕还林1万亩，封山育林2万亩。退化林分改造1.5万亩，未成林补植补造5万亩，森林覆盖率达到9%。

△ 同心县财政筹措资金3000多万元，承诺为民办理10件实事（为同心县200名以上学生的学校配备保安和2000名以上学生的学校增加保

安；为县、乡、村三级医疗卫生单位配备疫苗冷链设备；全县范围实施餐饮单位“明厨亮灶”工程；新建豫海镇、石狮开发区文化站；为全县持证残疾人购买意外伤害保险；为全县建档立卡贫困户购买人身意外伤害保险和大病补充医疗保险；为全县小麦、玉米、油葵、马铃薯购买农业保险；为全县五保老人免费健康体检；为全县60岁以上城乡居民增加基础养老金；在老城区实施便民利民工程）。截至12月20日，9件实事全面完成，在老城区实施便民利民工程属跨年度工程，计划2018年完成。

（周玉兰　邓丽君）

同心概览

地理人文

【自然资源】 同心县位于宁夏中南部，地处鄂尔多斯台地与黄土高原北部的衔接地带，亦是宁夏山区与灌区交界地区，介于北纬 36° 58′ 48″，东经 105° 54′ 24″，总面积 4662.16 平方千米。东与甘肃环县相邻，南与固原市接壤，西与海原县相邻，北与中宁县、红寺堡开发区接壤，地势南高北低，海拔为 1240—2625 米。同心地貌类型主要有山脉、黄土丘陵、河谷滩地、沙漠塬地等五种，地形复杂，山川纵横交错分布。境内有罗山、米钵山、马大山、老爷山、青龙山、窑山等，均属六盘山系。同心境内清水河、苦水河分属县内东西，且均为苦咸水，清水河流经境内 54 千米注入黄河，苦水河入县境 30 千米，向北流入黄河。同心县地处西北大陆宁夏中部，属典型的温带大陆性气候，干旱少雨，蒸发量大，四季分明，日照充足，昼夜温差大，太阳辐射强，夏秋短，冬春长。年平均气温 9℃，年平均日照 3024 小时，无霜期 120—218 天。年均降水量 27 毫米左右，蒸发量高达 2325 毫米以上，降水集中在每年 7—9 月，8 月为最多，干旱少雨、风大沙多干是最大的自然特征。同心沟壑纵横，丘陵起伏连绵，山地、川地平坦，地形复杂多样为经济发展创造条件。土地资源较丰富，耕地总面积 212.45 万亩，其中水浇地 40.05 万亩，主要种植高产玉米；旱耕地 172.4 万亩，主要种植小麦和小杂粮；宜林地 270 万亩，主要发展枸杞、圆枣等种植；宜牧地 241 万亩，适宜各种牧草种植。同心物产资源较为丰富，特别是非金属资源丰富，已发现的矿种有煤、石膏、白云岩、石灰岩、镁、铁、铜、铅等 16 种，已探明煤炭、石灰石、白云岩储量均过亿吨，开采价值大。同心二毛裘皮年产量在 10 万张以上，牛、羊肉味道鲜美，具有发展牛羊肉加工业的优越条件。

【人文环境】 同心县是革命老区、民族地区、贫困地区。2017 年，全县人口 37.9 万人，其中回族占 85.6%，是全国建制县中回族人口比例最高的县，2017 年人均住房面积达到 28.8 平方米。银平、包兰、109 国道等公路线和宝中电气化铁路贯通全境，银武、中郝高速公路穿境而过，公路通车里程发展到 2447 千米，交通十分便捷。全县 80% 农户喝上安全的自来水，县城面积扩展到 12 平方千米，常住人口达 10 万人。由于因受自然条件和其他因素的制约限制，地方财力较拮据，经济发展相对较为缓慢，人民生活还比较贫困，现有贫困人口 6.8 万人，占 18.5%。同心既是唐蕃古道、丝绸之路经过之地，又是回汉各族人民交往、融汇的地方。建于明代的同心清真大寺历史悠久，规模宏大，极富有光荣革命传统和浓郁民族风情。明王陵古老沧桑，康济寺塔雄伟壮观，韦州古城风景独特，明古长城逶迤绵延数十里，古生物化石种类多样，革命遗址遍布全县，民俗风情独特等等，发展旅游业潜力较大，是宁夏中部亟待开发的宝贵旅游资源。

【特色产品】 同心土特产有甘草、发菜、二毛皮等宁夏“五宝”中的“三宝”，且同心是这“三宝”的主要产地之一。同心甘草条杆顺直，色棕红，骨重粉足，味纯甜，是同类中的佳品；同心的发菜丝细长，色泽黑亮，堪称上品；同心出产的二毛皮毛穗柔软洁白，波浪弯曲，皮板柔软，轻便保暖，享誉全国。同心土质适合种植洋芋、红葱、豌豆、扁豆、荞麦、瓜果等作物，尤其红葱闻名全区，瓜果含糖量高，香甜可口，耐储存。近年来，根据同心土质特点，创新发展储水、节水灌溉，大力发展有机枸杞、同心圆枣、红葱、中药材、油用牡丹、文冠果等特色种植，经济效益十分明显。

（余晓莉）

建置区划

【建制沿革】 同心县历史悠久，历史上为多民族居住地。夏、商、周时为雍州，战国时属义渠国，秦属北地郡，西汉置三水县，东汉末废。隋唐以后一千余年未有新县建置，县境长期被南北分割，大体归今固原、灵州（吴忠）所辖。唐咸丰三年（672 年）在今韦州置安乐州，安置吐谷浑部族，后改安乐州为威州，即今韦州。宋西夏时在今韦州设监军司，后改为静塞郡，后再改为祥佑郡。元朝时，同心归属甘肃行省宁夏府路，明初隶属陕西布政使司。清朝同治十三年（1874 年），在今下马关镇设立平远县，属甘肃省固原直隶州。民国 3 年（1914 年）改平远县为镇戎县，划归甘肃省宁夏道，民国 7 年（1918 年）又改镇戎县为豫旺县，民国 18 年（1929 年）豫旺县辖属宁夏省。民国 25 年（1936 年）6 月 27 日，共产党领导的西征红军攻克国民党豫旺县城下马关城，建立苏维埃政权。同年 10 月，中共陕甘宁省委在西征红军的协助下，在同心清真大寺成立中国共产党领导的工农红军所建立的第一个回民自治地方政权——豫海县回民自治政府县政府。红军东撤后，国民党政府于民国 26 年（1937 年）春恢复豫旺县。民国 27 年（1938 年），豫旺县政府由下马关城迁至同心城，改为同心县。民国 38 年（1949 年）9 月 12 日，同心县解放，同心县人民政府随即建立，隶属宁夏省。1954 年 3 月，宁夏省建立河东回族自治区，同心县属其管辖，同年宁夏省撤销并入甘肃省，同心县也随之隶属甘肃省。1955 年 5 月，河东回族自治区改称为吴忠回族自治州，管辖同心县。1958 年宁夏回族自治区成立，管辖同心县。1972 年，成立银南地区，同心县属宁夏银南管辖。1998 年，撤销银南地区，成立吴忠市，同心县终属宁夏回族自治区吴忠市管辖。

【行政区划】 2017 年，同心县辖豫海镇、丁塘镇、河西镇、韦州镇、下马关镇、预旺镇、王团镇、马高庄乡、张家塬乡、田老庄乡、兴隆乡、石狮管委会 7 镇 4 乡 1 个管委会，增设永春社区，共 5 个城市居民委员会，154 个村。县人民政府驻地豫海镇，海拔 1344 米。县城已发展为老城区和新区两个区，是全县政治文化中心，辐射银川、兰州、西安三大都市，地理位置优越。

【人　口】 2017 年，全县常住人口 332025 人，其中城镇人口 127530 人，城镇化率达 38.4%。人口出生率为 17.25‰，比上年下降 0.14 个千分点；人口死亡率为 4.81‰，比上年下降 0.39 个千分点；人口自然增长率为 12.44‰，比上年上升 0.25 个千分点。2017 年末，全县户籍人口 379702 人。其中，乡村人口 266798 人，占总人口的 70.3%；城镇人口 112904 人，占总人口的 29.7%；回族人口 327690 人，占总人口的 86.3%。2017 年末，城镇登记失业人数 550 人，失业率为 3.8%。

（余晓莉）

经济建设

【经　济】 2017年，实现地区生产总值633204万元，按可比价格计算，比上年增长9.6%。其中，第一产业增加值114138万元，比上年增长4.8%；第二产业增加值279305万元，比上年增长13.2%；第三产业增加值239762万元，比上年增长8.3%。按常住人口计算，全县人均生产总值19187元，比上年增长8.5%。三次产业增加值构成由2016年的20∶41∶39调整为2017年的18∶44∶38。2017年，三次产业对经济增长的贡献率分别由2016年的8%、53%和39%转变为10%、57%、33%。

【农　业】 全年实现农林牧渔业总产值249095万元，比上年增长4.5%。其中，种植业产值137231万元，比上年增长7.3%；林业产值4722万元，比上年下降10%；畜牧业产值99952万元，比上年增长1.3%；农林牧渔服务业产值7190万元，比上年增长3.6%。全年粮食播种面积124.9万亩，比上年增长5.9%。其中，小麦播种面积37.7万亩，比上年增长32.8%；玉米播种面积35.8万亩，比上年下降1.9%；马铃薯播种面积16.5万亩，比上年下降5.7%。油料播种面积13.9万亩，比上年下降12.3%。全年粮食总产量32.2万吨，比上年增长4.9%。其中，小麦产量3.5万吨，比上年增长12.9%；玉米产量23.7万吨，比上年下降0.03%；马铃薯产量1.98万吨，比上年增长13.1%。全年生猪存栏0.5万头，比上年增长22.3%，生猪出栏0.45万头，比上年增长0.8%；牛存栏5.5万头，比上年增长5.5%，牛出栏6.4万头，比上年增长9.6%；羊只存栏61.9万只，比上年下降2.0%，羊只出栏79.1万只，比上年增长8.5%；家禽存栏10.6万只，比上年增长74.6%，家禽出栏41.23万只，比上年下降26.1%。全县肉类总产量2.5万吨，比上年增长7.3%。

【工　业】 全年全部工业增加值192558万元，比上年增长13.9%。全年规模以上工业实现增加值182214万元，比上年增长14.2%。全年规模以上工业企业实现销售产值661762万元，比上年增长5.1%，工业产品销售率为87%。全年规模以上工业企业总资产2197108万元，比上年增长28.2%；流动资产967143万元，比上年增长54.7%；实现主营业务收入598225万元，比上年增长10.2%；实现利润67352万元，比上年增长15.1%。

【固定资产投资】 全年完成固定资产投资860334万元，比上年增长14.9%。其中，县属固定资产投资745169万元，比上年增长36%；在县属投资中：基本建设投资577369万元，比上年增长36.5%；更新改造投资11920万元，比上年增长346.4%；房地产开发投资155880万元，比上年增长27.3%。从投资主体看，县属国有及国有经济控股完成投资224945万元，比上年增长24.8%；非国有经济完成投资520224万元，比上年增长41.4%。在总投资中，建筑安装工程完成投资596102万元，比上年增长13.9%。从县属投资结构看，第一产业投资117777万元，比上年增长137.9%；第二产业投资275895万元，比上年增长47.1%；第三产业投资351497万元，比上年增长13.0%。全年固定资产投资施工项目171个，比上年下降15.3%，施工项目计划总投资1893822万元，比上年增长85.9%。5000万元及以上投资施工项目35个，比上年同期增加7个，完成固定资产投资454169万元，比去年同期增长96.8%。

【建筑·地产业】 2017年，全县具有资质的总承包和专业承包建筑业企业12家，全年完成建筑业总产值70790万元，比上年增长71.5%，建筑业企业房屋施工面积187681平方米，比上年下降47.1%，房屋竣工面积144892平方米，比上年增长273.8%。全县房地产开发投资完成155880万元，比去年同期增长27.3%，其中，商品住宅开发投资114992万元，比上年增长24.3%。全年商品房销售面积为265528平方米，比上年增长55.8%，其中，住宅销售面积249632平方米，比上年增长58.7%；商品房销售额107440万元，比上年增长72%，其中，住宅销售额96754万元，比上年增长80.4%。

【国内贸易】 全年实现社会消费品零售总额132231万元，比上年增长10.1%。按销售单位所在地分：城镇消费品零售额107208万元，比上年增长10% ；乡村消费品零售额25023万元，比上年增长10.6%。按登记注册类型分：国有经济31290万元，比上年增长10.4%；集体经济64万元，比上年增长10.3%；私营经济18293万元，比上年增长13.1%；个体经济74657万元，比上年增长9.3%；其他各种经济7927万元，比上年增长9.3%。分行业看，批发零售贸易业实现115718万元，比上年增长10.2%；住宿和餐饮业实现零售额16513万元，比上年增长9.1%。

【交通·邮电】 全年公路客运量212万人次，比上年下降8.2%，公路客运周转量17225万人千米，同比下降6.3%，公路货运量675万吨，增长5.8%，公路货运周转量13648万吨千米，同比增长6.1%。年末全县货车数量3998辆，客车数量189辆，其中，公交车71辆。2017年，全县公路通车里程达2585.759千米。全年完成邮电业务总量4829万元，比上年增长12.4%，其中，电信业务总量4000万元，比上年增长14.3%；邮政业务总量829万元，比上年增长4.0%。年末全县固定电话用户达1万户，移动电话用户达236138户，计算机互联网用户达39465户。

【地方财政】 全年完成地方公共财政预算收入23490万元，比上年增长19.7%。其中：增值税、算营业税、企业（个人）所得税等主体税种分别完成7447万元、42万元和2274万元，比上年同期分别增长58.1%、-96.4%和32.3%。全年公共财政预算支出528471万元，比上年增长21%。其中，一般公共服务支出22098万元，比上年增长18.8%；公共安全支出13359万元，比上年下降7.2%；教育支出95778万元，比上年增长29.8%，科学技术支出600万元，比上年下降4.8%；社会保障与就业支出64210万元，比上年下降13.5%；医疗卫生支出55746万元，与上年增长33.0%；节能环保支出20562万元，比上年增长234.9%；城乡社区事务支出60576万元，比上年下降6.7%。

【金融·保险】 2017年，金融机构各项存款余额1278028万元，比上年增长11.5%。其中，城乡居民存款余额596799万元，比上年增长16%。金融机构各项贷款余额1001857万元，比上年增长43.2%。其中，短期贷款406577万元，比上年下降28.1%；中长期贷款196600万元，比上年增长49.0%。全年实现保费收入18618万元，比上年增长31.7%。其中，财产险收入9372万元，比上年增长37.4%，人寿险保费收入9246万元，比上年增长26.3%。全年各项赔款支出7104万元，比上年增长4.1%，其中，财产险赔款支出4987万元，比上年下降6.8%，人寿险赔款支出2117万元，比上年增长43.9%。

【教　育】 全年有各级各类学校162所（不含各类幼儿园49所），在校学生65008人，其中，小学144所，在校学生39531人；普通中学16所，在校学生24582人；中等专业学校1所，在校学生515人。全年有教职工3916人，其中，专任教师3875人。

【医　疗】 全年共有卫生机构190个，其中，综合医院7个，中医院1个、乡镇卫生院11个、疾病预防控制中心1所、妇幼保健所1所、卫生监督所1所。全县有卫生技术人员1319人，其中，执业医师和执业助理医师403人，注册护士533人。卫生机构现有病床数1267张，每千人拥有床位数3.8张。

【综合文化】 全年有文化馆1个，公共图书馆1个，广播电台1个，电视台1座。广播综合人口覆盖率96.85%，电视综合人口覆盖率98.15%。

【人民生活】 2017年，城镇单位在岗职工工资总额为96256.8万元，比上年增长23.7%，城镇单位在岗职工年平均工资69640元，比上年增长5.7%。全年城镇居民人均可支配收入22101.5元，比上年增长9%。其中，工资性收入15667.8元，比上年增长8.4%；经营净收入3760.8元，比上年增长7.5%；转移净收入1534.7元，比上年增长16%；财产净收入1138.2元，比上年增长13%。人均消费性支出15216.3元，比上年增长8.6%。农民人均可支配收入8215.7元，比上年增长11.2%。其中，工资性收入3164.1元，比上年增长11.4%；经营净收入3957.5元，比上年增长8%；转移净收入1077.9元，比上年增长26.8%；财产净收入16.3元，比上年下降52.5%。人均消费性支出7814.5元，比上年增长5.5%。

【社会保障】 2017年，参加基本养老保险人数147644人，比上年下降0.4%，其中，参保职工5805人，参保离退休人员7336人。参加城镇失业保险的人数9535人，比上年增长1.6%。参加基本医疗保险人数334300人，其中，参加城镇职工基本医疗保险14206人，参加城乡居民基本医疗保险320094人。2017年末，全县享受低保救济的困难群众达48238人，比上年下降26.8%。其中，享受城市低保的人数达10395人，比上年下降55.3%；享受农村低保的人数达37843人，比上年下降11.2%。2017年，全县共有养老服务机构6个，床位数600张，收养人员217人。

【资源·环境】 初步核算，2017年全县能源消耗量为26.1万吨标准煤，比上年下降10.13%。单位GDP能耗0.4339吨标准煤/万元，比上年下降17.98%。城市面积达到38.6平方千米，建成区面积16.5平方千米，城市拥有道路长度128.15千米，面积231.74万平方米，年末城市绿化覆盖面积642公顷，比上年增长6.7%。供水总量343万立方米，比上年增长18.7%，全年供天然气总量793.3万立方米，液化石油气229.3吨，集中供热面积254.8万平方米。

【安全生产】 2017年，全县发生生产安全事故3起（为道路交通事故），死亡3人，亿元GDP安全事故死亡人数为0.047人。

（余晓莉）

中国共产党同心县委员会

综　述

【概　况】 2017年，中共同心县委团结带领全县广大干部群众以迎接、学习、宣传、贯彻党的十九大精神为主线，统筹推进“五位一体”总体布局，协调推进“四个全面”战略布局，牢固树立和贯彻落实新发展理念，积极适应把握引领经济发展新常态，全面做好稳增长、促改革、调结构、惠民生、防风险各项工作，全县呈现出党的建设全面加强、经济持续健康发展、脱贫攻坚稳步推进、城乡建设扎实进行、人民生活持续改善、深化改革有序推进、社会大局和谐稳定的良好局面，同心昂首迈入新时代。全年实现地区生产总值63亿元，比上年增长9.6%。全年实现农林牧渔业总产值24.9095亿元，比上年增长4.5%。全年规模以上工业实现增加值18.2亿元，比上年增长14.2%。全年完成固定资产投资86亿元，比上年增14.9%。全年实现社会消费品零售总额13.2亿元，比上年增长10.1%。全年完成地方公共财政预收入2.3亿元，比上年增长19.7%。城乡居民存款余额59.7亿元，比上年增长16%。城镇居民人均可支配收入2.2万元，增长9%；农村居民人均可支配收入8200元，增长10%；贫困村农民人均可支配收入达到7400元，增长13%；减贫人口20906人，圆满完成年初确定的各项目标任务。

【项目建设】 2017年，同心县以推进供给侧结构性改革为主线，围绕自治区第十二次党代会提出的“三大战略”部署要求，按照“工业强县、农业稳县、商贸活县、城镇化带县、生态立县”的发展思路，深入研究经济工作中的方向性、前瞻性、全局性问题，先后出台《贯彻落实自治区第十二次党代会精神实施意见》和《同心县创建绿色经济示范县规划》等30余件重要文件，形成“全党抓发展、重点抓经济、突出抓产业、关键抓项目、核心促脱贫”的发展路径，实现发展动能新转换。大力推行重大项目工作联席会议和县级领导包抓项目等制度，150个重点项目开工149个，开工率99%，完成投资120亿元。1—11月，同心县固定资产投资增速位居全区第二。香港新华集团、北京三聚环保、广东荣阳、海尔集团、中利牧晖5家上市企业在同心县投资实体经济。自治区重点项目马高庄水库、马塘水库建成投入使用。自治区60大庆献礼项目县职教中心、城市环境综合整治全速推进，以项目带动投资、拉动发展的保障能力持续增强。圆满完成全国工商联十一届十次常委会议招商引资180亿元目标任务，签订项目协议36个，签约资金267.3亿元。2017年，上争项目资金56.05亿元，完成吴忠市下达任务的107.5%；招商引资到位资金80亿元，分别完成区市下达任务的107.6%和105.3%。

【工业经济】 坚定不移实施工业强县战略，着重在调结构、扩园区、广招商、上项目、抓落实上下功夫，制定“资本市场意见”“服务业发展意见”等政策措施，兑现“工业十条”政策资金395万元。实施伊兴、德海2个技术改造项目，贴息1200余万元。完善园区基础设施，加快低成本改造，2017年，入园企业71家，投产57家，吸纳从业人员3250人，1000名建档立卡贫困群众实现稳定就业，同德园区成功入选全国农村创业创新园区目录。全县新增规上企业10家，达到63家。

【现代农业】 2017年，同心县新增有机枸杞0.8万亩，累计发展13万亩；优质中药材6.5万亩，累计发展35万亩；文冠果6万亩，累计发展11万亩。发展酿酒葡萄1万亩、油用牡丹1.4万亩、肉牛38万头、羊190万只、黑毛驴1万头。积极发展多种形式适度规模经营，全年新增专业合作社62家，累计培育694家，辐射带动农户46495户，统一组织销售农产品10.63亿元；新增家庭农场35家，累计培育107家；发展农业产业化重点龙头企业21家、休闲农业企业34家，初步形成产加销一体、一二三产业融合发展格局。同心县被自治区确定为良好农业规范认证示范县。

【第三产业】 以丝路文化、红色同心、古城韦州为文化内涵，全力推进全域旅游示范县创建工作，完成莲花山、天台山、汪家塬村旅游基础设施建设。开工建设韦州古城国家AAAAA级景区、罗山东麓葡萄文化特色小镇、东部环线风景大道旅游驿站、黄谷川西部健康运动主题特色小镇等旅游项目，全域旅游、全线旅游格局初步显现，同心县被自治区列入第二批全域旅游示范县，韦州镇成功申报国家第二批特色小镇。深入实施电子商务进农村项目，建成村级电商服务站81个，今年电商销售额突破1.1亿元，增长14%。金融服务业持续快速发展，全县金融机构23家，存款余额达135亿元，增长19.3%；贷款余额达100亿元，增长34.1%，存款、贷款规模和存贷比均居山区九县前列，全县经济社会发展的内生动力不断增强。润德、瑞禾源等5家企业签订新三板服务意向合作书，金融业发展势头强劲。

【城乡区域发展】 编制《同心县空间规划》《同心县城乡总体规划》，完成下马关、韦州、预旺、河西等乡镇总体规划编制。坚持棚改政策不动摇，实施棚户区改造、清水河综合治理、同心大道跨清水河大桥等48个市政项目，棚户区拆迁改造6849户，全县在建普通商品房面积150万平方米，改造危窑危房1324户，新建润德、菊花台公租房140套，城镇综合承载能力明显提升，宜居宜业美好家园内涵提升。加快推进农业农村现代化，深入开展“美丽乡村”创建，建成美丽乡镇2个、美丽村庄10个，建设高标准农田10万亩，农村生产生活条件明显改善。统筹区域发展，西部扬黄灌区产业结构调整步伐加快，中部干旱山区生态恢复稳步推进，东部旱作塬区高效旱作节水农业优势凸显，形成东中西并驾齐驱的产业发展格局。

【绿色经济发展】 牢固树立“绿水青山就是金山银山”的理念，以创建全区绿色经济示范县为抓手，统筹推进绿色经济十大工程和自治区生态经济林示范工程、罗山东麓荒漠化治理工程，全面完成罗山自然保护区环境问题整改，县林业局被评为全国防沙治沙先进集体。完成人民公园、兴隆公园等城市绿化工程1200亩，园林县城创建通过自治区住建厅初验。大力实施山水林田湖草一体化生态保护，在深度贫困的7个乡镇种植耐旱耐寒文冠果6万亩；在罗山东麓栽植葡萄1万亩；在生态移民迁出区实施生态自然修复、草原补播和人工饲草地30万亩，绿色产业成为群众脱贫致富的绿色银行。坚决打好污染防治攻坚战，深入实施蓝天、碧水、净土三大专项行动，铁腕开展燃煤锅炉改造、秸秆禁烧监管、扬尘综合整治，顶格问责6名污染防治不力责任人、16起环境污染违法行为。完善生态环境管理制度，全面推进

“河长制”工作，探索推行“河长＋警长制”工作模式，县乡村三级河长制组织体系全覆盖，同心的天更蓝、水更绿、空气更清新，城乡环境质量大幅提升。

【全面深化改革】 坚持把全面深化改革和创新驱动发展作为提升经济发展速度、提高发展质量的根本动力，强化重点改革任务谋划部署，纵深推进重点领域改革，32 项改革任务落地见效。国有林场改革、城乡水务一体化改革、建档立卡户脱贫退出机制等 19 项改革基本完成年度任务，全区涉农资金整合试点工作取得明显成效，同心县荣获自治区金融环境创建奖。监察体制改革、农村土地经营权抵押贷款试点、农民工返乡创业、公立医院综合改革等 13 项改革加快推进。全县农村土地承包经营权流转面积 21.1 万亩，117 个村的 118.06 万亩土地完成确权，农村土地承包经营权抵押贷款通过自治区中期评估验收，位列全区 5 个试点县第二名。持续深化行政审批制度改革，主动承担全区相对集中行政审批制度改革试点，行政服务事项全部入驻新政务服务中心。政务服务中心下马关分中心挂牌运行，有力解决东部 5 个乡镇近 18 万群众办事难、办事远的问题。

【脱贫攻坚】 坚持精准扶贫、精准脱贫基本方略，扎实开展精细精准精确的“绣花”式扶贫，加强建档立卡贫困户动态管理，完成整村推进年度任务。2017 年，有 15 个贫困村、2 万多人实现精准脱贫，贫困面下降到 12% 以下，下降 6 个百分点。

推进基础设施建设，建设农村公路 172.5 千米，概算投资 1.4 亿元，养护工作不断提高。启动建档立卡贫困户等 4 类重点对象 4700 余户危窑危房改造工程，开工建设 1300 户，主体完工 1200 户。

实施电信普遍服务建设项目和宽带乡村项目，新建通信基站 17 座，年内全县所有行政村实现宽带全覆盖。

完成马高庄、胡麻旗等 3 个移民点建设，回购清水壹号小区住房 1000 套，完成搬迁安置移民 2570 人，住房分配到户 1000 户 4509 人。

实施生态移民村产业发展三年行动计划，盘活、整合 25 个移民村闲置土地和圈棚设施，大力发展“一村一品”庭院经济，趟出移民群众后续产业发展的新路子。聚力发展有机枸杞、中药材、油用牡丹、文冠果、酿酒葡萄、黑毛驴等特色种养业，让群众在发展特色产业中增加经营性收入，在产业基地打工中增加工资性收入，在土地流转中增加财产性收入。

建成中核集团扶贫产业园和下马关亿金民族服饰等扶贫车间，吸纳 1000 余名建档立卡贫困群众就业。扶贫车间建设经验在全国“百企帮百村”工作交流会上进行交流。创新推出的“扶贫产业园＋劳务移民＋就业扶贫”“党建＋扶贫”等产业扶贫模式，被自治区列入 2017 年最亮点工作之一。同心县“扶贫＋”模式被《人民日报》民生周刊评为 2017 年民生示范工程。深入开展“三先开路”主题教育，制定《同心县精神扶贫总体工作方案》，启动精神扶贫“十大专项行动”，健全完善“421”脱贫奖补机制，安排专项资金 4400 万元，对 2016 年已脱贫的 11194 户贫困户进行奖补，有效激发贫困群众脱贫内生动力，让群众既“富口袋”，又“富脑袋”。

深化闽宁对口协作帮扶、致公党党派帮扶、中核集团央企帮扶、南京证券“一司一县”帮扶、建设银行“一行一县”帮扶、建信财险“一保一县”帮扶、人保财险“政融保”帮扶、“百企帮百村”企业帮扶，进一步强化“三位一体”大扶贫格局支撑。2017 年，金融机构为 20500 余户贫困户发放贷款 8.8 亿元，户均 4.3 万元，解决贫困群众发展的资金瓶颈。

【社会事业】 2017 年，全面改造 49 所薄弱学校校园校舍，开工建设 47 所贫困村幼儿园，同心县被评为全国营养改善计划先进县和全国“阳光校餐”优秀县。全面落实“3+9+3”教育扶贫工程，实现从小学到高中阶段全免费教育。发起成立教育扶贫（兴俊）基金，初始规模达到4100多万元，实现贫困家庭学生从学前教育到大学全程资助。扎实开展“控辍保学”专项行动，已有337名学子重回校园。探索建立因辍即劝机制，建立完善贫困孩子教育电子信息档案。全县教育教学质量持续提升，高考成绩稳定提高，中考成绩位居吴忠市前列。全县义务教育基本均衡发展高标准通过区市评估验收。

加强基层医疗卫生服务体系建设，投资2.7亿元，开工建设县医院妇儿综合楼、中医院综合楼、妇幼保健院，完善县城新区医院基础设施和设备配置。迁建丁塘镇卫生院，新建5所村卫生室，实现标准化村卫生室全覆盖，构建县乡村三级医疗卫生服务网络。深化医疗卫生体制改革，加快推进分级诊疗制度，组建2个县域医联体，开展家庭医生签约服务，累计完成常住人口签约15.2万人，签约率45.6%，其中建档立卡贫困人口签约10.35万人，签约率100%。同心县公立医院综合改革在自治区考核中位居第一，并代表自治区迎接国家卫计委的考核。强化健康扶贫，实行先诊疗后付费和医疗救助基金精准帮扶，贫困患者自付最高不超过5000元，对建档立卡贫困户就诊报销后剩余费用不设起付线，每人每年累计救助最高16万元，筑牢因病返贫防线。对全县2157名贫困患者信息进行全面核实并登记造册免费治疗，已治愈161人。

深入实施文化惠民工程，扎实推进自治区基本公共体育服务体系示范县创建工作，开工建设黄谷川滑雪场（一期），规划建设韦州AAAAA级特色文化古镇。新建老城区综合体育馆和2个笼式球场，实施141个村综合文化服务中心和2个乡镇文化站，基层文化基础设施日趋完善。打造“文学同心、摄影同心、民艺同心”品牌，中国诗歌学会“贫困地区诗歌文化建设工程启动仪式”在同心县举行，同心县被评为全国第13个“中国诗歌之乡”。深化“送文化、种文化”活动，2017年全区文化科技卫生“三下乡”集中示范活动在同心县召开。实施“身边的感动”工程，组织拍摄移风易俗微电影《还要过日子》、反腐倡廉微电影《界河》等多部作品，民族团结微电影《干亲》获吴忠市2017年第三届微电影大赛一等奖，文艺小品《儿女亲家》深受群众喜爱。主旋律更加唱响，正能量更加强劲，文化自信得到彰显，文化软实力有效提升。

着力完善社会保障体系，为全县49132名低保对象发放低保金18754万元，为46519名困难群众、低保边缘户、流浪乞讨人员等特殊群体发放临时救助金1600余万元。

深入开展和谐社区创建，积极争取设立豫海镇永春社区，建设县综合养老服务中心、预旺敬老院、新华社区服务站及日间照料中心、韦州镇马庄子等12个农村社区服务站。强化社会事务和社会福利工作，完成河西敬老院、韦州敬老院五保老人入住工作。完成王团镇圆枣村等15个留守儿童之家，为全县154个行政村配备“三留守”关爱督导员。

扎实推进救灾救济工作，下拨资金1560万元，救助灾民3.5万人次。深入实施“人才回引”工程，先后引进腾辉民族服饰和回乡阳光食品等33家企业入驻扶贫产业园。组织申报博士后服务项目10个，涉及8个部门、23项服务内容和22个专业。为北京307医院、福建泉州医院、宁夏附属医院等领域专家学者设立“专家公寓”14套。承办以“助推脱贫富民战略”为主题的“2017宁夏百名专家基层服务行”活动，组织5063名专业技术人员参加公共科目培训，举办职业技能培训班21期900余人，进一步提高基层技术人才的专业水平。

【社会治理】 2017年，同心县以提高公众安全感和满意度为目标，以构建共建共治共享的治理格局为重点，坚持源头治理、综合治理、依法治理、系统治理，全县民族团结、宗教和顺、社会和谐的良好局面得到巩固。积极发展社会主义民主政治，坚持党的领导、人民当家作主、依法治国有机统一，全力支持人大及其常委会依法行使职权，支持和保障政协充分履行政治协商、民主监督、参政议政职能。坚持党管武装，深化“双拥”共建活动，全民国防教育、民兵预备役建设等工作成效显著。巩固和扩大爱国统一战线，档案、党史、工青妇、工商联、老干部、残疾人事业、慈善救助和关心下一代等工作统筹推进。深入开展立体化社会治安防控体系建设和智能图控工程，实施“雪亮工程”，建成公共安全管理平台、公共安全视频监控中心和4个乡镇综治视联网系统。组织开展“攻命案、破小案、打黑恶、防诈骗”四大战役和打击“盗抢骗”专项行动，全县共立刑事案件585起，破获刑事案件382起，破案率65.3%，比上年提高3.5个百分点，全年命案、“八类案件”全破，实现了刑事案件、“八类案件”（对故意杀人、故意伤害致人重伤或者死亡、强奸、抢劫、贩卖毒品、放火、爆炸、投毒罪的总称）、“两抢一盗”（指抢劫、抢夺、盗窃）案件、治安案件和交通、消防安全事故“六个下降”。严厉打击非法集资、非法借贷，进一步巩固“无传销县”创建成效。全年未发生食品安全事故、公共卫生事件、涉枪涉爆致人死亡案件。严格落实安全生产责任制，安全生产实现“三下降”，有力保障了人民群众生命财产安全。以争创全区全国禁毒示范县和禁毒“摘帽”为目标，先后在全县115所中小学校、25家企业单位开展滚动式“禁毒流动”宣传活动，受教育群众2.2万余人次。开展禁种铲毒行动，确保罂粟、大麻“零种植”。打造禁毒示范县“六个十”工程，同心县毒品集散地、中转地、消费地的突出问题得到有效遏制。2017年，共破获毒品案件50起，抓获毒品犯罪嫌疑人67人，缴获海洛因41.7公斤、冰毒4.2公斤、大麻658.49公斤，缴获毒品海洛因占全区的90%，收戒吸毒人员310人。先后成功破获“3·14”“4·17”等特大贩卖毒品案，顺利通过全区禁毒摘帽初验。严格落实信访工作目标责任制和县级领导干部定期下访接访包案调处等制度。实施社会稳定风险评估机制和“三级联动”化解机制，加大信访调处力度，重点围绕征地拆迁、劳资纠纷、环境污染等领域，解决发生在群众身边不合理、不合法的问题，保证了党的十九大期间等重大时间节点“零非访”。2017年，排查矛盾纠纷1510件，化解1490件，化解率98.7%，有力回应人民群众的合理诉求。全面贯彻党的民族政策和宗教工作基本方针，坚持“中华民族一家亲、同心共筑中国梦”总目标，在全区县一级率先制定《同心县创建全国全区民族团结进步示范县实施方案》，深入实施民族宗教工作“八大行动”，新创建21个民族团结示范点，其中豫西社区、财政局、预旺镇等5个单位（乡镇）荣获自治区民族团结进步创建活动示范单位（乡镇）。深入开展宗教领域突出问题专项治理行动，对6条道路、38个十字路口的112块路牌进行清理更换。严密防范“门徒会”“全能神”等邪教组织滋生。坚决遏制以寻宗祭祖为名开展非法宗教活动的歪风邪气，有效维护现有宗教格局稳定。同心县治理非法宗教活动“五步工作法”获得自治区党委统战部的表彰。

【党的建设】 2017年，同心县以全面从严治党“六大工程”“铸廉和铸勤”两大行动为抓手，认真履行管党治党政治责任，推动全面从严治党向纵深发展，为打赢脱贫攻坚战提供坚强的组织保障。坚决维护以习近平同志为核心的党中央权威和集中统一领导，始终坚持向党中央看齐，向党的理论路线、方针政策看齐，向党中央决策部署看齐，不折不扣贯彻执行党中央和区市县党委的决策部署。扎实推进“两学一做”学习教育常态化制度化，先后组织24次中心组学习、11

次专题辅导、3次专题研讨。开展以默写入党誓词、牢记政治生日等“十个一”工程为主要内容的“党建促进月”活动，探索推行“4+X”主题党日模式，组织开展“传承红色基因、争做合格党员”等各具特色的主题党日活动，推动“三会一课”等基本制度在支部落实、在基层见效，使“两学一做”真正融入日常、抓在经常。以“五查五促五提升”和“八大行动”为支撑，坚持边学边查边改，查摆问题6810个，整改96.9%。深入开展“抓落实、勇担当，提振干事创业精气神”活动，引导广大党员干部争做“四讲四有”合格党员，涌现出“全县脱贫攻坚优秀共产党员李进祯”等先进典型，全县上下学先进、争先进、当先进的氛围日益浓厚。建立县乡两级书记抓党建促脱贫月度例会制度，深入开展“三大三强”行动，大力实施“两个带头人”工程，按标准落实村级为民服务资金859万元、办公经费334万元，村干部任职补贴全部按上年度农村居民可支配收入的3倍执行。大力实施“村级组织活动场所规范化建设工程”，共投资2420万元，新建村级阵地60个，改扩建阵地63个，全县200平方米以上村级组织活动场所达到93%以上。建立村干部“负面清单30条”，调整不胜任、不称职村党组织书记12人。分类确定致富带头人679名，充实完善村级后备干部445人。探索建立第一书记“三述三评”考核机制，对履职尽责不到位、考核排名末位的10名第一书记、9名工作队员召回调换。深入推进“空壳村清零2020行动”，投入7300万元专项资金，组织98个贫困村与15家企业（合作社）签订借贷经营协议，每年按投入资金的10%返还收益，目前已有6家企业向24个贫困村兑付收益资金148万元。深入实施“五个一”工程，非公企业和社会组织党的组织覆盖率分别达到91.45%、90.1%。创新党建与脱贫融合模式，探索推行的支部建在产业链上带领群众脱贫致富的“全产业链式”党建带扶贫新机制，得到党中央汪洋、赵乐际和区市领导石泰峰、沈左权的关注和批示。

【思想道德建设】 坚决落实意识形态工作责任制，牢牢掌握意识形态工作主动权。制定《同心县党委（党组）意识形态责任制考核办法》《同心县党委（党组）网络意识形态责任制实施细则》等制度，对各党委（党组）落实意识形态工作责任制情况进行专项督察。加强互联网内容建设，健全网络舆情收集处置、信息研判处置等制度，依法对县内网站、自媒体和微信平台进行监控，及时处置不良网络舆情，推动网络空间清朗。加强社会主义核心价值体系建设，扎实开展群众性精神文明创建活动，成功创建财政局、新华村2个全国文明单位（村镇）和4个区级文明单位、10个市级文明单位。深化公民思想道德建设，培养马忠斌、马永海等一批道德模范。坚持团结稳定鼓劲、正面宣传方针，围绕纪念建党96周年、党的十九大和自治区第十二次党代会等重大宣传主题，对全县脱贫攻坚、特色产业、移风易俗等工作开展全方位、深层次宣传，讲好同心故事、传播同心声音、展示同心形象。以民风建设“十个一”工程为载体，在电视台、党政信息网等媒体开辟专栏，大力宣传移风易俗新风尚，积极倡导婚事新办简办，成功举办同心县首届集体婚礼，全区推动移风易俗树立文明乡风推进会在同心县召开。

【队伍建设】 认真落实好干部标准，坚持“五个注重”和“凡提四必”要求，共调整使用干部3批130人次，如期完成超职数配备干部消化工作。加大干部教育培训力度，对全县科级领导干部进行2轮全覆盖培训。选派38名科级领导干部和50名中青年干部赴山东潍坊和海原党校开展拓展培训。深入实施“百名年轻后备干部墩苗育才”工程，选拔13名优秀年轻干部到乡镇挂职，充实乡镇脱贫攻坚力量。选派32名新任职干部到信访局、扶贫办和乡镇挂职锻炼。结合群团组织改革和集中换届，选派21名年轻干部到工青妇等群团组织兼职挂职。严格干部日常监督管理，结合整治涉农扶贫领域腐败问题和不正之风，对61名科级干部给予党政纪处分和组织处理。

【反腐败斗争】 运用监督执纪“四种形态”，全面加强纪律建设和纪律审查，持续强化损害群众利益和不正之风查处力度。2017年，办结中纪委网上转办件34件，自治区纪委转办督办件15件，市纪委交办信访件24件；县纪委办理信访举报件119件，处置问题线索246件，上升82.22%；立案132件，增长118.75%；给予党政纪处分138人，增长133.9%，移送司法机关3人，查处乡科级干部21人，向不相隶属的纪委移送问题线索7件；县人民检察院立案侦查职务犯罪案件5件8人，向人民法院提起公诉6件12人，有力巩固党风廉政建设和反腐败工作压倒性态势。处置涉农扶贫领域线索65条，立案80件，给予党政纪处分77人，通报曝光典型案例24件77人。先后2次对56个脱贫攻坚项目及扶贫资金支付情况进行督查，下发通报1期、问题整改通知单18份、约谈部门负责人8名。制定《关于进一步加强“村财乡管”工作的实施方案》《从严管理村干部30条负面清单》，从具体问题“堵漏洞”。围绕贯彻落实《监督条例》和《问责条例》，在全区率先制定《同心县各级纪委加强对同级党委监督工作暂行办法》《同心县各级党委（党组）监督责任清单》和《同心县各级纪检组织专责监督责任清单》，层层压实监督责任，同心县执纪审查工作位居全区各市县前列。

【作风建设】 坚持抓早抓小，持之以恒正风肃纪，纠正“四风”，扎实推动作风建设从宽松软走向严紧硬。通过中央八项规定精神“回头看”，清理规章制度1546条，保留制度1368条，修订完善制度117条，废止制度78条。围绕正风肃纪、提升效能，持续强化作风建设，全年实施监督检查53次，先后启动问责程序65次，问责6个部门59名干部；下发通报18期，通报批评单位51个。开展2轮次巡察，收到意见建议84条，共向被巡察党组织反馈问题121条，提出意见建议19条，移交问题线索23件，立案13件，给予党政纪处分15人，组织处理11人。

（尹晓莉　李　强）

【领导调研】 5月10日，吴忠市委书记、市人大常委会主任沈左权到同心县重点项目建设工地、产业园区等地，了解县经济社会发展、脱贫攻坚情况。

沈左权一行先后到同心县万吨级秸秆生物质综合循环利用项目施工现场、清水河综合治理工程现场、棚户区改造项目区、扶贫产业园、宁夏亿金民族服饰有限公司、下马关东阿阿胶万头黑毛驴繁育基地、宁夏路桥集团万亩有机枸杞种植基地和韦州镇荣振养殖园区等地就同心县经济社会发展、脱贫攻坚情况进行实地调研。

沈左权强调，要坚决打赢脱贫攻坚战。强化产业扶贫，把产业发展作为提升县域经济实力、促进群众脱贫致富的根本出路，立足资源优势，做强特色产业。突出教育引导，扶贫先扶志，扶贫必扶智，提高贫困人口受教育程度，增强贫困群众脱贫致富能力。要加快推进产业结构调整。依托本地资源，做强优势产业。要抓好生态建设。牢固树立“绿水青山就是金山银山”理念，吸取教训，避免走弯路，筑牢绿色生态安全屏障。要改进工作作风。细而又细、实而又实地抓好脱贫攻坚工作，巩固脱贫成果，经得起检验，赢得群众的认可。

6月30日，吴忠市委书记、市人大常委会主任沈左权到盐同红集中连片贫困区，对脱贫攻坚工作进行调研。沈左权在实地调研宁夏德谷万亩生态枸杞庄园、华世中药材合作社、张家塬乡文冠果种植基地时指出，要调整产业结构，围绕精准脱贫发展优势特色产业，打造品牌，开拓市场，延伸产业链，为贫困群众脱贫致富提供支撑。

9月18日，吴忠市委书记、市人大常委会主任沈左权到同心县就盐同红集中连片贫困地区区域发展情况进行调研督查。沈左权分别前往下马关镇宁夏亿金民族服饰有限公司、预旺镇贺家塬村建档立卡户李文成家中、同心县政务服务中心下马关分中心展开调研。沈左权要求，同心县要帮企业解决困难和问题，为企业发展提供更好的服务和保障。企业要在保证质量和施工安全的情况下，加快项目建设进度，力争早日建成并投入使用，带动群众早日脱贫致富。驻村工作队、村干部要把老百姓的事办好，再大困难也要克服。要把危窑危房改造作为改善民生、惠及百姓的一件实事抓紧抓好，尽快开工建设，让贫困群众实现住有所居。要坚持“处处能办、事事能办、只跑一次”的原则，推进“放管服”改革，让数据多跑路，群众少跑腿。要下沉和延伸政务服务工作，提升公共服务水平和质量，让老百姓和企业享受便捷的行政服务。

12月7日，吴忠市委书记、市人大常委会主任沈左权一行调研同心县“十三五”时期易地扶贫搬迁住房工程建设、教育扶贫、扶贫产业园项目建设、村级学习宣传党的十九大精神、实施乡村振兴战略情况。沈左权分别在清水一号劳务移民安置区项目建设点、扶贫产业园、丁塘镇新华村展开调研，沈左权要求同心县做好“十三五”时期劳务移民搬迁安置工作，对搬迁后的移民群众要组织进行技能培训，让移民群众能够通过技术打工增收致富。同心县要强化产业扶贫，把产业发展作为提升县域经济实力、促进群众脱贫致富的根本出路，立足资源优势，做强特色产业。突出教育引导，扶贫先扶志，扶贫必扶智，提高贫困人口受教育程度，增强贫困群众脱贫致富能力。加快推进产业结构调整，依托本地资源，做强优势产业。要求新华村村两委班子在今后的工作中，要做好党的十九大精神学习宣传、移风易俗、产业发展等工作，帮助群众解决生产生活中的实际困难，增强党组织的凝聚力号召力，让老百姓了解党的政策法规，通过勤劳的双手走上脱贫奔小康的幸福路。

（同心县党政信息网）

7月10日，吴忠市委书记沈左权、市长喜清江带领全市产业发展和重点工作观摩团到同心县，实地观摩产业发展和重点工作实施情况。

观摩团一行先后到韦州镇荣振“6+1+N”养殖园区、罗山东麓葡萄种植现场、下马关镇黑毛驴繁育基地、宁夏亿金民族服饰项目等地进行实地查看，了解县产业发展情况和重点工作进展情况。

在罗山东麓葡萄种植现场，沈左权一行详细了解项目规划及建设进度，并实地察看了葡萄种植及成活情况，当了解到项目目前已种植优质酿酒葡萄1.1万亩，建成后将联合韦州古城开发，打造集文化、旅游、健康、养老、特色种植等一体的特色小镇，可解决周边群众2000余人就业时。沈左权给予充分肯定，并希望同心县要继续跟进，做好项目服务工作，力促项目真正从纸上落到地上。

宁夏亿金民族服饰项目是同心县为增加生态移民群众收入，解决移民就近务工问题引进的劳动密集型企业。在项目建设现场，沈左权一行与企业负责人详细交谈，详细询问项目建设进度，以及企业招工情况，要求企业负责人要加快项目建设进度，提前做好用工培训，使项目早日投产达效，为周边移民群众增收作出贡献。

通过实地查看，观摩团一行对同心县产业发展和重点工作建设情况有更直接、更清晰的认识和评价。并希望同心县要继续抢抓机遇，再鼓干劲，增强项目服务意识，加快项目建设进度，了解各项目需求，用高效率、高水平的服务，打造良好的投资环境，为促进地方经济又好又快发展做出更大的贡献。

（同心县党政信息网）

重要会议

县委常委会议

【十三届第一次常委会议】 1月17日，召开十三届县委2017年第一次常委会议。会议传达学习十八届中央纪委七次全会精神，并研究贯彻意见。传达学习自治区十一届人大七次会议和政协十届五次会议精神、吴忠市委五届二次全体（扩大）会议暨全市经济工作会议精神。听取县委组织部《同心县县直机关党委换届选举情况的汇报》。研究审定县政府党组《同心县环境保护全面量化管理体系》、县委组织部《关于县处级领导干部2016年度考核等次的请示》。

【十三届第二次常委会议】 1月24日，召开十三届县委2017年第二次常委会议。会议传达学习《自治区党委实施〈中国共产党问责条例〉办法（试行）》，并研究贯彻意见。传达学习自治区纪委十一届八次全会精神和吴忠市纪委五届二次全会精神。听取县纪委《关于县纪委十三届二次全会暨全县党风廉政建设和反腐败工作会议筹备情况的汇报》。研究审定县政府党组《关于召开全县禁毒"摘帽"攻坚誓师大会的请示》、县政府党组《关于召开全县脱贫攻坚推进会有关事宜的请示》。

【十三届第三次常委会议】 2月10日，召开十三届县委2017年第三次常委会议。会议传达学习中央政法工作会议和全区政法综治信访维稳工作会议精神、自治区农业农村工作会议精神，并研究贯彻意见。听取2016年全面深化改革工作汇报。研究审定县委办公室《全县党的建设工作会议筹备方案》、县纪委《同心县关于规范党员干部操办婚丧喜庆事宜的暂行规定》《同心县关于加强全县党政"一把手"管理监督若干规定（试行）》《同心县各级党委（党组）监督责任清单》和《同心县各级纪检组织专责监督责任清单》、县委政研室《2017年全面深化改革工作要点》、县禁毒委关于2016年度全县禁毒工作先进集体、示范集体和先进个人表彰奖励的有关事宜、总工会、团委、妇联、科协、文联换届及改革有关事宜。

【十三届第四次常委会议】 2月23日，召开十三届县委2017年第四次常委会议。会议传达学习自治区脱贫攻坚推进会会议精神、自治区宣传思想文化工作会议精神，并研究贯彻意见。传达学习喜清江市长来同调研讲话精神。听取群团工作汇报。研究审定县委办公室《关于调整同心县依法治县领导小组的请示》、县委宣传部《关于召开全县推动移风易俗、树立文明乡风、建设尚俭同心动员会有关事宜的请示》、县总工会《关于推选吴忠市五一劳动奖状、奖章和工人先锋号单位、个人名单的请示》。

【十三届第五次常委会议】 3月6日，召开十三届县委2017年第五次常委会议。会议传达学习李克强总理在第十二届全国人民代表大会第五次会议上所作的《政府工作报告》，研究贯彻意见。研究审定县政府党组《同心县2017年脱贫攻坚实施方案》及相关管理办法和实施细则、《同心县加快培育资本市场助力脱贫攻坚的意见》《关于水务一体化改革有关事宜的请示》《关于报送同心县2017年事业单位公开招聘工作人员计划的请示》。

【十三届第七次常委会议】 3月22日，主持召开十三届县委2017年第七次常委会议。会议传达学习自治区常委盛荣华到同心调研讲话精神、全区组织部长会议精神、自治区机关党的建设暨全区机关干部"下基层"活动电视电话会议精神、全区老干部工作先进集体和先进工作者表彰大会会议精神，并研究贯彻意见。听取关于2016年度全县效能目标管理考核情况汇报。研究审定县人大党组《同心县"两代表一委员"参与2017年全县重点工作督查实施方案》、县政府党组《关于加强乡镇（管委会）综治中心建设的实施方案》及相关事项的请示、县纪委《2017年同心县党风廉政建设和反腐败主要任务分工》《关于开展查处涉农扶贫领域腐败问题专项行动实施方案》《关于在全县开展铸廉和铸勤行动的实施方案》《同心县各级纪委对同级党委监督工作暂行办法》。

【十三届第八次常委会议】 3月31日，召开十三届县委2017年第八次常委会议。会议传达学习自治区党委书记李建华调研红寺堡区脱贫攻坚座谈会讲话精神、自治区党委副书记崔波到同心督查调研讲话精神、全区禁毒工作暨创建全国禁毒示范省区启动会议精神，并研究贯彻意见。研究审定县委办公室《同心县县乡两级党委书记抓党建促脱贫月度例会工作制度》、县政府党组《同心县开展资产收益扶贫发展壮大贫困村村集体经济实施方案》、县委组织部《关于开展机关党组织和党员"双联系双报到"活动的实施意见》《关于因公出国（境）有关事项的请示》。

【十三届第十次常委会议】 5月4日，召开十三届县委2017年第十次常委会议。会议传达学习全区推动移风易俗、树立文明乡风现场推进会精神、区市2017年第一季度经济形势分析会精神、中央及自治区推进"两学一做"学习教育常态化制度化工作电视电话会议精神、自治区党委常委、纪委书记许传智到吴忠调研讲话精神，并研究贯彻意见。听取2017年第一季度安全生产工作情况汇报、2017年第一季度信访工作情况汇报、2017年1—4月重点项目建设情况汇报。研究审定县政府党组《生态移民迁出区集体土地收归国有事宜》《经济适用房和集资建房等划拨用地上房屋上市出售中有关土地问题事宜》、县妇联《关于出席自治区妇女第十一次代表大会代表候选人推荐人选的请示》。

【十三届第十二次常委会议】 5月18日，召开中共同心县十三届委员会2017年第十二次常委会议。会议传达学习自治区党委书记石泰峰在自治区党委常委会上讲话、来吴调研讲话、市委书记沈左权来同调研讲话精神和自治区党委办公厅《2016年省级党委和政府扶贫开发成效考核反馈问题整改方案》《关于加快特色小镇建设的若干意见》。研究审定《同心县2017年度效能目标管理考核办法（讨论稿）》《安置生态移民迁出区剩余和新增遗留人口实施方案》《2017年农村危房改造方案有关事宜》《关于推进"两学一做"学习教育常态化制度化实施方案》《同心县2017年群众评议机关作风活动实施方案》。

【十三届第十四次常委会议】 6月29日，召开十三届县委2017年第十四次常委（扩大）会议。会议传达学习深度贫困地区脱贫攻坚座谈会精神、自治区第十一届人民代表大会第八次会议精神、自治区扶贫开发工作考核反馈问题整改工作推进会精神。听取全县脱贫攻坚工作进展情况汇报。

【十三届第十六次常委会议】 7月14日，召开十三届委员会2017年第十六次常委会议。会议传达学习全市产业发展和重点工作暨全市上半年经济形势分析会精神，中共中央政治局常委、中央纪委书记王岐山在中纪委扶贫领域监督执纪问责工作电视电话会上的讲话精神和自治区党委书记石泰峰在自治区纪委监察厅调研时的讲话精神，自治区党委常委、组织部部长盛荣华到同心调研抓基层党建促脱贫富民座谈会精神。

【十三届第十七次常委会议】 8月3日，召开十三届县委2017年第十七次常委会议。会议传达学习习近平总书记在省部级主要领导干部"学习习近平总书记重要讲话精神，迎接党的十九大"专题研讨班开班式上的重要讲话精神、自治区党委书记石泰峰在贫困县（区）委书记座谈会上的讲话精神、自治区脱贫攻坚专题会议精神。传达学习新修订的《中国共产党巡视工作条例》、自治区党委《关于深入贯彻中央八项规定精神进一步加强和改进自治区党委常委会作风建设的若干意见》、自治区纪委《关于扎实推进加强扶贫领域监督执纪问责工作的通知》、全区民族团结进步暨和谐寺观教堂创建互观互检现场观摩会精神，全市宗教工作会议精神，并研究贯彻意见。研究审定县委统战部《深入贯彻落实自治区第十二次党代会精神，全面创建全国民族团结进步示范县实施方案》。

【十三届第十八次常委会议】 8月29日，召开十三届县委2017年第十八次常委会议。会议传达学习全区开展“三大三强”行动推广“两个带头人”工程经验促脱贫富民战略实施工作会议精神，研究贯彻意见。研究审定县委办公室《关于深入贯彻中央八项规定精神进一步加强和改进县级领导班子作风建设的实施意见》、县政府党组《同心县创建绿色经济示范县规划》《关于召开同心县2017年教师节表彰大会暨教育扶贫基金成立大会活动方案》、县委组织部《关于开展“抓落实勇担当　提振干事创业精气神”主题活动实施方案》。

【十三届第二十次常委会议】 9月15日，召开十三届县委2017年第二十次常委会议。传达学习自治区党委书记石泰峰在自治区党委网络安全和信息化领导小组第四次会议上的讲话精神，并研究贯彻意见。研究审定县委办公室《同心县县委、政府领导班子碰头议事会工作制度》、县政府党组《同心县健康扶贫救助基金管理办法（试行）》、县委组织部《全县群团组织换届人事安排》。

【十三届第二十一次常委会议】 9月24日，召开十三届县委2017年第二十一次常委会议。传达学习自治区党委《关于激励干部想干事能干事干成事的若干意见》，并研究贯彻意见。传达学习自治区党委办公厅《宁夏县（市、区）党政正职综合业绩考核评价办法（试行）》、中共中央办公厅《被巡视党组织配合中央巡视工作规定》。研究审定县纪委《同心县被巡视（巡察）党组织配合做好巡视（巡察）工作暂行规定》、中共中央办公厅《关于市县党委建立巡察制度的意见》，并研究贯彻意见。听取迎接国家水污染防治专项督查及当前环保重点工作情况汇报、同心县“绿盾2017”罗山自然保护区清理整治情况汇报。研究审定县委办公室《中共同心县委十三届六次全体（扩大）会议筹备方案》《中共同心县委关于贯彻落实自治区第十二次党代会精神实施意见（送审稿）》、县委组织部《关于开展“三大三强”行动实施“两个带头人”工程促脱贫富民战略的实施方案》。研究讨论《中共同心县委十三届六次全体（扩大）会议工作报告（送审稿）》。

【十三届第二十三次常委会议】 10月20日，召开十三届县委2017年第二十三次常委（扩大）会议。会议传达学习习近平总书记对脱贫攻坚工作作出的重要指示、李克强总理批示和汪洋副总理在脱贫攻坚先进事迹报告会上的讲话精神；自治区党委组织部副巡视员、干部监督处处长魏波通报自治区党委组织部关于同心县脱贫攻坚工作的督查调研情况，吴忠市委常委、县委书记马洪海，县委副书记、政府县长丁炜分别作了表态发言。

【十三届第二十四次常委会议】 10月26日上午，召开十三届县委2017年第二十四次常委会议。会议传达学习《中共中央办公厅关于印发〈党的十八大以来中央巡视工作总结〉的通知》《关于印发〈中共宁夏回族自治区委员会巡视工作办法〉的通知》《关于印发〈中共宁夏回族自治区委员会巡视工作规划（2017—2022）〉的通知》《自治区党委办公厅印发〈关于市县（区）党委建立巡察制度的实施意见〉的通知》精神、自治区第十二届人大代表选举、第十一届政协委员协商提名工作座谈会精神、自治区党委办公厅《关于开展全区党政机关和领导干部通过网络走群众路线的方案》，并研究贯彻意见。传达学习《自治区党委、人民政府关于推进脱贫富民战略的实施意见》。研究审定县委办公室《中共同心县第十三届委员会常务委员会工作规则（送审稿）》、县政府党组《关于进一步规范和加强立体化社会治安防控体系建设改革实施方案》、县纪委《中共同心县委员会巡察工作实施办法》《中共同心县委员会巡察工作规划（2016—2021）》《同心县委巡察工作机构设置方案》、县委组织部《关于成立中国共产党同心县非公有制经济组织和社会组织工作委员会及中国共产党同心县民政局社会组织综合委员会的请示》《关于因公出国（境）有关事项的请示》。

【十三届第二十五次常委会议】 11月8日上午，召开十三届县委2017年第二十五次常委会议。会议传达学习党的十九大精神、党章修正案、区市领导干部大会精神、自治区党委十二届二次全会精神和市委五届四次全会精神、自治区实施脱贫富民战略推进会精神、《自治区党委办公厅　人民政府办公厅〈关于贯彻落实中央决策部署切实抓好当前经济工作〉的通知》，并研究贯彻意见。研究审定县委办公室《中共同心县委十三届八次全体（扩大）会议筹备方案》《中共同心县委关于学习宣传贯彻党的十九大精神的实施意见（送审稿）》、县委宣传部《同心县关于党的十九大精神宣传工作方案》、县纪委《关于深入开展涉农扶贫领域腐败和作风问题专项整治实施方案》《同心县扶贫项目资金监督管理责任追究办法》、县政府党组《同心县农业社会化服务体系建设实施方案》、县委组织部《关于追授李进祯同志为“全县脱贫攻坚优秀共产党员”的请示》。

【十三届第二十六次常委会议】 11月15日，召开十三届县委2017年第二十六次常委会议。会议传达学习自治区实施生态立区战略推进会精神、自治区党委办公厅《关于加强党史工作的实施意见》，并研究贯彻意见。研究审定县政府党组《同心县全面落实普法责任制实施意见》。

【十三届第二十七次常委会议】 12月8日，召开中共同心县十三届委员会2017年第二十七次常委会议。会议传达学习自治区深度贫困地区脱贫攻坚座谈会和全域旅游发展推进会精神，研究审定县委办公室《同心县精神扶贫总体工作方案》等事宜。

【十三届第二十八次常委会议】 12月13日，召开十三届县委2017年第二十八次常委会议。会议传达学习《中共中央办公厅印发〈习近平总书记关于进一步纠正“四风”、加强作风建设重要批示的通知〉》和自治区党委第二十四次常委会、吴忠市委第二十五次常委会议精神及自治区政府主席咸辉到同心调研重要指示精神，并研究贯彻意见。

【十三届第三十次常委会议】 12月17日，召开十三届县委2017年第三十次常委会议。会议传达学习全区民营经济发展推进会精神，并研究贯彻意见。研究审定县委办公室《中共同心县委十三届九次全体会议筹备方案》、县政府党组《同心县2017年国民经济和社会发展计划执行情况与2018年国民经济和社会发展计划（草案）的报告》《关于2017年财政预算执行情况和2018年财政预算（草案）的报告》《同心县禁牧封育工作问责办法》《同心县加强基层民政服务能力建设实施方案》《同心县争创全区双拥模范县“两连冠”暨全国双拥模范县动员大会筹备工作方案》。研究讨论县委办公室《中共同心县委十三届九次全体会议工作报告（送审稿）》《中共同心县委、县人民政府2018年工作要点（送审稿）》、县委政研室《同心县2018年全面深化改革工作要点（送审稿）》、县人大党组《同心县人大常委会工作报告（送审稿）》、县政协党组《县政协十一届常委会工作报告（送审稿）》《县政协2018年度协商工作计划（送审稿）》、县委组织部《同心县2017年度干部选拔任用工作情况报告》、县检察院党组《同心县人民检察院工作报告（送审稿）》、县法院党组《同心县人民法院工作报告

（送审稿）》。

【十三届第三十一次常委会议】 12 月 20 日，召开十三届县委 2017 年第三十一次常委会议。会议研究审定县纪委《同心县贯彻落实中央八项规定精神实施细则办法》、县委组织部《关于成立同心县第十八届人民代表大会第二次会议临时党委和各代表团临时党支部、政协同心县第十一届委员会第二次会议临时党支部和临时党小组的请示》、县委组织部《关于同心县出席自治区第十二届人民代表大会代表候选人初步人选的请示》。

（尹晓莉　李　强）

深化改革领导小组工作会议

【第一次工作会议】 5 月 15 日，召开全县 2017 年全面深化改革领导小组第一次会议。会议听取县改革办关于全面深化改革工作进展情况汇报、县编办关于相对集中行政许可权改革试点工作进展情况汇报、县教育局关于中小学教师资格定期注册制度改革和教师职称评审制度改革进展情况汇报、县卫计局关于公立医院综合改革进展情况汇报、县农科局《同心县推进农村土地股份合作经营改革试点实施方案》、韦州镇《开展产权股份联合经营改革试点实施方案》、县水务局《同心县"河长制"工作方案》。

【第二次工作会议】 8 月 10 日，召开全县 2017 年全面深化改革领导小组第二次会议。会议传达学习石泰峰同志在自治区全面深化改革领导小组第 20 次会议上的讲话精神。研究审定《同心县总工会改革方案》《同心县共青团改革方案》《同心县妇联改革方案》《同心县科学技术协会改革实施方案》。

【第三次工作会议】 10 月 26 日，召开第三次领导小组会议，会议研究审定县政府党组提交的《关于进一步规范和加强立体化社会治安防控体系建设改革实施方案》。

【第四次工作会议】 11 月 8 日，召开第四次领导小组会议，会议研究审定县政府党组提交的《同心县农业社会化服务体系建设实施方案》。

（尹晓莉　李　强）

常务工作

【思想政治建设】 2017 年，以"两学一做"学习教育常态化制度化为契机，组织干部职工学习党的十九大精神、自治区第十二次党代会精神和吴忠市第五次党代会精神及区、市、县各类政策文件、新修订的《党章》，更新知识结构，拓宽知识面。组织干部职工开展"读书年"活动，购买书籍 500 余本，督促干部职工每人每年至少读 12 本书，并开展每月 1 次的读书交流活动，抓好干部队伍理论学习。强化制度建设，健全完善岗位职责和规章制度，修订完善《中共同心县委办公室工作制度汇编》，并细化公文办理、文件流转、会议筹备等工作流程，实现用制度管人管事，确保办公室各项工作高效运转。

【机关服务工作】 提高办文质量，增强文稿的政策性、指导性和针对性，研究起草一些立意高远、结构严谨、内容丰富、观点新颖，权威好的文章、讲话，为全县的经济社会发展指明方向。全年完成县委领导讲话稿、专题报告、全委会报告等重要汇报材料 150 多篇，发挥以文辅政的作用。严把会议审批关，精简和控制一批会议。加强议题安排的协调把关和会场布置、通知发放、资料印制、会议记录、会议纪要整理等环节的服务，圆满完成县全委会、常委会、碰头议事会、县委书记抓基层党建月度例会等各类会议。做好公文运转工作，做到格式规范、文句精炼、打印整洁、分发及时。对各类来电来文，及时登记，并按轻重缓急及时送领导审阅，阅后及时归档，无一差错。完成石泰峰、咸辉等中央和区市各级领导到同心视察、考察、调研 20 多次。做好信访维稳工作，全年共接访群众260（批）次、182件，信访办结率达到99%以上。

【信息宣传】 2017年，向区、市党委编报信息924条，被中央办公厅采用1条，被自治区党委办公厅采用115条，被吴忠市委办公室采用83条。1条信息得到中共中央政治局常委、国务院副总理汪洋的批示，6条信息被自治区党委办公厅评为好信息。

【调研工作】 围绕转变经济发展方式，统筹城乡发展，发展现代农业、生态移民、精准扶贫等社会发展中的重点、难点、深层次问题，先后开展专项调研20次，撰写调研报告230多篇，为县委领导科学决策部署提供依据。县委办公室荣获得自治区驻村帮扶工作先进单位。

【督察工作】 围绕全县工作大局，以转办督报和现场督察相结合，面上通报与推广典型相结合，定期督察和跟踪督察相结合，领导交办和主动督办相结合，加大督察工作力度，将各项重点工作和民心工程分解到承办单位和责任人，并坚持随时调度、按时通报，及时掌握进展情况，发现并及时解决存在问题，确保进度均衡和顺利推进。对县委常委会决定事项及各级领导批办件，制定完善专门的督促落实制度，限期反馈落实，做到件件有反馈、事事保落实，确保县委、县政府的各项决策部署落到实处。全年开展各种专项督导检查100余次，编发《督查通报》19期、《督查专报》10期。

【保密工作】 树立“保密工作无小事”的意识，在人员任用上实行专职、专防、专用。修改完善工作制度汇编，对重要部门、重要岗位、重要人员经常检查，2017年，密码通信和电子政务内网工作实现“无差错、无错情、无事故”目标，完成电子政务内网机房升级改造和城域网公文交换系统推广应用工作，服务保障各级各类视频会议共60场次，城域网公文交换系统已开通并正常使用99家。先后对纪委、法院、检察院等16个重点涉密单位开展保密专项检查5次，下发整改通知书10份，全县没有出现失密泄密事件。

（尹晓莉　李　强）

纪检监察

【反腐工作】 持续深化反腐工作，建立“1115+2”（1115协作区＋人才储备库＋党代表）和“一查四究五报告”机制，盯牢重点领域和关键人群，加大执纪审查力度，全年共处置问题线索246件，同比增长82.2%；立案140件，同比增长118.8%；给予党政纪处分138人（其中乡科级干部21人），同比增长115.6%；移送司法机关3人；收缴违纪资金49.94万元；县反腐败协调领导小组成员单位之间互移违纪违法问题线索18件，给予党政纪处分12人；下发典型案件通报30期。

【扶贫领域问题治理】 开展涉农扶贫领域腐败问题专项查处行动，全年处置涉农领域问题线索65件，立案80件，给予党政纪处分77人，移送司法机关3人，下发问题整改通知书18份，约谈部门负责人8名，通报曝光典型案例24件77人。市纪委编发的《吴忠涉农扶贫领域腐败问题典型案例警示录》选登同心县11件典型案例。

【作风建设】 通过中央八项规定精神“回头看”，清理各项制度1546条。严格落实习近平总书记关于作风建设重要批示精神和《中央八项规定精神实施则》，梳理出同心县存在的14种较为突出的“四风”问题新表现，制定《同心县贯彻落实中央八项规定精神及实施细则办法》。对标中央八项规定精神和区市县若干规定，全年实施监督检查53次，启动问责程序65起，问责部门（单位）6个、人员68人（其中科级干部34人），下发通报18期，通报批评单位51个。紧盯党员干部婚丧喜庆事宜，建立“一报两书一查”机制，明察暗访30余次，查处1起基层干部未申报举办子女婚宴的违规行为。

【巡察工作】 制定《中共同心县委员会巡察工作规划（2016—2021）》和《中共同心县委员会巡察工作实施办法》，建立县委统一领导、多部门参与的巡察工作联动机制，对7个乡镇、10个涉农部门开展2轮巡察，共向被巡察党组织反馈问题121条，提出意见建议19条，移交问题线索23件，立案13件，给予党政纪处分15人，组织处理11人。

【监察体制改革】 贯彻中央和区市党委深化国家监察体制改革试点工作部署，2017年底，顺利完成同心县监察委员会的组建挂牌工作，建立联席会议机制、案件协调机制、案件督办机制。

同心县监察委员会成立大会

【廉政教育】 注重抓早抓小醒廉，向全县副科级以上领导干部发放《同心县提醒约谈记录本》，对苗头性问题早提醒。注重警示常态化促廉，先后开展领导干部任前廉政谈话139人次，组织干部职工接受反腐倡廉警示教育18场次2550余人，对立案查处的违纪案件全部实名通报曝光。注重依托新媒体示廉，在全区纪检监察系统率先开通“同心纪检”微信公众平台，率先拍摄反腐倡廉微电影《界河》，被自治区纪委评为2017年度特色亮点工作，网上点击量超过100万人次。

【党建工作】 加强全面从严治党，落实党风廉政建设主体责任，制定《中共同心县委员会深入推进全面从严治党的实施意见》《全面从严治党“六大工程”实施方案》，先后15次召开常委会研究有关党风廉政建设和反腐败工作26项，分层次召开党委（党组）书记抓基层党建暨党风廉政建设述职会议3场。落实全面从严治党责任清单、问题清单和问责清单，采取签字背书、述责述廉、责任考核等方式，持续强化全县各级党组织担责履责。围绕《监督条例》和《问责条例》，出台《同心县纪委加强对同级党委监督工作暂行办法》，制定《各级党委（党组）监督责任清单》和《各级纪检组织专责监督责任清单》，并针对村级组织违纪问题易发多发的实际，制定《关于进一步加强“村财乡管”工作的实施方案》《从严管理村干部30条负面清单》，从具体问题抓起“堵漏洞”。以“铸廉和铸勤”行动为抓手，采取强化检查督导，在县电视台开设“铸廉铸勤在行动”宣传专题栏目等方式，营造又廉又勤的干事创业氛围。跟踪督察全县各级党组织改进问题110余条，有10个单位的35项特色亮点工作，通过区市纪检监察网站向全区进行宣传推介。

（马　吉）

【领导调研】 4月10日，自治区党委常委、纪委书记许传智一行到同心县对党风廉政建设和反腐败工作进行调研。

许传智一行先后到河西镇同德村、宁夏润德生物科技有限公司、县农牧和科学技术局，通过实地查看、听取汇报、现场走访，对同德村村务公开、便民服务和村务监督工作情况，“润德生物公司＋基地＋农户＋科技服务队＋基层党建”助力脱贫攻坚工作和涉农扶贫领域专项资金监督检查工作情况进行调研，全面了解县经济社会发展和脱贫攻坚工作及党风廉政建设情况。

调研中，许传智不时与干部群众进行交流，详细询问有关情况，对同心县党风廉政建设工作给予肯定。许传智强调，要认真总结提炼、推广党风廉政建设中的好经验、好做法，创新思路，推动工作；要推动全面从严治党向基层延伸，严格责任，狠抓落实；要用严格的制度、严明的纪律，把每一项扶贫资金管好、用好，确保资金安全、项目安全、干部安全；要严肃查处和纠正发生在群众身边的腐败问题，确保各项惠农政策落到实处、发挥作用，维护群众的根本利益，让人民群众真真切切地有更多获得感和幸福感。

（同心县党政信息网）

组织工作

【“两学一做”学习教育】 2017年，先后组织22次中心组学习、7场专题辅导。各级党委（党组）中心组学习139场次，各基层党支部集中学习9676场次。把学习宣传贯彻党的十九大精神作为政治任务和工作主题，组织召开全县领导干部大会、全委扩大会议等，传达会议精神并制定《中共同心县委员会关于学习宣传贯彻党的十九大精神的实施意见》，组成5个十九大精神宣讲团，深入基层宣讲45场次，县处级领导干部深入基层联系点宣讲党的十九大精神26场次。为526个基层党组织和650名科级领导干部征订《党的十九大辅导百问》等党建书籍，为9531名党员赠送党章和党徽。县级党员领导干部到联系点讲党课186场次，部门、乡镇领导班子到帮扶点讲党课1596场次。围绕“四个合格”“做四种人”专题，组织开展专题研讨968场次。探索推行“4+X”主题党日模式，创新活动形式，增强“支部主题党日”活力。围绕庆祝建党96周年等节点，组织开展“传承红色基因、争做合格党员”和“学习贯彻十九大、脱贫攻坚争先锋”等各具特色的主题党日活动，推动“三会一课”等基本制度在支部落实。开展以“五查五促五提升”和“八大行动”为主要内容的“抓落实、勇担当，提振干事创业精气神”主题活动，引导广大党员干部争做“四讲四有”合格党员，涌现出“脱贫攻坚优秀共产党员李进祯”等先进典型。

【队伍建设】 2017年，共调整使用干部130人次，其中：提拔37人次、转任6人次、交流69人次、免职18人次，征求纪检、政法、计生部门意见建议3批61人次，公示干部3批59人次，其中70%以上具有乡镇工作经历。如期完成超职数配备干部消化工作，共消化77名超配的科级干部。对41名试用期满干部进行试用期满考核。指导工会、团委、妇联等群团组织实行“专兼挂”相结合的方式圆满完成换届工作，其中专职人员17名，兼职人员15人，挂职人员6名。强化教育培训，先后举办基层党组织书记、第一书记、村（居）委会主任、中青年干部等主体培训班次19期，培训人员2300余人次。围绕学习宣传贯彻党的十九大和自治区第十二次党代会精神，对全县科级领导干部进行2轮全覆盖培训。选派38名科级领导干部和50名中青年干部赴山东潍坊和海原新区党校开展拓展培训，组织163名新录用公务员参加初任培训，选派3名干部到福建和区直机关进行挂职锻炼，5名干部挂任信访局副局长，3名干部挂任扶贫办副主任，11名派出所所长（教导员）挂任乡镇党委副书记。加强监督管理，严格执行提醒教育、诫勉谈话、“能上能下”、双向约谈、函询、请销假及出国（境）管理等制度和干部工作“四项监督制度”，经常性开展“双向约谈”活动，先后召开4次新任职干部集体谈话会，对171名新任职干部进行集体谈话。联合纪委加强对干部的监督力度，2017年，共问责科级干部61人次，其中受到党政纪处分18人次，受到组织处理43人次，对推进脱贫攻坚不力的4名乡镇党政正职坚决予以免职调整。委托同心县审计局对12名科级领导干部进行经济责任审计。

【基层党建】 开展“三大三强”行动，实施“两个带头人”工程，统筹推进各领域基层党建工作全面进步，县乡村逐级建立党组织书记抓基层党建成绩、问题、任务、责任“四个清单”。坚持县级领导碰头会和县乡两级党委书记抓党建促脱贫月例会制度，先后在王团镇、河西镇等召开6次例会，层层压实责任，形成“各级书记抓脱贫、上下联动促攻坚”的良好局面。加强督查考核问责力度，先后5次对全县基层党建工作开展情况进行督查考核，下发整改通知单23份。建立村干部“负面清单30条”，对换届后村“两委”班子运行情况全面摸排，调整不胜任、不称职村党组织书记12人。严格驻村帮扶工作队的监督管理考核，建立第一书记“三述三评”考核机制，对履行职责不到位、考核排名末位的10名第一书记、9名工作队员召回调换。分A、B、C三类从本地种养大户、家庭农场主等人员中确定679名致富带头人，其中党员致富带头人282名，进入村“两委”班子致富带头人132名。加强党员队伍的日常教育管理，共处理违纪违法党员95人。完成全县基层党组织和党员基本信息采集工作，共录入526个基层党组织、9531名党员的基本信息。发展党员126名，完善村级后备干部人才445人。深化拓展“三建四关心”党内关爱激励机制，共走访慰问生活困难党员和老党员等1433人，发放慰问金73.5万元。夯实基础强保障，提升村级办公经费保障，提高村干部报酬待遇，核发2017年村级办公经费334万元，落实村级为民服务资金859万元，兑现2017年村干部任职基础补贴793人1286.787万元。实施村级组织活动场所规范化建设工程，共投资2420万元，新建村级阵地60个6100平方米，改扩建阵地63个7900平方米，维修粉刷村级组织活动场所92个38320平方米。推进“空壳村清零2020行动”，投资5500万元，组织89个贫困村与15家企业（合作社）签订借贷经营协议，每年按投入资金的10%返还收益，年内，已有6家企业向24个贫困村兑付收益资金148万元。通过竞争立项争取自治区资金1800万元，在9个村开展发展壮大集体经济试点。实施“五个一”工程，非公企业和社会组织党的组织覆盖率分别达到91.45%、90.1%。创新党建与脱贫富民融合模式，探索推行的支部建在产业链上带领群众脱贫致富的“全产业链式”党建带扶贫新机制。

【人才工作】 坚持人才引进，实施“人才回引”工程，出台免除3年厂房租金、补助务工人员公租房租金等优惠政策，鼓励在外创业人才回乡创业，先后引入腾辉民族服饰和回乡阳光食品等33家企业入驻扶贫产业园。邀请甘肃省农科院、宁医大总院等25个单位的30名知名专家到县开展对口支援服务工作。组织申报博士后服务项目10个，涉及8个部门（单位）、23项服务内容和22个专业。为北京307医院、福建泉州医院、宁夏附属医院等领域专家学者设立专家公寓14套。完善《同心县推进人才强县工作实施办法》《同心县人才工作联系会议制度》等12项人才工作制度，把领导干部联系优秀人才工作情况纳入年度考核和人才工作责任制考核的重要内容。结合全县重点产业对人才的需求，重点培养主导产业、优势产业、特色产业急需的各类高层次人才。争取人才项目资金30万元，组织实施清真牛羊肉三产融合全产业链开发扶贫项目、小杂粮人才基地建设等4个区市人才项目。抓好教育培训，围绕有机枸杞、肉牛养殖、中药材种植等特色产业，举办培训班69场次，培训各类农村实用人才1.2万余人次。借助“基层之光”活动，从教育、卫生、水务等部门选派4名专业技术人员参加研修。承办以“助推脱贫富民战略”为主题的“2017宁夏百名专家基层服务行”活动，组织5063名专业技术人员参加公共科目培训，提高基层技术人才专业水平。

（马建兰）

【领导调研】 3月14日，自治区党委常委、组织部部长盛荣华一行到同心县就基层党建及脱贫攻坚工作进行调研。盛荣华一行先后到河西镇同德移民村、宁夏润德生物科技有限责任公司、同心清真大寺、红军西征纪念园等地，详细了解县基层党组织建设、村企联建、产业发展及红色历史资源开发利用等方面的情况。

盛荣华强调：要强化压实脱贫攻坚各方责任，各级领导干部要以上率下，一级抓一级、层层抓落实。要选好管好用好第一书记和驻村工作队，确保选得准、下得去，融得进、干得好。要加大教育引导力度，落实贫困群众脱贫攻坚的主体责任，激发群众打赢脱贫攻坚战的内生动力。

7 月 1 日，自治区党委常委、组织部部长盛荣华率队到同心县，围绕贯彻落实自治区第十二次党代会精神，特别是提高基层党组织建设水平、实施脱贫富民战略展开调研。盛荣华一行先后到河西镇同德移民村、宁夏润德生物科技有限公司及有机枸杞种植基地，详细了解基层服务型党组织建设、劳务移民、生态扶贫、产业扶贫等方面情况。

盛荣华强调，要开展农村村级党组织“三大三强”行动，推动力量、投入、资源和工作向基层下沉，解决农村村级党组织缺人、缺钱、缺场地“三缺”问题，解决村干部文化偏低、能力偏低、群众公认度偏低“三低”问题，提高农村基层党建工作水平，为实施脱贫富民战略提供坚强组织保证。

7 月 12 日，自治区党委常委、组织部部长盛荣华在韦州镇调研基层党建工作，并主持召开部分贫困村党支部书记抓基层党建促脱贫富民座谈会，就学习贯彻自治区第十二次党代会精神，推进“两学一做”学习教育常态化制度化，夯实农村基层党建基础提出要求。

盛荣华强调，要开展农村村级党组织“三大三强”行动，推动力量、投入、资源和工作向基层下沉，在建设一个好支部、选配一个好书记、带出一支好队伍、健全一个好机制、形成一个好风气上出实招、下真功，打造坚强的战斗堡垒，锻造过硬的先锋队伍，为实施脱贫富民战略提供坚强组织保证。

（同心县党政信息网）

宣传工作

【理论学习】 学习宣传党的十九大精神和习近平新时代中国特色社会主义思想、自治区第十二次党代会精神，组织全县党员干部收听收看党的十九大开幕盛况，集中宣传党的十九大精神。结合“两学一做”学习教育常态化制度化，运用“千名干部大宣讲”“百姓微宣讲”“第一书记面对面”等载体，开展对象化、分众化、互动化宣讲，力求学懂弄通做实。组织县委中心组理论学习 25 次，县领导讲党课 200 余场次，邀请专家辅导 7 场次，举办各类培训班 20 余场次，理论下基层宣讲 600 余场次，各级领导撰写调研报告 100 余篇，在市级以上刊物发表理论文章 10 篇。

【意识形态安全】 把意识形态工作纳入全县重要议事日程和效能目标责任考核体系，县委先后 8 次召开常委会、全委会，学习传达有关会议文件精神，安排部署全县意识形态工作。对 26 个党委（党组）落实意识形态工作责任制情况进行专项督察。建立舆情信息、督察处置机制，配齐配强网评员、信息员、舆情安全员队伍，邀请自治区网信办专家进行培训，提升业务能力和工作水平。对利用网络制造传播政治类有害信息和负面言论积极引导，有效处置县内出现的不良网络舆情。

【宣传活动】 围绕宣传贯彻党的十九大和自治区第十二次党代会精神，策划主题宣传、战役宣传和典型宣传。改版电视台新闻栏目，压缩时政类新闻时长，增加民生、社会新闻内容。强化网络宣传，培育各单位门户网站和官方微信公众号，规范自媒体的管理引导，开展“新媒体人士看同心”活动，形成激发正能量的集群效应。全年累计接待中央及区市新闻媒体记者95批380多人次，发表新闻稿件1205篇（条），其中：中央媒体97篇；区级媒体刊播新闻稿件613篇（条）；市级媒体刊播新闻稿件495篇（条）。人民日报《宁夏对“天价彩礼”红白喜事大操大办等婚礼陋习说“不”》、新华社《戮力攻坚 同心脱贫——宁夏同心县“多彩产业扶贫观察”》被多家媒体刊发、宁夏日报《村支书丁建华“背债”帮衬旱天岭穷乡亲》等稿件反响强烈。

【精神文明建设】 开展核心价值观“六进”活动，探索推进志愿服务组织承接脱贫攻坚、移风易俗公益服务项目，结合“三下乡”、阳光助考等活动，散发核心价值观日历、台历4万余张、扇子3万把。重点打造森林公园、文化广场等一批核心价值观主题公园、广场、街区和居民社区。开展各级文明单位、文明村镇、文明校园、文明家庭申报推荐活动，深化“我评议、我推荐”身边好人活动，财政局、丁塘镇新华村被命名为第五届全国文明单位（村镇），马忠斌、马永海获第六届全国道德模范提名奖，白永胜荣登“中国敬业奉献好人榜”。组织各类媒体挖掘报道脱贫攻坚优秀共产党员李进祯先进事迹，汇聚脱贫攻坚的正能量。推进城乡文明共建，各级文明单位与脱贫销号村建立共建“对子”，文明创建惠及面不断深化。开展未成年人思想道德建设，推进乡村学校少年宫规范化建设，丰富农村未成年人文化生活。

【移风易俗】 聚焦“天价彩礼”“高额人情”和婚丧嫁娶大操大办等陈规陋习，编印倡议书和“三字经”，编排《移风易俗树新风》快板书，开展“移风易俗我先行”大讨论，进行广场万人签名承诺，举办“推动移风易俗，助力脱贫攻坚”演讲比赛，发动全县各清真寺教长开展移风易俗“卧尔兹”（伊斯兰教宣教的一种方式。意为“劝导”“训诫”“教诲”“讲道”“说教”）演讲，全县举办首届集体婚礼，全区推动移风易俗树立文明乡风现场推进会在同心县召开，助推移风易俗活动。分乡镇对红白理事会成员进行业务培训，提高理事会成员政策法律水平和为民服务能力。开展移风易俗先进村、光荣户，优秀红白理事会评选活动，涌现出红白理事“管家”侯登堂、买廷义，红白事“光荣户”马占海、马耀林，模范遵守“十四条禁令”的党员干部杨林、鲍永杰等一大批典型，移风易俗在全县蔚然成风。

【文化事业】 开展精神扶贫，实施129个村级综合文化服务中心和2个乡镇文化站项目建设，实现村级文化中心全覆盖。配合开展2017年全区“三下乡”集中示范活动启动仪式，常态化开展社火展演、广场文艺演出、送戏下乡、送戏曲进校园等活动，丰富群众文化生活。打造“文学同心、摄影同心、民艺同心”品牌，创作《大唐十八相》《老堡子》等文学作品，中国诗歌学会在同心县举行“贫困地区诗歌文化建设工程”启动暨“中国诗歌之乡”授牌仪式，同心县成为全国第13个获此殊荣的县。实施“身边的感动”工程，组织拍摄移风易俗微电影《还要过日子》、反腐倡廉微电影《界河》、民族团结微电影《干亲》等多部作品，《干亲》获吴忠市第三届微电影大赛一等奖。

（苏 涛）

【领导调研】 4月14日，自治区党委常委、宣传部部长赵永清，市委书记沈左权，市领导兰德明、季文科及自治区文明委成员单位以及有关厅局和各市县区相关部门负责人到同心县参观调研。

在同心县王团镇北村，村“两委”将推动移风易俗与脱贫攻坚相结合、与红色传统教育相结合、与民族团结进步相结合、与文明村创建相结合，发挥党员干部、道德典型等的示范引领作用，严格落实同心县委关于婚丧喜庆的“14条禁令”，营造婚事新办、丧事简办、厚养薄葬的良好风气。

豫海镇兴隆村成立红白理事会等群众组织，注重发挥宗教界人士积极作用，开展移风易俗主题“卧尔兹”演讲，引导信教群众树立婚育新风，破除“高价彩礼”等陈规陋习。

赵永清指出，推动移风易俗、树立文明乡风是当前农村精神文明建设的一项重大任务，也是推进核心价值观落细、落小、落实的必然要求。要深化思想认识，增强推动移风易俗、树立文明乡风的责任感和紧迫感。要明确工作任务，推进各项工作深入开展，在加强宣传教育、增强群众自觉抵制意识，依靠群众自治、遏制陈规陋习蔓延势头，发挥榜样力量、突出先进典型示范带动等方面下功夫，引导群众自我教育、自我管理、自我提高，推进移风易俗工作开展。赵永清强调，要强化制度约束，为推动移风易俗提供重要保障，在发挥党章党纪的规范引导作用、发挥法律法规的刚性约束作用、发挥公共政策的价值导向作用等方面做文章，维护法规制度的权威性和严肃性，构建起推动移风易俗的保障体系。要加强组织领导，推动各项任务落实，在县域统筹安排，确保整体推进、明确部门责任，形成工作合力、把握政策界限，做到破立结合等方面出实招，加大力度、强化措施、统筹安排、整体推进、抓好落实，推动宁夏回族自治区移风易俗持续健康发展，为实现与全国同步建成全面小康社会作出贡献。

（同心县党政信息网）

统战工作

【政治协商】 强化制度建设，继续完善党外人士通报会、座谈会和党外代表人士列席县委常委会（全委会）、政府常务会（全体会议）、参与县域经济观摩等制度，完善会议协商、约谈协商、书面协商的形式和内容，把协商民主特别是政党协商的工作机制落到实处。强化机构建设，召开同心县党外知识分子联谊会2017年工作会议，表彰奖励10名优秀会员、2篇优秀理论成果、15份优秀提案和19份优秀社情民意。改善知联会办公条件，保障专职人员和工作经费，继续办好《知联通讯》，赋予知联会集体提案权，将新媒体代表人士纳入知联会，在全区率先成立“网络新媒体人士联谊会”，开展“新媒体人士共画同心圆”“网络新媒体人士看同心”“统一战线各界人士话同心”等活动，引导新媒体人士发表正面宣传200余篇，跟帖2万余条。组织新媒体人士拍摄反映民族团结、脱贫攻坚的微电影、微视频和微演讲，引导他们弘扬主旋律，消除副效应。强化思想建设，举办知联会会员、非公经济人士、宗教界人士、新媒体人士等学习班，邀请专家进行辅导，集中学习十九大精神和习近平总书记系列讲话特别是来宁视察重要讲话精神，坚定统一战线各界人士的政治信念和政治态度。助力移风易俗，倡导各界人士带头践行婚事新办、厚养薄葬、坚守中道、遵规守法等优良传统。强化力量建设。坚持“343”工作法推进知联会工作，此做法被自治区统战部在宁夏新阶层微信平台发布，并在全区推广。挂牌成立豫西社区、博物馆等8个党外知识分子联谊会服务基地，组织开展系列实践服务活动。举办为期3天的“同心县第三届党外人士艺术作品展”，推荐13幅书画摄影作品参加市统战部“读书月”书画展活动。

【民族团结创建行动】 制定《同心县贯彻落实自治区第十二次党代会精神，全面创建全国全区民族团结进步示范县实施方案》，开展“回头看”督查、观摩交流和动态考核命名工作，新表彰命名20个先进集体、20名先进个人，新打造豫海镇兴隆村、豫西社区、财政局等民族团结示范点21个，接待灵武市、原州区、彭阳县等5个县市区的观摩学习，迎接自治区、吴忠市民族团结进步互观互检，获得一致好评。拍摄《干亲》《我心里的那抹红》《期盼》等7部民族团结微电影，其中《干亲》荣获吴忠市民族团结微电影大赛一等奖。推进以“五进活动”和“六项教育”为重点的和谐寺观教堂创建提升行动，举办宗教人士学历教育大专班和“三定学习”，在宗教场所设展板，宣传中华优秀传统文化，开展2次以“坚持宗教中国化方向卧尔兹演讲比赛”和6次巡回演讲活动，使“五个认同”、坚持宗教中国化方向成为宗教界和信教群众的广泛共识。

【宗教事务管理】 召开全县宗教工作会议、宗教工作联席会议3次，传达学习全区、全市宗教工作会议精神会议31场次，完善县委书记、县长与统战部长、民宗局长随时联系、听取意见建议的沟通机制和县级领导“三个一”联系制度，建立统战部牵头协调的打击非法宗教活动工作机制。签订目标责任书，配强分管领导和专职干部，在村、社区建立统战、民族宗教工作站，明确责任人和联络员，落实县乡村三级属地管理责任制和县乡村所四级工作网络。坚持“严格审批、强化监管、控制规模、鼓励合建、杜绝渗透”五项措施，严把严控宗教活动场所建设，坚决遏制11起分坊建寺和未批先建行为，将原有11次大型宗教活动压缩到6次，确保云青寺、莲花山道观等大型宗教活动平稳有序。打击各类非法宗教活动，两次取缔非法宣教活动场所，拆除面积1480平方米，遣返学员30人，遣返非法宣教人员42人，累计依法拘留宣教人员15人，化解矛盾20余起，制止2起以寻宗祭祖为名，未经审批举办的大型宗教活动。对全县生产企业、超市、宾馆、小作坊等开展专项整治，对9家纯植物性产品生产企业的清真食品准营证予以收回，要求企业重新设计包装；对5家大型超市、32家小型超市重点检查，治理滥用清真标识的现象；对有阿语标识的6条道路、38个十字路口、112块路牌进行全面更换。对全县经文学校、经文班进行调查登记，依法取缔违规办班，规范伊斯兰教经文学校（班）14所，停学整顿1所。严控宗教场所及各类建筑风格，引导宗教场所建设风格为纯中式建筑风格。开展高音喇叭治理行动，共取消465座宗教场所高音喇叭。

【助力脱贫攻坚】 实施产业扶贫，制定《同心县2017年脱贫攻坚企业帮扶工作方案》，先后动员县内56家企业投入资金350.29万元、群众自筹280万元发展养鸡、养羊、养牛等小微产业，精准帮扶26个贫困村建档立卡户中的1439户深度贫困户，为218户买鸡21960羽，163户买羊1995只，131户买牛162头。实施教育扶贫，动员82家企业捐款2981万元，县政府投入1000万元，加之其他捐资，基金总额达4100万元。实施公益扶贫，网络新媒体人士通过拍摄关爱留守儿童的《期盼》、移风易俗的《还要过日子》等微电影，引导全社会关注农村留守儿童、勤俭节约勤劳致富。同心霞光公益慈善发展中心、同心爱心志愿服务团、同心县民族文化发展促进会等公益组织先后争取实施壹基金温暖包、贫困老人助养、“润苗”孤儿救助、移民村群众走访等项目20多次，捐款捐物300多万元。

（马　凯）

政策研究

【专题调研】 2017年，从培育特色产业新优势、建设宜居宜业新农村、激活农业农村发展新活力和加强农村党建等四个方面着手，先后撰写《同心县“互联网+”鼓起农民的腰包》《如何发挥新型经营主体在精准扶贫中的作用》等6篇调研报告，均被《宁夏工作研究》《吴忠工作研究》等区市级刊物采用编发。配合上级部门联合调研，先后多次接待区、市党委政研室及其他部门的调研工作，完成区、市党委政研室对家庭建设、盐同红集中连片贫困区区域发展与脱贫富民、产业扶贫、产业结构、文化旅游、扶贫开发、深化改革等各项调研工作。围绕干部下基层活动，结合领导干部的调研成果，编发《同心工作研究》5期，采用县处级领导干部调研报告40篇。

【农村工作】 加快推进“三农”工作，召开全县农业农村工作会议，制定《2017年全县农业农村工作要点》，表彰奖励美丽村庄、优秀龙头企业、专业村、优秀专业合作社。围绕农业农村工作要点，深入涉农部门和各乡镇督促调研，先后总结出《同心县优化“五个一”产业布局，健全“3+3”金融服务，推进农业供给侧结构性改革》，被自治区农办《三农要情》转发，《宁夏同心县同德村把支部建在产业链上 带领群众脱贫致富》通过宁夏信息渠道得到中央政治局常委、国务院副总理汪洋同志批示，《同心县力推“合作+”改革培育农业经营新主体》《同心县韦州镇探索“6+1+N”肉牛养殖股份合作联合经营模式》等信息已经上报区农办、区改革办，总结同心县县农业农村工作经验做法，梳理出农业农村工作和改革亮点23条。对全县农业农村工作开展自查，指导涉农各部门、各乡镇查漏补缺、整改提高。对建成的68个法律政策超市配送各类书籍16套1.5万余册（自治区农办配送）。每月定期向12个乡镇报送全年版《农村工作通讯》《农民文摘》，编制的中央一号文件宣讲稿已发送5000余册。

【全面深化改革工作】 2017年，制定《2017年全面深化改革工作要点》，组织召开2次全面深化改革领导小组会议，第一次聚焦稳步推进相对集中行政许可权、中小学教师资格定期注册制度改革和教师职称评审制度、公立医院综合改革、城镇综合管理、农村土地股份合作经营、产权股份联合经营、“河长制”等方面的改革，审议通过《同心县城镇综合管理改革实施方案》《同心县推进农村土地股份合作经营改革试点实施方案》《韦州镇开展产权股份联合经营改革试点实施方案》《同心县“河长制”工作方案》等4个方案，第二次聚焦群团改革，审议通过《同心县总工会改革方案》《同心县共青团改革方案》《同心县妇联改革方案》《同心县科学技术协会改革实施方案》等4个方案，确保群团改革同步推进。协助审改《同心县供销社关于开展农业社会化服务体系建设实施方案》《同心县城乡环卫一体化改革实施方案》《关于进一步规范和加强社会治安防控体系建设实施方案》等6个改革方案，其中，同心县率先研究出台《同心县关于开展农业社会化服务体系建设实施方案》，把供销社改革引向深入。围绕年度改革《工作要点》，按照一月一督察，一月一通报的工作机制，推进各项改革任务落实，并对全年改革任务完成情况跟进督导。

【干部下农村活动】 出台《关于开展机关干部“下农村、送政策、抓改革、促发展”活动的通知》，确定“453”工作法，推进下农村活动落到实处。各工作组迅速深入下基层联系点开展中央一号文件和支农惠农宣传活动，开展法律“八进”活动和“三下乡”活动，研究当前各村群众在生产生活中存在的问题，协调有关部门帮助解决困难，开展科普宣传、技术培训、法制讲座、扶贫助困、环境整治等活动。

（李　玲）

机构编制

【行政审批改革】 2017年，承接区市下放调整的行政职权事项，采取“一审、二对、三核、四定、五查”的工作方法，对原保留的85项行政审批事项先后3次梳理调整，共取消调整17项行政职权事项（取消5项，调整6项，新增6项），并在权力清单中及时变更，明确权责清单执行主体。协调各部门与区、市各厅局沟通对接，掌握下放行政审批事项办理流程、审批要件、职权依据、申请条件、办理时限、系统使用等内容，确保取消的坚决取消，下放的切实接住用好。

【权力清单运行制度】 2017年，完成权力清单公示系统职权事项录入工作，将全县2758项行政职权在自治区权力清单公示平台正式公示，建立权力清单管理公示系统。建立权力清单动态管理机制，与国家和自治区修改法律法规规章和简政放权工作相衔接，调整完善政府部门权力事项。

【行政许可权改革试点工作】 争取同心县被纳入相对集中行政许可权改革试点县，制定《开展相对集中行政许可权改革工作方案》，对17个政府部门的行政审批事项进行审核梳理，厘清集中到政务服务大厅的188项（含子项）事项范围和办理业务量。会同县政务服务中心商议制定《同心县政务服务中心进驻运行实施方案》，明确政务服务大厅运行的功能布局、入驻部门和窗口设置等内容，政务大厅进驻单位31个，开设窗口83个，将涉及企业注册登记、变更注销、项目投资、生产经营、资质认定、税费办理以及与居民教育医疗、户籍户政、社会保障、劳动就业、住房保障等密切相关的公共服务事项，实行“一窗办理”并推行应用政务服务网上办事大厅受理审批服务，打通政务服务中心与县直各部门电子政务外网的横向连接、与镇、村两级的纵向连通。

【行政职能事业单位改革】 围绕改革试点的目标要求，梳理全县县直属事业单位职能，确定同心县改革试点共涉及18个事业单位。将先行改革试点的人民政府教育督导室、事业单位登记管理局2个单位职能整合到主管部门，在主管部门挂牌并设置相应工作岗位，重新提出主管部门“三定”规定；将农村合作经济经营管理站和种子管理站2个单位承担的行政职能划转主管部门，重新梳理职能并提出“三定”方案初步意见；将城市管理综合执法大队等14个承担行政职能事业单位纳入综合行政执法体制改革统筹推进。

【企业和公民负担证照清理工作】 对全县23个政府部门及所属机构依据行政权力或公共资源向企业、公民核发的各类证照进行摸底排查，共梳理出145件，会同法制办、发改委、财政局等部门对证照排查结果进行合法性审查。

【城市管理综合执法】 推进城市管理综合执法体制改革，对县住建、水务、市监、公安等部门承担的城市管理综合执法领域的228项行政执法权项调整到县城市管理综合执法局，规范执法体制和管理机制。开展劳动监察、卫生计生等行业的综合行政执法改革工作，将同心县劳动保障监察大队更名为同心县劳动保障监察执法局，将同心县卫生监督所更名为同心县卫生计生监督执法所，分别承担劳动监察、卫生计生行业的综合行政执法。开展县级公立医院综合改革，向自治区卫计委争取，将两所县级公立医院床位控制数核定到684张，将预留的144名差额事业编制调整到两所公立医院，核定出2所县公立医院人员总量为989人，其中县人民医院750人，县中医医院（县回医医院）239人。开展国有林场改革，会同县林业局提出全县国有林场改革意见，重新研究制定两个生态林场机构编制方案，明确县生态林场和县中心林场的管理体制和经营机制。

（李学琴）

老干部工作

【离退休老干部党支部建设】 坚持科学规范组织设置，健全离退休干部党支部组织体系，2017年，在各乡镇、部门建立离退休党支部25个，并配强支部班子。做好党支部换届工作，对离退休党支部进行换届改选。坚持日常指导、定期培训、不定期检查的方式，引领各支部班子成员带头搞好理论学习，增强责任意识、奉献意识、服务意识和宗旨意识，提高离退休党支部工作的战斗力、凝聚力和创造力。

【落实离休老干部的政治生活待遇】 为离退休老干部征订《人民日报》《宁夏日报》《吴忠日报》《老年日报》《华兴日报》《老有所为》《快乐老年健康枕边书》《老有所养》《求是》等报刊，满足老干部学习需要。坚持对离退休干部重大节日慰问，春节期间，共慰问离休干部26人，退休（包括退居二线）处级干部44人，离休干部遗孀38人，发放慰问金10.8万元。“七一”建党节期间，开展慰问离退休党员干部活动，发放慰问金5万元。举办“喜庆十九大、欢度重阳节”离退休老干部重阳节座谈会，慰问县重病、失能、高龄等特殊困难的离退休老干部。与相关部门协调，保证老干部离休费和各项补贴按时足额发放，医药费实报实销，离休干部的门诊费由原来的每年每人1200元标准，调整为实报实销（报销不足1200元的结余归己），现离休干部的护理费每人每月增加到800元，并每年为离休干部每年增发1个月基本离退休费。

【离退休老干部“四就近”服务工作】 在各社区开展“四就近”服务，设置棋牌室、乒乓球室、图书室、老年人书画苑等场所，配置象棋、围棋、乒乓球桌等健身活动器材，安装大众健身器，得到离退休老干部的拥护。举办老干部乒乓球、象棋、方棋和扑克牌竞赛等文体活动，丰富离退休老干部文化生活。

【离退休老干部发挥余热】 组建“同心县关心下一代工作委员会宣讲团”，宣讲团先后到河西镇同德移民小学、下马关镇南安实验小学开展“爱我中华、党史、国史”教育进校园活动，并开展《幸福生活哪里来》小学生征文活动。组织“五老”金忠华等10人先后到预旺镇、张家塬乡和马高乡中心小学开展调研活动，了解全县贫困山区小学教育事业发展情况，县关工委调研组为三所山区小学捐赠书包100套，每人赠送一本《爱我中华、从我做起》党史读本。弘扬人道主义精神，在全国第27个助残日，县关工委会同残联等单位，开展“推进残疾预防、健康成就小康”的助残活动，活动共募集到救助资金7万元。开展“庆祝六一”捐赠活动，为马高庄乡邱渠村小学捐赠书包、文具等160套，争取宁夏德坤环保科技实业集团有限公司和区政府政务中心支持，为王团镇羊路小学捐赠书包文具等284套、社会主义核心价值观青少年读本（上中下）284套，为旺镇中心小学和张家塬乡中心小学七名留守困境儿童每人发放救助金500元。办好老年大学，为老干部老有所学搭好平台，开设书法绘画、保健和政策知识等培训班。组织离退休干部以国内主要媒体网站和老干部之家网站等为平台，采取发博客、微博和跟帖等形式，利用网络传播正能量。

【“下基层”活动】 开展慰问困难群众送温暖献爱心捐款活动，捐款3000余元。开展机关干部“下基层”和“七进六同”（七进指进农村、进社区、进企业、进社会组织、进学校、进基层医疗单位、进宗教活动场所；六同指同吃、同住、同劳动、同学习、同工作、同调研。）实践锻炼、社区结对共建等工作，局班子成员深入包扶村，为困难群众送政策、送温暖。坚持“三联单”管理制度，落实“下基层”四项制度，加大“下基层”活动力度，提高服务基层、服务群众的能力和水平。

下基层送温暖活动

【党建工作】 传达学习县委推进“两学一做”学习教育常态化制度化工作会议精神，召开启动会，将“两学一做”学习教育常态化制度化贯穿老干部工作的始终。每周组织政治理论学习日，每月一次中心组学习，重点学习党的十八届四中、五中、六中全会精神，学习习近平总书记系列重要讲话精神，落实区、市、县委全会精神。组织老干部观看自治区第十二次党代会和中共十九大开幕式直播盛况，征订学习资料，学习宣传贯彻党的十九大、自治区第十二次党代会和全县领导干部大会精神。结合建党日，开展党性观念、宗旨意识和理想信念教育，组织老干部、党员干部参加庆祝建党96周年党建促进活动。实施全面从严治党“六大工程”，召开铸廉和铸勤行动动员会议，对老干部局开展铸廉和铸勤行动进行思想动员和安排部署。

（杨　琴）

党校工作

【主体班次教学】 2017年，共举办主体培训班13期，培训学员2001人次。其中，举办全县公共文化服务骨干培训班，培训学员130人次；举办农村（社区）党组织书记、村（居）委会主任培训班，培训学员328人次；举办全县扶贫开发驻村工作队培训班，培训学员256人次；举办全县副科级领导干部拓展延伸学习培训班（山东潍坊），培训学员44人次；举办宁夏阿拉伯语学校2017年发展对象及入党积极分子培训班，培训学员168人次；举办全县2017年度预备党员、发展对象、入党积极分子培训班（东部），培训学员280人次；举办全县2017年度预备党员、发展对象、入党积极分子培训班（西部），培训学员228人次；举办2017年全县中青年干部拓展延伸培训班，培训学员40人次；举办全县科级干部学习贯彻自治区第十二次党代会精神专题研讨班3期，培训学员397人次；举办全县社区党组织书记及社区工作者培训班，培训学员35人次；举办全县教育系统组织书记及党务工作者培训班，培训学员95人次。

【教学改革与创新】 进行教学创新，开发现场教学基地，鼓励教师深入基层调研，广开第二课堂，重点开发“廉政警示教育”“美丽乡村建设”“红色革命传统教育”三个现场教学模块，并在农村（社区）党组织书记、村（居）委会主任培训班、全县社区党组织书记及社区工作者培训班和全县教育系统组织书记及党务工作者培训班上采用，加强教师与学员、社会与学员、学员与学员的互动。探索拓展延伸教学，拓展党校教学路径和模式，学习先进地区的成功经验，在全县副科级领导干部拓展延伸学习培训班（山东潍坊）、全县中青年拓展延伸培训班上运用，开阔学员视野。把课堂设在基层，教室放在村部，在全县12个乡镇和县直有关单位开展党员冬季轮训。组建“两学一做”学习教育常态化、制度化，“宁夏回族自治区第十二次党代会”和党的十九大精神宣讲团，深入各乡镇和县直、区市属部门单位开展专题培训和相关理论下基层活动，进行专题辅导115场次，培训人员19140多人次。

【师资队伍建设】 组织教师到中央党校培训基地及各地兄弟党校考察学习，2017年，全体教师在区党校集中学习培训3期20人次；赴中央党校进行学习培训2人。聘请中纪委、国家行政学院、区党校专家教授和县委、县政府主要领导以及县直有关部门负责人到县委党校开办讲座，逐步建立和完善以教师聘任制为核心的竞争机制，发挥兼职教师队伍的作用。

【科研工作】 参加区、市有关部门举办的各类研讨会和交流会，提升科研能力。开展中药材、枸杞种植、舍饲圈养、土地流转、精准扶贫、美丽乡村等调研活动，形成7篇调研报告，其中《延安精神与宁夏精神》《大力弘扬延安精神是打赢脱贫攻坚战的根本保证》《新时期如何继承和发扬延安精神》《延安精神面临的挑战和对策》四篇文章发表在宁夏延安精神研究会，《实施生态立区战略　抓好生态移民工作》获得深入学习贯彻自治区第十二次党代会精神理念研讨征文三等奖。

（马　琴）

档案史志

【理论学习】 加强政治理论学习，学习党的十九大精神和自治区第十二次党代会精神、习近平总书记系列重要讲话精神，开展“两学一做”学习教育。鼓励职工参加上级部门举办的各类业务培训和县党校举办的各类培训班，2 人参加成都培训学习，2 人参加河南省兰考县和湖南长沙市培训学习，10 人次分别参加在银川市和大武口区举办的地方志人员学习培训。

【档案业务】 开展档案立档培训班，以培训形式将各立档单位的档案集中到档案局整理、扫描、录入挂接，提高立档单位业务人员的业务能力，2017 年，开展整理、录入扫描挂接培训班 8 期，对 35 个立档单位档案进行整理、录入扫描挂接工作，共整理合格档案 916 盒（14616 件），录入扫描挂接 4244 件。配合“十二五”期间移民搬迁成员单位整理科技档案 373 盒。抽调 1 名业务指导人员指导建立棚户区改造档案，共整理档案 2850 卷。推进新农村建设建档试点工作，开展丁塘镇新华村、王团镇沟南村、下马关镇五里墩村的建档工作，整理档案 131 盒。

【馆藏档案信息化建设】 完善档案接收工作标准，依法将到期的档案及时接收进馆，全年接收 8 个全宗进馆（组织部、宣传部、人大办、发改局、农牧局、林业局、土地局、审计局），共接收档案 524 盒（7750 件）、图书 38 本，并对接收档案逐卷、逐件清点核查。制定《档案馆藏档案全文信息数据库建设方案》，对馆存政府办 2010 年至 2012 年共 1109 卷档案进行录入、扫描挂接。举办全县立档单位档案信息化建设（整理、录入、扫描挂接）培训班。

【档案查阅服务】 完善档案开发利用、查档须知等制度。采用预约查档、电话查阅等多种服务方式，最大限度满足查阅者的需求，对查阅者提供无偿复印、复制等相关服务。全年共接待利用查档人次 454 人，提供档案资料 780 卷 236 盒，复印 729 页，为各级领导决策、编史编鉴、下岗职工参加社会保险、教师职称评定、各项纪念和展览活动提供大量原始资料。

【党史工作】 征编党史资料，以大事记条目形式翔实记录同心县委、县政府围绕党的中心工作所开展的各项活动，收集整理全县重要会议、重要活动等文字及图片资料，以图文并茂的形式每月编印《同心月大事记》11 期。收录《2017 年中共同心县党史大事记》，完成《中共同心县组织史资料（1988—2013）》定稿。

【志鉴编修】 实施《同心县志（1991—2015）》修志工作，完成《自然地理志》《人物志》《公安志》《文化体育志》等初稿。对卫生局、城建局、交通运输局等 20 个部门提供的部分资料进行编辑。出版发行《同心年鉴（2016）》，并编辑完成《同心年鉴（2017）》初稿。完成年度性综合年鉴《宁夏年鉴（2017）》和《吴忠年鉴（2017）》同心资料的征集、编写工作。

【宣传工作】 以“5・18”地方志宣传日和“国际档案日”为契机，在文化广场开展档案、地方志系列宣传活动，活动以发放宣传材料、悬挂横幅，张贴宣传挂图、摆放展板、设立咨询台等方式，对《中华人民共和国档案法》《地方志工作条例》、档案保管利用等知识进行宣传，共发放宣传资料 500 余份、接待咨询群众 300 余人，同时把《宁夏档案博览》《宁夏史志》作为档案史志工作宣传的重要阵地，组织人员加大投稿力度，共计投稿 6 篇。

（马　剑）

同心县人民代表大会

综　述

【人事工作】 换届以来，共任命县人民政府副县长6人，代理检察长1人，任免“一府两院”组成人员33人，任命法院人民陪审员34人，接受辞呈9人，补选人大代表14人。加强对人大任命干部的监督，开展对工信、民政工作评议，坚持政府组成部门主要负责人、法检“两院”副职领导的年度履职报告制度，并进行满意度测评，促使“一府两院”组成人员由人大任命、受人大监督、为人民履职的意识得到提高。

【脱贫攻坚督导】 2017年，共召开常委会议8次、主任会议17次，听取审议“一府两院”专项工作报告32项，开展视察、检查、调研36次，提出审议、评议意见129条。加强脱贫攻坚工作监督，成立“两代表一委员”专题调研督察组，先后8次对脱贫攻坚工作进行全覆盖式督察检查，通过对10个乡镇（管委会）、52个贫困村、1500多个贫困户的走访调查，现场指出和纠正问题400多个，整理形成意见建议64条，引起政府高度重视。8月，专题听取审议县政府《关于脱贫攻坚工作情况的报告》，提出做好脱贫攻坚工作9条意见建议。

【重点项目督导】 围绕项目实施，牵头组织“两代表一委员”先后6次深入清水河大桥、三聚环保、预旺水库等100多个重点项目建设现场，及时协调和督促有关部门解决项目开工、土地征收、工程进度等问题，促进县委决策实施。围绕重点工作，对脱贫富民产业、三城联创、农田水利建设等工作进行视察调研，提出意见建议，为县委决策提供依据。围绕重大事项，就城乡规划管理、重点项目融资、棚户区改造等进行调研，依法作出决议决定18项，及时将县委决策通过法定程序变为全县人民的共同意志和自觉行动。

【计划预算审查监督】 关注经济运行态势和预算执行情况，先后听取审议政府关于上半年计划、预算执行和年度预算调整方案及决算、审计报告，提出重点支持壮大工业经济、加快项目建设、培植财源、优化投资环境等意见和建议，作出批准同心县2016年财政决算的决议和批准2017年地方政府债券项目预算调整方案的决定，将自治区下达同心县地方政府新增债券资金3.02亿元纳入财政预算，力求实现财政收支平衡。围绕新《中华人民共和国预算法》的贯彻执行，就财政全额预算、严格预算管理、预决算公开透明、推进国库集中支付等进行专项检查，推动新《预算法》在同心县的有效实施。主任会议专题调研和听取审计问题整改情况，确保审计意见落实到位。

【民生问题监督】 坚持以人民为中心的工作导向，定期听取有关部门汇报，深入项目工地查看进度，要求优先安排民生资金，强化统筹协调，加快项目进度。关注重点民生工程，督促政府及有关部门回应美丽乡村、饮水安全、农村道路、公共安全、社会保障、气象服务等人民群众的现实关切，让群众享受更多的改革发展成果。围绕现代农业发展、特色产业提质增量，开展有机枸杞、文冠果、葡萄、养殖专业合作社的调研视察，支持和督促政府及有关部门解决“三农”工作中存在的问题，推进新农村建设和农业产业化进程。

【城建环境督导】 抓住规划这一城市建设的龙头，听取和审议“三规合一”、村庄规划实施情况等报告，对城乡规划法实施情况进行执法检查，督促政府强化规划编制、管理和实施。加大对老城区实施的48个市政项目监督，累计深入项目现场46个，提出建议35条。立足构建绿色发展新格局，对植树造林和园林城市创建工作进行调研审议，建议科学规划、落实林权、加强管护，促进林业生态建设。聚焦环境治理，督促严格环保执法，开展环境综合治理。

【社会事业督导】 听取和审议教育法贯彻情况报告，就职业教育园区建设、公办幼儿园和校舍安全工程等方面开展视察调研，推动义务教育均衡发展。围绕“健康同心”目标，实地察看新区医院、中医院综合楼、村级标准化卫生室等建设情况，听取审议《医疗卫生体制改革专项报告》，督促有关部门改善就医条件，创新完善管理模式，抓好医疗服务和健康保障。持续对食品药品安全、饮水安全等社会热点进行监督，作出理顺管理体制、加大财政投入、完善监管机制、提高执法能力的审议意见，督促有关方面整改落实。关注文化旅游工作，支持县政府加快乡村旅游基础设施建设，打造全域旅游示范县。对民族宗教、“五保”供养、社会创新管理进行调研，促进工作有序开展。

【司法监督】 重视民事审判工作，通过听取和审议法院关于民事审判工作情况的报告，提出强化审判管理、提高办案质量等建议，县人民法院整改落实，促使审判工作质量明显提升。关注职务犯罪预防工作，将其列为监督检查的重点，要求县人民检察院要积极开展预防宣传和警示教育，强化犯罪分析，创新预防机制，遏制和减少职务犯罪。

【执法检查】 采取上下联动等方式，重点对《中华人民共和国教育法》、《中华人民共和国城乡规划法》、《中华人民共和国环境保护法》等8部法律法规开展执法检查。围绕法治政府建设开展专题调研，听取审议规范性文件备案审查、社会治安管理等专项工作报告，专题视察公安执法规范化建设、社区矫正等工作，提出加强管理、转变职能、规范执法等意见，推进法治政府和法治社会建设工作。

【代表履职】 加强对人大代表履职培训，举办2期代表履职学习班，分别就人民代表大会制度、中共十九大精神、代表法、人大监督、反腐倡廉等相关课题进行专题辅导，参加人数达580余人次。为代表提供优质服务，向代表发放《宁夏人大》等刊物500余册，邀请代表列席常委会议72人次，组织代表参加视察、调研等活动106人次。开展县人大常委会组成人员联系县人大代表、县人大代表联系选民活动，2017年，围绕审议特色产业发展、脱贫攻坚、生态建设、农贸市场整治等重点工作，深入20多个县直部门、10个乡镇，召开座谈会19场次，先后听取200多名代表和基层群众的意见。完善工作机制，将海如女子中学教学区维修等4件议案和6件重点建议确定为主任会议督办件，督促承办单位加大办理力度，2017年，4件议案全部办结，52件代表建议已解决或基本解决。加强对乡镇人大工作的指导，帮助新一届乡镇人大建立健全相关工作制度。分期组织乡镇人大主席外出考察学习，落实乡镇人大主席列席常委会会议制度，提升乡镇人大工作整体水平。

（杨　虎）

重要会议

【同心县第十八届人民代表大会第二次会议】 2017年12月23—25日，同心县第十八届人民代表大会第二次会议在县城召开，会期3天。会议应到代表204人，实际出席会议代表199人。会议听取和审议县人民政府县长丁炜作的政府工作报告，县人大常委会主任王自成作的同心县人大常委会工作报告，县人民法院院长母连山作的同心县人民法院工作报告，县人民检察院代理检察长马万清作的同心县人民检察院工作报告。审议县发展和改革局关于同心县2017年国民经济和社会发展计划执行情况与2018年国民经济和社会发展计划草案的书面报告，县财政局关于同心县2017年财政预算执行情况和2018年财政预算草案的书面报告，县人民政府落实民生计划暨承诺为民办实事草案的书面报告，并作出相应的决议。

会议期间代表共提交议案、建议67件。会议确定办理的代表议案5件，建议案62件。

【同心县第十八届人大常委会第二次会议】 2月24日，同心县人大常委会主任王自成主持召开同心县第十八届人大常委会第二次会议。会议听取县人大常委会财经工委主任白明玺作的关于《中华人民共和国预算法》贯彻实施情况的检查报告，县人民政府副县长康峰作的关于全县民族宗教事务管理工作情况的报告、关于全县安全生产工作情况的报告，县人民政府常务副县长马玉祥作的关于提请批准《同心县城乡总体规划（2016—2030）评估报告》的议案、关于提请批准《同心县2017年棚户区改造项目的报告》的议案、关于提请徐晓东任职的议案、关于提请马文明任职的议案，县人民法院院长母连山作关于提请罗彦昌等同志职务任免的议案，表决通过县人民政府关于《中华人民共和国预算法》贯彻实施情况的报告、关于全县民族宗教事务管理工作情况的报告、关于全县安全生产工作情况的报告以及人事任职议案、县人大常委会主任会议关于批准《同心县城乡总体规划（2016—2030）评估报告》议案的决议、《同心县2017年棚户区改造项目的报告》的决议。

【同心县第十八届人大常委会第三次会议】 4月25日，召开同心县第十八届人大常委会第三次会议。会议听取县人大常委会财经工委主任白明玺作的关于《中华人民共和国城乡规划法》贯彻实施情况的检查报告，县人民政府副县长张琛作的关于全县农村饮水安全工作情况的报告、关于全县医疗卫生改革工作情况的报告，县人民检察院检察长张彦飞作关于预防和查处职务犯罪工作情况的报告，县人民政府副县长张琛作关于提请批准水务一体化改革有关事宜的议案、关于提请棚户区改造有关事宜的议案，县人大常委会人选工委主任李海云作关于补选沈左权为吴忠市第五届人民代表大会代表的议案，县人民检察院检察长张彦飞作关于马维荣等同志职务任免的议案。表决通过县人民政府关于《中华人民共和国城乡规划法》贯彻实施情况的报告、关于全县农村饮水安全工作情况的报告、关于全县医疗卫生改革工作情况的报告以及县人民检察院关于预防和查处职务犯罪工作情况的报告。

【同心县第十八届人大常委会第四次会议】 6月30日，召开同心县第十八届人大常委会第四次会议。会议听取县人大常委会农环工委主任丁风英作的关于对《中华人民共和国环境保护法》贯彻实施情况的检查报告，县人民政府副县长张琛作的关于全县文化旅游产业发展情况的报告、关于全县社会保障工作情况的报告，县人民法院院长母连山作的关于民商事审判工作情况的报告。表决通过县人民政府关于《中华人民共和国环境保护法》贯彻实施情况的报告、关于全县文化旅游产业发展情况的报告、关于全县社会保障工作情况的报告以及县人民法院关于民商事审判工作情况的报告。

【同心县第十八届人大常委会第五次会议】 8月31日，召开同心县第十八届人大常委会第五次会议。会议听取县委常委、政府常务副县长马玉祥作的关于全县脱贫攻坚工作情况的报告、关于棚户区改造情况的报告，县发展和改革局局长马涛作的关于同心县2017年国民经济和社会发展计划上半年执行情况的报告，县财政局局长马顺作的关于同心县2016年财政决算及2017年财政预算上半年执行情况的报告、关于同心县本级财政2017年地方政府债券项目预算调整方案的报告，县审计局局长周宪瑜作的关于同心县2016年财政预算执行及其他财政收支审计情况的报告。表决通过县人民政府关于全县脱贫攻坚工作情况的报告、关于棚户区改造情况的报告、关于同心县2017年国民经济和社会发展计划上半年执行情况的报告、关于同心县2016年财政决算及2017年财政预算上半年执行情况的报告、关于同心县2016年财政预算执行及其他财政收支审计情况的报告、县人大常委会主任会议关于批准同心县本级财政2017年地方政府债券项目预算调整方案的决议。

【同心县第十八届人大常委会第六次会议】 10月31日，召开同心县第十八届人大常委会第六次会议。会议传达学习党的十九大精神，听取县人大常委会教科文卫工委主任马春生作的关于《中华人民共和国教育法》贯彻实施情况的检查报告，县人大常委会人选工委主任李海云作的关于《中华人民共和国治安管理处罚法》贯彻实施情况的检查报告，县人民政府副县长徐晓东作的关于农村公路建设情况的报告、关于提请张宏安任职的议案，县工业信息化和商务局局长张宏志作的关于工信和商贸工作及主要负责人履行职责情况的报告，县民政局局长周治江作的关于民政工作及主要负责人履行职责情况的报告，县人民法院院长母连山作关于提请马应仁等34名县人民法院人民陪审员任职的议案。表决通过县人民政府关于《中华人民共和国教育法》贯彻实施情况的报告、关于《中华人民共和国治安管理处罚法》贯彻实施情况的报告、关于农村公路建设情况的报告，县人大常委会主任会议关于接受郭耀峰辞去县人民政府副县长职务请求的决定（草案）以及人事任职议案，并对县工业信息化和商务局关于工信和商务工作及主要负责人履行职责情况的报告和县民政局关于民政工作及主要负责人履行职责情况的报告进行测评。

【同心县第十八届人大常委会第七次会议】 11月27日，召开同心县第十八届人大常委会第七次会议。会议听取县人民政府副县长康峰作的关于提请丁俊等同志职务任免的议案，县人大常委会办公室主任李岩作的关于接受张群、马玉祥、张琛等同志辞去县人民政府副县长职务请求的决定（草案）、关于接受张彦飞同志辞去县人民检察院检察长职务请求的决定（草案）、关于马万清任职的议案。表决通过县人大常委会主任会议关于接受张群、马玉祥、张琛等同志辞去县人民政府副县长职务请求的决定（草案），关于接受张彦飞同志辞去县人民检察院检察长职务请求的决定（草案）以及人事任职议案。

【同心县第十八届人大常委会第八次会议】 12月14日，召开同心县第十八届人大常委会第八次会议。会议听取县人大常委会办公室主任李岩作的关于县人大常委会工作报告的起草说明，县人大常委会副主任、代表资格审查委员会主任委员倪秉武作的关于县人大代表资格的审查报告，县人民政府副县长马俊文作的关于落实民生计划暨承诺为民办实事情况的报告，县人大常委会代表联络与选举委员会主任李海云作的关于县十八届人大一次会议代表议案办理情况的报告，县人民政府办公室主任马逢倡作的关于县十八届人大一次会议代表建议案办理情况的报告，豫海镇党委书记马少伟作的述职报告，县住建局局长杨玉明作的履职报告以及县人大常委会办公室主任李岩作的关于政府组成部门负责人及法检“两院”副职领导2017年履职情况的调查报告。表决通过县人民政府关于县十八届人大一次会议代表议案、建议案办理情况的报告、关于落实民生计划暨承诺为民办实事情况的报告、关于落实2017年县人大常委会审议意见的报告、关于吴忠市第五届人大代表述职的报告、关于县人大常委会任命的政府组成部门负责人及法检“两院”副职领导2017年履职情况的报告、关于召开同心县第十八届人民代表大会第二次会议时间的决定（草案）、关于接受马卫国、罗振旺辞去县十八届人大常委会委员职务请求的决定（草案），审议县人大常委会工作报告、同心县第十八届人民代表大会第二次会议有关文件草案以及县人大常委会关于代表工作暂行办法、关于进一步提高县人大常委会会议质量的若干意见。

【同心县第十八届人大常委会第九次会议】 12月25日，召开同心县第十八届人大常委会第九次会议。会议听取县人大常委会办公室主任李岩作的关于《同心县人大常委会2018年工作要点（讨论稿）》的说明、关于补选王天珍等为吴忠市第五届人民代表大会代表的议案，县委常委、县监察委员会主任王钧作的关于马建堂等同志任职的议案，县人民法院院长母连山作的关于马汉武等同志职务任免的议案。表决通过同心县人大常委会2018年工作要点、关于马建堂等同志任职的议案、关于马汉武等同志职务任免的议案、关于补选王天珍等5名同志为吴忠市第五届人民代表大会代表的议案。

（杨　虎）

【同心县第十八届人大常委会第一次专题主任会议】 7月7日，召开同心县第十八届人大常委会第一次专题主任会议。会议听取县林业局局长马吉芳作的关于春季植树造林情况的汇报。

【同心县第十八届人大常委会第二次专题主任会议】 8月21日，召开同心县第十八届人大常委会第二次专题主任会议。会议听取县政府办主任马逢倡作的关于规范性文件备案审查工作情况的汇报、县审计局局长周宪瑜作的关于审计问题整改落实情况的汇报。

【同心县第十八届人大常委会第三次专题主任会议】 10月30日，召开同心县第十八届人大常委会第三次专题主任会议。会议听取县农科局局长陈连卿作的关于农民专业合作社发展情况的汇报、县气象局局长张映琪作的关于气象工作情况的汇报。

（杨　虎）

机关事务工作

【综　述】 抓好代表学习培训工作，2017年，召开集中培训会1次，以会代训8次，边活动边培训4次。12月，协助常委会对部分区、市、县人大代表进行年度培训，为每位县人大代表征订一份《中国人大》《宁夏人大》等报刊。加强与代表联系，年初制定县领导联系代表、县人大常委会委员联系代表小组工作安排，出台政府组成部门联系县人大代表工作办法。全年开展集中走访代表活动，深入20多个县直部门、10个乡镇，召开座谈会19场次，先后听取200多名代表和基层群众的意见。坚持邀请代表和选民列席、旁听常委会，全年共邀请68名市、县两级人大代表列席常委会，扩大代表、群众对常委会工作的参与。组织联系112名人大代表参加执法检查、专题调研、走进警营和政风行风监督等各项活动。加强对代表履职情况的监督，有20名县人大代表向原选区选民进行述职。注重对乡镇人大工作的联系和指导，全年先后4次深入乡镇指导、督察、考核工作，邀请人大主席列席常委会议9次。协助常委会做好人事任免工作，抓好任前法律知识考试、考察等工作，做好会议任免、表决等服务工作，2017年，共任命县人民政府副县长6人，检察长1人，任免“一府一委两院”组成人员41人，任命法院人民陪审员34人，接受辞呈11人，补选人大代表19人，并对常委会依法任命的58名“一府两院”组成人员进行法律考试，为依法履职提供法律保障。办理县十八届人大一次会议确定的4件议案，52件建议案交“一府两院”。协助常委会对十八届一次会议确定的议案、重点建议办理情况进行集中检查，2017年，协助常委会对代表议案、重点建议集中视察1次，督察2次，督察督办常委会审议、评议意见落实3次，4件议案基本办理完毕，52件建议全部答复代表。

2017年，共刊登通讯、理论性文章7篇：《人民代表报》2篇、《宁夏人大》5篇，编发人大工作交流32期。

【结对帮扶】 制定结对帮扶工作计划，召开专题会议，安排部署职工下基层联系乡镇、农户工作。县人大常委会领导深入所包乡镇、村社与村干部座谈，研究探讨发展思路，谋划产业规划。5月，机关为田老庄乡李家山村45户建档立卡户每户购买肉鸡苗30只，为村委会捐赠办公桌2套、椅子6把、档案柜2组，“六一”儿童节期间，为村小学34名学生每人捐赠校服1套，11月，购买10吨煤炭，总价值5.7万元。机关筹措资金5000元，强化与新华社区共驻共建工作。

【“三会”服务】 2017年，协助常委会筹备召开人代会1次，常委会议9次，党组、主任会议25次。从会议文件资料到会场布置、生活安排、物质保障、后勤服务等各方面作好准备工作，为大会提供优质服务，保证会议的顺利召开。对每次常委会议、主任会议，围绕相关议题开展调查研究，为常委会议和主任会议审议提供依据；会议期间做好记录以及相关后勤服务。会后认真整理会议纪要并及时下发常委会审议意见，并督促“一府两院”抓好落实，确保常委会议质量。

【调查研究】 2017年，协助常委会对预算法、教育法、环境保护法、治安管理处罚法等8部法律法规的贯彻实施情况进行执法检查。组织“两代表一委员”对脱贫攻坚、棚户区改造、农村饮水安全、医疗卫生改革、文化旅游产业发展、项目建设、社会管理、食品安全、民族宗教工作、农民专业合作社发展、同心商城管理运营、农村宅基地管理等36项工作进行视察、检查和调研。成立“两代表一委员”专题调研督察组，先后8次对脱贫攻坚工作进行全覆盖式督察检查，通过对10个乡镇（管委会）、52个贫困村、1500多个贫困户的走访调查，现场指出和纠正问题400多个，整理形成意见建议64条。8月，专题听取审议政府《关于脱贫攻坚工作情况的报告》，提出在精准识别扶贫对象、创新精准管理机制、补齐基础设施短板、凝聚精准扶贫力量、坚决打好脱贫攻坚战等9条意见建议。对工信、民政等2个政府部门的工作情况进行评议调查。

【信访工作】 2017年，共收到群众来信来访116件323人次，受理区、市人大交办信访案件2件，分别转交相关部门办理，积极化解矛盾。

【文档管理】 重视文档管理工作，从公文的签收、登记、分发、传阅、承办等程序进行严格管理，做到收发、传阅及时，起草、整理各类文件、领导讲话，语句通顺、文字精练。严格遵守保密制度，机密文件、资料由专用文件夹传阅，专柜妥善保管。2017年，新制定《同心县人民代表大会议事规则》《同心县人大常委会组成人员守则》《同心县人大常委会关于宪法宣誓制度实施办法》《同心县人大常委会代表工作暂行办法》《关于进一步提高县人大常委会会议质量的若干意见》等规范性文件，修订完善机关办文、办会、办事等规章制度26项，共整理永久性档案18卷，30年档案25卷，10年档案6卷，其他门类档案5卷。

【自身建设】 2017年，开展“两学一做”学习教育制度化常态化，树立“四个意识”，重点学习党的十九大精神、新修订的《党章》，自治区第十二次党代会等和自治区、市、县党委的重要文件，学习《中华人民共和国宪法》《中华人民共和国监督法》《中华人民共和国选举法》等法律法规及人大基本理论知识。为常委会领导和各室委征订《人民日报》《代表报》《宁夏日报》《吴忠日报》等10多种党报党刊，编印《人大知识手册》1本。调整机关精神文明建设工作领导小组，开展社会主义核心价值体系宣传普及、文明室委创建等活动，申报和创建市级文明单位。组织干部职工参加县委组织部、宣传部开展的“七一”广场歌咏比赛等活动，推动机关精神文明建设的开展。2017年，共组织干部职工集中学习76次，每名干部职工集中学习达到120学时，完成学习笔记30000字以上，完成心得体会3篇，撰写理论文章及调研报告2—3篇，参加各类文体活动11次。

（杨　虎）

同心县人民政府

综　述

【概　况】2017年，同心县以习近平新时代中国特色社会主义思想为指引，认真学习宣传贯彻党的十九大、自治区第十二次党代会精神。县域经济稳步发展，社会大局和谐稳定，全县多项工作走在全区前列，同心县扶贫车间建设工作受到国务院扶贫办、全国工商联的充分肯定；“扶贫+”脱贫富民模式被人民日报社《民生周刊》评为2017年全国民生示范工程；荣获全国营养改善计划“阳光校餐”优秀县、全国基础教育质量监测优秀县、“中国诗歌之乡”称号；被评为自治区食品安全先进县、自治区良好农业规范认证示范县、全区转移就业示范县；成功创建自治区园林县城；义务教育均衡发展工作顺利通过自治区评估验收；获批全区涉农资金整合试点县、壮大村集体经济试点县；在全区率先实现“一行一县”“一保一县”帮扶结对；全区推动移风易俗树立文明乡风现场观摩推进会、全区打赢教育脱贫攻坚战推进会先后在同心县召开。2017年，实施扶贫产业园三期、棚户区改造等150个项目。新华集团、三聚环保、荣阳实业、海尔集团、中利牧晖5家上市企业在同心县投资实体产业。全国工商联常委会议、中阿博览会分别完成招商引资签约267.3亿元、100亿元。上争项目和招商引资分别到位资金56.05亿元和80亿元，均超额完成目标任务。全年实现地区生产总值63亿元，比上年增长9.6%。全年实现农林牧渔业总产值24.9095亿元，比上年增长4.5%。全年规模以上工业实现增加值18.2亿元，比上年增长14.2%。全年完成固定资产投资86亿元，比上年增长14.9%。全年实现社会消费品零售总额13.2亿元，比上年增长10.1%。全年完成地方公共财政预收入2.3亿元，比上年增长19.7%。城乡居民存款余额59.7亿元，比上年增长16%。城镇居民人均可支配收入2.2万元，增长9%；农村居民人均可支配收入8200元，增长10%。

【脱贫攻坚】整合资金21.1亿元，实施56个扶贫项目。经复查复核和查漏补缺，新识别出贫困人口2070户7954人。探索出扶贫车间+贫困户、小微扶贫+贫困户“6+1+N”[“6+1+N”模式：韦州镇探索出荣振“支部+6村+1企+N”产业发展模式，即养殖园区以肉牛养殖产业链为纽带的“支部（联合合作社党支部）+6村（韦一、韦二、河湾、闫卷、青龙山、庆华6个行政村）+1企（荣振、回清、义礼等合作社和10头肉牛以上的规模养殖户等48家经济联合体）+N（金融机构+保险机构+基地+建档立卡户）”，形成股份合作联合自营和托管模式]等产业扶贫模式，亿金民族服饰、旱天岭扶贫车间建成投产。开工建设19个村和3000户贫困户屋顶光伏扶贫项目。为2.05万户建档立卡贫困户发放贷款8.8亿元，户均4.3

万元，建档立卡贫困户贷款覆盖率74.3%。投入资金1210万元实施“扶贫保”，建档立卡贫困户家庭意外伤害保险和财产类保险实现全覆盖。整合资金7300万元，扶持98个贫困村发展集体经济。选聘1150名建档立卡贫困群众为生态护林员，人均年收入1万元。先后建成马高庄村等5个移民点，回购清水壹号普通商品房1000套，搬迁安置移民2570人，住房分配到户1000户4509人。修建农村道路438.5千米。完成3个贫困村电网改造。新建通信基站67座，行政村实现宽带和4G网络全覆盖。完成危房危窑改造1324户。投资2400万元实施安全饮水巩固提升工程。在社会各界大力支持下，筹资4150万元设立教育扶贫基金（兴俊基金），实现教育资助和免费教育“两个全覆盖”，年内已资助贫困学生21929人1062.4万元。实施“健康扶贫惠民工程”，注资1000万元设立健康扶贫基金，年内已救助建档立卡贫困户和特困供养人员2279人286万元。开展“百企帮百村”和社会组织帮扶活动，闽宁对口、中核集团等帮扶资金近7000万元，各驻村工作队投入帮扶资金4100多万元。市县近3300名干部职工、20多个社会公益组织近1500余名志愿者驻村或入户开展帮扶工作。坚持扶贫与扶志扶智相结合，开展“三先开路”主题教育、精神扶贫“十大专项行动”。为2016年稳定脱贫的11194名贫困群众发放“421”奖补资金4400万元。2017年，13个贫困村销号，5229户20611人脱贫，贫困发生率由2014年的32.1%下降到11.93%。贫困群众人均可支配收入达到7400元，增长12%。

【农业结构调整】 加快农业结构调整步伐，全县粮食产量达到33.1万吨，总产量及增幅均位居全区第二位。新增有机枸杞0.8万亩、中药材6.5万亩、文冠果6万亩，累计分别达到13万亩、35万亩、11万亩。发展酿酒葡萄1万亩、油用牡丹1.4万亩、肉牛38万头、羊190万只、黑毛驴1万头。德谷万亩有机枸杞、太阳系万亩中药材完成年度建设任务，海尔安格斯肉牛、德泽黑毛驴二期、驰马聚丰芦笋等项目加快推进，金垚育种葡萄基地开工建设。农业节约用水600万立方米。农民专业合作社、家庭农牧场分别发展到707家、122家。农业逐步由玉米种植、牛羊养殖为主向多元化、规模化、高效化转变，农业发展和农民增收的路子进一步拓宽。

【工业经济】 71家企业入驻园区，腾辉服饰、伊兴羊绒等57家投产，吸纳就业3250人。新能源装机规模达到183万千瓦。新增规上企业10家，总数达到63家。商标名商标被评为中国驰名商标。同德慈善产业园入选全国农村创业创新园区目录。工业经济集聚度明显提高，发展势头良好，成为支撑县域经济发展的新动能。

【第三产业】 开工建设豫海万家等10个房地产项目，累计新建续建普通商品房150万平方米。截至11月，全县金融机构存款余额达135亿元，增长19.3%；贷款余额首次突破百亿元，达到102亿元，增长45.7%。IPO绿色通道政策吸引力增强，朗斐纳斯、德泓国际等16家拟IPO企业在同心县注册。产业板块70%在同心的嘉泽新能源在上交所主板上市。企业融资由银行贷款为主逐步向多元化融资方向转变。同心县荣获自治区金融环境创建奖。“回回集市”被评为全国电子商务示范企业，2017年全县电商销售额1.1亿元，增长14%。开工建设韦州古城、罗山东麓葡萄文化特色小镇、东部环线风景大道旅游驿站、黄谷川滑雪场等项目，完成汪家塬村、莲花山、天台山等乡村旅游基础设施建设，同心县被列入自治区第二批全域旅游示范县。

【城乡建设】 完成投资36.4亿元，实施清水河综合治理、同心大道跨清水河大桥等48个市政建设项目。棚户区改造征收6849套，安置到户537户。人民公园基本建成。完成豫海南街、长征东西街等12条道路改造工程，县城交通主动脉更趋畅通。实施10万亩国土整治项目。同预五期、101省道同心过境段建成。建成马高庄水库、预旺水库、马塘水库等重大水利工程。实施1个美丽乡镇、10个美丽村庄建设项目，韦州镇被列入全国第二批276个特色小镇之一和自治区首批特色小镇培育计划，城乡基础设施和公共服务水平进一步提升。

【生态环境建设】 出台《同心县创建绿色经济示范县规划》，实施城东防护林、同预公路绿色通道等造林绿化十大工程，完成生态移民迁出区生态修复、草原补播、人工饲草种植30万亩，全年造林13万亩，森林覆盖率达到8.5%。划定永久基本农田红线。开展2017绿盾专项行动，完成罗山自然保护区清理整治。推行“河长＋警长制”，县乡村三级河长制组织体系全覆盖。出台禁牧封育问责办法。打响大气污染防治攻坚战，淘汰20蒸吨以下燃煤锅炉65台。城市环境空气质量优良天数比例达到82.7%。林业局被评为全国防沙治沙先进集体。

【社会事业】 加强教育事业，教育三年行动计划顺利实施。投资4.46亿元，实施“全面改薄”、义务教育学校标准化建设等8类项目。职业教育中心完成年度建设任务。开工建设47所贫困村幼儿园。开展“控辍保学”专项行动，228名孩子重返校园。教师轮岗交流和逢晋必下常态化，对在农村学校任教的390名教师分别授予“最美乡村教师”“最美乡村功勋教师”荣誉称号并给予表彰奖励。教育教学质量稳步提高，高考成绩稳中有进，中考成绩位居吴忠市前列。

医疗卫生服务实现新提升，县医院妇儿综合楼、中医院综合楼、妇幼保健所加快建设，新区医院完成设备购置、人员招录，迁建丁塘镇卫生院，新建5所村卫生室，实现村卫生室全覆盖。组建2个县域医联体。常住人口家庭医生签约15.16万人，其中建档贫困人口签约率100%。人民群众就医条件得到改善。人口自然增长率11.68‰，出生政策符合率95.1%，完成区市下达任务。

文化体育实现新突破，新建改建村级综合文化服务中心141个，实现行政村村级综合文化服务中心全覆盖。微电影《干亲》获吴忠市2017年第三届微电影大赛一等奖。五道岭子写生基地业内知名度不断提高。马忠斌、马永海获第六届全国道德模范提名奖。李进祯被区市县分别追授为脱贫攻坚优秀共产党员。财政局、新华村荣获全国文明单位、文明村称号。建成老城区综合体育馆、2个标准化乡镇文化站、2个社区笼式球场。同心县荣获自治区青少年竞标赛田径金牌，实现金牌零的突破。

社会保障机制进一步完善，开工建设综合养老服务中心、预旺敬老院、新华社区服务站、日间照料中心、12个农村社区服务站，建成王团镇圆枣村等15个留守儿童之家。累计发放低保、救灾、临时救助等各类资金3.3亿元。

筹措资金3000多万元，完成“明厨亮灶”等10件民生实事。创业就业扶持力度加大，发放全民创业担保贷款4300万元。累计发放农村妇女创业担保贷款7.2亿元，全区排名第一。培育发展小企业133家，提供就业岗位1345个，城镇新增就业2137人。农村劳动力转移就业7.5万人，工资性收入近8亿元。社会环境稳定和谐，以争创全区全国禁毒示范县为目标，打造“六个十工程”（十个社区戒毒康复示范点，十个戒毒康复就业扶持示范基地、十个禁毒宣传示范长廊、十个职业培训学校禁毒宣传教育基地、十个禁毒专业志愿服务组织、十个禁毒宣传预防示范娱乐场所），成功破获“3·17”等毒品案件，顺利通过全区毒品问题重点整治县摘帽考核验收。全县没有发生重大群体性事件和重大安全事故，平安同心建设取得新进展。严格落实信访工作目标责任制和县级领导干部定期下访接访包案调处等制度，共排查化解矛盾纠纷1490件，信访案件化解率达到98.68%。妥善解决退役士兵再就业安置问题。紧扣“中华民族一家亲、同心共筑中国梦”总目标，开展民族团结进步创建。坚持党的宗教工作基本方针，不断巩固民族团结、宗教和顺的良好局面。治理非法宗教活动“五步工作法（“五步工作法”：信息研判、协调联动、依法处置、教育训诫、长效管控。）”获自治区统战部实践创新奖。工商联获全国“五好”县级工商联。知联会“343（“343”工作法：三坚持，坚持强化思想认识、坚持完善工作制度、坚持“三列席两参与”；四强化，强化队伍建设、强化参政地位、强化业务推进、强化工作保障；三聚焦，整体工作聚焦突破创新、调研协商聚焦求真务实、服务社会聚焦脱贫攻坚。）”工作法在全区推广。加强行政监察和审计监督，项目结算审计266项，节约财政资金2.3亿元。县政务服务中心投入使用，下马关政务分中心挂牌运行，政府门户网站率先在全市上线运行。劳动保障监察“四部门联合办案”和“三部门联合调解”做法得到国家人社部肯定。及时妥善处置“8·20”危险化学品泄漏等重大突发事件，有效应对大规模爆发的玉米黏虫灾害。地震局获全国防震减灾工作先进单位。

【深化改革】 推进不动产统一登记、农村集体“三资”等32项改革，国有林场、城乡水务一体化等19项改革完成年度任务，公立医院综合改革等13项改革加快推进。成立城市管理综合执法局。率先在全区完成劳动保障监察执法体制改革和卫生计生综合执法体制改革。与自治区同步实现“多证合一、一照一码”登记模式。持续深化“放管服”改革，争取全区相对集中行政许可权改革试点。启动国家监察体制改革试点工作。

（马建兰）

【领导调研】 6月1日，自治区主席咸辉深入同心县韦州镇、下马关镇部分种植基地，对产业扶贫进行专题调研。

咸辉一行走进新开发的罗山东麓葡萄酒特色小镇葡萄种植基地，听取葡萄种植产业发展的相关介绍后，咸辉与正在干活的农户进行亲切交谈，了解他（她）们的经济收入情况。咸辉说，企业既要实现自身发展，更要担当起先富帮后富的责任，通过产业扶贫带动更多贫困群众持续稳定增收。咸辉还叮嘱企业负责人要认真分析、科学论证当地的水利、土质和气候条件，合理确定种植规模，积极对接市场，打造知名品牌，避免同质化竞争。

在新落成的下马关水库和易捷庄园枸杞产业扶贫基地，听取特色产业发展相关情况汇报后，咸辉指出，要建好用好中部干旱带脱贫攻坚水源工程，下决心下功夫调整产业结构，通过大力推广节水技术、大力发展高效农业，破解水资源制约瓶颈，要紧紧盯住贫困户收入增速要高于一般农户的目标，因地制宜选准主攻方向，选择附加值高、市场前景好、百姓收益多的产业，把一个项目培育成一个增长点，把一批项目打造成一个增长极，做长产业链条，扩大产业规模，让老百姓特别是贫困群众获得更多的收益。扶贫工作必须实打实，要坚决贯彻习近平总书记提出的精准扶贫精准脱贫基本方略，决不搞“虚假脱贫”和“数字脱贫”，确保贫困人口到2020年如期高标准、高质量脱贫。

（同心县党政信息网）

8月15日，自治区党委常委、常务副主席张超超到同心县调研工业经济运行和重点项目建设。张超超一行先后到宁夏荣华生物质有限公司、宁夏伊兴羊绒制品有限公司、亚麻籽油加工项目区等地，到企业生产车间和项目施工现场，详细了解企业项目建设、生产经营、产品研发、市场销售等情况。

调研中，张超超鼓励企业坚定信心，继续发挥科技优势，加大创新研发和市场营销力度，提升企业发展的质量和效益，要加大产品宣传、推广力度、让更多的群众了解产品、认可产品，接受产品，扩大产品销售渠道、发展壮大企业。

（同心县党政信息网）

2月17日，自治区副主席姚爱兴到同心县调研文化、教育民生工程建设情况。

姚爱兴一行先后到县博物馆、职业教育中心、石狮管委会砚台村幼儿园、王团镇圆枣文化活动中心、河西镇文化站等地，通过实地查看、听取介绍等方式，对同心县文化、教育民生工程项目规划、选址、建设等情况进行调研。

7月10日到11日，自治区副主席姚爱兴带领调研组对同心县教育文化民生工程进展情况进行实地调研。

姚爱兴副主席一行先后到丁塘镇窑岗子村综合文化服务中心、王团镇圆枣村幼儿园和圆枣村综合文化服务中心、石狮开发区麻疙瘩村幼儿园、同心县职业教育中心、田老庄乡石塘岭村综合文化服务中心、预旺镇南关村综合文化服务中心、下马关镇陈儿庄村幼儿园、韦州镇庆华村幼儿园等地，通过实地查看、听取介绍等形式，对县教育、文化民生工程进展情况进行详细了解。

通过调研，姚爱兴对县民生工程工作给予好评，要求同心县抓紧时间，加快进度，确保新建幼儿园如期建成，在保证安全的前提下尽快投入使用，补齐学前教育短板，满足百姓需求。要强化民生工程整体规划，建设速度要快，建设内容要实，定下时间表，明确责任人，细化目标任务，打造精品工程，建好、管好、用好民生项目。

（同心县党政信息网）

12月19日，自治区副主席、公安厅厅长许尔锋到同心县调研禁毒工作。

许尔锋一行先后到王团镇、县交警大队、豫海镇派出所、海如女子中学、豫海镇豫西社区、石狮管委会派出所等地进行实地调研，通过听取汇报、交流询问，详细了解同心县禁毒及各项工作开展情况。

在同心县王团镇、豫海镇豫西社区，许尔锋与禁毒专干深入交谈，详细了解禁毒工作情况。许尔锋强调，要始终坚持预防教育为主的禁毒工作方针，营造珍爱生命、远离毒品的禁毒氛围。在豫海镇派出所，许尔锋听取同心县运用新媒体开展工作、服务大众的事例介绍，并与派出所负责人、基层民警交流，详细了解该所重点人口管理、辖区治安、巡防一体化建设等情况及当前工作中存在的主要问题，向他们征求对做好公安工作的意见、建议。

许尔锋对县禁毒工作给予肯定，认为同心县在禁毒工作中发挥带头作用，王团镇的社区戒毒社区康复中心、社区警务APP、可视化报警APP及加油站智能人脸识别系统等都是同心县经过不断的实践推出的创新措施，所总结的优秀经验值得在全区推广。

许尔锋强调，要科学部署，统筹安排，建立长效机制，注重科学性、可行性、持续性，确保禁毒工作少走弯路，提高工作效率。要创新措施，注重实效，与时俱进，利用新媒体与社区戒毒社区康复人员建立联系，做到让社区戒毒社区康复人员能够重新回归社会，维护社会稳定。要总结经验，打造亮点，在总结取得禁毒工作经验的同时，创建全区全国禁毒示范县，打击毒品犯罪，为自治区创建全国禁毒示范省区作出新的更大贡献。

（同心县党政信息网）

8月24日，自治区副主席刘可为一行到同心县就清水河综合治理情况进行调研。

通过实地查看，刘可为对县清水河综合治理工作给予肯定，并要求同心县在清水河周边环境治理的基础上，加强对清水河水质的治理，要利用水生物除污、建设湿地公园等科学有效的措施，最大限度保护清水河在县域境内水质达标，使清水河流域水质更干净、环境更宜人，让清水河真正成为连接老城和新区的一条靓丽风景线。

（同心县党政信息网）

6月23日，在建党96周年来临之际，吴忠市市长喜清江，市政协主席孙瑛一行到同心县看望慰问老党员、生活困难党员。

喜清江、孙瑛一行先后到困难党员田玉忠、老党员张信英家中走访慰问，向他们致以节日的问候和诚挚的祝福。

在84岁的困难党员田玉忠家，喜清江关切地询问老人身体状况。喜清江说："党的生日就要到了，我代表市委、政府来看望您，希望您保重身体、安享晚年。"喜清江还叮嘱随行人员要把老党员特别是困难老党员的冷暖挂在心间，主动帮助他们解决实际困难，把党组织的关爱落到实处。

在老党员张信英家，喜清江、孙瑛与老人拉起家常，详细询问老人的健康及生活状况。喜清江叮嘱老人要保重身体，并祝愿他健康长寿、生活幸福。

喜清江、孙瑛一行还看望慰问因公牺牲司法警察白永胜的遗孀马红，带去党组织的亲切慰问和关怀。

（同心县党政信息网）

8月8日，吴忠市市长喜清江到同心县下基层联系点兴隆乡李堡村和扶贫联系点预旺镇调研。他强调，要增强打赢脱贫攻坚战的责任感、使命感和紧迫感，突出产业发展，完善基础设施，强化社会治理，加强基层党建，为脱贫致富奔小康提供示范样板。

调研中，喜清江听取兴隆乡和预旺镇脱贫攻坚工作情况汇报，对取得的成绩给予肯定。指出，要把脱贫攻坚作为重大政治任务来抓，增强责任感、使命感和紧迫感，用足用好各项政策，争取更多更大支持，发挥自身内生动力，打造脱贫致富奔小康的示范乡镇。

11月8日，吴忠市市长喜清江到基层联系点兴隆乡李堡村宣讲党的十九大精神。宣讲中，喜清江从党的十九大概况、十九大和习近平新时代中国特色社会主义思想给老百姓带来的实惠、怎样贯彻落实好党的十九大精神和习近平新时代中国特色社会主义思想三个方面为广大老百姓深入讲解党的十九大精神。

喜清江要求，村"两委"班子要带头学习、贯彻、落实好党的十九大精神和习近平新时代中国特色社会主义思想，发挥好基层党组织的战斗堡垒作用，当好致富带头人，培育发展特色产业，夯实脱贫致富基础。希望老百姓增强内生动力，勤俭持家，自力更生，艰苦奋斗，依靠勤劳的双手创造美好的生活。

12月11日，吴忠市市长喜清江对同心县河长制工作进展情况进行调研。喜清江一行先后到清水河县城段、污水处理厂等地，详细了解同心县河长制工作进展情况及清水河流域保护和水污染整治等工作。

喜清江在调研中强调，"河长制"对保护水资源、防治水污染、改善水环境、修复水生态意义重大。在思想上要继续高度重视，严格落实责任，强化工作举措。履行日常监督管理，依法依规发布禁止在清水河流域倾倒垃圾、乱采砂的通告，整治好清水河河道两侧环境。要强化部门协调和上下联动，设立监测点，加强河道水环境监管，形成工作合力，既要完成环保任务又要保障好民生，促进经济社会与生态环境协调发展。

（同心县党政信息网）

重要会议

【同心县第十八届人民政府第四次常务会议】 1月6日，召开同心县第十八届人民政府第四次常务会议。会议学习自治区人民政府《关于加快资本市场发展助力脱贫攻坚的意见》（宁政发〔2016〕102号）精神。学习全区全面建成小康社会发展研讨班精神并研究贯彻意见。听取"项目之冬"进展情况汇报、义务教育均衡发展工作情况汇报、新区医院启动准备情况汇报、出租车市场专项整治情况汇报。研究审定《同心县环境保护全面量化管理体系（送审稿）》《同心县健康扶贫工程实施方案》事宜。研究新区医院基建工程有关事宜、兑现拆除20蒸吨以下锅炉补助政策事宜、购买消防应急救援车辆事宜、第四供热中心管理运行事宜、棚户区改造有关事宜、购置50型多功能装载机有关事宜。研究解决中心林场退休职工医疗保险费事宜、清水河县城段主河槽砌护工程建设资金事宜、新区征地拆迁补偿资金事宜。

【同心县第十八届人民政府第五次常务会议】 1月24日，召开同心县第十八届人民政府第五次常务会议。会议传达学习全国及区市安全生产工作电视电话会议精神并研究贯彻意见；研究召开全县禁毒工作会议有关事宜、全县脱贫攻坚推进会有关事宜、农民工工资周转金有关事宜、化解债务系统外工程欠款事宜、政务服务中心进驻事宜、复员军人安置有关事宜、国有建设用地使用权收回事宜、国有建设用地划拨事宜、国有建设用地使用权挂牌出让事宜、立项实施耕地占补平衡项目有关事宜、立项实施土地整理项目事宜、安排春节期间有关工作等事宜。研究解决苦水河治理项目下马关镇郑儿庄防洪坝加固工程征地补偿资金事宜。

【同心县第十八届人民政府第六次常务会议】 2月24日，召开同心县第十八届人民政府第六次常务会议。会议研究讨论《同心县2017年脱贫攻坚实施方案》及相关管理办法和实施细则、《同心县关于加快农业产业结构调整扶持壮大特色优势产业的奖励办法》事宜、《关于加强乡镇综治中心建设实施方案》事宜。研究召开全县农村工作会议事宜、授予杨维川“见义勇为先进个人”事宜、收回国有建设用地使用权事宜、国有建设用地使用权挂牌出让事宜、调整县人民政府领导工作分工事宜；研究讨论城乡水务一体化改革事宜、棚户区改造有关事宜；研究审定下马关镇总体规划、招商引资合作协议事宜、《关于加快资本市场服务产业发展意见》；研究解决新区建设征地拆迁补偿费事宜。

【同心县第十八届人民政府第七次常务会议】 3月27日，召开同心县第十八届人民政府第七次常务会议。会议学习自治区人民政府办公厅《关于印发自治区困难残疾人生活补贴办法（修订）和自治区重度残疾人护理补贴办法（修订）的通知》（宁政办发〔2017〕46号）；传达全国全区民政工作会议精神并研究贯彻意见；研究审定开展资产收益扶贫发展壮大贫困村村集体经济实施方案事宜、广东荣阳实业集团招商引资协议事宜、下马关综合示范园项目招商引资协议事宜，研究设立农村土地承包经营权抵押贷款风险补偿基金事宜、2017年精准扶贫实施方案有关事宜、盘活财政存量资金事宜、财政涉农资金整合使用有关事宜、规划建设罗山东麓葡萄文化特色小镇事宜、申报清洁发展委托贷款项目事宜、棚户区改造有关事宜、组建同德产业发展投资公司事宜、亿金民族服饰公司融资事宜；研究解决下马关镇上下垣村田间渠道整修资金事宜、画展经费事宜、征地拆迁资金事宜。

【同心县第十八届人民政府第八次常务会议】 4月12日，召开同心县第十八届人民政府第八次常务会议。会议学习中共中央、国务院《关于推进安全生产领域改革发展的意见》；传达全区安委会精神及听取一季度全县安全生产工作情况汇报、全国全区禁毒工作电视电话会议精神并研究贯彻意见；听取审计发现问题整改落实情况汇报、一季度全县经济运行情况汇报、2017年民生实事、人大议案建议及政协提案办理情况汇报、环境保护工作情况汇报；研究实施新区集中供热站和第二供热中心供热锅炉除尘脱硫改造项目事宜；研究解决大气污染防治能力建设项目地方配套资金事宜；研究修订《同心县扶贫产业园及孵化创业园管理办法（试行）》；研究审定推进商标品牌战略发展等6个实施意见事宜、精准扶贫财产类“扶贫保”实施方案事宜；研究文化扶贫工程贫困村综合文化服务中心建设事宜、规范城乡接合部集镇规划区原宅基地使用权改变用途建设有关事宜、经济适用房和集资建房等划拨用地上房屋上市出售中有关土地问题事宜、生态移民迁出区集体土地收归国有事宜、国有建设用地使用权收回及划拨事宜、国有建设用地使用权协议出让事宜、国有建设用地使用权挂牌出让事宜、给予县禁毒大队及马成等11名同志记功事宜；研究解决棚户区改造垃圾清运资金事宜、出版《朝向阳光——同心县阿语翻译创业故事》费用事宜、扶贫产业园区征地粮食补偿事宜、县城公共厕所维修改造资金事宜。

【同心县第十八届人民政府第九次常务会议】 5月12日，召开同心县第十八届人民政府第九次常务会议。会议学习自治区人民政府《关于实施支持农业转移人口市民化若干财政政策的通知》(宁政发〔2017〕38号)、自治区人民政府《关于发布宁夏回族自治区政府核准投资项目目录（2017年）的通知》(宁政发〔2017〕32号)；传达学习咸辉同志在自治区扶贫开发领导小组会议上的讲话；研究审定安置生态移民迁出区剩余和新增遗留人口实施方案等有关事宜、2017年农村环境治理实施方案事宜、2017年农村危房改造方案有关事宜；研究收回有关项目沉淀资金事宜、农村公路基层公路站养护个人2016年乡镇补贴事宜；研究解决道路交通项目前期费用有关事宜、人民陪审员就餐及交通费事宜、职业教育中心、S101改线、森林公园等项目征地补偿资金事宜、河西市场建设费用事宜。

【同心县第十八届人民政府第十次常务会议】 7月5日，召开同心县第十八届人民政府第十次常务会议。会议学习《民法总则》《宁夏回族自治区气候资源开发利用和保护办法》(第91号主席令)；传达学习习近平总书记在深度贫困地区脱贫攻坚座谈会上的重要讲话精神；研究审定罗山东麓葡萄特色小镇合作框架协议事宜、山东威海市石油公司年加工300万吨重油综合利用项目投资协议事宜、公车改革处置方案事宜、县城规划区土地级别与基准地价更新成果事宜、城市管理综合执法体制改革方案事宜研究棚户区改造有关事宜；研究原太阳山煤矿从业人员缴纳养老保险事宜、清水湾农贸市场农副产品大厅回购管理有关事宜、妇幼保健所和计划生育服务站项目基础变更及调整预算事宜、新区医院设备购置事宜、国有土地使用权收回事宜、划拨国有土地使用权事宜、国有建设用地使用权挂牌出让事宜、关于依法征收职业教育中心项目建设用地有关事宜、注销国有建设用地使用权证和宅基地证有关事宜、实施罗山东麓葡萄种植基地供水工程事宜、西市场改造安置政策有关事宜、变更调整容积率事宜、供热基础设施改造事宜、实施小洪沟水环境综合整治项目事宜；研究解决羊绒监管库改造工程以奖代补资金事宜、资金有关事宜、扶贫产业园安置房事宜。

【同心县第十八届人民政府第十一次常务会议】 8月11日，召开同心县第十八届人民政府第十一次常务会议。会议学习自治区人民政府《关于印发宁夏回族自治区居住证管理办法的通知》(宁政发〔2017〕24号)；听取全县安全生产工作情况汇报、全县环保工作情况汇报；研究审定失地农民享受低保规范化管理工作方案事宜、县本级财政2017年地方政府债券项目预算调整方案。研究《同心县2017年上半年国民经济和社会发展计划执行情况的报告》《同心县2016年财政决算及2017年上半年财政预算执行情况的报告》《同心县2016年度本级预算执行和其他财政收支情况审计工作报告》；研究讨论创建绿色经济示范县实施意见；研究第二污水处理厂提标改造事宜、选调教师有关事宜、实施看守所基础设施改造事宜、县政府领导班子工作分工调整事宜、有关案件；研究解决有关资金事宜、农民工工资周转金事宜。

【同心县第十八届人民政府第十二次常务会议】

8月28日，召开同心县第十八届人民政府第十二次常务会议。会议学习李克强总理在新一轮世界科技革命和产业变革若干前沿领域发展态势专题讲座上的讲话（国务院办公厅内部情况通报第373期）；听取区市县民生实事及人大议案和政协提案办理情况汇报；研究审定同心县医疗扶贫救助基金管理办法、农村宅基地“房地一体”确权登记颁证工作实施方案、各专项应急预案事宜；研究讨论庆祝2017年第33个教师节暨教育扶贫基金成立大会活动方案事宜、《同心县教育扶贫基金管理暂行办法》；研究设置豫海镇永春社区委员会事宜、韦州镇定点屠宰场事宜、建设城市数字信息化系统有关事宜、返还暂借2016年农村危窑危房改造补助资金事宜、实施电子警察及交通信号灯项目事宜、惠民担保公司注入资金事宜、扩大建档立卡贫困户扶贫小额贷款风险补偿金规模事宜、实施2017年度高标准基本农田建设土地整理项目事宜、国有建设用地使用权出让事宜、国有建设用地使用权协议出让事宜；研究解决禁毒办案工作经费事宜、海如女子中学校舍维修资金事宜、移风易俗工作经费事宜、公务用车服务平台运行费用事宜、公车司乘人员薪酬待遇事宜。

【同心县第十八届人民政府第十三次常务会议】

9月26日，召开同心县第十八届人民政府第十三次常务会议。会议学习中共中央办公厅、国务院办公厅《关于印发统计违纪违法责任人处分处理建议办法的通知》（厅字〔2017〕37号）、自治区人民政府办公厅《关于印发全区推行不见面审批服务改革工作方案的通知》（宁政办发〔2017〕152号）；听取棚户区改造工作进展情况汇报；研究审定《同心县行政事业单位和社会团体工作人员住房货币化分配方案实施细则》《同心县财政资金拨付管理暂行办法》《同心县关于进一步规范和加强立体化社会治安防控体系建设改革实施方案》；研究返还宁夏新材房地产公司劳保基金事宜；研究购买消防装备器材事宜、推荐童仲武破格晋升高级职称事宜、国有建设用地使用权出让事宜、县劳动保障监察执法局政府购买公共服务事宜、采购招商引资工作车事宜。

【同心县第十八届人民政府第十四次常务会议】

10月9日，召开同心县第十八届人民政府第十四次常务会议。会议传达学习中共中央办公厅、国务院办公厅《关于支持深度贫困地区脱贫攻坚的实施意见》（厅字〔2017〕41号）精神、自治区实施创新驱动战略推进会精神、自治区人民政府办公厅《关于印发职业教育助推精准脱贫工作实施方案的通知》（宁政办发〔2017〕164号）、自治区深化医药卫生体制改革领导小组第三次会议精神，并研究贯彻意见；研究豫海南街建设历史遗留问题事宜、整建设工程定额人工费事宜、实施数字城市地理空间框架建设项目事宜、不动产登记中县城规划区原划拨商业用地登记有关问题、原火车站综合市场土地征收遗留问题事宜、收回国有建设用地使用权事宜、国有建设用地使用权出让事宜、国有建设用地使用权划拨事宜；研究解决北沟河道综合整治费用事宜、淘汰20蒸吨以下燃煤锅炉增容费事宜、市政建设工程辐射范围电力线路迁移费用、原乡镇企业局片区土地出让遗留问题事宜、“十二五”生态移民土地整理（一期）2012年河西同德和旱天岭项目资金事宜、祥福粮油食品有限公司土地征收补偿费事宜、中石化宁夏易捷枸杞科技有限公司下马关枸杞庄园道路工程建设资金事宜；研究讨论《同心县退役士兵再就业工作实施方案》。

【同心县第十八届人民政府第十五次常务会议】

10月22日，召开同心县第十八届人民政府第十五次常务会议。会议传达学习《宁夏回族自治区城镇土地使用税实施办法》和《宁夏回族自治区房产税实施细则》、全区脱贫攻坚专题会议、全区扶贫办主任会议、吴忠市脱贫攻坚问题整改及任务落实情况会议精神、全区教育精准扶贫现场推进会议精神、全区加强基层民政服务能力建设现场会议精神，并研究贯彻意见；听取全县脱贫攻坚工作情况汇报、全县1—9月份经济运行情况汇报、全县安全生产工作汇报、全县河长制工作落实情况、全县政务公开工作情况汇报、供销社改革工作情况汇报并研究讨论《同心县关于开展农业社会化服务体系建设实施方案》《同心县产业扶贫及落实自治区“四个一”示范带动工程实施方案》、创新改革试点村级互助资金管理运行方式助力脱贫攻坚事宜；研究审定险资直投助推脱贫攻坚合作协议、县人民政府与自治区总工会合作建设扶贫车间帮扶协议；研究解决全县义务教育均衡“三个增长”有关资金问题、村级文化活动中心建设资金事宜、田老庄乡职工宿舍楼及民生服务中心项目建设资金事宜。

【同心县第十八届人民政府第十六次常务会议】

11月11日，召开同心县第十八届人民政府第十六次常务会议。会议传达学习石泰峰书记及县委马洪海书记在《关于近期全区环境空气质量下降有关情况的报告》上的批示精神、《宁夏回族自治区大气污染防治条例》（自治区人大常委会53号公告）、全国工商联光彩促进会“万企帮万村”扶贫车间座谈会精神、全区脱贫富民战略推进会议精神，并研究贯彻意见；传达全市环境保护集体约谈会议精神；听取全县环境保护工作情况汇报，集中约谈环保局等相关部门，研究相关问题整改；听取全县耕地保护及执法工作开展情况汇报、全县脱贫攻坚问题整改情况汇报；研究政府购买服务解决社区矫正人员事宜、采购新区医院办公用品及医疗用品事宜、国有建设用地使用权出让事宜。研究讨论韦州特色小镇规划事宜、《同心县职工医疗互助活动实施方案》《同心县关于全面落实普法责任制实施意见》；研究审定《同心县光伏扶贫项目实施方案》《财政扶贫资金绩效考评管理办法》《同心县关于发展壮大9个村集体经济试点实施方案》《同心县关于生态移民村培育发展庭院经济实施方案》。

【同心县第十八届人民政府第十七次常务会议】

12月10日，召开同心县第十八届人民政府第十七次常务会议；传达学习李克强总理在科技部考察座谈时的讲话、自治区党委、人民政府《关于推进安全生产领域改革发展的实施意见》（宁党发〔2017〕19号）、自治区全域旅游推进会议精神、全区民营经济发展推进会精神，研究贯彻意见、区市关于环保问题整改督查通报，并研究贯彻意见；传达全区2017年动态调整工作会议精神及下一步工作要求；研究规范性文件清理有关事宜、取消调整17项行政职权事项事宜、加大科技研发经费投入力度政策事宜、召开争创自治区双拥模范县“两连冠”及全国双拥模范县创建动员会筹备方案、发放民政救助对象冬季取暖费事宜。研究讨论《同心县禁牧封育问责办法》、2017年城镇退役士官安置事宜、石狮开发区城一村孙建明土地确权事宜、西征纪念园扩建及同德园区征地拆迁安置事宜、拆除县政府招待所会议室和办公用房事宜、政府购买公共服务解决供销社工作人员事宜、扶贫领域发现问题整改事宜、国土资源管理有关事宜、有关资金事宜；研究审定《同心县加强基层民政服务能力建设实施方案》；研究解决全县退役士兵再就业安置事宜；研究讨论《同心县贯彻落实自治区脱贫富民战略实施方案》、2017年扶贫工作总结及2018年工作思路。

【同心县第十八届人民政府第十八次常务会议】

12月16日，召开同心县第十八届人民政府第十八次常务会议。会议传达学习自治区党委常委、副主席马顺清同志在调研吴忠市脱贫攻坚工作座谈会上的讲话精神，并研究贯彻意见；学习自治区第108次常务会议精神；听取2017年农民工工资治欠保支情况汇报；研究保留和取消证照事宜；研究解决2017年棚户区改造项目贷款资本金事宜；研究讨论《2017年政府工作报告（讨论稿）》《关于2017年国民经济和社会发展计划执行情况暨2018年国民经济和社会发展计划（草案）的报告》和《关于2017年财政预算执行情况暨2018年财政预算（草案）的报告（讨论稿）》《同心县人民政府落实民生计划暨承诺为民办实事（草案）的报告》。

（马建兰）

政府办公室工作

【提高办文质量】 贯彻落实《党政机关公文处理工作条例》，从草拟、审核，到打字、印刷、装帧、发送等都严格把关，做到格式规范、文体正确、表达准确，保证了公文质量。坚持发文确有必要原则，严控发文数量，部门能自行发文或几个部门联合发文的一律由部门发文。坚持文件双面打印，努力做到无纸化办公，推进OA无纸化办公，提高工作效率。2017年，以政府和政府办公室名义印发的文件共170份，同比减少8.2%。

【提升办会水平】 严格精简会议，搞好会务的统筹协调，细化分解会议议定事项，交办和督促落实。特别是对政府全体会、常务会、县长办公会、各分管副县长专题会等会议，牵头做好会议决策前的各项准备工作，提前对需要审议的议题进行审核，保证县政府决策事项及政务公开工作的贯彻落实和正常开展。2017年，以政府名义召开的会议有25次，同比减少10.7%。

【十件民生实事】 2017年县政府继续承诺办理10件民生实事，概算总投资约3000万元。2月，下发《关于落实2017年区市县三级承诺为民办实事责任分工的通知》，明确实事内容、办理时限和责任单位。县委、县政府主要领导多次深入一线了解工程推进情况，现场办公解决实事办理遇到的困难和问题；各副县长按照责任分工，多次进行专项督查；县人大、政协把10件民生实事作为今年督查督办的一号工程，多次督察进展情况，及时反馈督察意见建议。同心县政府办公室作与各牵头单位和配合单位协调对接，采取多种方式督办催办民生实事。2017年，为全县持证残疾人购买意外伤害保险等10件民生实事中，9件已全面完成，1件正在办理进程中（在老城区实施便民利民工程。一是结合棚户区改造，在二小片区规划建设公共厕所3座、垃圾中转站1座，目前已建设完成；二是在清水湾片区、中寺片区各规划建设街头公园、停车场1处，项目今年已开工建设，计划明年完工。三是计划在市场门口、变电所各规划建设停车场1个，市场门口停车场已建成，变电所停车场项目年内已开工建设，计划明年完工。）

【人大建议、政协提案办理工作】 重视县人大代表议案、建议和县政协委员提案，及时进行分类整理，确定承办单位，下发交办通知，明确责任，自觉接受县人大法律监督、政协民主监督。办结关于请求对丁塘镇小城镇建设进行立项的建议等人大代表议案45件，列入计划8件，无法办理1件。县政协十一届一次会议期间，县政协委员共提出提案109件，经审查立案88件，转为委员来信10件、社情民意11件。2017年，88件立案已办结73件，办结率83%，正在办理12件，列入规划逐步解决的3件，全部向人大代表和政协委员进行答复。

【效能建设】 组织相关部门负责人和窗口工作人员先后赴银川市、吴忠市、永宁县、中宁县、贺兰县等市县考察学习。投资3600多万元，建成5000多平方米的政务服务中心，于3月投入运行，进驻单位31个，开设办事窗口79个，进驻窗口工作人员140余人。建成下关镇政务服务中心。县政务服务中心及下马关分中心共受理各类行政审批和服务事项30万件，办结率100%，群众满意率100%。12月，由自治区信建办统一规划搭建的同心县人民政府门户网站在全市率先上线运行，并设置“两馆一中心”信息查阅点，保证百姓能随时随地查到所需信息。

【信访工作】 2017年，同心县共受理群众来信来访238件957人次，与去年（248件1255人次）比，件数下降40%，人次下降23.7%。国家信访局立案交办的5件信访件、自治区信访局立案交办的7件信访积案和同心县排查的61件信访积案全部办结。按期办结率达96.82%，群众满意率达97.7%。

【依法行政】 健全依法决策机制，修订《同心县人民政府工作规则》《政府常务会议议事规则》，完善同心县人民政府重大行政决策程序规定》，进一步健全政府法律顾问制度，组建11人组成的县人民政府法律顾问团，参与政府决策事项。向社会公布政府部门和乡镇2761项权责清单并实行动态管理。2017年，政府法制机构累计审查规范性文件34件、政府签订的各类合作协议（合同）20件。组织全县行政执法人员参加自治区法制办组织的行政执法证资格考试，89名行政执法人员取得执法资格，对72名到期、离岗执法人员执法资格证进行注销。加大规范性文件清理力度，对1996年以来的127件规范性文件进行清理，废止规范性文件28件、宣布失效2件、需要修改10件。认真落实国务院关于取消中央指定地方实施行政许可事项的有关精神，近期政府常务会议将专题研究17项行政职权，拟取消5项、调整6项、增加6项。

【外事工作】 严格把好出访、来访审批关，做好出访手续的办理，2017年，办理因公出国（境）审核报批53人，其中机关事业单位领导干部6人。圆满接待新加坡记者代表团、美国欣欣教育基金会、沙特驻伊斯兰合作组织代表共3团12人。

【后勤事务管理】 配合完成公务用车改革，县级领导公务用车由县政府办填写、由机关服务中心统一调配。落实专人负责党务、社会治安综合治理、精神文明建设、计划生育、依法治理等具体工作。

【信息工作】 2017年，累计撰写各类信息500余篇，先后在《新华电讯》《宁夏日报》《吴忠日报》等新闻媒体上刊登信息150多篇。

【调研工作】 2017年，累计下基层调研60多次，先后对产业发展、扶贫济困、教育文化、医疗卫生、社会保障等方面进行调研，形成调研报告20余篇，为县委、县政府科学决策提供参考依据。调研报告被《宁夏日报》等报刊刊载。

（马建兰）

政务服务

【概　况】 2017年，同心县政务服务中心共受理各类行政审批和公共服务事项65.6万件，办结65.6万件，其中，本级大厅办理事项约43.5万件，办结率100%，与2016年相比提高6.1倍。

【基础设施】 投资2600多万元，建成4200多平方米的标准化政务服务大厅，于3月投入使用。设办事窗口85个，进驻窗口单位32个，窗口服务人员140余名，承办服务事项319项（其中，行政审批事项216项，公共服务事项79项，其他服务事项24项）。

【深化“放管服”改革】 召开全县“放管服”改革推进会，对17项行政审批事项再次进行调整、归并和取消，贯彻党的十九大及自治区第十二次党代会精神，取消18件不符相关法规政策规定的证照，对127份规范性文件进行清理并公开。

【乡镇民生服务中心建设】 争取基层政权建设项目支持，为全县10个乡镇分别建设200平方米的标准化民生服务中心，实现乡镇全覆盖。新建和改扩建村级民生服务代办点123个1.43万平方米。为乡镇村配备高拍仪180台、证照制卡机14台、宣传电子屏14台。乡镇电子政务外网接入率达100%，村级网络接入率达到95%以上，依托全区电子政务外网建设，实现县、乡、村三级网络基本全覆盖。

【打造不见面审批示范县】 2017年，同心县不见面审批事项流转共派发947项，主要包括行政许可、行政征收、行政确认、行政给付、其他行政权力等5大类。对于事项类型为基本公共教育、劳动就业服务、社会保险、基本社会服务、基本医疗卫生、人口和计划生育、基本住房保障、公共文化体育、残疾人基本公共服务、其他公共服务的10类公共服务事项，梳理250项目录清单。录入审核730项不见面审批事项。

【创新服务方式】 梳理规范行政许可事项和公共服务事项，再造审批服务流程，减少环节，精简申报材料，缩减办理时限。整合社保、民政、扶贫、人寿、人财保险公司建立"基本医疗保险报销"一站式服务办理窗口，基本医疗保险报销一站式服务窗口共办理基本医疗报销5055人次，报销金额570.5万元，其中健康扶贫1582人次，救助基金金额184.8万元；城乡医疗报销3473人次，报销金额385.7万元。设立"项目投资"一站式办理窗口，将发改、国土、住建、环保等部门办理事项制定联审联办流程，一个窗口受理、牵头部门和政务服务中心协调办理，承诺时限内办结。筹建同心县政务服务中心下马关分中心并于8月正式挂牌运行，这是全区第一家县级政务服务中心在乡镇设立分支机构，辐射同心县东部5个乡镇18万人口，受理行政审批事项253项，同心县政务服务中心辐射半径缩小到30千米以内，使东部人群办事更方便快捷。在政务中心专门设立政府信息公开查窗口6个，方便办事群众查询，每天接受查询和询问100多人次。

（马洪明）

信访工作

【基本情况】 2017年，同心县共受理群众来信来访231批852人次（其中：集体访41批597人次，网上投诉101件），同比批次上升9.5%，人次下降1.2%；受理区、市、县排查交办的信访积案4件，全部化解，化解率100%；受理国家信访局、自治区信访局交办的重点案件7件，到期办结7件，到期办结率为100%；受理自治区信联办交办件3件，到期办结2件，1件属"三跨三分离"案（马廷选、马耀珍赴内蒙古包工要工程款及民工工资案），正在引导信访人通过诉讼渠道解决问题。

【四套班子领导接访及"四无"乡镇创建工作】 全年县四套班子领导22人320人次，接待群众来访198批803人次。按照同心县《关于开展信访工作"四无"乡镇创建活动的实施方案》，全县有6个乡镇实现"四无"乡镇创建目标。

【网上信访事项办理】 同心县接入信访信息系统的单位有28家，实现网上受理办理和应用。开通网上信访投诉平台、微信信访平台及手机信访APP，把网上信访打造成信访主渠道，不定期抽调各乡镇、各部门信访工作人员到信访局挂职，强化网上信访业务的培训，2017年，按期办结信访事项223件，按期办结率98.05%；信访部门及责任部门及时受理率100%，群众参评率96.62%，满意率95%，网上信访投诉率为45.5%。

【重点矛盾纠纷化解】 为化解重点信访隐患，县包案领导采取公开约访和带案下访的形式，做到"四见面、一查看"，即与责任单位领导、责任人、信访群众及其关联人见面，查看信访档案，推动矛盾化解，确保各级重大活动及党的十九大期间全县社会稳定。对"三跨三分离"信访事项，与事发地联系，主动上门协商化解。2017年，全县排查交办的61件重点信访案件，已化解30件，正在化解的有20件，无合理诉求的11件由所属部门继续做好思想疏导和救助工作。

【规范信访基础业务】 按照自治区信访局《关于开展信访基础业务规范化检查》通知要求，同心县信访局开展自查活动，共自查出各类不规范信访案件56件，已全部整改完毕，信访基础业务得到规范。

【信访法治化建设】 指导县直18个部门制定依法分类解决信访诉求清单，依法分类处理群众信访诉求。在县信访局设立矛盾纠纷调解室，从公、检、法、司各抽调1名干部到信访局坐班配合接访，为群众提供法律咨询服务，并对相关涉法、涉诉案件提供法律援助，引导群众依法依规处理信访问题。

（文丽英）

机构及领导人名录

中国共产党同心县委员会

书记：马洪海（回，吴忠市委常委）
副书记：丁　炜　周玉平（回，挂职）
　　郭耀峰（7月任职）
　　郝晓红（女，6月离职）
常委：马廷云（回，5月离职）
　　马　进（回）
　　马玉祥（回，10月离职）　谢国旺
　　丁　俊（回）　牛进宏
　　张　群（7月离职）
　　虎玉宝（1月离职）
　　杨学礼（回）　苗辅徽（挂职）
　　王　钧　王文杨（挂职）
　　徐晓东（2月任职，12月离职）
　　马久麟（回，5月任职）
　　张　媛（女，12月任职）

县委办公室

主任：周文禄（回，11月任职）
副主任：鲍永杰（回）
　　杨　明（回）
　　马英迪（回，11月任职）
主任科员：马希丰（回）
督查室主任：马英迪（回）
机要局局长：鲍永杰
保密局局长：杨明（回）
副科级机要员：杨满才（回）
　　马　科（回）

同心县人大常委会

常委会机构及领导名录

党组书记：王自成
人大常委会主任：王自成
副主任：周启诚（回）　杨　森（回）
　　陈宁雅（女，回）　倪秉武
党组成员：李　岩（回）

办公室

主任：李　岩（回）
副主任：杨　虎（回）

同心县人民政府

县长：丁　炜
副县长：马玉翔（回，10月离职）
　　丁　俊（回，常务）
　　张　群（挂职，6月离职）
　　苗辅徽（挂职）　王文杨（挂职）
　　徐晓东（挂职，12月离职）
　　张　琛（女，回，10月离职）
　　杨文福（回）　康　峰（回）
　　郭耀峰（8月离职）
　　张宏安（7月挂职）
　　马俊文（回，11月任职）
　　杨晓娟（女，11月任职）
县长助理：颜伟煌（12月任职）

政府办公室

主任：马逢倡（回）
副主任：马洪明（回）　马汉礼（回）
　　纪永彬（回）

政协同心县委员会

政协同心县第十一届委员会

主席：田成川（回）

副主席：马丽伟（女，回） 田梅音（女）

马成海（回）

秘书长：杨彦德（回）

中国人民解放军同心县人民武装部

部长：牛进宏

副部长：李建成（3月离职）

中共同心县纪律检查委员会

书记：王　钧（回）

副书记：马建堂（回）

罗振旺（回，4月离职）

马学文（回，3月任职）

同心县监察委员会

主任：王　钧（回，12月任职）

副主任：马建堂（回，12月任职）

马学文（回，12月任职）

同心县人民法院

党组书记、院长：毋连山（回）

党组副书记：张生权

副院长：周　宁（回） 杨　溥（回）

同心县人民检察院

党组书记、检察长：张彦飞（回，9月离职）

马万清（回，9月任职）

副检察长：马　俊（回，2月离职）

苏润河（回，4月离职）

罗彦芳（女，回）

马维荣（回，3月任职）

政工科长、纪检组长：马维荣（回，3月离职）

办公室主任：苏爱霞（女，回，6月离职）

中国共产党同心县委所属机构

组织部

部长：马廷云（回，5月离职）

马久麟（回，5月任职）

副部长：吴秀红（女） 白金详（回）

马维国（回，11月离职）

高耀祖（回，3月任职）

宣传部

部长：杨学礼（回）

副部长：苏润涛（回） 姚正科（回）

海　燕（女，回）

统一战线工作部

部长：马　进（回）

副部长：锁国武（回） 马文清（回）

马林清（回）

政法委员会

书记：郝晓红（女，6月离职）

郭耀峰（8月任职）

副书记：谢国旺　徐晓东（挂职，2月离职）

郭耀峰（8月离职）

马千里（回，4月任职）

马　俊（回）

秘书长：马　俊（回，兼）

副秘书长：白少清（回，10月离职）

吴玉伟（回）

王彦峰（回，10月任职）

机构编制委员会办公室

主任：李耀贵（回，11月离职）

张晓琴（女，回，11月任职）

副主任：田彦福（回）

马　东（回，1月任职）

李耀德（回，1月离职）

政策研究室

主任：柳向荣

副主任：马　慧（女，回）

老干部局

局长：白金详（回）

副局长：杨　琴（女，回）

县委党校（行政干部管理学院）

校长：郝晓红（女，6月离职）

郭耀峰（满，8月任职）

档案局（党史办、县志办）

局长：丁立军（回）

副局长：马　玲（女，回）

马伏才（回，4月离职）

同心县人民政府所属机构

宁夏同德慈善产业园管理委员会

党工委书记：丁　俊（回，11月离职）

马　涛（回，11月任职）

主任：马俊文（回，11月离职）

马　涛（回，11月任职）

副主任：白启宝（回）　马俊杰（回）

发展和改革局

党委书记、局长：马　涛（回）

副局长：马全宝（回）　丁　勇（回）

杨国林（回）

粮食局

局长：马全宝（回）

副局长：丁永鹏（回，9月离职）

马建伟（回，9月离职）

工业信息化和商务局

党组书记：张宏志

局长：张宏志

副局长：马国忠（回，3月离职）

贺　军（回）

庞　悦（女，回，3月任职）

教育局

党委书记：丁　文（回）

局长：丁　文（回）

副局长：马应才（回）　金学武（回）

民族宗教事务局

局长：马兴福（回）

副局长：顾义强（回）　杨克斌（回）

公安局

党委书记、局长：谢国旺

政委：李治国（回）

副局长：李治国（回）　马炳忠（回）

张治中　李存明（回）

马玉孝（回，8月任职）

民政局

党组书记：周治江（回）

局长：周治江（回）

副局长：丁艳玲（女，回）

施　静（女）

司法局

局长：刘小平

副局长：李克修　马汉云（回）

财政局

党组书记：马　顺（回）

局长：马　顺（回）

副局长：马永泽（回）　马崇博（回）

马英武（回，11月任职）

人力资源和社会保障局

局长：马文明（回）

党总支书记：马建亚（回）

马文明（回，3月任职）

副局长：王占全　丁　勇（回）

罗仲凯（回，11月任职）

就业创业和人才服务局

局长：王占全

副局长：马会忠（回）

社会保险事业管理局

局长：马建亚（回，10月任职）

副局长：蔡明礼（回）　李永科（回）

白　彪（回）

劳动保障监察执法局

局长：马力民（回，7月任职）

国土资源局

党组书记：马希明（回）

副书记：周文江（回）

局长：马希明（回）

副局长：马海谦（回）

白耀文（回，12 月离职）
罗振旺（回，4 月任职）
周文江（回，9 月任职）
马自英（回，12 月任职）
纪检组长：周文江（回，9 月离职）

住房和城乡建设局

党委书记、局长：杨玉明（回）
副局长：马淑萍（女，回） 锁国军（回）
李　林（回，10 月离职） 张春国
王英明（10 月任职）

环境保护局

局长：杨晓忠（回）
副局长：罗忠明（回） 张金贤（回）

交通运输局

党组书记：马文保
党总支书记：王　宁
局长：马文保（回）
副局长：王　宁　王耀祖（回） 冯仕平

水务局

党委书记、局长：杨　林（回）
副局长：马　旭（回） 杨　军（回）
马佐明（回）

农牧和科学技术局

党委书记、局长：陈连卿
副局长：杨有国（回） 苏慧林（回）
王月珍（女）
苏俊秀（回，9 月离职）
李　宏（回? 9 月任职）

文化旅游体育广播电视局

党组书记：马　啸（回）
局长：马　啸（回）
副局长：康青春（回）
周建存（回，4 月离职） 赵小平
李　茂（回，4 月任职，10 月离职）

卫生和计划生育局

党委书记、局长：杨少平（回）

副局长：杨志勇（回） 施景才
马海红（女，回） 马正录（回）

审计局

局长：周宪宇（回，4 月任职）
副局长：李素霞　韩树明（回）

市场监督管理局

书记：王　真（回）
局长：王　真（回）
副局长：王　芳（女） 海　贤（回）
马幸福（回） 纪力（回）
马红梅（女，回）

安全生产监督管理局

党组书记：马汉俊（回）
局长：马汉俊（回）
副局长：张立东　包怀军

统计局

局长：马良栋（回）
副局长：李绍鹏（9 月离职）
王晓萍（女，回）
石　岩（回，9 月任职）

林业局

党组书记：马吉芳（回）
局长：马吉芳（回）
副局长：苏慧忠（回） 白继章（回）
张晓梅（女，回）

扶贫开发办公室

主任：马希丰（回，4 月离职）
杨国林（回，4 月任职）
副主任：锁成明（回，1 月离职）
金　哲（回）
杨　毅（回，1 月任职）
马敦祥（回，10 月挂职）
马建伟（回，10 月挂职）
马长生（回，10 月挂职）

地震局

党支部书记：海　坚（回）

局长：海　坚（回）

供销合作社

主任：马宗礼（回）

副主任：黄克忠

群众团体

总工会

主席：陈宁雅（女，回，兼）

副主席：金玉文（回）　贺志林（回）

　　　　马淑红（女，回）

经审会主任：马　红（女，回）

共青团同心县委员会

书记：买　兰（女，回，2 月任职）

副书记：冶鹏玉（回，2 月离职）

　　　　马泽新（回，11 月离职）

　　　　罗晓娅（女，回）

　　　　马树福（回，2 月任职）

妇女联合会

党支部书记：周桃花（回）

主席：周桃花（女，回）

副主席：庞　悦（女，回）

　　　　周晓玲（女，回）

科学技术协会

主席：周文华（女，回）

副主席：周晓生（回）

文学艺术界联合会

主席：马占祥（回）

副主席：吴　玲（女）

残疾人联合会

党支部书记：毛航智（11 月离职）

　　　　　　潘鸿翔（11 月任职）

理事长：毛航智（11 月离职）

　　　　潘鸿翔（11 月任职）

副理事长：马　吉（回）

伊斯兰教协会

会长：黑保章（回）

副会长、秘书长：杨彦学（回）

副会长：马烈英（回）

工商业联合会

党组书记：马文清（回）

主席：马应仁（回）

　　　郭吉龙（12 月任职）

副主席：杨红艳（女，回）

乡镇（管委会）·社区

豫海镇

党委书记、人大主席：马少伟（回）

人大主席：李海军（回）

镇长：杨志兴（回，10 月离职）

　　　马吉云（回，10 月任职）

河西镇

党委书记：杨立峰（回，11 月离职）

　　　　　马文义（回，11 月任职）

镇长：杨治中（回，11 月离职）

　　　马泽新（回，11 月任职）

丁塘镇

党委书记：石彦玉（回，11 月离职）

　　　　　周宪珑（回，11 月任职）

人大主席：徐莉芳（女）

镇长：周宪珑（回，11 月离职）

　　　马卫国（回，11 月任职）

韦州镇

党委书记：周　华（回，1 月任职）

人大主席：海　彬（回）

镇长：周　华（回，1 月离职）

　　　马吉云（回，1 月任职）

　　　马吉云（回，9 月离职）

　　　杨志兴（回，9 月任职）

下马关镇

党委书记：潘鸿翔（9 月离职）

　　　　　董占平（9 月任职）

人大主席：杨旭东（回）

镇长：马海军（回，1 月离职）

　　　贺　伟（回，1 月任职）

预旺镇

党委书记：王新海（回）

人大主席：白明堂（回）

镇长：张晓琴（女，回，10 月离职）

李耀贵（回，11 月任职）

王团镇

党委书记：周晓燕（女，回，4 月离职）

周学军（回，4 月任职）

人大主席：李岳春（回）

镇长：马　鑫（回）

田老庄乡

党委书记：马文义（回，11 月离任）

苏泽云（回，11 月任职）

人大主席：罗尚奇（回）

乡长：苏泽云（回，11 月离职）

白耀文（回，11 月任职）

马高庄乡

党委书记：马立军（回）

人大主席：马立军（回，6 月离职）

金自峰（回，6 月任职）

乡长：陈连吉（6 月任职）

张家塬乡

党委书记：马　军（回，11 月离职）

周会玲（女，回，11 月任职）

人大主席：马汉文（回）

乡长：周会玲（女，回，11 月离职）

马崇博（回，11 月任职）

兴隆乡

党委书记：马海军（回，12 月任职）

人大主席：马丽莉（女，回）

乡长：王建云

石狮管委会

党工委书记：周学军（回，4 月离任）

杨　辉（回，4 月任职）

管委会主任：杨　辉（回，4 月离任）

锁成明（回，4 月任职）

政协同心县委员会

综 述

【思想政治建设】 常委会学习宣传贯彻党的十九大精神，维护以习近平同志为核心的党中央权威和集中统一领导，在思想上政治上行动上同党中央保持高度一致，用习近平新时代中国特色社会主义思想武装头脑、指导实践、推动工作。遵守党的政治纪律和政治规矩，强化“四个意识”，增强“四个自信”，做到“四个看齐”。学习宣传贯彻自治区第十二次党代会精神、吴忠市第五次党代会和县十三次党代会精神，准确把握同心县发展的总体思想、奋斗目标、美好前景，贯彻落实区市县党委各项决策部署，确保政协履职与县委中心工作保持一致，确保政协事业始终沿着正确的方向前进。

【协商议政】 结合县委、县政府重大决策部署，向政协委员、相关部门征集年度协商议题，主动征询县委、县政府主要领导意见，报请县委常委会议审议通过后实施，增强协商计划的权威性和可操作性。2017 年，完成九个重点协商议案，为县委、县政府决策提供参考。在县政协十一届一次全会期间，围绕棚户区改造、产业结构调整、羊绒产业发展、城市管理、道路交通整治、精准扶贫精准脱贫等问题进行讨论，所提意见建议得到及时回应，促进协商议政水平的不断提高。以专题协商形式，组织委员围绕棚户区改造、全域旅游、食品安全监管、提案办理、民生实事 5 个议题进行协商，提出意见建议 20 多条。

【视察调研】 2017 年，县政协重点围绕全县文物保护、精准扶贫精准脱贫、“三城联创”、中小微企业发展、残疾人就业及其生存状况等工作，组织政协委员开展视察调研活动 5 次，撰写视察、各类调研报告 17 篇，提出意见建议 50 多条，为县委、县政府科学决策提供参考。

【提案办理】 县政协十一届一次会议期间，共收到委员提案 109 件，立案 88 件，提案办结率 83%。其中，把涉及全县经济社会发展、人民群众普遍关心的热点难点问题 10 件提案列为重点提案。县人民政府定期在政府常务会议上专题听取提案办理情况汇报，对加快提案办理进度、提高办理质量、明确办理责任、强化督察考核等作出明确要求。对重点提案政府领导亲自抓，政协领导领衔督办，联合对提案办理进行多次专项督查，提高提案办理质量。政协常委会议专题听取提案办理情况通报，就加快提案办理，提出意见建议。

【信息工作】 2017 年，共撰写社情民意信息 22 件，其中，自治区政协采用 2 件，县政府领导批示 2 件。针对《进一步提高建档立卡贫困群众对扶贫政策的知晓率》的社情民意被县政府主要领导批示，相关部门强化措施，加大宣传力度，群众对脱贫富民政策的知晓率大幅提高。

【民主监督】 组织区市县政协委员积极参与“两

代表一委员”专项督查工作，实地督察重点工程和项目120个，共开展各项民主监督活动30次，提出意见建议200多条。重点对脱贫攻坚、工业项目、市政建设、棚户区改造、农林水牧、社会管理和承诺为民办理的10件实事以及深化改革等九个方面的工作进行民主监督。重点参与精准扶贫督察视察工作，对政策宣传落实、项目实施、产业发展等进行专项督查。首次委派政协委员列席政府常务会议，全年共列席会议13人次。4名委员担任县人民法院人民陪审员。组织50多名委员参加电视问政、民主评议、听证会、检务公开、环保督察等民主监督活动。

【社会服务】 发挥团结民主作用，引导政协各参加单位，动员广大政协委员，为全县精准扶贫精准脱贫贡献力量。县工商联动员全县民营企业投身“百企帮百村”活动，全县有61家企业投入扶贫资金350多万元，带动群众投资280多万元发展养殖业。县总工会争取350余万元帮扶资金，帮助困难职工解决生活、就医等方面的困难。团县委筹集希望工程资金110.5万元，资助建档立卡贫困户大学生402人。县妇联为2200多名农村妇女发放创业贷款8200多万元，为广大农村妇女提供创业就业资金支持。县文联开展文艺扶贫志愿服务，打造4个书香村部，帮助贫困群众实现思想脱贫。县残联为全县120户特困残疾人家庭每户救助2200元，为300户困难残疾人家庭每户救助800元，为12539名残疾人购买意外伤害保险。县科协在脱贫销号村建立基层农技协会、乡村科普e站、科普惠农服务站各14个，建立县科技专家服务团1个、乡科技服务团10个，用科学技术助力脱贫攻坚。县伊协号召宗教界人士带头践行社会主义核心价值观，弘扬中华民族优秀文化，宣讲移风易俗，自觉抑制高价彩礼、薄养厚葬等不良风气，为信教群众做出榜样。知联会借助新媒体平台，组织开展公益活动100多次，筹集善款300多万元，助孤助学助残近万人，其中“润苗”孤儿救助行动，荣获首届宁夏精准扶贫公益慈善项目大赛金奖。政协委员为“教育扶贫（兴俊）基金”“百企帮百村”活动共捐助580万元。同德慈善基金会致力于开展助困助残工作，争取自治区创投项目，举办钻石贴画和剪纸培训班，实施贫困残疾人帮扶康复项目。周生良、马奇虎、张殿成、余永海、顾存才、马维宗、马宗昌、郭嘉等委员积极响应县委、县政府号召，为脱贫攻坚出力。田彦兰委员通过“精准扶贫文化先行”活动，在同德移民村举办剪纸刺绣培训班，培训200多人次，帮助移民村妇女居家就业。

【民主交流】 落实“三联系”制度，主动走访宗教界、经济界委员，引导宗教界人士和企业家发挥优势，为构建和谐社会、促进同心发展贡献力量。在委员中开展政协委员“话践行社会主义核心价值观”活动2期。组织委员围绕“家庭、家教、家风”“工匠精神”等主题开展座谈交流讨论，引导委员自觉践行社会主核心价值观。接待来自山东、安徽、海南、天津、重庆等13个省市县政协，考察同心县精准扶贫工作、民族团结、革命文化、电子商务等方面的工作，促进同心与各地的相互交流。

【队伍建设】 制定委员履职量化考核评价办法，突出“参加一次学习培训、提交一件提案、参与一次视察调研、反映一条社情民意信息、办一件实事好事”的“五个一”活动，提升委员履职的积极性、主动性。制定和修订政协全体会议工作规则、常务委员会工作规则、委员履职工作规则、专委会通则、提案工作条例、反映社情民意信息等各项制度，完善覆盖会议组织、经常性工作、自身建设的制度，推进履职工作向制度化、规范化、程序化迈进。向委员发送手机报12期、征订《华兴时报》，为委员履职提供参考。开展“推进移风易俗、树立文明乡风、建设尚俭同心”活动，号召委员发挥示范作用，带头推进移风易俗，带头宣传教育，带头践行婚事新办、丧事简办。举办专题文学艺术培训班，引导委员积极投身建设文化同心。开展对口帮扶工作，定期走访困难群众。协调解决虎湾子村部、学校、幼儿园建设用地困难。争取宁夏政协兴华爱心基金重特大疾病贫困户专项资金14.4万元，救助同心县5名重特大疾病贫困户。动员11户群众实施易地搬迁。

【文史资料编纂】 为全国政协编纂的《回族百年实录》收集整理文史资料90篇，其中入选29篇，图片23幅，记录同心民风民俗、陕甘宁省豫海县回民自治政府成立、"三军会聚同心城"盛况，以及新中国成立以来，为同心发展做出突出贡献的老一辈革命家、外地工作者的感人故事。

（杨彦德　马俊生）

重要会议

【中国人民政治协商会议同心县第十一届委员会第二次会议】 12月22日至24日，中国人民政治协商会议同心县第十一届委员会第二次会议召开。会议听取田成川代表十一届县政协常务委员会所作的工作报告、田梅音代表十一届县政协常务委员会所作的提案工作情况报告，6名政协委员分别围绕学前教育、绿色农业发展、文化建设、民族团结、健康同心等方面进行大会发言，并提交书面交流材料，为同心县经济建设和社会发展建言献策，凝聚共识。大会审议通过《同心县政协2018年度协商计划》和《关于政协同心县第十一届委员会第二次会议提案审查情况报告》。会议期间，委员们列席同心县十八届人大二次会议，听取和讨论《政府工作报告》及其它有关报告；审议通过了本次会议的有关决议。委员们围绕加快同心经济社会发展，精准扶贫、精准脱贫等重点工作，提出意见和建议。

（杨彦德　马俊生）

【中国人民政治协商会议同心县第十一届委员会第二次常委会议】 4月11日，政协同心县第十一届委员会第二次常委会议召开，就县棚户区改造工作进行专题协商。会议专题听取县人民政府关于县棚户区改造工作情况通报，审议通过《政协同心县委员会关于反映社情民意信息工作的办法》《政协同心县委员会关于委员履职量化考核管理的办法（试行）》，集中传达学习全国"两会"精神和中共中央办公厅《关于加强和改进人民政协民主监督工作的意见》。视察组一行先后到二小片区、永安路清水湾棚户区改造项目区、银平路以南片区改造项目区等地，就县棚户区改造进展情况进行实地视察。

【中国人民政治协商会议同心县第十一届委员会第三次常委会议】 7月20日，政协同心县第十一届委员会第三次常委会议召开。会议学习贯彻自治区第十二次党代会精神，听取县人民政府2017年上半年经济运行情况通报、县人民法院2017年上半年工作情况通报、县人民检察院2017年上半年工作情况通报。会议对全县"三城联创"和食品安全监管工作进行专题协商，与会人员就工作中存在的问题积极建言献策，提出意见建议。

【中国人民政治协商会议同心县第十一届委员会第四次常委会议】 9月28日，政协同心县第十一届委员会第四次常委会议召开。会议传达学习《习近平总书记在中央政治局第四十一次集体学习时的讲话》；听取县人民政府关于县政协十一届一次会议提案办理情况的通报；审议通过《中国人民政治协商会议同心县第十一届委员会专门委员会通则》，协商通过人事任免，审议通过各专委会组成人员名单，专题协商全域旅游工作。

【中国人民政治协商会议同心县第十一届委员会第五次常委会议】 12月18日，政协同心县第十一届委员会第五次常委会议召开。会上，田成川作了十九大精神专题辅导讲座，研究审定县政协十一届二次会议有关事宜。协商通过政协委员名单事项。

【中国人民政治协商会议同心县第十一届委员会第六次常委会议】 12月24日，政协同心县第十一届委员会第六次常委会议召开。会议听取县政协十一届二次会议各组召集人关于政协常委会工作报告、提案工作报告、政府工作报告等各项报告和领导讲话讨论情况的汇报；审议县政协十一届二次会议决议（草案），县政协十一届二次会议提案审查情况报告（草案），县政协2018年度协商计划（草案），决定提请大会表决。

（杨彦德　马俊生）

专门委员会

【提案工作】 十一届一次会议期间，共收到委员提案109件，经提案委员会审查，立案88件。其中：经济建设方面21件，占24%；科教文卫体方面20件，占22%；政法、统战、人事劳动和社会保障方面9件，占11%；社会事业方面38件，占43%。根据提案内容，转为委员来信11件、社情民意10件。年内，所提意见和建议已经解决的73件，占83%；列入规划逐步解决或采纳的12件，占13.6%；因政策、财力等因素限制暂时不能解决，并向委员作出解释说明的3件，占3.4%。88件提案承办单位给委员全部进行书面答复，答复率为100%。

【文史工作】 按照自治区、吴忠市政协要求，完善拟入选《回族百年实录》的29篇文史资料。整理同心县政协档案资料。

【社会事业与法制委员会】 组织召开政协委员移风易俗大剖析大讨论座谈会。组织部分政协委员召开“话践行社会主义核心价值观”座谈会。组织部分政协委员对同心县文物保护工作进行调研。组织部分政协委员、县政协各专委会负责人调研同心县残疾人就业及生存状况。听取县人民法院2017年上半年工作情况通报、县人民检察院2017年上半年工作情况通报。对食品安全监管工作进行专题协商。

【经济与科技委员会】 组织区市县政协委员参与“两代表一委员”专项督察工作，重点对脱贫攻坚、工业项目、市政建设、棚户区改造、农林水牧、社会管理和承诺为民办理的10件实事以及深化改革等九个方面的工作进行民主监督。督察组通过深入基层、走访群众、实地查看等形式就工作中存在的问题提出具体意见建议。市、县政协联合调研同心县脱贫攻坚工作。组织部分政协委员和企业代表，就同心县小微企业发展情况进行专题调研，就同心县棚户区改造工作、“三城联创”工作、全域旅游工作进行专题协商。听取县人民政府2017年上半年经济运行情况通报。

（杨彦德　马俊生）

重要活动

【重点工作调研】 2月15日，吴忠市政协主席孙瑛、副主席张广文一行到同心县调研重点工作暨政协工作。孙瑛一行先后到马塘水库、扶贫产业园、残疾人俱乐部等地，通过实地查看、听取介绍、召开座谈等形式，详细了解同心县经济社会发展及政协工作开展情况。

【专题培训班】 3月17日，同心县政协举办文学艺术专题培训班，来自各行业近100名政协委员和文艺爱好者参加为期三天的培训。培训班聘请宁夏文学艺术院知名作家、艺术家，分别就艺术创作、书法学习的技术点研究、文学欣赏与评论等文学知识进行讲授。

【文物保护工作调研】 3月23日，同心县政协主席田成川，副主席田梅音、马宗新带领部分政协委员对县文物保护工作进行调研。调研组一行先后到红城水娘娘庙、韦州明王陵、康济寺塔、下马关明长城等地，实地查看县文物保护及管理利用情况，并召开座谈会听取县文化旅游体育广电局关于同心县文物保护工作的汇报。

【“两代表一委员”督察市政建设及棚户区改造情况】 4月7日，同心县人大常委会副主任周启诚、政协副主席马宗新对市政建设及棚户区改造工作情况进行督察。督察组一行先后到永安路北侧棚户区改造项目区、妇幼保健所建设现场、汽车站建设现场、永安西街道路拓宽改造项目区、福银高速公路连接县城段及银平街南片区等地就同心县市政建设项目及棚户区改造进展情况进行实地督察。

【残疾人就业及生存状况调研】 4月27日，同心县政协主席田成川调研同心县残疾人就业及生存状况。调研组一行先后到县残疾人扶贫基地、残疾人康复中心、残疾人俱乐部、残疾人托养中心，实地查看残疾人就业及生存状况，并召开座谈会就县残疾人事业发展中存在的问题及建议进行座谈。

【“话践行社会主义核心价值观”座谈会】 7月1日，同心县政协召开政协委员“话践行社会主义核心价值观”座谈会。会上，政协委员们围绕庆“七一”、加强文化同心、红色同心建设作交流发言。

【同心县全域旅游工作调研】 7月3日，吴忠市政协调研组调研县全域旅游工作。调研组一行先后到同心红军西征纪念园、莲花山、预旺南塬村自驾驿站项目点、韦州镇等地，通过实地查看、听取介绍等形式，就红军西征纪念园项目改造提升、莲花山旅游基础设施及旅游道路建设、韦州历史文化景区规划及招商引资情况进行实地调研。

【甘肃省环县政协学习交流文史工作】 7月5日，甘肃省环县政协副主席孙振华一行到同心县学习交流文史工作。孙振华一行先后到红军西征纪念馆、同心清真大寺、同心县扶贫产业园进行考察。

【湿地保护及管理工作调研】 7月13日，吴忠市政协副主席买晓燕带领调研组到同心县就湿地保护与管理工作进行实地调研。买晓燕一行先后到清水河、丁家沟水库等地，就同心县湿地保护与管理工作开展情况进行详细了解。

【山东省政协调研县精准扶贫工作】 7月24日，山东省政协副主席翟鲁宁一行到同心县就“采取稳定脱贫措施，建立扶贫长效机制”进行专题调研。调研组一行先后到县扶贫产业园、腾辉民族服饰公司等地，通过实地调研、听取汇报、询问交流，详细了解同心县精准扶贫精准脱贫工作情况。调研组一行还到同心清真大寺、红军西征纪念馆进行考察，了解红军西征在同心的发展历程、陕甘宁省豫海县回民自治政权的建立，以及红军三大主力会聚同心等重大历史事件。

【“两代表一委员”视察棚户区改造工作】 8月2日，县人大常委会主任王自成，副主任周启诚、杨森、陈宁雅、倪秉武，政协副主席田梅音带领部分“两代表一委员”，对棚户区改造及市政基础设施建设项目进展情况进行视察督查。

【全国政协常委、民建中央常务副主席郝明金到同心县调研】 8月3日，全国政协常委、民建中央常务副主席郝明金带领调研组到同心县调研。

郝明金一行到同心县韦州镇荣振“支部+6村+1企+N”联合合作社，实地了解同心县培育农民合作组织、龙头企业等新型农业经营主体，强化与贫困户的利益联结，发挥组织带头作用；培育壮大贫困村集体经济，探索资源变资产、资金变股金、农民变股东等农村产权制度改革等情况。

韦州镇荣振“支部+6村+1企+N”联合合作社总投资3500万元，占地面积120亩，现有社员103名，由荣振、回清等合作社和养殖10头肉牛以上48家经济实体组成。联合合作社通过成立村集体合作社，架通联系建档立卡未脱贫户“桥梁”，把建档立卡未脱贫户全部纳为村集体合作社成员，由合作社及48家经济实体组成风险担保共同体，为每户建档立卡未脱贫户取得金融扶贫贷款5万元，并提供购买、防疫、销售等服务，金融扶贫贷款由风险担保共同体负责还本付息，每年给每户分配红利4000元。同时联合合作社流转水浇地1.8万亩，用于打造“粮改饲”示范基地，形成种养一体化结构。2017年，联合合作社带动建档立卡贫困户补栏肉牛2200头、合作社补栏肉牛3100头，全镇肉牛存栏达到7800头。全年实现利润1200万元，社员户均分配利润10.5万元。建档立卡户获得利润6000元（自行养殖2000元），每村实现村集体经济收入约3万元。

（同心县党政信息网）

【督查重点提案】 8月4日，同心县政府副县长张宏安、同心县政协副主席田梅音带领部分政协委员、各专委会负责人督查县政协十一届一次会议重点提案办理工作。

【市、县政协联合调研脱贫攻坚工作】 8月15日，吴忠市政协调研组与县政协联合调研县脱贫攻坚工作，调研组一行先后到韦州镇荣振养殖合作社、下马关镇黑毛驴繁育基地、马高庄乡白阳洼村移民安置点、河西镇上河湾村调研同心县脱贫攻坚工作情况，并召开现场座谈，与镇、村两级相互交流，了解当前在脱贫攻坚工作中存在的困难与问题。

【“两代表一委员”督察社会管理工作及项目进展情况】 8月24日，同心县人大常委会副主任周启诚、杨森、陈宁雅，政协副主席马宗新带领“两代表一委员”和知联会成员及有关委室负责人，对全县社会管理工作及项目进展情况进行视察、督察。视察督察组一行对全县4个社会管理工作和10个社会治理重点项目进行全面视察和督察。

【外省市、县到县考察调研】 8月6日，山东省政协副主席赵润田一行到同心清真大寺、红军西征纪念馆考察县红色历史。

8月24—25日，河南省镇平县政协副主席张明铎一行到同心县学习考察交通公路建设工作。张明铎一行实地考察丁塘镇杨家河湾村道建设情况、同心汽车站建设情况、同预公路五期建设情况，并参观同心清真大寺和红军西征纪念馆。

9月11—12日，青海省海东市平安区政协主席李明一行到同心县考察学习民族团结进步工作。

9月15日，海南省政协到同心县考察，考察组先后到红军西征纪念馆、同心清真大寺对重要历史遗址、遗存保护利用情况进行考察学习。

【自治区政协专题调研县深度贫困问题】 9月4—5日，自治区政协调研组对同心县深度贫困问题进行专题调研。调研组一行先后到河西镇旱天岭村和上河湾村的部分建档立卡贫困户家中，详细了解贫困户贫困状况、干部帮扶、产业发展等情况，并召开座谈会，听取县扶贫开发工作情况介绍。

【“两代表一委员”视察食品安全工作】 9月7日，同心县人大常委会组织部分“两代表一委员”就全县食品安全工作进行视察。

【中小微企业发展情况调研】 9月27日，同心县政协主席田成川就同心县小微企业发展情况进行专题调研。调研组先后到祥福粮油、腾辉民族服饰、回乡阳光、伊兴羊绒、中小企业服务中心等地，通过实地查看和听取汇报，详细了解同心县小微企业发展状况以及目前存在的困难问题，并提出针对性的意见建议。

【设置3个专委会】 9月28日，经同心县第十一届委员会第4次常务委员会会议决定，本会设置3个专门委员会：提案与文史资料委员会、社会事业与法制委员会、经济与科技委员会。根据同党干发〔2017〕42号文件，经政协同心县第十一届委员会第四次常委会议协商，决定：丁祥任提案与文史资料委员会主任、杨登龙任副主任，马尚兰任社会事业与法制委员会主任、苏俊秀任副主任，白金川任经济与科技委员会主任、马敦祥任副主任。

【视察议案、提案及十件民生实事办理情况】 10月25日，同心县人大常委会主任王自成、政协主席田成川带队，组织部分党代表、人大代表、政协委员对县十八届人大一次会议代表议案建议、政协十一届一次会议委员提案和县人民政府承诺为民“10件实事”办理落实情况进行视察。

【4名委员担任县人民法院人民陪审员】 10月31日，同心县人大常委会第六次会议任命政协委员庞悦、白明俊、马生贵、冶鹏玉担任县人民法院人民陪审员。

【重庆市彭水县政协到县学习考察精准扶贫及民族文化工作】 11月17日，重庆市彭水苗族土家族自治县政协到县学习考察精准扶贫及民族文化工作。考察组先后到同心扶贫产业园、宁夏润德生物科技有限公司、河西镇旱天岭移民村肉牛养殖基地、红军西征纪念馆、同心清真大寺考察。

【政协机关党组成立】 12月8日，经县委研究决定，成立中国共产党同心县政协机关党组。杨彦德任党组成员、书记，丁祥、马尚兰、白金川、马俊生任党组成员。

【政协委员培训班】 12月21日，举办政协委员培训班。同心县政协主席田成川、副主席田梅音、马宗新和出席县政协十一届二次会议的委员参加培训。培训班就如何学习宣传贯彻好党的十九大精神和提高政协委员履职能力及提案撰写等相关方面的内容作详细讲解。

【举办迎“两会”专题文艺晚会】 12月23日，由同心县夜莺合唱团筹办的“不忘初心　牢记使命　同心共筑中国梦　喜迎同心县‘两会’”专题文艺晚会在同心中学阶梯教室精彩上演。出席县十八届人大二次会议、县政协十一届二次会议的代表、委员观看演出。

（杨彦德　马俊生）

群众团体

工 会

【思想文化建设】 2017年，先后学习十九大和习近平总书记系列重要讲话，区、市、县党代会精神以及区、市总工会全委（扩大）会议精神等，引导工会干部准确把握工会工作政治方向。开展“党的十九大精神进企业”活动，举办宣讲报告会2场次。先后举办职工培训班3期，培训基层工会干部160人次，组织学习《中华人民共和国劳动法》《中华人民共和国劳动合同法》《中华人民共和国工会法》《工会章程》等法律法规和业务知识，编印《同心县基层工会经费管理文件汇编》下发基层工会。先后组织机关干部32人（次）参加区、市总工会信息化工作暨网上工会工作培训班等，提高工会干部的理论水平和业务能力。

【民主管理】 修订《同心县厂务公开民主管理工作制度》《同心县厂务公开领导小组制度》《同心县加强非公企业厂务公开民主管理工作的意见》等制度，出台厂务公开领导机构工作报告制度、各企业和学校职（教）代会制度等系列管理制度。建立了由人社、工会、工商联组成的劳动关系“三方机制”。年内，全县71家非公企业厂务公开民主管理工作得到有效规范。

【构建和谐劳动关系】 指导同心县人民医院、同心县中医院等27家国有及非公企业召开职工（代表）大会，选举职工代表。从工会干部、协调劳动关系三方和企业工会主席中选聘20名集体协商指导员，到企业指导集体协商工作30余次，共发出要约书64份，回复率达100%，协商成功率达90%以上。配合县人力资源和社会保障局完善劳动关系三方机制，调整协调劳动关系三方委员会。对农民工、职工工资支付保障、工资共决机制、工资专项合同等进行专项检查，并于10月19日召开工资集体协商推进会，增强劳动保护工作的有效性。举办农民工《中华人民共和国劳动法》等法律法规培训班1期，培训农民工850人。

【劳动竞赛】 依托全县枸杞产业发展，开展“践行新理念、建功‘十三五’”为主题的劳动竞赛，在河西镇菊花台村、同德村分别举办农民工枸杞采摘技能大赛、枸杞修剪技能大赛，共计160人参加比赛。围绕安全发展重点，在全县企事业单位职工中开展“安康杯”竞赛活动。深入各乡镇、重点企业，开展职工职业卫生安全隐患排查工作，共排查隐患9起。开展不同形式的岗位练兵和技能比武活动，为全县专业技术人员搭建互相学习的平台。

【帮扶救困】 开展“送温暖”活动，全年，共帮扶困难职工3472人，发放帮扶资金246万元。其中：生活救助2907人，金秋助学176人，医疗救助239人，其他150人。开展夏送清凉活动，为3家企事业单位575名职工发放价值7.59万元的防暑降温慰问品。开展“金秋助学”活动，筹集助学资金 82.741 万余元，资助困难学生 326 人。

【送温暖活动】 全年，为 14 名省部级以上劳模申报低收入及特困补助。在“五一”期间，慰问 9 名特困劳模。送 5 名劳模分别到海南、桂林、黄山、泾源进行疗休养。

【职工医疗互助活动】 制定《同心县职工医疗互助活动实施方案》，实施职工医疗互助工作。年内，全县各乡镇、部门已缴互助金 10.5 万余元，缴费职工 2105 人。

【技能培训】 探索开展以就业服务、创业指导、技能培训、资金扶持为主要内容的创业服务，建立县总工会困难职工（农民工）培训基地，开展职业技能培训 4 期，免费培训困难职工和农民工 192 人。

【妇女维权】 印发女职工劳动保护法律法规资料 3000 份。签订女职工特殊权益保护专项集体合同 73 份，覆盖女职工 1577 人。开展女职工“关爱行动”，为 122 名困难女职工进行“两癌”免费筛查，为 200 名女职工及职工家属购买“女职工团体安康险”。

【精准扶贫】 制定《同心县总工会 2017 年精准扶贫工作计划》，全年共筹措资金 8.4 万元，帮助兴隆乡王大套村群众解决生产生活困难。其中，筹集资金 5.2 万元，扶持 26 户建档立卡户发展养殖业；为王大套村完小的 87 名学生送去价值 1.5 万元的学习用品。筹措资金 1.2 万元，帮扶 6 户困难农民子弟子女入学；为 18 户脱贫对象订购价值 4000 元的科学技术资料，支持他们发展生产，脱贫致富。

【时代先锋】 推动劳模及劳动奖章、奖状评选工作，推选出吴忠市五一劳动奖状 1 个、吴忠市五一劳动奖章 2 人、吴忠市工人先锋号 1 个。在县电视台和同心党政信息网等媒体开辟“劳动者风采”专题栏目，对业绩突出劳动模范及先进人物进行专题宣传报道。指导创建市级劳模创新工作室 2 个（枸杞科学种植管理探索、学前教育探索研究）。开展“劳模聚服务”活动，邀请自治区劳动模范寇启芳、自治区劳动模范李海洋到同心开展专题培训班，共培训种植、养殖农户 216 户。

为贫困小学助学捐赠

【工会宣传】 全年，共编发各类信息 107 条，其中：宁夏回族自治区总工会网站刊发 8 条，宁夏网易网站刊发 2 条，吴忠工会网刊发 33 条，吴忠日报刊发 1 条，同心党政信息网刊发 100 条。完成上报调研报告 3 篇。

【职工文体活动】 开展“三下乡”服务活动，活跃农民工文化生活。参加全市“中国梦·劳动美·迎新春”职工乒乓球比赛活动，举办以“全民健身·健康同心”为主题的全县职工乒乓球比赛、全县基层工会干部趣味运动会、“中国梦·劳动美·同心好”五一广场演出、“劳动者之歌”职工歌手大赛，均取得优异成绩。

【节庆活动】 在“三八”妇女节期间，开展以“勤勉·健康·幸福”为主题的基层女干部座谈会、以“女人有健康，家庭更幸福”为主题的女性健康知识讲座等系列活动，为全县女职工搭建相互学习、展现自我风采的平台。

【基层建设】 根据基层工会“六有”建设标准，强化农业专业合作社、非公企业工会组建工作，吸收个体工商户、农民工、劳务派遣工、机关事业单位临时工到工会。全年完成新建工会 14 家，发展会员1394人，全县基层工会总数达到232家，会员人数达到26051人。办理工会会员卡5890张。召开同心县工会第七次代表大会，完成换届选举工作。

（周　军）

共青团

【概　况】2017年，团县委通过召开学习会、座谈会等多种形式，学习中央和区、市党委和团中央和区、市团委关于共青团改革的有关会议精神，先后召开座谈会5场次，共计200多人参加，走访社会组织、乡镇、村（社区）、学校等基层单位青年300余人次，发放调查问卷300份，收集问题和意见、建议40条。印发《同心县共青团改革方案》，在9月26日召开的共青团同心县第十八次代表大会上，落实团的代表、委员、常委基层和一线代表分别不低于70%、50%、25%的要求，选举产生书记1名，副书记2名，挂职副书记1名，兼职副书记2名，优化团的领导班子。

【青少年思想教育】组织开展各类主题活动170余场次，参与青少年达2.5万余人次。引导青少年关注“青春同心”微博、微信以及青年之声，“青春同心”微博、微信共发布信息600余条，青年之声累计提问回答7.1万余条，浏览量420万余次。将青年之声线上青年心声和共青团线下活动有效结合，组织开展“青春骑行　绿色出行”“青少年才艺大赛”“与牡丹相约”“青少年乒乓球比赛”等系列活动。发挥示范引领作用，推荐表彰吴忠市青年五四奖章个人1人、集体1个，最美志愿者5人，最佳志愿服务组织2个，最美志愿服务社区2个，最佳志愿服务项目3个。

【青年志愿者服务】加大青年志愿者招募注册和青年志愿服务组织培育孵化力度，全年注册志愿者2.1万余人，注册志愿服务团队191个。开展关爱留守儿童、阳光助残、爱心助考、义诊、禁毒宣传、扶危济困、移风易俗等志愿服务活动410余次，提供服务6.07万余小时。加强优秀志愿服务项目培育，培育10余个常态化开展、规范化管理的志愿服务项目，同心县爱心救助协会开展的“童心路”涉毒家庭子女关爱行动荣获第四届宁夏志愿服务项目大赛金奖。做好大学生西部计划志愿者项目，争取20名西部计划志愿者，全年，共有50名大学生西部计划志愿者从事支农、支教和扶贫工作。

【创业脱贫】全年，举办农村青年电商培训班5期，培训农村青年240余人。实施青春扶贫护苗行动和“亮路行动”，为7600名留守儿童送去价值150余万元的物资和帮扶资金。在全县建档立卡户高中学生中筛选出60名特困生开展帮扶。

【青少年工作】开展青少年禁毒志愿宣传进万家、青少年远离毒品行动等宣传教育活动70余场次，发放宣传材料3.3万余份。加强希望工程工作，上争希望工程项目资金318.5万元，援建希望小学7所，资助建档立卡户大学新生133名。向社会募集资金56万元，资助建档立卡户大学新生276名，实现一、二、三本建档立卡户大学新生资助全覆盖。争取神华爱心书屋项目，为26所学校配备价值167万余元的图书6.7万余册。争取社会各界支持，帮助3800余名儿童完成“微心愿”。维护青少年合法权益，开展特需青少年结对帮扶行动，继续实施“青春手拉手”关爱行动，关爱帮扶70余人。参与文化科技卫生“三下乡”“平安同心”创建等宣传教育活动，发放《中华人民共和国未成年人保护法》“青少年维权与服务热线”宣传卡等宣传资料7000余份，解答服务群众百余人次。在中小学生中开展交通安全、食品安全、用电、消防安全以及防范地震灾害等宣传教育活动。前后举办“相约同心　幸福同行”青年相亲交友联谊会、“情满同心　携手同行”集体婚礼，分别有90余名适龄青年男女和12对新人参加活动，推动同心移风易俗工作。

社会助学捐赠仪式

【基层组织建设】 夯实基层组织建设，新建非公企业和新社会组织团组织10个。开展少先队和中学共青团规范化建设，创建吴忠市学校团队规范化建设学校7所。为各乡镇配一名西部计划志愿者从事基层团建工作，加强团组织工作力量。加强团员教育管理，发展团员1845名。拓展“走进青年、转变作风、改进工作”宣传调研活动、机关开放日活动等，到基层团组织中开展走访、宣讲活动，全年，共到基层团组织宣讲20余次，走访联系青少年300余户，协调解决困难120余件。

（罗晓雅）

妇女联合会

【妇联改革】 推进同心县妇联各项改革任务，起草完成《同心县妇联改革方案》，于2月9日、8月10日分别提请县委常委会和深改会研究讨论并通过。全面完成村（社区）、乡镇妇联改革任务，按照《同心县村（社区）妇代会改建妇联工作实施方案》和《同心县乡镇妇联区域化建设实施方案》要求，优化革新基层妇联组织162个，产生乡、村级妇联主席、副主席577人，执委2116人。于9月21日至22日召开同心县妇女第十次代表大会工作，提高妇女代表大会代表、执委、常委中各族各界、各行各业劳动妇女和知识女性的优秀代表比例，分别达到70%、42%、60%，并增设2名兼职副主席、1名挂职副主席的新一届领导机构，优化妇联领导机构。

【农村妇女创业】 组织实施农村妇女小额担保贴息贷款项目，2017年，为2200多名农村妇女发放创业贷款8100万元，为广大农村妇女提供创业就业资金支持。

【关爱妇女】 启动关爱女性“爱妮保”工作，组织60多名妇女工作者参加项目培训，联合中国人寿保险公司同心支公司为20名贫困母亲购买价值100万元的“爱妮保”保险。争取中国彩票公益金20万元，为同心县20名农村贫困乳腺癌、宫颈癌患者每人发放救助金1万元。为50名贫困母亲发放价值1万元的母亲邮包。落实中国妇基会144万元“母亲水窖”项目资金，完成豫海镇兴隆村186眼母亲水窖、186个集雨场的打建工作。

【关爱儿童】 联合教育部门完成同心县三所高中贫困女学生的调查摸底、人员筛查、资格审核、资金发放等工作，为200名贫困女高中生发放助学金20万元。继续做好闵宁合作“护航春蕾”助学项目后续跟踪督导工作，及时调整中途辍学学生，为20名贫困女高中生发放助学金2万元。

【社会治理】 2017年，接待来访妇女群众125人次。开展婚姻家庭矛盾纠纷排查化解和舆情监测研判应对工作，排查婚姻家庭矛盾8起，化解8起。开展婚姻家庭知识培训工作，邀请自治区专家来同开展婚姻家庭和移风易俗知识讲座3期，培训300多人次。

【和谐家庭创建】 以和谐家庭创建为抓手，推进“平安同心”建设，联合司法、民政、教育、团委等部门开展“亲情帮扶”刑满释放人员、“青春护航”关爱闲散青少年、阳光救助、区域家校合作等活动。邀请自治区家庭教育指导师为同心县1300多名妇女进行现代家庭教育知识专题培训。推进寻找“最美家庭”活动常态化开展，共推荐上报自治区“最美家庭”候选户30户，其中马学军、张学花家庭被评为自治区“最美家庭”。开展最美家庭“好家风好家训”征集活动，宣传展示征集到的30多条“好家风好家训”。

（庞　悦）

科学技术协会

【深化改革】 贯彻落实中共中央办公厅关于科协系统深化改革精神以及中央与自治区、市、县关于加强和改进党的群团工作实施意见，科学技术协会围绕“改革创新年”主题，推进科协系统深化改革。起草《同心县科学技术协会改革实施方案（送审稿）》，分别在十三届县委2017年第3次常务会议、全县深化改革领导小组第二次会议审议通过。圆满完成县科协换届工作，建立健全乡镇科协组织，推进县乡农技推广机构改革，实现乡镇科协、乡镇农业服务中心和农技协联合会有效对接，在丁塘、预旺、下马关等乡镇组建乡镇农技协联合会。指导林业局成立林业学会、卫生和计生局成立医学会、农牧与科技局成立畜牧学会、市场监督管理局成立食品药品安全协会。

【科普信息化】 推进“互联网+科普”的科普信息化体系建设，打造“同心科普”微信服务平台，推送健康、天文等科学知识15期，向同心网微信平台推送微科普20期。以“科技助力精准扶贫工程”项目为抓手，推动贫困村科普服务设施建设，争取科技助力精准扶贫项目资金69万元及县财政配套资金101万元，先后在脱贫销号村成立同心县山谷子种植营销协会、同心县金林肉牛养殖营销协会等基层农技协14个；建立河西镇旱天岭村、下马关镇五里墩村等乡村科普e站14个；在基层农技协会建立科普惠农服务站14个；建立县级科技专家服务团1个，乡级科技服务团10个。推动科普中国V视快递进校园、进农村、进社区活动，提升基层科普信息化平台建设。加强科普宣传栏建设，拓宽科普传播渠道，在韦州镇的甘沟村、丁塘镇的新华村共建设科普长廊100多米。对县文化广场的科普长廊内容更新4次，宣传内容涉及社会主义核心价值观、科学养生、禁毒等10个方面。

科普日活动

【农技协转型】 依托区科协《关于进一步推动全区农技协转型升级的指导意见》，培育一批农村专业技术协会、种植、养殖科普示范户等新型经营主体，实施“基层农技协联合能力提升项目”“银会合作专家服务团项目”，争取项目资金4万元。同心县新华阳光瓜果蔬菜协会，获得由中国科协、财政部实施的“基层科普行动计划”奖补资金20万元。培育区级优秀农技协（联合会）3家。

【科技服务】 实施“科技专家助力脱贫攻坚行动”，协调组织区内外科技服务团，在河西镇旱天岭移民村、上河湾村和王团镇张家湾村等地开展科技服务活动5场次，现场为农民群众解答种植、养殖等方面的疑问达30个，发放科技宣传册、移风易俗宣传品等1000多份，近500人受益。

【青少年科普宣传】 组织实施科学教育与培训基础工程。实施科学教师和科技辅导员专项培训，培训40名校内外骨干科技辅导员。加强中小学实验室、图书室、青少年科学工作室的建设，在同心县一小、县豫海初级中学建设“青少年科学工作室”，建立校园e站4个。争取中国科技馆资金支持，投资30万元在下马关中学建设同心县首个农村中学科技馆。组织开展第32届青少年科技创新大赛活动，全县1000多名青少年参加活动，获得区级一等奖1个、二等奖2个；获得市级一等奖12个、二等奖5个、三等级奖5个。同心县实验小学教师李金萍被评为市级“优秀科技辅导员”。县科协、县教育局被评为“优秀组织单位”。开展科普进校园活动3场次，推动青少年科学素质建设。

【主题科普活动】 以“节约能源资源、保护生态环境、保障安全健康、促进创新创造”为主题，开展文化科技卫生“三下乡”、科技宣传周、防灾减灾日、科普“七进”等各类科普活动8场次。普及绿色发展、安全健康、耕地保护、防灾减灾等科技知识和观念，传播科学理念，反对封建迷信，帮助农民养成科学健康文明的生产生活方式。建立和完善联合协作、共建责任、评价激励等工作机制，围绕四大重点人群实施“全民科学素质行动”计划，推动全民科学素质提升。研究制定《同心县开展首届“全国科技工作日”活动方案》，在同心县党政信息网、同心科普微信平台等媒体制作发布活动信息6条，在县文化广场科普长廊设宣传专栏2块，在县行政中心、文化广场等醒目处悬挂横幅5条，在县行政中心办公大楼、科技部门等10余处张贴“全国科技工作者日”宣传海报。组织科技工作者参加自治区书画摄影展，获得一等奖1人次、三等奖1人次、优秀奖1人次。

（薛占贵）

残疾人联合会

【换届工作】 2017年，完成12个乡镇（管委会）残联换届工作。县残联第五次代表大会正在准备中，计划12月中旬完成换届工作。

【残疾人慰问】 在两节期间，共慰问困难残疾人1682户，发放慰问金111.88万元。其中：自治区慰问162户，6.48万元；吴忠市慰问420户，50.4万元；同心县人民政府慰问1100户，55万元。

【为民办实事工程】 实施自治区人民政府承诺为民办实事工程，完成丁塘镇、汪家塬村、残疾人托养中心三个残疾人社区康复站规范化建设任务。完成精神、智力和重度肢体“三残”人员机构托养服务15人。实施吴忠市人民政府承诺为民办实事工程，为120户特困残疾人家庭每户救助2200元，为300户困难残疾人家庭每户救助800元，两项共计50.4万元。实施县人民政府承诺为民办实事工程，为0—80岁12539名残疾人购买意外伤害保险，每人每年100元，共计125.39万元。

【残疾人康复】 完成社区康复员培训25人，配发社区康复器材3套。实施精神病监护人培训120人。安装普及性假肢17例，发放轮椅340辆、辅助器具1105件。实施0—6岁儿童抢救性康复32名，盲人定向行走60人，成人肢体康复250人，残疾人精神病免费服药200人，住院治疗12人。制定《同心县残疾人精准康复服务行动工作方案》，精准康复服务率84.51%。

【残疾人培训基地建设】 2017年，自治区残联把县残疾人俱乐部定为自治区级的残疾人“云客服”培训孵化基地，县残疾人联合会注重残疾人就业转型培训，开展残疾人电商培训班2期、残疾人实用技术培训班1期，培训各类残疾人140人、残疾人专职委员培训16人。

【残疾人数据动态信息更新】 全年完成全县7个镇、4个乡、1个管委会，154个行政村和4个社区13053名残疾人的调查登记录入工作。其中：入户调查11483人，电话调查980人，查无此人78人，已搬迁88人，空挂户41人，外出210人，死亡残疾人173人，入户调查率达92.14%。

（马生贵）

文学艺术界联合会

【文艺队伍建设】 做好县文联和协会换届工作，召开县第三次文代会和四个文艺工作者协会换届工作。筹备成立花儿艺术协会、民间艺术协会、影视艺术协会，将音乐舞蹈戏剧协会分设为音乐和舞蹈两个协会。发展成立文学、摄影、书法、美术、舞蹈、音乐、影视、民间艺术、花儿共9个文艺协会，吸收会员共计602名。新设同心诗社，为同心诗歌文化建设做好人才保障和诗歌文化普及工作。

【文艺宣传】 开展十九大精神和习近平总书记系列讲话精神文艺宣传，在各乡镇、各村社举办专场文艺演出50余场次。举办广场文艺演出35场次。举办书法美术摄影赛事7场次。举办各类主题征文活动11场次。创建同心县文学艺术微信平台（已编发21期）。扶持和鼓励微电影拍摄，微电影团队拍摄同心县首部移风易俗系列微电影《还要过日子》，以反腐败为题材的微电影《界河》。由同心导演田俊拍摄微电影《干亲》荣获“民族团结花更红”吴忠2017第三届微电影大赛一等奖,《期盼》荣获优秀奖。

【学习交流】 与青海省海东市文联结对子，开展文艺交流活动，与海东市20余名文艺家在同心县举办交流会议，在《同心》杂志第四期刊发海东市文艺作品专号，海东市《湟水源》杂志也刊发同心县文艺作品专号。

【文艺培训】 采取“送出去”的方式，选派4人参加为期45天的鲁迅文学院少数民族作家培训班。选派1人参加宁夏文学院举办的重点作家培训班、2人参加中国书法家协会在隆德举办的西部书法培训班和平凉书法家协会在庄浪举办的青年书法培训班。采取“就地培训”的方式，县文学、书法、美术、音乐、舞蹈、民间艺术协会开设各类培训班4次，培训人员达200多人。先后组织60多名文艺工作者参加宁夏文学院第一期文艺（同心）培训班、23名文学创作者参加吴忠市举办的骨干作家创作培训班。摄影协会举办摄影创作培训班，同心县资深摄影家贺永泽、海洋与广大摄影爱好者交流拍摄心得。

【采风活动】 到产业孵化园区、棚户区建设工地、新农村示范点等开展观摩采风活动，了解当前全县农业、农村经济社会发展和农业产业转型带来的变化，了解当下农民生存现状，收集创作素材。为纪念毛泽东同志《在延安文艺座谈会上的讲话》发表75周年，5月，组织县文学、书法、美术、摄影、花儿、音乐、舞蹈、民间文艺、影视等9个协会会员62人到红寺堡县及同心县河西镇等部分企业和村社开展采风活动。

【主题活动】 1月23日，文联与宣传部、文明办、总工会、团委、妇联、教育局、文广局共同举办新春音乐会，同心县“夜莺”合唱团演绎《歌唱祖国》等经典名曲。2月，举办宁夏本土音乐唱作人周建军个人巡回演唱会。

【赛事与征文】 1月，举办2017年青少年迎新春书画展，共收到中小学生书画作品473幅，评选出126幅优秀作品进行展示。5月，组织文艺工作者参加同心县休闲农业推进年活动暨王团镇沟南村“首届乡村旅游牡丹观赏节”绘画比赛活动。

【“文化、科技、卫生”三下乡】 组织书法、美术协会参加2017年宁夏文化科技卫生“三下乡”集中示范活动，共发放书籍杂志1000余册。春节期间，组织摄影协会、书法协会会员到各乡镇，为当地群众赠“寿”送“福”，共赠“寿”送“福”1000余幅，并拍摄全家福60余张。在第二十七个全国“助残日”之际，组织会员为特殊教育学校捐赠书画作品10余幅，文学书籍200余册。5月，组织县文艺工作者和文艺志愿者30余人，开展主题为“翰墨丹青汇和谐”文艺下基层服务展演活动暨国家级非物质文化遗产“青苗水会”首届摄影作品展，为群众赠送字画200余幅。组织10余名文艺志愿者到河西、下马关、县城市场、清真寺开展禁毒宣传活动，创作书画、摄影作品50余幅。在王团镇北堡子举办推动移风易俗树立文明乡风书法美术摄影展。组织文艺工作者到韦州、下马关、兴隆等乡镇开展文艺进乡村展演和戏曲进校园活动。

【打造文艺品牌】 实施尖子人才工程和扶持同心县优势艺术门类，打造文学同心、影像同心、民艺同心三大艺术品牌。10月，中国诗歌学会在同心县召开“贫困地区诗歌文化建设工程”启动仪式，授予同心县“中国诗歌之乡”称号。向区文联、中国文联申请同心为中国纪实摄影基地，打造同心县域经济发展的文化服务品牌。

同心县被授予“中国诗歌之乡”

【创作成绩】 全年在省级以上刊物发表文学作品30余篇。先后有10余幅书画摄影作品入展省级以上展览并获奖。2017年，作家鲍永杰长篇小说《老堡子》出版发行、作家柳向荣随笔专著《大唐十八相》出版发行。海洋的摄影作品被《中国摄影报》刊登重点推介，张旭东摄影作品被《视觉宁夏网》重点推介。田彦兰的回族剪纸被中央电视台《发现之旅》栏目播出，剪纸作品参加俄罗斯《丝路意匠》国际文化展，她的《西行漫记之红色回乡》故事系列剪纸被国家艺术基金立项；马占祥荣获首届六盘山文学奖，作品先后被《诗刊》《延河》等省级以上刊物刊发；马骥文参加诗刊社第三十三届青春诗会并出版个人首部诗集《唯一与感知者》；马泽平的诗歌作品被《诗刊》（第四期）《民族文学》（第七期）《中国诗歌》（第六期）等杂志刊发，并在《民族文学》微信平台以及《听佳作》栏目分两次推送；马相红的散文被《回族文学》杂志刊发；杨英俊的小说被《文字牧场》文学微信平台刊发；马刚丹的散文被《作家美文》微信平台刊发；锁桂英的诗歌被《民族文学》（第四期）以及《西域神泉》文学微信平台刊发；杨宗林诗歌被《桐丘诗刊》《昆仑文学》文学微刊推介；周永吉散文随笔被《回乡文学》杂志刊登。吴忠生参加宁夏中高职学院技能大赛，被评为优秀书法指导教师；柳向荣、马超、周永吉被评为第三届宁夏书香之家。

【书香村部】 探索文艺扶贫方式，开展文艺扶贫志愿服务，组织美术家协会、书法家协会、摄影家协会以及民间艺术家协会等四个协会会员创作优质作品，先后打造河西镇旱天岭村、兴隆乡黄谷川村、田老庄乡深沟村、丁塘镇团结村4个书香村部。

（马秀花）

工商业联合会

【助力脱贫攻坚】 引导非公经济人士到“百企帮百村”活动中，有56位企业家投资350.29万元，对26个村子的建档立卡户中的1439户深度贫困户发展小微产业（养羊、牛、鸡）等进行精准帮扶，群众自筹资金280万元。全年为218户建档立卡户帮扶鸡21960只，为163户建档立卡户帮扶羊1995只，为131户帮扶牛162头，牛羊鸡帮扶款总计206.55万元，韦州荣振养殖合作社担保贷款买牛307头；慰问群众791户，救助学生136人，救助款合计123.95万元。

【文化建设】 出台《同心县非公有制企业文化建设若干意见》，指导非公企业加强文化建设，增强企业精神内核。发挥企业文化建设示范点带动作用，全年打造十个“两个健康”发展示范企业，一个区、市、县三级“四好商会”。

【推介典型】 在《宁夏日报》、《吴忠日报》、同心电视台、《同心商会》杂志、同心工商联公众微信平台等新闻媒体上，广泛宣传企业家副主席杨彦俊、杨坚、马奇虎、余永海等50位企业家的先进事迹，推荐县委、县政府表彰在脱贫攻坚中做出贡献的14位企业家。

【政商共建】 开展以“解难题、办实事、促发展”为内容的服务民企大走访活动，通过协商会、座谈会、提案建议、统战专报、调研报告等形式，协调帮助10家企业解决生产经营中的困难和问题，构建“亲”“清”新型政商关系。与金融机构对接，搭建银企对接平台，帮助10家企业贷款5000万元，缓解企业融资困难。推荐两家企业加入自治区民营企业科技创新联盟。做好招商引资工作，完成180亿元的招商引资任务。做优法律援助服务中心等服务品牌，帮助企业建立完善内部法律风险防范机制。

【建言献策】 紧贴全县非公经济领域绿色发展、转型升级、科技创新、参与脱贫攻坚等当前热点课题进行精准调研，发挥参谋助手作用，全年企业家两代表一委员书写5件提案（议案）。深化主席—副主席—执委—会员“四联系”制度，召开参政议政推进会、驻外商会座谈会等，引导非公经济人士有序参与政治生活和社会事务。完善三方会议协调机制，维护企业及员工的合法权益，构建和谐劳动关系。发挥县政府助手作用，力促县委、县政府鼓励非公经济发展的税收、资金等六项扶持政策措施落实到位，确保各项应取消行政审批事项和各种不合理收费全面取消。

【商会管理】 完善“五好”县级工商联连续创建工作制度，指导相关商会换届及会员数据库完善和新会员发展工作。出台《同心县商（协）会规范化建设指导手册》，推进“两个健康”商会建设，2017年县工商联创建“两个健康”商会2家，区、市级“四好”商会1家，优秀商会2家，“两个健康发展企业”10家。召开两次商（协）会经验交流会，搭建商（协）会联谊交流平台。组织各商（协）会负责人到北京、山东菏泽等商协会组织开展学习交流。

【队伍建设】 参加统战系统“读书月”业务技能练兵，参加区、市工商联干部职工学习培训班等活动，建立健全“1+X”学习、工作任务责任分工、定期走访联系企业及商（协）会沟通协商等制度，强化对工商联机关干部业务知识培训。吸纳3—5名专业兼职人员和大学生志愿者，补齐工作和专业短板。支持和指导基层商协会组织建设。加大对异地商会、行业协会和基层商会秘书长及工作人员的培训力度。发展大型骨干企业会员，注重吸收新兴业态企业和中小微企业入会，全年发展会员100余名，其中团体会员2名。完善非公有制经济代表人士管理机制和综合评价机制，做好非公有制经济人士政治推荐、办好政策理论培训班等工作。建立非公有制代表人士后备信息库，把年轻一代非公经济人士教育培训纳入全县人才培养计划。

（马应仁）

法治 军事

法 治

政法委及综治

【概 况】 2017年，共立刑事案件537起（同比前三年下降19.9%），八类主要刑事案件7起；发生命案4起；没有发生30人以上规模群体性事件、较大及以上安全事故、涉枪涉爆致人死亡案件。

【社会治安】 组织开展“攻命案、破小案、打黑恶、防诈骗”四大战役和打击“盗抢骗”专项行动，确保党的十九大期间全县社会和谐稳定。2017年，全县共立刑事案件537起（同比前三年下降19.9%），破获刑事案件293起，破案率为54.6%；共立“两抢一盗”案件357起，破获153起，破案率42.9%。打击非法传销活动，宣传打击传销法律法规知识，开展“无传销县”创建活动。严密防范“门徒会”“全能神”等邪教组织的滋生，坚决抵御非法宣教活动。推动乡镇综治信访维稳工作力量整合，制定《关于加强乡镇（管委会）综治中心建设的实施方案》（同党办发〔2017〕27号），统一建设12个乡镇（管委会）综治工作中心，明确综治专干、信访专干、禁毒专干和矛盾纠纷调解员。加快推进综治工作信息化建设，建立公共安全管理平台，建成县公共安全视频监控中心和12个乡镇综治视联网系统。

【“阳光司法”建设】 推进“阳光司法”建设。2017年，同心县人民法院推行生效法律裁判文书统一上网和公开查询；同心县人民检察院在执法办案中心配置多媒体视频采集系统；同心县公安局推行执法办案网络化、执法监督信息化；同心县司法局推行法律援助案件网上审核机制。推动落实干预司法“三个规定”和邀请人大代表、政协委员视察基层政法机关，强化日常执法监督。依法处理涉法涉诉信访案件7起。2017年，全县依法审查批准逮捕案件82件108人，审理各类案件5401件、审结4252件，受理法律援助案件145件，办理公证业务3667件。强化“一村（社区）一警”社区警务建设，通过巩固建设4个城区和11个农村警务室以及25个警务联系点，推行基层派出所“1+2+3+4+X”模块化警务改革，重点培育“七大基层基础亮点工程”，率先在石狮所推行由公安派出所牵头，司法、基层法庭工作人员参与，主动邀请当地村干部、宗教人士及警务助理共同参与的新型“3+X”民调中心。

【源头预防治理】 加强特殊人群服务管理，同心县司法局推进社区矫正队伍建设与信息化建设，落实刑满释放人员的衔接管理制度，2017年，全县社区矫正人员累计接收736人，累计解除533人，刑满释放人员五年在册人数为897人，无肇事肇祸事件发生。同心县卫计局开展前期摸底排查，对确诊的1013名重性精神疾病患者，全部纳入网络进行系统管理，接受药物治疗80人。加强流动人口服务管理，同心县住建局、公安局对沿街商铺和部分住宅小区内的房屋租赁进行备案登记，对县城内建筑企业、施工工地外来务工人员和外来流动商贩进行排查登记造册；同心县宗教局对外省籍人员进行摸底调查，全县共登记外来务工流动人口3308人。开通全区矛盾纠纷排查化解信息系统，所有矛盾纠纷统一在网上录入办理，全县共排查矛盾纠纷1510件、化解1490件，化解率为98.68%。开展拖欠职工（农民工）工资突出问题专项治理，共征缴农民工工资保证金3282万元，签订农民工劳动合同4391份，劳动合同签订率95%；农民工办理银行卡4114张，办卡率95%；实名制管理4200人，实名制管理率97%、分账管理率100%、22%进度款拨付率达到100%。

【社会管控】 开展道路交通安全和安全生产隐患专项治理，同心县运管所联合公安局、城建局执法大队等开展出租车市场经营秩序整治工作，依法查扣非法营运车辆52辆。安监局督促各运输企业落实主体责任，检查运输企业26家，查出各类安全生产隐患2322处。加强工程建设领域突出问题专项治理，聘请15名建筑行业专家，定期跟踪落实一线质量安全隐患问题，2017年，依法妥善调处各类阻工、挡工纠纷323起，办理案件6起，治安拘留9人。深化预防青少年违法犯罪专项治理，制定《关于同心县预防青少年违法犯罪工作实施方案》，定期开展法律宣传和帮教工作，团县委联合县教育局在全县15所中学校建立心理咨询室，邀请同心县法律援助中心律师和学校心理辅导教师开展法律援助和心理疏导工作。加强食品药品安全管理，县市监局改造“明厨亮灶”样板店736家，联合宗教局对35家食品生产经营单位开展清真标示清理工作，联合教育局对全县34家幼儿园进行监督检查。同心县宗教局对全县20家生产厂家及1830余家小作坊进行检查，对学校食堂进行专项检查。

【社会治安整治】 开展打击电信网络诈骗和非法集资违法犯罪专项行动，制定《依法打击涉众型新型经济犯罪工作方案》，开展依法打击和防范涉众型经济犯罪集中宣传4场次，集中侦办“史瑞非法吸收公众存款案”。2017年，破获网络诈骗案件16起、电话诈骗9起、短信微信诈骗3起，抓获电信诈骗案件犯罪嫌疑人2人。加强禁毒戒毒工作，先后组织禁毒成员单位开展10场次禁毒宣传进万家活动，在全县各中小学校推广应用青少年毒品预防教育数字化平台工作，在7个重点乡镇（管委会）开展禁种铲毒行动，2017年，全县共破获毒品案件39起，其中公斤级以上的案件7起，逮捕53人，缴获毒品海洛因36.233公斤。开展命案防控和预防打击“两抢一盗”犯罪，2017年，全县共破获侵财类案件229起，抓获犯罪嫌疑人185人次。加强集体土地征收和房屋拆迁突出问题整治，同心县国土局先后对30处违法占用耕地预建房屋的地基台子进行拆除并恢复土地原貌70余亩。

（马　琴）

公　安

【社会治安总体形势】 2017年，全县共发生刑事案件637起（同比下降22.4%），共破获刑事案件510起，破案率为80.1%。其中破获抢劫等严重暴力犯罪案件7起，破案率为100%；破获“两抢一盗”案件332起（其中盗窃案件327起）。共抓获刑事案件作案成员240人，抓获网上逃犯53人，打掉各类犯罪团伙12个37人。共发生治安案件1354起，查处1128起，查处率为83.3%，查处治安违法人员1759人，共调处各类社会矛盾2595起。共发生交通事故16起，事故死亡12人，伤6人，经济损失0.1411万元，交通事故四项指数中事故起数与同期相比持平，死亡人数、受伤人数、经济损失三项指数与同期相比分别下降7.7%、14.3%，21.6%。全县共发生消防火灾事故74起，经济损失29.94万元。全县未发生重特大责任事故和群体性事件。

【维稳工作】 圆满完成春节、开斋节、国庆等重要节点及区市主要领导到同心调研安保任务40余场次，做好党的十九大、自治区第十二次党代会和区市县“两会”安全保卫战，特别是在中共十九大胜利召开期间实现“零非访”目标。

【公共安全工作】 聚焦风险防控，压实安全生产责任，督导企业落实安全生产主体责任和监督管理责任，签订《内部单位安全责任书》和《消防安全责任书》224份。组织开展集中清查行动15次，公交车安保检查11次，检查娱乐场所、宾馆等特行场所673家次，宗教场所332座次，下发隐患整改意见书133份（家），消防整改通知书85份（家）。对全县24家加油（气）站统一安装“一键式报警装置”，标准化建成摩托车加油点，落实散装汽柴油实名制采购；对60家物流寄递业安装实名制管理系统，确保“收寄验视、实名收寄、过机安检”的三个百分之百；探索建立特行场所“星级化”管理办法，对违法实名制管理10家网吧责令停业整顿。会同消防、市监、工信、工商、邮政等部门对全县27家涉恐单位（场所）32项标准进行专项督察10次，对1家涉暴恐单位停业整顿，对1家快递公司关停。对辖区境内同海公路8处路面隐患进行治理，安装区间测速卡口一套，施划震荡减速标线200平方米，安装各类交通标志标牌10块。在辖区境内101省道王团段安装黄慢爆闪灯9个，安装各类警示交通标志标牌15块，安装大型交通安全宣传牌1块，施划震荡减速标线210平方米，安装路障减速带115米。在城区、部分学校门前、村道等路段安装路障减速带80米，安装提示警示标牌13块，施划热熔减速震荡标线30平方米。与交通运管、路政部门联勤联动，建立4处联勤联动交通安全检查点。共查处各类违法行为13万余起，其中涉牌涉证、报废车上路等严重交通违法行为1031起，酒驾38起（醉驾27起），查处渣土车交通违法47起，一次性记满12分12人，登记七座以上客车4.9万辆次，暂扣各类违法车辆1120辆，依法对45辆“三无”车辆进行强制拆解销毁。对309辆黄标车和857辆老旧车予以注销淘汰，对12批216辆次“两客一危”重点车辆交通违法进行“清零”，对辖区2家客运企业、3家危货企业负责人5人进行约谈，发放交通安全责任书55份，签订交通安全管理责任书65份，清理报废客车6辆。建立巡防消防一体化和“保消合一”模式，先后7次对全县已建成投入使用的17家90栋高层建筑开展消防安全集中检查和隐患整治，对公共场所的25处消防栓进行抽查、检测和调试工作，在4家高层建筑单位建设微型消防站，开展高层建筑供水测试和演练15次。在市县两级公安机关的协调配合下，完成同心县看守所整合到市看守所。

【落实“以房管人”模式】 出台《同心县公安局户口清理整顿倒查工作实施方案》《同心县公安局户籍管理专项整治工作实施方案》《同心县公安局关于办理户口、身份证工作规范》《关于开展户籍管理自查自纠工作的通知》等多项户口清理整顿工作方案和通知，建立“八个必须”根治户口管理突出问题和责任倒查追究常态机制，实现户口和居民身份证号码的准确定、唯一性。率先在全区推行《居住证管理细则》，采集录入实有人口407829人（16岁以上的外地人1344人）96142户，实有房屋91684间（其中出租房屋2336间），实有单位3629家7358人，重点单位15家，涉危单位19家，重要部位75处。采集工作对象1933人；采集特种行业142家；录入流动人口2384人，录入物流29家信息8340条。共受理港澳再次签注277件，受理因私出境申请4444宗，全部在规定时限内完成。先后开展4次大规模的户口专项治理，消除重户27人（死亡注销23人），单独采集相片27人，收回二代身份证

24张。

【基层基础改革】 启动情报信息综合研判，建设情报信息研判中心（合成作战室），综合网侦、图侦等10个应用平台，由4名民警和2名辅警组成的网安队伍，强化网络舆情的监测和处置以及情报信息分析研判工作，24小时对全县重点警情、重点人员、重点场所进行跟进分析研判，及时向实战部门推送巡防控打任务。创新“1+1+X”社区警务模式，打造4个城区警务室、11个农村警务室和30个警务联系点以及2个企业警务室，落实专职社区民警12人，辅警21名，聘用警务助理30人、驻所矛调员13人，夯实社会管理基层基础。研发“社区警务APP、巡处一体化APP、执法公开APP”等20个社会综治管理APP，搭建“平安家园e社区”，实现警务功能从被动反应向主动预防转变、警务主体从单打独斗向多元协同转变、警务绩效从内部考评向外部评价转变的“三个转变”。贯彻落实“双30项”便民利民措施，推行“互联网+”政务服务平台，创建“公安服务在线”，“公安服务微信”“窗口服务APP、QQ群”等互联网平台，设置服务等模块涵盖27项审批（许可）事项、30项便民服务措施，实现网上咨询、申请、预审、预约、受理一体化。民用爆炸物品及易制毒化学品（三类）已完全实现网上申请、受理、审批。整合“派出所、司法所、法庭”三个专业机构，统筹“村干部、宗教人士、警务助理”等民调资源，创建“3+X”民调中心，形成“专群结合”的民调合力，解决服务群众“最后一公里”的问题，年内，同心县公安局矛调解中心常驻警务助理13人，入库村干部188人，宗教人士112人，形成宽领域、高覆盖的民调体系，派出所、司法所、法庭和村干部、宗教人士等149人次成功调解矛盾纠纷1747件次，调解率达95%，同比上升7个百分点，没有发生民转刑案件，产生良好的社会效果。以“项目区派出所、治安管理中队、驻企警务室”三个专业警种为主体，以企业巡逻队，县司法所、信访、发改等多部门为辅助，建立重大项目矛盾纠纷及案（事）件联调共处体系和内部防盗、防火安全防控网，专司入园企业行政服务和治安保障，为重大项目顺利推进保驾护航，先后出动警力1100余人次，在豫海镇、河西镇、丁塘镇、下马关镇等重大项目集中区，依法妥善调处各类阻工挡工纠纷389起，打击处理违法犯罪人员93人，治安拘留9人。以“合成作战室、指挥中心、特巡警”三个警力为主导，以交警、城区派出所、刑侦、社区等多个警种为骨干，以“城区网格化管控、处突三级卡点封控和三化APP”为支撑，由合成作战室定期推送“研判产品”，指导精确打击、精确巡防；指挥中心可视化指挥，高效处警，快速反应，实现社会治安预、打、防、控、堵一体化，高效应对处置各类突发警情和案（事）件，2017年，全县社会治安呈现出“五降两升”的趋势，即刑事发案下降31.8%，侵财性案件下降30%，盗窃案件下降32.1%，“两抢一盗”案件下降32.38%，消防安全事故下降3.2%。围绕派出所运行模式，按照“模块化”“职能化”理念推进基层派出所“1+2+3+4+X”警务改革，打造一个精细化、标准化、高效化的基层派出所，更好地服务于辖区广大群众。

【综治管理】 2017年，共查处赌博案件8起（其中刑事案件1起），收缴赌资9.5万余元，罚款4万元，收缴赌具麻将12副，依法治安拘留23人，刑事拘留7人。共收缴自制土枪88把，子弹764发、管制刀具576把、弩1支。对37名精神病患者落实“五位一体”管理机制，配合乡镇将4名精神病患者送宁安医院进行治疗，落实救治补助2万元。未发生肇事肇祸及涉生涉校案事件。配合县人社、工信等部门，依法查处孙某某等3起拒不支付劳动报酬案，为受害农民工挽回经济损失150万余元。配合县住建局对8个居民小区技防进行改造，安装监控探头86路，改造单元门

50 套，配备保安 32 名。新建城市交通信号灯及电警 14 处，治安卡口 2 处，90 秒违停抓拍 5 处及禁左 1 处；新建具备无线“Wi-Fi”探针功能的人脸识别综合卡口 78 处，全县智能图控建设全面推进，为精准打击、精准防控提供技术保障和支撑。

【禁毒工作】 以争创全区全国禁毒示范县和禁毒“摘帽”工程为目标，先后组织禁毒成员单位开展 15 场次禁毒宣传进万家活动，走进全县 115 所中小学校，25 家企业单位开展滚动式“禁毒流动”宣传活动，受教育群众以及学生达 2.2 万余人次。组织学校教师、禁毒、教育行政部门工作人员 700 余人次开展专题培训 10 场次，推广应用青少年毒品预防教育数字化平台工作。对 7 个重点乡镇（管委会）定期开展禁种铲毒行动，确保罂粟、大麻“零种植”。全年共破获毒品案件 46 起（其中公斤级以上的案件 7 起），逮捕 70 人，抓获贩毒批捕在逃人员 10 名，缴获毒品 42 公斤（收缴毒品数占全区收缴的 70%），大麻 661 公斤。共收戒吸毒人员 311 人（完成全年任务的 101.6%），强戒人员 185 人（完成全年任务的 129.3%）。特别是 4 月 17 日至 5 月 7 日短短 20 天时间，连续侦破 4 起特大贩毒案件，查获毒品海洛因 32.9 公斤，查扣涉案车辆 3 辆，查获毒资 21 万余元，抓获贩毒人员 9 人。新增吸毒人员、贩毒人员与 2016 年相比分别下降 34%、44%，新增贩毒人员连续七年下降。实现云南抓获同心县外流贩毒人员连续三年零增长。全县社区戒毒康复执行率 99%、吸毒人员管控率 86.6%、社区戒毒康复人员尿检检测率 99%、就业安置率 99%。推行“6231”和“23444”社区戒毒康复工作法，全县社区戒毒康复专职工作人员达到 155 名。打造 11 个禁毒示范项目。全县 26 个涉毒重点村因整治成效明显被命名为无毒创建示范村并摘牌销号。率先在全区实现县级禁毒办机构编制实体化，同心县禁毒委荣获 2016 年全市禁毒工作综合考核一等奖，县公安局获 2016 年全市禁毒工作先进集体。

【刑事侦查】 2017 年，县公安局做到命案全破和八类严重刑 事案件全破，实现刑事案件、八类案件、“两抢一盗”案件、侵财类案件、强奸案件、诈骗案件六个下降。没有发生群体性事件和重大道路交通、消防等公共案事件。全年共破获刑事案件 510 起，破案率为 80.1%，其中破获抢劫等严重暴力犯罪案件 7 起，破案率为 100%，破获“两抢一盗”案件 332 起（其中盗窃案件 327 起），共抓获刑事案件作案成员 240 人，抓获网上在逃人员 53 人，查获各类犯罪团伙 15 个 50 人，完成市局下达“盗抢骗”“三打击一整治”专项行动硬性任务。先后成功破获区厅挂牌督办的系列盗窃摩托车 40 余起以及市局挂牌督办抢劫、强奸案件 4 起，抓获犯罪嫌疑人 4 名以及侦破涉案 531 万元的诈骗案等一批案件。主动与工商、税务、金融等职能部门召开专题联席会议 3 场次，制定《依法打击涉众型新型经济犯罪工作方案》，开展依法打击和防范涉众型经济犯罪集中宣传 4 场次，发放各类宣传资料 5600 余份，解答群众法律咨询 950 余人次。集中侦办“史瑞非法吸收公众存款案”和“县公交公司侵占营运户利益案”，对 80 余名受害群众进行安抚稳控。查处信用卡诈骗 4 起，合同诈骗案 1 起，挽回经济损失 22 万元；持续巩固“无传销县”创建成果。

【警务技能“大练兵”活动】 完善“教、学、练、战”一体化培训工作体系，在全警中建立警务技能大练兵活动常态化制度化。成立警务实战、体能训练、法律培训 3 大职能训练小组，组建 22 人技能小教员和法制小教官，除一日早操体能训练外，每周集中半天时间开展学法律、练警务大练兵活动，将民警警务技能与评优评先相结合，提升全警警务实战技能水平和实战能力。

【辅警“1+X”管理模式】 探索实行“1+X”捆绑管理新模式，即在政工部门、用人单位二级管理考核机制的基础上，按照现有岗位职责，增加直接管理的“责任民警”环节，每位民警与1至5名，最多不超过7名辅警进行责任捆绑，将两者的绩效和工作责任实行捆绑式管理考核。实现辅警管理无缝对接，形成以规管辅、以警治辅的良好格局。先后培树区、市级优秀辅警4名，县局优秀辅警31名。同时依规处理辅警2人，辞退13人。

【纪律作风建设】 发挥纪检督察部门作用，通过明察暗访、视频督察、专项督察等形式，共开展警务督察173次，编发督察通报50期，其中专项督察通报8期。在全局通报批评部门29个次，通报批评中层干部5人、民警12人、协警7人，党纪处分（留党察看一年）民警1人，政纪处分3名民警，诫勉谈话13人，先后辞退协警7人。

【从优待警】 与组织、人社、编办等部门协调，及时落实警衔工资、岗位值勤津贴和法定节假日之外加班补贴以及乡镇派出所民警基层补贴的补发工作，为全体民警（辅警）购买人身意外保险，为因公负伤、因病住院等民警发放慰问金20余万元，增强民警职业认同感、荣誉感。

【执法规范化建设】 推行“一周一执法问题晒单，半月一执法问题局长阅改，一月一执法管理委员会通报会商，一月一执法问题会诊”“四个一”执法问题清零模式，解决执法办案“小问题拖大，清零不常态”的问题。2017年，对执法未及时清零的5部门负责人诫勉谈话，对10名直接办案民警扣除绩效工资。对1名取得高级执法资格的民警奖励5000元。外聘3名律师为顾问，为法治公安建设提供法律保障。建设4个智能化办案区。推行民警办案“双分制”。

【党建工作】 通过党委中心组、夜间课堂、月度例会等时机，结合“两学一做”常态化制度化学习教育，深入贯彻学习宣传党的十九大精神、习近平总书记系列重要讲话精神和自治区第十二次党代会精神，牢固树立“四个意识”，落实党建“两个主体责任”，坚持“一手”抓党建，“一手”抓业务，以党建带队建，以队建促警风。召开4次党建小结会，对18个基层党支部书记进行4次“双述双评”，解决“四风”中存在的问题。通过“月点评、季通报、年总评”三个阶段考核，在全局18个基层党支部中推行“五星级”管理，发挥基层党支部的堡垒作用和党员的先锋模范作用，推动公安工作科学发展。

（苏玉娟）

检　察

【查办和预防职务犯罪】 2017年，共立案侦查职务犯罪案5件8人（其中，大案1件1人），侦查终结移送审查起诉6件12人（含积案1件3人）。查办全区首例动物检疫领域渎职犯罪案件，移送审查起诉1件3人。围绕扶贫涉农、棚户区改造以及公共资源配置等重点领域，运用预防调查、检察建议、法律咨询等形式预防职务犯罪，完成预防调查分析报告2份，案例分析3件，向有关单位发出检察建议5份，开展职务犯罪预防警示教育讲座10次，3000余名干部群众接受警示教育。强化民生检察工作，坚持关口前移，通过“预防+邮路”“六个一”等活动，开展集中整治和预防扶贫领域职务犯罪专项行动，2件案件被评为全区检察机关开展集中整治和预防扶贫领域职务犯罪专项工作优秀案件”，“检察官联络办公室预防机制”被评为全国检察机关集中开展整治和预防扶贫领域职务犯罪专项工作“优秀预防事例”。

【刑事检察】 2017年，共受理各类批准逮捕刑事案件102件148人，经审查批准逮捕89件117人；受理移送审查起诉案件181件235人，经审查提起公诉178件224人，有罪判决率为100%。对犯罪情节轻微的，依法从宽处理，减少社会对立面，决定不批准逮捕刑事案件13件27人，办理不批准逮捕复议案件2件2人，维持原不批准逮捕决定2件2人，决定不起诉9件16人。开展打击毒品犯罪专项行动，批准逮捕36件47人，提起公诉51件60人。2017年2月，县检察院被自治区人民检察院授予“全区公诉工作先进集体”。

【涉检信访工作】 2017年，共接待群众来信来访69件115人次，受理各类案件线索29件42人，办理交办案件3件，刑事申诉案件4件，国家赔偿案件3件，司法救助案件1件，发放司法救助金4.4万元。2017年10月，县检察院被最高人民检察院授予“全国检察机关文明接待示范窗口”。

【诉讼法律监督】 加强对刑事立案的监督，依法监督侦查机关应当立案而不立案案件2件2人，不应当立案而立案案件5件5人，依法纠正漏捕5人、漏诉2人。加强对刑事侦查活动的监督，对公安机关侦查活动违法行为发出纠正违法通知书3份。加强对刑事审判活动的监督，向法院提出量刑建议77件、提出检察建议10份、提出抗诉案件1件。加强对民事行政审判活动的监督，在县法院设立“民事行政检察监督办公室”，办理民事行政监督案件34件、督促行政机关履行职责监督案件8件、支持起诉案件1件、行政公益诉讼案件1件。加强“两法”衔接工作，监督行政机关移送非法占用农用地、破坏生态资源等刑事案件10件11人。加强对刑事执行活动的检察监督，持续开展集中清理判处实刑未交付执行刑罚专项活动“回头看”和财产刑执行专项检察监督，监督司法机关将3名判处实刑未交付执行罪犯收监执行刑罚，开展羁押必要性审查并建议办案机关变更强制措施3件3人，对220名监外执行人员开展社区矫正检察监督，向司法行政机关发出检察建议10份，县检察院驻所检察室被自治区检察院评为二级规范化检察室。

【司法能力建设】 推行案件集中管理模式，建立健全案件受理、流转、流程监控、案件评查、律师接待和查封、冻结、扣押、处理涉案财物等规定，受理并向业务部门流转案件283件376人352册，随案移交涉案物品840件、赃款30.1万元，网上受理辩护和代理预约13件，接待律师阅卷24次，发出《案件流程监控通知书》8份，实现以制度管人、管事、管案。县检察院被最高人民检察院评为“全国检察机关检委会规范化建设示范单位”。接受法院、公安机关、司法行政机关和律师在刑事诉讼活动中对检察工作的监督制约，保障律师执业权益，邀请律师参与案件质量评价分析，检务督查、案件质量评查常态化，开展案件质量评查22次，评查案件314件，案件评查率为100%。全面推进案件信息公开，面向社会公开法律文书186份，案件程序性信息282件次，重要案件信息51件，刊发新闻稿件168篇，在“两微一端”等新媒体发布信息343条。

【队伍建设】 加强思想政治建设，深化社会主义法治理念教育、社会主义核心价值观教育、“两学一做”学习教育常态化制度化，学习宣传贯彻党的十九大精神，制定《同心县人民检察院学习宣传贯彻党的十九大精神实施方案》，引导全院干警牢固树立“四个意识”，坚定“四个自信”，以习近平中国特色社会主义思想为指导，自觉围绕中心、服务大局。加强领导班子建设，学习贯彻《中国共产党党组工作条例（试行）》，健全完善党组中心组学习、党组会议、谈心谈话等制度，推进党组工作制度化、规范化建设。加强检察队伍建设，组织干警参加各类培训195人次。加强检察业务学习交流，开展岗位练兵和业务竞赛活动，实行青年干警办案一线锻炼制度，定期轮岗交流，提升司法能力和水平，1名干警被评定为全区青年检察人才，2名干警取得在职研究生学历，2名干警通过国家统一司法考试，14名干警在全国、全区、全市业务竞赛和理论研讨中获奖。加强党风廉政建设，落实全面从严治党“两个责任”，学习贯彻《中国共产党廉洁自律准则》《中国共产党纪律处分条例》《中国共产党问责条例》等党纪党规，开展检务督查，促进检察队伍纪律作风的持续好转。优化机构设置，建立和完善符合司法活动规律和检察权运行规律的内设机构体系，对16名员额制检察官、24名检察辅助人员和8名司法行政人员分类定岗和职务序列套改，所有检察官回归一线办案岗位。严格执行院领导直接办案规定，检察长、副检察长、检委会专职委员办理疑难复杂案件36件。落实司法责任制，明确归责原则和程序，实现“谁办案谁决定，谁决定谁负责”的有机统一。

（杨娇媛）

法 院

【刑事审判】 2017年，审结各类刑事案件202件，判处罪犯209人，其中判处5年以上有期徒刑刑罚34人。严惩严重危害社会治安犯罪，审结“两抢一盗”等多发性侵财犯罪案件33件，判处罪犯43人。严厉打击毒品犯罪，审结涉毒案件57件，判处罪犯71人。依法打击涉众型经济犯罪，审结金融诈骗、虚开增值税发票等犯罪案件6件。从严打击交通违法犯罪，审结危险驾驶、交通肇事案件54件，保障人民生命财产安全。加大涉农职务犯罪惩处力度，审结贪污、挪用扶贫资金犯罪案件4件8人，为脱贫富民战略提供司法保障。

【民商事审判】 2017年，审结各类民商事案件3523件。制定《改善营商环境提供司法保障的实施方案》，审结涉及合同、金融类案件2270件。审结人身损害赔偿、劳动争议、医疗等案件231件，保障民生权益。探索家事审判方式改革，设立婚姻调解室，采用圆桌式和解、心理干预化解等方式，审结婚姻家庭、抚养、继承等案件984件。关注“三农”问题，审结涉及农村土地“三权分置”改革等案件5件，维护农民权益。

【行政审判】 强化行政审判工作，审结各类行政案件14件。依法开展行政和解，实质化解行政争议，当事人主动撤回起诉4件。推进征收拆迁工作法治化，审查涉及土地征收、房屋拆迁等非诉行政执行案件3件，裁定准予执行3件。推进行政机关负责人出庭应诉等工作，通过发送司法建议、提供法律意见、邀请干部旁听审理等方式，支持“放管服”改革，助推法治政府建设。

【执行工作】 加强和改进执行工作，执结案件1542件，执行到位金额3489.86万元。执结率81.67%，连续三年居全市法院第一、全区法院前列。规范执行行为，建立执行人员责任清单，完善执行案件管理系统，办案环节网上运行、全程留痕，有效解决消极执行、选择性执行等问题。与54家单位共建执行联动平台，围绕“七个一批”任务开展“百日攻坚”专项活动，加快构建破解执行难综合治理格局。推进执行信息化建设，建成执行指挥中心，与公安、市场监管、房管、银行等部门“点对点”系统对接，一网查控被执行人名下不动产和银行存款等信息，实现执行模式的根本变革。加强信用惩戒体系建设，将456名“老赖”纳入失信被执行人名单库并公开曝光，有56名被执行人迫于压力主动兑付执行款。严厉打击拒执违法犯罪，司法拘留86人次，以拒不执行判决、裁定罪立案4起。

【司法为民】 推进诉讼服务中心转型升级，建立线上、线下两个诉讼服务中心，实现端口与窗口有效对接，“一站式”提供服务。运用数字巡回审判装备、短信、微信等新技术、新媒介，开展巡回审判、电子送达、远程调解等工作。深化立案登记制改革，简化立案程序，当场登记立案率99%。加强司法救助，为当事人依法减缓免诉讼费17.14万元，发放救助金40万元。实时汇集全院审判数据，健全审判流程、裁判文书、执行信息、庭审活动“四大公开平台”建设，公开生效裁判文书972份、直播庭审860次、接受当事人查询案件信息839次。深化人民陪审员制度改革，完善陪审员参审机制，2017年，新选任人民陪审员34名，人民陪审员参审案件517件，占普通程序案件的88.83%。

【社会治理】 深化多元化纠纷解决机制建设，开展“法官村官双助理”“四位一体”、人民陪审员调解等工作，合力在诉前化解矛盾纠纷，民商事案件调撤率为76.62%。落实涉诉信访改革要求，通过采取远程视频接访、法官院长四级接访、律师参与化解和代理涉诉信访案件等措施，妥善化解涉诉信访案件。发挥职能作用，通过以案释法等多种形式开展法治宣传活动，落实“谁执法谁普法”的普法责任。

【司法改革】 推进法官员额制改革，先后遴选员额法官29名，推进法官队伍专业化、职业化、精英化进程。优化机构设置，组建专业审判团队8个。建立三类人员动态调配、退出员额和业绩考核等机制，根据审判任务总量变化统筹调配、动态管理、科学考评。推进司法改革责任落实，落实办案质量终身负责，让审理者裁判，由裁判者负责。加强对法官的监督，通过建立主审法官办案责任、合议庭办案责任、瑕疵案件认定、审判权力清单等机制，严格审判责任追究。落实院领导办案机制，院领导办理案件534件，占结案总数的10.11%。推行“126”节点管理模式，做到审判实务全年有分解、季度有分析、月月有跟进、时时有监督。

【自身建设】 贯彻落实党的十八届六中全会和党的十九大精神，牢固树立“四个意识”，推进“两学一做”学习教育常态化、制度化。深化向邹碧华、陈美荣、白永胜等先进典型学习活动，县法院10个集体和28名个人受到县级以上表彰奖励。推进司法能力提升工程，定期举办法官讲座、“两评一比”、岗位练兵等活动，审判业务专家、资深法官现场授课、答疑解惑。围绕“五个过硬（政治过硬、业务过硬、责任过硬、纪律过硬、作风过硬）要求，培训干警152人次。建立健全审判咨询机制，为法官办理疑难复杂案件提供咨询意见。全院受理案件结案率连续四年稳居全市法院第一。改判发回重审率0.53%，服判息诉率97.89%，审判质效稳步提升。坚持全面从严治党，落实党组主体责任，教育干警牢固树立“讲廉政就是给干警的最大福利”的理念。发挥纪检监察部门监督责任，建立约谈、述职述廉、重大事项报告等机制，严格执行“五个严禁”（严禁接受案件当事人及相关人员请客送礼；严禁违反规定与律师进行不正当交往；严禁插手过问他人办理的案件；严禁在委托评估、拍卖等活动中徇私舞弊；严禁泄露工作秘密）、任职回避、防止干预过问案件“两个规定”等制度，强化对审判权的常态化监督。聚焦“四风”，针对司法作风和审判工作中存在的突出问题，开展审务督察41次，回访案件400件。2017年，县法院没有发生干警违纪违法的情况。

（汤玉珍）

司法行政

【司法调解】 建立健全154个村级人民调解组织、692个人民调解小组、4个社区人民调解组织和10个楼院调解小组，并通过举办培训班、以会代训、经验交流、旁听庭审和推荐担任人民陪审员等多种方式，提高人民调解员的法律知识和调解工作技能。先后多次召开专职人民调解员培训会，将定期培训和季度考核相结合，提升人民调解员的调解能力和水平。以乡镇为单位，坚持“两排查一分析”，集中对社会矛盾纠纷统一排查，对排查出的矛盾逐一建立台账，落实牵头领导和具体承办人员工作责任，对重大矛盾纠纷实行挂牌督办。2017年，全县司法行政机关、各行政单位及人民调解组织共调处矛盾纠纷962件（其中人民调解442件、司法调解41件，行政调解479件），调解成功962件（其中人民调解442件、司法调解51件，行政调解479件），调解成功率达100%。连通12个司法所矛盾纠纷排查化解信息系统，矛盾纠纷化解信息全录入。

【安置帮教】 严格执行安置帮教相关政策，协调相关部门落实最低生活保障政策、医疗救助政策、教育扶助政策、临时救助政策、就业扶持政策和社会保险政策，推动安置帮教工作由单一管控型向救助服务型转变。确保在册的1419名刑释人员监控有序、就业有路、管理有效。2017年，县司法局分别到吴忠监狱和宁夏女子监狱帮教在押同心籍服刑人员。

【社区矫正】 针对不同犯罪类型、心理特点、年龄特点和生活状况的社区矫正人员，成立专门矫正小组，按照《宁夏社区矫正执行规定》规范社区矫正适用前调查评估、入矫、矫正、解矫执法工作，提高社区矫正标准化水平。加强社区矫正人员管控，落实社区服刑人员报告、居住地变更、外出请销假等监管制度，做到矫正不漏人，监管全覆盖。2017年，累计接收社区矫正人员共736人，累计解除社区矫正人员533人，在册社区矫正人员203人。

【特殊人群教育管理】 2017年，全县12个司法所相继开展社区服刑人员知识竞赛、安全知识培训、集中学习等不同形式的教育活动，在对重点社区矫正人员和重点帮教对象逐一排查的基础上对日常表现不稳定的社区服刑人员加强走访。8月，召开全县社区服刑人员集中点验及学习教育大会，来自全县12个乡镇的100余名社区服刑人员参加大会，对社区服刑人员系统化教育，强化自律意识和遵纪守法观念。开展矛盾纠纷大排查、大调处及特殊人群排查管控等活动，确保十九大期间全县政治环境和谐稳定。

【普法活动】 先后制定《2017年“法律下乡”活动工作安排》《关于认真贯彻落实习近平总书记重要指示精神切实加强宪法学习宣传的通知》《2017年全县普法依法治理工作要点》《2017年全县普法工作计划》等文件，对2017年全县“七五”普法工作进行安排和部署。利用“法律八进”、“法律下乡”及各类法规颁布纪念日、宣传周、宣传月等时间节点，先后开展同心县“3·15”消费者权益日集中宣传、政法综治宣传月、法律进校园、法律进社区、外出务工人员法律知识培训、“安全生产月”、“6·26国际禁毒日”、民族团结月等集中宣传活动60场次，累计展出法治宣传展板396块，发放宣传材料3.5万余份，解答法律咨询1000余人次。利用全县党员冬训时机，会同宣讲团各成员单位在各乡镇开展法治大讲堂活动20场次，重点宣讲宪法、禁毒法、劳动法、民法、土地法、婚姻法、人口与计划生育法等农村常用法规。在中小学、村委会开展法治讲座活动22场次，重点宣讲宪法、禁毒法、人民调解法、道路交通安全法、食品安全法等法规。配合县委宣传部开展红白理事会培训12场次、以案释法集中宣讲活动1场次。推行“互联网+法治宣传教育”普法模式，注册开通同心司法行政公众号、新媒体普法矩阵和新媒通客户端，2017年，在宁夏法治网刊登新闻稿件40篇、同心县党政信息网刊登新闻稿件62篇，编发手机报13期，发送10000人次，微信公众号推送15期18篇稿件，同心首部普法栏目剧《早婚》在微信朋友圈转发120万次。

【精准扶贫】 开展法律援助服务精准扶贫专项活动，推行司法所、派出所和人民法庭与法律服务机构组织联建、业务联帮、工作联动、服务联合的“四联机制”。为全县建档立卡贫困户免费提供公证服务，确保申请一件，办理一件。起草《同心县律师公证联席会议制度的方案》。建立律师、基层法律服务工作者参与化解和代理涉法涉诉信访案件制度，组织律师、法律服务工作者配合县、乡镇主要领导接待上访群众，前后三次指派律师到内蒙古兴安盟、科尔沁右翼中旗、阿尔山市突泉县等化解王团镇外出务工人员讨薪纠纷。抽调人员入驻县棚改办，做好公证法律服务，2017年，共办理公证业务3667件（国内公证业务3584件、涉外公证业务83件），办理法律援助案件共145件。

【自身建设】 与组织、编办等部门对接协调，解决12个司法所所长职级待遇问题，落实12辆执法执勤车，提高县司法行政工作效能。完善基础设施建设，投资50万元，为下马关、兴隆司法所制作司法所标识标牌；维修河西、韦州、下马关、马高庄司法所办公室用房及院落；为下马关、预旺、王团购置全新办公家具；统一为12个司法所制作人民调解、法律援助制度，印制社区矫正档案盒（夹）、案卷封皮、制作工作人员去向牌等。印发《同心县司法局星级司法所创建攻坚年活动实施方案》，基本完成县星级司法所创建任务，现已通过吴忠市司法局初步验收。

（周　燕）

军　事

【思想政治建设】 2017年，同心县武装部学习贯彻党的十九大精神，组织干部职工学习习近平新时代中国特色社会主义思想和习近平强军思想，做好维护核心、听从指挥主题教育，引导干部职工紧紧扭住高举旗帜、听党指挥这个根本，把铸牢军魂与塑造灵魂结合起来，把实现强军梦与军旅梦统一起来，注重用创新理论武装头脑。推进“两学一做”常态化制度化落实，听取军区、军分区首长通过视频系统所作的党课辅导，课后以党小组会的形式，组织讨论交流，深化理解认识。

【战备训练】 全面落实战备工作，在抓好经常性战备教育的基础上，坚持在重大节日、敏感时期进行战备形势和职能任务教育，强化干部职工的战备观念。落实首长值班和作战值班，各级各类值班人员24小时在职在位。结合枪支配备实际，改造升级战备值班室安全防护系统，组织修订完善各类战备方案计划，并组织战备演练，战备工作得到加强。加强军事技能和体能训练，落实党委议训和每周1天的军事训练、每天1个小时的体能训练制度。狠抓民兵训练应急分队战备训练，贯彻《战备工作条例》，落实日常战备制度，针对辖区可能出现的恐情、灾情，修订完善各类应急分队非战争军事行动预案。

【后备力量建设】 做好民兵整组工作，调整民兵编组，组织全县基干民兵进行整组点验。做好兵役征集工作，严把士兵职业基本适应性检测、基本体能测试、体格检查等关口，干部职工分工明确，要求严格，具体责任落实到个人，确保各项检测结果的真实有效。规范政审具体内容和行为方式，采取逐人排查、外围走访等方式方法，严格政审结论。在吴忠预备役团组织专武干部进行业务知识培训，提高专武干部综合能力。

【基层建设】 抓好经常性管理工作，开展“百日安全”活动，取自下而上、逐级逐人，不漏一室、一车、一人的方法，定期对人员思想、计算机网络、文电载体、车辆管控、值班执勤、营区安防、外出人员、钱物管理、安全教育等具体内容进行全面排查，突出人、车、营门、库室等重点部位，紧盯大项任务、季节转换、人员变动和八小时以外等重要时机，全面抓好安全管理工作。加强重要目标、要害部位的安全防范，确保人武部安全稳定。及时消除安全隐患。

【加强国防动员建设】 加大国防教育普及力度，邀请国防大学战略研究部教授吴留群到同心为副科级以上干部举办以新形势下国防动员问题研究为主题的国防教育专题讲座，干部群众深受教育。结合征兵宣传印制3万份国防宣传彩页在全县学校、社区、机关、企业等人员集中地发放。协调县委、县政府把同心烈士陵园、红军西征纪念园、预旺红军西征纪念园、马高庄杨家堡子、王团北堡子等打造成国防教育基地，协调县委、县政府把红军西征纪念园建成国防教育主题公园。组建人防专业队伍，设置防空警报点12处，警报响覆盖市区面积的80%，全县正在施工建设的大部分建筑物都按要求修建防空地下室，提高防空能力。

【双拥共建】 贯彻落实吴忠市《关于推动军民融合深度发展的意见》，开展形式多样的军民共建活动，开展送温暖、献爱心、“1+1”扶贫助学和平安创建活动。贯彻落实精准扶贫政策，开展一部带一村活动，助力下马关王古窑村脱贫致富，带领群众打赢脱贫攻坚战。

（田　娜）

【领导调研】 9月5日，宁夏军区司令员郑威波、副政委丁学仁、政治工作局主任关应祥一行，到同心县调研精准扶贫工作。

郑威波一行到韦州镇河湾村，对苦水河过水路面建设项目、河湾村养殖合作社发展情况进行调研。

郑威波一行走进贫困户王瑞瑞和苏润海家中，察看养殖圈棚、居住条件，询问贫困户在脱贫致富中存在的问题和困难，详细了解河湾村的产业发展、教育扶贫和医疗扶贫等各项扶贫政策落实情况，并送去慰问金。

郑威波指出，围绕特色产业做文章，特别是通过种养殖业进行发展，是帮助贫困群众致富脱贫的最有效途径，希望河湾村能够切实通过“支部＋合作社＋基地＋农户”这种模式，积极吸纳贫困户入股分红，不断拓展种养殖规模，让贫困群众能种则种、宜养则养，依靠产业稳步迈向小康生活。

调研中，郑威波、马洪海还共同为军民共建小学——韦州镇回民女子小学揭牌。宁夏军区还向该校捐赠价值20万元的校服、课桌等物品。

（同心县党政信息网）

经济管理

宏观经济管理

【经济实力显著增加】 2017年，实现地区生产总值633204万元，比上年增长9.6%。完成社会固定资产投资860334万元，比上年增长14.9%。完成地方公共财政预收入23490万元，比上年增长19.7%。全年实现社会消费品零售总额132231万元，比上年增长10.1%。城乡居民人均可支配收入分别达22101.5元和8215.7元，分别较上年增长9%和11.2%。

【经济运行监测】 2017年，实现地区生产总值633204万元，比上年增长9.6%。其中，第一产业增加值114138万元，比上年增长4.8%；第二产业增加值279305万元，比上年增长13.2%；第三产业增加值239762万元，比上年增长8.3%。全年规上工业实现增加值182214万元，同比增长14.5%；全年完成固定资产投资860334万元，比上年增长14.9%。完成地方公共财政预收入23490万元，比上年增长19.7%。实现社会消费品零售总额132231万元，比上年增长10.1%。农民人均可支配收入达8215.7元，比上年增长11.2%。城镇居民人均可支配收入22101.5元，比上年增长9%。

【项目争取】 2017年，共落实上争项目及资金360项52.8亿元，占县级下达年度目标任务50亿元的105.6%，吴忠市考核认定26.2亿元，占市级下达年度目标任务29.3亿元的89.4%。做好项目筛选、论证、储备工作，完善充实“三年滚动计划”项目库，加速推进项目前期工作，职业技术学校、妇儿综合大楼、二污提标改造、残疾人托养中心、综合养老中心、2017年棚户区改造基础设施配套、预旺敬老院、新华书店、县城周边环境综合整治等一大批重点建设项目获得自治区批复立项并给予资金支持。

【重点项目建设】 2017年，确定全年重点建设项目150个，项目概算总投资203亿元，计划完成年度投资160.6亿元，其中，投资2000万元以上的66个，项目概算总投资161.1亿元，计划完成年度投资96.4亿元，制定《同心县2017年经济发展首季“开门红”工作方案》，选定65个重点项目安排一季度全面开工建设。确定吴忠市春季大会战37个、市级重点督查推进21个并进行重点推进。截至10月，全县150个重点项目已开（复）工148个，开工率98%，累计完成项目投资93.8亿元，占年度投资计划的57%；21个市级重点项目已开工20个，开工率95.2%，完成投资21.9亿元，占年度投资计划的88%。

【新能源产业】 加强与相关职能部门的配合和项目建设所在地乡镇政府的通力协作，先后协调解决中利牧晖95MWp光伏发电项目土地征用、违法阻工等问题以及同德村光伏扶贫试点工程中控室选址、菊花台光伏扶贫试点工程外送线路接入等突出问题，为项目顺利推进创造良好的外部条件。2017年，宁夏国博新能源有限公司同心15万千瓦风电场建设项目（二期）已完成投资10.9亿元，完成临建搭设、进场道路、风机基础浇筑74基、风机吊装75基、升压站设备安装。完成宁夏中利牧晖能源有限公司同心95MWp光伏发电项目建设任务、同德村5.7MWp光伏扶贫试点工程项目建设任务、菊花台村4.4MWp光伏扶贫试点工程项目建设任务，并均于6月实现并网发电。

【通用机场前期工作】 自治区发改委同意同心县开展同心县通用机场前期工作，并将其列入自治区“十三五”机场建设规划。加快前期工作进展，完成预选场址的矿床压覆、地勘、无线电测试报告的编制工作和土地、地形、交通、规划、地震、水土、文物等相关资料的收集工作，通过政府采购招标，委托中国民航机场建设集团西北分公司、西部民航空管技术装备有限公司进行机场选址、飞行性能、飞机起飞及一发失效报告的编制工作。2017年，已完成三个预选场址的初步选址工作，并由西部战区空军参谋部在成都主持召开飞行设计评审工作，明确空域使用事宜。

【物价监管】 指定专人对市场主要农副产品价格进行监测，密切关注市场粮食、食用油、肉类、蔬菜、液化气、成品油、农资等主要商品价格变动情况，在春耕时节，对县城及河西、王团、兴隆、丁塘等主要乡镇农资市场种子、化肥、农药等涉农商品价格执行情况开展巡查工作，密切关注价格走势和价格公示情况。4月，对国土、住建、环保、市场监管、气象、农牧、公证、供电、金融机构、中介组织及行业协会等单位涉企收费执行情况开展专项检查，落实国家及自治区有关取消、降低、减免等涉企收费政策。畅通价格诉讼渠道，针对出租车司机要求降低车用天然气价格的诉求，及时同加气站沟通衔接，适时降低车载天然气价格。2017年，共受理公检法司刑事、民事、涉案财物价格认证案件31起，标的额192万元。

【审批制度改革】 简化审批工作程序，引导各类投资主体通过自治区投资项目在线监管平台办事大厅申报项目，方便项目申报单位和群众办事。精简审批工作环节，通过自治区项目在线审批监管平台，实行“一网受理、同步办理、限时办结、信息公开、全程监管、便捷高效”的网上联合审批运行模式。优化审批流程，投资项目审批流程由原来7个环节优化为3个环节，政府投资核准类项目办结时限由原来15个工作日压缩为4个工作日，企业投资备案类项目办结时限由原来5个工作日缩减为1个工作日。全面推行预受理制度、首问负责制和一次性告知制度，加强对审批环节重点环节的监督，杜绝出现审批随意性。

【宏观规划布局】 贯彻落实中共中央、国务院《关于加快推生态文明建设的意见》和国务院《水污染防治行动计划》，编制完成《同心县“十三五”重点流域水环境综合治理项目规划》，规划建设重点流域水环境综合治理项目32个，其中城镇污水处理及相关工程7个，城镇垃圾处理及配套工程项目10个，流域水环境综合治理工程8个，其他工程7个，项目总投资430792万元，其中申请中央投资314176万元，地方配套116616万元。委托自治区发改委经研所编制完成《同心县创建绿色经济示范县规划》，该规划已通过区级专家评审，并经县委十三届六次全委（扩大）会议审议通过。配合吴忠市编制完成《盐同红集中连片贫困地区区域发展与扶贫攻坚规划》，规划列入同心县东部贫困区6乡镇建设项目60个，其中政府投资项目已开工12个，总投资112900万元，计划开工项目28个，总投资1659450万元，招商引资项目已开工14个，总投资1167800万元，计划开工项目4个，总投资38000万元。

（杨文军）

市场监督管理

【市场服务】 2017年10月1日，同心县与全区同步实行“多证合一、一照一码”登记模式，共办理“多证合一”营业执照51户。年内共登记各类企业497户，农民专业合作社139户，个体工商户1631户，较比去年同期分别增长24%、104%，个体登记下降3%。指导5家企业申报创建“宁夏名牌”和宁夏润德生物科技有限责任公司申报第九批国家级农业标准化示范项目。2017年，全县共注册商标223件，新增注册商标25件，其中“回乡同心”集体商标1件，中国驰名商标2件，宁夏著名商标10件，“羊把式”商标被国家工商总局商标局认定为中国驰名商标。。

【市场监管】 持续开展食品药品、特种设备、农资市场监管、打击传销、规范直销、消费维权等专项整治行动，开展“质检利剑”及电梯安全监管、油气输送管道隐患整治、燃煤锅炉节能减排等专项质量整治行动，对84家特种设备使用单位进行检查，全县未发生区域性、系统性特种设备安全事故。对全县的商场超市、农贸市场、加油站、收费站等计量器具使用单位进行专项检查，营造诚信放心安全的市场消费环境，完成“四品一械”监督抽检883批次。以自治区食品安全先进县创建为抓手，创建食品安全示范乡镇2个，打造“食品安全示范街”1条、“食品安全示范单位”21家、“规范化学校食堂”9家，8月，同心县通过自治区级食品安全先进县创建工作。完成全县736家餐饮单位“明厨亮灶”创建工作，实现创建任务全覆盖，落实奖励资金50万余元。

【行政执法】 依托“全国一张网”协同监管平台，对506家市场主体实施双随机抽查，90%的企业自主进行年报公示。指导12家企业被吴忠市人民政府命名为2015—2016年度“守合同重信用”企业。巩固打击传销暨无传销城市创建，创建无传销社区（村）24个，树立示范典型无传销村2个。办理政协委员提案3件，监管能力有效提升。推行消费环节经营者首问和赔偿先付制度建设，开展消费维权活动，受理消费申诉举报59件，挽回损失14.9万元。设立行政处罚案件审理委员会，共办理行政处罚案件229起，罚没款27万余元，并在行政执法和刑事司法“两法衔接”系统和宁夏红盾信息网公示行政处罚情况，共录入公示案件216件，占总录入率的94%以上。公示权利清单708条。

【干部队伍管理】 2017年，先后举办党的十九大精神解读、依法行政、公文写作及新闻宣传、市场监管业务、党务、文书档案、法律知识等专题培训20余场次，培训人员600余人次。新制定修订管理制度15项，规范行政执法、财务管理、车辆管理、政务信息宣传工作。全年组织开展各类宣传活动50余场次，发表信息、报道650余篇。争取项目资金，新建河西市场监督管理所，在农贸市场、商城、超市各设置食用农产品检测实验室1个，设立县级、乡级食品药品安全快速检测实验室各1个，配备基本的快速检测、执法取证、应急处置、通讯交通等执法装备，改善基层基础建设。

（丁　玲）

审　计

【概　况】 2017年，完成审计项目26项，查出违规资金2177万元，管理不规范资金150466万元。实施招标控制价审计127项，核减工程造价15258.64万元。实施结算审计266项，核减工程造价8051.36万元。

【预算执行审计】 2017年，完成对财政局、工信局、住建局、卫计局、林业局、王团镇、下马关镇等7个部门和乡镇的年度预算执行情况审计工作，查出违规资金1865万元，查出管理不规范资金118630万元。

【财政财务收支审计】 2017 年，规范“三公”经费的支出合规性，完成政研室、统计局、石狮管委会、住建局、法院、公安局、妇联、环卫中心等 8 个部门和乡镇的财政财务收支情况审计，查出管理不规范资金 1597 万元。

【经济责任审计】 2017 年，完成对团委、工信局、林业局、卫计局、下马关镇、政研室、石狮管委会 7 个单位部门的主要负责人任中经济责任审计。审计中重点关注基建工程和资产处置、接待费列支、涉农资金、项目资金管理、往来款挂账、收费及发放津补贴情况、被审计领导干部个人开支等情况，反映国家财政政策执行、公共财政管理、项目建设和民生保障等政策执行等方面存在的突出问题。

【扶贫资金审计】 开展教育精准扶贫行动实施情况审计调查，揭露责任不落实、机制不完善、不作为、乱作为等问题，促进精准扶贫政策措施落地生根。围绕资金管理使用开展脱贫销号村村级财务管理情况审计调查，坚决查处虚报冒领、骗取套取、截留侵占、贪污私分、挥霍浪费扶贫资金等重大违纪违法问题。

【审计质量管控】 加强审计业务规范的培训学习，提高审计干部的法律水平和执法能力。按《中华人民共和国审计法》和《国家审计准则》的要求，规范审计人员的工作行为。严格按照审计法、审计准则规定的要求、程序进行审计取证，力求所获取的审计证据准确无误。实施审计项目复核时严格基础材料、审计报告、结论文书三级复核制度，把好审计项目质量关。

同心县保障性安居工程审计进点见面会

【党建工作】 把握党建工作重点和主体责任清单，强化领导职责，落实“一岗双责”，推进“两学一做”学习教育常态化制度化，落实全面从严治党、三会一课制度。结合“党建促进月”“双联系双报到”、建党节、国庆节等活动，组织党员干部开展唱红歌、学精神、下基层、走访慰问困难党员、领导带头讲党课、默写入党誓词、观看警示教育片等红色主题教育活动，增强党组织建设的活力。

（丁晓忠）

统　计

【核查“四上”企业基本单位名录库】 按照现代统计新体系名录库专项整治培训工作的要求，重点抓全县“四上”企业基本单位名录库的整理核实和“非四上”单位抽样调查样本单位的核查工作。

【重点监测主要经济指标】 完成 2016 年度各项年报、2017 年度定期报表及各项抽样调查工作，完成前三季度 GDP 的核算、规模以下工业抽样调查、妇女儿童监测等各项专项调查工作。

【人口变动抽样调查、劳动力调查】 深入基层开展入户摸底调查工作，核实比对《村、居委会（社区）样本框基本情况表》中的相关人口指标，完成调查样本框整理上报、前期摸底、正式登记等各项工作。

【第三次全国农业普查工作】 贯彻国务院、自治区关于做好第三次全国农业普查的工作部署，加强组织统筹安排，做好“两员”选聘工作，完成调查摸底、现场登记和审核工作，完成对全县 12 个乡镇 154 个行政村普查工作，其中 66720 户农户、1427 户规模农业经营户、742 家农业经营单位。

【项目投资纳库工作】 在核查 2016 年投资基数和 2017 年新开工项目入库上报的基础上，组织专

下马关镇第三次全国农业普查 PDA 培训会

员深入企业、项目区、项目单位，寻找新增项目并及时入库，做到应报尽报、应统尽统。

【投资数据上报工作】 加大在建项目的建设力度，加快推进建设项目的工程进度，对具备开工条件的加紧开工建设，第一时间加大数据催报力度，做到随报随审，做好5000万元以上投资项目的联网直报工作，加强企业联网直报的指导和督查。

【统计服务】 及时印发《2016年统计公报》《2016年度统计要情手册》、统计月报、专报、分析和信息的编印工作。每月每季度向县委、县政府提供全县经济主要数据、统计信息和统计分析，通过手机短信、县党政信息网、统计内网，定时发布全县国民经济运行情况。跟踪核查全县重点项目完成情况，重点加强GDP核算、工业和投资统计核查工作。完成6.6万普通农户、1427家规模农业经营户和742家农业生产经营单位的普查登记和数据录入、审核、上报工作。开展人口变动抽样调查和劳动力调查，完成调查样本框整理上报、前期摸底、正式登记等各项工作。

（马　林）

社会调查与监测

【住户电子记账工作】 对2017年城镇记账户中具备条件的城镇居民家庭进行电子记账筛选，摸清调查户电子记账的条件和记账意向，计划培训符合电子记账条件的记账户，有目标、重点讲解推行电子记账给调查户带来的好处，以及电子记账操作和记账注意事项，为电子记账工作全面推进打好基础。

【住户样本轮换入户摸底及开户工作】 按照《自治区人民政府办公厅关于做好住户调查样本轮换工作的通知》与《宁夏调查总队关于样本轮换工作》的相关要求，前期通过同心新闻、同心党政信息网、同心网、同心大城小事等媒体渠道进行全面宣传并取得良好效果。后期在各乡镇及调查小区干部群众的协助下，顺利完成全部入户摸底调查及开户工作。

【农作物播种面积和粮食测产工作】 2017年是农业调查新网点推行的第一年，调查方式方法也进行深度革新。年内，组织干部学习制度方案，及时分享其他兄弟市全队的先进经验，圆满完成全年农作物播种面积和粮食测产工作。

【畜禽监测调查工作】 坚持以提高统计数据质量为中心，分季度定期组织干部深入养殖场地、农贸市场、农户家中准确掌握四大畜种的流动情况、养殖形势、牛羊肉价格、禽肉及鸡蛋价格变化情况，了解市场需求、存栏、出栏、养殖户的养殖意愿等基本信息。

【信息服务建设】 2017年前三季度，撰写政务信息125篇，区队内网采用121篇，区局内网采用31篇；统计信息70篇，区队内网采用59篇；统计分析36篇，区队内网采用36篇，区局内网采用33篇。其中3篇统计分析被《统计与经济》采用。

【党建工作】 学习贯彻中共十九大精神，组织党员干部观看中共十九大开幕式，召开专题会议学习中共十九大报告精神，并组织党员重温入党誓词。推进“两学一做”学习教育常态化制度化建设，加强思想建设，完善各项制度，开展党内学习生活自查工作，查摆整改措施。推进全面从严治党责任落实，建立全面从严治党“责任清单、问题清单、问责清单”，提高全队廉政文化建设。

（马少波）

社会管理

人力资源和社会保障

【全民创业】 2017年，培育发展小企业133家，培养“小老板”270人，创造新的就业岗位1345个；完成创业担保贷款419笔、3695万元，带动就业712人。全民创业带动就业2530人，占自治区下达任务2300人的110%。全年实现农村劳动力转移就业7.7万人，实现劳务收入8.01亿元。

【就业培训】 开展就业创业培训工作，举办职业技能培训班21期，培训人员900人，其中：就业技能培训510人，电子商务培训130人，精准扶贫培训210人，清真产业培训50人；举办创业培训班9期，培训人员270人。

【就业再就业工作】 做好高校毕业生和就业困难人员就业工作，全年招募“三支一扶”高校毕业生149名，高校毕业生到事业单位实习人员288名，安置城镇公益性岗位110人，安置建档立卡贫困户公益性岗位343人，帮助138名城镇就业困难人员实现就业，城镇新增就业2128人，城镇失业实现再就业人员805人，城镇登记失业率3.5%。

【社会保障】 2017年，全县参加医保、社保、工伤、生育和失业保险人数分别达到326701人、157888人、11934人、8855人和9535人，累计征缴社保基金72159万元。及时足额兑现各项社会保险待遇，全年城镇职工基本医疗保险支出2951万元，城乡居民基本医疗保险支出14397万元，工伤、生育保险支出390万元，为享受养老保险待遇的城镇职工发放养老金18119万元，为60周岁以上的城乡居民发放养老金4993万元，为享受养老保险待遇的机关事业单位退休人员发放养老金47208万元。发挥社会保障卡便民惠民功能，推进以“一卡多用”为目标的社会保障卡综合运用工作，2017年，各项保险待遇通过社保卡发放，农村低保、粮食直补、残疾津贴也已通过社保卡发放。

【社会保险经办体制改革】 于2016年12月底完成原社会保险事业管理局和医疗保险事务管理中心的整合工作，成立局属正科级事业单位同心县社会保险事业管理局，具体负责全县养老、医疗、工伤、生育、失业5项社会保险业务。“五险合一”经办体制改革后，行政费用降低，办事效率提高。

【工资福利管理】 做好机关事业单位工资福利审批工作，为全县40名符合条件的公务员兑现职务职级工资待遇，为208名事业单位工作人员兑现职员职责晋升工资待遇，为491名机关事业单位工作人员兑现职务晋升和岗位聘任工资，为44名公安干警兑现警衔津贴，为3631名干部职工发放未休年休假工资，为7358名干部职工发放效能奖。

【人事管理】 完成公务员和事业单位工作人员招

录工作。2017年，录用公务员22名、事业单位工作人员115名。为2016年录用的23名公务员和148名事业单位公开招聘人员办理转正手续，为2016年乡镇专项招考的5人办理公务员录用手续。对2016年42名评定为优秀等次的公务员及2014—2016年224名连续三年评定为优秀等次的公务员分别予以嘉奖和记三等功奖励。加强机关事业单位工作人员的教育管理，选派49名公务员参加区内外培训。根据自治区党委组织部、编办、财政厅、人力资源和社会保障厅《关于全区事业单位管理岗位非领导职责职员等级晋升意见（试行）》精神，收集、审核158个事业单位呈报的核定非领导职责职员等级晋升材料，对符合条件的232名工作人员进行晋升批复。

【人力资源开发】 组织全县5063名专业技术人员参加公共科目培训，先后有1.2万人次参加教育、农业、卫生等系统的专业知识培训。加大农村实用人才培训培养，举办2017年宁夏百名专家基层服务行活动。完成2017年社区工作者招聘工作，招聘14人。组织参加各类人才评选选拔工作，下马关中学的尚桂霞被确定为享受吴忠市政府特殊津贴人员，县住建局的王英明和县一幼的张莹梅被确定为"自治区级优秀青年后备骨干人选"，这是同心县首次有专业技术人员获此殊荣。经自治区专家服务中心评审，同心县天予枣业有限公司和润德生物科技有限公司分别被确立为宁夏枣产业专家服务基地和同心县有机枸杞专家服务基地。

【职称评审和职务聘用】 2017年，参加职称评审人员有603人，其中高级219人、中级223人、初级161人。参加事业单位专业技术人员岗位职务聘任人员有1154人，其中新聘任758人（高级189人，中级377人，初级192人），续聘396人；参加工勤技能岗位晋级人员有22人，经审核批准，晋级技师的有10人，晋级高级工的有10人，晋级中级工的2人。

【劳动保障监察】 在全区率先完成劳动保障监察体制改革，成立局属副科级行政执法机构同心县劳动保障监察执法局，统一行使劳动用工、劳动标准、就业、社会保险、人力资源市场管理、职业技能培训等方面行政执法权。年内受理农民工工资投诉案件20起，涉及农民工218人，清欠农民工工资142.09万元。严格征收农民工工资保证金及执行征缴程序，共征缴农民工工资保证金3282万元。建立劳动保障监察行政执法与刑事司法联动工作机制，设立公、检、法和人社四部门联合办案办公室，实现行政执法和刑事司法的有效衔接。

自治区督查同心县农民工工资支付情况

【队伍建设】 强化班子建设，完成局党总支领导班子的换届选举，增强班子的凝聚力和战斗力。以构建学习型机关为目标，以"两学一做"学习教育常态化制度化为抓手，组织干部职工学习习近平总书记一系列重要讲话、中共十九大精神、中央和区、市、县召开的一系列重要会议精神、人社法律法规和相关政策规定。围绕"筑廉和筑勤"行动，加强廉政教育，营造风清气正、干事创业的良好氛围。践行社会主义核心价值观，教育引导干部职工不断增强干事创业的使命感、责任感。2017年，同心县被自治区农民工工作领导小组评为"转移就业示范县"，县就业局也被自治区就业局评为全区就业工作先进集体。拖欠职工（农民工）工资突出问题专项整治被自治区农民工工作领导小组评为优秀等次。社保局的苏泽民和马成鹏被自治区社保局评为先进个人。丁孝义被评为同心县脱贫攻坚工作先进个人和全县宣传思想文化工作先进个人。

（罗永平）

民　政

【概　况】 2017年，同心县辖12个乡镇（管委会），154个行政村，5个居委会。全县现有城乡低保对象39255户、58687人（其中农村低保30108户、35593人，城市低保9147户、23094人），享受残疾人津贴4288人，享受残疾人护理补贴6003人，孤儿549户、778人，特困供养对象652户、832人（其中集中供养204户、255人，分散供养448户、577人），城乡高龄老人2127人，重点优抚对象426人，60岁以上农村籍退役士兵252人，救助流浪乞讨人员385人次，各类社会组织191个。截至9月，全县共发放各类救助资金1.73亿元。

【社会保障体系建设】 全面核查全县城乡救助对象，取消全县失地农民中不符合城市低保条件的10258人城市低保，取消不符合条件的城乡低保救助对象9135人（其中城市低保对象3018人，农村低保对象6117人），取消全县集中供养的192名五保对象的农村低保，取消不符合五保供养条件的对象369人，取消全县“少生快富”项目中不符合条件的农村低保对象。新增城乡低保对象3000余人。出台《同心县2017年社会救助兜底保障工作实施方案》，将全县建档立卡贫困户中符合兜底条件的贫困户全部纳入低保，实现农村低保和扶贫开发政策的衔接。出台《同心县落实残疾人两项补贴工作方案》，上半年为全县4288名困难残疾人发放生活补贴2572800元，为6003名重度残疾人发放护理补贴2881440元。出台《同心县健康扶贫救助基金管理办法（试行）》，截至11月，共救助大病对象8507人次，救助资金1470万元。健康扶贫救助基金救助209人次，救助资金36万元。资助特殊困难群众参保60759人，救助资金384.3万元。

【救灾救济】 截至9月，下拨各乡镇（管委会）救灾救助资金1275万元，救助灾民35000人次。对全县困难群众因病、因灾、因学及流浪乞讨人员实施精准救助，发放资金1158万元救助25389人。

【优抚安置】 为全县3名重点优抚对象发放住院补助费6672元，为全县426名重点优抚对象发放抚恤金129万元。在春节、“八一”期间，对县武装、武警、消防等单位和全县770人次优抚对象进行慰问，发放慰问金53万元。妥善安置符合安置条件的退伍军人，出台《同心县退役士兵再就业工作实施方案》，对95名退役士兵进行再就业技能培训。加强烈士纪念馆和烈士陵园管理工作，争取自治区项目资金对烈士纪念馆进行维修和重新布展，组织开展烈士公祭等纪念活动，弘扬烈士精神。

【基层民主建设】 开展和谐社区创建活动，印发《同心县2017年城乡社区治理与基层民主建设工作实施方案》，创建“四星级和谐社区”3个，“三星级和谐社区”1个。开展减负增效工作“回头看”工作，重点对社区协助服务事项进行再清理，取消工作任务和项目台账4项。加强城乡社区基础设施建设，开工建设豫海镇新华社区服务站及日间照料中心项目、韦州镇马庄子等12个农村社区服务站，增设豫海镇永春社区。截至11月，完成全县140个行政村村民委员会换届选举工作，选举产生新一届村监会成员420人，村民代表5312人。加大对新一届村干部及村民代表、村监会成员的培训力度，推行做实村民代表会议制度“55124”工作模式（指5步工作法、5联表，一式清单、乡村两级监督、四级联动督察），为全县154个行政村村监会成员落实工作补贴，每人每月300元。

【社会福利工作】 建设同心县综合养老服务中心，完成河西敬老院、韦州敬老院五保老人入住工作。为全县832名五保老人实施免费体检，为全县55周岁以上老人购买意外伤害保险给予补贴。开展农村留守儿童摸底排查工作，摸底排查留守儿童279人。做好“三留守”（农村留守儿童、农村留守老人、农村留守妇女）关爱工作，建成王团镇圆枣村等15个留守儿童之家，并为全县154个行政村配备“三留守”关爱督导员。

【社会事务】 做好婚姻登记工作，建立“一站式”婚姻登记服务窗口，年内办理结婚登记5220对，离婚登记168对。加强行政区划和地名管理工作，开展省、县两级界线联检工作，完成与甘肃环县和盐池县边界联检。加强社会组织登记管理工作，登记注册社会组织191家，新增21家，年检合格率100%，社会组织党组织覆盖率达到82.6%。完成第二次全国地名普查2017年工作任务。

（杨　乐）

扶贫开发

【概　况】 同心县地处宁夏中部干旱带核心区，是革命老区、民族地区、贫困地区。2017年，全县辖12个乡镇（管委会）154个行政村，常住人口32.8万人，其中，农村人口20.2万人。全县贫困村100个，建档立卡人口28220户104233人。同心县是国务院1983年确定的扶贫开发重点县之一，是国家六盘山集中连片特困地区61个贫困县之一，也是自治区确定的深度贫困县。2017年，同心县以习近平新时代中国特色社会主义思想为指引，认真学习贯彻中共十九大精神，坚决贯彻落实党中央、国务院扶贫开发战略部署和习近平总书记到宁夏视察重要讲话精神，按照自治区第十二次党代会部署，始终把脱贫攻坚作为重大政治任务和一号民生工程，以发展脱贫富民产业为抓手，以提高贫困群众自我发展能力为重点，以实现贫困群众“两不愁、三保障”、贫困村“五通八有”、贫困县“脱贫摘帽”为目标，发挥中央和自治区脱贫攻坚政策叠加效应，配套出台相关政策，做好“脱贫答卷”，让贫困群众得到实惠。2017年，完成地区生产总值633204万元，同比增长9.6%；地方公共财政预算收入23490万元，比上年增长19.7%。农民人均可支配收入8215.7元，比上年增长11.2%。贫困群众人均可支配收入达到7400元，增长13%。13个贫困村出列、5229户20611人脱贫，贫困发生率由2014年的32.1%下降到2017年底的11.93%。

【落实扶贫责任制】 成立县委书记任组长的脱贫攻坚领导小组，按照“12356”［确保“一个目标”——2020年全面建成小康社会；落实“两项任务”——减少贫困人口、增加贫困群众收入；构建“三大格局”——专项扶贫、行业扶贫、社会扶贫等多方力量、多措并举有机结合和互为支撑的“三位一体”大扶贫格局；实施“五个一批”发展生产脱贫一批，易地搬迁脱贫一批，生态补偿脱贫一批，发展教育脱贫一批，社会保障兜底一批；做到“六个精准”——扶持对象精准、项目安排精准、资金使用精准、措施到户精准、因村派人（第一书记）精准、脱贫成效精准。］工作思路和“1455”工作法（“1”是以特色产业为中心；“4”是强化教育、医疗、住房和政策兜底四项保障；“5”是推进全面落实压实责任、整合资源、“三项帮扶”、就业培训及严格奖惩五项措施；“5”是打好精准识别、易地搬迁、产业扶贫、美丽乡村建设、贫困村脱贫出列五场攻坚战），制定《同心县2017年脱贫攻坚工作实施方案》，出台产业扶贫、金融扶贫、教育扶贫、健康扶贫等脱贫攻坚政策文件，签订“四级”责任书，实行“四包”责任制，压紧靠实各级干部工作责任。坚持目标导向和问题导向，多次召开县委常委会、政府常务会、脱贫攻坚领导小组会、县乡两级书记抓党建促脱贫月度例会、专题会议，细化措施、破解难题。

【贫困人口识别】 出台《同心县建档立卡对象信息数据部门联动审核办法》，纠正建档立卡贫困户信息填写不规范、身份证号码错误等信息，做到农户家庭实际情况与扶贫手册、国家扶贫信息系统信息相一致。严格落实“两评议两公示一比对一公告”精准识别程序和“445”脱贫退出责任人签字制度，新纳入贫困人口1094户3636人。对因病、因灾等原因造成家庭生产生活困难的294户1003人进行返贫认定，解决建档立卡对象信息核查无法联动、信息甄别支撑不足、信息掌握不对称的问题。

【教育扶贫】 动员社会各界力量，筹资4150万元设立教育扶贫基金（兴俊基金），在国家和自治区补助基础上，实现建档立卡贫困学生从学前到大学资助全覆盖。2017年，共资助贫困学生28662人2516.74万元。投资4.46亿元，实施职教中心、“全面改薄”、义务教育学校标准化建设、47所贫困村幼儿园等教育项目，全县办学条件明显改善，义务教育基本均衡发展工作高标准通过自治区评估验收。同心县荣获全国营养改善计划“阳光校餐”优秀县、全国基础教育质量监测优秀县。

【健康扶贫】 筹资1000万元，设立健康扶贫救助基金，开发健康扶贫救助服务系统，加大对患病贫困群众的救助力度。2017年，665名因病致贫、因病返贫建档立卡户住院治疗总费用1080.96万元，“一站式”结算报销后个人自付77.85万元，自付比例7.2%；在落实自治区健康扶贫政策的基础上，同心县健康扶贫基金帮扶2648人294万元。建档立卡户和特困供养人员住院就医人均每年最高可报销16万元，个人负担费用不超过5000元。通过综合医改，公立医院药占比下降4.38个百分点，百元医疗收入消耗的卫生材料费下降6.44个百分点，县域内就诊率上升4.64个百分点，群众就医更加方便，医药负担得到减轻。县医院妇儿综合楼、中医院综合楼、妇幼保健所加快建设，迁建丁塘镇卫生院，新建5所村卫生室，实现村卫生室全覆盖。常住人口家庭医生签约15.16万人，其中建档贫困人口签约率100%。人民群众就医条件得到改善，健康扶贫基本实现有力救治、有钱救治、有效救治和有策防治。

【危窑危房改造】 采取乡村统筹、农户自建、基层组织帮建方式，在国家和自治区政策补助的基础上，县财政为建档立卡贫困户每户再补助1万元，改造危窑危房。完成危窑危房改造1324户（其中建档立卡贫困户777户），贫困群众住上安全住房。

【产业扶贫】 实施“四个一”产业示范带动工程，引进香港新华集团、海尔集团、东阿阿胶等扶贫龙头企业，规模化发展特色产业，带动贫困群众在发展特色产业中增加经营性收入，在产业基地务工就业增加工资性收入，在土地流转中增加财产性收入，促进产加销一体、一二三产业融合互动发展。因村因户施策，引导扶持贫困村、贫困户走多元化增收路子，探索出“荣振模式”等产业扶贫方式。2017年，新增有机枸杞0.8万亩、中药材6.5万亩、文冠果6万亩，累计分别达到13万亩、35万亩、11万亩。发展酿酒葡萄1万亩、油用牡丹1.4万亩、肉牛38万头、羊190万只、黑毛驴1万头。在劳动力数量多的贫困村，通过招商引资、闽宁协作、帮扶单位援建等多种形式，建设同德、南关、旱天岭、菊花台、田园等贫困村扶贫车间，实现群众家门口就近就业。依托县城扶贫产业园，出台激励企业吸纳贫困群众就业的优惠政策，引导劳务移民到园区企业就业。年内1000多名建档立卡贫困群众在扶贫车间就业，人均年收入2.5万元左右。按照市场需求和群众意愿，采取“群众出单、培训机构接单、企业安排就业”模式，加大培训力度，增强培训的实用性和精准度，群众就业创业有了一技之长，为稳定脱贫打下基础。2017年，完成“雨露计划”、“新型农民”等各类培训11050人，超额完成自治区下达任务。政府购买公共服务向建档立卡贫困户倾斜，353名贫困群众在公益性岗位上就业。实施生态补偿“四个一批”工程，选聘950名建档立卡贫困群众为生态护林员，人均年收入1万元。发展经济林，推动实现生态效益、经济效益双赢，贫困群众通过参与文冠果和葡萄种植、管护，每户年增收1500元以上。实施“空壳村清零行动”，整合资金7300万元，壮大村集体经济实现贫困村全覆盖。2017年，64个贫困村村集体经济收入达到6万元，11个达到8万元。同心县“扶贫+”脱贫富民模式被《人民日报》民生周刊评为2017年民生示范工程。

【金融扶贫】 通过银政对接、划片包干、绩效评价，调动金融机构积极性，2017年，全县金融机构存贷款余额分别达到127.8亿元和100.2亿元，首次实现“双过百亿”。新增贷款30.3亿元，其中为建档立卡贫困群众发放贷款8.5亿元，户均4.3万元，完成自治区下达任务7亿元的121.42%。建立扶贫产业担保、扶贫产业风险补偿、农业特色优势产业贷款风险补偿等八大基金，总规模达3.1亿元，撬动贷款16.7亿元。创新工作方法，贫困户贴息贷款实现县财政每季度直接向金融机构兑付贴息资金，已贴息近500万元。同心县荣获全区金融环境创建奖，获批全区涉农资金整合试点县，在全区率先实现“一行一县”“一保一县”帮扶结对。发挥“一司一县、一行一县、一保一县”叠加作用，提升资本市场活跃度，支持扶贫龙头企业走新四板、新三板和IPO的路子，朗斐纳斯、德泓国际等16家拟IPO企业在同心县注册。同心县与中国人保财险宁夏分公司开展“政融保”合作，初始规模1亿元，成为人保财险全区险资直投规模最大的县。

【易地搬迁扶贫】 2017年，自治区下达同心县“十三五”时期易地扶贫搬迁县内安置任务1890户7079人。同心县因地制宜，采取县内劳务移民安置为主、就近安置为辅的思路，建成马高庄村等5个就近移民安置点，回购县内商品房1395套，安置532户2541人，分配到户552户2574人。通过发布就业信息、订单式培训、园区企业就业、回购商贸市场摊位等为每户移民群众提供1—2个就业岗位，使劳务移民稳得住、逐步能致富。

【社会帮扶】 构建专业、行业、社会三大扶贫格局，闽宁对口协作帮扶、致公党党派帮扶、中核集团央企帮扶、南京证券资本帮扶、“百企帮百村”企业帮扶等累计帮扶折款近7000万元，区总工会、商务厅、市水务局等驻村工作队投入帮扶资金4100多万元。

【基层党建促脱贫】 发挥基层党组织脱贫攻坚的堡垒作用、第一书记的“尖兵”作用、村级带头人的“头雁”作用、基层党员的辐射作用，把支部建在产业链上，把党建建在扶贫链上。开展“三大三强”行动，实施“两个带头人”工程，投资2420万元，新建、改扩建村级阵地123个。落实村级为民服务资金859万元、办公经费334万元。村干部任职补贴全部按上年度农村居民可支配收入的3倍执行，将五星级基层服务型党组织创建与村干部薪酬相挂钩。培养致富带头人679名，充实村级后备干部445人。

【基础设施建设】 累计投资9.1亿元，建成下马关、马高庄、马塘、预旺等11个脱贫攻坚水源工程，全县调蓄总库容达到8015万立方米，为发展脱贫富民特色产业提供有力支撑。投资2.36亿元，修建农村道路442千米，配备农村公共交通车辆209辆，解决群众出行难的问题。投资2900多万元，新建、改造供电线路128.92千米，保障群众生产生活用电。新建通信基站67座，行政村实现宽带和网络全覆盖。投资2400多万元，实施安全饮水巩固提升工程，全县饮水安全工程覆盖率达到90%以上，自来水入户率达到87%。投资3500多万元，新建、改扩建农村社区服务站12个、村级文化服务中心141个、文化广场40个，实现行政村村级文化服务中心全覆盖。

【社会保障】 将全县建档立卡贫困户中符合社会保障条件的贫困户全部进行兜底，贫困线和低保线实现“两线合一”。投资1290万元，全面实施“扶贫保”，实现建档立卡贫困户家庭意外伤害保险和种养业保险全覆盖，2017年，保险公司分别赔付364万元和167.1万元，增强贫困群众抵御风险能力。

【健全脱贫攻坚机制保障】 成立扶贫项目资金专项督查组和10个脱贫攻坚督查指导组，定期召开县乡两级书记抓党建促脱贫月度例会、金融助推脱贫攻坚月度例会，建立县委全面巡察、“两代表一委员”专项督查、第三方抽查评估制度，建立“421”奖补、转移就业奖补、特色产业培育奖补、村干部“星级报酬”等四个机制，激发干部群众干事创业的积极性，推进脱贫攻坚各项政策措施落地落实。

【群众满意度提高】 制定《同心县关于新一轮扶贫开发干部驻村帮扶工作的实施意见》《同心县建档立卡贫困户帮扶责任人管理考核暂行办法》，建立驻村第一书记“三述三评”考核评议机制，区市派出202人进驻100个贫困村开展驻村帮扶，先后对10名驻村第一书记、9名驻村工作队员进行召回调换，新选派人员已全部到位，确保驻村干部、帮扶责任人下得去、待得住、干得好。县直机关单位干部职工2276人、市直机关干部686人入户开展帮扶工作。涌现出丁海燕、丁建华等一批脱贫攻坚一线优秀驻村工作队员和农村致富带头人，帮扶工作群众满意度提升。同心县兴隆乡干部李进祯被区市、县分别追授为脱贫攻坚优秀共产党员，新华社、光明日报、央视新闻频道等主流媒体刊发和报道李进祯先进事迹。

（马　力）

安全生产监管

【概　况】 2017年，全县生产安全事故呈现“三下降”的趋势。全县发生生产安全事故3起，同比减少2起；死亡3人，同比减少2人，直接经济损失0.015万元，减少0.035万元，下降70%。

【安全生产专项治理】 开展道路交通专项整治，共查处各类交通违法行为8.5万余起。紧盯人员密集场所、易燃易爆危险品场所等重点场所，共检查单位1785家次，督促整改隐患1892处，临时查封9家，责令“三停”9家，罚款20.66万元。开展煤矿治理，聘请专家对韦二煤矿开展执法检查3次和安全体检1次，责令整改相关问题。对7家非煤矿山企业进行执法检查3次，共查出隐患47项，下达《限期责令整改指令书》21份。先后开展水域安全方面专项检查34次，累计出动检查人员136人次，共检查水利工程设施694个，排查整治一般安全隐患17处，督促维修补装蓄水池安全警示牌68块、防护网201米。开展危险化学品综合治理工作，聘请专家检查危化企业28家，查出隐患338项，下达检查记录64份，责令限期整改指令64份，督促企业全面落实整改。2017年，对加油站、加气站、液氨使用等25家企业的31个罐区进行摸排，排查教学实验、医疗卫生、水体防治等涉及危险化学品试剂。检查特种设备460台次，下达《特种设备监察指令书》15份，发现并整改一般安全隐患28处。聘请区内建筑质量安全专家对建筑施工工程项目现场安全进行检查，共下发《建设工程质量安全停工整改通知书》84份,《建设工程质量安全隐患责令整改通知书》87份，整改落实资金60万元。对全县157所学校进行校园安全检查，治理隐患共投入资金12万元。全县85所学校配备物防设备以及专职保安122名，54所学校已安装一键报警器与公安局联网。对县直中小学及乡镇初级中学共23所学校大门前安装硬隔离设施，提高学校的安全防范能力。

【安全生产治理】 取缔非法储存、经营成品油的加油点2处，强制拆除韦州镇、下马关镇12处非法土炼油。开展电气火灾综合治理工作，2017年，全县有安装使用充电桩单位15家。开展预防高处坠落专项整治，印发《关于开展预防高处坠落专项整治行动的通知》，以城市建筑工地、市政建设、道路交通、各类建设项目工地为重点，兼顾装修、广告宣传等作业场所，明确相关部门的职责和整治内容。

【安全宣传】 联合豫海镇等20多个部门单位在县文化广场，举行以“全面落实企业安全生产主体责任”为主题的安全生产咨询日活动，发放各类宣传资料5万余份，悬挂宣传横幅30条，并通过县电视台插播安全生产宣传标语30余条，播放安全生产月主题宣传片累计达10小时以上。与联通公司合作，建立安全生产短信平台，每周向10000户手机用户推送安全生产常识2条。配合自治区安监局宣教中心开展为期3天的“万名企业安全管理人员培训班”，分别聘请自治区支撑中心专家、吴忠市2名专家举办全县企业负责人“安全知识培训班”和“企业风险防控系统管理员培训班”，举办全县企业安全管理人员“安全生产资格证培训班”，对考试合格的人员发予“安全生产资格证”。

【应急救援】 重修《同心县生产安全事故应急救援预案》。督促指导危险化学品、非煤矿山、工贸等行业领域38家企业编制修订《生产安全事故应急救援综合预案》《生产安全事故应急救援专项预案》和《生产安全事故现场处置方案》，增强应急预案的可操作性，实时开展演练，提高企业处置突发生产安全事故的应急处置能力。结合同心县现有危险化学品、建筑、消防等行业的专业力量，建立应急救援专家库。购买储备应急防爆工具1套、防静电作业吊带5条和静电释放器等应急物资专门用于事故的应急处置，增强应急处置操作的安全性。县政府办、公安消防、交警、发改、环保、安监、运管和有关乡镇多部门联合行动，成功处置4起突发安全生产事故。

【统筹协调服务】 对县城境内的两条天然气管道进行检查，发现天然气管道非法占压2处、在管道上方准备建房1处，联合发改、国土、公安和相关乡镇对管道上方的非法建筑物进行强制拆除。加强路面巡查，打击普拉危行为，共出动176人次，检查货运车辆800辆。巩固危险化学品运输安全专项整治成效，在S101线河西至王团过境段和S203线韦州至张家塬过境段设立检查点3处，不间断对过往危货运输车辆进行严查严管。结合“绿盾2017”国家级自然保护区监督检查专项行动，联合国土、环保、公安和有关乡镇等部门，集中开展执法检查，关闭取缔非法采沙场21家。加强对文化广场演出、莲花山、云青寺大型庙会活动安全管理，联合公安、宗教、消防和属地乡镇对寺庙进行安全检查，制定应急预案，严防踩踏、火灾等安全事故发生，规范大型群众性活动。

（马晓辉）

农业和农村经济

农牧业

【概　况】 2017 年，全县实现农业总产值 27.1 亿元，增长 4.5%；农业增加值 12.4 亿元；农村居民人均可支配收入 8216 元，增长 11.2%。全县农作物种植面积 152.7 万亩，其中粮食作物播种面积 120.2 万亩（夏粮 32 万亩、秋粮 88.2 万亩），经济作物 32.5 万亩。年内，全县牛饲养量达 39.2 万头，其中存栏 13.5 万头，出栏 25.7 万头；羊饲养量达 190 万只，其中存栏 75 万只，出栏 115 万只；生猪饲养量达 0.8 万头，其中存栏 0.4 万头，出栏 0.4 万头；家禽饲养量达 95 万羽，其中存栏 35 万羽，出栏 60 万羽。肉类总产量 5.4 万吨，禽蛋产量 0.24 万吨。

【种植结构调整】 调整农作物种植结构，压缩玉米面积，稳定小麦、马铃薯面积，扩大中药材、小杂粮、瓜菜等特色优势产业规模，推广绿色高产高效、水肥一体化、覆膜保墒、测土配方施肥等栽培技术，提高种植水平，助推特色优势产业的发展。全县农作物播种面积 152.7 万亩，其中冬小麦 15 万亩、春小麦 12 万亩、玉米 30 万亩、马铃薯 24.2 万亩、夏杂 5 万亩、秋杂 34 万亩、油料 10 万亩、露地蔬菜 7.5 万亩、设施蔬菜 3.5 万亩、西（甜）瓜 5 万亩、中药材 6.5 万亩。压减玉米种植面积 10 万亩，发展特色种植、高效节水农业 5 万亩，建设河西镇杨河套子村番茄、洋葱种植，丁塘镇吴家河湾村黄豆套种菟丝子，丁塘镇团结村辣椒种植，韦州镇旧庄村小杂粮种植，豫海镇园艺村辣椒种植等示范点，全县农作物种植结构更趋合理。

【草畜产业】 2017 年，完成牧草种植 11.12 万亩、退化草原补播改良 15.06 万亩。加强动物疫病防控，全年共防各类畜禽重大动物疫病 585.52 万头只次，其中免疫高致病性禽流感 52 万羽、鸡新城疫连续免疫 104 万羽，口蹄疫三价苗免疫牛 16.73 万头，口蹄疫三价苗免疫羊 148 万只，小反刍兽疫免疫新生羔羊和补栏育肥羊 120 万只，羊布病 130.4 万只，羊基因工程苗免疫 13 万只，口蹄疫免疫猪 0.63 万头、猪瘟 0.76 万头，免疫密度分别达 100%。常规动物疫病防疫 623.6 万头（只），累计排查养殖户 2600 余户、规模养殖场（大户）98 家（户），累计消毒面积达 786 多万平方米。完成畜禽抗体采样 12362 份，抗体均能达到保护畜禽水平。

【新型农业经营主体】 全县各类农民专业合作社有 834 家（种植业 185 家、林业 26 家、养殖业 369 家、农机服务业 156 家，其他 98 家），2017 年，新发展各类农民专业合作社 62 家。合作社社员达到 13215 户，带动农户 46495 户，固定资产达 9.46 亿元，统一组织销售农产品总值达 10.63 亿元。

【农村土地股份合作社改革】 鼓励合作社探索土

地股份合作模式，挂牌成立3家土地股份合作社，培育发展区级示范农民专业合作社33家，市级示范农民专业合作社35家，县级示范农民专业合作社68家。全县拥有注册商标的合作社28家，通过农产品质量认证的合作社8家，开展农超对接产品进入超市的合作社12家。

【培育家庭农牧场】 2017年，在县工商部门注册登记的家庭农牧场107家，年内新增家庭牧场35家。培育区市级农业产业化重点龙头企业21家，其中区级14家、市级7家。

【土地流转】 2017年，全县农村土地承包经营权流转面积211421.27亩，其中转让面积5179亩、出租面积188862.27亩、互换面积4亩、股份合作面积3093亩。流转趋向主要集中在种植大户、企业和农村专业合作社，其中流转到种植大户75870.3亩、流转到企业97971.87亩、流转到合作社27654.1亩。

【休闲农业】 培育以农家乐、休闲垂钓、休闲观光、乡村扶贫旅游等为主的休闲农业。2017年，全县有休闲农业企业34家，其中规模较大的休闲农业企业16家，安置从业人员2805人，从业人员劳动报酬1742万元，年接待人次21.6万人次，资产总额39256万元，固定资产5795万元。全年旅游收入2160万元，年营业收入15698万元，实现利润总额2856万元，农产品销售收入12378万元。同心县乡巴里农家乐、同心县相约穆府、同心县红色故里文化旅游传媒有限公司3家企业被评定为2017年宁夏休闲农业与乡村旅游三星级企业。同心县富茂花卉果蔬有限公司被自治区农牧厅确认为同心县2017年休闲农业示范点创建企业。组织企业参加“第二十届中国农产品加工业投资贸易洽谈会”“广西南宁农产品展销会”“第五届成都国际都市现代农业博览会”等活动，在“第二十届中国农产品加工业投资贸易洽谈会”上，同心县圣峰枣业有限公司的同心圆枣、有机枸杞被评为“中国农产品加工业优质产品奖”，宁夏山谷子农副产品有限公司、宁夏润德生物科技有限责任公司展示的产品被评为“中国农产品加工业优质银奖”。

【落实惠农政策】 开展农业特色优势产业风险补偿基金贷款工作，审核推荐农业特色优势产业风险补偿贷款5.2亿元，已发放贷款8200万元。开展农村土地承包经营权抵押贷款工作，办理农村土地承包经营权抵押贷款8700笔34540万元。农作物良种补贴、农民直补、农资综合补贴等农业支持保护补贴资金7757万元正在兑付。完成2017年草原生态保护补助奖励机制政策落实工作，涉及承包草原面积397.71万亩，发放禁牧补助资金2982.84万元。争取国家和自治区农机购置补贴资金930万元，年内，已完成购机补贴资金920万元，补贴购置各类机具405台（套），直接受益农户242户，拉动农民自筹资金3150余万元。2017年，安装太阳能热水器13000台，剩余的2000台将在年底前安装完毕。

【农机管理】 完成拖拉机、联合收割机挂牌187台，拖拉机、联合收割机检验4827台，农机驾驶员审验2326人，驾驶操作人员培训723人。

【招商引资】 落实农业招商引资项目9个，到位资金2亿元。争取项目资金3亿多元，实施草畜产业、阳光沐浴工程、退牧还草工程、农业产业化等项目。

【优质高产】 玉米绿色高产高效创建项目落实面积30万亩，平均产量814公斤/亩。马铃薯种薯繁育及主食化专用品种示范推广项目在下马关万亩喷灌区建立原种基地1400亩，建设一级种薯繁育基地0.4万亩。示范推广马铃薯主食化专用新品种4200亩。

【退牧还草工程】 完成牧草种植0.85万亩，建设人工饲草地1.075万亩，完成退化草原补播改良3.4万亩。完成粮改饲项目建设任务，累计完成全株玉米青贮1.6万亩、5.1万吨，完成玉米秸秆打捆7.5万吨。建设标准化羊棚1000座8万平方米。

实施已垦草原治理试点项目，完成围栏61.19千米、草原补播改良11.66万亩、人工种草1.86亩。

【农业基础设施建设】 在扬黄灌区乡镇开展7万亩机械深松整地项目，年内完成4万亩。实施农产品产地初加工补助项目，共建成设施65座，其中20吨马铃薯储藏窖10座、60吨马铃薯储藏窖12座、20吨组装式冷藏库3座、50吨冷藏库14座、2吨/批燃煤加热式热风烘房13座、3吨燃煤加热式热风烘房10座、1吨/批热泵控温控湿式热风烘房3座。

【农业技术推广】 建设绿色增产模式攻关示范核心区600亩，推广玉米主导品种、玉米培肥增密控灌技术、玉米机械精量播种、秸秆还田土壤有机质提升技术、机械深松技术、配方施肥技术、病虫害综合防治技术等。在丁塘镇吴家河湾村建设玉米膜下滴管水肥一体化试验示范田200亩，通过膜下滴灌水肥一体化技术示范，把水分、养分定时定量，按比例直接提供给作物，带动周边农户应用水肥一体化技术。建设玉米病虫害专业化统防统治与绿色防控融合示范田2万亩，开展玉米田草害防控减量化试验、玉米病虫害一喷多效技术示范、玉米大斑病防治前移技术试验示范、玉米镰孢菌病害绿色防控试验示范、玉米大斑病监测圃、木霉菌（TCF）颗粒剂试验示范、玉米大斑病防治研究试验、马铃薯早晚疫病防治试验示范、辣椒根腐病防治试验、西红柿晚疫病防治试验等。在全县范围内遴选科技示范点28个，推广精准饲喂、营养调控、精细管理等节本技术和选育改良、高效繁殖、快速育肥等草畜产业节本增效科技技术。建设玉米机械化高产创建示范园区示范面积500亩，推广机械化耕整地技术、机械化激光平地技术、机械化中耕技术，园区内机械化激光平地技术普及率70%，中耕机械化技术普及率60%，综合机械化水平达到100%，使良种选用、机械化栽培、测土配方施肥等先进农业生产技术得到普及应用。

【农村土地承包经营权确权登记】 完成117个村118.06万亩土地确权，占预计确权面积的92.96%；签订合同44534户，颁发证书44534户，占总户数的96.7%；完成土地确权数据入库及数据汇交工作，已通过农业部的验收。

【农村集体“三资”管理】 全县共清理货币资金315.6898万元，固定资产原值4649.9万元，资源性资产共计587.8万亩，债务为386.7万元。建立同心县村级“三资”管理平台，完善农村集体“三资”管理规章制度，对全县12个乡镇154个行政村的“三资”管理情况进行信息录入。各村严格按照同心县农村“三资”三议三审三公开管理办法进行民主管理，实行财务公开，接受群众监督。

【壮大贫困村集体经济】 整合财政专项扶贫资金5500万元，扶持89个贫困村发展集体经济。89个贫困村已与15家企业（合作社）签订资金委托经营协议，15家企业（合作社）的5500万元扶贫资金已全部到账。年内，6家企业已将10%收益的148万元打入24个贫困村的账户。

【农村党风廉政建设】 推行村级基本存款账户制度，贯彻执行收支两条线规定，全县135个行政村已开设基本存款账户。开展全县村干部及其近亲属享受惠农资金的情况专项监督检查，对违规享受10146.23亩补贴面积进行核实，共有7个乡镇47个行政村177人（村干部67人、近亲属110人）退出违规享受惠农政策补贴面积9916亩（村干部惠农政策面积3817亩，近亲属惠农政策面积6099亩），并及时上缴财政。

（贾银录）

水务

【重点水利工程建设】 2017年，累计争取资金4.96亿余元，开工建设高效节灌、水库除险加固工程、中小河流治理、抗旱应急水源、小流域综合治理等项目14处，实施2016年转接项目3处，累计完成各类工程建设资金3.16亿元。

【灌溉管理】 面对扬黄水用水指标压缩的实际，同心县完善全县115个农民用水者协会的水权制度，强化灌水组织建设，确保灌溉工作平稳进行。抓好扬黄灌区节水改造，全年完成灌溉面积51.02万亩，完成灌溉用水1.614551亿立方米。抓好节水型社会建设工作，推进灌区续建配套与节水改造，投资2439万元，实施高效节灌项目3处：同心县丁塘镇河草沟村高效节水灌溉工程，完成形象进度75%；同心县豫海镇园艺村高效节水灌溉工程，完成形象进度92%；同心县河西镇菊花台村枸杞痕量灌溉示范项目，完成形象进度70%。

【农村饮水保障】 投资2254.4万元，对未通水的村庄采用建集中供水点、屋檐集水等方式，消除农村饮水盲点和难点。投资1354万元，实施同心县脱贫销号村饮水安全巩固提升工程，计划对预旺镇、王团镇、张家塬乡、田老庄乡及韦州镇的14个行政村32个村庄，共计4277户15657人用集中供水方式解决安全饮水问题，年内，已完成总工程量的70%。完成兴隆乡尖脑村9户就地移民自来水入户工程和豫海镇兴隆村水库移民57户自来水入户工程。投资386万元，实施东部农村饮水工程改造提升项目，改造提升同心县东部农村饮水安全供水工程管道、扬水泵站、机电设备，对下马关镇池家峁村的油坊淌社、郑儿庄村的罗儿庄社和石腰沟社、申家滩村的张儿庄社增设加压泵站等设施。投资313万元，完成“集雨场＋屋檐集水”工程，年内已完成集雨场200多处，安装屋檐集水200多户。投资104.7万元，完成河西镇旱天岭农村饮水安全巩固提升工程，年内已开工建设加压泵站及供水管道等工程，已完工泵站的基础工程。投资87.7万元，完成王团镇胡麻旗农村饮水安全巩固提升工程，年内已开工建设工程的加压泵站及跨渠建筑物。

【水库建设】 投资1.59亿元，实施同心县马高庄水库工程，总库容2398.95万立方米，年内，工程已完工投入运行；投资26543.2万元，实施同心县马塘水库工程，新建980万立方米水库1座，年内，工程已蓄水；投资19420万元，实施同心县预旺水库工程，新建56.29万立方米水库1座，可改善灌溉面积8万亩，年内，工程已完成土方145万立方米，完成投资9234万元。

【清水河治理】 开工实施清水河综合治理工程，总投资12176.7万元，新建景观湖2座，新增水面2000亩，完成形象进度35%。

【生态保护项目建设】 开工实施深沟小流域水土流失综合治理项目，治理水土流失面积15.32平方千米，2017年，完成水平梯田6000亩，完成工程形象进度95%；开工实施魏家岔小流域水土流失综合治理项目，治理水土流失面积4.6平方千米，2017年，完成水平梯田6900亩，完成工程形象进度73%。

【病险水库除险加固】 投资193.57万元，完成同心县上卢沟骨干坝加固除险工程；投资169.69万元，完成马新庄骨干坝加固除险工程；投资178.35万元，完成龚家湾骨干坝除险加固工程，2017年，三项工程均已完工并投入运行。

【防汛抗旱】 2017年年初，同心县召开全县防汛抗旱工作会议，部署全县防汛抗旱工作。汛前对主要防汛区段、重点水库、堤防、所有提水泵站及主要行洪沟道和生态移民村组进行排查，下发整改通知书9份，做到安全度汛。加大水政执法力度，对水土保持、水资源、河道采砂禁采地段进行重点监管巡查，依法及时处理2起违法案件。战胜“7·23”“7·26”“7·28”“8·4”暴雨洪水灾害，保障受灾区广大群众生命财产安全。

【水政执法】 完善水政制度，规范执法程序，加大执法力度，对水土保持、水资源、河道采砂禁采地段进行监管巡查，依法及时处理2起违法案件。依托3月22日“世界水日”和“中国水周”

开展水利法规宣传活动，共出动宣传车辆 20 余辆次，制作展板 8 块，发放宣传材料 6000 余份，受咨询和教育群众达 9200 余人次。

【水库移民】 完成后期扶持资金发放对象的调查复核工作，落实直补资金 33.3 万元，受益人口 128 户 555 人。后期扶持养殖项目新增圈羊 1153 只，完成资金 66.12 万元。完成投资 100 万元，实施新庄子村硬化混凝土村巷道路 6 条 2.12 千米，完成五道岭子村、甘沟子村贫困移民养殖扶持 23 户，实现“政策兑现、资金安全、社会稳定”的目标。

【水环境监测】 根据饮水工程安全运行管理的实际需求，分区域和层级落实乡镇级责任人 13 人、县直部门责任人 2 人、水务部门责任人 12 人、企业责任人 6 人、村级责任人 33 人、水库蓄水池看护人员 45 人，负责水源地和饮水工程的日常巡查、维修和运行管理。加强对全县东、中、西部三大农村饮水工程体系的水质监测和巡查保护力度，在同心县豫海水利管理所设置水质检测中心，成立水质检测实验室，2017 年，全县农村饮水共检测水源水 48 个样本，达标率 100%，检测出厂水及农户家末梢水 112 个样本，达标率 100%。

【推行“河长制”】 2017 年，全县县乡村三级河长制组织体系已实现全覆盖，全县共设置 1 名总河长，2 名副总河长，12 名乡镇级河长、134 名村级河长。8 月，同心县召开全县第一次总河长会议，印发《同心县全面推行河长制工作各组成部门工作职责分工》和《同心县河长制会议制度（试行）》，年内，全县 23 条河湖沟道安装河长信息公示牌 172 块，落实保洁人员 211 名。

【人大议案办理】 2017 年，按照同心县人大十八届人民代表大会第一次会议、政协同心县第十一届委员会第一次会议对县水利工作提出的意见建议，县水务局召开专门会议研究办理方案，及时答复并办理龙湾泵站 520 斗口支渠改造维修、沟滩村防洪坝清淤维修等人大议案 10 件，答复并办理韦州镇群众种田灌水难等政协提案 4 件。

【信息宣传】 2017 年，编发简报 189 期，各类网站发表信息 105 条，区、市、县电视台播放水利新闻 89 条，区、市报刊刊载稿件 27 篇，制作新闻专版 2 期。

【安全管理】 开展清理整顿拖欠农民工工资专项行动，督促水利施工企业对农民工实行实名制管理 747 人，办理银行代发工资卡 747 张，办卡率达 100%。督促签订劳务合同 717 人。接待群众来信来访 36 人次，办理效率 100%。组织开展各类安全检查 45 次、配合区、市水利主管部门和县安监局检查 11 次，累计出动检查人员 221 人次、机动车 56 辆次，开展水利工程设施检查 639 个，排查整治一般安全隐患 112 处。落实水利工程设施安全管理责任人乡镇级 13 人、县直部门 2 人、水务部门 12 人、企业 6 人、村级 33 人、水库蓄水池看护人员 45 人。维修补装安全警示牌 269 块、防护网 218 米。组织开展安全生产咨询活动 6 场次，发放宣传材料 5000 余份（册），制作标语条幅 16 幅，受理群众咨询 3000 余人次。指导完善防汛抢险应急预案 6 件，清理整顿在建续建工程现场 11 处，组织开展安全生产应急救援演练 1 场次。

（白利彬）

林 业

【营造林建设】 2017 年，全县完成营造林 13 万亩，占年度任务的 224%。其中县城造林绿化 0.12 万亩，城东防护林造林绿化工程 0.1 万亩，水库周边绿化 0.11 万亩，同预公路绿色通道工程 0.1 万亩，乡村造林绿化 0.04 万亩，美丽村庄造林绿化 0.04 万亩，文冠果种植 3 万亩，特色产业枸杞种植 0.7 万亩，葡萄 1 万亩，封山育林 2 万亩，退化林分改造 0.8 万亩，生态修复 5 万亩。

【城市绿化】 2017 年，城市园林绿化按照“建管

营造林

并重，建改结合，量质并举，全面提升”的工作思路，加快城市造林绿化步伐，推进自治区级园林县城创建工作。完成人民公园、兴隆公园、扶贫产业园、台地、城市环境综合整治等城市绿化工程1200亩，种植各类乔木24万株，各类灌木220万株，并顺利通过自治区住建厅对同心县创建自治区园林县城验收。

【特色经济林】 把推进林业特色优势产业作为农业增收、农村稳定的突破口和着力点来抓，以苹果、葡萄、圆枣、枸杞等经济林产业为重点，通过推行技术支持、标准化生产、低产低效果园改造等多种方式，初步实现种植规模化，管理精细化、加工现代化，产品品牌化和一二三产业深度融合发展。2017年，引进宁夏德谷枸杞生物科技有限公司在下马关镇建设绿色A级枸杞示范种植基地4000亩、香港新华集团和同心县金垚育种科技有限公司在罗山东麓种植葡萄10000亩。

【国有林场改革】 加快国有林场改革步伐，理顺管理体制，完善政策体系，加强基础设施建设，强化国有林场生态公益性能，建立权责属性清晰、管理体系顺畅、经营机制灵活、政策支持到位、考核监督有力的国有林场发展体系，实现管护方式创新和监管体制创新。

【森林资源】 严厉打击破坏森林资源违法犯罪行为，共接处警38起，立案22起，查处21起，打击违法犯罪人员20人，结案率96%，受理各类林业行政许可事项102起，办复率为100%。做好林业有害生物监测防控工作，森防“四率”控制在指标范围内。建立健全县、乡、村三级森林防火责任制，全县未发生森林火灾。

【城乡绿化一体化格局】 围绕整村推进和美丽乡村建设，在河西镇上河湾村，韦州镇庆华村，下马关镇下塬村、上塬村，石狮管委会黄石村、惠安村、麻疙瘩村和兴隆乡王团村等完成造林总面积400亩，种植各类苗木4万株。预旺镇实施乡村道路绿化工程，在土峰村、柳树堡子村、南关村和北关村种植油松6434株、桧柏134株、垂柳17631株。改善主干道路周边生态环境，实施同预公路宽幅林带造林绿化工程，完成土地平整1000亩，种植油松、沙枣等6万余株。

【城东防护林生态景观绿化】 打造县城东片区生态屏障，形成植物多样、生态防护功能良好的生态防护林。2017年，完成城东绿化造林面积1000亩，种植油松2万余株，种植沙枣近3万株，种植榆树2.7万株。铺设生产作业道路长度5470米。

【生态移民迁出区生态修复】 推进生态移民迁出区生态修复工程，突出禁牧与舍饲养殖、封山育林与退耕还林、自然修复与人工治理、生态效益与经济效益“四结合”，在移民迁出区实施生态修复人工柠条种植5万亩。

（周　怡）

工业园区建设

工业经济

【概　况】2017年1—9月，全县实现规模以上工业产值62.76亿元，完成全年指标任务的78%，同比增长10%。完成工业增加值15.9亿元，完成全年指标任务的88%，同比增长14.5%。全县规上企业53家，计划年底新纳规9家。全年完成规模以上工业产值80亿元，实现工业增加值18亿元，同比增长20%以上。

【商贸流通】2017年1—9月，全县第三产业增加值达到14.9亿元，同比增长6.8%；全县社会消费品零售总额10.3亿元，同比增长10%。全年完成第三产业增加值13.1亿元，同比增长9%。2017年，永昌装饰建材城、皓月新都商业街、奇虎商业广场、羊绒交易市场、清水湾农贸市场及家具市场等五大专业市场运营良好，奇虎商场、生海商场、新百超市、客都超市发展势头强劲。实施王团农贸市场改造项目、菜篮子连锁超市建设项目、县级电商物流中心改造项目等服务业项目，完善市场体系建设。推动服务业转型升级，文化旅游、现代商贸物流、现代金融、健康养老等重点服务业态取得进展。依托罗山东麓有机富硒优质葡萄产业发展环境，借助自治区全域旅游产业发展机遇，以丝路吴忠、红色同心、古城韦州为文化内涵，建设葡萄文化特色小镇。

【招商引资】坚持“走出去　引进来”招商战略，招商引资到位资金达131亿元，2017年，先后引入北京三聚环保、香港新华集团、亿金民族服饰、澳普利发、德泓国际绒业等一批企业入驻同心县，建设万吨级秸秆生物质综合循环利用项目、罗山东麓葡萄文化特色小镇项目、300万套民族服饰项目等一批重点项目，社会效益和经济效益显著。通过申报自治区专精特新中小企业项目、菜篮子工程项目、第五批新型工业化项目、中小企业贷款贴息补贴、八宝茶研发项目等项目，争取自治区及吴忠市各类资金5000余万元。起草出台《同心县关于加快培育资本市场助力脱贫攻坚的实施意见》等政策性文件，制定同心县招商引资汇编手册，先后引进夏进牛奶、吴忠仪表等15家拟上市企业落户同心县，为优质企业落户同心县提供政策环境。

【项目建设】2017年，全县实施重点工业项目21个，总投资86亿元，计划完成年度投资71.1亿元，其中新建项目15个，总投资81.2亿元，续建项目6个，总投资4.8亿元。截至11月，完成投资42.7亿元，完成目标任务的60%，全县21个项目开工率76%。开工建设同心德海绒业有限公司28套分梳山羊绒生产线升级改造项目、澳普利发全系统门窗项目、宁夏德谷枸杞生物科技有限公司同心县绿色A级枸杞种植基地标准化示范项目、鲁人300万吨重油综合循环利用项目、同心县金垚育种科技有限公司泉商国际酒庄建设项目等一批重点工业项目，新建项目年底均投产运营。

【服务企业】 落实国家和自治区扶持小微企业的优惠政策，组织企业申报自治区专精特新项目、新型工业化项目等项目，已争取“专精特新”示范企业奖励资金3家120万元，小升规企业奖励资金6家56万元。组织10余家企业申报自治区新型工业化发展专项资金，补贴资金1968万元。组织13家企业申报第二批新型工业化资金，争取自治区贷款贴息支持，促进企业加快转型升级。起草《同心县关于加快培育资本市场助力脱贫攻坚的实施意见》等政策性文件，加快完善同心县现代资本市场体系、拓宽企业和居民投融资渠道、优化资源配置、促进经济转型升级。发挥中小企业服务中心职能，向企业提供法律咨询、创业培训、审批办理、融资等服务，促进中小企业健康、快速成长。利用政银企合作平台，做大做强“工业助保贷”、羊绒产业发展基金等基金业务，“助保贷”业务合作银行已累计向30家企业发放贷款8630万元，羊绒产业基金累计发放贷款3000万元。

【电子商务进农村】 2017年，同心县从事电子商务的企业、专业合作社、个体网店达60家，微商76家，培育电商示范企业14个，带动就业1000多人。全县已建成村级电商服务站81个，其中2017年新建16个。年内共组织开展电子商务培训班5次，培训人数500余人。

【安全生产监管】 全年共组织安全生产检查12次，其中工贸企业检查5次，寄递物流企业检查3次，加油站安全生产检查4次。共出动车辆12次，检查人员40余人次，检查企业50多家，排查安全隐患5余次，整改率100%。深入各工贸企业发放宣传单1000余份，张贴宣传标语20余条。与工贸企业法人代表签订安全生产责任书60余份，杜绝责任制管理上存在盲区和断层。

【信访工作】 开展群众来信来访工作，解决韦二煤矿拖欠农民工工资6000余万元问题，化解原电石厂临时工马克柱多年上访历史遗留问题，稳控原太阳山煤矿临时工、原皮革厂临时工要求解决养老保险等一批重大信访案件，促进社会稳定。

（丁志刚）

电　力

【概　况】 2017年，国网同心县供电公司全年安全生产态势良好，长周期安全运行6652天，未发生人身、设备、大面积停电、误操作事故、火灾事故、交通事故。全社会用电量3.75亿千瓦时，同比增长10.95%，城网供电可靠率99.8692%，农网供电可靠率99.8259%，综合电压合格率99.349%。

【安全生产】 强化本质安全建设，制定和完善防震减灾、大面积停电、防洪等事故预案。加强用户安全用电管理，开展大客户及重要用户安全用电检查46户次。强化施工现场管理和关键环节管控，分层级开展应急演练，提升突发事件应急处置能力，圆满完成中共十九大等40项保电任务。开展春（秋）季安全大检查、迎峰度夏（冬）专项工作，全年执行检修计划89项，完成47条10千伏线路的巡视综检工作，整治各类缺陷隐患1008项。开展第一类带电作业1947次，全面实现年度安全生产目标。

【电网建设】 编写《国网同心县供电公司2017年—2019年配电网项目需求报告》，分年度滚动绘制县公司配电网建设改造地理接线图和项目储备计划表，并完成评审工作。2017年，同心公司配网工程总投资4175.01万元，年内各工程项目未出现安全事故，6项工程被评为吴忠公司优质工程，其中1项工程被评为国家电网公司“百佳工程”。

【经营管理】 推进“互联网+营销服务”工作，结合电E宝及微信购电等线上渠道操作，全年开通远程充值1.77万户。全年新增业扩报装用户8044户，报装容量9.44万千伏安，实现线上线下服务无缝衔接。完成分布式光伏并网8户，并网容量4501.94千瓦；完成煤改电项目18户，报装容量6620千伏安。开展警企联合打击窃电专项行动，查处窃电用户165起，补收电量60.6万千瓦时。将“星级供电所”创建与“全能型供电所”创建有机结合，实现四星级供电所2个，三星级供电所6个。完成县内四个移民点电力改造工作。

（刘宗旺）

园区建设

【概　况】 2017年，共有入园企业71家，投产企业57家，规模以上企业37家，从业人员3250人，新增就业岗位750个，安排建档立卡贫困户400人。实现工业总产值57.5亿元，同比增长14%；完成工业增加值12.4亿元，同比增长14%；羊绒交易市场吞吐原绒1510余吨，完成交易额6.42亿元。园区羊绒产业稳步发展，完成工业总产值48.6亿元，同比增长12%；完成工业增加值10.4亿元，同比增长12%。

【基础设施】 争取自治区工业园区低成本化改造项目扶持奖励资金1000万元，加快园区低成本化改造。投资6849.66万元的2.7万平方米扶贫产业园三期标准厂房完成固定资产投资6814万元，Ⅱ、Ⅲ标段正在进行厂房内外粉饰，Ⅳ标段即将完成主体工程。扶贫产业园污水处理厂、垃圾中转站项目和羊绒产业区垃圾中转站项目正在进行前期准备工作。加大项目储备，储备盐同红集中连片地区重点项目2017—2018年近期项目16个、2019—2020年远期项目16个，总投资87.26亿元，为园区持续发展奠定坚实基础。

【项目建设】 2017年，投产及建设项目20个，新增入园企业5家。计划投资7亿元，已完成投资6.1亿元。一是投产项目10个：投资5000万元的叶哈雅食品产业、投资1403万元的启秾农鲜活产品配送中心、投资5272万元的腾辉民族服饰、投资2000万元的同亳中药材、投资5800万元的伊兴羊绒衫加工、投资3000万元的回乡阳光精炼食用油、投资3000万元的五谷丰食用油加工、投资16000万元的亿金民族服饰项目1号扶贫车间、投资1亿元的澳普利发标准化门窗、投资1500万元的兰卿商贸丝印项目今年投产，安排就业740人，为园区工业经济发展再添新力。二是近期投产项目1个：投资850万元的杨哈吉健康休闲食品项目计划11月初正式投入生产。三是正在安装设备项目1个：投资10999万元的龙泉山风干牛肉加工项目正在进行设备安装工作。四是准备安装设备项目3个：投资4500万元的元波羊绒被、投资3400万元的大兵民族毛毡、投资1600万元的兰卿商贸包装项目完成设备订购，计划11月中旬开始安装设备。五是进入装修阶段项目2个：投资4800万元的紫涵源、投资1000万元的美益康正在进行生产车间装修。六是主体工程施工项目1个：亿金民族服饰项目2号厂房已完成钢结构安装。七是前期准备项目4个：鸭婆豆腐、天予枣业、满山红枣业、羊把式皮草项目抓紧办理建设前期准备工作。

【招商引资】 2017年，全县开工建设招商引资项目39个（新建33个），到位资金76.3亿元，分别完成区市任务57亿元和76亿元的102%和100%，超额完成全国工商联十一届十次常委会议招商引资180亿元目标任务，共签约项目36个267.3亿元，已开工建设24个183亿元，涵盖特色农业、工业、商贸、旅游、新能源等产业。加大招商宣传，拍摄中、英两种语言的《魅力回乡·同心同行》招商引资宣传片，印制对外宣传手册1万本，开办“同心招商”微信公众号，完善县党政信息网招商引资专栏，及时发布招商优惠政策、项目动态等招商信息，县委、县政府主要领导先后到北京、福建、浙江、广东等经济发达地区开展招商推介25次，对接洽谈项目40多个。邀请香港新华、厦门泉州商会等外地客商到同心考察55批次，对接洽谈项目60多个，在节会招商上，组队参加中阿博览会、厦洽会、渝洽会等商贸节会，与银江资本管理有限公司等40多家企业对接，达成意向合作协议30多个。围绕“轻新健”产业，引进香港新华集团、江苏朗斐纳斯等葡萄种植酿酒项目，投资达60多亿元，在罗山东麓种植酿酒葡萄2万余亩，项目建成后将助力同心县“绿色经济示范县”建设。营造亲商敬商、留商稳商、安商富商的服务软环境，全程协办招商企业注册等相关审批手续，对重点外来投资企业和项目，采取一事一议、特事特办、现场办公等办法，助力签约项目及时落地。

【优化发展环境】 打造低成本园区，吸引投资置业能力显著提升，成功入选全国农村创业创新园区（基地）目录。加强政策支持，提请县政府相继出台促进羊绒产业发展、促进工业经济发展等实施意见，修订创业孵化园管理办法，对创业入驻标准厂房的企业实行头3年免租。搭建融资平台，依托同心县中小企业助保贷基金、同心县羊绒产业发展基金等9大基金，鼓励和引导县内商业银行加强对企业金融扶持力度，简化中小微企业贷款业务的受理审批流程，降低创业融资成本，为企业争取融资20亿元，同比增长12%。搭建公共服务平台，配套建设中小企业服务中心、园区党群活动服务中心，协助入驻企业办理登记注册手续，提供市场策划、信息服务。举办融资贷款、就业培训5场次，承接自治区“百名专家基层服务行”等活动3场次，支持亿金、澳普利发等项目地形测绘、土壤检测及“六通一平”费150余万元。搭建仓储物流平台，争取以奖代补资金70万元，支持同心县羊绒交易市场监管库投运，集中储存羊绒近5000吨。引进“和沐电商物流”，拓展特色优势农产品线上发展，与大型电商企业合作，异地建设“地方特色馆”和“特色产品专区”，为园区企业提供便捷的网上交易和物流服务。解决扶贫产业园企业务工人员公租房716套（已安排216套），给予租金50%的补贴，降低就业人员负担。鼓励扶持创业项目3个，对就业困难人员开展就业帮扶和指导300人次，发布招聘公告12次，为企业招募300余名工人。

同心县中小微企业群众评议机关作风工作推进会

【扶贫帮扶】 依托投产项目吸纳就业800人，有效带动600多户家庭脱贫致富。为扶贫产业园内贫困户和建档立卡户提供职业技能培训服务100人次，安置就业80余人。组织干部每月到兴隆乡王团村党支部和结对帮扶的王团村、李堡村120户贫困户家中进行扶贫政策和禁毒等知识的宣传。联合县工商联，从结对帮扶的建档立卡户中筛选出19户极度贫困家庭，给予爱心捐助和资金支持。引导企业主服务社会、奉献爱心，发动园区企业累计为同德公益慈善基金会捐资450万元，通过扶贫助困、大病救助、帮扶残疾、捐资助学、扶持产业发展等方式，基金会共支付资金200万元。

【安全管理】 履行安全生产主体责任，与企业签订安全生产责任书。组织召开安全生产工作会议6次、园区安全生产培训3次。开展“安全生产月”等专项整治活动，组织专项联合检查5次、单独排查4次，涉及各类企业共71家。开展宣传禁毒宣传活动3场次，共发放宣传册600余份，园区无“黄赌毒”等现象。投资2.5万元，完善包抓的丁塘镇新华村、丁塘村、河草沟村禁毒橱窗等硬件设施。开展信访专项整治，调解矛盾纠纷11起，未出现越级信访事件。

（金　萍）

交通运输和信息产业

道路建设与管理

【农村公路建设】 2017年，概算投资1.4亿元，农村完成公路建设项目172.5千米。

【重点建设项目】 开工建设京藏高速公路同心段公路新建工程，全长5.2千米，总投资4.7亿元，途经同心河西镇朝阳、桃山、刺鸭嘴3个行政村。开工建设省道101线新区过境段公路改造工程，全长5.7千米，总投资5800万元，全线新建红果子沟桥1座，桥长129米，桥宽24.5米，年内完成大桥建设。投资1500万元，完成省道304线红寺堡至桃山口同心河西段4.6千米公路工程。投资3500万元，完成国道109线同心段5.9千米公路工程，公路等级为二级。投资5400万元，完成同预公路（五期）包括彦大公路岳家川至大郎顶14千米改建工程，同预公路石塘岭至预旺段2.4千米改线工程及36千米路面附属设施和安保工程。完成小洪沟服务区扩建工程67亩。投资1200万元，开工建设全长200米河西长沙河大桥。投资3850万元，开工建设同心二级汽车客运站，建筑面积6717平方米，设计旅客发送量5000人次/日。

省道101线建设中

【上争项目】 概算投资1.2亿元，建设平远路至孵化园2.3千米道路工程及长812米，宽24.5米大桥一座，年内正在招投标阶段。概算投资2亿元，建设王团至预旺75千米三级油路改建工程，路基宽12米，路面宽11.5米，年内正在招投标阶段。概算投资1.3亿元，建设同预公路六期道路工程，路基宽8.5米，路面宽8米，年内正在招投标阶段。概算投资4000万元，建设预旺至汪家塬东沟大桥，桥长289米，净宽12米，沟深56米，引道工程1.5千米，年内已完成招标工作。概算投资4000万元，建设下马关至盐城萌城三级公路19千米，年内正在办理前期手续。概算投资800万元，完成同预公路至青羊圈四级公路17.2千米。

【农村公路养护】 全县辖养农村公路2317.767千米，2017年，共清扫路面1950921平方米，治理裂缝32167平方米、坑槽7505平方米、松散1627平方米、沉陷5731平方米、拥包282平方米、路肩不整洁204319米，整修边坡569074平方米，清理边沟221377米，疏通桥涵262道。

【隐患整治】 完成同预公路石塘岭至预旺段K34—K70共36千米的路面维修1000平方米、路面标线1132.33平方米、里程碑35个、百米桩325个、波形护栏15840米、标志牌49个。同红、肖王等10条公路交通标志238块、凸起标线351平方米、波形护栏36151米、警示桩1158块、示警墩276块、视距不良土方82393立方米、边沟145米、挡土墙568米及下郑、三靳等6条公路6155米波形护栏安全生命防护工程已完成招投标工作。

【水毁抢修】 2017年，完成同喊公路K14+650处路基边坡土方回填71立方米、同红公路K17+500处路基边坡土方回填66立方米、县城至洞子沟沿公路K5+500处边浅沟中桥护坡砂砂回填49立方米和U型边沟安装12米、同预公路K29+570处620立方米塌方清理、香阿公路K22+000处急流槽土方回填570立方米和K22+650处急流槽土方回填158立方米、K21+200处浆砌片石边沟砌护9.72立方米、彦大公路K2+400塌方清理480立方米。完成同预公路K62+200处浆砌片石护坡和截水墙600立方米、香羊公路蔡家沟口过水路面浆砌片石护坡180立方米、同土公路K14+200处过水路面浆砌片石护坡795立方米砌护。完成预马公路、预王公路、惠赵公路、香阿公路、边窑公路等水毁土方回填27421立方米。

【预防性养护】 加强日常巡查，贯彻“防治结合、以防为主”的公路养护原则，年内，累计处置病害32167平方米。针对全县境内山大沟深、塬峁交错、地形复杂，农村公路急弯陡坡多、配套设施少等实际，以“防、排、治”为重点，坚持对公路排水设施提前进行疏通，采取有效措施截水，从源头上做好公路水毁预防，年内，累计完成边沟清理221377米，桥涵疏通262道。针对主要县乡公路沥青路面建设年限相对时间较长，运行车辆相对较多，路面龟裂相对较多的实际，及时组织开展路面裂缝灌缝，提高农村公路使用寿命。

【路政管理和超限超载治理】 加大路政宣传力度，2017年，共出动宣传车10次，悬挂横幅5条，制作展板2块，刷写宣传标语30条，张贴发放宣传材料2000余份。加大路政巡查力度，及时发现和处置各类涉路违法行为，年内，共清理垃圾堆积物256处、清除非公路标志牌8块；发生路政案件1起，处理1起。联合城管、交警等部门，集中整治短途渣土车运输，严禁不遮盖篷布、超限超载车辆在农村公路通行，累计稽查1400多辆次，纠正500多辆次，处罚80辆。

【公共交通管理】 2017年，全县共有公交车82辆（其中乡村便民公交15辆），运营线路22条，出租车336辆。

【安全生产管理工作】 落实企业安全生产主体责任年活动，开展企业安全生产级别评定工作。与局属单位和两家企业签订安全生产目标管理责任书，层层落实安全生产责任。制定和下发《同心县交通运输局安全生产事故隐患排查治理体系建设工作方案》《同心县交通运输局道路交通安全整治工作实施方案》等文件，先后组织开展安全生产隐患大排查、道路交通安全综合整治、安全生产领域“打非治违”、道路交通安全执法检查和安全生产宣传月等活动，年内召开春运部署动员会1次、季度安全生产工作例会和安全生产专题会8次，开展安全隐患排查8次。结合“春运”“五一”“十一”等重大节日和活动，利用“安全生产月”“6·26禁毒日”“法律咨询日”等平台，重点宣传《中华人民共和国公路法》《中华人民共和国安全生产法》和《道路运输管理条例》，共悬挂横幅6条，制作展板7块，张贴标语45条，发放宣传单8000多份。为十九大的胜利召开创造良好的交通环境，制定《关于认真做好“国庆、中秋节”暨党的十九大期间道路交通安全工作的安排意见》，开展安全生产大检查，发现和整改各类安全生产隐患6起。配合牵头单位进行客运车辆安全生产专项整治，对班线客车、出租车、公交车、旅游包车进行安全隐患排查。加大客运市场整治力度，打击非法营运，年内查处非法营运车辆72辆。

（周宝鑫）

运输管理

【便民惠民服务】 2017年，同心县运输管理所接入“12308”全国汽车网上购票平台，实现24小时全天制购票。鸿翔驾校开展“精准帮扶、情系少儿、服务高考”的大爱行动，为1000人减免学费27万元，受到一致好评。

【危货运输检查】 开展集中整治道路危险货物运输违法违规行为，重点检查企业安全管理制度落实情况、安全管理机构设置、安全管理人员配备、安全设施设备情况以及GPS安装使用情况等，责令企业依法注销危货车辆2辆。

【路面执法检查】 配合公安交警、路政部门对危险化学品运输车辆检查，检查范围涉及是否具有道路危险货物运输资质、运输货单是否超出许可范围、押运人员配备情况，严防重特大交通事故的发生。

【超限超载治理工作】 根据《关于印发〈宁夏回族自治区整治公路货车违法超限超载行为专项行动实施方案〉的通知》文件精神，县运输管理所联同国土资源局深入乡镇，清查辖区重点货运源头企业分布、产量、运输等情况，并经政府对41家货运源头单位进行公示，其中新增重点货物源头企业29家。与企业签订责任书，组织召开全县货运源头单位座谈会，传达五部委关于加强道路货物运输超限超载治理工作等一系列文件精神，落实治超主体责任。通过与国土资源、环境、水利、安监部门开展联合整治，采取巡查、驻点等方式，每月对已经公布的货运源头单位开展现场监督检查，全年共巡查源头企业21次，检查源头企业474家，下发隐患整改通知书1份。根据环保部相关文件规定“罗山国家自然保护区2千米实验区、2千米缓冲区内不准建设任何矿山资源企业的通知”，取缔非法违规源头企业7家。

【维护客运市场秩序】 2017年，共查扣非法营运车辆78辆，劝导克隆出租车改色8辆。督促企业报废注销黄标车辆9辆。为企业购置显示器，提高GPS监控能力。针对公交经营业户不服从企业管理的情况，县交通运输管理所投资2万元，安排专人开展安全管理工作，维持经营秩序。

【创新执法方式】 在县城主要非法营运车辆聚集点安装摄像监控仪器5台，在县运输管理所建立数字视频监控网络平台，实时监控“黑车”窝点车辆动态，监控视频现场记录违法事实。

【维稳工作】 召开道路运输行业防恐维稳安全会议，组织学习《中华人民共和国反恐怖主义法》。组织全县道路运输企业开展实操与突发情况处理的综合性演练，协调车站与公安部门开展反恐演习，提高应急处置能力。开展营运客车应急锤更新更换专项工作，提前完成全县所有营运客车应急锤更新更换任务。强化汽车站封闭管理和安保措施，推动实名制售票得以落实，投入资金帮助车站购置安装报警器、监控等，安防设施得到加强。

【安全检查】 加大重点运输企业巡查监管力度，排查治理各类安全风险及隐患，结合“道路运输平安年”、安全生产专项整治等活动，在国庆节、十九大前后查出安全生产隐患13个，下发整改通知书13份，均已整改完毕。强化“两客一危”企业车辆动态监控，督促企业整改不在线车辆16辆，清除违章车辆25辆。

（马文亮）

汽车运输

【概　况】2017年共发放班次21058班，客流量295521人次，比2016年同期下降12%。其中：海原下降50%，红寺堡下降43%，惠安堡下降24%，宁东下降18%，中宁下降15%，乡镇下降12%，银川下降9%，固原、吴忠、太阳山客流量与2016年同期持平。2017年，完成营业额8770012元，比2016年同期下降12%，利润实现亏损603044元。

【生产经营】调整企业运行结构，统一安装微机售票系统，宁夏出行的推出、微信扫码购票，自动取票机的配备，方便旅客的出行。落实安全责任，与车站职工逐级签订安全责任书，实行一岗双责。在春运期间，抽调人员增设售票口，由工作人员现场指导旅客微信扫码在宁夏出行平台购票，满足旅客的需求开展小件快运业务，2017年，小件快递营收8.7万元。

【安全管理】严格履行汽车客运站“三不进站、六不出站”的制度，把安全责任落实到实处，对进站的营运车辆序进行安检，对旅客携带的行包通过“三品”检测仪进行检查，全年安检车辆11450车辆次，查出不合格车辆5辆次，查出“三品”物品26034件、违禁品91件。

（马　军）

火车运输

【运输经营任务】2017年，共发送旅客6.5万人，完成年计划10.8万人的60.6%。客票收入1030.86万元，完成年计划1035万元的99.6%。装车8586辆、55.8万吨、运输收入5804.38万元，完成年计划56万吨的99.6%，运输收入5560.5万元的104.4%。零散快运完成517.7吨，完成年计划1200吨的43.1%。行包运费收入4.2万元，完成年计划4.6万元的91.3%。

【健全制度】规范规章制度，加强对《铁路技术管理规程》《铁路行车组织规则》《车站行车工作细则》基本规章的培训学习与落实，开展专题培训工作，利用视频、车间集中轮训、班组集中学习讨论等多种形式，确保基本规章培训的顺利执行。抓好基本规章的修订完善工作，对《技规》《行规》修改3次，完成车间各站《站细》的编制工作，并修改3次共计21条。修订车间《劳动安全管理办法》及《劳动安全风险控制细化措施》2次。严格落实管理人员“进班跟班”及“天窗”点内演练制度的落实，职工长期存在的习惯性违章、简化作业标准、安全隐患得到有效整改，使车间职工标准化作业得到规范。

【安全信息】2017年，发生各类安全信息1023件，较上年增加48件，同比上升13.3%；其中A类20件，较上年减少3件，同比下降13%；B类974件，较上年减少1件，与2016年度持；C类20件，较上年增加3件，同比上升15%；D类61件，与上年持平。其中路局检查发现13件，车务段检查发现297件，车间检查发现179件，班组检查发现354件。

（杨黎辉）

邮　政

【经营指标完成情况】2017年，同心县分公司业务收入完成1004.96万元，完成全年计划85.67%，同比增长5.35%。其中代理金融业务收入682.85万元，函件收入19.71万元，报刊收入65.22万元，集邮收入71.78万元，包裹快递业务收入66.64万元，电商业务收入51.63万元，分销与配送商品收入26.01万元，其他收入20.22万元。

【金融业务】2017年，累计完成金融业务收入683万元，完成市分公司下达收入计划765万元的89.28%。累计储蓄利差收入601万元，占全部代理金融业务收入的87.99%，手续费及佣金收入

82 万元（其中 1 月保险收入 28.19 万元），占全部代理金融业务收入的 12.01%。团结北街所累计完成收入 277.52 万元；长征西街所累计完成收入 236.79 万元；韦州所累计完成收入 51.4 万元；下马关所累计完成收入 114.92 万元。

【储蓄业务】 2017 年，余额规模为 44847 万元，其中活期余额 20538 万元，定期余额 24309 万元，活期占比 45.7%；1—9 月新增储蓄余额 –2151 万元，其中活期新增余额 –1754 万元，定期新增余额 –406 万元。进入跨赛（10.1—12.31）余额净增 8336 万元，完成 7500 万元的 111.1%。其中活期净增 4888 万元、定期净增 3448 万元。各网点储蓄业务完成情况：团结北街所余额规模为 18399 万元，活期占比 45.2%；1—9 月新增储蓄余额 –779 万元，其中活期新增余额 –786 万元，定期新增余额 17 万元，跨赛期余额净增 3496 万元；长征西街所余额规模为 15538 万元，活期占比 43.3%；1—9 月新增储蓄余额 –206 万元，其中活期新增余额 –136 万元，定期新增余额 –72 万元，跨赛期余额净增 2900 万元；下马关所余额规模为 7115 万元，活期占比 51.6%；1—9 月新增储蓄余额 –63 万元，其中活期新增余额 –362 万元，定期新增余额 336 万元，跨赛期余额净增 912 万元；韦州所余额规模为 3794 万元，活期占比 46.7%；1—9 月新增储蓄余额 –44.7 万元，其中活期新增余额 –182 万元，定期新增余额 144 万元，跨赛期余额净增 1026 万元。

【代理保险】 2017 年，新增保费 1943 万元，其中趸交新增保费 1709 万元，期缴新增保费 234.9 万元。跨赛本月完成 2 万元（为期缴）。跨赛期累计完成 71.7 万元（趸交 47.7 万元，期交 24 万元）。

【理财业务】 2017 年，理财业务日均保有量 1406.6 万元，活动期保有量新增 –244.7 万元。

【函件业务】 2017 年，累计完成函件业务收入 19.71 万元，完成年计划目标（25 万元）的 78.85%。以“三城联创”为抓手，多次介绍新媒体业务，开发新媒体业务的有医保中心、林业局、公安局、马哈吉食品，完成收入 5.9 万元。开发函件业务书信大赛（推动移风易俗　建设尚俭同心），总计 6.6 万元、公积金 3 万元。联合网点与中层管理人员协作介绍关键人，宣传销售浪西北联票，多次举办金融邮务联动沙龙、渠道铺货共销售 1000 本。

【集邮业务】 2017 年，累计销售邮品 71.78 万元，完成年计划目标 105 万元的 68.36%。抓好高端邮品和库存邮品的销售，同时，以邮票首发开展小型展销会、邮品鉴赏会、厅堂金融邮务联动品鉴活动、建军 90 周年邮品营销 10 万元、十九大系列邮品营销 9.2 万元。

【报刊业务】 2017 年，实现报刊业务收入 65.22 万元，完成年计划 65 万元的 100.33%。重点抓自费订阅市场，通过与报刊亭及图书销售商联合代销方式，拓展报刊零售市场。以政企单位为重点，拓展政务类市场与企业报刊订阅。

【电商业务】 2017 年，电商实现 51.63 万元，完成年计划 62 万元的 83.28%。发展新的协议客户单位，力争航空机票业务的快速高效发展。县分公司四个网点全部开展双代业务。做好前台窗口营销，加强双代业务和短信业务办理，同时多次与国税局相关领导沟通并达成一致，将政务大厅业务开办停止，全面移交邮政网点代办。

【包裹快递业务】 2017 年，累计实现报刊快递收入 66.64 万元，完成年计划目标 103 万元的 64.70%。根据市场变化的趋势和季节性特点，继续强化柜台营销和外部营销，重点开发家乡土特产包裹和小包业务。加大开发目标大客户，做好大客户的售后服务工作和维护工作，实现收入 10 万元。

【分销与商品配送业务】 做好快消品的推广分销工作，开展“福祉新春”“春耕特训营”“粽情端午”“秋收特训营”“思乡月”等营销活动。2017

年，累计实现收入 26.01 万元，完成年计划目标 42 万元的 61.94%。

（马　平）

移　动

【优化资费宣传】 利用海报、条幅、电子屏等工具，提炼资费宣传内容，提高进厅客户办卡成交率。制作个性宣传内容，在微信朋友圈、客户微信群等线上渠道积极传播，扩大资费宣传面。借助集市、扫村营销，为客户现场、上门办卡，拓宽入网客户来源。截至 10 月，同心移动公司共新增客户 7.73 万户，新增市场份额达到 49%。

【扩大 4G 客户规模】 2017 年，同心分公司 4G 净增客户 1.63 万户，共办理流量畅爽包 18.33 万笔，移动管家活跃客户数达 1.27 万户，占吴忠分公司移动管家活跃客户规模的 29.98%。

【提升集团成员 4G 渗透率】 针对非 4G 成员，以新增流量卡政策争夺客户流量卡遭，利用短信、驻点服务、上门服务、制作流量政策宣传卡等举措，满足集团客户流量需求；结合协议赠机政策、和家庭幸福套餐、流量不限量政策，重点保有中高端客户；利用手机看店流量政策、和对讲 1.5G 和 10 元 5G，保有和转化 APRU 值低于 60 元的客户，2017 年，同心移动公司集团成员 4G 渗透率 76.26%。

【信息化项目】 针对政府、医保中心、社保局、政法委、运管所等对各类专线有刚性需求的单位，同心移动公司制定综合解决方案，成功与上述单位签约医保、监控等各类专线，2017 年，新增签约专线 209 个点位，新增收入 67.26 万元。以政府单位、招商企业、学校等为目标单位开展 ICT 集成项目拓展，成功与政务服务中心、机动车检测中心、预旺镇中心学校等实现 ICT 项目签约，2017 年，ICT 项目收入金额达到 52 万元。维稳教育行业市场，借助春季开学契机，开展教师积分回馈活动，持续提升存量学校班级订购率专项工作，签约教育学校 2 所，累计新增和教育 2100 户。开展转型信息化产品推广，通过云视讯、云 MAS、IMS 小微视频等产品推广，发展信息化收入 33.06 万元。2017 年，同心移动公司累计完成通信和信息化收入 512.49 万元。

【开拓家宽市场】 提高农村家宽覆盖率，累计验收开通 124 个行政村，覆盖 18600 个用户。验收开通 29 个小区家宽业务，覆盖 10382 个用户。发展家宽渠道代理商 13 家，拓展和沐电商网点 45 家，累计发展家宽 8592 户，农村实装率达 46.20%；针对全量小区按街道、片区进行划分，拓展建成小区家宽服务站 5 家，累计发展家宽 1858 户，小区实装率达 17.90%。2017 年，累计发展家宽 9155 户，较上年增长 529.64%，完成全年指标进度的 93.30%。

【村级电商网店建设】 开展末梢渠道拓展工作，在人口流量大的村设置村级代理点，提升移动渠道的占有率。2017 年，共拓展末梢渠道 32 家，移动渠道占比突破 65%。通过业务培训及任务下沉，发展新入网 1500 户，发展家宽业务 200 户。

（杨　冶）

电　信

【经营指标完成情况】 2017 年，中国电信股份有限公司同心分公司完成收入目标的 104.23%；移动用户达到 6.98 万户；宽带用户达到 2.58 万户；itv 视频用户达到 1.89 万户。

【建设投入】 2017 年，开通政府 OA 办公网，完成电子政务外网建设、公安道路监控增补电路的开通建设、FTTH 工程建设和业务 100% 平移、整治 H 光衰不达标 1962 条、沉降 1509 条、6 个交接箱和 2 个 ODF 架的 ODN 整治、15 条金融单位的电路建设和开通，为全县各级卫生点开通医保一卡通电路，完成 19 个村、6 个开发小区的小规模三方引资建设、3个城市支局和3个农村支局的装维服务下沉和五级开店工作。

（虎　兰）

联　通

【概　况】2017年，完成出账收入2576.99万元，完成目标值3214万元，完成率80.18%。

【渠道效能提升】以渠道为抓手，进一步做好渠道服务支撑工作、业务培训、驻店营销、厅外拓展、集市营销等常态化工作，累计新发展用户37250户。开展各项合约业务促销活动，助促渠道多搞厅外路演活动，实现渠道佣金占比与真发展用户成正比。制定阶段性的维系激励政策，鼓励渠道经营存量市场。

【开发农村市场】在网络信号好，网络资源利用率中低基站覆盖的农村市场、移民市场，根据用户消费特点做好中低端用户的发展，抢夺新增市场份额、挖掘异网存量用户，通过发展获取用户价值。联合扶贫办借助“精准扶贫”为切入点，用好公司配套政策，通过明确发展目标任务，组织渠道人员开展扫村促销等活动，加强农村驻地用户拓展。

【业务拓展】找云、大、物的商机和市场，重点在教育行业、扶贫线、卫生医疗行业、农业、中小企业等领域突破发展，争取有一席之地。拓展务工市场、保险行业、校园市场等区域传统业务，针对各类市场进行精准化营销。2017年，先后共签约14家集团单位。

【文化建设】演练营销话术，提升销售能力，利用节假日和集市开展厅外拓展等活动，将每周周五定为“同心联通客户日”，为线上、线下新老客户准备丰富的活动参与内容和业务优惠政策。同心中心营业厅在吴忠市举办的“争先创优　绽放沃精彩”窗口人员服务技能比赛中获得团队第二名成绩，营业员杨晓红获得“个人风采”奖。9月，同心中心营业厅在总部集团公司开展的营业厅“畅视杯”暑促百日竞赛活动中，获得全国“畅视杯”百强营业厅奖。

（冶　琪）

广播网络

【概　况】2017年，实现各项收入436.1万元，完成年度目标任务的95%，其中：主营业务收入348.8万元，非主营业务收入64.7万元，“户户通”延保费22.6万元；新增用户760户，新增融合用户767户，发展手机APP用户1515户。

【网络工程建设】坚持项目带动，夯实广电产业发展基础，启动宽带乡村及中小城市（县）基础网络完善工程。2017年，完成对全县12个乡镇（管委会）共136个行政村中约95%行政村钢绞线的敷设工作，共落实乡镇、村机房14个，其中，已完成王团镇、兴隆乡、石狮管委会、新区等机房的信号接入。完成对县城豫园小区南北苑，豫海新居南北苑及赋乐园、林秀苑等涉及近4000住户的老旧小区的光纤到户的改造。完成豫西智慧社区的开通工作。

【基础网络设施改造】2017年，共发展“户户通”用户4721户。对城中村豫海新苑进行基础网络设施改造，开通该村的互动电视及宽带业务，现场促销发展用户74户，其中发展“六盘云”69套餐一年用户58户，两年用户8户，“六盘云”49套餐用户8户，实现收入41840元，年内共发展用户115户。

【安全管理】完善防护管理制度，在全国“两会”、国庆节、中共十九大期间，制定应急预案，加强安全培训，确保重要节假日、重要保障期的播出安全，加强对节目传输信号的监控，加强有线电视和“户户通”安全运行维护，推进分公司安全播出和安全生产工作再上新台阶。

（王学林）

商贸

供销合作

【经济指标完成情况】 2017年，县供销社实现商品销售总额2870万元，比上年2845万元增长0.9%。

【供销工作】 创新农业生产服务方式和手段，推进大田托管、代耕代种等多种方式，提供农资供应、配方施肥、农机作业、统防统治、收储加工等系列化、订单式服务。推进供销社综合改革和社有企业改制，制定供销社综合改革方案和供销社企业改制实施方案，妥善解决社有企业职工历史遗留问题。成立同心县振兴现代农业服务有限公司，成立社有资产管理中心，加大对优质社有资产重组整合力度，统一管理社有资产。成立新型基层供销合作组织，整合有条件的专业合作社，成立专业合作社联合社。以服务“三农”为本，依托优势特色产业，培育县级示范合作社12家。加大培训农产品经纪人力度，推荐5人参加全区农产品经纪人高级培训班。2017年，县供销社争取职工养老保险政策，办理退休职工13名。争取慰问资金7.4万元，春节期间慰问供销系统148名下岗困难职工。

（黄克忠）

粮食流通

【粮食流通统计】 规范粮食统计基础工作，确定专人负责粮油统计工作，及时参加各类业务培训，提高统计工作质量。贯彻粮食流通统计制度，将4家粮食经营企业纳入粮食流通统计范围，要求企业建立粮食经营台账，按月上报企业商品粮食收支平衡表。普查各乡镇从事粮食购销的企业和个体安装玉米烘干设施情况，2017年，全县粮食购销企业和个体工商户安装玉米烘干设施共20座。开展城乡居民粮油供需平衡调查工作，调查城乡居民90户（其中农村居民65户，城镇居民25户），了解居民储粮数量、消费结构、售粮意愿等信息，确保数据的完整性和可分析性。及时采集报送玉米扦样，上报玉米质量安全扦样3份、质量调查扦样3份、品质测报扦样10份。深入购销企业和个体购销户，开展玉米购销专项统计调查工作，每周上报玉米流通进度两次，为同心县有效防止玉米发生霉变等质量问题提供数据保障。

【粮食流通监督】 在春节、国庆节期间，共出动粮食行政执法人员24人次，检查粮食经营企业及个体商户30家，及时排查粮油质量安全隐患，确保节日期间的粮油供应安全。2017年，对军供粮、应急成品粮、放心粮油三大类粮油质量安全进行重点检查18次，联合工商、质检、安检等部门，出动粮食行政执法人员24人次，对25家从事粮食收购、销售、储存、加工的各类所有制企业和设点收购的个体工商户进行全面检查，实地查看粮质、粮源，检查粮食储存、粮食经营台账的记录情况，责令未办理“粮食收购许可证”停止粮食收购，维护全县粮食流通秩序。继续做好粮食收购许可证的办理和年检审核工作，年内共办理专业合作社粮食收购许可证4家。

【爱粮宣传】 在“世界粮食日”和“全国爱粮节粮宣传周”期间，会同农牧、科技、团委、妇联等部门组织开展“兴粮惠农进万家”宣传活动，在文化广场设宣传台，向群众散发科普宣传单。利用乡镇集市日，深入乡镇街道、市场宣传国家粮食政策，推广普及节粮减损知识和技术，发放宣传资料1000余份，引导群众树立爱粮节粮、安全消费意识。

【粮食应急保障】 2017年，完成“危仓老库”维修改造任务，投资714万元（其中政府自筹资金595万元，自治区财政下达“危仓老库”改造资金119万元），拆除原兴隆粮库废弃仓房，在旧址新建同心县粮油应急保障配送中心，租赁给宏德公司进行应急大米承储。采取“政府委托，部门监管，企业运作”的管理方式，由承储企业储备应急成品粮油450吨（其中：同心县祥福粮油食品有限公司储备国标特二面粉200吨，宏德粮油购销有限公司储备国标一级大米200吨、宁夏回乡阳光清真食品有限公司国标三级以上食用植物油50吨），并定期对粮油进行轮换。年内，大米、面粉各轮换4次，植物油轮换2次，确保应急成品粮油的质量完好、数量真实。建成县级粮油应急保障配送中心，在乡镇设10个粮食应急供应点，形成布局合理的粮食应急供应网络。设价格监测点，每周分析粮食价格波动情况、价格走势及预测供需情况。年内共上报价格检测信息48篇。

（马光兴）

烟草专卖

【概　况】 全年实现烟草销量7015.1箱，同比增长0.62%；实现收入18916万元，同比增长8.02%；实现毛利4732.8万元（含扣点），同比增长8.49%。

【卷烟销售】 把握市场契机，利用节庆期间紧盯目标，合理规划，实现季节性卷烟销售量的突破。关注客户卷烟需求，监控订单查看客户卷烟需求，及时进行动态调整，确保满足客户需求。制定品牌发展规划，加强定制卷烟和细支卷烟的宣传培育，严格按照标准对定制烟进行选户，并开展卷烟陈列，提高定制卷烟知名度，促进品牌的有效培育。以“培”“养”结合为方法，实现客户由“被动接受”向“自主改造”的转变，提高零售客户主动参与终端建设的积极性。2017年，累计建成现代零售终端145个，占比达到17%，推动零售终端城乡一体、快速发展。

【专卖监管】 2017年，共查处各类违法经营案件103起，查获涉案卷烟26.11万支，涉案卷烟金额34.62万元。强化市场监管，加大对物流运输环节的监管力度，查获16起案值11.81万元的异地邮寄的违法卷烟3.46万支。联合公安部门，查获1起掉包诈骗卷烟零售客户案件、1起非法采购销售案值9万元的各类违法卷烟437条，拘留涉案当事人1名。查获真品卷烟非法流通案件37起，较去年同期减少28起，查获真品烟数量6.41万支，同比下降93.55%。推进零售客户自律互助小组建设工作落实，全年共组建零售客户自律互助小组31个，纳入卷烟零售客户数为547户，占总客户数的59.3%。

【自身建设】 加强党的建设，以“两学一做”学习教育常态化制度化为载体，落实“三会一课”制度标准，开展“六个一”“一名党员一面旗”等活动，落实践行“向爱岗敬业模范学习　争做合格党员”活动，引导党员干部自觉强化思想建设。深化专卖内管长效机制建设，严格贯彻《烟草行业内部专卖管理监督工作规范》的要求，开展各项内部监管工作，对卷烟经营、依法行政等工作的事前、事中、事后进行有效监管。深化安全管理工作，分解岗位安全目标，层级签订安全目标责任书和社会治安综合治理目标责任书。开展三级检查，对单位各部位进行安全检查，积极督促整改，整改率达100%，促进安全管理工作有效开展。

（陈连鑫）

盐 业

【盐业销售】 2017年，食用盐销售665.04吨，较上年同期减少112.91吨。畜牧用盐销售166.5吨，较上年同期减少220.6吨。工业用盐销售112.95吨，较上年同期较少66.05吨。实现营业收入182.81万元，较上年同期382.62万元下降199.81万元，减幅为1.09%。实现商品毛利55.08万元，较上年同期96.04万元下降40.96万元，毛利率为22.41%，较上年同期下降2.69个百分点。费用总额82.54万元（剔除不可比因素20.37万元），较上年同期84.36万元减少-1.82万元，费用率45.15%，较上年同期上升23.1个百分点。实现利润总额-49.78万元，较上年同期减少10.41万元。

【盐政监管】 全年共检查经营户150余户，出动人次240人次。查获无照经营小包装2吨、不合格碘盐3吨、假冒小包装1.5吨。

【安全管理】 2017年年初签订安全目标责任书，采取“安全事故应急演练”的形式，向各科室提出整改项目，促进安全管理工作开展。重视食盐质量安全管理，做到先检后销、先进先出的原则，保障合格碘盐供给，提高合格碘盐食用率，持续消除碘缺乏病。

（张 娟）

石 油

【石油销售】 2017年，县石油公司完成成品油销售59088吨，同比增长1.4%，其中：汽油同比增长7.65%，柴油同比下降1.46%，非油品销售550万元，同比下降3.4%。

【市场攻关】 针对2017年县政府棚户区改造、清水湾治理、水库、公路等基本建设规划现状，为保证市场不流失，县石油公司及时与用油施工方洽谈，掌握对所有大型工程供油的绝对控制。非油业务将店内经营和店外销售相结合，通过利用小油罐车送油，提高加油站便利店销售、化肥销售、小包装润滑油销售以达到提高经营效益的效果。

【安全管理】 严格安全管理，要求各加油站围绕“防油气火灾爆炸、防触电、防雷击、防高空坠落、防淹溺、防中毒中暑、防倒塌、防重大人身伤亡交通事故、防泄漏污染以及防施工安全事故”等“十防”工作开展油站安全工作。将安全培训常态化，以岗位操作规程、应急预案等作业文件为基本内容，短课时、多方式开展岗位技能培训，做好加油站三级培训，强化员工安全意识、安全知识、安全技能教育。开展加油站隐患排查工作，健全事故应急预案，将例行检查和随时抽查相结合，加强加油站现场、油罐区的风险点控制。

（马淑娟）

住房与城乡建设

城乡规划与发展

【城乡规划】 按照“一河两翼、多星并举、多点共建、一体发展”的思路，强化“多规合一、产城融合，形成一主一副”融合发展的空间布局，编制完成“三规合一”及城市棚户区改造规划，交通、供水、供热、排水及防洪排涝、环卫、绿地、燃气、地下综合管线等专项规划，完成马关镇、丁塘镇、韦州镇总体规划和韦州特色小镇规划报批工作，完成丁塘镇等92个行政村的村庄规划。

【规划管理】 2017年，办理《选址意见书》174件，“建设工程规划许可证”59件，“建设用地规划许可证”50件，“乡村规划许可证”70件。做好政府投资和招商引资项目设计方案优化评审工作。筹备城镇化领导会议5次，研究审定建设项目75项。

【县城道路建设】 按照“密路网、窄马路”要求改造城市道路，落实停车设施建设标准，重点实施同心大道跨清水河大桥至永安路、永安西街道路改造工程、长征东西街道路改建工程、滨河大道（二期）健康步道工程、G70高速公路连接线、豫海南街（砖雕广场至新区清水街）道路改扩建工程、城市集中供热一期、永安东街道路改造工程、同心县城区停车场建设等44个项目，项目总投资69.5亿元，年内计划完成投资36.4亿元，年内已开工建设项目41个，开工率93%，完成投资28.8亿元。

【优化城市环境】 落实“蓝天碧水、绿色城乡”专项行动，开展“城乡管理提升年”活动，持续开展城乡环境综合整治，强化城镇出入口、城乡结合部、城中村等关键部位的环境整治和非定点垃圾堆放点的整治，每天例行20多万平方米道路广场清扫保洁和县城内生产生活垃圾的清理清运，多次对白沟桥段、老环城路、永安路、六小北侧家属区、清水河大桥北侧及城乡结合部、背街小巷环境卫生进行集中大整治，共清理生活垃圾4000余吨、建筑垃圾4050吨、出动车辆742台次、出动人工3420人次。清理整顿沿街商户不规范广告牌匾318块，制定落实沿街商铺亮化美化方案82套。开展“门前六包”责任制，签订“门前六包”责任书3000余份，促进城市管理质量稳步提升。加大对沿街建筑物外立面及公用设施维护维修，修补残垣断壁130多处300余平方米。清理“三乱”小广告3000余条，清理流动摊点、占道经营800余人次，治理乱泼乱倒120余人次。加强县城规划区管理，巡查违法建设行为，共下发整改停工通知书150余份、拆除违章建筑通知书80余份，拆除违法建筑面积1200多平方米。

【市政管护】 购买新型的冷凝沥青修补料15吨，修补路面270平方米，安装路灯175盏，拆卸照明灯具128盏，维修更换排水井盖108套、雨水井盖58套，清理雨水井的油污垃圾82处。

【污水处理】 2017年，开工实施八方垃圾填埋场提标改造工程、污水处理厂提标改造工程、同德慈善产业园区污水处理厂、下马关污水处理厂等工程，新建垃圾中站2座。

【城管执法】 加大规划执法检查和处罚力度，强制查出县城、乡镇、村庄一些未批先建的房屋，查处擅自提高容积率的违法行为，收缴罚款133.4万元，没收违法收入285.2万元，并按超出的容积率和面积，函告国土部门依法补交超面积土地出让金。严格查处未批先建，违法乱占乱建项目，严厉打击违法用地、未批先建、超越红线、随意改变规划内容进行建设等行为。开展城管队伍“强基础、转作风、树形象”活动，加强城管执法队伍建设，聘请党校老师开展行政执法培训，组织执法人员参加区市城市执法管理专题培训。加大宣传力度，在县城主要街道开展《城市管理执法办法》宣传活动，发放《城市管理执法办法》彩页5000余份、制作宣传展板8块、悬挂横幅12条、出动宣传车12台（次）。

【住宅建设】 2017年，全县在建房地产开发项目13个，规划建设面积110.2万平方米，完成投资11.07亿元。加快推进城镇棚户区改造，实施棚户区拆迁改造6542套，货币化安置率达100%；对公租房入住进行动态监管，共发放住房补贴158.3万元，新建润德庄园、菊花台公共租赁住房7124.42平方米。稳定房地产业，优化市场结构，加大住房市场监督整顿力度，规范房屋销售和中介机构行为。

【农村危房危窑改造】 2017年，全县农村危窑危房改造开工建设1100户，主体完工1020户。其中四类重点对象913户（建档立卡户435户，低保户460户，极度贫困户18户），其它贫困户187户。全年已完成验收684户，兑付补助资金195万元，其它的正在公示和核查信息阶段，公示结束后即可兑付资金。

【美丽乡村建设】 2017年，实施预旺和兴隆2个美丽小城镇建设，对街区的基础设施及特色进行改造，兴隆美丽小城镇正在进行道路路基建设，预旺美丽小城镇进入扫尾阶段。建设美丽村庄10个。深化农村环境整治，推进“百村示范千村整治”工程，制定《同心县乡村环境卫生管理实施方案》，完成农村改厕80户。强化农村规划建设管理工作，增设农村规划管理机构，配备管理人员和经费，做到基本的规划管控，基本的房屋结构设计、基本合格的建筑工匠、基本的技术指导和管理队伍、基本的竣工检查验收“五个基本”要求。

【绿色建筑】 推动建造方式创新，发展装配式混凝土和钢结构建筑，力争采用装配式方式建造的项目占新建建筑的比例不低于5%，2017年，在扶贫产业园区开工建设装配式建筑4.5平方米；强化绿色建筑标准执行，推广绿色建筑施工，制定工作方案、实施意见，严格执行居住65%节能设计标准。严格限实禁粘规定，推进新型建筑墙材应用。推进新型墙体材料在城区范围内广泛应用，落实新型墙体材料应用比列达到88%以上。在新建建筑和既有建筑改造中推广普及智能化应用，完善智能化系统运行维护机制，实现建筑舒适安全、节能高效。

【质量安全】 2017年，通过政府购买服务，两次聘请区厅专家组检查在建项目139项，商砼站5家、实验室2家，下发限期责令整改通知42份，责令停工整改通知46份。组织全县建筑工程质量安全标化工地外出观摩学习1次，召开全县建设工程质量安全标化管理推进会，组织开展建筑施工领域安全事故处置应急演练，开展落实企业安全生产主体责任集中宣传，建设领域未发生质量安全事故，未发生讨薪上访事件，未发生工程质量投诉。通过悬挂质量安全警示标语、制作宣传展板进行农民工安全教育培训，共刷写悬挂安全警示标语3500余条，制作展板185张，培训农民工6500余人，并开展安全生产事故应急处置应急演练活动，压实工作责任。

【招投标工作】 2017年，共组织建设工程招投标134项，283个合同标段，计划投资169713.78万元，中标价161286.9万元，节约8426.87万元，节约率为4.96%。

【帮扶活动】 选派一名副局长、一名干部在田老庄乡石塘岭村驻村开展定点帮扶工作。全局干部每人结对帮扶5户群众，每月定时到村上开展定点帮扶工作，先后进村入户1200人（次），走访企业、合作社13家，走访群众1200多户，为群众办实事162件（次）；2016—2017年，争取项目实施石塘岭村美丽村庄建设，投资380万元建设广场、铺设道路4.5千米，投资120万元建设幸福家园22户，投入1.2万元为村部购买办公室设施1套，慰问困难党员2户、每户1000元，慰问贫困户10户、每户500元，14名副科级以上党员干部帮扶建档立卡贫困户14户、每户500元。落实毒品包抓单位工作责任，筹措资金8万元，为禁毒包抓村、学校制作禁毒橱窗、禁毒宣传墙，配备禁毒办公桌椅及档案柜。

【改革创新】 落实城管综合执法体制改革实施意见，完成城管综合执法机构设置，人员整合和身份过渡，依法确定城市管理权力和责任清单。推进水务一体化改革，5月，与宁夏水务投资集团签订水务投资合作协议，县城自来水已由宁夏水投集团中源水务有限公司正式接管运营。在城乡环境卫生方面，建立完善合理成本分担和持续经管，推进城乡环境卫生、物业小区管理服务改革，尝试以政府购买服务方式管理经营城市。

（马国昱　杨生元）

住房公积金管理

【住房公积金归集】 2017年，全年归集住房公积金15849.94万元，同比增长7.05%，完成市中心下达的目标任务（15100万元）的104.97%，未分摊余额320元。新增单位6个，完成目标任务（6个）的100%；新增人数105人，完成目标任务（200人）的52.5%。

2017年同心分中心新增单位、人数明细表

表1

单位名称	比例
宁夏寰美乳业发展有限公司同心分公司	7%
宁夏伊牧云农林牧科技开发有限公司	10%
南京证券股份有限公司吴忠同心营业部	12%
宁夏新华汇酒庄管理有限公司	10%
同心县中心林场	12%
宁夏荣华生物质新材料科技有限公司	10%

【住房公积金信贷业务】 2017年，共发放个人住房贷款9424.3万元，同比增长21.72%，完成市中心下达目标任务（6700万元）的140.66%。累计为3887户职工发放住房公积金贷款50902.7万元，个贷率42.67%。

【住房公积金提取】 2017年，分中心提取住房公积金11061.11万元，同比增长20.54%，占全年归集总额的69.78%。

【住房公积金增值收益】 2017年，同心县住房公积金管理中心公积金业务收入1323.8万元，公积金业务支出783.25万元，当年公积金增值收益为540.55万元，公积金增值收益率1.01%。

【提高公积金覆盖率】 加强个体工商户、灵活就业人员缴存住房公积金的宣传工作，通过在委托银行的电子屏、同心政务大厅LED显示屏、电视视频播放滚动宣传住房公积金政策，让更多个体工商户、灵活就业人员加入住房公积金，享受住房公积金的优惠待遇。加大规模企业的扩面力度，向企业宣传住房公积金政策，2017年，同心县住房公积金管理中心新增单位6个，缴存人数105人，月缴额77314元。

【住房贷款管理】 完善异地贷款政策，落实吴忠市住房公积金管理中心《关于进一步加强住房公积金风险防控工作的通知》精神，严控职工第3次使用住房公积金贷款，按照政策规定受理住房公积金贷款。开通网银业务，方便广大缴存职工办理业务。

（马小娟）

居民供水

【供水经营情况】 2017年，实现输水量352.9万吨，完成年计划352万吨的100.3%，与2016年同期相比增长6.3%；供水量343.2万吨，完成年计划342万吨的100.3%，与2016年同期相比增长6.4%；售水量307.3吨，完成年计划306.6万吨的100.3%，与2016年同期相比增长6.2%。输水损耗2.8%，供水损耗10.5%。实现产值1124.3万元，完成年计划1085万元的104%，与2016年同期相比增长9.7%。

【供水设施安装】 完成清水湾小区三期、清水花园小区、预海万家、锦城家园、宁夏荣华生物科技有限公司、同强门窗厂等住宅小区及企业的给水安装工作，改造长征东街十二巷的供水管道，安装De110—200PE管6155米，新装用户98户，实现安装产值260万元。

【供水检修】 2017年，完成检修任务18次，维护保养机泵及深井泵25台套，维修监测电气机柜28个，更换电机水泵6台套，电缆650米，井管105米。

【供水服务】 2017年，上门为用户提供维修服务98次，更换道路窨井盖28个，维护维修检查井及阀门23座，维修消防栓28个，清理检查井内垃圾36座，查出供水管网隐患点14起。

【安全生产】 开展“安全生产月”活动，悬挂安全生产横幅标语，开展安全生产和节水宣传活动2次，组织职工观摩海兴分公司和东部饮水工程的应急演练42人次，参加中源公司组织的安全生产月知识竞赛和演讲比赛，强化安全生产意识。组织员工参加教育培训9次，组织岗位培训16人次、委外培训3人次。完善安全生产机制，年初签订安全责任书，将安全责任落实在工作中。先后完成对公司消防器材的点检卡制作及检查工作、员工危险源辨识梳理和筛查工作、各项安全生产检查15次。加强输水管线巡查管理，巡管职工每日沿线巡护40余千米。更新改造公司办公楼及新区水厂安保监控摄像头6个，购置保卫防爆器具12套。全年投加氯酸钠140公斤，使用盐酸385公斤，为用户用上安全合格的放心水提供保障。加强应急抢修能力，完成南安社区、长征东街、团结北街、水源站输水管道等抢修任务22次。

（马伟国）

环境与资源

环境保护

【空气质量监测】 2017年，同心县环境空气自动站建成。2017年有效监测天数为317天，其中优良天数为262天，占总监测天数的82.6%，轻度污染41天，占总监测天数的12.9%，中度污染6天，占总监测天数的1.9%，重度污染5天，占总监测天数的1.5%，严重污染3天，占总监测天数的0.9%。造成$PM_{2.5}$、PM_{10}超标的原因是春季大风扬沙天气达43天，主要集中在春季2—5月，空气质量较差。

【落实中央环境督察问题整改】 2017年，中央环境督察反馈同心县环境问题主要是县城污水处理不达标排放问题，自治区延伸查出工业园区污水处理厂建设缓慢问题、新建5台燃煤锅炉与自治区政策不相符问题、燃煤锅炉淘汰缓慢问题。结合实际，同心县出台《同心县贯彻落实中央第八环境保护督察组督察反馈意见整改方案》《同心县县领导同志包抓重点环境问题工作方案》《同心县重点环境污染问题包抓方案》和七个环境保护整改专项行动工作方案，落实环境保护主体责任。针对县城污水处理不达标排放问题，提标改造工程正在建设中，预计12月底建成并投入使用；针对工业园区污水处理厂建设进度缓慢问题，已完成工程进度的80%，预计12月底建成。针对5台燃煤锅炉与自治区政策不相符的问题，年内5台燃煤锅炉均已全部淘汰，最大限度淘汰其他燃煤锅炉。年内全县21家加油站已完成加油站油气回收装置的安装工作，完成率为100%。针对扬尘污染治理问题，全县各施工工地基本落实6个100%措施，在遇扬沙浮尘天气时增加洒水、喷雾降尘频次。购买2台大型道路清扫车，保证全县县城区机械化清扫率达到60%以上。开展城乡环境综合整治行动，成立同心县农村环境综合整治指挥部，加大城乡环境整治力度，全县城乡环境明显改善。

【2017绿盾专项行动】 制定《同心县“绿盾2017”罗山自然保护区清理整顿专项行动环境问题包抓方案》，开展专项清理整治工作。2017年，共拆除养殖圈棚85处145个，拆除井窖27眼、围墙8600米、窑洞230孔、房屋196间（其中韦州镇13处35个圈棚、井窖5眼、围墙2100米、窑洞10孔、房屋35间；下马关镇72处110个养殖圈棚、井窖22眼、围墙6500米、窑洞220孔、房屋161间）。年内保护区偷牧羊只已全部驱赶下山。完成自然保护区边界勘测划定。对保护区内5处土炼油、42个油罐、62处附属设施全部拆除并已填土恢复土地原貌。对罗山自然保护区试验区外侧垂直距离2千米范围内的两个无证砂场予以关停拆除，并已恢复地貌；关停两个有证砂场。

【大气污染防治】 2017年，全县淘汰33台20蒸吨以下燃煤锅炉，占全县20蒸吨燃煤锅炉总数的48.5%，15台正在建设管网进行淘汰。完善建成的4家集中供热中心除尘脱硫及在线监测设施建设，煤质管控集中供热辐射不到的供热单位，推广使用低硫低灰优质煤。淘汰城市建成区外的小型燃煤锅炉，采取“改电改气”等清洁能源。加大城市扬尘管控，提高道路机械清扫率，配备3台降尘喷雾车、2台道路清扫车，城市道路机械化清扫率达到60%以上。落实建筑工地“六个”百分之百工作，加大对渣土车管控。加大油品供应和汽车尾气治理，完成县内21个加油站油气回收一体化装置安装。淘汰黄标车和老旧车辆，淘汰换标车309辆，淘汰老旧车辆1148台。

【企业大气排污治理及非煤矿山扬尘管控】 会同国土等部门联合执法，对全县非煤矿山进行整治，共检查企业153家，下发整改通知书39份。

【秸秆禁烧巡查】 开展秸秆禁烧巡查宣传活动，配备宣传车2台，每日在各村社巡回宣传，出动巡查700人次，印制宣传材料10万份，悬挂宣传横幅100条，刷写宣传标语450条，张贴车站站台宣传栏48块。立案查处焚烧秸秆及垃圾者11人次，开展批评教育42人次，罚款7000元。

【水污染防治】 落实入黄清水河同心段和苦水沟同心段断面水质达标入黄工作，在清水河同心段设置6个监测点，苦水沟同心段设置5个监测点，每季度检测清水河及苦水沟水质，经测，同心县境内水质达三类水质，实现达标排放。加强饮用水水源地保护，编制《同心县农村集中式饮水水源地保护区划分技术报告》。分季度对小洪沟水源地和农村水源地进行日常检查和监测，经测，同心县饮用水水质100%达标。实施县第二污水处理厂提标改造工程和同德工业园区污水处理厂建设工程，2017年，均已完成工程量80%。强化农村污水处理站运行监管，维修下马关污水处理站，完成王团镇沟南村和丁塘镇新华村污水管网建设项目，完成王团镇和下马关镇二期垃圾填埋场建设项目。落实河长制工作责任，对全县境内23条沟壑及湖面水环境进行全面监控。

【土污染防治】 开展土壤污染状况普查工作，做好监测点位设置和土壤环境质量监测网络建设，编制土壤污染状况详查方案，启动农用地土壤污染详查。开展重金属污染综合防治，加强涉重企业环境管理，严控重污染企业进入同心县。

【环境监管】 2017年，检查企业327家，出动920人次，下发整改通知132份，其中立案查处环境违法案件5起，对3家企业实施查封（扣押），罚款30.05万元。建立完善随机抽查制度，每季度分别抽查辖区内25%的重点企业，每月检查中央环保督察涉及的问题企业一次，对一般排污企业分别按照1∶5和1∶10的比例确定年度被抽查单位数量，检查区控排污企业21次，出动64人次，对检查中发现的问题督促企业及时整改。在全县涉及排污企业中开展排污费申报、核定、收缴工作，2017年，共收缴排污费66.38万元。加大环境信访案件查处力度，受理并办结群众投诉案件累计163件。紧急处置张家塬乡油罐车侧翻和王团镇二氯甲烷危险化学品运输车辆交通事故，两次事件均未发生环境污染，确保环境安全。严把审批关口，年内共办理建设项目环境影响评价文件137个，其中报告书12个、报告表77个、备案登记表48个。

（马东来）

国土资源

【耕地保护】 编制《同心县土地利用总体规划调整完善实施方案》《同心县永久基本农田划定工作方案》。制定《同心县关于进一步加强耕地保护工作的实施意见》《同心县农村宅基地管理办法》《同心县领导干部土地管理和耕地保护离任审计暂行办法》等规章制度，建立健全耕地保护责任、监管和考核体系，层层签订目标责任书，落实耕地保护目标责任。提请人大、政协安排人大代表、政协委员视察国土资源工作，与人大代表、政协委员就国土资源管理存在的问题，应采取的措施相互交流，达成共识。在全县干部队伍中进行法律法规基础知识的宣传；组织法律法规宣讲小组，在各乡（镇）开展宣传活动，实现乡（镇）、村全覆盖；利用“4·22”地球日、“5·12防灾减灾日”“6·25土地日”等节日，通过集中户外宣传、手机短信、悬挂横幅、举办广场文艺巡回演出等形式开展宣传活动。

【耕地占补平衡】 2017年，开展耕地补充后备资源调查，做好耕地占补平衡项目前期工作，开工建设5个占补平衡项目，总投资2876余万元，开发水浇地总规模2483公顷。

【土地供应】 2017年，完成下马关水库、马高庄水库、预旺水库、京藏高速公路改扩建等自治区重点项目及县域重点基础设施、民生工程、产业项目用地预审、报批等工作。年内已上报3个单独选址、9个批次共33宗项目用地，批准用地面积146.2508公顷，累计划拨供地15宗91.8516公顷。出让国有建设用地使用权13宗39.9143公顷，成交价款34641.85万元。规范设施农业用地审批工作。对30宗设施农业项目用地进行审查备案。

【助力脱贫攻坚】 实施完成下马关镇陈儿庄、南关刘家滩等3个村生态移民土地整治项目1个，总投资863.76万元，总规模426.94公顷。

【节约集约用地】 合理设置土地利用条件，推进集中供地，鼓励工业项目集中落户园区。加大对闲置土地和低效利用土地的处置力度，2017年，无闲置土地，同心县累计供地率达到80%以上。安排2名工作人员负责“土地利用动态监测监管系统”工作，重点对房地产开发项目及工业开发、竣工情况、土地闲置情况加大监督检查力度，及时处理相关信息，掌握了解实际情况，2017年，“土地利用动态监测监管系统”信息处理率达到90%以上。完成对县城区土地级别与基准地价评估工作。

【土地开发整理重大工程项目】 针对项目管理中普遍存在的招投标管理不规范、施工企业资质“挂靠”、质量管理不严等问题，县国土资源局邀请多家具备资质的招投标代理企业通过公开抽签确定招标代理企业，在开标过程中，监理招标、施工招标同时开标，并由现场中标的监理公司委派工程师（2名以上），代表县国土资源局参与施工项目的评标，再由专家组评定出2家合格企业，然后在监督机构的监督下公开抽签决定一家企业中标。在招标工作结束后，中标企业的项目经理、技术员资质证书将被质押，直到项目竣工验收，确保施工企业合格的技术人员、管理人员到位，直接负责工程施工。中标企业在规定时间与甲方（业主）签订施工合同前，必须缴纳中标价15%以上的履约保证金。强化监督管理，除要求设计单位、监理单位按合同内容严格履行监管职责外，主动邀请项目所在地村、社代表做义务监督员。项目验收时，村、社区代表签字盖章后方可办理移交等手续，拨付工程尾款。

【国土资源执法】 2017年，国土资源局依法开展“打击违法占地、乱采滥挖、乱搭滥建、非法倒卖土地行动”，共查处违法乱建行为146起，拆除28处。在河西镇和丁塘镇组织集中整治活动6次，拆除违章建筑22处。在下马关镇、王团镇、豫海镇、石狮管委会组织集中整治活动14次，拆除违

国土执法

章建筑16处。与公、检、法联动，立案查处丁塘镇南阳村农民倒卖耕地、违法建房案，涉及农户8户，违法占用耕地建房人员8人，涉嫌触犯《中华人民共和国刑法》1人，正在移交司法机关处理。打击乱采滥挖、盗采古生物化石等违法行为，集中整治砂场、土场32处，查封大型机械设备28台（次）、铁筛5幅、行政拘留1人；查处企业违法采矿案2起；炸封古生物化石盗采洞（穴）108处。

（马自英）

教育与科技

综 述

【完成国家义务教育质量监测】 2017年，同心县共有21所义务教育阶段学校（8所初级中学，13所小学）、校长21人、班主任及德育和科学教师216人，学生599人被抽取为2017年国家义务教育质量监测样本。为做好此项工作，县教育局组织各校学习《国家义务教育质量监测工作手册》，成立义务教育质量监测工作领导小组。制订安全保密工作实施方案，建立健全相关安全保密工作制度，为全县21所样本学校安排包校领导、责任督学、主监测员、保密员，政府为各样本学校统一配备文具用品及电脑网络设备，印发操作手册，协调电信、移动、供电、邮政等部门做好后勤保障服务。

【项目建设】 2017年实施“全面改薄”项目，全面改善贫困地区薄弱学校基本办学条件项目涉及王团中学等49所学校，建筑面积31421平方米，概算投资8237万元，年内，进入主体施工阶段。实施学前教育项目，新建王团圆枣、石狮砚台等6所幼儿园，建筑面积9720平方米，概算投资2160万元，年内，已完成主体施工，进入装饰装修阶段。新建河西镇旱天岭等41个贫困村幼儿园，建筑面积55440平方米，概算投资1.2亿元，年内，已有20所幼儿园完成主体施工，进入装饰装修阶段。其余21所正在进行主体施工。实施普通高中建设攻坚计划项目，新建同心中学教学楼、风雨操场项目，建筑面积8300平方米，概算投资2425万元，教学楼已完成主体施工，进入装饰装修阶段。风雨操场因拆迁影响，皆未开工建设。实施义务教育学校标准化建设项目，新建同心一小教学楼项目，建筑面积5200平方米，概算投资1300万元，年内，已完成基础施工。新建同心二中教学楼项目，建筑面积4800平方米，概算投资1200万元，已完成主体施工，进入装饰装修阶段。实施同心县职业教育中心项目，选址同心县教育园区，项目规划建设占地面积170亩，规划建筑面积45036平方米，包括：综合实训楼10259平方米，教学楼2幢6568平方米，功能楼及图书楼3368平方米，学生宿舍楼2幢8274平方米，教师宿舍楼3265平方米，餐厅及浴室5432平方米，实训车间2幢6600平方米，多功能厅670平方米，门房120平方米，配电室180平方米，厕所300平方米及围墙、大门等附属设施工程，概算投资1.8亿元，年内，学生宿舍楼、教工宿舍楼、学生餐厅浴室、实训车间均完成主体工程施工任务，进入装饰装修阶段。实训综合楼已完成基础灰土换填，进入基础承台钢筋绑扎阶段，教学楼正在进行基础施工，围墙进入基础开挖和独立柱施工阶段，体育场看台正在进行基础施工，图书楼和功能楼因征地未完成，暂未开工，管网、校园硬化等其他附属工程设计概算完成，已发布施工招标公告。

【优化教育装备配备】 2017年，共落实教育装备资金2128万元，其中：为94所学校购置音乐设备2948件（套）、实验设备57150件（套）、体育设备96470件（套）；为2所学校购置厨房设备235件（套）；购置中考体育测试及少年宫设备134件（套）；为33个教学点购置教学器材12161件（套）；为13所学校翻新旧课桌凳1895套；为133所学校购置图书138375册。为16所学校购买课桌凳6000套；为8所学校购买高低床800套；为同心县特殊教育学校购买康复设备285件（套）；为幼儿园购买教具11124件（套）；为9所学校幼儿园购买厨房设备和学生餐具9367件（套）；为121所学校购买美术设备8345件（套）；为5所初中学校购买理化生实验室6套2368件（套）。

【推进教育信息化】 以“互联网+”理念为引领，全面推进政务网建设工作，开展全县中小学政务网站建设培训，开通以同心教育信息网及政务OA为主的35个教育网站，推进教育信息化应用水平。加大信息化设备配备力度，全年共落实设备资金3710万元，为60所学校采购学生计算机1500余件（套）；为7所学校采购教师办公电脑150台；为42所学校购买班级多媒体教学一体机230套；筹资14.3万元制作义务教育均衡发展专题片，完整记录同心县义务教育均衡发展历程。为4所学校装备录播室6间；海如女中、同心县思源实验学校、同心县第八小学成为标准化信息化示范学校（广播、监控、网络）；为下马关中学和8所新建幼儿园安装监控、网络、广播设备。

【统筹教育资源】 2017年，自治区先后两次对同心县义务教育均衡发展工作进行过程性督导检查，针对督导组查找出的问题清单和提出的整改建议，同心县先后多次召开全县义务教育均衡发展迎验工作推进会、协调会，先后出台《进一步加强进城务工人员随迁子女和农村留守儿童关爱教育工作实施方案》《同心县义务教育阶段进城务工人员随迁子女就学管理办法》《同心县关于进一步加强中小学控辍保学工作的实施方案》等文件，印发《同心县义务教育均衡发展迎验工作实施方案》，明确推进义务教育均衡发展的“总框架”“时间表”和“路线图”。坚持问题导向，针对“办学条件、设备配备、队伍建设”列出整改清单，落实责任，通过落实互学互评、专项督查等措施，限期整改落实，推进县域内义务教育均衡发展。吴忠市教育局、吴忠市人民政府教育督导室先后3次对同心县第一批39所中小学、第二批51所中小学、第三批30所中小学进行实地复核认定，确定同心县120所学校达到自治区验收要求。按照“整体推进、分批验收”的工作思路，采取“检查组+责任督学”的方式开展市县校三级督导，邀请吴忠市专家开展2次过程性检查指导，从教育系统抽调多名业务骨干组成检查组实行常态化检查，查找问题督促整改；举办全县第二届责任督学培训班，安排51名责任督学，将全县义务教育学校划分为六大责任区，先后多次对学校标准化建设、档案建设等工作进行专项督导，跟踪问效。

【合作交流】 2017年，同心县采取“走出去学、请进来教”两种方式开展“县、乡、校”三个层面的学习，先后组织人员赴甘肃静宁、海原、红寺堡、利通区等地进行观摩学习，邀请区市专家到同心县开展教学仪器设备管理与使用、心理健康兼职教师、信息技术应用等专题培训，组织各中小学先后到吴忠三中、中宁七小等名校学习，1所市级验收学校帮带1所村小学，助推义务教育均衡发展。

【推进教育精准扶贫】 落实《同心县2017年脱贫攻坚工作实施方案》，实现贫困村学前教育入学率、小学六年巩固率、初中三年巩固率、高中阶段毛入学率4项指标均达到自治区要求。制定《2017年教育精准扶贫实施方案》，抽调专人对100个贫困村幼儿园建设及建档立卡学前幼儿进行全面排查，完成全县贫困村幼儿园建设规划，概算投资1.96亿元，新建贫困村幼儿园47个，建设面积7.45万平方米，使贫困村幼儿园全覆盖。推进营养改善计划，先后开展为期两个月的营养改善计划“阳光校餐”专项检查、全县中小学食品安全专项整治行动，同心县被评为2017年全国营养改善计划工作优秀县，同心县王团镇倒墩子小学、丁塘镇河草沟小学、丁塘镇中心完小等5所学校荣获全国“阳光校餐优秀学校”称号；石狮镇闽宁小学、王团镇圆枣小学、丁塘镇长沟小学、河西镇李沿子小学、韦州镇女子小学、下马关镇红城水小学、预旺镇中心完小等13所学校被评为全国“四星级厨房”学校。落实学前二年资助制度，共资助城乡低保家庭、孤儿及特困家庭儿童2838人，每人每学期资助500元，共发放141.9万元。资助建档立卡家庭经济困难的幼儿3431人，每人每学期一免一补168.6万元；落实政府购买学前教育服务资金100万元，涉及公建民办幼儿园6所，共资助贫困儿童1190人，落实学前教师工资补贴33万元。落实高中生资助项目，国家助学金5362人，每人每学期平均1000元；燕宝奖学金1480人，每人每学期1000元；香港盛承慧助学金700人，每人每学期1000元；建行成才计划60人，每人每学期1500元。组织实施各类社会救助项目，民革吴忠市委员会、明日之星教育基金会为县32所学校捐赠价值40万元教育信息化学校管理平台、平板电脑、软件资源等信息化设备。县总工会向2017年受资助的150名“工会班”学生每人发放1800元的助学金。中核集团资助100万，为175名贫困大学生每人一次性资助4000元；高中生100人，每人一次性资助2000元；学前幼儿200人，每人一次性资助500元。北京雷学金慈善基金会计划在10年内资助同心县140名贫困大学生完成学业，每名学生每年资助1万元，连续资助4年，捐资总金额为560万元。成立同心县教育扶贫基金（兴俊基金），制定《同心县教育扶贫基金管理办法》，通过县财政支持、社会各界爱心人士、企业家捐助等形式募集资金4100万元，在国家和自治区普惠性政策支持的基础上，给予建档立卡贫困家庭在读学生每学年200—4000元补助，实现建档立卡贫苦家庭学生从学前到高中免费教育全覆盖，学生资助从学前到大学全覆盖。成功举办全区打赢教育脱贫攻坚战推进会，全区打赢教育脱贫攻坚战推进会在同心召开，现场观摩同心县第五中学、河西中心小学、王团中心小学、第三幼儿园等学校在教育精准扶贫工作方面经验。制定《同心县教育扶贫基金发放实施细则》，对全县中小学在校建档立卡贫困学生21255人进行审核登记。并于11月完成首批基金发放工作。

【德育教育】 组织开展“学雷锋”“清明祭英烈”“喜迎十九大　共筑中国梦”青少年才艺大赛、“向国旗敬礼”等活动，增强师生的民族自豪感。涌现出一批优秀德育工作集体和先进个人，豫海回中等4所学校被评为吴忠市德育工作先进集体，金学海等4名教师被评为吴忠市先进德育工作者，马玉虎等15名教师获“吴忠市优秀班主任”称号，马文青等32名学生被评为吴忠市“三好”学生。打造青少年活动中心、少年军校、西征纪念馆等一批德育教育基地，培养大批“最美少年”。强化师德师风建设，开展全县教育系统师德师风教育月活动，构建学校、教师、家长、学生“四位一体”的师德师风监督网络，涌现出“抗癌园丁”马金花、“用爱心陪护特教花朵”的万霞等一批先进典型，树立人民教师光荣形象。

【教育科研】 建立“教育部门—乡镇中心学校—村级小学—年级组—教师”五级联动教育教学管理网络，落实国家及区市级各类课题58个，开展“一师一优课、一课一名师”、微课大赛、优质课竞赛等活动，同心县教师网上晒课率居全区第一，产生自治区级优课37节、市级优课55节。组织全县中小学校长参加吴忠市校长论坛活动，共征集论文33篇。召开2017年度同心县中小学联片教研专题观摩研讨等联片教研活动20场次。组建义务教育阶段城乡学校教研共同体12个，开展结对帮扶、协作共进活动50余次；落实吴忠市盐同红贫困地区学校结对帮扶工作，同心县东部六乡镇中小学分别与利通区朝阳小学等9所名校结对，开展各类帮扶活动30场次。先后组织2次模拟联考，安排300多人次参加自治区教育厅组织的分学科研讨会及网上培训活动。2017年，中高考成绩再创佳绩，中考成绩名列前茅，高考成绩较上年提高百分之十。

【丰富校园文化生活】 举办庆“六一”广场文艺演出、六一少儿书画比赛、防溺水书画比赛等活动，展现艺术教育的成果。举办全县中小学校园足球班级联赛，豫海回中、同心五中、同心二小和王团中心小学荣获全国青少年校园足球特色学校。全县中小学校相继开展春季校园运动会。举办全县中小学生禁毒征文、知识竞赛和才艺展演等活动，同心二小、豫海镇四小、海如女中参加吴忠市中小学生毒品预防教育才艺大赛，获得吴忠市一等奖。推进“一校一品、一校一特”校园文化建设，同心五中“恐龙星球”、同心二小“日行一善，善行天下”、河西中心小学“国学苑”等做法特色鲜明，涌现出同心一小国家级“零犯罪”学校，王团中心小学全国“足球特色学校”等一大批先进典型。

【队伍建设】 2017年，同心县补充特岗教师79人，免费师范生29人，县外遴选教师21人，安排三区支教15人、送教下乡260人。落实同心县与中央民大附中、西北师大、江苏靖江、山东昌邑、华东师大等教育合作计划，先后培训管理干部、教师212人次。先后举办县级骨干教师、心理健康兼职教师、特岗教师、中小学管理干部、音乐美术兼职教师等培训班，并组织人员参加区内外培训，共计培训教师8563人次，培养区市县级骨干教师118人、塞上名师2人、音乐美术兼职教师117人、心理健康兼职教师126人。落实《同心县乡村教师支持计划实施细则》等文件，安排32名教师外出疗养，为768名45周岁以上在职教师进行免费体检。2017年教师节期间，县委、县政府对在农村学校任教分别满15年以上和25年以上的390名优秀教师分别授予“最美乡村教师”“最美乡村功勋教师”荣誉称号，慰问困难、优秀教师650人。

【维护校园安全稳定】 先后多次召开全县中小学、幼儿园安全工作会议，签订安全管理责任书。发放近万册安全宣传单，开展校园安全专项整治行动、防溺水书画竞赛、“5·12”防震减灾宣传月地震应急演练，打造安全稳定的校园环境。开展“远离毒品，青春无悔”主题宣传月、全县中小学禁毒书画展等创建区市禁毒示范学校等系列活动，各校借助“全区青少年毒品预防教育数字化平台”开展毒品预防教育。全县参加全区青少年禁毒知识竞赛在线答题人次44.5万人次，县教育局、下马关中心小学、韦州中心小学、同心一小、同心二小荣获全区优秀组织奖。

【加强幼儿园管理】 建立“局领导包片、局干部包园”工作责任制，压实责任，提升办园水平。集中对全县39所民办幼儿园进行检查，严格落实国家、自治区有关政策精神，规范办园行为。举办民办幼儿园园长培训班，提高管理人员素质。

【教育宣传和舆情应对】 加大教育信息网建设力度，对同心县教育信息网进行改版，增设“媒体看教育”“禁毒预防教育”等栏目。开展“最美校园”展评活动，收集学校校园视频38部，在宁夏教育电视台全区展播活动中播出10部。宁夏电视台、新华网、新华社等媒体先后对同心县教育教学活动、教育精准扶贫等重大活动进行报道，中央电视台《还看今朝》宁夏篇、宁夏新闻频道、宁夏电视台公共频道、《宁夏日报》、《吴忠日报》等报刊以《同心县夯实校园安全基石》《趟出新路　提档升级》等为题，对同心县开展校园安全和推进教育精准扶贫等工作进行宣传。

【"两学一做"学习教育常态化制度化推进会】 6月，县教育局召开教育系统"两学一做"学习教育常态化制度化工作推进会。在全系统开展"六抓六创、六满意"活动，对营养改善计划、财务、学前教育、规范办学行为、岗位履职等方面进行专项整治。召开教育系统"铸廉和铸勤行动"启动会，开展"推动移风易俗，树立文明校风，建设清风校园"征文活动，收集论文343篇。运用重要时间节点开展深化"我的中国梦"主题教育实践活动，举办"喜迎十九大——我向习爷爷说句心里话"主题手抄报比赛。局机关党员干部先后讲党课24场次，召开专题学习会6场次，开展下基层锻炼6天，联系学校21所，征求意见80余条，形成调研报告4篇。帮助菊花台村党支部建设党支部阵地，配备办公桌等办公设备，照相机1部。开展"党员一帮一"活动，为菊花台村学校的31名贫困学生捐赠价值5000多元的学习用品。开展机关党支部服务基层活动，为菊花台残疾贫困户捐资5000多元。开展中央八项规定"回头看"活动，先后安排30多名党务干部参加区内基层党支部书记培训。联合县纪委、组织部、党校举办全县教育系统党组织书记、党务干部培训班。对教育系统100多名党务干部进行轮训，加强基层党组织书记队伍建设。

【党建工作】 开展"三会一课"、民主生活会、民主评议党员等组织生活会，完成教育系统41个党组织换届选举工作，成立教育局纪委。筹措资金13万元，打造教育局机关、王团中心、丁塘中心、同心二幼等7个党建名师工作室，推进党建课题研究，推动学科教科研工作。

（李光林）

宁夏同心阿语学校

【学校基本情况】 宁夏同心阿拉伯语学校创建于1985年3月，是自治区第一所公办阿拉伯语学校，也是全国第一所阿拉伯语中等专业学校。学校占地面积37.8亩，建筑面积1.4万平方米。2017年，学校现有教职工38人，其中专任教师30人，管理岗位6人，工勤岗2人，有2名阿语教师被外交部借调到中国驻外使馆工作。学校现有学生376名。学校现有纸质藏书12万多册，电子阅览室1个，微机室、语音室各2个，全部教室实现电子化教学。

学校先后开设阿拉伯语、小学教育、文秘、少数民族中专预科等专业。在加强学历教育的同时，学校还开展非学历教育培训，承担自治区民委、人社厅、扶贫办以及固原、吴忠等市的生态移民、零就业家庭劳动力转移、计算机应用能力、阿语商贸服务和厨师培训等方面的培训任务。2017年，学校共培养各类学生5248名，其中阿拉伯语专业毕业26届2715名，文秘专业毕业3届121名，师范类专业毕业13届1280名，少数民族预科生结业891名，高职毕业生三届268名。

【坚持正确办学方向】 学校坚决贯彻执行民委党组的决策要求，坚持阿语教育与宗教分离，防止沙化、阿化。在阿语人才培养上始终坚持将中国特色社会主义理论、社会主义核心价值观贯穿于教学过程，将政治合格作为人才培养的首要目标，主要开设马克思主义哲学、中国特色社会主义理论、职业道德与法律、基础阿拉伯语、阿拉伯语口语、阿拉伯语听力、英语、计算机应用、国际货代与报关等36门课程，教材均采用国民教育系列教材，坚持国民教育系列办学方向。

【党建工作】 推进"两学一做"学习教育常态化制度化，制定《"两学一做"学习教育常态化制度化实施方案》《2017年政治学习计划》，明确学习任务，学习要求。组织开展"我的初心、我的成长""不忘初心、牢记使命"主题党日活动，坚持用党章党规规范组织和党员行为，用习近平总书记系列重要讲话精神武装头脑、指导实践、推动工作。狠抓党员干部管理工作，按照民委《关于开展党员干部评星定级工作的通知》，开展党员评星定级工作。制定《宁夏同心阿拉伯语学校党支部发展党员规划》，引导优秀青年教职工向党组织靠拢，在15名入党积极分子中确定2名发展对象。开展作风问题专项整治，严格执行中央八项规定，严防“四风”现象。组织参加民委“七一”主题党日活动，杨寒飞老师演讲比赛一等奖，马荣老师获二等奖，马存梅被评为优秀共产党员。

（周　波）

防震减灾

【群测群防工作】 执行《同心县地震局震情值班制度》和《同心县地震局值班人员岗位职责》，坚持24小时震情值班制度，实行值班人员和带班领导双岗负责制。制定《同心县地震局震情跟踪工作方案》，加强与宏观观测员、各乡（镇）管委会灾情速报员等联系，调查跟踪区域内的水位、动植物等的异常变化。开展地震分析预报工作，在2017年9月25日发生在王团镇吊堡子的2.9级地震后，全体工作人员第一时间到岗，及时到达震中区开展调查落实。调研全县区级八个宏观点，调整两个宏观测点，并在河西、兴隆、韦州、张家塬等乡镇设立县级观测点，实现全县宏观观测点的全覆盖。对全县的13个乡镇（管委会）、4个居委会、20个宏观观测员，灾情速报员、地震宣传员及防震减灾助理员进行培训、聘请、注册、备案工作。

【防震宣传】 全年共发放各类防震减灾科普书籍10000余册、科普传单20000份、防震减灾手提袋2000个、防震减灾科普挂图2000份。编印防震减灾简报12期、向宁夏防震减灾网投稿10篇。开展“七进”活动10次100人次、指导参与县城各学校防震减灾应急演练20场次。依托多种形式开展防震宣传活动，在文化广场电子大屏幕滚动播放宣传口号，在县城主要街道、办公楼墙壁张贴宣传横幅，在学校、社区、农村宣传栏张贴防震避震挂图，强化全民防震减灾意识。以“弘扬防灾减灾文化，提高减灾意识”为主题，到王团镇、河西镇进行防震宣传活动，共发放宣传资料3000余份，解答咨询30人次，受教育人数达2000余人。在王团镇中心小学开展“珍爱生命、防震减灾”知识专题讲座，发放《防震减灾手册》等科普读物，并开展地震应急疏散演练。在全国第九个防灾减灾日，开展以“普及防震减灾法律法规”为主题的集中宣传活动、科普知识宣传活动，设立防震减灾科普知识展板和咨询台，悬挂横幅7条，向居民免费发放防震减灾科普知识手提袋2000多个，《家庭地震应急预案活页》1000份，《防震减灾手册》等宣传读本800本，为群众播放科普电影《地震来了怎么办》，在全县中、小学校开展应急避险疏散演练活动。策划播放防震减灾题材的公益广告短片《撑起一片天》《守护生命》《地震应急避险与自救》等防震减灾视频。在同心县敬老院开展应急疏散演练，在残疾人俱乐部举办“残疾人在自然灾害中的自救与互救知识”讲座，到武警同心中队开展宣传活动。开展纪念“7·28”唐山大地震41周年防震减灾系列宣传活动，向群众发放《防震减灾科普知识读本》《地震知识手册》、地震科普宣传手提袋等5000余份。做好地震科普示范学校及地震安全示范社区的管理，定期开展防震减灾知识的普及工作。

【抗震设防管理】 2017年，对二小片区、豫海万家、教育等80项工程项目进行抗震设防审批工作。采取审批前移、到建设工地及部门等方式，宣传法律法规、科普手册，让服务对象在设计前了解有关的防震减灾政策规定、审批手续、抗震设防要求和地震安全性评价等，提高办理抗震设防手续自觉性。优化行政审批规程，建立局长接待日制度，设立专职审批员和监督员。加强与发改、建设、土地等部门的沟通，把建设工程的抗震设防纳入基本建设管理程序，建立建设工程抗震设防要求的确认制度，使建设工程项目抗震设防工作规范化、法制化。

（海　坚）

气象测报

【汛前业务服务】 针对地面观测、预报报警服务、农业气象、人工影响天气、气象探测保障等业务服务工作，开展2017年气象业务汛期自查。3月，县气象局召开汛前动员会议，对汛前各项工作进行检查和安排部署。4月，顺利进行无人自动站称重式雨量传感器和翻斗式雨量传感器的切换，重修《同心县气象局气象灾害预警信号发布及服务工作制度（暂行）》，并上报减灾处。

【抗旱和汛期气象服务工作】 2017年，发布气象预警信号109期、气象信息专报42期、农用天气预报81期，服务20万人次，县主管领导在县气象局报送的决策服务材料上做重要批示7次。针对灾害性天气，局负责人第一时间向政府领导汇报，县政府办及时转发预警信息并安排相关工作。每月定时报送同心县气象局抗旱服务及防灾减灾工作进展情况。

【骨干站建设】 配合区局探测中心、自动站生产厂家完成河西镇政府、窑山管委会、下马关镇申家滩村三个骨干区域自动站的建设安装任务，并拆除旧的自动站。完成骨干站全景和八方位图的拍摄任务。

【气象装备保障】 2017年，对全县58套区域自动站进行故障维护44余次，其中对4要素以上的区域自动站设备进行2次现场测试、标定；对全县4个自动土壤水分站进行10次现场标定和12次现场维修。

【人工影响天气】 落实人影作业安全生产责任制，编制《同心县2017年度人工影响天气工作计划》《同心县人影风险隐患排查制度》等文件，与各乡镇签署《同心县人工影响天气安全管理责任书》，与人影办和作业人员签署《同心县人工影响天气安全作业责任书》。召开同心县人工影响天气工作联席会议，举办2017年同心县人工影响天气安全作业培训班，培训25人次，建立“同心县人工影响天气作业人员”微信群。联合县安监局、公安局开展人影作业安全生产自查工作，对各作业点人影规章制度、作业流程、操作规范、安全射界图、出入库登记、作业过程记录等进行详细检查。2017年，开展人工影响天气作业40点次，共发射增雨火箭弹195枚。

【人影标准化建设】 建设人工影响天气标准化固定作业点，完成人影标准化作业点专用炮库、弹药库、值班室和休息室（两库两室）建设工作，于11月22日通过验收。项目的建成解决同心县各作业点两库两室一平台不完善及火箭架和弹药存放的问题。标准化的人影高炮及增雨作业点的完成，扩大地面人工影响天气作业覆盖范围，发挥人工增雨、防雹作业效益。

【防雷安全管理】 2017年，对全县重点单位、易燃易爆场所及危化企业等重点防雷区域和人员密集场所开展防雷排查2次23家，避免出现雷击造成的重大人员伤亡事件。取消有关行政审批事项，签署《同心县气象局、同心县住房和城乡建设局建设工程防雷安全监管项目交接书》，就部分行政审批事项做交接和并明确各自工作界限。

【助力精准脱贫】 参与县政府精准扶贫和气候适应型城市建设试点工作，编制《同心县十三五脱贫攻坚规划气象部分内容（同心县气象脱贫十三五行动计划）》《同心县气象局贯彻落实自治区党委、政府关于推进脱贫富民战略的实施意见措施》《同心县气象局关于贯彻落实推进生态立区战略意见的实施方案》。开展关键农时、重大天气气候事件趋势监测预测及其影响预估。深化部门合作，完善与农科、水务、国土、民政等部门气象灾害应急响应，建立“同心气象信息共享”微信群，联合开展灾害调查、会商研判、预警发布等工作；推广智慧农业气象手机终端开展应用；联合区局科研所开展《宁夏贫困区引种高优节水张杂谷新品种与全程气象保障技术实验示范》项目，完成6个品种杂交谷子种植实验，累计推广杂交谷子15000亩，推动杂交谷子重点特色农业气象服务品牌发展。完成“韦州葡萄小镇”项目的气候评价。开展油用牡丹生育期观测，增强同心县特色农业气象服务科技支撑能力。

【队伍建设】 依托《吴忠市气象部门基层一线业务骨干选拔培养办法（试行）》的通知要求，推荐县级综合气象业务技术带头人3名，获批1人。加强科研项目的管理和组织，在研省级科研项目1项、市级科研项目2项，自立课题1项。发表科技论文3篇。

【气象宣传】 在“3·23世界气象日”“5·12防灾减灾日”“6·16安全咨询日”、国际扶贫日等关键时间节点开展气象宣传，2017年，共发放各类宣传材料共计2000余份，发布各类宣传稿件72篇。召开气象信息通报会4次、气象信息员培训1次、气象服务进社区3次，同心电视台采访报送气象服务4次、开展志愿活动11次。成立同心气象局网络文明传播小组，通过网络、微信、微博等传递宣传正能量。

（宋菊花）

卫生与计划生育

综 述

【项目建设】 2017年，全县共有公立医疗卫生机构16所，社区卫生服务站3所，行政村卫生室148所，个体医疗机构27家。两家县级公立医院核定用工总量799人，其他卫生计生单位核定事业编制436人，有村医288人。年内，妇幼保健所建设项目、计划生育服务站建设项目已完成主体建设；县中医医院住院部综合楼及附属设施正在进行主体框架浇筑；县人民医院妇儿综合楼建设项目开工建设；丁塘镇卫生院建设项目已完工。

【卫计宣传】 依托同心党政信息网、有线电视、手机短信、同心微信公众号等媒体网络平台，传播政策精神、健康知识和婚育观念等。在电视台开设《健康同心》和“食品安全知识科普”等专栏，播放健康知识公益广告4部，“公民健康素养66条”等，每月播放不少于100条次。全年发送手机短信240条，健康同心微信公众号关注人群10万人以上，每周更新平台内容2次。以村级文化广场为载体，重点在县城、下马关镇、河西镇、兴隆乡、石狮管委会、马高庄乡建设卫生计生宣传长廊11处，建设“画说健康”“幸福之家”“流动人口之家”“让家庭幸福”等卫生计生精品宣传阵地5个，宣传卫生计生知识。以科技、卫生、文化三下乡活动为载体，在县城社区和各乡镇开展健康咨询和政策宣传，发放宣传资料5000余份，发放手提袋、围裙、控油壶等干预用品10000余套、举办健康讲座23场次，免费义诊受益达1000余人。在“5·29”“7·11”等卫生计生活动日开展系列宣传服务活动，组织生殖健康知识演讲大赛，举办主题为“倡扬婚育文明，构建幸福家庭”专场文艺演出，倡导文明健康的生活方式。

【落实民生项目】 抽调县医院、中医院、妇幼保健和计划生育服务中心专业技术人员组建12人技术服务队，对全县新婚、怀孕育龄妇女开展计划生育技术服务。加大避孕药具的管理使用，村村建立避孕药具免费发放点，满足育龄群众的用药需求。预旺镇贺家塬村卫生室等5所卫生室建设完工并投入使用，实现标准化村卫生室全覆盖。开展预防保健服务，为6到24月龄儿童免费发放营养包，配送营养包31200盒。为农村妇女免费开展“两癌”筛查，对农村“两癌”患病妇女每人给予1万元资金救助，已救助29人，共计发放救助资金29万元。为育龄妇女免费进行孕前优生健康检查，免费增补叶酸，预防新生儿出生缺陷。县级医疗机构安排31人对口支援全县11所乡镇卫生院和3所社区卫生服务站。县财政筹措资金84万元，为各医疗卫生单位配备冰箱220台、冰柜20台、冷藏箱30只、温度监测冰包350只、冰箱温度计400只等冷链设备。

【推进医药卫生体制改革】 投入1.6亿元为县人民医院和中医医院购置核磁共振、64排螺旋CT、DR、数字胃肠机等大型医疗设备；安排100万元专项资金用于县级公立医院重点学科发展和人才培养，解决专家公寓14套；以县级公立医院为牵头单位，联合全县11个乡镇卫生院和3个社区卫生服务站组成县域医联体，县医院重点帮扶6个乡镇卫生院和豫园社区卫生服务站，中医院重点帮扶5个乡镇卫生院和富兴社区卫生服务站、豫西社区卫生服务站，在县域内实现医疗资源的共享。印发《关于进一步推进"县乡村医疗卫生服务一体化"管理实施方案》，县乡村一体化管理覆盖4个乡镇卫生院，覆盖率36.36%。制订《同心县家庭医生签约服务工作实施方案》，各乡镇卫生院组建40个家庭医生服务团队，指导村卫生室开展签约服务。2017年，全县累计完成常住人口签约151562人，签约率为46.57%，其中重点人群签约56176人，签约率为61.21%，普通人群签约52886人，签约率为16.25%，建档立卡贫困人口签约率为100%，基层医疗卫生机构门诊人次较上年同期上升8.25%；住院就诊人次较上年同期上升227.36%。县级公立医院门急诊人次较上年同期上升1.9%；住院就诊人次较上年同期上升55.53%。县级医院外转2668人，转诊率14.37%；参保患者县内住院率上升6.32个百分点；药占比（不含中药饮片）下降3.27个百分点；百元医疗收入消耗的卫生材料费用（不含药品收入）为24.58元，与上年基本持平；平均住院日缩短0.42天；抗菌药物使用率下降2.76个百分点，全县公立医院改革工作获得全区考核第一，并代表自治区迎接国家卫计委的考核。

【计划生育工作】 全年召开计生专题会议5次，县委巡查组开展专项巡查1次，组织卫计、县委督查室、纪检监察等部门开展联合督查2次，共发督查通报42期，反馈整改意见6期，确保各项重点任务的落实。全年人口出生率16.11‰，出生政策符合率95.1%，性别比102（女为100），出生缺陷发生率9.61/万，孕产妇死亡率0，婴儿死亡率8.81‰。开展经常性的各类技术服务工作，加强对移民村的服务管理。加强流动人口管理，强化信息共享，加强信息平台的监管，开展流动人口均等化服务。春节前对计划生育"少生快富"户、流动人口家庭进行慰问，共慰问计划生育困难家庭180户。县财政安排300万元奖励资金对当年参加"少生快富"工程的项目户每户再奖励6000元，扩面户奖励1000元，提升项目户的家庭发展能力。开展幸福家庭创建活动，创建幸福家庭70户。

【健康扶贫工作】 联合人社局、民政局和扶贫办制订《同心县开展"因病致贫因病返贫"农村人口精准医疗实施方案》，依次完成国家扶贫云下发1668人贫困患者信息核实核准并登记造册，2017年，已治愈95人，能够在卫生院治疗的有327人，需上转的有587人；纳入国家卫生计生委规定的先期集中救治的9种大病有32人，其中0—14岁儿童白血病3人（药物维持治疗中）、0—14岁儿童先天性心脏病9人（1人治愈、其他继续治疗中），结直肠癌9人（2人死亡）、终末期肾病5人（后期康复治疗中），食管癌1人，胃癌5人（3人死亡）；举办"健康中国基层行·百市千县精准健康扶贫行动全国第301站·同心站慈善晚会"，共募集社会各界捐助善款301万元。2017年，就诊住院人数为206人，治疗总费用280.7893万元，医保支付152.9514万元，大病保险支付2.54万元，医疗救助0.69万元，临时救助1.37万元，慈善救助3.6万元，扶贫基金救助24.01万元，健康扶贫基金救助36万元，个人自付65.66万元，个人自付占23.38%，待政府兜底政策补偿后确保群众自付不超过10%和5000元。为因病致贫因病返贫农村贫困患者发放"健康扶贫"精准诊疗优惠证，凭证可在当地卫生院接受初步体检和治疗，并享受绿色通道转诊。10月，全县建档立卡户在县乡医疗机构就诊时，均实行先诊疗后付费，出院时实行“一站式”结算，患者只负担自付部分。

【领导调研】 9月28日，国家卫计委人事司司长南春梅一行到同心县调研公立医院改革情况，了解同心县公立医院基本情况及综合改革工作中存在的困难和问题。

南春梅对近年来同心县公立医院改革工作给予肯定。她说，作为一个国定贫困县的医院，在资金、人才等条件不足的情况下，得以发展，非常不容易。南春梅希望同心县结合实际，进一步完善公立医院编制、薪酬制度改革，引进人才、留住人才，惠及更多的百姓。

（同心县党政信息网）

【提高医疗服务能力】 加强对外交流合作，通过北京307医院、上海中医药大学、福建中医药大学、北京密云区人民医院、福建泉州市第一医院、九三学社宁夏区委、自治区中医研究院的对口支援，先后选派70余名医务人员到支援医院进修学习，九三学社宁夏区委、自治区中医研究院每周分别选派3名专家到县人民医院、中医院进行义诊。县医院新增腹腔镜、有创动脉监测、髋关节置换、无痛胃镜、无痛人流服务项目等，中医医院新增银质针、内热针、小儿敷贴、封闭疗法、儿科直肠滴入、内科穴位按摩、外科放血疗法和穴位注射等；县内7家乡镇卫生院、2家社区卫生服务站和31家村卫生室参加创建群众满意基层医疗卫生机构活动，为全县148所村卫生室统一配置健康一体机和急救箱，改善村卫生室医疗设备，提升同心县医疗服务水平。

【卫生县城建设】 重新划分责任区，开展春夏秋三季病媒生物防治，并在每个“爱国卫生日”，组织全县干部职工进行环境卫生大整治，对城乡结合部、城中村、背街小巷、集贸市场、建筑工地以及“五小行业”等进行重点整治，开展卫生大扫除，清理卫生死角等活动，城乡环境卫生面貌显著改善。

（马学贵）

综合监督

【卫生监督】 2017年，监督管理相对单位783家，其中学校126家、公共场所197家、医疗机构212家、传染病防治单位214家、放射诊疗单位13家、饮用水供水单位8家、餐具集中消毒单位1家、计划生育服务单位12家。依法实施日常性监督检查910户次，卫生监督频次1.2次/户，各类卫生监督覆盖率达98.98%。监测非产品（用品）类样品187件，合格165件，合格率为88.74%。公共场所抽检6户次23件，合格率100%；饮用水抽检3户次3件，合格率100%；学校抽检23户次161件，合格率86.34%。

【行政许可和行政处罚】 全年受理公共场所、放射诊疗许可申请54家，新审核发证19家，校验35家，建档率100%。实施卫生行政处罚21起，警告8家、罚款13家，罚款40150元。

【业务培训】 参加区市级卫生监督员业务知识培训32人次；开展监督员业务知识培训16期，参培192人次。开展卫生监督员网络培训15人，网上在线培训2期。

【信息宣传】 开展《中华人民共和国食品安全法》宣传周、《中华人民共和国职业病防治法》宣传周、“3·15”维权日及“七五”普法等宣传咨询活动，制作板报6期，发放宣传资料近万份，通过同心新闻、卫生监督信息网等发布报道5期，编发卫生监督信息、简报13期。

【重点抽检及专项监督检查】 开展公共场所、饮用水、学校卫生、餐具集中消毒单位、传染病等国家监督抽检工作任务。开展卫生监督稽查、打击非法行医、生活美容场所从事医疗美容服务专项整治、放射卫生监督专项整治和中小学生健康体检管理监督检查等工作，完成国家“双随机”监督抽检指标任务，保障公众医疗卫生安全。

【卫生监督协管工作】 举办卫生监督协管人员培训班2期，培训卫生监督协管员100人次。

对卫生监督协管工作开展两轮督导考核，及时处置医疗服务巡查信息3条。全县以社区、乡镇为单位，卫生监督协管服务工作覆盖率达95%以上。

【卫生监督稽查】 围绕着装风纪、案卷质量、投诉举报处理、行政许可和行政处罚等内容开展内部稽查，全年开展日常卫生监督稽查12轮（30次），被稽查科室4个，被稽查监督员120人次。涉及着装风纪稽查10次，120人次；案卷质量稽查6次，12卷次；投诉举报稽查2次，2起；行政许可稽查6次，12例；行政处罚稽查6次，12例。

【公共场所卫生监督】 对全县197家公共场所经营单位开展重点监督检查工作，监督覆盖率100%。对193家宾馆、美容美发等经营单位继续实施公共场所卫生监督量化分级管理，分级管理实施率98.2%。

【饮用水卫生监督】 全县饮用水供水单位应监督8家，实监督8家，覆盖率100%。检查城市集中供水单位2家、农村集中供水单位6家。执法人员针对未划定水源保护区，未在防护地带设置固定告示牌等未落实水源保护措施；未开展饮用水消毒工作；无自检实验室并未对出厂水进行检验等问题，现场制作卫生监督意见书要求整改，同时专题上报县政府集中解决。

【学校卫生监督】 年内，应监督学校126户，实监督118户，覆盖率93.65%。部分学校存在教室课桌椅、教室照明、黑板、采光不符合标准；传染病防控规章制度不健全，晨午检、学生因病缺课追踪登记制度不落实等问题，现场提出卫生意见要求整改。

【传染病防治监督】 应监督传染病防治214家，实监督214家，覆盖率100%。医疗卫生单位制订应急预案和工作制度，专人负责传染病防控，对医护人员专业培训，传染病防控措施到位率明显提高，医疗机构不良执业行为减少。

【医疗服务监督】 应监督医疗服务212家，实监督212家，监督覆盖率100%。对39家医疗机构的不良执业行为进行两轮积分考核，对存在问题的单位予以行政处罚或限期整改。2家临床用血单位各项管理制度健全，储存条件符合要求，未发现自采自供血现象。检查中主要发现消毒产品未建立进货查验台账，未开展消毒与灭菌效果监督，无消毒剂配制情况记录及使用记录等。基层医疗机构、民营医疗机构、个体诊所、内部交接记录不完善，村卫生室不能严格按照《医疗废物管理条例》的要求分类，未使用符合要求的器（物）收集医疗废物。

【放射卫生监督】 应监督放射卫生13家，实监督13家，监督覆盖率100%。全县医用X射线机15台、CT 3台，放射诊疗工作人员32人。部分医疗卫生机构未按照有关卫生防护标准设计和建设X射线机房，无放射诊疗场所放射防护检测、设备性能检测报告，个人健康档案不完善；部分放射工作人员个人防护意识淡薄，不能正确使用个人防护用品及不配戴放射工作人员个人计量计等。

【餐具集中消毒单位卫生监督】 应监督餐具集中消毒单位1家，实监督1家，监督覆盖率100%。针对该单位存在设施布局不合理，无自检实验室，销售记录不规范、无每批次出厂检验报告等问题，依法予以行政处罚并要求整改。

【计划生育和药品监督】 应监督计划生育服务12家，实监督12家，监督覆盖率100%。全县开展母婴保健技术服务的单位均取得“母婴保健技术服务许可证”，人员均持“母婴保健技术服务资格证”上岗。开展打击“两非”专项检查，检查医疗卫生机构44家，未发现非法胎儿性别鉴定和选择性别终止妊娠的行为。全县集中采购药品的医疗机构153家，检查22家，个别医疗机构因医保结算不及时拖欠药款，无违规用药现象。

【自身建设】 根据《同心县机构编制委员会关于印发〈同心县卫生计生监督执法所机构编制方案〉的通知》文件精神，将中医、药品、计生等监督职责纳入监管范围，整合基层卫生计生监督执法资源。制订《同心县卫生监督所行政执法全过程记录工作制度》等，实施卫生行政许可、卫生行政处罚、重大卫生计生监督事件公示制度，配备专线、专机、专人，落实行政执法和刑事司法相衔接（即“两法衔接”）制度。实施同心县卫生计生综合监督执法装备采购项目，购置现场执法记录仪5台、笔记本电脑13台、单反相机1台、移动硬盘3个、陈述和申辩室全程监控系统1套。

（周 荣）

妇幼保健

【孕产期保健工作】 2017年，全县活产6245人，住院分娩6236人，住院分娩率99.86%，孕产妇系统管理6129人，系统管理率98.14%，产后访视6143人，访视率98.37%，高危住院分娩人数1119，管理率100%，无孕产妇死亡发生。

【儿童保健工作】 全县7岁以下儿童保健覆盖率达91.24%，3岁以下儿童系统管理率为93.62%。5岁以下儿童死亡66人，死亡率10.57‰，婴儿死亡55人，死亡率8.81‰，无新生儿破伤风发生。加强托幼机构卫生保健管理工作，完成一幼、二幼和其他民办托幼机构新入园儿童体检。

【农村孕产妇住院分娩补助】 2017年，全县农村产妇5620人，住院分娩补助5514人，补助率98.11%。

【免费婚前医学检查】 2017年，全县结婚登记人数5136人，免费婚检4694人，婚检率为91.39%。

【新生儿疾病筛查】 2017年，全县机构内活产7844人，新生儿听力筛查7548例，听力筛查率96.23%。新生儿四病免费筛查7627人，筛查率99.18%，其中48种疾病筛查人数为3500人。全年共检查出各种代谢和遗传性疾病患儿9例（CH4例、G6-PD4例、17-OH1例）。

【农村妇女“两癌”检查】 2017年，完成宫颈癌和乳腺癌检查人数分别为8300人和2300人，未检查出阳性病例。

【增补叶酸预防神经管缺陷】 2017年，应服叶酸人数5482人，服用叶酸人数5384人，服用率98.21%，依从人数4354人，依从率80.87%，知晓率95.41%。

【贫困地区儿童营养改善】 2017年，接受营养包93600包，发放90725包，6—24月龄儿童应发放人数13577人，实际发放数13007人，发放率95.80%，有效服用率达95%以上。

【预防艾滋病梅毒乙肝母婴传播】 2017年，全县共检测孕妇6756人，其中孕期检测6354人，仅产时402人，仅产时检测出患梅毒孕妇4人。检测艾滋病孕妇1人，乙肝产妇442人，并对443名所生新生儿注射乙肝免疫球蛋白。

【孕前优生健康检查】 2017年，建立家庭档案3108份，免费检查目标人群6216人，完成家庭档案评估3108份，目标人群覆盖率为51.9%（5993）。对检查对象进行早孕随访，已怀孕740人，占孕检总数的23.8%。妊娠结局随访325人，其中不良妊娠结局19例，占妊娠结局5.8%，出生缺陷3例（脑积水1例、无脑儿2例）。

【提高服务质量】 配置并投入使用实时四维彩色多普勒超声波诊断仪1台。全年分别举办全县妇幼保健和儿童保健、妇幼卫生项目、县乡两产科人员培训班，共培训县级人员160人次，乡级人员80人次，村级人员1200余人次。加强计生药具管理，新增药具自动发放机6台；建立患者投诉接待制度、医患纠纷调查处理制度，完善内部工作机制，与江泰保险公司医疗事故赔偿协议，接受第三方医疗纠纷调解；规范医疗废弃物处置，加强院内医疗垃圾的收集、暂存点的规范管理，与吴忠市利康医疗废物处置有限公司签订“医疗废物委托处置协议”，完善交接登记。

（贺海峰）

疾病防控

【基础设施】 2017年，自治区人民政府为同心县配备327L冰箱31台，252L冰箱107台，冷藏箱281台，冷藏车1辆及相关温湿度监测设备，年内已分配到基层医疗机构投入使用。同心县人民政府为县疾病预防控制中心安装冷库1台，发放冰箱220台，冰柜20台，冷藏箱30只，冰包350只，温度计400支。

【免疫规划】 规范预防接种工作管理，全年冷链运转12轮次，累计接种国家免疫规划疫苗153975针次，所有国家免疫规划疫苗报告接种率均达95%以上。开展预防接种异常反应监测工作，监测到异常反应50例，调查处置每例异常反应，调查处置率及录入及时率均达到100%。加强疫苗针对疾病监测，确保无脊灰成果，重点加强AFP病例报告和合格标本采集，全年监测到AFP病例2例。加快消除麻疹工作，监测到麻疹疑似病例4例，经实验室检测均为排除病例。开展脊灰、麻疹类疫苗查漏补种活动，脊灰疫苗应种儿童2808人，其中属于常规接种儿童2688人，完成补种2766人，补种率为98.50%；麻疹类疫苗应种儿童1146人，其中属于常规接种儿童1059人，完成补种1130人，补种率为98.60%。继续做好“两脑”等疫苗针对疾病监测，2017年，未监测到“两脑”病例及15岁以下急性乙肝病例。加强二类疫苗接种工作，加强狂犬病预防暴露处置门诊的管理，全县已建立狂犬病预防暴露处置门诊12家。全年接种狂犬疫苗4145剂次，乙肝疫苗7460剂次，流感疫苗1384剂次。开展秋季托幼儿童和新入学儿童预防接种证查验，共审核预防接种证9963人。其中持证9885人，补证76人，全程接种9622人，完成补种319人。加强免疫规划信息管理系统、儿童预防接种客户端培训，共上传儿童个案51680名，儿童个案基本信息完整率及接种信息完整率均达到99%以上。2017年，金苗建卡率达到85.15%，家长安装金苗宝APP434人。

【传染病管理】 全县无甲类传染病报告，乙丙类传染病报告1218例，报告发病率为349.00/10万。发病率居前五位的分别是：乙肝363例、肺结核241例、其他感染性腹泻136例、手足口病128例、布病125例。落实重点传染病防治规划，举办H7N9禽流感等重点传染病及传染病报告等有关法律法规的培训，注重中东呼吸综合症等各类重点传染病的监测，开展卫生知识的宣传和健康教育工作，关注辖区传染病疫情发展情况。开展手足口病、狂犬病、水痘等传染病防治工作，完成68份手足口病病例标本采集工作。加强传染病督导与考核工作，开展督导4次，考核2次，促进学校传染病管理工作。

【性病艾滋病防治】 做好监测与检测工作，开展自愿咨询检测服务1260人次。做好监管场所艾滋病防治工作，对698名羁押人员进行HIV、梅毒检测，未发现HIV阳性病例。开展手术病人、孕产妇、婚前体检人员、性病门诊就诊者、药物维持治疗门诊等人群的艾滋病、梅毒检测38201人次，发现HIV阳性6例。加强吸毒人群哨点监测工作，采样400份。开展吸毒人群干预16766人次，降低静脉注射吸毒共用注射器的比例；加强药物维持治疗门诊的管理，服药保持率达90.7%，实验室检测率达89.2%。加强感染者和病人管理，完善本地病例、外地报本地病例的联系机制，并对每位患者建立个人档案。采取电话随访、进村入户等多种形式定期进行随访，对现住址在本地的68名HIV感染者/病人完成1次随访和结核筛查。开展CD4检测66人次，检测率为97.1%。

对64名符合抗病毒治疗的人员开展免费抗病毒药物治疗，治疗率达94.1%。动员68名感染者和病人开展生产自救和互助互济活动，为感染者/病人解决交通费，减免相关费用，将“四免一关怀”政策落到实处。

【结核病防治】 落实中盖结核病项目三期工作，加强学校、流动人口和耐多药结核等重点领域的防控工作，全年，初诊患者233例，痰涂片检查321例，初诊查痰率为96.39%，发现活动性肺结核150例。其中，涂阳患者33例；2016年登记新发涂阳结核患者治愈率为92.27%。开展HIV/AIDS及结核病双重感染检查工作，在登记能联系上的68例HIV感染及病人中进行结核病筛查工作，未发现患有结核病；对登记治疗146例结核病患者提供HIV筛查，没有发现艾滋病感染者。

【地方病防治】 开展碘缺乏病防治工作，采集儿童和孕妇家中盐样298份进行检测。其中，合格碘盐150份，非碘盐116份，不合格碘盐32份，碘盐覆盖率为61.1%，合格碘盐食用率为50.3%，碘盐合格率为82.4%，非碘盐率为38.9%。盐碘中位数20.65mg/kg。采集8—10岁学生一次性随机尿样检测204份，尿碘中位数143.3ug/L。采集孕妇一次性随机尿样检测100份，尿碘中位数76.1ug/L。对200名8—10岁儿童进行甲状腺容积测定，检出甲状腺肿大学生2名。在12个乡镇采集水样47份。其中，集中式供水22份，分散式供水25份。小于10ug/L的38份，10—20ug/L的9份。在3个自然村检查8—12岁学生206人，氟斑牙检出率为3.4%，氟斑牙指数为0.10，氟斑牙流行强度为阴性。开展包虫病防治，举办专业技术人员培训2期200余人次。在河西镇、下马关等乡镇进行包虫病B超筛查7000人，发现疑似患者1例。采集儿童血清336份，阳性3份，阳性率0.89%，采集成人血清478份，阳性14人，阳性率2.93%。建档管理包虫病病人360例，对符合药物治疗条件的316例病人给予免费药物治疗，治疗率达87.7%，实施包虫病项目手术治疗10人。对病人开展药物副反应随访，随访率达50%。开展家犬驱虫，检测犬粪阳性率3.07%。对定点牛羊屠宰场进行棘球蚴感染监测，检查羊1000只，检测发现棘球蚴感染的4只，感染率0.4%。开展土源性线虫监测，对5个监测村采集1002份粪便样本，进行人群感染情况检测，阳性15人，人群感染率达1.49%。其中蛔虫卵阳性8人，蛔虫感染率0.8%，蛲虫卵感染率为2.41%，钩虫卵、鞭虫卵、带绦虫卵、华支睾吸虫卵和肠道原虫病未检出。3个监测村均有阳性病例。采集土壤样品25份，进行土壤中人蛔虫卵污染情况监测，未发现蛔虫卵和钩蚴。开展布病监测，2017年，在同心县医院专科门诊就诊621人，确诊病例69例。累计完成病例治疗督导117人次，建立病例档案69份。完成布病高危人群筛查310人，血清学检测310人，阳性血清4人份，阳性率1.29%。开展布鲁氏菌病健康教育和行为干预300人。

【慢性非传染性疾病防治】 全县累计建立城乡居民电子健康档案26.88万份，建档率为82.61%，动态管理健康档案13.88万份。免费为13188名65岁以上老年人进行健康体检，健康管理率为40.76%。累计发现高血压患者17710人，管理率93.19%，规范管理率达82.57%。累计发现糖尿病患者3776例，管理率77.49%，规范管理率达82.63%。确诊重性精神疾病患者961人，管理886人，管理率为93.17%，接受药物治疗80人。年内发生肇事肇祸事件2起。2017年，网络报告死亡人数1523例，死亡报告率达4.69‰。对县内280名0—5岁儿童、280名6—17岁儿童青少年、100名乳母，完成血红蛋白检测660份，尿液检测280份，完成儿童与乳母营养健康监测工作。

【公共卫生工作】 实施农村安全饮水水质监测，采集样品100份，合格样品62份。全年开展鼠密度监测6次，发现鼠类有小家鼠和褐家鼠，平均

病媒生物防治

鼠密度为2.72%。居民区鼠密度最高2.92%，其次农村自然村为2.71%，特殊行业最低2.50%。2月最高为7.0%，8月和10月最低为1.00%。开展蟑螂密度和侵害率监测6次，发现蟑螂种类为德国小蠊，蟑螂平均密度为1.40只/张。餐饮业最高为3.23只/张，其次是农贸市场为1.27只/张，居民户为0.2只/张。蟑螂的年平均侵害率为0.09%。开展成蚊密度监测，5月至10月，年平均成蚊密度为0.439只/小时。医院最高为0.969只/小时，其次是农村民房为0.396只/小时，公园最低为0.184只/小时；9月最高为0.992只/小时，其次是8月为0.848只/小时，5月最低为0.083只/小时。开展蝇密度监测，共检测6次，监测发现蝇种有家蝇、铜绿蝇、大头金蝇、伏蝇、棕尾别麻蝇，室外成蝇平均密度为62.57只/笼。农贸市场最高为90.83只/笼，餐饮最低为34.75只/笼；6月最高为136.8只/笼，其次是5月为89.4只/笼，10月最低为0.6只/笼。完成学生营养健康状况监测评估工作，随机抽取中小学校23所（小学20所，初中3所）进行监测，学校基本情况完成率100%；学生体格检查完成率82.61%；学校供餐完成率100%。实施食源性疾病监测，监测到食源性疾病196例，所有病例均通过区、县级审核通过。食源性疾病暴发4起，并按程序处置上报。实施医院消毒效果监测，对10家县乡两级公、私立医疗机构进行采样监测，监测样品数87份，合格77份，合格率88.51%。实施公共场所监测，对全县公共场所随机抽查包括宾馆、美容美发店5家进行采样检测，全部样品合格仅3家，总合格率为60%。完成从业人员体检6597人。

【基本公共卫生服务项目技术指导】 2017年，对各乡镇卫生院、社区卫生服务站进行6次现场督导检查、4次集中培训，参培人次170多人。对全县基本公共卫生服务项目工作进行2次督导考核，夯实县基本公共卫生服务基础工作。

（王生全）

同心县人民医院

【工作完成情况】 2017年，出院患者为24826人，较上年增加1708人，手术患者5533人，较上年增加884人；门急诊为283223人次，较上年增加44541人；患者平均住院天数7.05天，较上年下降0.35天；住院患者次均费用3943.35元，比上年增长159.24元，增幅为4.2%；门诊患者次均费用为132.44元，较上年减少7.09元；药品收入占医疗收入为29.45%，较上年下降4.6百分点；百元医疗收入消耗的卫生材料为19.5%，较上年下降8.78个百分点；住院患者抗生素使用率50.97%，住院患者抗生素使用强度为37.5DDD；大型医疗设备检查阳性率为69.6%，较上年增加7.6百分点；检查化验收入占医疗收入比例为30.93%，较上年增加5.26个百分点；目录外费用占比为1.9%，较上年增长0.5个百分点。

【严控医药费用】 对住院天数、住院次均费用、药占比、耗占比、抗生素使用率等指标实施动态管理，严格执行“一控两降三合理”（即：控制不合理医药费用、降低药占比、耗占比、合理用药、合理检查、合理诊治）。将大型设备检查阳性率同科室绩效挂钩，阳性率每下降1个百分点，处罚科室当月绩效工资的 2%，防治过度医疗，不合理检查，稀释科室药占比、耗占比。

【人才培养】 通过制定五年人才培养规划，设立专项人才培养基金，采取“请进来带，送出去学”的方式，培养一批业务能力强的学科带头人和业务骨干。2017 年，共派往自治区医科大、自治区人民医院、福建省泉州市第一医院等进修人员共 11 批 34 人。通过培养学科带头人，先后成立重症监护室等科室，完善医院服务功能。

【对口支援】 先后与解放军 307 医院、自治区人民医院、泉州市第一医院、北京市密云区人民医院等四家医院开展对口帮扶工作。与九三学社宁夏区委开展医疗技术合作，相关专家每周六前到县医院开展医疗工作。针对县医院眼耳鼻喉科力量薄弱的现状，通过引进专家、引进技术、手术带教等全方位对眼、耳鼻喉科服务能力进行技术升级和人才培养等方式，县医院可自行开展微创疝修补术、宫腔镜手术及关节镜手术等高难度手术，患者不出县就能享受到三级医院的服务。

【人事薪酬制度改革】 制定医院人力资源及绩效管理改革方案，推行竞聘上岗，重新配置岗位，使行政后勤人员比例由压缩到 15%，人员结构得以优化。坚持“多劳多得、少劳少得、不劳不得”的原则，将医务人员提供的医疗服务纳入绩效核算，新的绩效管理方案实施后，在编人员人均月收入 9976 元，比 2015 年增加 1699 元，增长 20.53%；聘用人员人均月收入 4168 元（不含五险一金），比 2015 年增加 1404 元，增长 50.79%。

（马　晓）

中医院

【上争项目】 2017 年，争取中医药公共卫生服务能力建设、民族医（回医）重点专科建设、中药炮制技术传承基地建设等项目资金共计 96.5 万元，争取“吴忠市人才项目资金”20 万元，项目资金主要用于中医能力提升、重点学科建设。

建设中的中医院大楼

【医改基本数据】 2017 年，医院总收入 5184 万元，其中医疗收入 3575 万元，同比增长 9.8%；门诊诊疗 108567 人次，同比上升 10.5%；门诊次均费用 95.64 元，同比上升 4.3%；住院诊疗 7685 人次，同比上升 -1.0%；住院次均费用 3205.4 元，同比上升 5.6%；平均住院日 8.1 天；药占比 32.98%；耗占比 10.52%；检查化验收入占比 25.50%；抗菌药物使用率 52%；抗菌药物使用强度 37.4DDDs；处方合格率 96%；基本药物使用率 53.7%；群众满意度 92%。

【中医院改革】 深化人事制度改革，创新编制管理方式，新核定编制床位为 184 张，核定用人总量为 239 人，公开竞聘人员 19 名。完善薪酬制度改革，依据“按岗取酬、按工作量取酬、按服务质量取酬、按工作绩效取酬”的分配办法制定绩效考核制度，员工工资福利待遇得以提高，2017 年，中医院人员平均年薪 73581 元，比去年 66622 元增加 6959 元，人均增长 10.4%。

【医联体建设】 2017 年，县中医院先后与福建省中医药大学、自治区中医研究院、宁夏医科大附属回医医院签订对口支援服务协议，通过定期坐诊、开展大型义诊、技术支持等不同形式对县中医院进行帮扶。按照《同心县中医（回医）医疗联合体工作实施方案》工作要求，县中医院对口支援周边五个乡镇卫生院和两个社区卫生服务站，双方签订双向转诊协议，成立同心县中医医院河西分院和同心县中医医院王团分院，任命高年资医师挂职分院副院长，参与医联体成员单位的管理和业务指导，每周定期选派骨干医生到帮扶的卫生院进行坐诊、技术支持，定期组织卫生院骨干来院集中培训，使该院医疗管理水平得到提升。

【重点专科工作】 2017年，自治区卫计委中医药回医药管理局确定在县中医院设回医重点专科，将从改善专科基础建设、提升优势病种诊疗水平、回医药适宜技术推广、开展回医人才培养和回药院内制剂研发等五个方面着力把回医重点专科打造为品牌科室。

【临床路径管理】 2017年，县中医院开展42个病种的临床路径管理工作，全年共进入临床病例数2663例，占住院总人数的33%，入径率90%以上，完成率98%以上。

【护理模式改革】 依托《中医医院中医护理工作指南》开展中医护理工作，确定辨证施护病种19个，实施17项中医护理操作，每个临床科室开展不少于四项中医护理技术操作，定期开展护理人员中医理论及技能培训计划。2017年，中医院将优质护理示范病区在全院推广，实现优质护理全覆盖，改善住院服务设施、加强护理人才培训、简化护理文书、延伸护理服务、加强护理内涵、探索护理人员绩效考核等措施，提升护理服务质量。

【人才队伍建设】 2017年，引进专业技术人才9名、紧缺人才5名；选派6名临床医师和5名中药师到区市级三甲医院进修，召开同心县基层中医技术培训班2期，参培人数180人次，开展业务技术培训26次；加强继续教育学分管理，参加上级医院组织的继续教育学习；落实“远程服务”系统学习，组织医护人员收看国家中医药管理局基层中医药适宜技术推广视频网络讲座，全年共参加40余节课，单位参加人数50人以上。

（任永峰）

文 化

综 述

【重点项目】2017年，实施村综合文化服务中心建设项目，投资3006万元建设全县129个村综合文化服务中心项目，其中新建文化活动室59个，改扩建文化活动室57个，新建文化广场22个，改扩建文化广场18个。新建豫海镇、石狮开发区管委会2个标准化乡镇文化站。建设东部风景大道韦州镇、下马关镇、马高庄乡邱家渠、预旺南塬、张家塬乡5个旅游驿站，建设客服中心、旅游厕所、停车场及附属设施。年内，韦州镇、下马关镇旅游驿站建设项目正在进行基础建设，马高庄乡邱家渠、预旺南塬、张家塬乡旅游驿站正在进行主体建设。建成张家塬乡汪家塬村乡村旅游基础设施项目，完成客服中心150平方米，旱厕60平方米、道路硬化4000平方米，停车场600平方米。续建老城区多功能体育场综合健身馆项目，年内已完成主体建设及附属工程建设项目。投资100万元建成豫西社区、民生社区2个社区多功能运动场。投资1007.3万元新建莲花山乡村旅游道路10千米，投资196万元，建设莲花山旅游停车场6000平方米，60平方米旅游厕所2座。新建黄谷川滑雪场（一期），建成600米以内初级道一条、600米单板公园一条、600米雪圈道一条，可容纳500辆小型客车和30辆中巴客车绿化停车场一座，滑雪服务大厅一座，5000立方米蓄水池2个。

【文化馆免费开放】根据文化部、财政部《关于推进全国美术馆、图书馆、文化馆（站）免费开放工作的意见》的精神，做好同心县文化馆免费开放工作，2017年，馆内已接待群众6470人次，日均接待11人次。

【文化活动】围绕“我们的节日”开展系列文化活动，如文化惠民下乡演出、文化“三下乡”、移风易俗专题文艺演出、社火展演、下马关彦彪秦腔眉户剧团下乡巡演等。在“五一”“六一”“6·26国际禁毒日”“十一”等重大节庆举行专题广场文艺活动，全年送戏下乡78场，组织配合广场文艺演出32场；开设舞蹈、美术、花儿、剪纸等培训班11个，举办书画、摄影、剪纸展1次，举办剪纸大赛1次、交谊舞大赛1次，培训业余文艺人才400余人，举办全县乡镇文化干部、乡土人才业务培训3次，培训乡土人才340人；组织下乡辅导30余次，受训人员达1000人次；图书馆、博物馆、文化馆实现免费开放。

【体育活动】举办同心县2017年全民健身季系列比赛活动3次，1068人次参加比赛；举办同心县2017年“农民体育活动月”农民体育活动3次，全县56个代表队3200人次参加活动；举办王团镇沟南村首届乡村牡丹观赏节山地自行车越野赛；荣获宁夏回族自治区2017年全民健身季活动二等奖。组织举办同心县全民健身节系列活动3次，1642人次参加比赛；组织举办同心县2017年全民健身日钓鱼比赛，98名垂钓爱好者参加；举办万人健步走活动，4028人次参加活动；组织举办同心县农村商业银行首届职工运动会，382名运动员参加12个项目的比赛。组队参加2017年“沙坡头杯”全区大漠健身运动大赛，获得沙漠拔河第一名。组队参加宁夏2017年青少年各项锦标赛，同心县参加6个项目的比赛，获田径金牌1枚、银牌2枚、铜牌3枚、第四名4个、第五名2个、第七名2个，乒乓球团体铜牌，跆拳道第五名1个；组织500名运动员参加吴忠市黄河金岸第六届国际马拉松赛，组团参加吴忠市第四届运动会，其中：青少年组获得足球U15第二名，U18第四名，乒乓球团体第二名，乙组个人第一名，羽毛球、田径共获得9个奖项。成人组获团体总分第三名，代表团被吴忠市人民政府授予优秀组织奖。成人各单项成绩是：乒乓球男女混合团体第一名，获女子单打第一名1个，获女子单打第四名1个、女子单打第五名1个、女子单打第七名1个，获男子单打第八名1个；广播体操获三等奖；象棋获团体第一名，获象棋个人第一名1个、个人第二名1个、个人第五名1个；篮球获第三名；围棋获团体第四名；毽球获第三名；羽毛球获体育道德风尚奖，获围棋优秀教练员1个，7名运动员被吴忠市人民政府授予优秀运动员称号。

【广播电视及农村电影放映】 发挥主流媒体的舆论引导作用，2017年，共制作播发宣传标语2520条（次），播出公益宣传1221条（次）。做好脱贫攻坚、移风易俗、中共十九大宣传报道等新闻宣传报道工作，开设《十二次党代会精神》《棚户区改造》《精准扶贫政策解读》《劳动者风采》《100个新名词》《移风易俗》《两学一做》《十九大报告摘要》等系列报道，年内共制作播发新闻1949条，宁夏电视台采用新闻22条，《吴忠新闻联播》《吴忠日报》采用新闻77条。落实“一村一月一场电影”民生计划任务，共放映农村电影2550场，超额完成放映任务。

【非遗保护和传承人培养】 加强非物质文化遗产项目保护传承工作，搭建宣传展示交流平台，组织非遗项目参加各类演出交流活动，其中田彦兰回族剪纸出国展览1次、国内展览8次，展出作品达500余副，售出作品达18000余副；举办田坤农民画国内展演5场次；在莲花山“四月八”庙会期间举办器乐培训4次，书画笔会1场，展出摄影作品80余副，印发宣传资料500余册。组织非遗进社区、进校园活动，通过非遗展演、非遗图片展示、发放宣传资料、知识问答等多种形式，提高人们保护传承非遗意识。

【文化市场监管】 开展“网吧专项整治行动”和“净网行动”，先后对网吧、电子游戏厅、歌舞娱乐场所、音像制品经营单位和出版物市场实施监管，责令10家网吧进行整改，限期整改8家、停业整顿6家。开展“扫黄打非”专项整治行动，联合工商、公安等部门加大“打击盗版”的整治力度，重点检查宗教用品店、书店等营业场所，出动执法人员150多人次，收缴违法音像制品200余张，非法印刷品100多本（册）。联合工商、公安、消防对文化市场经营场所开展安全隐患大排查行动，共出动执法人员130多人次，检查经营场所50多家（次），下发改正通知书8份，强化安全意识，为构建和谐平安的文化市场奠定基础。

【文物普查及保护】 开展可移动文物普查工作，截至10月，已认定文物1321件套，拍摄可移动文物照片25600多张，从文物年代确定、定名、状态描述到照片拍摄都达到国家要求，使同心县国有可移动文物有了明确的电子身份。普查工作已通过国家专家组的检查验收，同心县文物管理所被自治区文化厅评为“第一次全国可移动文物普查工作”先进单位。筛选馆藏文物，申请自治区专家的评估，馆藏文物中有国家一级文物16件，二级文物41件，三级文物78件。做好保护下马关古城墙墙体工作，2017年，沿长城墙体北面树立20块石质保护标志碑，聘请长城保护员每天巡查长城。

【旅游工作】 在完成全县“三规合一”编制的基础上，完成《同心县全域旅游规划》招标工作按照AAAAA级景区建设标准，配合吴忠市旅游局编制完成《韦州古城历史文化景区（生态旅游研学基地）总体规划（2017年—2026年）》和《韦州古城核心区修建性详细规划（2017年—2020年）》。与广州市曼凯信息咨询有限公司、宁夏思路之旅文化旅游投资有限公司签订框架协议，开发建设同心韦州古城、民族特色村寨民俗文化休闲度假旅游综合开发、商业街综合体、特色食品等项目，年内，正在编制建设方案；将韦州镇申报为国家第二批特色小镇。在同心党政信息网和同心网论坛开设“红色旅游”和“回乡风情”网页，介绍同心县红色旅游资源和回乡风土人情。在县广播电视台制作播放红色旅游公益广告片和旅游风光片。年内，红军西征纪念馆和清真大寺免费接待约13.2万人次。组织人员参加区市各类工作培训6次15人次，提升旅游工作者专业素质。

（吴　亮）

广播电视

【坚持正确舆论导向】 围绕社会主义核心价值观，发挥主流媒体的舆论引导作用，坚持正确政治方向，在党的十九大和自治区第十二次党代会召开期间，制定会前氛围营造、会中宣传报道、会后宣传贯彻方案，通过广播、电视、微信播放宣传标语、宣传片、“中国梦”主题歌曲及《将改革进行到底》《法治中国》《大国外交》《辉煌中国》等电视政论片，开展“喜迎十九大、共筑中国梦”主题影片展映活动，为大会的胜利召开营造良好舆论氛围。

【新闻报道】 围绕民风建设，开展“巾帼风采”“劳动者风采”“致敬园丁”“最美同心人”系列宣传报道，涌现出金风英、李花、李夏、马三虎、马长生等一批“最美同心人”。《冬季供暖开始　你家的暖气热了吗》《小区公共区域停车该不该收费》一批关乎人民群众生活和《同心县擦亮韦州特色小镇名片》《红白喜事总管小职务　移风易俗发挥大作用》等一批脱贫攻坚、重点项目、移风易俗主题宣传报道引起广泛关注。推荐上传优秀稿件，2017年，区、市级媒体共采用县电视台新闻140条，其中，宁夏电视台采用28条，吴忠电视台采用101条，《吴忠日报》采用11条，推荐优秀作品参加2016年度宁夏广播电视奖评选，《谁是贫困户　村民自己说了算》获宁夏广播电视奖电视新闻类三等奖，《红色记忆——解放的先声》获宁夏广播电视奖电视播音主持类三等奖。

【安全自查整改】 组织开展安全播出、网络安全和安全保卫检查，对存在的问题进行整改。健全完善相关制度和档案资料，安装安播门禁系统，加强安播和发射安全防护，争取资金20余万元对供电线路进行改造，安装广播电视专变。确保中共十九大期间的播出安全、网络安全和保卫安全，实现全年安全播出事故“零目标”。

【广电公共服务】 年内，共放映农村电影2650场，超额完成自治区下达同心县的农村电影放映任务。打造广场电影放映精品活动，每晚在县文化广场放映电影1场。开展贫困村综合文化服务中心广播器材配置工作，协助自治区新闻出版广电局完成52个村广播器材配置实地调查摸底和安装工作，组织实施剩余72个村广播器材配置工作，年内已全部完成安装并投入运行。

（马宗花）

图书服务

【图书服务概况】 同心县图书馆共建农家书屋154个，卫星数字农家书屋129个，乡镇综合文化站12个，流动服务点13个，在职员工22名。馆舍总面积8446平方米（新区图书馆6307平方米、老城区图书馆2139平方米）；内设大众阅览室、少儿阅览室、老年人阅览室、亲子阅览室、电子阅览室等17个功能室；截至2017年，图书馆拥有电子文献及视听资源5.17TB，外链接数字文献资源30多TB，计划建设可访问的数据库5个。截至年底，同心县图书馆中文图书总藏量为30万册，馆藏报纸、期刊2万册（件），年征订报刊410种，全年总流通18.6万余人次，书刊文献外借8.3万册次，新增办理借书证1734个，解答读者咨询800余人次。

【图书活动】 组织开展及参加各类讲座1123人次，举办各类型辅导培训23次，培训参与人数超过千人，举办展览20多场，参观展览达2万余人次。开展阅读推广活动54次，参加群众2万余人。

【分馆建设】 制定总分馆建设方案，对全县12个乡镇（管委会）、两个社区、两个服务点实施总分馆建设，与总馆保持使用统一系统、统一分编、统一制度等原则。开展与企业的合作，新建孵化园区职工阅读分馆，配置新书5000册。

【图书服务】 2017年，图书馆开展流动服务，为乡镇、村社、学校、社区、敬老院、部队、企业等送展览、送图书、送农科资料21次，受益群众12000余人次。开展爱心传递服务4次，为农村留守儿童送爱心图书2000余册。全年为13所学校外借点流通图书13000册。各学校外借点借阅图书2万余人次，共计4万余册次。

【图书销售】 2017年，完成利润42万元，较上年增加11万元，增幅35.48%。2017年，全县图书销售1004.79万元，其中教材销售813.31万元，教辅销售118.43万元，一般图书销售73.05万元，较上年销售增加94.85万元，增幅10.42%。其中教材较上年增加56.56万元，增幅7.47%；教辅较上年增加37.87万元，增幅47%；一般图书基本持平。

【教辅品种发行】 新增高中暑假作业、高中地理、历史图册、填充图册、高中物理化学生物报告册等教辅品种的发行，合计码洋约35万元。发行《教育发展改革大系》34套，码洋32640元。

【政治理论读物发行】 依托当地组织部、宣传部，基层党支部，迅速布置具体发行事宜，抢占本地市场，其中《全面从严治党面对面》发行2075册，码洋41085元，十九大相关学习文献发行约17.5万元码洋，相关的配套学习笔记本发行达2000册，码洋约2.5万元，两项合计发行总册数达2万余册;《习近平谈治国理政》第二卷发行800册，码洋约7万多元。

【社会帮扶】 开展“送书下乡”“全民阅读周”活动，在校园、乡镇、社区等场所，集中展销部分优秀出版物，并开展优惠流动售书活动。向基层党支部捐赠图书80包，合计2160册，码洋约6万元。完成“喜迎十九大”宁夏新闻出版广电局、宁夏新华书店集团有限公司向农村基层党组织捐赠图书的活动。向“建当立卡”贫困学生捐款的活动，全店捐款合计1600元。

转播台

【安全转播工作】 2017年，同心转播台转播3套广播节目，台内停播率均为0秒/百小时，年内未发生一起人为停播事故，圆满地完成全年转播任务。完成两套10千瓦中波广播发射机及附属设备的安装调试工作。协助传输发射中心，完成远程监控系统升级改造的前期准备工作及招投标等工作。

【关心职工生活】 投资150万元左右，完成新办公及宿舍房屋的建设工作，新建平房350平方米。协调解决职工宿舍分配不均、休假期间占用公房的问题。

【建立健全制度】 补充、细化本台安全播出应急预案及应急技术保障预案，提高预案的演练频率。出台《同心转播台关于职工集体活动的补充规定》，强化劳动纪律，理顺工作关系。出台《同心台职工换班规定》，从制度上杜绝同一班次互相换班的现象，避免疲劳值班可能引发的人为事故的发生。

（李文贵）

财税金融

财　政

【财政收入】 2017年，全县一般公共预算收入完成23490万元，同口径增长19.7%，超收1190万元，列全区第四位。完成税收收入16730万元，占一般公共预算收入的71.2%。超额完成全年预算目标，增幅高于全区平均水平，收入质量位居全区第三。

【财政支出】 按照“有保有压”的原则，严控“三公”经费、会议费等一般性支出，把保障和改善民生摆在更加突出的位置。2017年，全县一般公共预算支出528471万元，同比增长20.8%。其中，民生支出438630万元，占比达83%，高于全区平均水平。

【资金争取】 争取自治区各项转移支付资金471973万元，较上年增加58374万元，同比增长14%。争取地方政府债券30212万元，满足全县重大项目建设资金需求，置换债券21720万元，缓解全县还本付息压力。

【服务发展】 2017年，以推进供给侧结构改革为主线，全面落实国家结构性减税及降费政策，落实创新企业30条、降低成本30条、促进服务业发展等政策，减轻企业税费负担，促进实体经济发展。完善惠民担保公司机制，创新担保业务，为461家企业和个人提供担保贷款27034万元。筹集资金450万元，兑现招商引资优惠政策，加强基础设施配套建设，支持重点招商引资企业发展。

【涉农资金整合】 整合财政涉农资金，初步建立跨部门统筹分配使用财政扶贫资金的机制。2017年，整合各类涉农资金7.9亿元，重点支持产业发展、基础设施建设、易地扶贫搬迁和危房危窑改造等方面，15个贫困村销号，20682人脱贫。涉农资金整合工作赢得国务院第三方评估好评。

【财政改革】 继续深化财政改革，推进预算改革，推进财政中长期规划管理，试编三年滚动预算，建立跨年度预算平衡机制，发挥财政宏观调控的作用。夯实全口径预算编制工作，提高预决算编制的公开化和规范化水平。推进国库集中收付电子化改革，国库集中支付实现全覆盖。加强预算执行动态监控分析，完善内控制度，确保财政资金绝对安全。加大盘活存量资金工作力度，对全县结余结转两年以上的资金收回统筹安排使用，累计盘活存量资金1.68亿元，统筹用于保障民生，重点项目建设等领域。

【财政监管】 通过定期检查、不定期核查等方式，强化“三公”经费日常管理，全县2017年“三公”经费支出1096.5万元，同比下降4.3%。推进行政事业单位内控制度建设，完成行政事业单位国有资产清查核实工作，建立完善国有资产管理信息平台，配合发改局开展公务用车改革，依法依规处置行政单位公务用车。加大以财政扶贫资金为重点的监督检查力度，清理偿还政府欠款工作取得较大进展。强化监督约束，严肃财经纪律，确保财政资金安全有效运行。完善政府采购，全年，政府采购规模达到6.96亿元，节约采购资金1057万元，节约率2.2%。

【创新金融扶贫机制】 采取“政府基金+商业银行”合作模式。筹措资金3.1亿元，设立扶贫产业担保、一二三产业融合发展、中小微企业“助保贷”、电商产业发展、羊绒产业、农业特色优势产业贷款风险补偿、全民创业和妇女创业小额信贷等8大产业基金，撬动银行贷款17.1亿元，降低社会融资总成本，有力支持实体经济运行。与县域7家商业银行签订金融扶贫小额信贷合作协议，引导各银行加大扶贫小额信贷投放量。2017年，为2.17万户建档立卡贫困户发放贷款8.9亿元，户均贷款4.3万元，建档立卡贫困户贷款覆盖率达78.3%。创新担保机制，建立“担保+金融+企业+农户”企业托管模式，为下马关镇、韦州镇7个村547户建档立卡贫困户贷款4063万元，以农村承包土地经营权抵押担保贷款343笔5136万元，缓解贫困群众生产发展资金短缺问题。采取政府购买公共服务方式，为全县12669户建档立卡贫困户发放贴息资金471.1万元。

（马英清）

国　税

【概　况】 2017年，共组织入库税收收入47669万元，同比增长27.8%，增收10378万元，占年计划40000万元的119.2%，超收7669万元，超额完成全年税收任务。其中：县级财政收入完成16730万元，占年计划14300万元的117%，代征社会保险费42247万元。

【深化征管改革】 2017年，共办理五证合一证照180户。推进个体工商户两证整合登记制度改革，整合优化涉税事项申请、受理、核准、公示等程序的所有服务规范和工作流程，全年共办理两证整合个体工商户237户。协调中国邮政同心县分公司，签订委托代征协议书，委托代开发票业务，全县设立4个委托代征点，促进双代业务的开展。邮政双代业务全年代开发票17000余份，代征税款507.96万元，实现代开发票业务县城全覆盖。采集全县37个片区135个街道（路段）商铺基础信息数据2248条，对302户非居住类房地产交易情况进行测试评估，核定评税单302份，通过区市局的验收，顺利实现上线运行，同时，对全县4个社区52个小区360栋楼5400条居住类房地产计税价格评估系统数据进行更新录入，并对104户居住类房地产交易情况进行测试评估，核定评税单52份。清理耕地占用税，根据县国土资源局反馈的县域2011—2015年少征收耕地占用税的44户纳税人信息，已对全部户次纳税人进行税款追缴，追缴入库耕地占用税1383.16万元，加收滞纳金470.16万元，杜绝国家税收的流失。举办各类营改增培训会27场，配合县法制办举办税法宣传5场次，培训纳税人1000余人次，一对一专项辅导39户次，发放各类宣传资料5000余份。推行税源分级分类管理，把全县税源划分为制造业（绒毛、皮革加工）、营改增行业、商贸及其他行业三大类，组建三个工作小组分别进行日常分类管理。按照有利于税源控管和方便纳税的原则，将所有个体工商户划入王团税务所进行分级管理，对定期定额个体户所里成立两个工作小组，实施定管分离。全年管辖正常经营个体户5170户，同比增加267户，发票领购面较以前的7.1%提高到20.96%。

【依法治税】 开展执法守法行为大督查，对区局下发的262条疑点数据开展大督查，补征入库税款6.02元，退抵税款0.02万元，加收滞纳金0.54万元。落实税务行政审批事项，全年审批增值税一般纳税人最高开票限额事项97户次，税务审批满意度达到98%以上。加大税收违法违规处罚力度，全年对28户次纳税人进行税务行政处罚，其中一般处罚17户次罚款38200元，简易处罚11户次罚款5750元。加大企业所得税汇算清缴力度，对1769户纳税人进行企业所得税征收方式核定，其中查账征收742户，核定征收629户，核定征收全部严格按照上年销售收入分档核定应税所得率，组织汇算清缴培训会2次，培训纳税人500余人次，发放各类汇算清缴宣传资料600余份。2017年，应参加汇算清缴企业1212户，实际汇算1212户，汇算面达到100%，企业所得税汇算清缴管理系统审核通过率达100%，使用电子税务局网络申报的企业有106户，网报率达到91.25%。宣传六项减免税政策，对辖区内符合政策的1231户企业全部纳入六项减免税范围，举办各类培训会、税企座谈会4场，培训纳税人300余人次，减免税款132.11万元，政策受惠面达100%。对简并税率征收的312户企业，全部完成税种变更工作。对参与同心县扶贫开发企业吴忠仪表有限责任公司按照规定享受科技型中小企业研发费用税前加计扣除政策，该企业享受研发费用税前加计扣除868.68万元。开展扶贫领域监督执纪问责专项检查，落实扶贫税收优惠政策1948户次，减免税款18304.52万元，减免政府性基金（残疾人就业保障金）39.5万元。强化税收风险应对管理，累计推送风险任务涉及纳税人68户次，完成68户次，风险应对率达到100%，应对命中率达到100%，实现税收风险应对成果1040.55万元。其中属于低风险通过实施纳税提醒、税务核查54户次，入库税款及滞纳金181.74万元；属于中风险通过实施纳税评估14户次，补缴税款及滞纳金858.81万元。加强大企业税收管理，做好千户集团企业日常监控工作，确保财务报表等涉税资料按时报送。完善涉外企业基础档案维护，强化企业对外支付源泉扣缴税款的监控，全年完成对外支付备案25条，源泉代扣代缴增值税30.90万元，加收滞纳金2.78万元。开展七五普法活动，开展第26个税收宣传月活动，解答群众咨询600余人次，发放各类宣传资料4000余份。

【优化服务】 优化办税环境，将税收业务和工作人员全部入驻县政务大厅，实现二厅合一，现场受理纳税人辅导咨询、协调解决各类问题380余次，办税大厅被授予全区青年文明号荣誉称号。新购自助办税机终端设备4台，设置专人辅导、引导纳税人使用电子税务局进行网上申报，减轻前台工作压力。推行增值税发票线上申请，线下配送业务，全年通过网上申领模式发售增值税专用发票370份、增值税普通发票200份。开展纳税人大走访活动，走访纳税人431户，就税收政策执行、税收工作意见、涉税事项服务开展面对面的交流征求意见，拾遗补缺。建立健全便民办税春风行动长效机制，落实免填单、预约延时、同城通办、一站式服务，一窗式办结等优质服务举措，建立一首问、二公开、三减负、六提速的服务体系，运用税企QQ群、微信群等信息平台，提供专人、上门、包干的绿色服务，把诚信服务、文明服务、优质服务贯彻落实到日常工作中。

【队伍建设】 加强领导班子建设，坚持局党组理论中心组学习制度，班子成员集体学习党的十九大精神、党章党规，研读习总书记系列讲话内涵，做到内化于心、外化于行。坚持民主集中制办事，保证党组决策的科学化、民主化和规范化。加强思想政治工作，落实谈心谈话制度，坚持五必访五必谈，班子成员与干部职工谈心面达5%，全年干部谈心谈话面实现100%，增强干部队伍的向心力和凝聚力。加强干部教育培训工作，开展全员练兵测试1次、专项练兵测试2次、纳税服务和征管评估类比武竞赛1次、专项业务培训6次、网络练兵4次，3名干部被推荐参加区局组织的业务比武竞赛活动。1名干部入选自治区局督查内审专业人才库，2名干部入选吴忠市巡察人才库。深化精神文明建设，开展“我们的节日”和“缅怀历史红五月、不忘初心新征程”主题活动，增强干部职工的荣誉感和归属感。对工会组织进行换届选举，组建活动兴趣小组10个，设置羽毛球场一处。深入韦州镇庆华村开展禁毒宣传六进活动，为税收教育示范基地赠送办公用品价值6000余元。开展税务精神征集活动，征集税务精神标语12条，在微博、微信平台转发话题消息800余条，1人获得吴忠市优秀网络文明传播志愿者称号，1人被评为最美同心人。

（马　堃）

银　行

中国人民银行同心县支行

【稳健中性货币政策】 2017年，中国人民银行同心县支行准确把握稳健中性的货币政策取向，引导辖内银行业金融机构创新信贷产品，扩大涉农信贷投放，助推地方经济金融稳步发展。截至10月，辖内金融机构各项存款余额136.98亿元，同比增长20%；各项贷款余额93.53亿元，同比增长36%，存贷款增速位居吴忠市第一。其中，全县涉农贷款余额74亿元，同比增长25%，占全部贷款的80%；指导县域金融机构利用2.79亿元政府担保基金撬动银行贷款17.33亿元，较年初增加10亿元。

【金融扶贫工作】 按照扶贫再贷款政策要求，向上级行申请扶贫再贷款限额4.4亿元。截至10月，向地方法人金融机构发放扶贫再贷款3.75亿元，并执行1.75%的优惠利率，有效发挥扶贫再贷款支持精准扶贫工作的正向激励作用。制定《同心县金融助推脱贫攻坚工作的实施意见》，指导7家银行业金融机构与154个贫困村建立银村结对帮扶机制，实现一对一扶贫小额信贷全覆盖。截至10月，各银行业金融机构累计向建档立卡贫困户18535户发放贷款7.8亿元，持续支持贫困农户发展生产、脱贫致富。

【调研工作】 贯彻落实上级行抓调研、促履职工作要求，成立调研小组，逐步优化人力资源，合理分工、做好调查研究工作，共完成调研36篇，被上级行采用19篇，编发各类信息62篇。

【农村承包土地经营权抵押贷款试点工作】 设立农地经营权抵押贷款风险补偿基金100万元。2017年，完成农村承包土地的经营权抵押贷款3.14亿元，较年初增加590万元，农地经营权抵押贷款覆盖面得到提高。

【助农取款服务点】 拓展惠农金融综合服务站，截至10月，已将22家助农取款服务点升级创建为惠农金融综合服务站，并将电商业务引入惠农金融综合服务站，实现农村金融服务“零距离”。

【“两学一做”学习教育】 2017年，支行开展“两学一做”学习教育专题党课与专题警示教育，学习习近平总书记系列重要讲话及十九大精神，并分别与上级行党支部到工农红军西征纪念园、西吉县将台堡会师纪念馆等红色教育基地开展联学教育专题活动，使“两学一做”学习教育常态化、制度化在基层央行落地生根。

（马建林）

中国农业银行股份有限公司同心县支行

【个人负债业务】 树立抓存款就是抓收入、抓大局的意识，人人抓存款、天天抓时点，以三大个人业务综合营销活动为抓手，开展网点竞赛、网点微讲堂、基金网点PK赛、金市通交易大赛、账户贵金属专题营销等活动，重点考核网点贵宾客户金融资产、贵宾客户数量、产品交叉销售率等指标，引导各网点进一步健全贵宾客户管户机制，加强客户全口径个人资金管控，强化“1+1+N”服务，实现全行个人金融资产快速提升结合。结合市场竞争需要，适时调整激励考核政策，多策并举，确保个人存款稳定增长。

【个人资产业务】 2017年，个人信贷业务随着居民消费的升级，以及产品和渠道的丰富，各网点以“网捷贷”产品为抓手，推进线上白名单客户准入，加大推广营销力度，扭转县农行多年来消费贷款持续下滑的局面。顺应总行房贷调控政策，把握投放节奏，成功营销长征花园、豫海万家、同心县伊盛家园三个住宅按揭项目，促进个人房贷稳定增长。

【三农业务】 立足县域优势和特色产业，突出政府“引导＋增信”，推进农户贷款提质增效。以养殖业、枸杞种植业、农户多种经营等优质客户群体为重点，加大县域清真产业、特色优势产业的支持力度，积极抢占农村中高端市场，实现农民增收和业务发展“双丰收”。

【信贷工作】 树立“信贷质量立行”理念，从强化贷款准入、强化贷后管理、强化清收处置三个维度，严格制度执行，规范办贷行为，压实管贷责任。积极参与并率先牵头组建债权人管理委员会，加强债权行际间的组织协调或配合，严防法人信贷资产质量下滑，年内，法人贷款保持“零”不良。抓好“清收责任清单”落实，制定下发《关于下发不良贷款专项考核的意见》，成立不良资产清收处置工作小组，强化不良资产清收处置和协调，保持资产质量的相对稳定。

【案件防控】 贯彻落实总分行及监管部门夯实“双基”、强化案防工作要求，落实案防目标责任制，层层签订案件防范目标责任书，压实案防责任。制定《夯实“双基”、强化案防工作实施细则》，明确责任、目标任务，细化措施，抓细抓常，保持高压。强化条线风险归口管理，先后开展法人信贷业务、农户贷款、信用卡业务、代理业务、“三违反”、“三套利”、“四不当”以及员工行为等重点业务领域和条线的风险排查和治理，加大案防考评与责任追究力度，效果明显，“不敢作案、不能作案、不想作案”的案防机制的初步形成。组织开展“两个办法”学习教育活动，制定《“两个办法”学习方案》和学习计划安排，组织全员参加总行“两个办法”考试、签订承诺书，增强员工制度意识、敬畏意识、底线意识和风险意识。以“三线一网格”（“三线”指党建线、纪检线、运营线，“一网格”指员工行为管理网格化责任体系）模式为抓手，结合员工谈心谈话、廉洁自律谈话，外部走访，全方位开展员工行为的排查与管理，提升员工行为管理水平。

【党建工作】 2017 年，结合中央巡视发现问题整改和总行巡视反馈意见整改工作，组织制定和完善《中国农业银行同心支行党建工作领导小组工作细则》等 6 项党建工作制度，推进党建工作规范化制度化建设。调整成立 7 个党支部，网点支部建设实现 100%；组织开展述职述廉、组织生活会，开展批评和自我批评；党委成员结合“两学一做”学习教育分别开展学习宣传贯彻中共十九大精神辅导报告和党课教育；制定支行党委中心组、各支部学习计划，将学习成果转化为推进总分行各项决策部署和工作的具体举措。制作学习宣传贯彻中共十九大精神、“两学一做”学习教育、十八届六中全会精神板报、横幅，建立微信平台、学习简报等广泛进行宣传，组织参加分行开展的“见微知著”微党课竞赛，在全行上下形成以讲促学、以讲带做的浓厚氛围，党员的思想认识、党性修养不断增强。

【党风廉政建设】 2017 年，支行党委结合“三线一网格”管理模式推广工作，贯彻总分行党风廉政建设各项工作安排部署，把党风廉政建设工作贯穿于业务经营全过程。制定《同心支行 2017 年党风廉政建设责任制考核方案》明确各层次任务和责任清单，分层次签订《中国农业银行同心县支行党风廉政建设责任书》，压实各层级党风廉政建设工作责任。落实党建党廉联系点制度，实现党建党廉联系点机构全覆盖，一对一传导“两个责任”压力，促进党建党廉责任落实。加强“一岗双责”职责履行，落实廉洁自律谈话和“六必提”制度。

【开展中央和总行巡视发现问题的整改工作】 根

据分行《关于印发宁夏分行2017年落实中央巡视发现问题整改任务分解表的通知》及《宁夏分行落实总行巡视反馈意见整改工作方案》要求，分别制定《同心支行2017年落实巡视整改任务分解表》《同心支行落实总行巡视反馈意见整改工作方案》，成立由党委书记、行长任组长的整改领导小组，明确整改责任领导、协助领导、牵头部门、配合部门等责任，为整改落实提供坚强的组织保障。同时，针对总分行巡视反馈问题和整改“清单”，组织逐条逐项梳理，主动认领，并多次召开党委会，认真落实整改。

（马俊山）

中国建设银行股份有限公司同心县支行

【存款数据】 2017年，中国建设银行同心支行一般性存款时点新增5.06亿元，余额达到31.07亿元，其中对公存款和个人存款时点新增分别为2.5亿元和2.56亿元，对公存款时点余额19.18亿元，个人存款时点余额11.89亿元。一般性、对公、储蓄三项存款时点新增计划完成率分别为195%、167%和233%。一般性、对公、储蓄三项存款日均新增计划完成率分别为193%、177%和219%，三项存款当年新增占位均居当地八家金融机构首位。

【贷款业务】 全年各项贷款新增16.99亿元，余额达32.03亿元，计划完成率928%，贷款新增同业占比56%，占位第一。其中：对公贷款新增14.14亿元，余额达24.39亿元；个人贷款新增1.3亿元，余额达6.1亿元。全行不良贷款余额74.25万元，不良率仅为0.02%。对公信贷业务继续保持零逾期、零不良。

【中间业务】 2017年，实现中间业务收入2422.7万元，完成全年计划的138%，排名第2位。全年实现税前利润8660.16万元，同比增长2257.43万元。

【转型业务】 2017年，县支行与北京分行联动为中国国新控股有限责任公司发放内部银团贷款9.99亿元。成功营销宁夏华夏特钢有限公司贴现业务2.53亿元，实现同心支行贴现业务破零。实现建信财险业务全区首单破零，获2017年对公财险特殊业务贡献奖。成功营销同心县中医医院、同心县人民医院银医通项目并签订合作协议。全区首家裕农通服务点落户河西；党费云业务实现整县推进；羊绒贷特色产品获宁夏回族自治区金融服务创新奖；实现小微企业助保贷及电子商务、羊绒产业、妇女创业等基金平台信贷业务大发展；新增普惠金融贷款4300万元。实现小企业业务网点化，小微快贷客户新增完成率系统排名第二。

【客户拓展】 深化与工商、税务、工信等部门的业务往来与合作关系，抓注册登记和招商洽谈等源头客户，2017年，支行对公账户净新增245户，其中：基本结算账户新增186户，非基本户新增59户；个人全量客户新增17030户，个人有资产客户新增15288户，完成分行计划任务的382%，龙支付个人客户新增12269户，完成分行计划任务的223.07%；龙支付个人商户新增1000户，完成分行计划任务的59.2%。

【银行卡业务】 强化公私联动批量营销，开展“服务进社区”“金融下乡镇”等综合化、外延式营销活动，全年，信用卡客户净增3289户，完成分行计划任务的205.6%，信用卡活动客户净增2709户，完成分行计划任务的301%，信用卡发卡4250张，完成分行计划任务的170%，消费交易额12.51亿元，完成分行计划任务的191.1%，信用卡业务收入864.21万元，完成分行计划任务的157.1%，商户收单交易额11.16亿元，完成分行计划任务的93%。

【渠道建设】 2017年，县支行在继续强化渠道建设，稳步推进网点三综合建设的基础上，提升现有网点营销服务功能，物理网点、自助设施、电子银行等渠道建设多头并进，1月15日，营业部综合型网点重装开业。10月18日，团结北街轻型网点开张运营。拓展电子银行渠道，全年个人网银活跃客户新增881户，完成分行计划任务的146.83%；手机银行活跃客户新增4629户，完成分行计划任务的231.45%；企业网银活跃客户新增106户，短信金融客户新增16774户，完成分行计划任务的226.68%；微信银行客户新增6305户，完成分行计划任务的274.13%。

【干部队伍建设】 组织经办岗位员工聘任工作，共晋升十职等以下经办岗位职务14人。组织支行专业技术岗位职务聘任工作，共聘任五级客户经理1人。选拔任用管理岗位8人，选拔2名优秀骨干挂职锻炼，选拔并入选区分行人才库拔尖人才1名、骨干人才1名、潜力人才6名。

【助力扶贫】 向结对帮扶村派驻驻村第一书记及工作队，驻村开展精准扶贫。与村委会成立联合党支部协调推进脱贫工作，强化学习教育，并争取资源改善村委会办公办学条件。通过与县财政局、扶贫办、县惠民担保公司、乡镇、村和村办多方合作，运用惠民担保公司“担保+财政全额贴息+基准利率+托管分红”的组织方式，向韦州镇6个贫困村10个养殖专业合作社462户建档立卡贫困户投放扶贫贷款2310万元，增加贫困户户均年收入4000元，年总增收金额184.8万元。与信贷重点客户协作，采取“企业自主贷款+建行基准利率+财政60%贴息+企业贡献部分利润法人”方式，对65岁以上社会兜底贫困户进行对口托管帮扶。共向四个企业投放贷款1.05亿元，托管对口帮扶65岁以上贫困户2100户，户均年帮扶金额2000元，年总帮扶金额420万元。与县妇联、县创业贷款担保中心合作，向贫困户积极投放支持农村妇女创业贷款和全民创业贷款2700多万元。

【履行社会责任】 投身公益事业，申报中国建设银行成长计划奖学金公益项目，向总行申请“母亲健康快车”3辆，连续五年对贫困高中生进行直接帮扶，累计帮扶学生300名，帮扶金额90万元；向同心县教育扶贫基金捐款20万元；开展员工爱心捐助，按人均300元标准购买生态鸡苗向对口扶贫贫困村农民进行爱心帮扶；与建信财险对接，落地建信财政扶贫产业投资基金400万元；组织实施建信财险向2000名外出务工人员慈善捐赠人生意外保险活动，保额累计1.1亿元；在穆斯林传统节日开斋节和古尔邦节期间，安排资金3万多元对县城周边的24所清真寺进行走访慰问。

【党建工作】 推进“两学一做”学习教育常态化制度化，加强党的思想政治建设，增强“四个意识”，增强党组织的凝聚力和战斗力。贯彻落实十九大精神，召开“学习新党章、领会新精神”专题中心理论组学习（扩大）会议，召开以“新时代、新气象、新作为”为主题开展专题研讨会，组织员工谈心得、写体会，通过一系列的学习教育活动把党的十九大精神全面准确地传导到基层一线。开展党总支书记讲党课、纪检监察员上讲堂活动，组织员工观看《不可逾越的底线》《不可触碰的红线》《榜样》等反腐倡廉和党建专题片，组织员工参观警示教育基地，召开警示教育大会暨违反中央八项规定精神专项整治活动，强化党性教育。举办2期基层党务工作者及党支部书记轮训工作，抓好支行基层党支部书记队伍、党务工作者队伍建设，提高抓党建、带队伍、促发展的能力。加强党的基层组织建设，完成各支部换届改选，做好发展党员工作，2017年，转正预备党员1名，发展新党员2名，确定入党积极分子5名。

（苏　静）

中国工商银行股份有限公司同心县支行

【经营数据】 2017年，实现净利润920万元，拨备前利润1271万元，中间业务收入共计377万元，时点各项存款余额6.12亿元，时点各项贷款余额12828万元。

【提升精准扶贫服务能力】 助力精准扶贫，从满足建档立卡贫困户金融精准扶贫工作需求和扩大信贷规模需求两个方面入手，在争取资金分配、攻坚克难扎根业务上谋划发展。根据区分行2017年11月10日下发的《关于加快推进宁夏分行金融精准扶贫业务发展的通知》要求，迈出金融精准扶贫第一步，以“龙扶贷”模式通过县工商银行有贷户宁夏易捷庄园枸杞科技有限公司，定向开展区分行帮扶扶贫的新园村，向70户建档立卡贫困户投放350万元贷款。向同福村84户建档立卡贫困户，发放398万元小额扶贫贷款，开创建档立卡贫困户金融金准扶贫先河。

【助力小微实体经济转型升级】 对接同心惠民担保公司，支持优质实体小微融资业务，新增7家县域优质实体小微企业，融资2900万元，实体小微企业扶持力度名列区分行前茅。

【信贷经营】 借助同心县羊绒协会在县域商会影响力，成功收回因股权纠纷，导致潜在风险的阿伊河牛羊肉有限公司小企业贷款600万元，占支行贷款余额的8%，同时对所有存量信贷客户进行会诊，淘汰潜在风险客户，遏制信贷资金劣变态势，确保支行信贷资产质量始终保持优良。

【培育储蓄、公司存款增长源】 依托同心县羊绒协会成员重点客户群，聚焦同心县羊绒企业，抓牢本地区玉米种植购销农户和棚户拆迁户，掌握因证监会对贫困地区企业IPO无需排队的政策吸引，利用“工商企业通”，引导迁入企业开户工作，使储蓄存款增长7144万元、公司存款增长1119万元。

【住房贷款】 开展住房按揭贷款及公积金贷款业务，维护与生海和城乡建设房地产公司关系，使个人住房贷款较年初增加1268万元，带动信贷投放量整体增长，优化信贷结构质量。

【中间业务】 深耕“9944”目标客户，扩大信用卡市场规模新增发卡5141张。根据地域特色，销售“清真大寺”纪念银章16公斤，代理递延白银业务杠杆市值交易额4740万元。

（李　蕊）

中国农业发展银行同心县支行

【贷款数据】 2017年，累计发放各项贷款52900万元；应收回贷款7325万元，实际收回7325万元，收回率100%；净投放45575万元，完成区分行下达任务的114%，其中：完成创新条线贷款任务的65%；基础设施条件贷款任务的155%；精准扶贫贷款任务的130%。

【日人均存、贷款数据】 2017年，各项贷款日均余额92708万元，平均在岗职工11.08人，日人均贷款为8367万元。各项存款日均余额65404万元，比年初增加19497万元，增幅为42%，其中：企事业单位存款日均余额63712万元，比年初增加25536万元；财政存款日均余额1386万元，比年初减少171万元；同业定期存款日均余额306万元，比年初减少5868万元。

【日均存款】 存款日均任务合计55805万元，实际完成65098万元，完成率117%。

【助力脱贫攻坚】 参与同心县脱贫攻坚任务，招录3名建档立卡贫困户为固定员工，雇佣35名建档立卡贫困户为临时用工，资助42名建档立卡贫困户发展家禽养殖，固定用工每人每年增加收入2.4万元，临时用工每人每年增加收入5000元，资助的建档立卡贫困户当年一次性给予人均2400元资金支持，产业扶贫带动效果较好。支持棚户区改造项目，支持同心县2017年东环路和银平路两个棚户区改造项目，推动同心县改造城镇危旧住房、改善困难家庭住房条件的实施，周边基础设施服务功能进一步完善，第三产业繁荣发展，为更多的进城的建档立卡贫困户提供就业岗位，对助力脱贫攻坚发挥促进作用。推进农发重点建设基金项目落地，自中国农发重点建设基金开办以来，已累计投放中国农发重点建设基金29044万元，支持项目11个，涉及领域覆盖产业园区建设、饮水工程、集中供热、江河治理和重点水资源配置等民生工程。

【推动信贷业务】 以信贷支持同心县棚改工作为重点，完成同心县2017年老城区东环路片区及银平路片区棚户区（城中村）改造项目贷款60000万元申报审批工作，2017年，已发放贷46400万元，实现贷款规模大幅增长。

【基金监管】 县农发行存量基金项目11个，投资金额共计29044万元，及时向施工单位支付建设基金用于项目建设，年内已支付基金项目11个，已支付基金20392.63万元，占已批基金额度的70.21%；未支付基金8651.37万元。

（杨力明）

中国邮政储蓄银行股份有限公司同心县支行

【概　况】 中国邮政储蓄银行同心县支行现有员工19名，其中营业部8名，信贷部7名，设会计1名，综合管理1名，支行主管1名，支行长1名，员工平均年龄30岁，设支行党支部，党员12名。

【市场营销】 依托同心县棚户区改造项目，组织专项攻关小组，走访同心县棚户区改造指挥部，不断跟进，打破县支行储蓄存款净增余额的瓶颈状况。借助金融生态圈的优势，进驻各大型商场，营销个体工商户，并连线同心县小企业，走进产业园区，宣传信用卡“九元洗车”“折扣火锅”等优惠政策，为支行信用卡发展开辟新道路，扩大支行信用卡市场占有率，增强信用卡客户对邮储银行的依赖度。坚持走“银政企”合作发展路线，与财政局、农科局、扶贫办、农投公司等政企单位共建第三方合作平台，为支行精准扶贫工作做好有力保障。

【党建工作】 开展“两学一做”学习教育活动，集中学习习近平系列讲话，党章党规、十九大报告、党章修订本等内容，丰富党员理论知识，指导党员将党的理论知识运用到具体业务发展中。开展丰富多彩的党员活动，组织员工参观同心县烈士陵园并重温入党誓词，缅怀革命先烈英雄事迹，激发党员爱岗敬业、实现中国梦的热情。

（虎成云）

宁夏银行同心支行

【存款数据】 2017年，宁夏银行同心支行各项存款余额84731万元，较年初新增长18868万元。其中：对公存款54405万元，较年初增加9382万元。储蓄存款26013万元，较年初增加8701万元。保证金存款2030万元，较年初增加2030万元；各项存款日均余额78450万元，其中储蓄存款日均余额21235万元，对公日均余额53255万元。

【贷款数据】 2017年，各项贷款余额61069万元，较年初新增14567万元。其中：法人类贷款余额34525万元，较年初新增12035万元，个人类贷款余额26540万元，较年初新增4573万元，均超额完成分行下达的全年任务目标，贷存比指标72.07%。

【经营利润】 2017年，实现营业收入4467万元，利息收入3830万元，净利润2615万元，超额完成分行下达任务。

【资产质量】 2017年，不良贷款率为0，收息率达到100%。

【业务办理】 2017年，支行新增贷记卡750张，新增活卡460张，新增发卡金额1082万元，信用卡三期以上逾期率为零（除一户死亡的待核销外）；发展特约商户10户，累计办理POS机56台；新增小微业务贷款户数为31户，金额3734万元，现有小微业务贷款户数为93户，余额26934万元，小微业务增速大于贷款增速，小微业务申贷获得率为99.58%。累计开立个人账户14293户、一类账户13745户、二类账户548户，新增个人网银208户，累计开通1873户、新增企业网银26户，累计开通135户，新增手机银行3357户，累计开通7159户。

【金融扶贫】 2017年，累计发放各类金融扶贫贷款1151笔，金额8374万元，现有贷款余额的建档立卡户676户，金额2622万元，户均余额为3.9万元，户数的覆盖率为31%。

（王 翔）

黄河银行同心县农村信用合作联社

【存款数据】 2017年，各项存款余额338494万元，较年初净增长32964万元，增幅10.79%，完成计划任务的109.88%。其中，活期储蓄存款为292142万元，占比86.31%。日均较年初净增19296万元，完成计划任务的107%。

【贷款数据】 2017年，各项贷款余额244031万元，比年初净增31250万元。各项贷款累放454751万元，其中涉农贷款累放315812万元，占累放额的69.45%。贷款总量和贷款净增都位于全县各金融机构之首。

【不良贷款】 2017年，不良贷款余额为656万元，比年初净压456万元，不良贷款占比为0.27%，比年初下降0.25个百分点。2017年无新增不良贷款。

【经营效益】 2017年，实现各项收入23860.67万元；其中利息收入17227万元。受贷款利率下调上浮幅度因素影响，较去年同期下降107万元；金融机构往来收入5757万元，较上年同期增加2996万元；各项支出13857.43万元，实现净利润9667.8万元，较上年同期增盈2491.26万元。

【各项管理】 2017年，规范信贷、财务、人本等基础性管理，坚持按章操作、合规经营，提升抗风险能力，实现安全无事故，营造平安稳定环境。年末贷款损失准备金25445.01万元，较年初增加3409.67万元，增幅15.47%，拨备覆盖率3876.15%，贷款损失准备充足率598.03%，贷款拨备率10.43%，均高于监管标准。

【扶贫工作】 2017年，开展金融扶贫工作，同心农村商业银行共发放扶贫贷款48058万元，较年初增加17689万元。

【金融扶贫】 加大金融扶贫力度，成立调研小组，深入贫困村户摸底调查，因地制宜研发扶持方案。建立联动机制，确保上传下达、下情上报。简化中小企业、微型企业以及个人贷款业务的受理审批流程，开辟贫困户专享绿色服务通道，提升服务效率。从实施信贷政策倾斜、加强产品服务创新等方面探索金融精准扶贫路径。重点支持农户产业发展致富，创建“公司+农户”模式，以不断加大信贷支持力度帮助贫困户增收脱贫。持续在贫困地区推广手机银行、微信银行等“互联网+”平台，加大自助服务机具的投放，设立约152个便民自助服务点。2017年，黄河银行同心县农村信用合作联社手机银行客户数已超过13000户，在全县农户结算服务中，已实现“无缝”对接，实现大额结算不出镇，小额取现不离村。开展“金融知识进万家”等公益活动，先后累计开展宣传教育活动超过35场，受益群众超过5万多人。优先选择部分贫困农户开展帮扶，以点带面逐步推动整体脱贫，2017年，投放建档立卡贫困户贷款12547户，金额48058万元，较年初增加3568户，金额17689万元。扶贫贷款户数、金额、覆盖面均位居县域金融机构首位。

【夯实信贷市场】 改进金融服务，加大有效的信贷资金投放，推动新农村建设和县域经济的快速发展。打造小额农贷品牌，以小额农贷为平台，全力支持农户的农业生产贷款需求，全年累放农户贷款258142万元，同比增加55594万元，增长27.45%，涉贷农户36312户，占总农户的46.15%。支持个体经商及种养殖大户，采取互保、房产抵押、担保基金担保以及农户联保等方式，对还款来源有保障的个体经商及种养殖大户加大信贷扶持力度，抢占优质信贷市场，培植优质信贷客户。共发放个体经商及种养大户贷款3243户，金额85268万元。对产品有市场、经营前景好的农业龙头企业和民营企业加大信贷扶持。与伊兴羊绒、宏业工贸等民营企业建立信贷、结算业务往来，累放贷款18725万元，增加贷款余额1340万元。重点支持高效农业、规模农业和县域支柱产业。扶持韦州镇庆华村、河西镇旱天岭村的牛羊养殖、兴隆乡兴隆村牛羊养殖、丁塘镇新华村的果木种植等为重点的农业生产基地，产生良好的规模效应和经济效益，为农业增产、农民增收开辟“绿色通道”。

【中间业务市场】 2017年，开立工会卡，已对外正式发卡5639张。开办各类代收代付业务，2017年代发粮食直补款、代发民政低保金、代发乡镇财政工资等对公业务，代付资金67311万元。2017年，累计办理存放同业92笔，金额73.9亿元；同业拆借27笔，金额17.5亿元；转贴现8笔，金额9.6亿元；投资同业存单5笔，金额3亿元；共计实现收入5757万元。

（黑忠礼）

保　险

中国人民财产保险股份有限公司同心支公司

【经营目标完成情况】 2017年，人民财产保险股份有限公司同心支公司实现保费收入9371.56万元，增速37.4%，同比增加2551.08万元。其中：车险保费收入6039.76万元，商非保费收入836.37万元，农险保费收入2495.43万元。按产品线分，车险产品线保费收入6039.76万元，较上年净增748.59万元，同比增长14.15%。财产险产品线保费收入187.32万元，较上年净增110.55万元，同比增长144%。责任信用险产品线保费收入106.84万元，较上年净增15.14万元，同比增长16.51%。意外健康险产品线保费收入531.5万元，较上年净增272.19万元，同比增长104.97%。共处理赔案4111起，较上年减少318起，同比下降7.2%，支付赔款3753.24万元，较上年增加430.38万元，同比上升13%，简单赔付率54.3%。共有未决赔案411件，同比减少86件，同比下降17.3%，未决赔款1785.35万元，较上年减少107.79万元，同比下降5.7%。全险种案件处理率102%。综合赔付率55.13%。全年共实现利润1248.91万元。

【农业保险】 为加快政策性农业保险在全县推广覆盖，同心支公司拟定《同心县农业保险实施方案》，方案融合组织保障、人员部署、承保管理、理赔管理等内容，形成县乡两级政府与保险公司联动。政府筹措财政资金，将主要农作物统一财政出资，确保农民收入稳定，为防范主要农作物种植农户风险，同心支公司成立工作小组，参与信息收集和宣传人员近30人，深入农村一线宣传政策，累计为近40000户农民种植户承保政策性农业保险。

【乡村干部责任险】 同心县支公司与政府部门合作推出的乡村干部责任险至今已开办六年，通过不断跟进，达成“政府搭台、保险唱戏、联合开发”的普惠型民生保险合作意向，每年为全县154个行政村近千名乡村干部投保责任保险。

【残疾人保险】 2017年，人民财产保险股份有限公司同心支公司开拓商业保险新领域，形成《同心县残疾人团体意外伤害保险实施方案》，上报同心县政府，建议列入同心县2017年为民办理实事范围。《残疾人团体意外伤害保险实施方案》作为同心县2017年为民办理十件实事之一，确定同心支公司为该项目承办服务机构，该险种采取“政府全额补贴、保险公司市场运作”的原则开展，于2017年1月1日成功签订保险合同，实现保费收入125.39万元。此险种的签订，开拓了同心支公司县域特色业务的保险市场，实现了“一县一品”发展模式，为全县12539人残疾群体每人提供保额为11.4万元。

【“扶贫保”产业保险】 开拓商业保险新领域，以农业保险为突破口，在与县财政、扶贫办等县职能部门充分沟通协商基础上，形成《精准扶贫财产类“扶贫保”实施方案》，上报同心县政府。2017年4月，同心县人民政府办公室下发《同心县人民政府办公室关于印发精准扶贫财产类“扶贫保”实施方案的通知》。财产类“扶贫保”涉及中药材种植、马铃薯收入、红葱种植、小杂粮产量、硒砂瓜种植、黄花种植、基础母羊和基础母牛养殖等8个险种。该实施方案为建档立卡百姓住房提供保险，是扶贫工作风险补偿的完善，也是全区唯一将住房保障列入“扶贫保”保险之中，彰显保险对扶贫工作的助推作用。

【大病保险】 人民财产保险股份有限公司同心支公司多次与县卫生计生局、县医办、人保财险宁夏分公司主动对接，通过完善政策，健全机制，加强衔接，多层次、多角度推进相关工作，并在人保财险同心支公司设立大病医保报销窗口，提供一站式服务。2017年，共为2000人次办理大病医疗理赔服务，赔付金额共计近800万余元。

【融资支持】 2017年，贯彻落实党和国家有关金融产品创新、支持实体经济发展的方针政策，争取上级单位支持，引金入同，与同心县政府深入合作，携手探索“政融保”金融扶贫新模式，支持地方农业产业化发展。结合同心县特色产业发展实际，开展险资直投支农融资创新试点工作，项目提供1亿元融资信用额度，为同心县贫困户及扶贫企业、合作社、新型农业经营主体发展构筑低成本、高保障的融资支持体系，支持同心县特色产业规模化、产业化、标准化发展，带动建档立卡贫困户增收脱贫。

【保险保障体系】 依托推进农网体系建设，建成河西、王团2个三农保险营销服务部，三农保险服务站5个，建立农村保险服务网点28个，在每个村选定1名村社干部作为农险联络员，负责本村区域内农业保险和涉农保险业务的宣传发动、信息收集、凭证发放、查勘定损和赔款支付等工作，实现村级服务体系全覆盖。

（马小娟）

中国人寿保险股份有限公司同心支公司

【业务指标完成情况】 2017年，中国人寿保险股份有限公司同心支公司实现总保费9300万元，同比增长27%，其中新单保费5236万元，续期保费4064万元。首年期交保费2046万元，同比增长12%；短险保费1876万元，同比增长20%；趸交保费1314万元。各类给付款累计2117万元。

【风险防范】 开展“两个加强、两个遏制”回头看、防范打击非法集资风险排查等工作，发现问题及时整改，提升公司的风险管控能力。加强销售人员诚信合规教育，从销售源头杜绝风险发生。公司各部门按照内控风险检查发现的问题检查发现的问题进行整改。

【“扶贫保”业务】 结合脱贫攻坚相关工作部署，对城乡居民基本医保、大病保险补偿后需个人负担的住院医疗费用，直接纳入理赔范围，按照“扶贫保大病补充医疗保险”确定的理赔规则，按比例进行理赔报销。取消分级累进理赔比例，将目录内医疗费用理赔额度比例大幅提升至70%。将医保不予赔付的目录外医疗支出纳入“扶贫保大病医疗补充保险”赔付范围。提高特殊人群特殊病种的理赔比例，如在保险期间内罹患上述特殊病种，在个人年度限额内，目录内医疗支出按100%的比例予以赔付。实现院端一站式结算，提高赔付效率及减轻建档立卡户医疗支出压力，提升赔付覆盖面。对符合条件人员，在医院端直接赔付，根除因相关原因漏赔的问题，实现无清单院端实时结算，方便快捷、应赔尽赔。

（黑国庆）

中国平安人寿保险有限公司同心支公司

【概　况】 2017年，中国平安人寿宁夏分公司同心支公司实现总保费收入200余万元，较上年增长30%，累计理赔结案110多件，医疗赔付120余万元，重大疾病、身故案件赔付60余万元。2017年，配合人民银行的工作，多次参与户外宣传，配合人民银行做好反洗钱及非法集资工作，维护金融稳定。

（马　良）

中国平安财产保险公司同心支公司

【概　况】 2017年，中国平安财产保险公司同心支公司全年全险种保费1.97亿元，增速19%。全年车险保费1.87万元，增速20%。财产险303万元，增速-5%，意健险651万元，增速3%。新渠道保费3464万元，增速5%。综拓保费7418万元，增速9%。车商保费3898万元，增速42%。传统保费1645万元，增速24%。银保保费1515万元，增速16%。代理保费1733万元，增速71%。

（李　军）

中国太平洋人寿保险有限公司同心支公司

【概　况】 2017年，中国太平洋保险公司同心支公司实现标保2003万元，同比增长66%，实现新保440万元，同比增长62%，增速同比市场排名第一。

（丁玉柱）

民族宗教

综 述

【民族团结创建】 2017年，制定《同心县“十三五”期间民族团结进步创建深化行动实施方案》和《2017年度民族团结进步创建工作安排》，创新民族团结进步创建示范点建设，形成乡村“五抓一树”（乡村抓宣传教育、经济建设、社会管理、移风易俗、细胞工程、树先进典型）、社区“五好一多”（社区宣传教育好、社会管理好、环境整治好、文化活动好、邻里关系好，先进典型多；）、机关“五个围绕”（机关围绕宣传教育抓创建、围绕机关文化抓创建、围绕作风建设抓创建、围绕业务工作抓创建、围绕脱贫攻坚抓创建；）、企业“七抓七促”（企业抓宣传教育促团结发展，抓诚信经营促持续发展，抓企业文化促实力发展，抓行业带头促产业发展，抓安全生产促健康发展，抓品牌培育促跨越发展，抓扶贫济困促和谐发展）、学校“123456”［学校创建一个主题（中华民族一家亲，同心共筑中国梦）、两项任务（构建社会主义民族关系、构筑中华民族共同体意识）、三个行动指南（创建标准、创建实施方案、教学计划）、四项重点教育内容（爱国主义教育、民族认知教育、红色文化教育、文化素质教育）、五个途径方法（学科教学、主题班会、竞赛比赛、文化传承活动、社会实践）、六个评价机制（全校测评、年级考核、班级评优、才艺表演、作品展示、先进经验）］、宗教场所“六项教育”［宗教场所抓爱国主义教育、民族团结教育、社会主义核心价值观教育、五大发展理念（脱贫攻坚）教育、国策法规教育、文化科普教育］、军营“军民鱼水情、共筑中国梦”八类各具特色的创建载体。开展民族团结进步宣传教育“八进”（进学校、社区、乡村、机关、企业、军营、社会组织和宗教活动场所）活动、民族团结进步创建“细胞工程”，把民族团结家庭、楼院、村社、社区邻里节、“巧媳妇大赛”等创建活动与社会主义核心价值观教育、移风易俗等活动相互融合，深化“五个认同”（对伟大祖国的认同、对中华民族的认同、对中华文化的认同、对中国共产党的认同、对中国特色社会主义的认同）教育，力促各族干部群众人心归聚、精神相依。讲好民族团结一家亲，传递民族团结好声音。民族团结题材微电影《干亲》，荣获全市“民族团结花更红”微电影大赛一等奖。迎接自治区、吴忠市民族团结进步创建互观互检观摩，打造区级示范单位5个，打造豫海镇兴隆村、豫西社区、财政局等示范点21个。迎接甘肃统战部、民委、灵武市、彭阳县等区内外多家单位的观摩学习。

【宗教管理】 加强宗教活动场所管理，落实《同心县宗教活动场所建设管理暂行办法》，健全完善宗教场所建设联席会议制度，宗教场所建设须经联席会议研究方可审批，形成逐级报批、宗教把关、国土审核、建设监管、消防指导的监管机制。加强大型宗教活动管理，按照“谁主办、谁负责”的原则，约谈重点宗教人士和宗教场所负责人10人次。创新大型宗教活动安全管理，莲花山、云青寺等5000人以上的大型宗教活动通过购买社会安保力量参与活动管理。

【“和谐寺观教堂创建”】 组织召开全县宗教工作会议，对近年来全县涌现出的20个和谐寺观教堂创建先进集体和20名先进个人进行表彰。开展社会主义核心价值观、国旗、党报党刊、文化书屋、法律法规等进清真寺活动，在23个清真寺建造国旗台、并进行升国旗仪式。组织开展“念好两本经，再做新贡献”主题实践活动，引导宗教界加强对宗教教义教规的学习，科学解经，引导信教群众爱党爱国爱教，正信正行。

【宗教人士教育培训】 举办中共十九大精神专题培训班和《宗教事务条例》学习培训班，全年共组织召开“三支队伍”学习培训54场次，培训人员6100多人次。抓好宗教人士培训，继续举办宗教人士第三届学历教育大专班，招收学员40名，已于9月开班。强化宗教人士的宣传教育，坚持“三定”学习制度，全县宗教人士和宗教活动场所管委会负责人培训全覆盖。

【专项治理】 发挥宗教三级网络、四级信息平台的作用，开展宗教领域矛盾纠纷排查化解工作，化解各类矛盾纠纷8起。全年民族宗教领域没有发生群体性或越级上访事件。清理整顿清真寺“高音喇叭”，做到宗教事务不干涉群众日常生活。对全县范围内8所伊斯兰教经文学校，5所经文班，51个清真寺经堂教育开展专项治理，对不符合标准的1处经文学校责令限期整改，依法取缔非法经文班2处。依法治理非法宗教活动，坚决制止个别姓氏以寻宗祭祖为名，擅自举办大型宗教活动的现象。

【清真食品管理】 开展“清真泛化”专项治理工作，对全县生产企业、超市、小作坊等开展专项整治，收回天予等9家纯植物性食品生产企业的清真食品准营证，督促企业更换包装，督促超市卫生纸、酱油、醋等商品下架及更换包装。2017年，共检查餐馆120多家，摊点560多个，对2家大型粮油批发配送店主要负责人进行约谈，责令整改，从源头治理清真泛化。加强节日期间清真食品的监督检查，对部分生产企业、小作坊、超市开展重点整治，治理清真食品不清真的问题，维护市场经营秩序。

【宗教界移风易俗宣传教育活动】 向全县宗教界发出《践行移风易俗，树立文明乡风》移风易俗倡议书，动员全县宗教人士挖掘经典教义，集中宣讲移风易俗，举办“移风易俗”专题“卧尔兹”演讲活动。

【助力精准扶贫】 2017年，争取少数民族发展资金1580万元，实施红旗等4个村少数民族特色村寨保护与发展项目，黄石等9个村庄亮化工程，安置太阳能路灯350盏，吊堡子等14个村村道硬化25千米，扶持上河湾枸杞种植等特色产业资金50万元。贯彻落实国家民品民贸政策，全县现有民品民贸企业54家（民品企业3家，民贸企业51家），多为土特产加工、羊绒精梳和民族服装加工等，为建档立卡户贫困户解决长期务工、季节用工岗位，第一季度贴息1215万元，全年贴息4900万元。到旱天岭村结对帮扶的建档立卡户家中走访，宣传精准扶贫工作制度，发放连心卡，为每户群众送去50只雏鸡，为残疾人家庭送去棉衣、棉被物品，为群众提供脱贫出路。

【党的建设】 加强党建工作，建立健全定期研究党支部建设工作制度和班子成员党建联系点等项制度。按照党建工作目标，全面推行目标责任书管理，对党建工作做到逐项落实，修订完善党员教育管理、廉洁自律、考评考核、发展党员、党支部委员职责等各项制度。加强党员思想建设，强化党员党性教育，引导党员干部阅读经典、学以致用，坚定理想信念，牢固树立“四个意识”，争做“四讲四有”合格党员，党支部凝聚力得到提升，党组织建设有力推动全局各项工作的开展。

【党风廉政建设】 履行党风廉政建设第一责任人责任，严格执行党风廉政“一岗双责”，按照“层层有责，人人有责”的工作思路，明确班子成员的责任，制定党风廉政建设责任制，明确全年党风廉政建设和反腐败工作目标任务，落实目标责任，严格执行中央“八项规定”精神，对朝觐收费等群众关心的问题及时公开，坚持行政原则，特别是在人、财、物的管理上，严格按政策、按程序办，符合政策规定的立即批办，并要求限时办结。

（杨克斌）

伊斯兰教协会

【思想政治建设】 学习宣传贯彻党的十九大和全国、全区、全市、全县宗教工作会议和中国伊斯兰教第十次代表会议精神，坚持伊斯兰教与社会主义社会相适应，组织伊斯兰教界人士结合学习习近平总书记系列讲话精神和自治区第十二次党代会精神，领会党的民族政策和宗教工作基本方针，坚持宗教的中国化方向，引导伊斯兰教与社会主义社会相适应，引导广大穆斯林群众在清真泛化、“沙化”“阿化”等苗头性倾向性问题上保持清醒头脑。

【教务工作】 印发《同心县伊斯兰教界“推动移风易俗　树立文明乡风”倡议书》，组织伊斯兰教界人士在全县600多座清真寺开展专题“卧尔兹”演讲，编印《同心县推动移风易俗、建设尚俭同心》卧尔兹演讲读本3000册，引导阿訇科学解经，引导穆斯林群众破除陈规陋习，节俭办理婚丧喜庆事宜，树立文明新风，营造良好社会新风尚。支持伊斯兰教界参与民族团结进步创建和“和谐清真寺”创建活动，引导宗教人士在社会公益事业中发挥作用。坚决抵御境外组织利用伊斯兰教进行的渗透活动，支持政府坚决打击宗教极端思想在同心县传播。协助统战、宗教部门依法管理宗教事务，做好大型伊斯兰教活动的管理、协调和服务工作，落实宁夏伊斯兰教“三个实施办法”，全年协调化解宗教教务矛盾纠纷4起，回应穆斯林群众来信来访3起。规范阿訇宗教行为的管理，向全县清真寺印发《规范主麻日“卧尔兹”演讲推荐篇目》，规范阿訇在日常宗教活动及主麻日“卧尔兹”演讲的内容，增强教育引导的时效性。

【专题培训】 联合自治区伊协，举办全县伊斯兰教教职人员解经培训班，邀请学者就“社会主义价值观与伊斯兰教价值观”“适时本土化伊斯兰中国化的人类学解读”“中国伊斯兰教教派格局初探”等专题进行论述，培训宗教教职人员和寺管主任200多名。举办新修订的《宗教事务条例》专题培训班，解读新修订的《宗教事务条例》修订的背景、意义和亮点，培训150多名宗教界人士。注重教职人员的培养工作，推荐4名阿訇参加自治区伊斯兰教界在职研究生班。

【禁毒宣传】 组成宣讲团，先后在6个乡镇开展禁毒“卧尔兹”巡回演讲8场次，共有近万人聆听演讲。开展“我禁毒我参与”主题“卧尔兹”演讲比赛，响应县委关于在全县范围内开展新一轮禁毒人民战争，推进宗教人士助力禁毒人民战争。

（马烈英）

乡镇（管委会） 社区概览

豫海镇

【概　况】 2017年，豫海镇工农业总产值达到38.66亿元，同比增长8%；城乡居民收入大幅度提高，农民人均可支配收入达10215元，同比增长7%；城镇居民人均可支配收入达到21900元，同比增长8%，人口自然增长率控制在12‰以内。2017年，有18499户48095人，全为城镇户口，其中，回族人口44711人，汉族人口3304人，其他少数民族80人。

【种植业结构调整】 2017年，全镇完成粮食播种面积17400亩。其中：节水玉米16600亩，小麦500亩，油料（葵花）300亩；深化农业产业结构调整，在引进雄飞现代农业开发有限公司的基础上又引进一家企业，在园艺村和城二村继续流转耕地4000亩，种植甜椒、辣椒等蔬菜。

【草牧产业】 全镇肉牛饲养8800头，其中，存栏2600头，出栏6200头；羊饲养量18万只，其中，存栏5.6万只，出栏12.4万只，畜牧养殖业实现收入3880万元。2017年，强化与杨哈吉饲料企业联系，实行企业托管养殖专业合作社方式，为兴隆养殖园区乃伊穆养殖协会130余户养殖户担保发放贷款2000余万元，实现统一建设，分户饲养、统一销售的运行模式进行饲养，全年入园养殖户130户，现存栏育肥羊2.6万只，肉牛500头。加强家禽、牲畜小反刍等疫病防控工作，全年未发生重大疫情。

【脱贫攻坚】 2017年，先后兑付“产业扶持巩固提升”和“整村推进”等项目资金66.96万元，为6名建档立卡贫困户重病患者发放医疗救助1.7万元，为418名二级以上重度残疾人发放补贴，为551名贫困户购买城乡居民合作医疗和“脱贫保”。完成建档立卡贫困户16人住院治疗费用报销，对166名特困户重病患者救治6.75万元；强化县教育扶贫政策宣传到户，为建档贫困户中25名学生申报县教育扶贫基金和“雨露计划”（对2017—2018学年建档立卡贫困户中接受中、高职教育的学生，补助标准为每人每学年3000元，补助资金打入学生家长一卡通账号）项目。完成4个村161户建档立卡贫困户评级授信工作，为94户发放贷款339.5万元。完成122户（劳务移民71户）建档立卡贫困户2016年度贷款贴息129100.28元。2017年，全镇未新增贫困人员，在原有建档立卡贫困户中，“冻结”2户6人（双重户籍1户4人）、删除婚出、迁出、死亡、双重户籍等28人、修改系统基础信息113条；整改落实扶贫开发工作成效考核反馈问题6个；2017年，豫海镇有务工人员120人，其中县外务工48人，县内务工72人（扶贫产业园务工5人）；成立劳务移民服务站，建立劳务移民信息服务微信群，及时答复移民有关政策和住房维修问题，对205户劳务移民进行入户调查，摸排务工和技能培训需求，统计第一、第二季度收入情况，A、B、C三个安置区入住劳务移民127户，占总户数的62%；成立4个劳务移民核查工作组，排查111户未入住原因，并告知劳务移民于10月底前完成入住。

【招商引资】 通过“走出去、引进来”，加强协调服务，加强软硬环境建设，强化跟踪落实，全面完成招商引资6000万元，完成下达任务的60%。

【商贸流通】 坚持“建设大市场，搞活大流通，发展大商贸”的思路，以商贸城、建材城以及其它专业市场为平台，做强做大商贸、餐饮、服务业。抓好生海、奇虎、荣世等一批集购物、住宿、餐饮于一体的商贸龙头企业，提高企业的管理水平和服务质量。抓好同心商城、清水湾农贸市场等商贸流通的管理，使豫海镇的商业零售、建材销售等传统产业得到快速健康发展。发展汽车销售服务业，凯迪汽车大世界、福兴汽贸等汽车销售服务企业快速发展。鼓励、支持和引导以个体私营为主的非公有制经济快速发展。全镇的私营企业和个体户分别达到264家和3510户，完成社会消费品零售总额8亿元。

【劳务产业】 发挥阿语翻译、回族家政等特色劳务品牌，全镇共输出劳务5000人次，实现劳务收入5500万元，其中有组织输出2600人，实现劳务收入2900万元。全镇培训劳务职业技能人员660人（次）。

【农田基本建设】 做好秋季农田工作，建设完成园艺村5000亩田林路渠综合整治精品点。全镇共投工投劳9000余人，投入资金800余万元，动用各种车辆586台次，共完成机深翻5000亩，集深松1000亩，激光平地2000亩，清挖渠道123条75千米，整修农路3条6千米，秸秆加工利用3500吨，平整林带1000亩，拉运土方5000立方米，清理垃圾550吨，病虫害防治500亩，补植补造3000株，修剪树木25万株，涂红刷白25万株。

【环境综合整治】 在羊绒工业园区周边、园艺村火车站一带及兴隆村S101沿线和富兴社区市场及北沟沿线等重点环境区域进行大整治，动用各种车辆清除垃圾15000余吨、动用土方10000立方米、刷写标语16条、清理小广告2000余处。加大重点区域环境卫生治理，整治清理包括S101线、铁路、福银高速过境段在内的脏、乱、差问题。

【生态环境治理】 对豫海镇涉及的福银高速、铁路、S101线、同石路、同预路、高兴路等主干道路进行整治和绿化，完成造林100亩。巩固封山禁牧成果，加大林草种植面积，加强镇区周边各种林地保护，杜绝乱砍滥伐现象。

【城市建设】 2017年，共完成征地375.5亩，确保县城新区建设重大项目建设顺利开工。以完善老城功能建设和改善人居环境为重点，协调配合各部门做好老城棚户区改造拆迁工作，棚户区改造签订拆迁协议10222户。加强与纪检、国土、住建、财政、审计、农经等部门的联系，做好省道S101改线、县职教中心、豫海人民公园等项目征地和拆迁工作，配合完成新汽车站征地工作。协调解决豫园、新华两个社区的阵地建设，年内豫园社区服务站正在筹备装修中，新华社区服务站正在建设中。推进社区网格化建设，完善社区居民基础信息，促进社区服务居民数字化和精准化。

【精神文明建设】 开展民风建设活动，全镇按照“十个一”（一是用好一个村级活动场所、二是建好一条民风示范巷、三是用好一个农民文化广场、四是建立一套村规民约、五是成立一个红白理事会、六是成立一个道德评议会、七是设立一个善行义举榜、八是用好一个“道德大讲堂”、九是建立一支志愿服务队伍、十是建立一支乡贤队伍。）标准，各村、社区成立“一约四会”（“一约”指村规民约，“四会”指红白理事会、道德评议会、村民议事会、禁毒禁赌会），组织启动“学雷锋”暨“移风易俗”志愿服务月活动，在干部群众中开展孝老爱亲等活动，开展移风易俗工作。2017年，豫海镇新华社区、豫西社区和兴隆村成功创建县级文明村（社区）、城二村创建为市级文明村，豫海镇成功创建区级文明乡镇。参与推荐道德模范，最美同心人评选活动，开展“好婆婆”“好媳妇”“乡村好人家”“道德模范户”等评选活动，发挥文明家庭示范带动作用。

【社会事业】 加强对辖区内学校基础设施薄弱建设、学生营养午餐改善的监督管理，整合教育资源，缩短城乡教育差距，促进教育均衡发展。完成“少生快富”5例，健康孕检462例。争取妇女创业等各类小额信贷2000余万元。依法管理宗教事务，坚持“五个认同”（对伟大祖国的认同、对中华民族的认同、对中华文化的认同、对中国共产党的认同、对中国特色社会主义的认同）、“五个维护”（维护社会稳定、维护社会主义法制、维护人民群众根本利益、维护祖国统一、维护民族团结），保持“回汉一家亲”，遏制宗教极端思想的渗透，在兴隆村、豫西社区打造全区民族团结进步示范点，民族团结进步创建取得显著效果。加强武装和“双拥”工作，依托红军西征纪念园、烈士陵园，大力开展国防教育和爱国主义教育，完成基干民兵和预备役整组、点验、集训。统筹城乡居民养老保险工作，全年完成养老保险908人，占任务8710人的10.42%。核查落实惠民政策，核对落实504户救灾资金195100元；及时落实2694户城乡低保、861户失地农民补助资金、20人农村高龄和51人城市高龄补贴，22户五保户补助，47户孤儿补助资金。上报108户城市大病医疗救助，52户农村大病医疗救助，131户失地农民大病医疗救助。核查全镇享受低保和失地农民补贴情况，共核销城乡低保人员1370户2344人，其中，城市低保828户1409人，农村低保259户331人，兜底户1户1人，失地农民282户604人。为全镇1714名残疾人进行核实建档，残疾人的权益得到有效保障。完善被征地农民生产生活保障，鼓励全镇21户34名被征地农民参加养老保险。完成第一届镇妇联换届选举，维护妇女的合法权益。召开豫海镇残疾人联合会第五届代表大会，选举产生新一届主席团和执行理事会、参加县残联第五次残疾人代表大会代表及第五届主席团委员。

【社会治理】 2017年，全镇共受理群众来信来访256件684人次，全年共排查和调处各类矛盾纠纷247件。镇党委共收到上级信访转办件共19件，答复15件，4件正在办理中。深化禁毒工作，巩固无毒社区（村）创建活动成果，推进社区戒毒（康复）工作。加大禁毒宣传工作，组织开展禁毒宣传教育座谈会1次，成立禁毒帮教小组，对全镇579名涉毒人员，92名社区戒毒、社区康复人员建档立卡，安置就业92人。开展“七五”普法和法律培训工作，开展普法宣传活动2次，印发普法宣传材料3000余份，张贴宣传画100余张，接待群众法律咨询1000余人次。开展安全生产工作，开展“安全生产百日大整治”活动，召开专题会议4次，开展安全宣传教育2场次，开展排查活动4次，排查整改安全隐患85处，保障群众的生命财产安全，2017年，无重大安全事故发生。

【党建工作】 年初与各党支部签订党建目标管理责任书。以“强龙工程”和“星级基层服务型党组织建设创建”活动为统领，落实“两管三评一推优”管理考核机制，开展党员评星定格、无职党员设岗定责、民主议政、“三会一课”等有效做法，基层组织战斗堡垒作用得到发挥。开展慰问送温暖活动，先后慰问困难党员、退伍军人、困难群众、孤残儿童、闲散青少年550余户，发放慰问金及慰问物品共计20万余元。开展“下农村、送政策、抓改革、促发展”下基层活动，机关党员干部开展结对帮扶贫困工作，镇领导班子成员每人结对帮扶4户以上建档立卡贫困户或农村困难群众。开展“两学一做”学习教育，镇党员领导班子共讲党课12次，组织开展专题讨论5次。组织党员干部开展自治区第十二次党代会精神宣讲、农村党员利用现代远程教育平台开设扶贫大讲堂观看电教片观看电教片、默写入党誓词、在同心烈士陵园面对党旗重温入党誓词等活动，坚定党员的理性信念，促进全镇干部的工作积极性。

【党风廉政建设】 学习贯彻中央“八项规定”和区市县相关规定，落实党委主体责任和纪委的监督责任，落实“一岗双责”，年初召开全镇党风廉政建设专题会议，安排部署相关工作，签订2017年豫海镇党风廉政建设目标管理责任书，落实责任主体。推行廉政风险防控管理工作，编制党委职权目录及流程图，梳理并公示责任清单和权力清单，制定党委会议议事规则、豫海镇机关财务管理制度、公务车辆管理制度等一系列制度。开展“铸廉铸勤”行动，开展整治和查处损害群众利益的不正之风和腐败问题，全镇没有发现截留扶贫款或扶贫款发放不精准问题。完成县纪委转办案件3件，对党员干部起到警示作用。

（苏小东）

丁塘镇

【概　况】 2017年，丁塘镇有13338户41761人，其中城镇户1827户共5095人，乡村户11511户共36666人，回族人口41674人，汉族人口79人，其他民族8人。

【农村经济】 加大农业、水利等基础设施建设，推进产业结构调整，在河草沟村实施绿色增产模式攻关示范项目，在全镇建设控施肥试验点、玉米精准对比和展示试验点、碳基肥试验点等试验点3个。发展高效节水农业，建设河草沟村高效节水灌溉项目，项目的完成将对6000亩耕地实施节水灌溉。

【畜牧产业】 发展畜牧产业，全镇牛存栏2.49万头，饲养量869万头。羊存栏13.12万只，饲养量25.2万只。新建标准化圈棚2万平方米。

【精准脱贫】 2017年，全镇共有建档立卡户665户2382人，有脱贫户83户340人。核销1687人（其中农村低保1302人、城市低保385人）。开展“低保线”和“扶贫线”的“双线”核查工作，丁塘镇共有295户应纳未纳的贫困对象，正按“两评议两公示一比对一公告”程序进行纳入工作。

【社会事业】 加强农村教育、医疗卫生、计划生育、安全生产、民族团结、移风易俗等工作，抓好生活困难群众救助和帮扶。实施农村危房危窑改造项目，全年完成危房危窑改造279户，其中建档立卡户47户，低保户101户，一般户131户。开展安全生产隐患排查，完善隐患排查“三个清单”。完成金家井村城东防护林项目。开展移风易俗各项创建活动。

【社会管理】 开展矛盾纠纷排查化解和处理农村的各类矛盾纠纷，调处矛盾纠纷100余件，化解金家井村、杨塘村等一系列矛盾纠纷。做好“河长制”各项工作，开展沟渠河的集中清理，完善各类档案资料。加大土地执法工作力度，对19处违法建筑进行强制拆除。做好环境综合整治工作，建立农村环卫保洁队伍。加强秸秆禁烧和综合利用工作，成立50人的防火员队伍，坚决控制焚烧秸秆行为。狠抓禁毒工作不放松，开展禁毒宣传教育。完成马塘水库2257亩土地征收及工程协调工作。

【党建工作】 开展“三大三强”（加大投入力度、强化基本保障，加大培训力度、增强能力素质，加大调整力度、选优配强基层党组织书记）行动，实施“两个带头人”（党组织带头人、农村致富带头人）工程和基层党建“强龙工程”，规范各村党支部“三会一课”（定期召开支部党员大会、支部委员会、党小组会，按时上好党课）“民主议政日”“评星定格”“无职党员设岗定责”等工作，开展“两学一做”学习教育。如期完成19个村“两委”换届选举工作。实施“铸勤行动”工程，对2名村党支部书记和1名村委会主任进行诫勉谈话，并提出整改意见。抓好案件查办工作，接到县纪委交办信访件3件，立案处理完结2件，正在调查取证1件。

（杨　硕）

河西镇

【概　况】 2017年，全镇地区总产值达到11.74亿元，农民人均可支配收入达到9072元，同比增长12%，国民经济持续健康发展，全镇综合经济实力显著增强。2017年，河西镇有16763户56446人，其中城镇户4051户共12740人，乡村户12712户共43706人，回族人口54911人，汉族人口1523人，其他少数民族12人。

【种植结构调整】 2017年，完成玉米种植12万亩、小麦1.5万亩，油料0.7万亩，露地蔬菜1.1万亩，其他作物1.8万亩。

【畜牧产业】 2017年，肉牛饲养量9万头，其中存栏4.1万头，出栏4.9万头。羊饲养量15万只，其中存栏6.5万只、出栏8.5万只，新建旱天岭为肉牛养殖专业村、马家河湾为养羊专业村各1个，完成桃山村周文元家庭农场1个、上河湾村田金林家庭牧场1个。完善重大动物疫病疫情应急预案，层层落实防疫责任，疫病防疫密度和耳标佩带率达到100%。推行天然草原保护补助奖励机制，全镇41.9万亩的天然草原保护补助奖励资金得到落实，并全部建档立卡。加大禁牧封育工作力度，成立封育禁牧工作领导小组，坚持不间断巡查，杜绝偷牧现象。

【生态林业】 完成同德、菊花台、旱天岭、上河湾、红旗村、同富等村村庄绿化工作，植树1.5万株，完成农场村美丽村庄植树造林150亩，在S101线、同红公路两侧、同德、菊花台、旱天岭移民村道路两侧种植树木220亩，完成退耕还林补植补造1600亩，雇佣大型机械平整林带，深挖树坑，修剪树木8万株，涂红刷白11万株，清理林带2000亩，平整林带1000亩，聘请89名建档立卡户家庭成员为生态护林员，加大对全镇林地的看护。

【产业结构调整】 石坝村、杨河套子村依托海宝粮食农民专业合作社流转土地2600亩（1000元/亩），大面积露地番茄种植，亩纯收入7370元。旱天岭村依托中核集团项目扶持资金，建造一座占地面积50亩的养殖园区，养殖园区圈棚50座，园区内肉牛饲养量达到400余头，羊饲养量8000多只，全村肉牛养殖达到1300余头、羊20000余只。同德村通过引导农民土地流转，支持企业发展有机枸杞产业。艾家湾村调整产业结构，种植节水作物，引导群众种植麦套黄豆套中药材的种植模式，全村种植1100多亩麦套黄豆中药材，套种每亩土地小麦亩产量450公斤、黄豆50公斤、中药材130公斤，亩均毛收入5680元。

【农田水利建设】 投资3969.75万元，完成下河湾12300多亩的土地整治项目、上河湾村5878亩土地整理项目，完成上河湾、李沿子村的土地占补平衡项目，新修下河湾、李沿子、上河湾三村渠道569千米，改建田间道路39千米，安装建筑物55954座。投入各类大型机械9000多台次对全镇各村环境进行整治，确定红旗、石坝、杨河套子、农场、上河湾5村为环境整治重点村，这5个村的环境整治为全镇整治的示范村。打造下河湾、红旗两个秋冬季农田建设精品点，投资2.65亿元完成马塘水库的建设任务。累计出动义务工9.2万人次，出动机械1.3万台次，清除玉米秸秆12万亩，秸秆加工利用3.5万吨；清挖渠道826条324千米，整修农路63条145千米。

【重点项目及两大任务】 投资3.2亿元，实施5.2千米京藏高速改造扩建工程，已完成征地拆迁等前期工作。完成5.1千米“304”省道扩建工程，7.7千米109扩建工程。投资2.6亿元，建造库容980万立方米的马塘水库已完成征地拆迁等前期工作。宁夏中利牧晖新能源有限公司投资7.6亿元在桃山村新建95兆瓦光伏产业园等重点建设项目已并网发电工作。中明投和聚能彗星投资8000万元在菊花台和同德村建设的10兆瓦的光伏屋顶扶贫项目已并网发电。

【扶贫开发】 围绕基础设施建设、特色产业培育等，整合各类项目下达资金2605.44万元，其中专项扶贫资金2289.6万元；产业扶贫资金315.84万元。已兑付专项扶贫资金1856.15万元（其中整村推进793.85万元、双到工程308.1万元、巩固提升682.2万元），资金兑付率82%（其中养殖基础母羊26081只；养殖基础母牛650头）。已实施产业扶贫1128户（其中养殖基础母羊4168只；养殖基础母牛72头），教育培训方面：完成电焊工培训100人次；致富带头人培训50人次；剪纸刺绣100培训人次；“雨露计划”155人次；驾驶证培训163人次；公益性岗位安排63人。生态补偿方面：发放护林员补助89人89万元。社会兜底方面：兜底保障户250户471人，识别新纳入兜底户150户283人。

【劳务产业】 2017年，共输出劳务人员13542人次（其中有组织输出8397人，自发输出5145人），实现劳务收入1.2亿元。组织各类劳务技能教育培训班8期，培训农民工2962人次（其中建档立卡户技能培训600人），成立劳务中介服务组织32家。在同德、菊花台等村组织群众就地输出，与润德企业对接，共向建档立卡群众发放枸杞采摘卡8000余份，枸杞采摘优先向建档立卡困难群众倾斜。

【河长制工作】 召开河长制会议并制定实施方案，成立领导小组，对全镇的河段进行分干包段，设立村级河长17个，聘用河道保洁员25人，负责清理河道垃圾，2017年，制止在河道采砂4起，清理河道垃圾430吨。

【“两学一做”学习教育】 开展“两学一做”学习教育，围绕《中国共产党党章》《廉洁自律准则》和习近平总书记系列重要讲话，特别是到宁视察重要讲话等重点内容，先后组织召开专题学习会议16次，围绕“六查六看六树”召开专题讨论交流6次，镇领导讲党课23场次，班子成员和党员撰写学习心得70余篇。依托“互联网+”搭建“指尖课堂”教学平台，发挥短信、微信、qq群迅捷优势，向每名党员及时发送学习计划和主要内容，共推送学习教育专题、扶贫政策、枸杞种植、牛羊养殖、劳务输出等信息370余条，扩展农村党员学习教育覆盖面。坚持“三会一课”制度，增强村党支部凝聚力。以开展民主议政日和“主题党日”活动为载体，组织各村党员每月集中参加学习讨论，在全镇开展党员学习日主题活动、“党员默写入党誓词”活动。

【社会事业】 落实社会治安综合治理各项措施，落实领导包案责任，明确领导接访制度，开展“六五”普法工作的总结暨“七五”普法安排，开展矛盾纠纷大排查，调处各类民事纠纷421起，调成率97%，严格领导信访接待日制度，全年共受理各类上访件386件次，解决386件次。全年共举办大型宣传活动59场次，讲座46场次，刷写固定宣传标语65条，印发放宣传资料3万余份。给予4名困难人员民政低保救助政策，安置就业29人。全年召开安全生产专题会议4次，组织开展大检查7次，对19个村，21所中小学和15个重点施工企业进行专项检查，共查出2家沙石场违法占地，2家幼儿园黑车接送学生，24辆农用车非法载客采摘枸杞，针对检查的安全隐患，及时责令整改并跟踪落实。全年召开4次由民族宗教人士参加的座谈会和2次教职人员培训会，为全镇98座清真寺安装消防器材。全年召开人大主席团会议4次，组织县人大代表调查研究、执法评议和实地视察等活动2次，以镇人大代表小组为单位进行活动1次；撰写专题视察报告2篇，接待群众来信来访39件次，其中来信11件，来访150人次，建立人大代表工作室。慰问61名退伍军人和重点优抚对象。组织全镇闲散青少年进行技能培训，全年培训120人次。加大对妇女的技术技能培训，全年开展各类培训班20期，培训妇女1200多人次，完成镇、村两级妇联换届选举工作，联合县妇联和金融部门，为镇17个村争取妇女创业贷款资金8000多万元。创建市级平安家庭380多户，和谐家庭150余户，增强广大妇女创业的积极性。全年自然增长率12.9‰，人口出生率控制在17.2‰以内，政策符合率达89.3%。

【基层党组织建设】 全镇19个行政村全部完成村党支部的换届工作，完成18个行政村的村委会换届工作。投资11.7万元，对建新、刺鸦嘴子等9个行政村的办公桌椅进行更换。投资3.9万元，对石坝、马家河湾等11个行政村的旗墩和旗杆进行重建和购买。投资30万元，对旱天岭村、同德村屋顶漏水等进行翻修，对19个村级活动场所内外墙进行粉刷。投资40万元，在大洪沟、红旗村各新建100平方米的文化活动室。投资104万元，对石坝、建新等13个行政村的文化活动室进行维修改造。吸收入党积极分子37名，发展对象17名，预备党员转正8名。

【党风廉政建设】 坚持“四议两公开”工作法，严格按照“四议两公开”程序进行操作，2017年全镇各村通过“四议两公开”办理的事项48件。开展基层服务型党组织创建活动，先后投资3.8万余元，完成19个村村务公开栏建设，对石坝、建新、塘坊、朝阳、马家河湾、李沿子、刺鸦嘴子七村的村部进行扩建，抓好杨河套子村、李沿子村基层服务型党组织示范点创建，提升基层党组织的服务能力和水平。发挥纪委的监督职责，强化镇纪委案件查办力度。上半年，镇纪律共立案3起，纪律处分2人，对同德村总支部书记在建档立卡户查漏补缺中责任心不强，把关不严，在群众中造成不良影响，经镇纪委查证属实，给予责任人党内警告处分。对大洪沟村原支部书记在收缴医保过程中存在乱作为，镇党委给其党内警告处分。对反映朝阳村原村两委班子在土地确权中存在乱收费现象，经镇纪委查证属实收缴违规资金17269.25元，对原支部书记给予党内警告处分。对红旗、同富、下河湾等5个村村两委班子成员在工作中存在不作为、慢作为现象，镇党委镇纪委对10人次进行诫勉谈话。

（黄永波）

韦州镇

【概　况】 2017年，韦州镇完成社会经济总收入8.5亿元，农民可支配收入达到9700元，同比增长12.5%和12%。完成闫卷、青龙山两个村的脱贫销号和河湾、庆华两个村的整村推进工作。2017年，有8707户25504人，其中城镇户5509户共15980人，乡村户3198户共9524人，回族人口19389人，汉族人口6113人，其他少数民族2人。

【农业结构调整】 采用“支部+企业+葡萄基地+贫困户”种植模式，引进泉州商会、新华集团等5家企业，规划种植葡萄10万亩，流转土地2.5万亩，种植葡萄9600亩。采取“支部+企业+合作社+基地+农户”的运作模式，发挥天佑、伊佳乐、多稼、梅涛等特色种植合作社及家庭农场带动作用，与企业签订种苗、种植、服务、销售等一体化的订单农业协议，带动农户共种植小杂粮、枸杞、黄花等1万亩。坚持走特色产业发展的路子，优化种植结构，采取“支部+合作社+农户”的发展模式，利用荣振肉牛养殖合作社青贮饲草料优势，打造“粮改饲”示范基地1.8万亩，形成种养一体化结构的草畜发展模式。

【畜牧产业】按照"支部 +6 村 +1 企 + N"肉牛养殖模式，发挥荣振、回清等肉牛养殖合作社及家庭牧场、规模养殖户的示范作用，提高肉牛养殖的数量和规模。以"支部 + 合作社 + 脱贫攻坚"的股份合作联合自营和托管模式，形成"金融扶贫 + 产业扶贫"链条，增强扶贫造血功能，纳入到荣振肉牛养殖联合合作社的建档立卡未脱贫 462 户 1404 人，每年向每户可分红 4000 元。发挥韦胜、新云等滩羊养殖合作社及家庭牧场、规模养殖户的带动作用，巩固提升滩羊养殖的数量和质量，培育庆华肉牛养殖专业村 1 个和韦一、甘沟滩羊养殖专业村 2 个，全镇肉牛饲养量达到 1.6 万头，滩羊饲养量达到 25 万只。

【旅游产业】紧抓宁夏东部环线旅游景区建设有利时机，编制完成《国家级特色小镇项目规划》《韦州特色小城镇总体规划》等项目规划，强化社会融资，与曼凯旅游开发有限公司对接，编制完成《特色古镇旅游规划（详规）》，修复和保护韦州"古八景"，推进韦州特色古镇建设。

【劳务输出】成立劳务输出公司，采取"支部 + 中介 + 企业 + 农民"的工作模式，与在韦州的招商引资企业对接，吸收更多的劳务人员。打响擦亮韦州"阿语翻译"劳务品牌，持续巩固广州、义乌、杭州等地传统劳务输出基地，2017 年，韦州镇从事阿语翻译人员 4000 余人，实现劳务收入 8500 万元。

（张丽娜）

下马关镇

【概　况】2017 年，下马关镇地区生产总值达到 9 亿元，增长 15%，农村居民人均可支配收入达到 7986 元，增长 12.1%。2017 年，有 19700 户 62513 人，其中城镇户 3784 户共 10855 人，乡村户 15916 户共 51658 人，回族人口 32172 人，汉族人口 30312 人，其他少数民族 29 人。

【脱贫攻坚】开展"查漏补缺、复查复核"和"大排查、大走访"活动，精准识别贫困户，对符合条件的 20 户 40 名困难群众进行建档，清退"三有五有"和空挂户等不符合建档立卡条件的 1864 户 7711 人。全镇总建档立卡贫困人口有 8485 户 31068 人，其中，已脱贫 5343 户 19905 人，未脱贫 3142 户 11164 人。按照"一村一品"的发展模式，编制 7 个移民村三年发展行动计划，协调制定庭院节水管网改造方案，引导移民群众发展以苹果、梨、葡萄、芦笋等为主的庭院经济。引进宁夏德谷生物科技有限公司，投资 0.45 亿元，流转西沟村土地 4287 亩种植枸杞，打造德谷生态枸杞庄园；引进宁夏太阳系投资管理有限公司，投入资金 1 亿元，流转土地 1.1 万亩，先期种植甘草 0.3 万亩；引进宁夏驰马聚丰农业科技有限公司，投入资金 0.1 亿元，改造闲置拱棚 751 座，流转土地 0.2 万亩，打造芦笋育苗基地及种植基地，开启特色种植新模式；引进宁夏亿金民族服饰有限公司，投资 1.6 亿元，新建 300 万件民族服饰扶贫车间，吸纳 200 余人在车间务工，其中建档立卡贫困户 106 人。探索光伏扶贫新模式，陈儿庄、三山井村光伏站并网已列入规划，实施新园、田园、张家树等 3 个移民村屋顶光伏项目 50 户。田园村扶贫车间已完成钢结构主体工程，规划建设的平远村扶贫车间已完成地勘、设计。全年围绕培育脱贫产业，累计招商引资 3.25 亿元，上争项目资金 0.55 亿元。协调金融信贷部门，为全镇建档立卡户发放评级授信卡，落实扶贫信贷资金 5704 户 17323 万元，完成建档立卡户 2016 年贷款贴息 2249 户 193.2 万元。县政府出资 85.53 万元，为未脱贫建档立卡户购买"扶贫保"。落实"3+9+3"（3 年学前教育、9 年义务教育、3 年高中阶段教育）教育扶贫工程，免除义务教育阶段学生所有费用和高中阶段学费，建档立卡贫困家庭中高职学生全部享受"雨露计划"。组织开展精准扶贫致富带头人培训 90 人次，确保每个贫困村有3—5名致富带头人引领脱贫发展。举办刺绣、电焊等务工技能、种养业技术培训班16期，培训人员770人次。对建档立卡贫困户中学习C照、B照的人员分别给予0.22万元和0.4万元的补助。建成患病贫困人口电子健康档案，“两癌”筛查2150人次，落实“三免一通道”政策，救助11人。2017年，全镇申报大病医疗救助513人，其中建档立卡户25人。

【农牧产业】 引导群众发挥存量旱作耕地面积广、土地富硒元素的资源优势，种植糜、谷、荞、马铃薯等小杂粮5万亩，提升旱作耕地产出效益。利用移民土地，种植文冠果1.87万亩。培育家庭农牧场8个，养殖大户38户，成立养殖专业合作社10个，实施滩羊基础母羊补贴项目15100只，基础母牛补贴项目785头。实施整村推进、双到、产业巩固提升项目资金3620.88万元。

【劳务输出】 全镇共输出劳动力1.2万人，收入2.2亿元。

【农田水利建设】 实施国土整理项目1.1万亩，实施农综项目改造提升0.64万亩喷灌设施，新开发0.36万亩，激光平地0.3万亩，机深松2万亩，玉米秸秆打捆利用1.4万亩，维修改造生产渠道70千米，清挖渠道170千米，养护农业生产路95千米；硬化村级道路38千米，安装太阳能路灯249盏；新建池家峁等村社供水点1处、加压泵2处、自来水入户148户。

【危窑危房改造】 全镇四类人员危窑危房改造248户，其中建档立卡户114户。

【综合环境治理】 开展城乡环境卫生整治行动，清理S203线以及各村主干道路两侧乱堆乱放、生活垃圾、建筑废弃物5万余吨。组建专业环卫队伍，安排81名建档立卡贫困户为道路清洁、乡村保洁维护员，设置垃圾箱136个，配备垃圾清运车4辆，新建垃圾中转站1所、垃圾填埋场1个、污水处理厂1个。加大秸秆综合利用宣传力度，杜绝焚烧行为发生，严防大气污染。

【生态环境建设】 落实河长制，成立以党委书记为总河长、镇长为河长、各流经村支部书记为村级河长的组织机构；对甜水河、下马关防洪坝、红城水防洪坝等河沟、渠道建立档案，制定“一河一策”治理方案，配备23名河道保洁员，加强巡护力度。严厉查处乱采、乱挖、乱占等破坏河道及水生态环境行为，保护水资源环境。落实禁牧封育政策，严厉打击偷牧行为。开展植树行动，全年造林4.5万株，对全镇26万株树木进行灌水、修剪、病虫害防治、涂红刷白等综合抚育管护。开展“绿盾2017——罗山自然保护区集中清理整顿专项行动”，对郑儿庄等11个村5.3万亩柠条进行平茬管护，推进生态环境保护。

【精神文明建设】 依托道德大讲堂宣传社会主义核心价值观，评选“十星级文明户”10户，“最美同心人”1人，“文明村”3个。撰写报送新闻、信息78篇。实施移风易俗工程，开展民风建设，打造五里墩和陈儿庄两个移风易俗示范村，五里墩村顺利通过自治区文明村创建考核验收，吴忠市移风易俗现场观摩会在陈儿庄村召开。

【社会事业】 2017年，完成城乡低保年度核查，核减农村低保874人，新增293人；核减城市低保273人，新增40人，发放低保资金3329万元。加大对困难群众的临时救助，发放临时救助资金129万元、救灾资金299.5万元。发放养老金4852人960.7万元，高龄补贴334人112.8万元、孤儿补贴81人51万元、五保补贴73人31.2万元、残疾人“两项补贴”1879人200万元。设立同心县下马关政务服务中心，整合各类服务、审批事项，使群众需求在政务服务中心得到一站式解决，年内办理各类事项6308件。建设陈儿庄等村9所标准化幼儿园，新建村级文化活动室10个。参加“石嘴山银行杯”“中国邮政杯”农民广场舞大赛，分别荣获三等奖。开展生殖保健、生育服务登记工作，免费孕前检查462对，落实节育措施15例，实施少生快富11例，兑付奖补资金27.94万元，人口出生率为12.32‰，自然增长率为9.84‰，政策符合率达到99.57%。落实惠农政策，及时足额兑现退耕还林、生态奖补、农业支持保护补贴等各项惠农补贴资金1572.6万元。开展“两统筹”收缴工作，确保医疗保险、养老保险参与率分别达到100%、98%。

【社会治理】 推进平安建设，深化综治网格化工作，打造综治工作中心，全镇未发生重大安全事故。落实信访工作责任制，执行“七个一”信息报送制度，全年排查调处矛盾纠纷239件，调处率98.8%。推动移风易俗，强化以社会主义核心价值观“二十四字”和“民风建设”为核心的群众教育，陈儿庄村移风易俗工作具体做法被吴忠市列为典型。围绕各民族“共同团结奋斗，共同繁荣发展”主题，开展“民族团结月”活动，加强宗教事务管理，组织开展宗教人士“三定”学习一次。推进毒品整治工作，加大禁毒宣传教育力度，打造西沟村、南关清真大寺、回民小学三个禁毒示范点；强化涉毒重点村整治，社区戒毒、社区康复人员管控率达到98%。持续开展毒品原植物踏查，确保“零”种植，实现吸贩毒人员同比双下降，降幅达到50%以上。推进安全生产工作，对辖区内非煤矿山安全隐患、机砖厂、彩钢厂、施工工地、危险化学品等进行全面摸底排查，关停9个非煤矿山企业。开展消防安全大检查，共检查辖区内的学校、商场、超市、网吧、清真寺等100余家场。整改3家自建房屋施工工地安全隐患。成功创建吴忠市食品安全示范乡镇。

【党建工作】 开展星级基层党组织创建工作，评定三星级基层党组织5个，二星级基层党组织15个。开展十九大精神主题学习，印制学习笔记，领导讲党课23场次，全镇刷写十九大宣传标语68条，制作宣传牌320块，教育引导党员铸就“四个自信”，确保中共十九大精神落地生根。开展以“学习贯彻十九大，脱贫攻坚争先锋”的主题党日活动及“足额缴纳党费，履行党员义务”主题活动及“亮身份、当先锋、比贡献”主题实践活动，各支部对党员设岗定责。实施“空壳村清零2020行动”，拓展资本收益扶贫渠道，将1380万元委托信誉良好、运营有序、发展潜力大的企业经营，按照年收益10%的比例发展村集体经济、全镇21个行政村首次实现村村有集体经济，村级党组织办事缺钱的局面初步得到扭转。重设内设机构，组建考核办公室，完善《干部管理考核制度》，出台《第一书记、村党支部书记月度汇报制度》，通过专责督导和制度落实强化各项工作。优化管党治党机制，镇党委对“两委”班子不全、推动精准扶贫不力的5个行政村进行专门座谈，为2个村级党组织配强党支部书记，3个村委会按照法定程序开展选举工作。开展全面从严治党的“六大工程”“铸廉和铸勤”行动、涉农扶贫领域专项整治行动相关任务及市、县督查检查反馈的问题，落实“一岗双责”，逐项研究解决，确保管党治党任务一项不落空、事事有人管。贯彻落实《发展党员工作细则》，组织23名预备党员、65名入党积极分子、62名村级后备干部谈入党动机，培养2名年轻党员为村党组织书记。建立困难党员救助档案，落实“三建四关心”制度，各党支部严格执行“四议两公开”制度，开展民主议政日活动，建档立卡贫困户识别、产业扶贫到户项目资金落实、贫困户脱贫退出、村级财务支出等均实现过程公开、结果公示。在各村党员活动室重新制作党员学习制度、流动党员管理制度、民主评议党员制度、党费收缴办发等制度，为每位党员购买十九大报告及新《党章》。召开第一书记座谈交流会4次，开展第一书记“三述三评”述职评议会2次，督促第一书记发挥作用。先后投入120余万元，开展“三大三强”行动，维修粉刷21个村级活动场所，统筹工作经费20万元在17个行政村打造一站式便民服务站，更换21个村“两委”标识牌，南关村完成村部选址及建设规划。

【党风廉政建设】 以开展“铸廉和铸勤”行动为抓手，严格落实《中国共产党纪律处分条例》和《中国共产党廉洁自律准则》。开展涉农扶贫领域专项整治，理出村干部30条负面清单。督查全镇历年来各项惠农政策补贴、城乡低保、精准扶贫财政专项资金，督促镇财务及时上缴财政专项剩余资金56.66万元。调查核实村干部建档立卡贫困户识别把关不严、均分扶贫资金、村干部贪污截留惠农资金、违规用人、倒卖青草籽以及项目实施、偏亲厚友等问题，给予警示训诫34人，诫勉谈话6人，党内警告11人，党内严重警告19人，撤销党内职务2人，留党察看2人，行政警告1人。对全镇21个行政村村务监督委员会成员进行业务培训，经村监会调查上报，停发在职但不在岗的村干部工资4人8个月。

（马金贵）

预旺镇

【概　况】 2017年，预旺镇生产总值达到1.73亿元，其中：农业总产值达到8863.8万元，畜牧业总产值达到2791万元，劳务收入5300万元，第三产业收入430万元，政策性收入2432.9万元。农民人均纯收入达到6786元，同比增长12%。全镇人口自然增长率控制在13‰以内，人口计划生育率达85%。2017年，有7201户25020人，其中城镇户2217户共6988人，乡村户4984户共18032人，回族人口22934人，汉族人口2081人，其他民族5人。

【种植结构调整】 2017年，面对持续旱情，预旺镇及时调整种植业结构，将中药材及小杂粮确定为种植业主导产业加以推广，发展以合作社为带动一家一户为主的小微产业。全镇中药材留床面积达6万亩，种植穴播谷子1万亩，玉米0.5万亩，小麦2.44万亩，马铃薯2万亩、西甜瓜0.8万亩、油料1万亩，黄花0.2万亩。

【畜牧产业】 肉牛饲养量1.255万头，其中：存栏4750头，出栏7500头；羊只饲养量9.8万只，其中：存栏5万只，出栏4.8万只；火鸡饲养量2万只、芦花鸡饲养量1万只、马鹿60头。完成春季动物防疫工作，注射小反刍（羊）疫苗10.68万只；口蹄疫疫苗（牛）7310头、（羊）4900只；包虫病疫苗（犬）2230只，禽流感疫苗（鸡）7600羽。建成家庭牧场2个。

【脱贫攻坚】 先后15次召开脱贫攻坚专题会议，制定方案措施，落实目标责任，实行班子成员包片、干部包村负责制。组织镇村干部学习《自治区脱贫攻坚政策汇编》以及《同心县脱贫攻坚文件汇编》，编制《精准扶贫政策摘要口袋书》200份，举办精准扶贫政策专题解读培训班，对精准扶贫相关政策进行细致的学习。把培育壮大致富产业作为核心任务，对2017年销号的青羊泉村，制定“四个一千”的产业发展计划：即种植穴播谷子1000亩、荞麦1000亩、养殖火鸡1000只、牛羊补栏1000头（只）。对已经销号的贫困村和2018年的销号村，动员发展特色种养业，推广种植高产高效覆膜张杂谷6000亩，养殖芦花鸡21000只。推进整村推进、“双到”“巩固提升”“产业扶贫”等到户项目资金，2017年，共落实计809.98万元，其中整村推进项目资金171.83万元，“双到”资金107.7万元，“巩固提升”项目资金364.85万元，产业扶贫项目资金165.6万元。对接金融扶贫，完成15个贫困村建档立卡户评级授信工作，对评定信用良好的农户累计发放短期贷款2119.49万元，破解贫困户发展创业资金短缺的难题。

【移民搬迁】 动员符合条件的建档立卡贫困户报名参加劳务移民，全年，申请劳务移民305户1485人，收缴部分资金206户。申请自发移民363户1318人，完成协议签订，居住地收入证明的98户，目前正在办理户籍办理迁转手续。完成贺家塬村易地扶贫搬迁就近安置项目工程，共搬迁安置31户118人，建设安置房31栋，1888平方米（按照每人16平方米的标准），已全部安置入住，配套建设圈棚、社区广场、生产道路、教学点均已全部建设完成。青阳泉村危房改造问题，按照分散分户与相对集中相结合，农户自建和政府统建相结合的原则，逐户确定建设方案，按照危窑危房改造要求农户自建13户，政府统建11户，现已基本完工。

【基础设施建设】 2017年，累计硬化村级道路56千米，完成沙土坡村村级活动用房100平方米，完成土峰、北关、陈石塘、南关村农村社区960平方米，完成南塬等6个村老饭桌项目，完善社区服务功能，提升服务质量。全年共完成镇区道路改造、农贸市场改造，广场建设、红军西征纪念园建设、惠平路拓宽等工作。新建贺家塬村、青羊泉村村部共200平方米。完成“阳光沐浴”工程1378户，建成金融服务网点7个，农村电商服务站2个，村村接通宽带，建成标准化养殖圈棚446座，为各村配套环卫车辆18辆。完成王预公路、同预公路连接线17千米道路建设。完成预旺敬老院工程建设。完成沙土坡、土峰、南塬、南关四个村幼儿园的征地建设。

【劳务产业】 2017年，共举办劳务技能培训班5期，劳务经纪人培训班2期，培训人员800人次。成立劳务输出中介公司2个，职业技能鉴定100人。农村劳动力转移就业8500人次，劳务总收入5300万元，其中：有组织输出4500人，劳务收入达3850万元。

【危窑危房改造】 实施农村危窑危房改造项目371户，其中建档立卡户330户，低保户33户，其他户8户。其中，针对青羊泉村，镇党委确定自建和统建的政策标准，群众自建的在10月30日前完成主体封顶，给与一定奖励。政府统建的户均建设面积48平方米，群众自筹资金12800元。2017年，群众自建13套已主体封顶，政府统建的11套已全面开工。

【河长制工作】 对辖区河道进行分段管理，各村配强环境卫生整治人员，保障环卫车辆，定人员、定时限、定片区，做好镇区及各村环境卫生整治工作。全镇各村每周出动车辆90余次，形成环境卫生整治的长效机制，保障河沟行洪畅通，沟道整洁。

【农村环境综合整治】 以整治农村“牛皮癣”、卫生死角为重点，治理“污水乱泼、垃圾乱扔、柴草乱堆、广告乱贴”等，继续实现政府购买的方式，对镇区环境卫生委托物业公司管理保洁，结合农村建档立卡贫困人口公益性岗位的设置，对全镇28名公益性岗位进行划片保洁，2017年，共出动保洁车辆415排班，清运垃圾1500余吨，保障农村环境卫生整洁。

【生态修复工作】 成立生态移民迁出区房屋等设施拆除工作组，对全镇“十二五”时期生态移民迁出的白崖子等9个村38自然社移民迁出后房屋等设施进行拆除，2017年，共拆除房屋85间2680平方米，箍窑102孔，围墙5800米，羊圈11座。组织国土、林业、农业、畜牧等站所干部对各村土地进行实地排查，对能实施生态修复的土地全面进行生态修复，种植柠条1.5万亩。

【重点项目建设】 完成同预公路五期建设项目的征地及协调服务工作，完成贺家塬村防洪工程项目建设；完成青羊泉村供水点建设。抓好万头肉牛养殖场建设土地流转等工作，完成1080亩土地的丈量流转和合同签订工作，完成开工前的道路及场地的平整工作。

【秋季农田水利建设】 完成秸秆清除0.05万亩，秸秆加工利用0.035万吨，造林面积5000亩，林地清理200亩，平整林带100亩，树木修剪5万株，病虫害防治500亩，涂红刷白5万株。

【社会治理】 全年全镇共受理各类纠纷78件，调解成功78件，调解成功率达100%，接待来信来访1265人次，解答法律咨询916人次。开展法律知识宣传“八进”活动10场次，人民调解员培训4次，法律骨干培训2次，同时，加强对刑满释放和解除劳教人员的过渡性安置和帮教，各种矛盾纠纷得到及时化解。完善“防控网络”建设，狠抓“平安预旺”建设的巩固提升工作，打击各种违法犯罪活动。依法打击处理各种邪教组织和违法宗教活动，开展“崇尚科学，反对邪教”的经常性教育活动。开展禁毒示范乡镇创建活动和涉毒重点村整治工作，开展禁毒宣传活动8场次，禁种铲毒踏查5次，召开禁毒工作联席会议12次，打造禁毒示范村1个，示范学校1所，示范清真寺1所，为10个涉毒重点村配齐制度、橱窗及办公场所和设施。配合派出所打击吸毒、贩毒违法活动，开展社区戒毒、社区康复工作，全镇毒情形式基本稳定。

【社会事业】 推进“两个基本”工作，落实基本养老、基本医疗，力争全年养老保险参保率达到90%；医疗保险参保率达到98%。全年累计发放临时救助资金170余万元，救灾资金106万元，残疾人各类补贴资金6.46万元，低保救助金83.94万元，高龄津贴45.3万元。2017年，已婚育妇女4946人，全年出生人口138人，生育率98.55%，人口出生率5.1‰，死亡20人，自然增长率4.36‰，完成“少生快富”工程12户，免费孕前健康检查126对夫妇，宣传教育普及率在95%以上，流动人口总数1499人，其中流出1499人（育妇流出457人），办证480人。“三查”达97%，农村计划生育奖励扶助申报达100%。

【党的建设】 坚持“旗帜鲜明抓党建，倾心竭力管党务”的原则，把党建工作摆在突出位置，落实第一责任人责任。执行民主集中制，坚持民主议事，突出党委班子集体领导。把党建工作列入村级考核，每季度召开1次党建工作会议。建立党建工作分级负责体系，镇党委与各村支部签订目标责任书。加强党建活动阵地建设。实施“村级活动场所改扩建”活动，先后争取县委组织部村部建设项目，为3个村建设活动场所各110平方米；争取民政部门农村社区和老饭桌建设项目，为5个村新建扩建村级活动阵地200平方米；争取帮扶单位支持，为3个村建设村级活动场所各100平方米。为4个村新建文化服务中心各100平方米，整合现有村部维修100平方米文化活动室4个，对6个村级活动场所进行场地硬化和围墙改造，各村全部建立“政策超市”和党务、村务、财务公开栏，让精准扶贫在阳光下运行。加强驻村“第一书记”管理，建立驻村“第一书记”实绩档案，涌现出丁海燕等一批优秀的“第一书记”，对考核不合格的1名驻村第一书记，采取向县委组织部提交召回报告。

【党风廉政建设】 结合“两学一做”学习教育，坚持学习贯彻党章和廉洁自律准则、纪律处分条例。坚持以案明纪，加强对违纪违法案件的剖析，利用反面教材加强警示教育。结合当前开展的各项工作在全镇开展“庸懒散拖”突出问题大整治活动、“铸勤铸廉”行动，预旺镇开展自查自评活动，对各项工作的顺利开展给予廉政保障。坚持对党员违纪情况严格按照程序和规定进行严肃处理。开展“八项规定”执行“回头看”工作，对照“四风”问题，剖析反省，整改提高。对1名涉毒党员和1名酒驾党员给以开除党纪处分。对违反纪律的2名镇干部分别给予诫勉谈话、2名村干部分别给予撤销党内职务和党内严重警告处分。

（徐伟宾）

王团镇

【概　况】 2017年，王团镇经济总收入达到6.96亿元，比上年增长11.5%，农民可支配收入达到8262元，比上年增长13.6%。2017年，全区“移风易俗”现场会在北村召开，全县首届乡村旅游牡丹观光节在沟南村成功举办。2017年，有13259户44737人，其中城镇户2403户共7214人，乡村户10856户共37523人，回族人口44700人，汉族人口31人，其他民族6人。

【脱贫攻坚】 做好“精准识别”贫困户工作，对全镇2014年以来所有建档立卡贫困人口进行复查复核，净增建档立卡386户1320人，剔除和脱贫处理18户60人。2017年475户2017人脱贫。对2017年5个重点贫困村贫困户建立扶贫二维码，实现随时随地“扫一扫，全知道”。实施和兑付落实各类扶贫项目资金908.8万元，扶持1298户建档立卡户购买基础母牛1319头、基础母羊11644只、鸡1000只、补贴红葱810亩。实施圆枣、前红（胡麻旗社）、大沟沿3个贫困村自来水入户工程；安装完成圆枣、前红2个村屋顶光伏发电88户。组织开展挖掘机、电焊实用技术和精准扶贫致富带头人培训260余人次，确保每个贫困村有3—5名致富带头人，保证建档立卡户有一技之长。在培育发展群众可持续增收产业上，王团镇探索出特色产业扶贫+模式，如圆枣村万头安格斯肉牛养殖繁育基地，沟南村“支部+乡村休闲观光旅游产业”。按照“百企帮百村”活动，先后有12家企业和帮扶单位落实社会帮扶资金82.8万元，并带动135户贫困群众自筹60.1万元，借助外力，激发内生动力。协调金融部门落实扶贫信贷资金928户3160.6万元，完成建档立卡户2016年贷款贴息363户33.3万元。落实建档立卡户公益性岗位41人。央企中核集团定点帮扶罗台村发展生态土鸡养殖，出资30万元为罗台村28户贫困户和脱贫户提供立体式鸡笼336个，先后分两批次为每户提供鸡苗300只，并负责对建档立卡户出栏鸡进行回购，经核算养殖户户均纯收入达到6000元。

【种植结构调整】 压缩高耗水玉米种植面积3000多亩，引导鼓励罗河湾、北村、倒墩子等村群众新种植苹果、核桃等经济林3000亩。扶持马套子、黄草岭等村种植红葱1.5万亩、中药材5000亩。指导吊堡子村完成2000亩苦水枸杞品种改良。按照“公司+基地+扶贫村+扶贫户”的养殖方式，引进宁夏杨哈吉农牧产业发展有限公司流转圆枣移民村土地2000亩，投资1.48亿元，建设万头安格斯肉牛养殖繁育基地。拆除南村150亩闲置日光温棚，联系杨哈吉公司流转为牧草收购加工点。协调富茂花卉果蔬有限公司再流转沟南村土地200亩，调整经营模式，打造休闲观光、果蔬采摘、餐饮娱乐为一体的“乡村扶贫旅游产业”，成功举办同心县首届乡村旅游牡丹观光节。

【畜牧产业】 整合退耕还草、巩固退耕还林成果后续产业等项目资金，培育养殖大户20户、家庭农牧场3个，兴建前红、罗台肉牛肉羊养殖专业村2个，全镇牛羊饲养量分别达到7.6万头、16.7万只，肉类总产量3784吨。全镇产业结构正向“一村一品”模式发展。

【劳务输出】 举办各类技能培训班8期，培训人员310余人次，全年农村劳动力转移8800人次，其中有组织输出5600人次，务工群众年劳务创收8500万元。

【移民搬迁】 新建罗台、前红2个迁建安置点，建设安置房40套，其中罗台村23套，年内已交款入住22户。利用危窑危房改造资金，集中改造前红村胡麻旗社18户贫困群众住房，目前已搬迁入住10户；劳务移民符合搬迁政策共75户，已完成分配49户；入户摸底登记自发移民，上报1923户7158人，审核后符合自发移民政策的1573户5815人，年内，县内迁转578户2191人。

【重点项目建设】 协调完成国博风电二期项目巴泉——启明变110千伏输电王团段工程；大唐风电项目启明变——张家塬输电线路正在建设，年内完成塔基基础32个。开工建设农贸市场综合交易大棚；实施新堡村“美丽村庄”建设项目；利用“一事一议”项目、农村公路项目，硬化大沟沿、南村等 11 个村村道 43.25 千米。

【环境治理】 开展城乡环境卫生整治行动，清理香羊公路以及各村主干道路两侧垃圾 14000 余吨。为各村配备垃圾清运车，安排 41 名建档立卡贫困户为乡村保洁道路清洁维护员，建立农村环境保洁长效机制，实现村庄保洁规范化、常态化。对全镇范围内的“一河六沟”（“一河”指清水河，“六沟”指折死沟、金鸡构、洪泉沟、杨家河沟、红果子沟、边浅沟）建立档案，制定“一河一策”（一条河道一种治理政策，研究确定联系、包干河道综合治理的具体措施、制度、进度等）方案，加大河道整治力度，严肃处置破坏河道及水生态环境的行为，聘请巡河员 41 名，开展巡河治理，对八里沟、清水河集中整治，清运垃圾 6000 吨，疏通通洪沟道 14 条。

【生态环境建设】 开展“碧水蓝天”行动，全年植树造林 1 万株，修剪主干道路两侧树木 15 万株，强化林木管护力度；完成罗台村生态修复 1.2 万亩、平整林带 1000 余亩、清理林地 6000 亩。开展秸秆禁烧专项行动，成立镇巡查组 3 个，各村成立巡查小组，做到镇督查，村巡查，有效遏制秸秆焚烧。

【农田水利建设】 按照“以点带面、全面推进”的工作思路，打造南村 1.5 万亩精品示范区，建设大沟沿、倒墩子、东滩等 5 个村高标准农田 1.5 万亩，机深松 3 万亩。恢复改善灌溉面积 3.5 万亩，改造低产农田 2.35 万亩，激光平地 1.5 万亩、秸秆打捆 3.8 万捆、清挖渠道 650 条 260 千米，全镇农业抗旱防灾能力得到提升。

【社会事业】 完成城乡低保年度核查，核减农村低保 175 人，新增 245 人；发放低保资金 674 万元、临时救助资金 104 万元、救灾资金 135 万元，确保困难群众吃饱饭、穿暖衣。发放养老金 2595 人，高龄补贴 272 人、孤儿补贴 94 人、五保补贴 49 人、残疾人 1115 任，实现农村养老、高龄、五保、孤儿、残疾人群体保障补贴全覆盖。全镇四类人员危窑危房 337 户，已改造完工 246 户（建档立卡户 182 户）。办好为民承诺实事，镇政府筹资为全镇 3469 名老年人购买保险，筑牢兜底线。开工建设前红村的 5 所幼儿园和虎湾子村的 2 所小学；新建村级文化活动室 8 个，维修文化活动室 12 个。中考文化课成绩在全县规模学校中位居前三名，乡镇级学校第一名，考入县外重点高中学生 42 名。全面建成患病贫困人口电子健康档案，累计完成孕前检查 482 例，实施“少生快富”18 例。召开王团镇第十九届第二次人民代表大会。

【社会治理】 依托北堡子爱国主义和民族团结进步教育基地，把推进“两学一做”学习教育常态化制度化与移风易俗相结合，将移风易俗纳入党员干部教育培训内容，注重精神扶贫，率先向移风易俗“亮剑”，取得明显成效。全区移风易俗现场会在王团镇北村召开。全面落实信访工作责任制，严格执行“七个一”信息报送制度，深入开展矛盾纠纷排查化解工作，全年排查调处矛盾纠纷 215 件，调处率 90%。推进平安建设，深化综治网格化工作，创建全县综治工作中心，强化宣传，排查隐患，全镇未发生重大安全事故。“七五”普法顺利推进，群众的法治意识增强，依法治镇、村民自治工作有效推进。维护民族团结和谐，紧扣“中华民族一家亲、同心共筑中国梦”总目标，开展形式多样创建活动，被自治区民委评选命名为“民族团结进步示范镇”。推进毒品整治工作，打造社区戒毒（康复）中心，持续加大对涉毒重点村整治和社区戒毒、社区康复管控力度，持续开展大麻种植踏查和社区戒毒康复工作，无毒村创建稳步推进，综治禁毒工作取得明显成效。

【党建工作】 推进学习教育常态化制度化，紧扣“四讲四有”，争做“四个合格”，自编自制学习贯彻中共十九大、自治区第十二次党代会应知应会手册、宣传彩页等学习资料 1200 余份，开展以重温和默写入党誓词、牢记政治生日等“十个一”为主要内容的“党建促进月”和主题党日活动，全年开展主题党日160多场次，讲党课33场次。圆满完成25个村党支部、村委会及村民代表、村监会换届选举。深化星级党组织创建，评定四星级党支部2个、三星级党支部4个，二星级党支部14个，创建农村远程教育“五星级站点”3个。开展“五百工程”，创建北村、南村两个星级党组织示范点。开展党员信息采集，确保全镇667名党员信息准确。发展入党积极份子46人，预备党员8人，转正党员6人。严格执行驻村第一书记考勤管理，通过“三评三述”考核，对履行职责不到位、考核排名末位的2名第一书记、5名工作队员坚决召回调换。开展“三大三强”行动，实施“两个致富带头人”工程。落实2017年村级办公经费53万元，拨付为民服务资金131万元，维修17个村部旗台和旗杆，维修粉刷19个村活动场所，规范完善村“两委”标识牌等18块。完成虎湾子、罗家河湾村两个自治区党委组织部村级活动场所建设项目立项和图纸设计。按照A、B、C三类各村筛选确定76名致富带头人，其中党员致富带头人55名，进入村“两委”班子致富带头人21名。完善村级后备干部人才52人。推进“空壳村清零2020行动”，委托企业托管经营前红、李庄等11个村670万元资金，采取年底分红方式，62万元分红已到账，解决村没钱办事的困局。

【党风廉政建设】 开展“铸廉铸勤”行动，组织财政、民政、林业、畜牧等站所对低保救助、良种补贴、农资补贴、危窑危房改造等资金的发放进行严格审查。镇纪委自办案件8起，配合县纪委办案2起，立案6起，了结2起，开除党籍3人，党内严重警告4人，诫勉谈话2人。对脱贫攻坚工作慢作为的3个村进行通报批评并约谈相关责任人，免去1名村支部书记和2名副支部书记。约谈工作不认真、不作为镇干部8名。开展涉农扶贫领域专项整治工作，督查整改“2017年审计检查中发现大沟沿村、羊路村扶贫资金兑付”问题，对涉案村干部给予党内严重警告处分，收缴违规享受扶贫资金43.6万元，做到有案必查、有腐必惩。

（刘　鹏）

田老庄乡

【概　况】 2017年，农民人均可支配收入6364元，比上年增长13%。完成733户贫困户的评级授信工作，金融扶持贷款1748户3789.5万元，发放补助贷款利息32.23万元。2017年，共有3120户10607人。

【脱贫攻坚】 2017年，全乡总建档立卡1271户4760人，脱贫160户678人。建立扶贫指导员工作制度，为每个贫困户制作政策宣传“百宝箱”；完成733户贫困户评级授信工作，建档立卡户执行基准利率贷款770户2306万元，为284户贫困户申请贷款贴息32万元；培育脱贫富民产业，争取项目资金50万元，合作社自筹150万元，建成李家山村2万只生态鸡场1个，带动建档立卡贫困户139户实现脱贫致富。壮大村集体经济收入，提升服务能力，托管企业已将村均分红资金6万元拨入村集体账户；先后实施“双到工程”“巩固提升”和“整村推进”等项目，及时兑付资金477.02万元，政策内贫困户兑付率达到100%。申请兑付驾驶培训（C照）补助63人13.86万元。申报“雨露计划”补助11人3.3万元。为1271户贫困群众办理扶贫保，全乡1271户4296人全部纳入“两统筹”范围，实现了应保尽保。整改国务院扶贫办、省级交叉、自治区督查组、县委第八督查指导组反馈的问题，年内已全部完成并上报确认。按照脱贫攻坚总体安排部署，2017年拟脱贫160户678人，李家山村、五道岭子村脱贫销号。全乡2017年度扶贫对象动态调整管理已经完成。

【危窑危房改造】 排查危窑危房64户，已完成危窑危房改造45户。利用劳务移民搬迁户遗留房屋周转安置5户。针对没有能力建房的14户“双老户”贫困户，劝其与子女合户，解决住危房的问题。

【生态修复及移民搬迁工作】 完成县外生态移民搬迁89户317人，县内劳务移民267户1313人搬迁入住工作，完成清水壹号236户1024人抓阄工作，正在对接入住，登记核实自发移民443户1376人，对档案资料齐全的114户375人已上报等待批复兑付资金；对生态移民迁出区进行生态修复，拆除“十一五”“十二五”时期迁出区房屋860间、圈舍206座。

【社会事业】 2017年，新建幼儿园2所、养老院1所、村级文化活动中心5个。完成石塘岭村美丽村庄建设，硬化村巷道路9.1千米。2017年，新增低保27户31人，全乡享受城市低保70户117人，农村低保1257户1573人。开展精准脱贫农业实用技术培训60人，刺绣编织、挖机等技能培训共计300人次。落实“控辍保学”工作，对全乡22名学生辍学原因进行摸底调查，提出解决措施，力求全部返校读书。

【党风廉政建设】 健全监督平台，梳理出党委主体责任清单22项、纪委监督责任清单36项、班子成员责任清单96项，将廉洁责任压紧压实。加大办案力度，开展“铸勤铸廉”工作，严格执纪办案，重点查办套塘等村扶贫涉农领域腐败问题，给予套塘村党支部书记留党察看一年处分，村主任留党察看两年处分。

（马　波）

马高庄乡

【概　况】 2017年，马高庄乡农村经济总收入约8113.9万元，农村人均可支配收入达到7152元，增幅达12%以上。2017年，有3385户11271人，全为乡村户口，其中，回族人口9586人，汉族人口1676人，其他民族9人。

【种植结构调整】 按照“稳粮、增经、扩草、抓特色”的产业结构调整思路，持续抓好黄草塬片区“万亩中药材”、沟滩、何渠流域“万亩秋杂粮”、乡中心片区“万亩西甜瓜”3个“万亩特色种植基地”建设，累计完成中药材、秋杂粮、地膜玉米、马铃薯、西甜瓜、油料等种植面积9.7万亩。培育“玉宝秋杂粮”等3个合作社和科田、斌波等3个家庭农场。依托预旺水库、马高庄水库等水资源优势，探索发展苦水枸杞种植项目，2017年，全乡累计完成苦水枸杞种植1080亩，其中，赵家树村780亩、白阳洼村300亩，使当地群众就近务工创收；利用退耕还林等项目支持，在何渠村完成文冠果种植8200亩，为当地群众增加收入达850万元以上。

【畜牧产业】 全乡牛饲养量5000余头，羊8.2万只，完成乔家湾村、邱渠村2个肉牛养殖专业村建设。抓好畜禽防疫工作，防疫密度达到100%。

【生态环境】 完成生态造林4.1万亩，累计完成白阳洼村毛敦塬10.2千米绿化建设任务，种植树木1万余株。聘用专职护林员153名、公益性岗位30名，加强环境卫生整治，村容村貌明显改善，并对辖区41万亩林地分片责任到人，从根本上建立起巩固封育禁牧成果的长效机制。

【基础设施建设】 2017年，加快马高庄水库、预旺水库建设进度，马高庄水库已全面建成，预旺水库蓄水池已完工，正在进行管道铺设。实施“美丽村庄”建设任务，完成乔家湾村、邱家渠村6.2千米巷道硬化任务。实施退耕还林项目，生态移民迁出区张岔、郭岔村1万亩文冠果种植项目。开展生态移民迁出去危房及圈棚拆除工作，已拆除危房23间，危窑22处，羊圈12处。建立环境治理长效机制，投资458万元，开工建设沟滩村村庄治理工程。开工建设光伏电站项目，马高庄村、白阳洼村已完成安装20户。基本完成乔家湾村和白阳洼村村级活动场所和占地5000平方米广场建设任务，新建村级文化活动中心300平方米，安装路灯150盏。

【脱贫攻坚】 围绕扶贫产业培育，打造“三个万亩特色种植基地”（黄草原片区“万亩中药材”、中心片区“万亩西甜瓜”、东部片区“万亩小杂粮”）。2017年，完成农作物种植面积11万亩，其中中药材1.2万亩、西甜瓜0.9万亩、地膜玉米1万亩、枸杞1070亩，羊饲养量9万只以上，牛饲养量9000头，中核集团帮扶白阳洼村发展生态鸡20600只，脱贫支柱产业基本形成。2017年，先后拨付“双到”资金、产业扶贫巩固提升资金、“整村推进”项目资金等扶贫资金516.5万元，引导建档立卡户新增肉牛652头、滩羊6484只。与宁夏杨哈吉农牧产业发展有限公司、宁夏润德庄园枸杞科技有限公司、宁夏一峰服饰有限等企业签订壮大村集体经济委托运营协议，实现全乡7个村壮大村集体经济全覆盖。争取各类金融贷款4057万元。完成白阳洼村49户208人易地扶贫搬迁入住任务，完成96户432人脱贫。马高庄村36户132人易地扶贫搬迁安置房已经完成。落实劳务移民62户277人（其中吴忠5户24人，县内57户253人），落实自发移民，已办理手续48户164人。完成危窑危房改造197户，完成技能培训6期350人次，落实公益岗位30名。

【社会事业】 坚持优先发展教育事业，全乡适龄儿童入学率达100%，青少年义务教育入学率达99%。享受“燕宝金”“雨露计划”等助学资金大学生49名。落实民政、医疗、养老、老龄、残疾等民生政策，全年共发放低保金462万元，临时性救助24万元，大病医疗救助47户28.5万元。完成孕检76例、“少生快富”14例。推进政务公开工作，建立健全政务公开各项制度，重点对各类涉农补贴补助、低保五保资金的发放等群众关心的热点问题进行公开，保障广大群众的知情权和监督权。推动河长制工作，先后召开河长制工作推进会6次，对全乡河长制工作进行安排部署，开展河道清洁行动，提升乡域河道水生态环境。强化信访工作，坚持党政领导带头定期接访、领导包案处理等制度，加大社会热难问题的排查调处力度，做好中共十九大、春节元旦等时期的社会和谐稳定工作，最大限度地避免群众上访和越级上访事件发生。完成综治中心建设，禁毒创建通过吴忠市验收。落实安全生产工作“一岗双责”制，健全完善安全生产制度，加强对河道、道路交通、消防等重点行业、重点领域的安全监管，坚决杜绝各类重特大安全事故发生。

【党的建设】 以开展“两学一做”学习教育常态化制度化为契机，以星级党组织创建为抓手，开展“党建促进月”、庆“七一”主题党日等系列活动，压实“三会一课”、远程教育等工作，以“三会一课”为主的党内政治生活规范。完成村“两委”换届、村监会等选举工作，新一届村“两委”班子结构得到优化。开展“三大三强”行动，实施“两个带头人”工程，先后对7个村级活动场所进行规范化建设。开展党员和党组织信息采集工作，全乡222名党员录入到全国党员信息管理系统。落实“三述三评”等驻村第一书记管理制度，调整驻村第一书记1名。落实乡镇纪委监督同级党委制度，支持乡纪委对全乡历年来各项惠农政策补贴、城乡低保、精准扶贫财政专项资金进行监督检查，综合运用监督执纪“四种形态”，2017年，共给予6名违规违纪村干部党内严重警告处分。推进社会主义核心价值观教育和“推动移风易俗、树立文明乡风，建设尚俭同心”活动，赵家树村被命名为吴忠市级文明村，乔家湾村、阳洼村申报县级文明村。

（刘仲西）

张家塬乡

【概　况】 2017年，张家塬乡生产总值1.83

亿元，农民人均可支配收入7356元，同比增长12.5%和11%。全乡人口自然增长率控制在13‰。2017年，有3452户10974人，全为乡村户口，其中，回族人口5978人，汉族人口4993人，其他民族3人。

【精准脱贫】 对建档立卡贫困户进行复查复核，2017年，共有建档立卡贫困户1262户4250人（其中大排查后新增117户363人），未脱贫436户1366人。实施整村推进、双到工程，产业扶持巩固提升等项目，2017年，共兑付项目资金614.945万元，共发展基础母羊626只，基础母牛26头，发展特色种植2419.5亩，劳务补助82户，户均增收6000元以上。2017年，县外劳务移民5户23人已领取房号入住；县内劳务移民第一批申请房屋154户156套，抓取房号75户77套，正在收缴房款并组织符合条件的建档立卡户继续报名。申请县内自发移民报名268户965人，县外719户2871人，县内自发移民已迁转户籍106户。完成生态移民搬迁20户70人。全面完成全乡8个贫困村建档立卡户金融扶贫评级授信工作，有183户建档立卡户争取到贷款799.5万元，破解贫困户发展创业资金短缺的难题。争取县交通局和祥福粮油食品有限公司张殿成的支持，为驼骆岘村建档立卡户帮扶1200只幼鸡、购买羊126只，争取吴忠市国资委的支持，为汪家塬村贫困户筹措资金25万元，购买基础母牛25头；筹措资金15万元，为建档立卡贫困户补助种植红葱300亩。

【种植结构调整】 发展以春秋覆膜为主的旱作保墒农业，紧盯小杂粮、覆膜种植、种草养畜三大优势特色产业，按照“支部+公司+基地+合作社+贫困户”的运作模式，发展生态鸡、牛、羊养殖，2017年，种植杂粮1.5万亩，覆膜西瓜、玉米分别为6000亩，中药材5000亩，红葱1200亩，马铃薯9000亩，完成农作物播种面积10万亩，养鸡6000只，养羊3万只。中药材种植留床面积达3万亩，人均种植中药材面积达4亩以上。培育中药材种植专业村1个、种植合作社5个。

【劳务输出】 实施劳动技能“阳光工程”及中式烹饪培训班，举办各类技能培训班3期。强化劳务输出渠道，输出劳动力3000人次，劳务收入达4000万元。

【生态环境建设】 坚持“生态治理与保护并重”的原则，争取第二轮退耕还林资金950万元，在汪家塬村种植文冠果5600亩。争取县财政涉农资金1432万元，在生态移民迁出区郭井沟、赵卷槽、沈家湾、海棠湖、折腰沟、大庄科、方家套子等7个自然村种植生态经济林（文冠果）1.5万亩，年内已开工种植。完成苜蓿种植2000亩，青草13000亩，并落实草原补偿面积45万亩，多年生牧草种植面积达10万亩。开展禁牧封育120余次，拆除羊圈20处，生态林和天然草场得到保护。

【环境整治】 开展农村环境综合整治工作，对惠平公路、张羊公路沿线、辖区各村村级道路环境卫生进行清理，突出解决乱堆乱放、道路维修、生活垃圾和白色污染等问题。2017年，共投工投劳300余人次，清挖渠道15千米，整修农路6千米，平整林带500亩，清理垃圾550吨，病虫害防治500亩，补植补造3000株，涂红刷白10万株。

【基础设施】 硬化农村道路20千米，完成折腰沟过水桥的建设工作，解决贫困群众出行难的问题。建设维修村综合文化服务中心4个，完成汪家塬村社区服务中心建设工作，完成张家塬乡村卫生室建设任务。完成折腰沟村自来水入户，建成集中供水点4个，确保贫困群众饮水安全。完成范堡子村集雨场和犁铧嘴村屋檐积水改造；折腰沟村美丽村庄建设即将完成。完成危房改造103户，已完成验收69户，共兑付资金227.08万元。

【精神文明建设】 按照“十个一”标准，在各村普遍成立“一约四会”。开展文明村创建工作，汪家塬村全国精神文明单位通过复查验收；推进“乡村好人家”“十星级民风建设模范户”“道德模范”等身边的好人评选活动，张家塬乡申报“乡村好人家”15户、“十星级民风建设模范户”8户、“道德模范”2户，发挥文明家庭示范带动作用。组织开展一系列的文体娱乐活动，邀请秦腔剧团到乡5场次。

【社会事业】 推进教育工作，整合教育资源，新建幼儿园2所。强化对辖区学校营养午餐的改善和监督管理。2017年，全乡共有低保1390户1697人，发放各类救助资金105万元，农村合作医疗保险和养老保险参保率分别达到98%和93%。落实退耕还林、粮食直补等各项惠农政策、保障群众的基本生活。强化跟踪落实，加大风电项目协调服务，全乡招商引资、上争项目任务全面完成，为经济的发展增强后劲。

【社会治理】 加大矛盾纠纷排查、调处力度，2017年，全乡共受理群众来信来访120件325人次，共排查和调处各类矛盾纠纷80件。深化禁毒工作，巩固无毒（村）创建活动成果，新一轮禁毒人民战争成效明显。依法加强民族宗教工作，民族团结创建成效明显。加大“七五”普法和法律培训工作力度，开展大规模的普法宣传活动3次，印发普法宣传材料1000余份，张贴宣传画50余张，接待群众法律咨询200余人次。开展安全生产工作，强化安全生产“党政同责，一岗双责”意识，开展“安全生产百日大整治”活动，组织召开专题会议3次，开展各类安全宣传教育2场次，开展各类排查活动6次，排查整改安全隐患15处，保障群众的生命财产安全，2017年，无重大安全事故发生。

【党的建设】 顺利完成村“两委”换届工作，推进“两学一做”学习教育常态化制度化，维修村级活动阵地5个，党组织战斗堡垒和农村党员的先锋模范作用得到发挥。严格落实党风廉政建设责任制，开展“铸廉和铸勤”行动，开展整治和查处损害群众利益的不正之风和腐败问题，没有出现涉农领域资金违纪违规问题。完成县纪委转办案件3件，对党员干部起到警示作用。

（杨　德）

兴隆乡

【概　况】 2017年，全乡工农业总产值9.1亿元，农村居民人均可支配收入7622元。2017年，有4710户15447人，全为乡村户口，其中，回族人口13761人，汉族人口1678人，其他民族8人。

【脱贫攻坚】 开展建档立卡户查漏补缺和信息核对工作，新纳入漏评户90户265人、对22户79人已脱贫但因病、因学再次致贫的做了返贫处理，清退“五有”人员29名和退出不符合条件贫困户2户6人。开展国家、自治区审计、督查反馈问题和同心县自查自纠发现问题的整改，并逐一落实到位。对全乡6个村1237户4617人建档立卡户进行走访调查，制定《兴隆乡关于县委督查组反馈问题的整改方案》，对发现的10大类241个问题全部予以整改销号，涉及建档立卡户464户504人。为所有建档立卡户建立完善《家庭档案》，把反映县乡村扶贫工作的纸质材料装入《家庭档案》，做到情况清、底子明、数据准。及时兑付整村推进、产业巩固提升等扶贫专项资金，2017年，兑付各类扶贫专项资金708.935万元。将王团村40个建档立卡户整村推进项目资金打包注入该村“祥泰赢养殖专业合作社”，采取“全托管理、抱团发展、盈利分红”的形式，使项目资金最大限度地发挥效益。开展“结对帮扶共建”活动，在县委统战部、县工商联协调支持下，争取兴俊集团、德海绒业等企业资助资金56万元，为王团村86户建档立卡户每户资助发展产业资金5000元；市委统战部协调动员有关企业为冯川村20个建档立卡户捐助产业发展资金10万元；县总工会为王大套村26个建档立卡户扶持产业发展资金5.2万元；冯川村企业家田进昌为本村40个建档立卡户每户扶持育肥牛1头。

【农畜产业】 推广良种工程，使全乡良种玉米种植面积保持在3万亩以上。在王团村种植小茴香1100亩，黄花菜350亩；在新生村种植甜叶菊300亩；在黄谷村种植小杂粮1000亩。在李堡村建设2万余只肉鸽繁育养殖场1家、3000只野兔养殖场1家；在王大套村扶持万只野鸡养殖场1家，培育家庭农场2个，发展专业养殖合作社3家。

【招商引资】 引入北京卡宾滑雪有限公司在黄谷川建设塞上西部国际滑雪场，于12月20日前后正式投入运营，并全力做好首届黄谷川冰雪文化旅游节的各项保障协调工作，为打赢脱贫攻坚战提供新引擎。争取南京证券为李堡村捐赠50万元安装太阳能路灯100盏、为该村20名2017年高考录取贫困生捐赠电脑20台。

【基础设施建设】 新建和改扩建6个村级综合文化活动中心并全部投入使用。完成王团村村级活动阵地扩建和王大套、新生2个村的“农村社区”建设工程。完成小城镇建设项目同海公路和创业路路面铺装及乡文化广场平整工程、王团村美丽村庄建设项目中的临街墙体砌护维修、下水管道铺设、村庄道路硬化等内容。争取财政“一事一议”项目硬化村级道路14条14.6千米。完成全乡247户（其中建档立卡户197户）群众的危窑危房改造任务。

【社会事业】 2017年，全乡共调处各类矛盾纠纷127件，接待来访群众580多人次，化解信访问题46件，尤其是妥善处理10多年历史遗留问题。坚持打好禁毒人民战争，实现全乡吸贩毒人员“零增长”、毒品原植物“零种植”，全乡因毒品引发的刑事案件、治安案件发案率大幅下降。全乡移风易俗工作成效初显，民族宗教形势团结和顺。坚持和谐拆迁、依法拆迁、严格程序拆迁，有序推进征地拆迁工作，化解多个历史遗留问题，保证S101线改线、清水一号、豫海万家、三聚环保、奥普立法、新区医院、生态广场、同海公路等全县重大项目、重点工程的顺利实施。

【党建工作】 按照意识形态工作责任制，严格落实“一岗双责”，推进“三大三强”行动、实施“两个带头人”工程，培养村级后备干部15人、致富带头人102人。开展全县“村级活动场所维修粉刷工程”，打造黄谷村、冯川村两个示范点。开展“两学一做”学习教育常态化制度化，落实“三会一课”制度，推行乡村党员领导干部轮流值班制度。坚持开展反腐倡廉警示教育活动，开展涉农扶贫领域侵害群众利益问题专项整治，开除党籍、移送司法机关3人，给与党内警告处分1人，进行诫勉谈话4人。开展“三述三评”活动，强化对第一书记和驻村工作队的监督管理考核；组织扶贫干事、驻村第一书记、村党支部书记、大学生村官参加相关培训观摩等50余人次，组织党务工作者培训2场40余人次。对自治区党委组织部暗访发现的问题，逐项整改并落实到位。学习全县脱贫攻坚优秀共产党员李进祯先进事迹。在各支部认真开展“学习贯彻十九大，脱贫攻坚争先锋”主题党日活动。

（马　奎）

石狮管委会

【概　况】 石狮开发区总面积80.75平方千米，辖12个行政村，总人口8429户28544人。2017年，地区生产总值5.86亿元，农村居民人均可支配收入8225.8元，比2016年增长10.5%。2017年，有8429户28544人，其中乡村户6400户共22607人，回族人口28491人，汉族人口49人，其他民族4人。

【畜牧产业】 坚持以舍饲圈养育肥肉牛肉羊为抓手，培育庙儿岭、黄石、麻疙瘩3个养殖专业村，其中庙儿岭村为养羊专业村，养羊户占总户数的

63%，饲养量达3.2万只，收入占全村经济总收入的37.3%；黄石村为养牛专业村，养牛户占总户数的57%，收入占全村经济总收入的34.5%。新建标准化棚圈2.67万平方米，建成黑家套子村、麻疙瘩村等2个养殖场。辖区畜牧业生产总量扩大，牛饲养量达到5.33万头，羊饲养量达到23.1万只。重视动物疾病防控工作，没有发生重大动物疫情。

【特色种植】 按照高效、节水的原则，优化种植结构，完成粮食播种面积3.7万亩，其中玉米3.15万亩，小麦0.55万亩，油葵花0.65万亩，蔬菜面积0.34万亩，设施温棚600亩（定制245座）。发展特色种植业，加大产业结构调整力度，引进企业，动员城一村、惠安村分别流转土地3000亩、2000亩，种植彩椒和胡萝卜，打好农民增收农业增效攻坚战。

【生态环境整治】 全年共造林280亩，成活保存率达到90%以上，其中完成农田林网造林8条150亩，植树1.2万株，绿色通道建设11.5亩，惠安、满春等移民村林带绿化30亩，边桥村村庄绿化132亩。加大辖区主巷道彻底整治，拆除违章建筑、破房乱墙，规范商铺的门头牌匾，对“乱堆、乱倒、乱放”现象进行严格管理，辖区铁路、公路、渠道沿线及各村环境卫生整治工作效果良好。加强林地管护工作，重点造林任务村（包括退耕还林区）有专职护林员，有管护合同、管护日志。

【农田水利建设】 打好秋冬农田水利基本建设“攻坚战”，完成畦田7200亩，整修农路15条30千米，清淤支斗农渠580条240千米，秸秆加工利用2.2万吨，机深翻3.2万亩，累计出动义务工1.8万人，出动大型机械172台班，动用土方0.96万立方米，累计投资257万元。设立河长制办公室，切实全面推行河长制工作，对辖区内的河流（沟渠）进行摸底和整理，定期不定期的进行清理，改善河道周边的生态环境。

【基础设施】 加大拆迁力度，严格落实拆迁政策、在银平路扩建等工程的征地任务，确保各项工程的顺利开展。顺利协调新建7个、维修5个村级文化活动中心，建成麻疙瘩、满春、惠安等3个村级幼儿园。全面完成庙儿岭、黄石、麻疙瘩、沙嘴城、黑家套子等5个村村级道路硬化40千米。

【精准扶贫工作】 通过实施“五个一批”扶贫战略，惠安、黄石、麻疙瘩3个贫困村出列，减贫712户2936人。按照贫困村基础设施实现“五通八有”、贫困户达到“两不愁、三保障”的标准，落实扶贫专项资金共计931.2万元，实施危房改造户209户，已验收157户，其中建档立卡贫困户危房改造61户，低保户危房改造47户，一般户危房改造49户，完成563户建档立卡贫困户的评级授信工作，各金融机构为建档立卡贫困户发放扶贫小额贷款扶持贷款184户、1478.5万元。完成重度残疾人755人的生活补贴筛选和信息补录工作，重大疾病报销人员239人59万余元，落实“雨露计划”和教育扶贫基金项目，资助建档立卡户家庭学生13名。制订外出务工人员就业奖励政策，鼓励农村剩余劳动力通过转移就业增加收入，对新增的生态护林员及农村、城市保洁员等政府购买公益性岗位，优先考虑符合条件的建档立卡贫困户。落实扶贫资金240万元，委托公司经营进行资本收益24万元，用于壮大惠安、黄石、满春、麻疙瘩等4个贫困村的村集体经济。

【两大任务】 加大上争项目、招商引资力度，协调完成创业孵化园企业征地100亩，入住企业2家，共完成招商引资1亿元。

【加强社会创新管理工作】 深入开展综治（平安）建设，建设完成综治中心建设，整合司法、派出所各方资源，建立健全群防群治工作组织和委、村二级调处网络，实行领导信访和矛盾纠纷包案制，全年解决纠纷300余起，受理群众来信来访120余批次300余人次，化解处理2起多年重点信访案件，妥善解决麻疙瘩温棚历史遗留问题，并与各相关单位沟通协调给予信访人答复的30余起。组织开展平安创建活动，命名黄石、惠安、庙儿岭等5个“平安村”，“平安家庭”30余户。石狮开发区获得吴忠市2013—2017年社会治安综合治理先进集体。开展禁毒摘帽攻坚和创建禁毒示范工作暨毒品重点整治工作，取得实质性成果。在宗教场所、学校、营业场所、村庄道路等领域开展安全生产隐患大排查、大整治活动，铁路护助联防工作得到市县护路办的好评，为开发区经济社会发展营造良好的社会环境。

【劳务产业】 健全完善农村贫困劳动力职业技能培训、就业创业服务、劳动维权“三位一体”的工作机制，全年输出劳务人员6105人次，创收5253万元。

【意识形态工作】 强化阵地意识，制定《意识形态工作责任制实施细则》，确保意识形态工作落到实处。主题宣传形成舆论强势，获得2017年全县宣传思想文化先进集体。围绕引领新常态、激活新动力、实现新作为，突出核心价值观、三城联创、纪念建党周年等中心宣传，深入开展“移风易俗”活动，打造沙嘴城、惠安村2个示范村，其中惠安村为全县移风易俗先进村。严格规范宣传报道管理，净化舆论环境。委、村干部严格落实婚丧喜事申报制度，黄石村红白理事会获得全县先进集体。开展精神文明建设，黄石村、沙沿村、沙嘴城村评选出县级文明村镇（社区），辖区评选出县级十星级文明户5户、文明家庭3户、道德模范3人、最美同心人2人、移风易俗光荣户3户。开展“道德大讲堂”活动和农村“好人榜”活动，用身边的事教育身边的人，取得很好的社会效果。

【民族团结创建工作】 进一步建立健全宗教人士和宗教场所管理长效机制，及时化解信教群众之间的矛盾纠纷，增进团结，促进和谐，年内举办宗教界人士三定学习培训班4期，举办禁毒、社会公德瓦尔兹演讲30多场次，利用主麻日等穆斯林重大节日宣传民族工作会议精神和《宗教事务管理条例》等法律法规，在各清真寺建起宗教政策、禁毒知识宣传栏和宣传墙，或民族团结进步宣传长廊，完善穆斯林书屋12个。石狮开发区获得2017年民族团结创建示范先进集体，惠安村通过吴忠市“民族团结进步示范村”验收。

【监督执纪落实到位】 巩固深化贯彻落实中央八项规定精神“回头看”工作，组织开展中央八项规定精神配套制度的校验修订工作，修改完善各类制度22项，其中废除过时制度4项，新建制度4项。进一步规范公务接待、差旅费管理、公车管理、办公用房标准等，成为常态化工作。组织开展涉农扶贫领域腐败问题专项查处和铸廉铸勤行动，聚焦脱贫攻坚、农村集体“三资”管理、征地拆迁、惠农资金、最低生活保障等基层反映强烈的突出问题，并以“乡镇纪委纪律审查规范年”活动为契机，注重从源头上规范纪工委纪律审查工作，转接县纪委案件6起，立案3起，办结6起，检查出问题线索2起，诫勉谈话6人。加强对村监会成员的培训，监督其工作开展情况，推进基层党风廉政建设。

【社会事业】 完善社会保障体系，参加城乡居民基本医疗保险23552人，参合率达96%；参加城乡养老保险11467人，参保率达96.56%。全年共出生人口438人，出生率11.5‰；新建成庙儿岭村、麻疙瘩村幼儿园2所。

【基层组织建设】 把推进“两学一做”学习教育常态化制度化作为思想建党、组织建党、制度治党紧密结合的有力抓手，坚持全覆盖、常态化、重创新、求实效，完成4个专题的讨论。全力推进“三大三强”行动实施“两个带头人”工程，重点在基层组织建设、阵地建设、党组织带头人培养和致富带头人培养等方面投入财力、物力，完成基层党组织按期换届工作，并对软弱涣散基层党组织整顿工作进行“回头看”，进一步健全完善满春村、麻疙瘩、沿台村村两委会班子；完成余家梁、砚台两个村级活动场所征地和建设，对黑家套子、边桥、沙沿等村级活动场所的场地、围墙及墙体进行硬化、修缮和粉刷；调查摸底农村致富带头人台账，初步确定致富带头人94人（村级党组织负责人带头人16人），动员黄石、庙儿岭、余家梁、砚台等村两委班子成员成立蔬菜种植、养殖等合作社，进行流转土地，推进产业结构调整，把村干部直接培养成致富带头人。集中开展党员组织排查工作“回头看”，健全完善组织关系介绍信存根及台账等，更新完善党员基本信息。开展星级党组织建设，将城一、沙沿、沙嘴城等3个村党支部评为三星级党组织，边桥、麻疙瘩、砚台、庙儿岭等8个村党支部评为二星级党组织。

（马伏才）

豫园社区

【社会事业】 2017年，豫园社区享受低保生活保障对象1351人，清理低保257人。鼓励居民自主创业，解决部分居民的再就业问题。整理社区残疾人资料，为残疾人建立个人档案，完善健全残疾人管理工作制度，做好残疾人办理残疾证明的宣传工作。为贫困户、困难党员、困难群众等共50余人发放慰问金及物资折合人民币8000元。

【综合管理】 加强安全生产工作，通过召开各类会议、宣传活动、督促检查等形式，加大安全生产宣传和监督检查力度。与辖区内的单位及商户签订安全生产责任书，落实安全责任，建立完善的安全生产管理网络。维护社区和谐稳定，开展义务巡逻工作，在重大节日期间实行24小时值班制度，全面监控重点对象，社区无一例上访事件发生。每周定期、定时在辖区内实行巡查，消除安全隐患，保护居民群众安全。在辖区内积极开展治安防范工作。深入辖区企业和店面进行“四防”宣传，发放《致居民群众的一封信》《中华人民共和国国家安全法》《预防艾滋病》等宣传资料400多份。同辖区企业和居民签订“禁毒目标责任书”。

【计生工作】 2017年，完善育龄妇女全员信息台账；加大计划生育知识的宣传力度，清查流动人口育龄妇女，了解流入育龄妇女生育情况。按照“一处守信、处处受益，一处失信、处处受制”的原则，同社区居民签订“双诚信，双承诺”责任书。加强对流动人口的管理，经常开展送服务、送资料、送药具等活动，对辖区内的流动人口进行全面的摸底登记，全年已登记205余人。

【党建工作】 抓好党员教育管理，注重党员日常政治理论、业务知识学习，开展“两学一做”常态化教育，制订“两学一做”常态化教育实施方案，成立领导小组，及时传达市、县、镇关于深入开展“两学一做”常态化教育讲话精神和要求，组织党员干部观看“杨善洲”“焦裕禄”“周恩来的四个昼夜”、文朝荣同志先进事迹等一系列电教片，提高党员干部的政治理论知识和自身素质。加强入党积极分子的培养与教育工作，2017年，规范发展党员工作程序，即将有3名预备党员转正，2名入党积极分子转为发展对象，壮大党员队伍，增强党组织的战斗力。

（马淑霞）

富兴社区

【信访工作】 成立党支书记杨海峰为组长，社区、支两委其他人员为成员的信访工作领导小组，各片组长、党小组长担任信访信息员，每周开一次信访工作会议，信访信息员及时汇报一周工作情况，及时化解不稳定因素于萌芽状态。社区党务、政务、财务工作，采取“一月一公开、一季度一公开”形式，使社区党务、政务、财务工作公开化、透明化，使干部自觉接受群众监督。

【计生工作】宣传计划生育的各项方针政策，做好计划生育妇检工作。2017年，共有育龄妇女500余人，参检率达98%以上，孕前检查60例，完成率达100%。

【党建工作】抓好基层党组织建设，利用党支部大会和民主生活会形式，对社区党员干部进行“反腐倡廉”教育，使广大党员干部时刻做到自觉、自省、自警、自励。遵守党纪党规，严格按照法律办事，自觉接受组织和人民群众的监督，认真遵守廉政纪律，使党员干部队伍保持良好的社会形象和健康向上的精神风貌，在工作中坚决杜绝“吃、拿、卡、要”的腐败现象，永葆共产党员的青春，切合实际地为基层和群众更好地服务。

（杨海峰）

新华社区

【社会事业】强化城镇低保工作，对每户低保户进行入户调查，资格审核，开展民主评议，并在节假日期间上门慰问。协助人事局，鼓励居民自主创业，2017年，安排25名社区失业居民参加公益性岗位。整理社区残疾人资料，为残疾人建立完整的个人档案，完善健全残疾人管理工作制度，做好残疾人办理残疾证明的宣传工作，使其合法权益得到最大的保障。关心弱势群体，社区经常性开展送温暖活动，为贫困户、困难党员、困难群众发放慰问金及物资。

【综合管理】开展义务巡逻工作，确保社区和谐稳定，在重大节日期间实行24小时值班制度，全面监控重点对象，社区无一例上访事件发生。每周定期、定时在辖区内实行巡查，消除安全隐患，保护居民群众安全。在辖区内积极开展治安防范工作。深入辖区企业和店面进行“四防”宣传，发放《致居民群众的一封信》《中华人民共和国国家安全法》《预防艾滋病》等宣传资料400多份。同辖区企业和居民签订“禁毒目标责任书”。宣传治安防范基本常识，强化防范意识与技能，起到良好的宣传教育作用，为社区营造浓厚的综治工作氛围。

【计划生育】完善育龄妇女全员信息台账。加大计划生育知识的宣传力度，使育龄妇女了解计生政策、生殖健康知识，并自觉遵守有关规定。重视对流动人口的管理，2017年，对辖区内的流动人口进行全面摸底登记。

【党建工作】2017年，坚持规范党建工作，抓好党员教育管理。组织党员认真学习，注重党员日常政治理论、业务知识学习，引导党员干部通过学习把握正确的政治方向。开展“两学一做”学习教育常态化、制度化教育实践活动，制定教育实践活动实施方案，成立教育实践活动领导小组，做到组织落实。同时，及时传达区、市、县、镇关于深入开展教育实践活动的讲话精神和要求，组织党员干部观看一系列电教片，并多次以党支部会议的形式，研究部署教育实践活动的具体细节，细化实施方案，并集中学习有关文件精神和重要讲话，准确领会和掌握活动精神和要求。加强入党积极分子的培养与教育工作，2017年，严格规范发展党员工作程序，即将有2名预备党员转正，2名入党积极分子转为发展对象。严格履行收缴党费手续，做到党员缴纳党费有登记、党费账簿规范合理。

（丁　莉）

豫西社区

【基本情况】社区位于县城西北，辖区面积3.96平方千米，现有管辖小区7个（清水湾小区、粮食局小区、银水北苑、农行家属院、计生局家属院、人行家属院、文慧苑）居民2355户，9012人，其中非本镇居民1170户，4597人，残疾人192人，社区工作人员13人（其中：事业在编人员2人，招聘人员8人，禁毒专干2人，残疾人专干1人）。直管党员48人（其中妇女党员22名，35岁以下党员34名，60岁以上党员2名，有流动党员8名，离退休党员1名，大专以上学历党员34名）。辖区有共驻共建单位25个。社区卫生服务站1个，商业网点234个，有志愿者队伍7支260人。社区阵地1100平方米。

【综合管理】 调整社区人民调解委员会和社区治保委员会，组建调解网络和工作专班，开展以“防激化”为重点的人民调解工作，做好维护社会稳定工作、做好申诉、信访等合法解决纠纷方法的宣传工作。成立25人的治安巡逻队，分季节、阶段、重大节日开展巡逻，排查社会不稳定因素，维护社区治安。做好重口帮教工作，纳入社区戒毒3人，康复5人，强制戒毒10人，定期走访、尿检。圆满完成2017年冬季征兵工作。

【社会事业】 落实社区救助制度，对特困户经常关心，并上门慰问，实施医疗救助。城镇低保做到动态管理下的应保尽保，多方位宣传国家的城市居民低保政策，2017年，社区低保户403户，902人。宣传城镇居民基本医疗保险政策，参保人数已超额完成上级部门下达的参保任务。拓宽就业渠道，解决部分居民的再就业，年内，共安排“4050”人员就业20人。开展困难家庭职工摸底调查和信息收集，共收集信息52户，对马英华等20户居民进行困难职工家庭认定，并录入全国总工会帮扶管理信息平台。做好妇联工作，在纪念“三八”节期间，组织学习《中华人民共和国婚姻法》《中华人民共和国妇女权益保障法》等知识，加大宣传力度，发放资料1000余份，组织社区妇女妇科病普查，组织妇女代表参加办事处组织的妇女生殖健康讲座。在母亲节期间，组织优秀母亲代表参加市妇联组织的养生讲座，大受裨益。

【党建工作】 认真组织党员学习，开展全体党员培训、党员组织生活会和民主测评，组织党员学习《党章》《中国共产党廉洁自律准则》《中国共产党纪律处分条例》、习近平总书记在全国宗教工作会议上的讲话精神、自治区党委书记石泰峰的相关讲话精神。培养和发展新党员，2017年，共接受入党积极分子申请书1份，推荐入党积极分子1人，吸纳预备党员1名，预备党员转正1名，增强党员队伍的新生力量。以“创先争优”活动为主题，组织党员开展“设岗定责”“党员承诺”等实践活动。

（顾　娟）

永春社区

【基本情况】 永春社区成立于2017年11月，占地面积5.5平方千米，东至清水街，南与兴隆村接壤，西至省道101，北至石狮镇冰河大道，辖区内有5个小区，共5075户，18195人，男性9258人，女性8937，其中皓月新都648户（2592人），锦城家园583户（2397人），新区家园A区1288户（4422人），其中劳务移民常住户共173户（809人），新区家园B区1188户（4122人），其中劳务移民常住户共62户（332人），孵化园1368户（4662人），其中劳务移民常住户共155户（785人）。社区现有6名工作人员，其中2名党员。辖区内有流动党员21名，在职党员报到4名。

【社会事业】 着力于劳务移民的“产业扶贫”项目的实施，390户劳务移民中，有384户申请到“产业扶贫”项目扶持资金。联系同亳药业有限公司、中国人寿、三聚环保等公司，为辖区待就业居民最大程度争取就业岗位。联合同心县就业创业和人才服务局、同心县残疾人联合会共同举办“就业创业政策宣传下乡进村活动”，8家企业、2个劳务中介公司当场开展人才招聘，提供就业岗位2150个，现场签订劳动协议的居民共有184人（建档立卡贫困人口26人，残疾人口8人）。

（周　军）

人　物

2017年任职副处级以上干部简介

丁　俊　男，回，1964年10月出生，宁夏同心人。1981年12月参加工作，1988年6月加入中国共产党，中央党校函授学院大专班行政管理专业。1981年12月—1983年3月，在同心县商业局工作。1983年3月—1996年10月，在同心县城建局工作（1988年2月录用为国家干部）。1996年10月—2003年6月，任同心县城建局质量监督站副站长（副科级）。2003年6月—2007年1月，任同心县建设与环境保护局局长（2001年8月—2004年6月，在中央党校函授学院大专班行政管理专业学习）。2007年1月—2009年3月，任同心县交通局局长。2009年3月—2009年10月，任同心县发展和改革局党总支书记、局长。2009年10月—2010年7月，任盐同红工业园区管委会副主任（副处级）、同心县发展和改革局党总支书记、局长。2010年7月—2011年11月，任盐同红工业园区管委会副主任（副处级）、同心县发展和改革局党委书记、局长。2011年11月—2011年12月，任同心县副县长，县发展和改革局党委书记、局长。2012年12月—2013年1月，任同心县人民政府党组成员、副县长。2013年1月—2014年2月，任同心县人民政府党组成员、副县长，县委政法委副书记。2014年2月—2014年7月，任同心县人民政府党组成员、副县长，同德慈善产业园党工委书记，县委政法委副书记。2014年7月—2015年2月，任同心县委常委、政法委副书记，同德慈善产业园党工委书记。2015年2月—2017年11月，任同心县委常委、同德慈善产业园党工委书记。2017年11月—2017年12月，任同心县委常委、政府副县长，同德慈善产业园党工委书记。

郭耀峰　男，汉族，1975年3月出生，宁夏盐池人。1991年加入中国共产党。1996年10月参加工作，中央党校函授学院本科班法律专业。1994年9月—1996年7月，在西北第二民族学院中文系文秘档案专业学习。1996年7月—1996年10月，毕业待分配。1996年10月—2000年1月，在银南地区（吴忠市）档案局工作。2000年1月—2000年7月，在共青团吴忠市委工作。2000年7月—2002年12月，任团市委工农青年部副部长。2002年12月—2006年8月，任团市委工农青年部部长（2001年8月—2003年12月，在中央党校函授学院本科班法律专业学习）。2006年8月—2008年8月，任利通区扁担沟镇党委副书记（正科级）。2008年8月—2010年1月，任利通区扁担沟镇党委副书记、镇长。2010年1月—2011年6月，任利通区高闸镇党委书记、人大主席。2011年6月—2012年9月，任利通区金积镇党委书记、人大主席。2012年9月—2013年1月，任青铜峡库区湿地保护建设管理局副局长。2013年1月—2016年8月，任吴忠市人力资源和社会保障局党组成员、副局长。2016年8月—2017年7月，任同心县政府党组成员、副县长，县委政法委副书记。2017年7月—2017年8月，任同心县委副书记，县人民政府党组成员，县委政法委副书记。2017年8月至今，任同心县委副书记、政法委书记兼县委党校校长、吴忠市委党校同心分校校长、吴忠行政学院同心分院院长。

马久麟 男，回族，1974年11月出生，1996年6月加入中国共产党，1997年7月参加工作。宁夏大学中文系汉语言文学专业，大学学历。1997年7月—2004年2月，在县级吴忠市（利通区）公安局工作（1998年12毕业于西北政法学院自考法律专业）。2004年2月—2004年12月，在吴忠市委组织部工作。2004年12月—2005年8月，任吴忠市委组织部副主任科员。2005年8月—2007年2月，任吴忠市委组织部办公室副主任（2006年4月—2006年7月在自治区党委组织部学习锻炼）。2007年2月—2010年1月，任吴忠市委组织部城市组织科科长。2010年1月—2014年8月，任吴忠市委组织部组织科科长。2014年8月—2015年7月，任吴忠市非公有制经济组织党工委专职副书记，市委组织部组织科科长。2015年7月—2017年5月，任吴忠市非公有制经济组织党工委专职副书记。2017年5月—2017年8月，任同心县委常委。2017年8月至今，任同心县委常委、组织部部长。

王　钧 男，回族，1968年11月出生，1991年7月工作，1997年12月加入中国共产党，西北政法学院经济法系经济法专业，本科学历。1987年9月—1991年7月，在西北政法学院经济法系经济法专业学习。1991年7月—1998年9月，在县级吴忠市检察院工作。1998年9月—2001年4月，在利通区检察院工作。2001年4月—2002年1月，任利通区检察院民事行政科科长。2002年1月—2005年3月，任利通区纪委监察室主任（1999年09—2002年04西北政法学院法律专业攻读法律硕士学位）。2005年3月—2005年8月，任吴忠市纪委副科级干部。2005年8月—2010年4月，任吴忠市纪委信访室副主任（正科级）。2010年4月—2012年2月，任吴忠市纪委（监察局）执法纠风室第一副主任。2012年2月—2012年10月，任吴忠市纪委（监察局）纪检监察室第一副主任。2012年10月—2013年9月，任吴忠市纪委常委。2013年9月—2016年8月，任同心县人民检察院检察长。2016年8月—2017年12月，任同心县委常委、纪委书记。2017年12月，任同心县委常委、纪委书记、监委主任。

张　媛 女，汉族，1982年11月出生，河北正定人，2002年9月工作，2008年10月加入中国共产党。宁夏区委党校在职研究生班法学理论专业。1997年9月—2001年7月，在宁夏司法警官学校法律专业学习（2000年12月西北政法学院自考法律专业毕业）。2001年7月—2002年9月，待业。2002年9月—2005年3月，任

青铜峡市食品药品监督管理局科员（2003年12月西北政法学院自考法律专业毕业）。2005年3月—2010年12月，任吴忠市食品药品监督管理局科员（2005年9月—2008年7月在宁夏区委党校在职研究生班法学理论专业学习）。2010年12月—2011年12月，任吴忠市直属机关工委科员。2011年12月—2013年4月，任吴忠市直属机关工委综合科副科长。2013年4月—2017年12月，任吴忠市团委副书记、党组成员。2017年12月，任同心县委常委。

马 涛 男，回族，1972年3月出生。宁夏同心人。1995年7月参加工作。1997年12月加入中国共产党。西北农业大学水利系水资源规划与利用专业，本科学历。1995年7月—2000年7月，在同心县财政局工作。2000年7月—2005年4月，任同心县水利局副局长。2005年4月—2007年2月，任同心县丁塘镇党委副书记、政府镇长。2007年2月—2007年5月，任同心县纪律检查委员会副书记。2007年5月—2007年11月，任同心县纪律检查委员会副书记、监察局局长。2007年11月—2008年2月，任同心县委办公室副主任。2008年2月—2008年8月，任同心县委办公室主任。2008年8月—2009年12月，任同心县丁塘镇党委书记、人大主席。2009年12月—2012年11月，任同心县城乡建设和环境保护局党委副书记、局长。2012年11月—2015年3月，任同心县科学技术局局长。2015年3月—2015年10月，任同心县发展和改革局局长。2015年10月—2017年11月，任同心县发展和改革局党委书记、局长。2017年11月—2017年12月，任宁夏同德慈善产业园管委会主任、同心县发展和改革局党委书记、局长。2017年12月，任宁夏同德慈善产业园管委会主任、同心县发展和改革局党组书记、党委书记、局长。

马万清 男，回族，1968年5月出生，宁夏吴忠人。1992年7月参加工作。1995年3月加入中国共产党。西北民族学院牧医系畜牧专业，本科学历。1992年7月—1995年4月，在县级吴忠市马家湖乡工作。1995年4月—2002年12月，在县级吴忠市（利通区）人民法院工作。2002年12月—2010年5月，任利通区人民法院金积法庭庭长。2010年5月—2012年10月，任利通区人民法院刑事审判庭庭长。2012年10月—2013年10月，任利通区人民法院政工科科长、党组成员。2013年10月—2017年4月，任利通区人民法院副院长、党组成员。2017年4月—2017年9月，任利通区人民检察院副检察长、党组成员。2017年9月—2017年11月，任同心县人民检察院党组书记、检察长候选人。2017年11月—2017年12月，任同心县人民检察院党组书记、副检察长、代检察长。2017年12月，任同心县人民检察院党组书记、检察长。

马千里 男，回族，1971年9月出生。宁夏青铜峡人。1994年7月参加工作。1998年5月加入中国共产党。宁夏农学院农学系农学专业，本科学历。1994年7月—2005年4月，在青铜峡市青铜峡镇工作。2005年4月—2007年4月，在青铜峡市委办公室工作。2007年4月—2009年4月，任青铜峡市委办公室副主任。2009年4月—2009年12月，任青铜峡市委办公室副主任、

机要局局长。2009年12月—2010年8月，任青铜峡市委办公室副主任、考核委员会办公室主任、保密局局长。2010年8月—2013年1月，任青铜峡市委办公室主任、考核委员会办公室主任、保密局局长。2013年1月—2015年4月，任青铜峡市委办公室主任、考核委员会办公室主任、保密局局长、机要局局长。2015年4月—2015年6月，任青铜峡新材料基地党工委委员、管委会副主任，青铜峡市委办公室主任、考核委员会办公室主任、保密局局长、机要局局长。2015年6月—2017年12月，任青铜峡新材料基地党工委委员、管委会副主任。（2016年3月—2017年3月挂职任天津市滨海新区工业和信息化委员会副主任）。2017年12月，任同心县人民政府副县长人选。

马俊文　男，回族，1968年6月出生，宁夏同心人。1990年7月工作。1992年1月加入中国共产党。中央党校函授学院经济管理专业。1990年7月—2003年6月，在同心县建设与环境保护局工作（1997年7月—1999年7月宁夏广播电视大学函授行政管理专业学习）。2003年6月—2006年4月，任同心县建设与环境保护局建设工程质量监督站站长（副科级）（2003年8月—2005年12月中央党校函授学院经济管理专业学习）。2006年4月—2007年5月，任同心县建设与环境保护局副局长。2007年5月—2008年8月，任同心县王团镇党委副书记、镇长。2008年8月—2011年12月，任同心县王团镇党委书记、人大主席。2011年12月—2013年7月，任同心县发展和改革局党委书记、局长。2013年7月—2013年9月，任宁夏同德慈善产业园管委会主任，同心县发展和改革局党委书记、局长。2013年9月—2017年11月，任宁夏同德慈善产业园管委会主任（2015年9月—2016年8月，挂职任福建省安溪县副县长）。2017年11月—2017年12月，任同心县人民政府副县长人选。2017年12月，任同心县人民政府副县长。

杨晓娟　女，汉族，1972年8月出生，宁夏中宁人。1996年7月工作。宁夏区委党校在职研究生班公共管理专业。1996年7月—2006年5月，在吴忠电视台工作。2006年5月—2007年1月，在吴忠市老龄工作委员会办公室工作。2007年1月—2011年12月，任吴忠市老龄工作委员会办公室副主任（2006年8月—2008年12月，在中央党校函授学院经济管理专业学习）。2011年12月—2016年7月，任吴忠市老龄工作委员会办公室主任科员（2011年4月—2012年6月，挂职任利通区古城镇副镇长；2013年9月—2016年6月，在宁夏区委党校在职研究生班公共管理专业学习）。2016年7月—2017年11月，任民进吴忠市委会秘书长。2017年11月至今，任同心县人民政府副县长。

张宏安　男，汉族，1981年7月出生，宁夏隆德人。2004年8月工作。2009年6月加入中国共产党。西北政法学院刑法专业，本科学历。2004年8月—2005年8月，任建设银行固原分行财务会计部三级业务员。2005年8月—2006年12月，任建设银行固原分行公司业务部二级业务员。2006年12月—2007年8月，任建设银行固原分行公司业务部一级业务员。2007年

8月—2009年10月，任建设银行固原分行办公室一级业务员。2009年10月—2012年11月，任建设银行固原分行综合管理部副经理（2012年6月，毕业于宁夏大学工商管理专业）。2012年11月—2013年9月，任建设银行固原分行新区支行副行长。2013年9月—2017年5月，任建设银行固原分行新区支行行长。2017年5月—2017年7月，任建设银行固原分行高级客户经理。2017年7月—2017年8月，任建设银行固原分行高级客户经理，同心县人民政府副县长提名人选（挂职）。2017年8月至今，任建设银行固原分行高级客户经理，同心县人民政府副县长（挂职）。

新闻人物

村支书丁建华“背债”帮衬旱天岭穷乡亲

旱天岭村支书丁建华抵押家产6年为全村担保贷款6000余万元，并替贫困乡亲偿还本息200余万元。近3年该村已有322人脱贫，而丁建华的半生积蓄则变成一个免费供乡亲们饲养的养殖场，他还背上了40余万元债务。

旱天岭村地处素有“苦瘠甲天下”之称的西海固干旱带，因离县城近被确定为同心“十一五”期间县内移民村。依托河西镇原丁家二沟村新组建的旱天岭村为纯回民村，有村民1386户、5580人，老村民2011年人均纯收入500元，而从干山枯岭搬迁来的移民更加贫困，其中40余户无法缴清1.5万元移民房自筹款。56岁的丁建华20多年前靠承揽小工程、科学养羊致富，被大家一致推选为旱天岭村村支书。为带领大家脱贫致富，他花掉100多万元积蓄建起养殖场，倒贴水电费、牧草机械，赊借牛犊帮助贫困群众发展养殖业，并抵押家产为村民担保贷款。2012年，他说服亲朋与自己共同担保，首次为特困移民贷款50万元，承诺一旦出问题由他悉数偿还。此后，丁建华“亲友团”每年抵押担保的贷款金额不断增加，6年共计6000余万元，覆盖了家家户户。

“最早担保时心里也是七上八下，但是帮衬大家是村支书的责任。”丁建华说。2013年，村民丁学龙不幸遭遇车祸无法还贷，丁建华为其偿还3万元贷款本息；在内蒙古务工的马娟丢失手机“失联”后，丁建华第一时间帮其还清利息，次年又为其申请续贷3万元。去年，10户贫困户因故无法偿还本息，他变卖自家肉牛补了“缺口”。6年来，丁建华自掏腰包先后为30多户贫困户垫付本息，不但保住旱天岭村“金融信用村”的金字招牌，还让数百群众借助金融“血液”摆脱贫困。为了还债，丁建华东挪西凑筑起债台，无奈之时常提前售卖自家未达屠宰期的肉牛。

如今，旱天岭村肉牛存栏从2013年的6头增长到1000余头，存栏滩羊2.4万只，村上组建了建筑工程队，成立3家养殖合作社。2016年，该村农民人均纯收入达5000元。

原载于新华网　2月15日

（沙　新　连小芳　苏　峰　马晓芳）

涓涓流动的情，熠熠生辉的爱——“抗癌园丁”马金花

1995年9月，马金花踏上农村小学教育“三尺讲台”，20多年如一日，长期担任班主任和小学毕业班的教学。她在教学中一直致力于做到有清晰透彻的思路，耐心寻味的启发，深入浅出的讲解，使每一节课都成为精雕细琢的示范课。

由于劳累过度，马金花疾病缠身，伴有腰椎间盘突出、颈椎病等。2014年8月至11月在银川住院治疗期间，又不幸确诊患有乳腺癌，急需动手术。手术进行了整整6个小时，住院治疗1个多月。化疗期间，她最放不下的是学生。她给

同学们带去一封信让班长读给大家听，鼓励学生“好好学习，要听话，老师想你们……”

生活中总有奇迹伴随，她术后恢复良好，亲朋好友劝她在家中多休息几天。但即使生病卧床期间，她也在坚持备课，钻研教材。她说：“我还要走上讲台，不想倒下，因为孩子们需要我。”重新走上讲台后，她一边认真教书，一边与癌症抗争。

任教20年来，马金花所带学科在学区组织的统考中总是名列前茅，她多次被评为“优秀教育工作者”“骨干教师”等。

（苏　峰）

张继光：勤劳致富的领头羊

石羊圈村位于宁夏南部山区同心县境内，距县城15千米，是出了名的偏远贫困山村，共285户1004人。2015年，该村被确定为精准扶贫结对帮扶村，由市总工会、宁夏民委、为民实业公司、宁夏嘉源绒业公司、吴忠市银监局等单位定点结对扶贫。市总工会干部张继光作为石羊圈村第一书记，组织帮扶单位驻村人员融合到村党支部中，给村委班子出谋划策，带领村民勤劳致富，让这个昔日的贫困村成为人均月收入突破4600元的先进村。

群众致富奔小康，关键看村党支部的带头作用发挥得如何。张继光把共建单位驻村干部吸纳到村党支部，把带领群众增收致富作为首要任务。他住在村里，摸实情、找定位、出措施。要求驻村人员与村民同吃住、同劳动，了解村民的所思所想、收入现状。在他的带领下，村党支部先从抓阵地建设入手，筹集资金15万元，建设了村党员活动室、文化活动中心，上墙各项制度40块，购置电脑5台、桌椅37套，安装体育健身器材15套，不仅提高了党支部在村民心中的威信，也让村民坚定了致富信心。

石羊圈村有着饲养牛羊的传统，自从封山育林、退耕还林、禁牧还草政策实施后，许多村民放弃了饲养牛羊。张继光将圈养养殖的想法提到了村委班子的议事日程上，带领村里的养殖能手到吴忠市专业合作社考察学习；借助市总工会开展的“劳模聚服务”活动，聘请劳动模范讲解养殖经验；建立分散养殖、统一管理、集中销售的方案；实施动物疫情防治、饲料统一配方的办法，村民养殖的积极性空前高涨，当年养殖牛羊500余头，人均收入达到4600元以上。

石羊圈村土质松软，占地面积大，村民有种植红葱的习惯。由于销售渠道不畅，大多数村民自种自食、就近销售。张继光了解这一情况后，与村党支部一班人进行商议，扩大红葱种植规模，在网上搭建销售平台，畅通红葱线上销售渠道，解决村民销售难题。他积极邀请市、县电视台，围绕扩大红葱产业进行了3次专题报道，吸引众多销售商上门收购，解决了村民的后顾之忧。为调动村民积极性，村党支部争取该县宗教局扶贫资金15万元、吴忠市山西、陕西商会投入化肥7吨、宁夏百人科技集团援建物资2万元，扶持红葱产业。村党支部为每户种植户提供每亩200元补助资金。2016年，村民种植红葱达5500亩。

若要富，先修路。张继光与村党支部成员一起主动争取项目资金。宁夏为民实业公司投入资金20万元，修筑防洪堤坝16万立方米，构筑排水槽1条，修复被山洪损毁公路100米；宁夏嘉源绒业公司投入援建资金20万元，架设太阳能路灯60盏；同心县文体局投入1.2万元，安装健身路径14个。共建单位纷纷出手相助，为村委会添置了桌椅、电脑、复印机、打印机等办公设施，修通了连接通向村外的公路1.5千米，昔日破旧的村部旧貌换新颜。

张继光按照抓党建、精准扶贫，抓发展、勤劳致富的要求，着力开展精准扶贫工作，建立困难群众基本信息档案，实施“一户一策”精准扶贫计划。村党支部成员只要有空，就到村民家中走访了解情况，并采取入户宣讲、下发政策口袋书、刷写标语等方式，宣传土地确权流转、特色产业发展、合作社培育、扶贫开发和“美丽乡村”建设等方面的政策，树立群众脱贫致富的信心。据了解，张继光走访了解302户1268人，开展贫困户识别，确立精准帮扶户62家，落实每户帮扶责任人，推动互助资金、扶贫小额贷款等项目开展，55户贫困家庭已脱贫。

原载于《吴忠日报》 2月9日

（郑建平）

马彩霞：让爱温暖更多需要帮助的人

她是一名普通的家庭主妇。多年来，她用一颗博爱之心温暖许多的孤寡老人和孤残儿童，也荣获第二届自治区百孝之星、中国好人榜助人为乐好人等殊荣，她就是霞光公益慈善发展中心负责人、爱心志愿者马彩霞。

为同心二小患有肝包虫血管瘤的学生马恒、同心二中学生周顺、下马关镇患有类风湿和多种硬反病儿童马琴等捐助善款100余万元；为252个贫困孩子争取到深圳壹基金温暖包，以及769套恒爱暖心暖冬儿童套装；为孤寡老人争取到150件老有所依老年包。

2010年3月，马彩霞正式加入志愿者服务行列。在志愿服务中，马彩霞深切感受到爱心汇聚的强大力量，于是，“成立公益组织，让爱温暖更多的弱势群体”的想法在她心头萌发。2015年，马彩霞注册成立霞光公益慈善发展中心，目前，注册会员达到600余人，并先后在广州和固原、西安、银川分别成立分会。这些年来，马彩霞参与阳光助学、环保公益、关爱老人、救助孤儿、爱心募捐等100多项义务志愿活动，帮助全县300多名学生和困难群众，募捐资金达240多万元，服务时间累计3000多小时。她用行动积极践行新时代的雷锋精神，将志愿服务当作是自己最快乐的事，将大爱无私传递给身边的每一个人。

时至今日，马彩霞和丈夫每月拿出400元，资助贫困家庭孩子的“习惯”从未间断过。她常年跋涉在志愿服务路上的精神，带动周围一大批爱心人士参与其中。对于爱心志愿服务，马彩霞希望今后能汇聚更多爱心，帮助更多需要帮助的人，因为爱心志愿服务永远在路上。

原载于《吴忠日报》 7月6日

（谷 刚）

个人名录

省（部）级先进个人名录

表2

获奖个人	所在单位	奖 项	授奖单位
李进祯	兴隆乡	敬业奉献模范	中国文明办
白永胜	法 院	追授“全国优秀司法警察”荣誉称号	全国最高人民法院
马忠斌	国税局	第六届道德模范提名奖	中央宣传部等6个单位
马忠斌	国税局	中国好税官	国家税务总局
白明俊	文化旅游体育广播电视局	全国群众体育先进个人	国家体育总局
海 坚	地震局	防震减灾先进个人	国家地震局

续表 2

获奖个人	所在单位	奖　项	授奖单位
罗旭军	公安局	2012—2016 年全区机关干部“下基层”活动先进个人；	自治区党委
勉力义	公安局	宁夏五四青年奖章	自治区团委
海　坚	地震局	防震减灾示范个人	自治区地震局
杨富贵	审计局	最美审计人	自治区审计厅
顾永存	文物管理所	第一次可移动文物普查先进个人	自治区文化厅
买旭民	电视台	“全区新闻出版广电系统党的十九大安全保障工作先进个人	宁夏回族自治区新闻出版广电局
李　清	法　院	全区法院先进个人	自治区高级人民法院
贺海洋	法　院	全区法院办案标兵	自治区高级人民法院
白永胜	法　院	追记个人一等功	自治区高级人民法院
马忠斌	国税局	2016 身边的感动人物奖	自治区党委宣传部等 3 个单位
勉力义	公安局	第三届宁夏十佳民警暨侯金知式优秀民警，	自治区公安厅
李春燕	国税局	2017 年“营改增”试点工作三等功	自治区国税局
李春燕	国税局	2016 年度全区优秀税收科研成果三等奖	自治区国税局等四个单位
丁卫平	国税局	2017 年营改增试点工作嘉奖	自治区国税局
张　华	国税局	2017 年全区征管评估类“岗位能手”	自治区国税局
鲍　慧	国税局	2016 年全区优秀税收科研成果二等奖	自治区国税局等 4 个单
闫飞龙	气象局	重大气象服务先进个人	宁夏回族自治区气象局
宋菊花	气象局	“宁夏气象局嘉奖”	宁夏回族自治区气象局
丁　军	政法委	全区党的十九大安保维稳工作“先进个人”	自治区社会治安综合治理委员会
周　珑	工商银行	2017 年度“先进工作者”	工商银行宁夏分行
赵凤琴	工商银行	2017 年信用卡业务先进个人	工商银行宁夏分行
马进武	工商银行	2017 年个人贷款业务先进个	工商银行宁夏分行

市级先进个人名录

表 3

获奖个人	所在单位	奖　项	授奖单位
张月敏	司法局	吴忠市社会治安综合治理先进个人	吴忠市社会治安综合治理委员会
张晓迪	豫海镇	2013—2017 年度吴忠市社会治安综合治理先进个人	中共吴忠市委员会、吴忠市人民政府
张　岚	电视台	“首届优秀媒体人”	吴忠市委宣传部
丁玉军	电视台	全市十佳宣传干事	吴忠市委宣传部
周　英	法　院	全市法院优秀法官	吴忠市中级人民法院
左小军	法　院	优秀行政人员	吴忠市中级人民法院
马成文	法　院	优秀司法辅助人员	吴忠市中级人民法院

续表 3

获奖个人	所在单位	奖　项	授奖单位
户全章	法　院	优秀司法辅助人员	吴忠市中级人民法院
杨红梅	检察院	个人三等功	吴忠市检察院
金　钟 张　涛 文学鹏 王　涛 杨　军 杨　瑞	国税局	2017 年营改增试点工作先进个人	吴忠市国税局
马玉英	国税局	2016 年度税收风险管理工作先进个人	吴忠市国税局
马　波	国税局	2016 年度吴忠市优秀网络文明传播志愿者	吴忠市文明办
吴泽旭	公安局	“2016 年度全市公安机关优秀人民警察”	吴忠市公安局
杨彦龙 马爱君 于伟东 马　科 马登科	公安局	记个人三等功	吴忠市公安局
丁振华	豫海镇	2017 年度全市民族宗教系统先进工作者	吴忠市民族宗教事务局

县级先进个人名录

【2016 年度全县政法、平安建设工作先进个人】

政法工作先进个人（6 个）

人民法院监察室主任：杨　琴

人民法院民二庭副庭长：马卫录

人民检察院检察员：王旭海

公安局交警大队教导员：马化龙

看守所所长：黑耀龙

司法局石狮司法所所长：张汉华

平安建设工作先进个人（24 个）

河西镇综治专干：叶　娟

韦州镇综治专干：马英才

下马关镇刘家滩村委会主任：左兴武

兴隆乡综治专干：马惠华

监察局副局长：郭吉龙

综治办工作人员：李　琴

政协办副主任：马俊生

公安局驻京工作人员：张学军

民政局副局长：施　静

人社局科员：丁　珊

住建局质监站站长：王英明

农科局综治专干：丁月花

广播电视台副台长：丁玉军

卫计局干部：罗小波

安监局科员：周晓虎

团县委副书记：罗晓娅

信用联社综治专干：马自伏

运管所所长：周　武

银川铁路公安处同心车站派出所：何　旭

丁塘镇禁毒专职工作人员：马　峰

王团镇中心学校综治专干：马元斌

丁塘镇专职人民调解员：杨宏雁

同心清真大寺教长：马成文

河西镇旱天岭村矛盾纠纷调解员：李晓梅

【2016 年民族团结进步创建活动先进个人】

武装部政工科科长：宋绍成

纪委派出第二工作委员会书记、监察局派出

第二分局局长：马斌文（回）

人民法院民一庭副庭长：丁　玲（女，回）

人民检察院办公室科员：马玉莹（女，回）

人民政府办公室副主任：纪永彬（回）

县委组织部科员：武淑红（女）

县委政法委科员：马　勇（回）

民族宗教事务局副局长：杨克斌（回）

民政局副局长：丁艳玲（女，回）

司法局科员：马一平（女，回）

财政局科员：杨晓东（回）

人力资源和社会保障局：丁孝义（回）

文化馆馆长：贺永泽

卫生和计划生育局干部：马廷文（回）

市场监督管理局市监科科长：马兴贵（回）

团县委副书记：冶鹏玉（回）

工商联副主席：杨红艳（女，回）

公安消防大队大队长：潘海斌

豫海镇宗教干部：丁正华（回）

韦州镇党委副书记：白景云（回）

田老庄乡党委副书记：杨宗海（回）

马高庄乡宗教干部：丁生虎（回）

张家塬乡宗教干部：丁永福（回）

豫海回民高级中学校长：陈树军

豫海镇新区大寺教长：杨茂平（回）

丁塘镇湾段头大寺主任：丁玉成（回）

豫海镇东清寺教长：王世宏（回）

豫海镇中寺教长：马存林（回）

张家塬乡莲花山道观管委会主任：苏志杰

宁夏德泓国际绒业有限公司总经理：马维宗（回）

【2016年度同心县禁毒工作先进个人】

（一）单位和乡镇（18名）

卫生和计划生育局禁毒专干：马晓国

公安局王团派出所所长：张　树

人民法院一级法官：杨　春

人民检察院侦查监督科科长：马世雄

市场监督管理局科员：马世武

住房和城乡建设局副局长：张春国

财政局办公室主任：马英清

教育局文体股副股长：张怀庆

团县委副书记：冶鹏玉

扶贫办副主任：杨　毅

农牧和科学技术局禁毒专干：丁月花

丁塘镇人大主席、综治办主任：徐莉芳

王团镇禁毒办主任、综治办主任：马自贵

河西镇禁毒专干：黄永波

豫海镇党委副书记：罗仲凯

韦州镇武装部部长：杨　林

兴隆乡禁毒专干：马惠华

田老庄乡禁毒专干：杨立保

（二）村（社区）干部（5名）

豫海镇新华社区党支部书记：马　勇

王团镇南村党支部书记：王　飞

丁塘镇张滩村党支部书记：李富贵

河西镇石坝村党支部书记：杨青春

下马关镇南关村党支部书记：顾占财

（三）毒品预防宣传教育优秀教师（10名）

豫海回民高级中学：周冬晖

海如女子中学：丁　敏

同心实验小学：金孟加

下马关镇三山井小学：张娟娣

石狮管委会惠安小学：谢树民

同心第四小学：锁成俊

同心县第一小学：余桂兰

韦州镇回民女子完全小学：马晓琳

王团镇中心小学：马彦全

丁塘镇中心学校：马立征

（四）社区戒毒社区康复优秀专职工作人员（5名）

丁塘镇：赵　飞

下马关镇：张骁龙

豫海镇：永 文

石狮管委会：田嘉东

县禁毒办：马 莲

（五）毒品预防宣传教育优秀宗教人士及志愿者（7名）

县城阿印科寺教长：马国林

县城东清寺教长：王世宏

丁塘镇湾段头村北寺教长：杨彦文

县城中寺教长：马存林

韦州镇大寺教长：马力国

博爱志愿者协会禁毒志愿者：赵彩凤

同心爱心救助协会禁毒志愿者：彭立生

【2016 年度全县宣传思想文化工作先进个人】（15 人）

宁夏日报报业集团记者部副主任、驻吴忠记者站站长：苏 峰

吴忠日报社记者、驻同心记者站站长：谷 刚

豫海镇党委副书记：罗仲凯

马高庄乡党委副书记：马瑞成

兴隆乡党委副书记：张 龙

检察院政工科：杨娇媛

县委组织部：王志华

同德慈善产业园管委会：彭 其

教育局：李光林

水务局：马淑红

农牧和科学技术局：贾银录

卫生和计划生育局：马学贵

扶贫办：马 力

科协：薛占贵

伊协：马 凯

【2016 年度优秀文学创作者】（2 人）

第二中学教师：王自忠

王团镇倒墩子村村民：马泽平

【2016 年度全县优秀通讯员】（9 人）

河西镇党委委员、组织委员：倪晓江

韦州镇党委委员、组织委员：苏海峰

田老庄乡办公室秘书：李 霞

县纪委宣传干事：金明琴

政府办秘书：锁 伟

县互联网信息管理服务中心：丁 锋

公安局宣传干事：苏玉萍

信用联社宣传干事：黑忠礼

县武警中队宣传干事：罗 虎

【同心县第一届乡贤名单】（9 人）

县志办退休干部：李宗道

预旺镇南塬村村民：马汉德

张家塬乡汪家塬村村民：王克成

豫海镇城二村人民调解员：尹富强

预旺镇北关村村民：马占云

丁塘镇金家井村村民：杨正义

宁夏兴俊实业集团董事局主席：杨兴义

启秾瓜果蔬菜专业合作社负责人：虎登武

张家塬乡折腰沟村民：胡彦龙

【同心县第四届“道德模范”名单】（10 人）

同心县霞光公益协会志愿者：丁秋菊

生前系同心县人民法院法警队队长：白永胜

丁塘镇中心学校教师：马金花

石狮管委会沙嘴城村村民：马吉礼

县农科局高级兽医师：马海贵

韦州镇石峡村村民：马学军

河西镇杨河套子村村民：杨维川

丁塘镇八方村村民：顾淑琴

张家塬乡汪家塬村村民：侯登堂

丁塘镇新华村村民：白永国

【同心县第四届“最美同心人”名单】（11 人）

王团镇中心学校马套子村教学点教师：马彦国

预旺镇土峰村村民：白金锋

同心二中教师：马三虎

同心县人民法院立案庭：户全章

同心县国家税务局税征科长：李春燕

下马关镇红城水小学教师：王维仁

河西中心卫生院儿科医师：田彦学

丁塘镇杨家河湾村民：杨　吉

同心县宝虎劳务中介公司经理：杨宝虎

张家塬乡张家塬村村民：杨生财

同心平安爱心志愿协会会长：周玉成

【2016年度全县“十星级民风建设模范户”名单】（24人）

1. 豫海镇（3人）

豫海镇新华社区居民：丁生俊

豫海镇富兴社区居民：杨学亮

豫海镇新华社区居民：杨诚俊

2. 河西镇（1人）

河西镇杨河套子村村民：马学良

3. 丁塘镇（3人）

丁塘镇湾段头村村民：文国林

丁塘镇金家井村村民：顾少忠

丁塘镇窑岗子村村民：马存礼

4. 韦州镇（3人）

韦州镇韦一村村民：丁红英

韦州镇韦二村村民：苏泽陶

韦州镇甘沟村村民：尹　荣

5. 下马关镇（3人）

下马关镇三山井村村民：李　刚

下马关镇窖坑子村村民：吴建升

下马关镇南关村村民：杨国兴

6. 预旺镇（2人）

预旺镇南塬村村民：刘汉成

预旺镇沙土坡村村民：王彦俊

7. 王团镇（3人）

王团镇大沟沿村村民：虎如云

王团镇圆枣村村民：马小瑞

王团镇马套子村村民：马　刚

8. 田老庄乡（1人）

田老庄乡李家山村村民：李占英

9. 马高庄乡（2人）

马高庄乡邱渠村村民：李维龙

马高庄乡赵家树村村民：田风花

10. 张家塬乡（1人）

张家塬乡张家塬村村民：鲍永财

11. 兴隆乡（1人）

兴隆乡黄谷村村民：田志龙

12. 石狮开发区（1人）

石狮开发区惠安村村民：马全良

【抗洪救灾先进个人】（8人）

同心县水库移民办主任：马成龙

同心县防汛抗旱指挥部办公室副主任：马洪强

同心县韦州镇干部：苏贵云

同心县下马关镇陈儿庄村原党支部书记：陈　刚

同心县预旺镇组织委员：虎　新

同心县王团镇干部：王进生

同心县马高庄乡何渠村党支部书记：何建忠

同心县张家塬乡折腰沟村党支部书记：胡彦奇

【2016年度全县人口和计划生育工作先进个人】

一、2016年度全县计生工作优秀村干部（10个）

豫海镇新华社区党支部书记：马　勇

河西镇上河湾村党支部书记：田金福

王团镇北村党支部书记：王有云

田老庄乡五道岭子村党支部书记：顾占学

马高庄乡邱渠村党支部书记：丁生礼

丁塘镇团结村党支部书记：杨学虎

石狮管委会砚台村党支部书记：马成忠

兴隆乡黄谷村党支部书记：余志祥

张家塬乡驼骆岘岘村村主任：马晓东

预旺镇北关村会计：苏永祥

二、2016 年度全县计生工作优秀信息员（5 个）

豫海镇富兴社区：顾　娟

河西镇石坝村：杨　学

韦州镇韦二村：张兴林

下马关镇平远村：买玉林

丁塘镇李岗子村：马秀丽

【同心县 2016 年度脱贫攻坚工作先进个人】

一、2016 年度脱贫攻坚先进工作者（58 名）

自治区交通厅吴忠市运管局派驻河西镇同德村工作队员：荆汉智

自治区公路管理局派驻王团镇马套子工作队员：买挺博

自治区公共资源交易局派驻预旺镇沙土坡村工作队员：兰天星

吴忠市残联派驻韦州镇干沟村第一书记：马利民

吴忠市国资委派驻张家塬乡张家塬村第一书记：李万强

吴忠市人社局派驻张家塬乡海棠湖村第一书记：牛伟鹏

吴忠市总工会派驻田老庄乡石羊圈村工作队员：杨　佳

吴忠市气象局派驻马高庄乡何渠村工作队员：吴合全

同心县同德慈善产业园派驻河西镇上河湾村第一书记：马海强

同心县农科局派驻王团镇前红村第一书记：杨正义

建行同心支行派驻王团镇吊堡子村第一书记：苏　静

同心县国土局派驻下马关镇下塬村第一书记：白耀文

同心县信用联社派驻韦州镇河湾村第一书记：郭希荣

豫海镇副镇长：丁生福

石狮管委会农经干部：马国武

丁塘镇党委秘书：王东升

马高庄乡扶贫专干：王德秀

兴隆乡扶贫专干：田振耀

韦州镇文化、安监干事：彭金城

韦州镇党委副书记：白景云

王团镇副镇长：周　洋

王团镇扶贫专干：刘　鹏

张家塬乡副乡长：张颖青

预旺镇纪委书记：曹　坚

预旺镇扶贫专干：杨正成

河西镇人大主席：金秀梧

河西镇扶贫专干：赵　军

下马关镇民生保障服务中心主任：李海仁

下马关镇计生专干：韩　龙

田老庄乡副乡长：纪雪蓉

豫海镇扶贫专干：史凤琴

石狮管委会扶贫专干：金明忠

丁塘信用社副主任：顾志军

马高庄乡计生专干：丁　山

兴隆乡冯川村大学生村官：马香梅

韦州镇扶贫干事：马惠来

田老庄乡扶贫专干：杨飞飞

王团镇圆枣村会计：马小瑞

张家塬乡扶贫专干：杨　德

预旺镇大学生村官：马　忠

河西镇旱天岭村会计：顾存俊

下马关镇扶贫专干：杨学福

中国人寿保险公司同心支公司副总经理：马　博

中国人寿保险公司同心支公司团险部经理：马小林

同心联社客户经理：马占福

同心联社客户经理：张　黎

同心联社会计结算部经理：马宏伟

中国农业银行同心县支行副行长：刘国华

中国农业银行同心县支行坐班主任：魏济元

电信公司同心公司综合主管：虎　兰

电信公司同心公司营业厅店长：王　林

民政局副局长：马　强

林业局天保办主任：马自军

农科局干部：杨国武

教育局纪委副书记、机关支部书记：白明江

扶贫办规划信息工作站站长：文玉国

扶贫办职业教育培训工作站站长：张　勇

扶贫项目管理工作站站长：杨晓勇

二、脱贫攻坚光荣户（200户）

（一）2014年度脱贫攻坚光荣户（27户）

1. 河西镇（4户）：

顾青科　周秀兰　金玉栋　丁良举

2. 韦州镇（3户）：

赵连贵　万　礼　尹　旭

3. 下马关镇（7户）：

白素林　马海萍　程建堂　田怀林　魏从芳

金义国　李学清

4. 预旺镇（2户）：

户吉章　马　云

5. 田老庄乡（2户）：

马维朝　马国忠

6. 马高庄乡（3户）：

李辉桢　马彦武　马自云

7. 张家塬乡（6户）：

马全国　王克俭　尚志勤　胡学东　姜艾元

张树明

（二）2015年脱贫攻坚光荣户（70户）

1. 韦州镇（3户）：

马绍军　彭志文　马永伏

2. 下马关镇（18户）：

马海清　马　峰　李　强　马彦平　王安军

杨继波　袁仲清　刘正武　石明芬　左新生

陈仲田　刘登江　赵国新　陈　凯　陈儒平

陈振存　史茂宝　吴正泉

3. 预旺镇（14户）：

马万云　马永海　田　林　马力瑞　王彦虎

杨正贵　马相贵　李兴明　马建云　王　锋

白明生　马英海　余桂林　马富强

4. 王团镇（10户）：

马彦昌　马占义　马步芳　马占有　马进伏

马彦礼　马永保　马晓才　马　东　马永吉

5. 田老庄乡（2户）：

杨占伏　杨宗俊

6. 马高庄乡（7户）：

锁成林　白永祥　马永虎　冶正有　罗鸿刚

瞿海军　锁耀武

7. 张家塬乡（6户）：

倪秉强　陈明辽　赵连军　马奇峰

姜国成　胡志田

8. 兴隆乡（10户）：

田玉明　田进会　田志忠　马玉海　田进宏

田进龙　田志成　马　成　田进兵　田进林

（三）2016年脱贫攻坚光荣户（103户）

1. 豫海镇（1户）：李　平

2. 河西镇（15户）：

杨正祥　王　龙　马忠会　马德明　丁生明

马自清　马　荣　杨伟明　李　花　顾建明

纪明鹏　顾青伏　顾克玉　李世刚　马学俊

3. 丁塘镇（1户）：马自红

4. 韦州镇（4户）：

沈万国　彭　亮　徐小莲　周　云

5. 下马关镇（46户）：

方　熙　胡彦祥　李保雄　倪建义　王彦明

徐正宗　张怀忠　康　龙　马学耀　马耀军

马正强　王彦贵　杨登贵　白耀宝　白玉礼

马永彪　兰生孝　马步强　马小波　马耀国

马永斌　杨正平　吴众泉　郭光荣　刘向富

张　明　张孝仁　郭凤岐　吴学双　李永海

马海平　马继荣　马彦福　李　荣　马玉雪

马　学　贺登建　计永波　马德宏　徐俊刚

冶　丙　锁少智　锁耀虎　马　龙　锁明贵
锁国有

6. 预旺镇（6 户）：

马　旭　马自祥　白生有　马国伏　李志斌
白正全

7. 王团镇（5 户）：

马耀奎　李文林　杨小林　张彦刚　李占玉

8. 田老庄乡（7 户）：

马佩仁　杨占峰　田兴虎　杨有聪　杨成国
马如元　买吉发

9. 马高庄乡（7 户）：

白如福　马文祥　余占海　刘仲鹏　王　甫
杨会忠　杨志华

10. 张家塬乡（7 户）：

李正清　李志财　鲍德文　郭占山　杨有万
陈术贵　马瑞贤

11. 石狮管委会（4 户）：

马小虎　罗正学　马彦武　李英贵

【2017 年度全县教育工作先进个人】

一、年度优秀教师（50 名）

同心县同心中学：白金元
同心县回民中学：杨晓林
同心县豫海回民中学：马晓兰
同心县第二中学：黑　倩
同心县海如女子中学：李　夏
同心县石狮中学：杨　艳
同心县第五中学：贺吉祥
同心县豫海初级中学：摆志珍
同心县第三中学：李　欣
同心县下马关中学：张　磊
同心县韦州中学：李巧玲
同心县王团中学：周　月
同心县丁塘中学：马　力
同心县河西中学：杨　琴
同心县河西镇纪家九年一贯制学校：丁晓梅
同心县第一幼儿园：贺淑娟
同心县第二幼儿园：马维霞
同心县特殊教育学校：万　霞
同心县第一小学：王　玲
同心县第一小学：杨雪梅
同心县第二小学：马小花
同心县第二小学：韩春苗
同心县实验小学：王秀兰
同心县南安实验小学：马丽娟
同心县思源实验学校：贺淑霞
同心县豫海镇第三小学：马韬辉
同心县豫海镇第四小学：王　慧
同心县豫海镇第五小学：纪少良
同心县豫海中心学校：周建设
同心县石狮中心学校：丁凤琴
同心县石狮中心学校：杨　舫
同心县王团中心学校：马彦忠
同心县王团中心学校：丁丽娜
同心县王团中心学校：买小燕
同心县丁塘中心学校：丁小霞
同心县丁塘中心学校：马梅花
同心县丁塘中心学校：杨春梅
同心县河西中心学校：黑晓彤
同心县河西中心学校：胡李东
同心县河西中心学校：马玉娟
同心县兴隆中心学校：周文花
同心县韦州中心学校：周吉祥
同心县韦州中心学校：徐蓉蓉
同心县下马关中心学校：白海学
同心县下马关中心学校：王红香
同心县下马关中心学校：张秀琴
同心县预旺中心学校：刘彦青
同心县预旺中心学校：金小贵
同心县马高庄中心学校：宋立静
同心县田老庄中心学校：杨正兴

二、先进教育工作者（10名）

同心县第二中学：田维忠

同心县韦州中学：苏志云

同心县王团中学：马富国

同心县第一小学：马光雄

同心县实验小学：闫登泰

同心县王团中心学校：李宗英

同心县丁塘中心学校：马峻峰

同心县韦州中心学校：苏润军

同心县下马关中心学校：锁国俊

同心县教育局：苏秀玲

三、高考工作先进个人（27名）

同心县同心中学：

杨启帆　马文茂　周月红　马晓萍　苏小雯

马丽娜　马晓萍　周建智　苏　越

同心县回民中学：

闫　军　吴　丹　马　娟　马全生　白小玲

金鹏智　李　勇　杨丽萍　马国玲

同心县豫海回民中学：

马　旭　马志龙　马晓庆　杨　娟　锁俊明

张丽萍　马　涛　周　南　李自强

四、中考工作先进个人（33名）

同心县第二中学：

马晓花　马　玲　虎雪花　栾彩霞

同心县海如女子中学：

马国莲　杨小成　马梅霞　买晓燕

同心县石狮中学：锁耀国　康秀霞　马思龙

同心县第五中学：马丽蓉　马　芳　康泽霞

同心县豫海初级中学：杨小平　马　花

同心县第三中学：贺登尧　马相平

同心县下马关中学：

苏永新　田晓艳　张耀清

同心县韦州中学：马月霞　苏秀珍　王金凤

同心县王团中学：杨晓琴　白　花　马兴花

同心县丁塘中学：马　珍　周慧珍

同心县河西中学：丁晓艳　洪　斌

同心县河西镇纪家九年一贯制学校：

王　娟　白光举

五、中职招生工作先进个人（10名）

同心县第二中学：金宪文

同心县海如女子中学：姜延宏

同心县石狮中学：李宁成

同心县第五中学：马慧灵

同心县豫海初级中学：杨　栋

同心县韦州中学：马希德

同心县王团中学：丁小梅

同心县河西中学：马凤全

同心县河西镇纪家九年一贯制学校：马　强

同心县教育局：张　祝

六、小学教育教学质量提升工作先进个人（50名）

同心县第一小学：

马　荣　丁月红　马月梅　李　科

同心县第二小学：

杨　洋　张　璟　马玉珍　周惠萍

同心县实验小学：金孟加　马小梅　杨小霞

同心县南安实验小学：马国兰　田兰花

同心县思源实验学校：杨素琴

同心县豫海镇第三小学：马国兰

同心县豫海镇第四小学：

马　娟　金　燕　王晓燕

同心县豫海镇第五小学：

马雪花　周艳红　张桂萍

同心县豫海中心学校：马德平

同心县石狮中心学校：

马晓霞　田云祥　赵　娜

同心县王团中心学校：

丁元栋　马彦国　李　莉　李　燕

同心县丁塘中心学校：

马彩花　马小凤　张进成　张　梅

同心县河西中心学校：

马　波　马春花　马兴礼　周冰琦

同心县兴隆中心学校：罗进贵　买占强

同心县韦州中心学校：

马少兰　黑　俊　马燕春

同心县下马关中心学校：

白素城　白　星　王晓玲　张　兰

同心县预旺中心学校：白　瑛　白福朝

同心县马高庄中心学校：马桂花

同心县张家塬中心学校：马成才

七、最美乡村教师（170 名）

同心县石狮中心学校：

杨翠花　康秀珍　张汉喜　赵翠凤　马怀清

王小萍　周德英　余　娟　李小叶　金小燕

杨海燕　马　千　杨丽娟　杨　芳　李占芳

马玉孝　罗永才

同心县第三中学：宝进辉　王耀仁　马如云

同心县张家塬乡中心学校：

武金生　张树铜　马瑞文　马　力　苏　新

同心县田老庄乡中心学校：

马维平　马英学　杨　平　马自平　马自俊

文俊海　杨兴礼

同心县下马关镇中心学校：

锁良耀　童　泽　马维国　杨兴贵　陶春怀

田红秀　魏永红　康福军　张正渊　殷汇霞

张少峰　马步堂　买金锋　马坚祥　丁俊莲

锁秀莲　杨瑞芬　杨　林　徐晓琴

同心县下马关中学：

马正伏　徐永志　何建林　张金梅　张艳霞

王进宏　张兆海

同心县豫海镇中心学校：金　成

同心县丁塘镇中心学校：

杨　英　白少国　杨晓荣　马小红　杨　峰

杨晓明　周旭升　马　蓉　马月莲　马彩霞

马生云　马淑琴　胡志慧　海晓燕　马　莉

丁小娟　高正娉　刘秋蓉　马生吉　田慧贤

李国栋　佘生成　周进海

同心县王团中学：

王　成　马晓红　王晓明　马　军

同心县河西镇中心学校：

杨　学　李海方　杨　军　金小平　马桂兰

金玉平　丁　龙　裴元义　石晓梅　吴学琴

洪　花　马春杰　马学洪　周丽萍　杨丽霞

纪明贵　杨小花　马峻海　马成霞　黑晓辉

李世珍　虎振兴　杨慧娟　马　兰

同心县河西镇中学：纪明逵　周　冰

同心县韦州中学：

王　林　彭志东　苏艳萍　王雪峰　苏彦银

同心县石狮中学：

马学俊　马晓军　杨任旭　李克潇　丁玉琼

丁海峰　马　静　杨晓霞　田彦福

同心县王团镇中心学校：

马　勇　李建苍　邢彦明　王正宗　马如奎

丁义萍　李宗剑　马全智　马彦全　赵晓娟

杨有俊　李宗平　冶学剑　马兴贵

同心县丁塘镇中学：马列剑　马文其

同心县马高庄乡中心学校：

马兴盛　唐树有　锁小云　杨少东

同心县兴隆乡中心学校：

妥　鸿　罗进贵　马彦强　李自虎

同心县韦州镇中心学校：

马　红　孙有玺　马立俊　周香花　周凤萍

杨小琴　马自萍　张　娟　海彩霞　吴淑艳

丁　力

同心县预旺镇中心学校：

李玉平　马力兵　虎玉兰　马　远　刘汉泰

马自昌　马世雄　马宏鑫　马玉红

八、最美乡村功勋教师（220 名）

同心县石狮中心学校：

马景虎　田玉清　杨志武　马耀林　金亚芬

杨自海　苏　泽　童玉刚　李秀花　黑占龙

张雪梅　黄凤琴　马金文　白生玉　马少清

马　伟　吴彦珠　谢树民　苏厚芬　李绍卿

周　玲　白明海　金　勇　李　平　马应孝

白海云　高登莲　马　军　丁梅兰　杨海霞
马凤兰
同心县同心三中：王学贤
同心县张家塬中心学校：
靳龙寿　马　勇　张鸿省　鲍永国
同心县田老庄中心学校：
杨登孝　杨宗宝　杨宗寿
同心县下马关中心学校：
王明忠　武金锐　陈爱娟　陈光毅　拓雪梅
倪　芳　何培亮　计永萍　蔡　毅　宋建琦
魏吉林　王立忠　张　娥　锁耀军　武金铎
吴学珍　郭　凌
同心县下马关中学：
贺永鑫　仇柿平　王维忠　李晓玲　吴月红
同心县丁塘中心学校：
周瑞红　杨　芳　余生新　锁少伟　马兴龙
李农新　王有忠　杨志科　杨静珍　李小明
丁玉峰　丁海军　张凤琴　马峰皎　白启忠
马彦红　周学才　杨慧兰　李占才　周维贤
王彦虎　马正良　康有相　丁玉花　方　霞
武淑琴　李淑英　高桂芹　杨　燕　马彩霞
杨宝贵　丁良红　马　良　田玉玲　丁海霞
杨红卫　杨旭东　马应吉　马秀霞　杨红花
同心县王团中学：
丁海洋　周耀晖　罗进玉　锁国俊　王耀才
王正义
同心县河西中心学校：
田增华　白建福　杨占祥　丁耀红　石怀柱
贺吉虎　贺学同　纪永祥　周占国　张金伟
马学才　马成英　田光财　马天礼　李金堂
贺学锋　王治国　马新生　周玉琴　张红卫
周　洁　白占山　吴彦红　黑保贵　马　波
杨　珍　李海峰　马　锋
同心县河西中学：马学锋　石彦仁　周治国
同心县韦州中学：
王玉芳　苏厚国　苏葛莱　苏玉礼　马秀梅
秦月霞
同心县石狮中学：
马景海　苏占德　马占云　王志刚　周进海
李　彪　李生虎　马全孝　康有印　李建俊
马兆俊　陈群英　杜向阳　马义良　王鹏举
杨　峰
同心县王团中心学校：
马玉虎　虎正仁　马永福　杨自强　马德录
马全明　王　玲　买英秀　王正国　王正海
马彦才　杨洪武　马吉福　李成俊　罗占伏
姜瑞芳　杨彦贵　虎旭东　杨文珍　姚艳萍
马国仁　马义伏　罗小虎　马　兰
同心县丁塘中学：
施会平　王淑萍　马少军　马力林
同心县豫海中心学校：
妥大英　杨　春　王伟虎　马吉武
同心县马高庄中心学校：虎银林
同心县兴隆中心学校：
李　鋆　田红梅　王建东　张万禄　李玉祥
马　朝　马　欣　田玉礼　余晓红
同心县韦州中心学校：
海　翠　焦万选　苏泰志　张自静　王小燕
白丽荣　梁　燕　马志新　张国珍　苏润波
苏昶旭
同心县预旺中心学校：
王有海　马建林　李文林　李永泽　罗忠平
罗忠伏　刘汉琴

【2016年度公务员考核优秀等次嘉奖人员】

纪委：马建堂　马学文　张自英
荆玉贵　金明琴　周　军
法院：丁桂花　贺海洋　黑雪梅　马　锐
马士弟　马卫东　马兴田　马彦鹏
王金国　王　军　文　哲　杨小东
杨振峰　左小军　检察院　罗彦芳
杨岿然　康秀芳　邓洁丽　杨　琼

周立本　杨娇媛　马宇莹　金　鑫
杨红梅　马晓晨　县委办　杨　明
李　茂　马学玉　冯仲凯　马树福
人大办：李　岩　马春生　李海云　丁凤英
政府办：马洪明　马　林　锁　伟
政协办：杨登龙　罗永渊
组织部：王彦峰　王志华　马　旭
宣传部：海　燕
统战部：锁国武
政法委：吴玉伟
编办：田彦福　李学琴
政研室：柳向荣
老干部局：马凤花　马尚明
党校：马全荣　白耀明　马廷峰　江小丽
黑学晋
档案局：丁立军　周玉兰　邓丽君　周桂兰
马桂花
发改局：杨国林　苏克海　马　莉　马全宝
工信商务局：贺　军
教育局：张　祝　马玲芝
宗教局：马兴福
民政局：李永科
公安局：李存明　白　荣　陈　军　邓金辉
丁　毅　丁玉忠　虎　筱　金若雨
李睿磊　李小平　罗海峰　马　成
马建军　马　君　马　林　马　兴
马耀兵　马泽明　买占东　田卫明
吴泽贤　吴泽旭　杨　洁　杨廷福
杨彦龙　尹学勤　张广东　周耀锋
司法局：金学峰　尹　婧　张月敏　余晓娟
马长生　马成文　马成奇
财政局：马永泽　马英清　沈　锐
人社局：马文明　马建亚　丁　勇　马卫红
周　旭　丁玉江
国土局：白耀文　周文江
环保局：杨晓忠
住建局：杨玉明　张春国　马一飞
交通局：丁　勇
水务局：杨　林
农科局：杨有国　苏俊秀
文广局：康青春
卫计局：施景才　杨志勇　马汉俊
审计局：韩树明　顾志俊　马晓辉
市监局：马红梅　马　杰　马奇福　苏红朝
安　俊　丁　琳　李志刚　马东平
马　琴　马　琼　苏克诚　杨丽黎
安监局：张立东　周晓虎
统计局：王晓萍
林业局：白继章　张晓梅　马玉平
就业局：王占全　丁　宁　黑金山　丁永锋
马晓兰　李萍　金宪忠　吴晓红
扶贫办：马希丰
总工会：金玉文
团县委：冶鹏玉
妇联：庞　悦
科协：周文华
文联：马秀花
残联：毛航智
工商联：冯　勤
豫海镇：马少伟　李海军　罗仲凯　杨　艳
马海霞　李　叶
河西镇：金秀梧　倪晓江　马晓红　杨立珍
叶　娟　赵　军　杨晓英
丁塘镇：周宪珑　罗　宁　贺秀龙　马晓媛
张晓玲
韦州镇：周　华　马英才　苏宗孝
下马关镇：贺　伟　董占平　张晓飞
杨学福
预旺镇：曹　坚　马　蕊　丁雪林　虎正旭
王团镇：周小燕　海　坚　陆　倩　周玉新
王　静　马　忠
张家塬乡：陈连鸿　张颖青　马汉文

杨建国

马高庄乡：金自锋　丁萍萍　顾义廷
杜希玲　马　东　白学辉

田老庄乡：苏泽云　丁　林　杨　明
周　波

兴隆乡：王建云　张　龙　马　俊　马娟花
铁　梅

教育局：张　祝

司法局：张月敏

公安局：马　成　杨　洁　杨廷福　周耀锋
金若雨

人社局：马卫红

交通局：丁　勇

市场监管局：马奇福　李志刚　马　琼
丁　琳

【2014—2016 年度公务员考核中连续三年获得优秀等次公务员】

纪委：金明琴

法院：丁桂花

检察院：邓洁丽　杨　琼　马宇莹

人大办：李海云

政府办：马洪明　马　林

政协办：罗永渊

老干部局：马尚明

党校：马全荣

档案局：周玉兰

就业局：黑金山　丁永锋　马晓兰　李　萍
金宪忠

河西镇：金秀梧　倪晓江

丁塘镇：马晓媛

下马关镇：张晓飞

预旺镇：曹　坚　丁雪林

王团镇：王　静

田老庄乡：周　波

马高庄乡：马　东

兴隆乡：张　龙　马　俊　马娟花

集体名录

省（部）级先进集体名录

表 4

获奖单位	奖　项	授奖单位	授奖时间
同心县	全国防沙治沙先进集体	全国绿化委员会、人力资源社会保障部、国家林业局	2017.5
审计局	全国文明单位	中央精神文明建设指导委员会	2017.11
财政局	全国文明单位	中央精神文明建设指导委员会	2017.11
工商联	全国“五好”县级工商联	全国工商联	2017.12
丁塘镇新华村	全国文明村	中央精神文明建设指导委员会	2017.11
张家塬汪家塬村	通过全国文明村复验命名	中央精神文明建设指导委员会	2017.11
检察院	第九届全国检察机关“文明接待示范窗口”	最高人民检察院	2017.10
科　协	2017 年全国科普日优秀活动	中国科协办公厅	2017.12
同心县新华阳光瓜果蔬菜协会	“基层科普行动计划先进单位”	中科协、财政部	2017.11
中国建设银行股份有限公司同心支公司	中国建设银行文明单位	中国建设银行	2017.11

续表 4

获奖单位	奖 项	授奖单位	授奖时间
中国建设银行股份有限公司同心支公司	中国建设银行思想政治工作先进单位	中国建设银行	2017.11
财政局	民族团结进步创建活动示范机关	自治区党委统战部、自治区民族事务委员会	2017.11
检察院	全区公诉工作先进集体	自治区检察院	2017.2
财政局	2017 年度全区预算执行旬月报及分析工作三等奖	自治区财政厅	2017.12
财政局	2016 年度全区财政总决算工作二等奖	自治区财政厅	2017.12
地震局	防震减灾先进单位	国家地震局	2017.11
新华社区	防震减灾示范社区	国家地震局	2017.8
审计局	优秀审计项目	自治区审计厅	2017.2
同心县	食品安全先进县	自治区食品安全委员会	2017.8
兴隆乡	食品安全示范乡镇	自治区食品安全委员会	2017.8
文物管理所	第一次可移动文物普查先进集体	自治区文化厅	2017.6
文广局	自治区文化扶贫工程贫困地区村综合文化服务中心建设先进集体	自治区党委宣传部、财政厅、文化厅、新闻出版广电局、体育局	2017.12
法院团支部	全区法院推进“改革发展年”主题工作先进集体	自治区团委	2017.5
工商银行	第四届“中国工商银行宁夏分行精神文明建设工作先进单位”	自治区工商银行	2017.1
韦州镇	“自治区文化扶贫工程贫困地区村级综合文化服务中心先进集体”	自治区党委宣传部、财政厅、文化厅、新闻出版广电局、体育局	2017.12
韦州镇甘沟村	“民族团结进步创建活动示范村”	自治区党委统战部和区民委	2017.11
兴隆乡团委	全区五四红旗团委	共青团宁夏回族自治区委员会	2017.4
统计局	2016 年度统计效能目标管理考核一等奖	宁夏回族自治区统计局	2017.1
统计局	2016 年度统计工作综合考核进步奖	自治区统计局	2017.1
同心县	2016 年度农田水利基本建设“黄河杯”二等奖	自治区农田水利基本建设指挥部	2017.1
科　协	2017 年市县科协工作先进集体	宁夏科协	2017.12
气象局	2016 年全区优秀气象信息服务站	自治区气象局	2017.1
国网同心县供电公司	国网公司 2017 年“两年攻坚战”先进集体	国网公司	2017.1
县委办公室	自治区驻村帮扶工作先进单位	自治区扶贫开发领导小组	2017.2
王团镇	全区铁路护路联防工作先进集体	自治区护路办	2017.4
王团镇	2017 年度食品安全先进乡镇（街道）	吴忠市食品安全委员会	2017.10
预旺镇	民族团结进步创建活动示范乡镇（街道办）	自治区党委统战部、自治区民族事务委员会	2017.11
丁塘镇	自治区文化扶贫工程贫困地区村综合文化服务中心建设先进集体	自治区宣传部、财政厅、文化厅、新闻出版广播剧、体育局	2017.12
王团镇	自治区文化扶贫工程贫困地区村综合文化服务中心建设先进集体	自治区宣传部、财政厅、文化厅、新闻出版广播剧、体育局	2017.12

续表 4

获奖单位	奖　项	授奖单位	授奖时间
住房和城乡建设局	2016 年度住房城乡建设工作先进集体	自治区住房和城乡建设厅	2017.1
住房和城乡建设局	住房保障档案规范化管理示范单位	自治区住房和城乡建设厅、自治区档案局	2017.7
团　委	第二届吴忠青年五四奖章集体	吴忠市委组织部、市委宣传部、市委统战部等 9 个单位	2017.5
工业信息化和商务局	2016 年度全区工业稳增长先进工作单位	自治区经济和信息化委员会	2017.1
中国建设银行股份有限公司同心支公司	宁夏金融五一劳动奖状	中国金融工会宁夏工作委员会	2017.4
中国联合通信有限公司同心分公司	2016 年度先进集体	中国联合网络通信有限公司宁夏回族自治区分公司	2017.1
中国建设银行股份有限公司同心支公司	2017 年旺季营销对公基础业务拓展突出贡献奖第二名	中国建设银行股份有限公司宁夏回族自治区分行	2017.4
中国建设银行股份有限公司同心支公司	建行宁夏区分行系统 2016 年度先进单位	中国建设银行股份有限公司宁夏回族自治区分行	2017.1

市级先进集体名录

表 5

获奖单位	奖　项	授奖单位	授奖时间
公安局	2016 年全市禁毒工作先进集体	吴忠市委	2017.6
宗教局	吴忠市第四届运动会毽球比赛第三名	吴忠市人民政府	2017.
豫海镇	“2014—2016 年度吴忠市计划生育工作四星级乡（镇、街道）”	吴忠市人民政府	2017.2
市监局	2016 年市场监管工作效能目标考核二等奖	吴忠市市监局	2017.2
检察院	吴忠市 2016 年度信息宣传先进集体	吴忠市检察院	2017.1
检察院反贪污贿赂局	记集体三等功	吴忠市检察院	2017.1
检察院	吴忠市检察机关“检察论坛”二等奖	吴忠市检察院	2017.10
法　院	全市基层人民法院工作考核先进集体	吴忠市中级人民法院	2017.2
法院（立案庭）	集体三等功	吴忠市中级人民法院	2017.5
国税局	吴忠市国税系统 2016 年度先进单位	吴忠市国税局	2017.1
国税局税政科	营改增先进集体	吴忠市国税局	2017.12
国税局纳税服务科	营改增先进集体	吴忠市国税局	2017.12
国税局纳税服务科	2015—2016 年度宁夏“青年文明号”	共青团宁夏回族自治区委员会等 13 个单位	2017.1
国税局稽查局	2016 年度税收风险管理应对工作先进集体	吴忠市国税局	2017.3
田老庄乡	吴忠市社会管理综合治理先进集体	吴忠市政法委	2017.2
韦州镇甘沟村	“吴忠市文明村”	吴忠市委宣传部	2017.4
下马关镇	2017 年度食品安全先进乡镇（街道）	吴忠市食品安全委员会	2017.10
公安局	吴忠市文明单位	吴忠市精神文明指导委员会	2017.3
看守所	“2016 年度全市公安机关优秀基层单位”	吴忠市公安局	2017.2
河西派出所	“2016 年度公安机关优质服务窗口”	吴忠市公安局	2017.2
豫海派出所富兴社区警备室	“2016 年度公安机关优秀社区警备室”	吴忠市公安局	2017.2
河西派出所	记集体嘉奖一次	吴忠市公安局	2017.2

县级先进集体

【2016 年度全县政法、平安建设工作先进集体】

一、政法工作先进集体（4 个）

司法局

人民法院立案庭

人民检察院控告申诉检查科　县公安局石狮派出所

二、平安建设工作先进集体（11 个）

豫海镇人民政府

丁塘镇人民政府

预旺镇人民政府

王团镇人民政府

公安局

住房和城乡建设局

市场监督管理局

残疾人联合会

建行同心县支行

海如女子中学

豫海镇富兴社区

【2016 年民族团结进步创建活动先进集体】

河西镇

王团镇

县委宣传部

同德管委会

公安局

住房和城乡建设局

扶贫办

伊协

国税局

丁塘镇团结村

预旺镇北关村

下马关镇南安村

兴隆乡王团村

同心五中

韦州镇回民女子小学

宁夏同心县伊德馨民族服饰公司

宁夏润德生物科技有限责任公司

豫海镇月泉清真寺

豫海镇伊光清真寺

下马关镇佛光寺

【2016 年“无毒单位”“无毒村”“毒品预防宣传教育示范学校”】

一、“无毒单位”名单（15 个）

信访局

政研室

老干部局

同德管委会

工业和信息化局

教育局

交通局

水务局

地震局

农牧和科学技术局

市场监督管理局

残联

工商联

人行同心支行

农行同心支行

二、“无毒村”名单（18 个）

丁塘镇（3 个）：

张滩村、团结村、窑岗子村

下马关镇（1 个）：

陈儿庄村

预旺镇（6 个）：

贺塬村、陈石塘村、孙石庄村、

沙土坡村、龚家湾村、白崖子村

王团镇（5 个）：

东滩村、黄草岭村、倒墩子村、虎家红湾村、虎湾子村张家塬乡（1个）：

犁铧嘴村

石狮管委会（2个）：

黄石村、惠安村

三、“毒品预防宣传教育示范学校”（30个）

同心县思源实验学校

豫海镇石岗完全小学

石狮管委会黑套子小学

石狮管委会闽宁完全小学

石狮管委会沙沿小学

石狮管委会余家梁完全小学

石狮管委会满春小学

丁塘镇河草沟小学

丁塘镇新庄小学

丁塘镇吴河湾小学

丁塘镇杨塘小学

丁塘镇小山小学

王团镇沟南小学

王团镇前红奕龙希望小学

王团镇新堡小学

王团镇羊路小学

王团镇吊堡小学

河西镇中学

河西镇建新小学

河西镇马家河湾小学

河西镇大洪沟小学

河西镇菊花台小学

河西镇鸦嘴小学

河西镇李沿子小学

河西镇旱天岭小学

下马关镇陈儿庄小学

下马关镇三山井小学

下马关镇平远小学

下马关镇田园小学

韦州镇庆华小学

【2016年度同心县禁毒工作先进集体、示范集体】

一、禁毒工作先进集体（5个）

王团镇　韦州镇　预旺镇

公安局禁毒大队　教育局

二、禁毒工作示范集体（20个）

（一）毒品整治工作示范村（社区）（5个）

豫海镇豫园社区

韦州镇石峡村

田老庄乡石塘岭村

预旺镇北关村

石狮管委会庙儿岭村

（二）毒品预防宣传教育示范宗教场所（5个）

新区清真大寺

王团镇北大寺

韦州镇西寺

县城东寺

丁塘镇河草沟清真大寺

（三）毒品预防宣传教育示范学校（10个）

同心县豫海回民高级中学

同心县海如女子中学

同心县第三中学

同心县石狮中学

同心县第一小学

同心县第三小学

同心县第四小学

丁塘镇中心小学

韦州镇中心小学

下马关镇回民小学

【2016年度全县宣传思想文化工作先进集体】（15个）

丁塘镇党委

下马关镇党委

预旺镇党委

王团镇党委
张家塬乡党委
县人民法院
县委党校
司法局
财政局
住房和城乡建设局
审计局
市场监督管理局
林业局
国税局
广播电视台

【2016 年度同心县优秀文艺团队】（2 个）

同心县天天乐业余文艺宣传队
下马关镇白家滩村彦彪秦腔眉户剧社

【2016 年度“同心好商家”名单】（12 个）

宁夏润德生物科技有限责任公司
宁夏荣世贸易有限公司
宁夏泰杰农业科技有限公司
伊德馨民族服饰有限公司
宁夏伊同源清真肉食品有限公司
同心县少龙瓷砖建材有限公司
宁夏星星文化传媒广告有限公司
同心县德瑞农林牧科技综合开发有限责任公司
宁夏生海房地产开发有限公司
宁夏同心县乡巴里农家乐
震道连锁超市
同心县红星食品百货店

【2016 年度同心县文明单位、文明村名单】

一、文明单位（10 个）

工业信息化和商务局
社会经济调查队
豫海初级中学
同心县第五中学
同心县第四小学
丁塘镇回民完小
石狮管委会惠安小学
固海扬水管理处李堡泵站
固海扬水管理处白府都泵站
固海扬水管理处黑水沟泵站

二、文明村（7 个）

豫海镇兴隆村
河西镇同德村
韦州镇韦一村
下马关镇南安村
田老庄乡深沟村
张家塬乡折腰沟村
兴隆乡冯川村

【2016 年度全县农业农村工作暨抗洪救灾先进集体】

一、农业农村工作先进集体（4 个）

水务局　气象局　王团镇
同心县农村信用合作联社

二、全县发展特色优势产业优秀企业和优秀合作社及家庭农场

1. 优秀企业（2 个）

宁夏德泽农业产业投资开发有限公司
同心县德瑞农林牧科技综合开发有限责任公司

2. 优秀合作社及家庭农场（14 个）

同心县平态林养殖专业合作社
同心县永胜强牛羊养殖专业合作社
同心县天佑种植专业合作社
同心县保奇中药材种植专业合作社
同心县华世中药材种植专业合作社
同心县靖雄养殖专业合作社
同心县信农种植专业合作社

同心县河西镇好运来农机专业合作社
同心县万亨泰养鹿合作社
同心县贤宝牛羊养殖专业合作社
同心县福燕红葱种植专业合作社
同心县刚旭养殖家庭农场
同心县杨英养殖家庭农场
同心县银帝养殖家庭农场

三、抗洪救灾先进集体（8 个）

公安局　农科局　民政局　下马关镇
下马关水管所　王团水管所　公安消防大队
中国人民财产保险股份有限公司同心支公司

【2016 年度全县人口和计划生育工作先进集体】

乡镇人口和计划生育目标管理责任奖
一等奖：王团镇
二等奖：韦州镇、河西镇
三等奖：兴隆乡、马高庄乡
石狮管委会

【同心县 2014—2016 周期计划生育三星级乡镇】

王团镇
韦州镇
河西镇

【同心县 2016 年度脱贫攻坚工作先进集体】

一、2016 年度脱贫攻坚先进集体（24 个）

1. 同心县社会经济调查队
2. 中国农业银行同心县支行
3. 同心县农村信用合作联社
4. 中国农业发展银行同心县支行
5. 中国建设银行同心县支行
6. 宁夏邮政储蓄银行同心县支行
7. 宁夏银行同心县支行
8. 武警县中队
9. 中国人民财产保险公司同心支公司
10. 中国人寿保险有限公司同心支公司
11. 同心清真产业商会
12. 宁夏润德生物科技有限公司
13. 宁夏易捷庄园枸杞科技有限公司
14. 宁夏德泽农业投资控股有限公司
15. 宁夏回回集市电子商务有限公司
16. 宁夏大华建工集团有限公司
17. 宁夏同心县生海房地产开发有限公司
18. 同心县金昌绒毛制品有限公司
19. 同心县吉达工贸有限公司
20. 宁夏德泓国际绒业有限公司
21. 宁夏伊兴羊绒制品有限公司
22. 宁夏同心宏业工贸有限责任公司
23. 宁夏同心县元恒绒业制品有限公司
24. 同心霞光公益慈善发展中心

二、赠送荣誉牌匾单位（15 个）

1. 中国致公党北京市委员会
2. 中国致公党北京市海淀区委员会
3. 中国核工业集团公司
4. 中核兰州铀浓缩有限公司
5. 南京证券股份有限公司
6. 解放军 307 医院
7. 中信银行银川分行
8. 九三学社宁夏区委会
9. 江苏汇金控股集团有限公司
10. 武警宁夏总队
11. 国家开发银行宁夏分行
12. 中国农业发展银行宁夏分行
13. 天津市国环置业有限公司
14. 宁夏嘉泽新能源股份有限公司
15. 中民（光扶）宁夏投资有限公司

三、脱贫攻坚先进村（9 个）

河西镇同德村
韦州镇旧庄村
下马关镇五里墩村
预旺镇土峰村

王团镇圆枣村

田老庄乡石羊圈村

马高庄乡赵家树村

张家塬乡汪家塬村

兴隆乡黄谷村

【2016 年度效能目标管理考核工作先进集体】

一、乡镇（管委会）组

一等奖：王团镇

二等奖：丁塘镇、预旺镇

三等奖：下马关镇、河西镇、兴隆乡

二、政府经济部门组

一等奖：水务局

二等奖：财政局、林业局

三等奖：农科局、发改局、（住建局同德慈善园）并列

三、政府非经济部门及法院、检察院组

一等奖：审计局

二等奖：卫计局、公安局

三等奖：教育局、宗教局、法院

四、党委部门、人大、政协机关组

一等奖：县委办

二等奖：县委组织部、纪检委

三等奖：政府办、政法委、人大机关

五、群团组织组

一等奖：工会

二等奖：残联

三等奖：文联

六、区（市）属部门组

一等奖：国税局

二等奖：建行、供电局

三等奖：气象局、调查队、人行

七、创先争优奖

1. 受到国家部（委）表彰：农科局（2 个）、残联、检察院、下马关镇、林业局

2. 受到自治区党委、政府表彰：王团镇、卫计局、水务局、民政局、政研室

【2017 年度全县教育工作先进集体】

一、高考工作先进集体（3 个）

同心中学

回民中学

豫海回民中学

二、中考工作先进集体（5 个）

第二中学

海如女子中学

豫海初级中学

第五中学

王团中学

三、中职招生工作先进集体（3 个）

第三中学

下马关中学

丁塘中学

四、小学教育教学质量提升工作先进集体（6 个）

实验小学

第一小学

王团中心学校

丁塘中心学校

韦州中心学校

下马关中心学校

五、学前教育先进集体（1 个）

第一幼儿园

附　录

重要文件

中共同心县委员会
关于深入推进全面从严治党的实施意见

为深入贯彻党的十八届六中全会精神和中央全面从严治党的要求，认真落实自治区党委《关于深入推进全面从严治党若干问题的意见》和吴忠市委《关于深入推进全面从严治党的实施意见》，牢固树立政治意识、大局意识、核心意识、看齐意识，更加紧密地团结在以习近平同志为核心的党中央周围，更加坚定地维护党中央的权威，更加自觉地在思想上政治上行动上同党中央保持高度一致，更加扎实地把党中央和区、市党委的各项决策部署落到实处，结合同心实际，制定如下实施意见。

一、认清形势任务，准确把握深入推进全面从严治党的总体要求

1. 深入推进全面从严治党的极端重要性。党的十八大以来，以习近平同志为核心的党中央统筹中国特色社会主义伟大事业和党的建设伟大工程，打出一整套管党治党“组合拳”，开辟了党的建设新境界。特别是党的十八届六中全会围绕全面从严治党作出重大部署，通过了《关于新形势下党内政治生活的若干准则》和《中国共产党党内监督条例》(以下简称《准则》和《条例》)，充分体现了党中央坚定不移推进全面从严治党的坚强决心和历史担当，对于统筹推进“五位一体”总体布局和协调推进“四个全面”战略布局、实现“两个一百年”奋斗目标、实现中华民族伟大复兴中国梦具有里程碑意义。全县各级党组织和广大党员干部一定要从政治和全局的高度，更加深刻地认识到，落实好中央和区市党委决策部署，办好同心的事情，关键在党，关键在党要管党、从严治党。

2. 深入推进全面从严治党的指导思想。高举中国特色社会主义伟大旗帜，坚持以马克思列宁主义、毛泽东思想、邓小平理论、“三个代表”重要思想、科学发展观为指导，全面贯彻党的十八大和十八届三中、四中、五中、六中全会精神，深入贯彻习近平总书记系列重要讲话精神，自觉践行五大发展理念，牢固树立四个意识，严格落实《准则》和《条例》，着力加强和规范党内政治生活，着力加强党内监督，着力把全面从严治党要求贯穿党的建设全过程、改革发展全领域、脱贫攻坚各方面，着力加强党的思想建设、组织建设、作风建设、反腐倡廉建设和制度建设，着力实施提神工程、先锋工程、活力工程、同心工程、阳光工程、护航工程等“六大工程”，努力营造积极向上、风清气正、干事创业的良好政治生态，为组织带领全县广大干部群众打赢脱贫攻坚战、加快建设“五个同心”、打造绿色经济示范县、建成全面小康社会提供坚强保证。

3. 深入推进全面从严治党的主要目标。

——理想信念更加坚定。党的十八届六中全会精神入脑入心，中国特色社会主义道路自信、理论自信、制度自信、文化自信不断增强，政治意识、大局意识、核心意识、看齐意识明显强化，奋力争当“三个看齐”模范，始终在思想上政治上行动上与以习近平同志为核心的党中央保持高度一致。

——组织建设全面加强。领导班子政治过硬、本领过硬、作风过硬、廉洁过硬，干部队伍忠诚、干净、担当，各级党委（党组）领导核心作用、基层党组织战斗堡垒作用显著增强，党员素质不断提高、先锋模范作用充分发挥。

——干部作风持续改进。党员干部践行“三严三实”要求更加自觉，“四风”问题得到根本遏制，贯彻中央八项规定精神和作风建设长效机制日益完善，联系服务群众的方式方法进一步增多，党风政风好转带动民风和社会风气转变的作用增强。

——制度体系更加健全。从严管党治党制度全面覆盖、织密织牢、衔接配套，刚性约束不断强化，党的创造力、凝聚力、战斗力进一步增强，党的建设科学化水平全面提升。

——政治生态不断优化。反腐倡廉建设深入推进，“两个责任”压紧压实，惩防并举、标本兼治成效明显，“不敢腐”成为常态，“不能腐、不想腐”的效应充分显现，政治上的“绿水青山”进一步形成。

二、深入实施“提神工程”，营造干事创业的浓厚氛围

坚持把思想政治建设摆在首位，加强党性教育和道德教育，引导广大党员干部筑牢信仰之基、补足精神之钙、把稳思想之舵，切实提振干事创业精神，营造干事创业氛围。

4. 强化理论武装和思想教育。总结经验，巩固成果，深化“两学一做”学习教育，把学习党章摆在首位，原原本本学、反反复复学、联系实际学、深入思考学，学深学透、融会贯通，更好地尊崇、敬畏和遵守党章。严格党性教育，全县各级党组织要把《准则》和《条例》作为经常性学习内容。认真学习习近平总书记系列重要讲话特别是视察宁夏重要讲话精神，深刻领会丰富内涵和精髓要义，准确把握贯穿其中的马克思主义立场观点方法，做到真学真懂真信真用。坚持不懈抓好社会主义核心价值体系教育，旗帜鲜明抵制和反对关系学、厚黑学、官场学、“潜规则”等庸俗腐朽的政治文化。弘扬红色文化、传承红色基因，推进同心红色文化的挖掘整理、研究阐释和有效传播，加强同心红军西征纪念馆等红色教育基地建设。深入开展“不忘初心，继续前进，走好新的长征路”主题教育活动，加强“不到长城非好汉”的宁夏精神的宣传教育，公开征集、广泛讨论、提炼确定同心精神。抓好领导干部这个“关键少数”，发挥党委（党组）中心组学习示范作用，发挥党校、行政管理干部学校、干部网络在线教育等重要阵地作用，积极运用新媒体技术拓展学习平台，增强干部教育培训针对性，实现学习制度化、常态化、全覆盖。着力培育“送理论进基层”品牌，推动理论学习进机关、进校园、进社区、进乡村、进企业、进宗教活动场所。坚持学用结合、知行合一，做好结合文章，将中国特色社会主义理论和习近平总书记系列重要讲话精神转化为符合同心实际的发展思路、工作举措和实际成效。

5. 牢牢掌握意识形态工作主动权。认真落实《同心县党委（党组）意识形态工作责任制实施细则（试行）》，建立健全党委统一领导、党政齐

抓共管、宣传部门组织协调、有关部门分工负责的工作格局，牢牢把握意识形态工作领导权主导权话语权。加强意识形态领域形势教育，不断增强党员干部的政治敏锐性和政治鉴别力。加强各级各类意识形态阵地管理，完善预警和应对机制，推进防区前移、防线稳固。依法加强网络空间治理，实施网络内容建设工程，做强网上正面宣传，弘扬主旋律，传播正能量。深入开展思想舆论斗争，在大是大非和政治原则问题上把好方向，坚决杜绝错误思想观点的传播和侵蚀。

6. 提升舆论引导能力。加强党对新闻舆论工作的领导，强化媒体主管主办责任，办好各类传统媒体，大力发展新兴媒体，推进深度融合，不断提升新闻舆论的传播力引导力影响力公信力。围绕中心、服务大局，大力宣传“五个同心”建设的重大成就和美好前景，以积极向上的主流思想舆论凝聚人心、鼓舞士气。扎实做好宣传工作，加强与中央和区市主流媒体合作，讲好同心故事，传播同心声音，不断提升同心的影响力和美誉度。充分发挥舆论引导和监督作用，积极探索网格、新媒体环境下加强舆论引导的新途径和新办法，在全社会营造奋发有为的舆论氛围，推动形成想作为、敢作为、善作为的良好风尚。

7. 加强道德教育引导。教育引导党员干部模范遵守政治品德、职业道德、家庭美德和社会公德，自觉养成文明礼貌、诚实守信的行为习惯。深入开展民风建设，持续推进“同心好人”“最美家庭”“乡村好人家”等评选活动，在全县实施以“推动移风易俗树立文明乡风”为主题的“双十”工程，着力扭转大操大办婚丧嫁娶、“高价彩礼”、“高价汤碗子”等不良风气。广大党员干部要以自己的模范行动，带动全社会形成诚实守信的良好习惯和“人人热爱同心、人人关心同心、人人支持同心”的良好风气。

三、深入实施“先锋工程”，保持党的先进性和纯洁性

通过严明党的政治纪律和政治规矩、严格规范党内政治生活、切实加强党的基层组织建设，切实发挥广大党员特别是领导干部在全面从严治党中的先锋模范作用。

8. 严守政治纪律和政治规矩。全县各级党组织和党员干部必须坚持党的基本理论、基本路线、基本纲领、基本经验、基本要求，必须以党中央为最高标杆，以中央要求为行动指南，始终坚持正确政治方向，站稳政治立场，强化政治定力，坚定不移向以习近平同志为核心的党中央看齐，向党的理论和路线方针政策看齐，向党中央和区市党委的决策部署看齐，坚决维护中央权威，维护党的集中统一。严格执行重大问题请示报告制度，县人大常委会、人民政府、政协、纪委、人民法院、人民检察院、县委各部委、县直各部门、区市属驻同各单位、各人民团体党组织以及各乡镇党委要定期向县委报告工作。加强对执行政治纪律的监督检查，把违反政治纪律作为纪律审查的重中之重，引导党员干部自觉做到“四个服从”，牢记“五个必须”，防止“七个有之”，坚决反对和制止搞小团伙、小圈子、乱接“天线”等不良现象。坚持纪在法前、纪严于法，坚决维护党章权威，切实把党的纪律和规矩立起来、严起来、执行到位。

9. 严格党的组织生活。进一步增强党的组织生活制度的政治性和严肃性，创新方式方法，增强党的组织生活活力。严格执行民主集中制，坚持集体领导、民主集中、个别酝酿、会议决定的原则，凡属重大问题，由集体讨论、按少数服从多数作出决定，不允许以其他形式取代党委（党组）的领导。制定完善党委（党组）工作规则、常委会及其成员职责清单制度，健全常委会向全委会定期报告工作并接受监督制度。严格党委（党组）议事规则和决策程序，落实“三重一大”

事项集体决策制度。严格落实党的组织生活制度，坚持“三会一课”制度，突出政治学习和教育，突出党性锻炼，坚决防止“三会一课”表面化、形式化、娱乐化、庸俗化。坚持民主生活会制度，用好批评和自我批评这个武器。坚持谈心谈话制度，坚持对党员进行民主评议。

10. 加强机关党建工作。推进机关党建工作改革创新，在从严治党上作出表率、走在前列。全面推行机关联系基层、干部联系群众“双联系”制度，深入开展走进企业、社区、农村，服务发展、基层、群众“三走进三服务”活动，组织实施“精准扶贫精准脱贫先锋行动”，推动机关党组织、全体党员干部助力扶贫。深化机关效能建设，深入开展机关作风“一清三查”活动，加大明察暗访和效能问责力度，整治庸政懒政怠政，促进政风行风持续好转。坚持机关党建工作与业务工作相结合，积极打造机关党建工作品牌。

11. 夯实基层党建基础。持续推进“强龙工程”，深入实施以党建责任、组织覆盖、政治引领、服务能力、基层治理、骨干力量、党员先锋、基层保障“八大提升行动”为主要内容的“基层组织建设提质增效年”活动。大力推广河西同德村、张家塬汪家塬村、王团北村等基层党建经验。积极探索不同领域党组织设置和发挥作用有效途径，扎实推进农村、城市社区、非公经济、社会组织及农业产业化龙头企业、农民专业合作社等领域基层党建工作。完善选派优秀年轻干部到贫困村任职、选聘大学生村官、向非公企业和社会组织派驻党建指导员制度，持续抓好软弱涣散基层党组织整顿，增强基层党组织政治功能和服务功能。建立健全优秀村党组织书记队伍政治和经济激励机制。深化基层服务型党组织星级评定。大力实施农村基层党建保障工程，确保有人管事、有钱办事、有场所议事。

12. 严格党员教育管理。坚持严格标准、严格培养、严格程序、严格调控，注重在蓝领工人、精英人才、优秀青年、优秀农民和外出务工回乡创业人员中发展党员，加强思想上入党教育，提高党员发展质量，优化党员队伍结构。强化党员特别是农村党员、非公经济组织、社会组织党员教育管理，强化不同领域、不同行业和不同岗位党员的分类管理，健全流动党员管理机制，认真落实流入地党组织管理为主、流出地党组织配合的双向共管责任。细化认定标准，规范处置程序，积极稳妥处置不合格党员，纯洁党员队伍。

四、深入实施“活力工程”，建设坚强领导班子和高素质干部队伍

坚持党管干部原则，坚持德才兼备、以德为先，坚持五湖四海、任人唯贤，坚持信念坚定、为民服务、勤政务实、敢于担当、清正廉洁的好干部标准，坚持把全面从严治党要求贯彻到干部选拔、使用、考核、监督各个环节，造就一支忠诚干净担当的高素质干部队伍，为脱贫攻坚战和“五个同心”建设持续注入活力。

13. 加强领导班子建设。全面落实党政领导班子建设规划纲要，统筹抓好各级领导班子建设。坚持高标准、严要求，以高度的政治责任感选优配强“一把手”，重点监管、重点教育、重点考核，切实发挥好“一把手”的带动作用。优化班子配备，形成合理的年龄、专业、经历结构，增强班子整体功能。持续选派干部到基层一线、贫困乡村、关键岗位任职历练，不断提高干事创业和解决复杂问题的能力。通盘考虑班子的结构需要和干部的岗位适应性，全面推进各部门和各乡镇领导干部人才资源优化配置。抓住如实填报、深入核查、结果处理三个环节，严格落实领导干部个人有关事项报告制度。

14. 选准用好干部。强化党委（党组）在干部选拔任用工作中的领导作用，切实把好政治关、素质关、品行关、作风关、廉洁关，使选出

来的干部组织放心、群众满意、干部服气。拓宽选人用人视野，创新选人用人机制，真正把政治强、懂专业、善治理、敢担当、作风正的干部选拔出来。深入总结“派驻第一书记”和“干部在一线选拔”的经验做法，不断创新干部锻炼载体。坚持在脱贫攻坚、贫困乡村等艰苦岗位检验和识别干部。严格执行《党委（党组）讨论决定干部任免事项守则》，落实干部选拔任用全程纪实制度，坚持选用干部“凡提四必”和“三个不上会”“两个不得”“五个不准”要求，防止带病提拔、带病上岗。抓好领导干部能上能下制度落实，及时调整不适宜担任现职干部。加强年轻干部、妇女干部、党外干部培养锻炼，促进更多优秀人才脱颖而出。加大干部交流轮岗力度，推进重要岗位干部交流轮岗全覆盖。改进干部考核评价，强化考核结果运用。从严管理干部，强化日常监管，整治“为官不为”。深入落实容错纠错、鼓励干事创业的实施意见，为担当者担当，让有为者有位。

15. 推进人才强县战略。加强党管人才，创新人才培养、评价、激励、流动机制，制定出台促进人才发展和留住人才的政策。完善县委人才工作领导小组运行机制，充分发挥统筹指导、综合协调、督促检查等方面职能作用。深入实施“人才培育计划”，进一步加强与上海中医药大学、西北农林科技大学、宁夏大学等高校和科研院所产学研深度合作，积极开展柔性引进拔尖人才工作，广揽一批专业技能人才，推动人才与精准脱贫、特色产业、全域旅游等重点领域融合发展，吸引各类人才在同心建功立业。

五、深入实施“同心工程”，保持党同人民群众的血肉联系

坚持全心全意为人民服务的根本宗旨，持续开展作风突出问题整治，改进和创新联系服务群众方式方法，进一步凝聚各方力量，推动形成全县干部群众同心协力谋发展促改革的工作局面。

16. 推动作风建设常态化。持之以恒贯彻执行中央八项规定精神，深入开展“两学一做”学习教育，巩固拓展群众路线教育实践活动和“三严三实”专题教育成果，健全作风建设长效机制。加强督促检查，盯紧重要领域，扭住具体问题，看住重要节点，从严查处顶风违纪行为，加大通报曝光力度，严肃责任追究。认真分析党员干部作风状况，密切关注“四风”新形式、新动向，严查隐形变异“四风”问题，下大力气解决党员干部作风漂浮、工作不实、表面文章、弄虚作假等问题。加强政府职能转变，推进“放管服”，围绕打造“两优环境”改进机关作风，扎实做好“门好进、脸好看、事难办”等问题整改，切实以党风政风好转带动民风社风转变。

17. 密切联系服务群众。坚持领导机关、领导干部带头，自觉践行群众路线，增强群众工作本领。深化“下基层”活动成效，不断拓展联系群众渠道，认真落实调查研究、定点联系、服务企业、驻村帮扶、结对帮扶等制度，畅通联系服务群众“最后一公里”。切实保障和改善民生，不断增强群众获得感幸福感。健全依法维护群众权益机制，认真解决群众反映强烈的突出问题。进一步加强和改进群团工作，筑牢联系服务群众“连心桥”，广泛调动人民群众投身改革发展的积极性、主动性、创造性。

18. 广泛凝聚共识和力量。完善县委与“两代表一委员”重大事项协商制度，健全参政议政直通车和党外人士意见建议反馈机制。加强县人大常委会与县政府、县政协与县政府工作联系等制度建设，充分发挥各级人大代表、政协委员作用。支持党外知识分子、工商联围绕中心工作开展调查研究、建言献策。拓展监督评议“诤友台”，鼓励说实情、讲真话、谏真言。做好新的社会阶层人士统战工作。充分发挥统一战线各领域代表人士作用，更好地协调关系、沟通思想、理顺情绪、化解矛盾，画大同心圆，汇聚正能量。

六、深入实施“阳光工程”，加强反腐倡廉建设

坚持把纪律挺在前面，严肃惩治腐败，加强党内党外监督，把权力置于阳光之下，打造风清气正的发展环境。

19. 保持遏制腐败高压态势。严格执行《中国共产党廉洁自律准则》《中国共产党纪律处分条例》，坚持无禁区、全覆盖、零容忍，做到有案必查、有贪必肃。重点查处十八大以后不收敛不收手，问题线索反映集中、群众反映强烈，现在重要岗位且可能还要提拔使用的领导干部。加大对发生在重点领域、关键环节和群众身边腐败案件的查处力度，形成持续震慑。推进查办案件体制机制改革，规范线索处置和案件查办工作，强化纪律审查“四种形态”运用，严格实行“一案双查”。推广“村廉通”等做法，深入整治和查处侵害群众利益的不正之风和腐败问题。加强对扶贫等涉农领域资金使用管理监督检查，对突出问题开展集中整治。加大巡察工作力度，把严肃党内政治生活、加强党内监督的情况作为巡察的重要内容，及时发现和纠正存在的问题。加强廉洁教育和风险防控，对党员干部苗头性、倾向性问题早发现、早提醒、早纠正，推动咬耳扯袖、红脸出汗成为常态。加强反腐倡廉制度建设，发挥制度激励约束作用，形成不敢腐、不能腐、不想腐的有效机制。

20. 强化党内党外监督。认真贯彻落实《条例》，强化全县各级党委（党组）全面监督的责任、纪委（纪工委、纪检组）专责监督的责任、党的工作部门职能监督的责任、党的基层组织日常监督的责任、普通党员民主监督的责任，逐步建立有效的全覆盖的监督体系。党委要支持和保证人大、政府、监察机关、司法机关对国家机关及公职人员依法进行监督，支持人民政协依照章程进行民主监督，支持审计机关依法进行审计监督，支持党外人士开展监督。强化对各级党组织特别是主要领导干部行使权力的监督，重点加强对“一把手”的监督，严格落实主要领导干部“五不直接分管”制度。深入推进党务公开，认真落实权力清单、责任清单制度，公开权力运行过程和结果。

七、深入实施“护航工程”，推动社会治理能力持续提升

坚持把全面从严治党与依法治县有机结合，通过加强对法治工作的领导，提升党员干部依法行政能力，创新社会管理体制机制，为全面从严治党和推动改革发展保驾护航。

21. 加强对法治工作的领导。认真落实中央《党政主要负责人履行推进法治建设第一责任人职责规定》，充分发挥党委在推进法治建设中的领导核心作用，定期听取有关工作汇报，将法治建设纳入全县发展规划和年度工作计划，与经济社会发展同部署、同推进、同督促、同考核、同奖惩。深入推进依法行政，创新执法体制，加快建设法治政府。发挥县委政法委员会把握政治方向、协调各方职能的作用，统筹做好政法工作。完善司法管理体制和司法权力运行机制，加强对司法活动监督，让人民群众在每一个司法执法活动中感受到公平正义。弘扬社会主义法治精神，建设社会主义法治文化，加强法治宣传教育和法律服务、法律援助，促进全民尊法、学法、守法、用法。

22. 增强党员干部法治思维。扎实推进“七五”普法工作，认真组织好国家宪法日法制宣传活动，广泛开展“法律八进”等活动。维护宪法法律权威，教育引导党员干部牢记法律红线不可逾越、法律底线不可触碰，遵守法规制度没有特权、执行法规制度没有例外。严格落实《中国共产党党内法规制定条例》和《中国共产党党内法规和规范性文件备案规定》，建立合法合规性审查制度。坚持党规党纪严于国家法律，以更高标准严格要求党员领导干部，坚定理想信念，坚决同违法乱纪行为作斗争。坚持有规必依、执规必严、违规必究，增强党内法规执行力，让党内法规融入党内生活，确保党规党纪的刚性约束。

23. 创新社会治理体制机制。健全完善综治信访维稳工作责任制和责任追究制，加快立体化社会治安防控体系建设，推进社会服务管理信息化。坚持领导干部公开接访、主动约访、带案下访制度，拓宽社情民意反映渠道，推进群众诉求依法分类处理。完善“书记信箱”、“县长信箱”反映问题办理机制，拓宽信访案件办理渠道。健全矛盾纠纷多元化解机制，推动矛盾纠纷案件“一站式”接待受理、“一体化”调处化解、“全程式”跟踪服务。构建大情报机制，完善突发事件预警信息发布体系，提高应急管理服务能力。健全社会救助体系和救助机制。落实党管武装，推动军民融合深度发展。牢固树立安全发展观念，严格落实安全生产工作责任制，坚决遏制重特大生产安全事故发生。

八、完善保障措施，推动全面从严治党各项任务落地

推动全面从严治党，关键是要严格落实管党治党责任，增强全县各级党组织管党治党意识和能力，推动管党治党不断从“宽松软”向“严实硬”转变。

24. 落实主体责任。各级党委（党组）必须认真履行全面从严治党主体责任，一心一意谋发展、聚精会神抓党建，把抓好党建作为最大政绩。坚持党建工作和中心工作一起谋划、一起部署、一起考核，层层传导压力，逐级压实责任，形成一级抓一级、层层抓落实的工作格局。各级党建工作领导小组要统筹各方力量，协调解决深入推进全面从严治党的重大问题。各级党委（党组）书记要做管党治党的书记，严格履行第一责任人的责任。党委（党组）领导班子成员要认真履行“一岗双责”，抓好分管领域的党建工作。各级纪委（纪检组）要聚焦主责主业，敢于担当、敢于监督、敢于负责。党的工作部门要切实抓好职责范围内的党建工作。

25. 加强督促检查。建立健全全面从严治党情况报告和检查制度，坚持党委（党组）书记抓基层党建工作年度述职评议考核制度，探索在县直单位、学校、企业开展党组织书记抓基层党建述职评议考核工作，党委常委会定期研究党建工作，每年至少向全会和上一级党委专题报告一次抓党建工作情况。加强工作督导，及时了解和掌握各乡镇、各部门管党治党责任落实情况、党建工作任务完成情况，发现和解决苗头性倾向性问题。

26. 严格考核问责。建立健全科学的政绩考核评价体系，把全面从严治党责任落实情况作为领导班子和领导干部综合考核重要内容，不断完善考核指标、考核内容、考核方式。把考核结果作为领导班子建设和领导干部选拔任用、培养教育、管理监督、激励约束重要依据。完善问责制度，坚持有责必问、问责必严，对管党治党不到位、不尽责的，及时约谈、诫勉、限期整改。对造成严重后果的，既追究主体责任、监督责任，又追究领导责任和党组织责任，以问责到位促进履职到位。

中共同心县委员会
关于学习宣传贯彻党的十九大精神的实施意见

（2017 年 11 月 10 日中国共产党同心县第十三届委员会第八次全体会议通过）

为深入学习宣传贯彻党的十九大精神，深刻领会和准确把握习近平新时代中国特色社会主义思想的精神实质和丰富内涵，切实把全县广大党员干部群众的思想行动统一到党的十九大精神上来，把智慧和力量凝聚到实现党的十九大确定的各项目标任务上来，按照《中共中央关于认真学习宣传贯彻党的十九大精神的决定》和区市学习宣传贯彻意见精神，经县委十三届八次全体会议研究，现就学习宣传贯彻党的十九大精神提出如下实施意见。

一、提高政治站位，充分认识党的十九大的重大意义

党的十九大是在全面建成小康社会决胜阶段、中国特色社会主义进入新时代的关键时期召开的一次十分重要的大会。大会高举中国特色社会主义伟大旗帜，以马克思列宁主义、毛泽东思想、邓小平理论、“三个代表”重要思想、科学发展观、习近平新时代中国特色社会主义思想为指导，分析了国际国内形势发展变化，回顾和总结了过去五年的工作和历史性变革，作出了中国特色社会主义进入了新时代、我国社会主要矛盾已经转化为人民日益增长的美好生活需要和不平衡不充分的发展之间的矛盾等重大政治论断，深刻阐述了新时代中国共产党的历史使命，确立了习近平新时代中国特色社会主义思想的历史地位，提出了新时代坚持和发展中国特色社会主义的基本方略，确定了决胜全面建成小康社会、开启全面建设社会主义现代化国家新征程的目标，对新时代推进中国特色社会主义伟大事业和党的建设新的伟大工程作出了全面部署，进一步指明了党和国家事业的前进方向。

习近平同志代表十八届中央委员会所作的《决胜全面建成小康社会，夺取新时代中国特色社会主义伟大胜利》的报告，主题鲜明、思想深邃，内涵丰富、博大精深，气势恢弘、催人奋进，深刻回答了新时代坚持和发展中国特色社会主义的一系列重大理论和实践问题，科学描绘了决胜全面建成小康社会、夺取新时代中国特色社会主义伟大胜利的宏伟蓝图，是全党全国各族人民智慧的结晶，是我们党团结带领全国各族人民在新时代坚持和发展中国特色社会主义的政治宣言和行动纲领，是马克思主义的纲领性文件，必将载入我们党、国家和民族的辉煌史册。

大会通过的《中国共产党章程（修正案）》，将习近平新时代中国特色社会主义思想确立为我们党必须长期坚持的指导思想并写入党章，充分体现了党的十八大以来党的理论创新、实践创新、制度创新取得的成果，充分体现了党的十九大报告确立的重大理论观点和重大战略思想，充分反映了这些年来党的建设的成功经验，对加强党的全面领导、推进全面从严治党提出明确要求，对推进党的事业和党的建设必将更好发挥规范和指导作用。

大会通过的中央纪律检查委员会工作报告，总结了十八届中央纪律检查委员会的工作，充分肯定了在党中央坚强领导下，各级纪律检查委员会忠诚履行党章赋予的职责，深入开展党风廉政建设和反腐败斗争，锲而不舍落实中央八项规定精神，严明政治纪律和政治规矩，推动各级党组织落实管党治党责任，发挥巡视利剑作用，坚持挺纪在前，坚决遏制腐败蔓延势头，持续净化党内政治生态，推动形成和巩固发展了反腐败斗争压倒性态势，宣示了我们党深入推进党风廉政建设和反腐败斗争的坚强决心和坚定意志。

大会选举产生了新一届中央委员会和中央纪律检查委员会，党的十九届一中全会选举产生了以习近平同志为核心的新一届中央领导集体，一批经验丰富、德才兼备、奋发有为的同志进入中央领导机构，充分显示出中国特色社会主义事业蓬勃兴旺、充满活力，充分体现了全党全军全国各族人民的共同心愿，为我们党带领全国各族人民开启全面建设社会主义现代化国家新征程提供了坚强有力的政治保证和组织保证。十九届中央政治局常委同记者见面时，习近平总书记发出新时代要有新气象更要有新作为的号召，鼓舞和激励着全党全军全国各族人民创造新业绩、书写新辉煌。

党的十九大胜利召开，对于动员全党全国各族人民更加紧密地团结在以习近平同志为核心的党中央周围，高举中国特色社会主义伟大旗帜，坚定道路自信、理论自信、制度自信、文化自信，为实现推进现代化建设、完成祖国统一、维护世界和平与促进共同发展三大历史任务，为决胜全面建成小康社会、夺取新时代中国特色社会主义伟大胜利、实现中华民族伟大复兴的中国梦、实现人民对美好生活的向往继续奋斗，具有重大现实意义和深远历史意义。

认真学习宣传贯彻党的十九大精神，事关党和国家工作全局，事关中国特色社会主义事业长远发展，事关最广大人民根本利益，是当前和今后一个时期的首要政治任务。全县各级党组织和广大党员要认真学习、全面贯彻党的十九大精神特别是习近平新时代中国特色社会主义思想，始终在思想上政治上行动上与以习近平同志为核心的党中央保持高度一致，不忘初心、砥砺前行，坚决打赢深度贫困地区脱贫攻坚“硬仗中的硬仗”，决胜全面建成小康社会，奋力夺取新时代中国特色社会主义伟大胜利。

二、突出学习重点，深刻领会和准确把握党的十九大精神

党的十九大的最大亮点、最大理论创新、最大历史性贡献，就是把习近平新时代中国特色社会主义思想确立为党必须长期坚持的指导思想，这在我们党的历史上具有里程碑意义。学习宣传贯彻党的十九大精神，必须坚持全面准确，坚持读原著、学原文、悟原理，做到学深悟透。关键是要深刻领会、准确把握党的十九大报告的精神实质和丰富内涵，深刻领会、准确把握习近平新时代中国特色社会主义思想，切实把思想和行动统一到大会精神上来，要着重把握以下几个方面。

（一）深刻领会和准确把握党的十九大主题。不忘初心，牢记使命，高举中国特色社会主义伟大旗帜，决胜全面建成小康社会，夺取新时代中国特色社会主义伟大胜利，为实现中华民族伟大复兴的中国梦不懈奋斗。这是党的十九大的主题，明确回答了我们党在新时代举什么旗、走什么路、以什么样的精神状态、担负什么样的历史使命、实现什么样的奋斗目标的重大问题。中国共产党人的初心和使命，就是为中国人民谋幸福，为中华民族谋复兴。这个初心和使命是激励中国共产党人不断前进的根本动力。中国特色社会主义是改革开放以来党的全部理论和实践的主题，在未来的征程上，要高举中国特色社会主义伟大旗帜，更加自觉地增强道路自信、理论自信、制度自信、文化自信，确保党和国家事业始终沿着正确方向胜利前进。决胜全面建成小康社会是到2020年必须完成的奋斗目标，要举全党全国之力，为实现第一个百年奋斗目标而奋斗。全面建成小康社会是党和国家事业发展的一个阶段性目标，这个目标实现后，我们要在新的历史起点上夺取新时代中国特色社会主义伟大胜利，为实现中华民族伟大复兴的中国梦不懈奋斗。

（二）深刻领会和准确把握习近平新时代中国特色社会主义思想的历史地位和丰富内涵。党的十八大以来，围绕回答新时代坚持和发展什么样的中国特色社会主义、怎样坚持和发展中国特色社会主义这个重大时代课题，以习近平同志为核心的党中央以全新的视野深化对共产党执政规律、社会主义建设规律、人类社会发展规律的认识，进行艰辛理论探索，取得重大理论创新成果，创立了习近平新时代中国特色社会主义思想。习近平总书记以马克思主义政治家、理论家的深刻洞察力、敏锐判断力和战略定力，提出了一系列具有开创性意义的新理念新思想新战略，为新时代中国特色社会主义思想的创立发挥了决定性作用、作出了决定性贡献。习近平新时代中国特色社会主义思想，是对马克思列宁主义、毛泽东思想、邓小平理论、“三个代表”重要思想、科学发展观的继承和发展，是马克思主义中国化最新成果，是党和人民实践经验和集体智慧的结晶，是中国特色社会主义理论体系的重要组成部分，是全党全国人民为实现中华民族伟大复兴而奋斗的行动指南，实现了马克思列宁主义与中国实际相结合的又一次历史性飞跃，必须长期坚持并不断发展。

党的十九大报告明确了新时代坚持和发展中国特色社会主义的总目标、总任务、总体布局、战略布局和发展方向、发展方式、发展动力、战略步骤、外部条件、政治保证等基本问题，并且根据新的实践对经济、政治、法治、科技、文化、教育、民生、民族、宗教、社会、生态文明、国家安全、国防和军队、“一国两制”和祖国统一、统一战线、外交、党的建设等各方面作出理论分析和政策指导。党的十九大报告用“8个明确”概括了这一思想的主要内容。为贯彻落实习近平新时代中国特色社会主义思想，党的十九大报告提出新时代坚持和发展中国特色社会主义的基本方略，并概括为“14个坚持”。只有坚持习近平新时代中国特色社会主义思想，才能实现中华民族伟大复兴宏伟奋斗目标。全县各级党组织和广大党员一定要提高政治站位，以习近平新时代中国特色社会主义思想统一思想和行动，切实增强学习贯彻的自觉性和坚定性，把习近平新时代中国特色社会主义思想贯彻到社会主义现代化建设全过程、体现到党的建设各方面。

（三）深刻领会和准确把握坚决维护习近平总书记作为党中央的核心、全党的核心的极端重要性。习近平总书记是全党拥护、人民爱戴、当之无愧的党的领袖，从根本上关乎党和国家前途命运、关乎人民根本利益。加强党的集中统一领导，维护党中央的权威，是全党共同的政治责任。维护党中央权威，首先要维护习近平总书记作为党中央的核心、全党的核心的地位；维护习近平总书记的核心地位，就是维护党中央的权威。我们要牢固树立“四个意识”，坚定“四个自信”，做到“四个服从”，严格遵守党章和党内政治生活准则，全面落实党的十九大关于加强和维护党中央集中统一领导各项要求，自觉在以习近平同志为核心的党中央集中统一领导下履行职责、开展工作，凝聚全体党员意志，激发全县人民充满信心，为实现“两个一百年”奋斗目标、建设社会主义现代化强国、实现中华民族伟大复兴中国梦奋勇前进。

（四）深刻领会和准确把握过去五年党和国家事业的历史性成就、历史性变革。党的十八大以来的五年，是党和国家发展进程中极不平凡的五年，改革开放和社会主义现代化建设取得历史性成就。以习近平同志为核心的党中央以巨大的政治勇气和强烈的责任担当，提出一系列新理念新思想新战略，出台一系列重大方针政策，推出一系列重大举措，推进一系列重大工作，解决了许多长期想解决而没有解决的难题，办成了许多过去想办而没有办成的大事，推动党和国家事业发生历史性变革。特别是以习近平同志为核心的党中央，勇于面对党面临的重大风险考验和党内存在的突出问题，以顽强意志品质正风肃纪、反腐惩恶，消除了党和国家内部存在的严重隐患，党内政治生活气象更新，党内政治生态明显好转，党的创造力、凝聚力、战斗力显著增强，党的团结更加巩固，党群关系明显改善，党在革命性锻造中更加坚强，焕发出新的强大生机活力，为党和国家事业发展提供了坚强政治保证。五年来的成就是全方位的、开创性的，五年来的变革是深层次的、根本性的。这些历史性变革，对党和国家事业发展具有重大而深远的影响。取得这些成就、发生这些变革，最根本的就在于我们党有习近平总书记这个核心，在于以习近平同志为核心的党中央的坚强领导，在于习近平新时代中国特色社会主义思想的科学指引。我们要在以习近平同志为核心的党中央的坚强领导下，进一步增强新时代坚持和发展中国特色社会主义的自信心和自豪感。

（五）深刻领会和准确把握中国特色社会主义进入新时代的重大论断。经过长期努力，中国特色社会主义进入了新时代，这是我国发展新的历史方位。中国特色社会主义进入新时代，意味着近代以来久经磨难的中华民族迎来了从站起来、富起来到强起来的伟大飞跃，迎来了实现中华民族伟大复兴的光明前景；意味着科学社会主义在二十一世纪的中国焕发出强大生机活力，在世界上高高举起了中国特色社会主义伟大旗帜；意味着中国特色社会主义道路、理论、制度、文化不断发展，拓展了发展中国家走向现代化的途径，给世界上那些既希望加快发展又希望保持自身独立性的国家和民族提供了全新选择，为解决人类问题贡献了中国智慧和中国方案。这个新时代，是承前启后、继往开来、在新的历史条件下继续夺取中国特色社会主义伟大胜利的时代，是决胜全面建成小康社会、进而全面建设社会主义现代化强国的时代，是全国各族人民团结奋斗、不断创造美好生活、逐步实现全体人民共同富裕的时代，是全体中华儿女戮力同心、奋力实现中华民族伟大复兴中国梦的时代，是我国日益走近世界舞台中央、不断为人类作出更大贡献的时代。

用新时代界定当前我国发展新的历史方位，对于进一步统一思想、凝聚力量，在新的起点上把中国特色社会主义推向前进，具有重大的理论意义和实践意义。我们必须牢牢把握中国特色社会主义进入新时代的重大政治论断，按照新时代的要求，完善发展战略和各项政策措施，推进和落实各项工作，把新时代中国特色社会主义事业推向前进。

（六）深刻领会和准确把握我国社会主要矛盾发生变化的新特点。中国特色社会主义进入新时代，我国社会主要矛盾已经转化为人民日益增长的美好生活需要和不平衡不充分的发展之间的矛盾。从“物质文化需要”到“美好生活需要”，从解决“落后的社会生产”问题到解决“不平衡不充分的发展”问题，反映了我国发展的阶段性要求。我国社会主要矛盾的变化是关系全局的历史性变化，对党和国家工作提出了许多新要求。我国社会主要矛盾的变化，没有改变我们对我国社会主义所处历史阶段的判断，我国仍处于并将长期处于社会主义初级阶段的基本国情没有变，我国是世界最大发展中国家的国际地位没有变。我们要深刻认识新时代我国社会主要矛盾重大政治判断，正确处理“变”和“不变”的关系，在继续推动发展的基础上，着力解决好发展不平衡不充分问题，大力提升发展质量和效益，更好满足人民在经济、政治、文化、社会、生态等方面日益增长的需要，更好推动人的全面发展、社会全面进步。

（七）深刻领会和准确把握新时代中国共产党的历史使命。实现中华民族伟大复兴是近代以来中华民族最伟大的梦想。中国共产党一经成立，就把实现共产主义作为党的最高理想和最终目标，义无反顾肩负起实现中华民族伟大复兴的历史使命，团结带领人民进行了艰苦卓绝的斗争，谱写了气吞山河的壮丽史诗。今天，我们比历史上任何时期都更接近、更有信心和能力实现中华民族伟大复兴的目标。行百里者半九十。中华民族伟大复兴，绝不是轻轻松松、敲锣打鼓就能实现的，必须准备付出更为艰巨、更为艰苦的努力。实现伟大梦想，必须进行伟大斗争。这个伟大斗争就是具有许多新的历史特点的伟大斗争。我们要充分认识这场伟大斗争的长期性、复杂性、艰巨性，发扬斗争精神，提高斗争本领，不断夺取伟大斗争新胜利。实现伟大梦想，必须建设伟大工程。这个伟大工程就是我们党正在深入推进的党的建设新的伟大工程。我们要不断增强党的政治领导力、思想引领力、群众组织力、社会号召力，确保我们党永葆旺盛生命力和强大战斗力。实现伟大梦想，必须推进伟大事业。这个伟大事业就是中国特色社会主义伟大事业。我们要更加自觉地增强“四个自信”，始终坚持和发展中国特色社会主义，确保党始终走在时代前列、始终成为全国人民的主心骨、始终成为坚强领导核心。

（八）深刻领会和准确把握决胜全面建成小康社会、全面建设社会主义现代化国家新征程的战略安排。习近平新时代中国特色社会主义思想，明确坚持和发展中国特色社会主义，总任务是实现社会主义现代化和中华民族伟大复兴。在全面建成小康社会决胜期，要紧扣我国社会主要矛盾变化，统筹推进“五位一体”总体布局，坚持实施科教兴国战略、人才强国战略、创新驱动发展战略、乡村振兴战略、区域协调发展战略、可持续发展战略、军民融合发展战略“七大战略”，突出抓重点、补短板、强弱项，特别要坚决打好防范化解重大风险、精准脱贫、污染防治三场“攻坚战”。从2020年到本世纪中叶，分两个阶段安排，就是从2020年到2035年，在全面建成小康社会的基础上，基本实现社会主义现代化；从2035年到本世纪中叶，在基本实现现代化的基础上，把我国建成富强民主文明和谐美丽的社会主义现代化强国。这一战略安排，彰显了我们党的强大信心和战略定力，是我们党对人民作出的庄严承诺，是最终实现我国社会主义现代化、实现中华民族伟大复兴中国梦的战略目标。我们要在习近平新时代中国特色社会主义思想的指引下，按照决胜全面建成小康社会和两个阶段的安排，奋力谱写社会主义现代化征程的壮丽篇章。

（九）深刻领会和准确把握新时代中国特色社会主义经济建设、政治建设、文化建设、社会建设、生态文明建设等方面的重大部署。习近平新时代中国特色社会主义思想，明确了中国特色社会主义事业总体布局是“五位一体”、战略布局是“四个全面”。在经济建设上，要贯彻新发展理念，建设现代化经济体系，以供给侧结构性改革为主线，推动经济发展质量变革、效率变革、动力变革，不断增强我国经济创新力和竞争力。在政治建设上，要坚持党的领导、人民当家作主、依法治国有机统一，健全人民当家作主制度体系，发展社会主义民主政治，推进社会主义民主政治制度化、规范化、程序化。在文化建设上，要坚定文化自信，推动社会主义文化繁荣兴盛，牢牢掌握意识形态工作领导权，培育和践行社会主义核心价值观，加强思想道德建设，繁荣发展社会主义文艺，推动文化事业和文化产业发展。在社会建设上，要提高保障和改善民生水平，加强和创新社会治理，不断满足人民日益增长的美好生活需要，让改革发展成果更多更公平惠及全体人民。在生态文明建设上，要践行绿水青山就是金山银山的理念，加快生态文明体制改革，形成节约资源和保护环境的空间格局、产业结构、生产方式、生活方式，建设美丽中国。我们要认真贯彻这些新部署新要求，保持各项战略、工作、政策、措施的连续性和前瞻性，一步接一步，不断朝着确定的目标前进。

（十）深刻领会和准确把握坚定不移推进全面从严治党的新要求新部署。党的十九大提出新时代党的建设总要求，即坚持和加强党的全面领导，坚持党要管党、全面从严治党，以加强党的长期执政能力建设、先进性和纯洁性建设为主线，以党的政治建设为统领，以坚定理想信念宗旨为根基，以调动全党积极性、主动性、创造性为着力点，全面推进党的政治建设、思想建设、组织建设、作风建设、纪律建设，把制度建设贯穿其中，深入推进反腐败斗争，不断提高党的建设质量，把党建设成为始终走在时代前列、人民衷心拥护、勇于自我革命、经得起各种风浪考验、朝气蓬勃的马克思主义执政党。

全面从严治党永远在路上。党要团结带领人民进行伟大斗争、推进伟大事业、实现伟大梦想，必须毫不动摇坚持和完善党的领导，毫不动摇把党建设得更加坚强有力。我们要坚持党对一切工作的领导，完善坚持党的领导的体制机制，提高党把方向、谋大局、定政策、促改革的能力和定力，确保党始终总揽全局、协调各方。要把党的政治建设摆在首位，坚决维护以习近平同志为核心的党中央权威和集中统一领导，坚定执行党的政治路线，严格遵守政治纪律和政治规矩。要尊崇党章，更加自觉地学习党章、遵守党章、贯彻党章、维护党章，完善和落实民主集中制各项制度，营造风清气正的良好政治生态。要持之以恒、善作善成，把管党治党的螺丝拧得更紧，使全面从严治党的思路举措更加科学、更加严密、更加有效，推动全面从严治党向纵深发展。

三、强化工作举措，迅速兴起学习宣传贯彻十九大精神热潮

推动党的十九大精神家喻户晓、落地生根，全县各级党政组织务必要加强组织领导，周密安排部署，强化工作举措，认真开展党的十九大精神大学习、大宣讲、大培训、大宣传，注重在学懂弄通做实上下功夫，在全县迅速兴起学习宣传贯彻十九大精神热潮，切实把全县广大干部群众的思想和行动统一到党的十九大精神上来，真正使党的十九大精神成为凝聚全县发展动力、推动我县各项事业发展的强大思想武器和力量源泉。

（一）深入开展“大学习”。要在学懂上下功夫。党的十九大提出了许多新理念、新论断，确定了许多新任务、新举措，需要通过学习来准确领会。要认真研读党的十九大报告和党章，准确领会把握党的十九大精神的思想精髓、核心要义，原原本本、原汁原味学习好党的十九大精神。要多思多想，努力掌握党的十九大精神的政治意义、历史意义、理论意义、实践意义。要采取理论和实践、历史和现实、当前和未来相结合的方法，坚持马克思主义立场观点方法，从我国实际出发，遵循我国发展的逻辑，增强中国特色社会主义道路自信、理论自信、制度自信、文化自信。要在全面系统学习的基础上突出重点、抓住关键，切实做到“五个聚焦”，切实把每一点都领会深、领会透。要在弄通上下功夫。要联系地而不是孤立地、系统地而不是零散地、全部地而不是局部地理解党的十九大精神，把学习贯彻党的十九大精神同学习马克思主义基本原理贯通起来，同把握党的十八大以来我们党进行伟大斗争、建设伟大工程、推进伟大事业、实现伟大梦想的实践贯通起来，同把握党的十九大作出的各项战略部署贯通起来，深化认识党的十九大关于党和国家事业各项战略部署的整体性、关联性、协同性。全县各级党委（党组）理论学习中心组要把学习党的十九大精神作为重中之重，制定系统学习培训计划，列出专题展开研讨。县委理论中心组各常委要在全面系统学习十九大报告的基础上，结合各自分管领域工作，每人有针对性地辅导至少一块内容；县级领导干部要率先垂范、以身作则，把学习贯彻党的十九大精神作为重要党课和政治必修课，把十九大精神把握精、把握准，努力提高政治素养和思想理论水平，以思想到位、行动对标带动全县学习贯彻向纵深推进；各级领导干部特别是“一把手”要切实发挥“关键少数”的表率作用，带头领学导学、带头深钻细研、带头践行要求，为其他党员作表率、立标杆，带动和推动广大干部群众学习。要在做实上下功夫。要结合同心实际，把党的十九大确定的重大方针政策、重大战略部署、重要目标任务转化为我县的工作任务，排出任务表、时间表、路线图，分清轻重缓急，一个时间节点一个时间节点往前推进，以钉钉子精神全面抓好落实，以实际工作成果来检验学习宣传贯彻党的十九大精神的成效。要抓好面向广大党员干部和群众的学习，企业、农村、机关、学校、社区、社会组织等基层党组织要结合“三会一课”“主题党日”，借助党建工作平台，有针对性地开展学习。要加强考评和督促检查，将学习宣传贯彻党的十九大精神纳入效能目标管理考核，推动学习持久深入、取得实效。

（二）精心组织“大宣讲”。从现在开始到明年初，以学习宣传习近平新时代中国特色社会主义思想为重点，扎实推进“七个层次”宣讲活动（区市宣讲团精准宣讲、县级领导干部带头宣讲、县宣讲团集中宣讲、乡镇宣讲组深入宣讲、基层党组织广泛宣讲、第一书记主动宣讲、专家学者专题宣讲）。在认真组织好区市宣讲团、专家学者来同宣讲工作的同时，组织、宣传、党校等部门要抽调党性素养高、业务水平强的骨干教师，组成宣讲团，深入机关、农村、校园、社区、企业、军营集中宣讲，把党的十九大精神和习近平新时代中国特色社会主义思想讲准确、讲透彻。县级党员领导干部要在抓好自身学习的基础上，深入到联系点、包抓乡镇、帮扶村，开展“不忘初心、牢记使命，县级领导大宣讲”活动。各级党员领导干部特别是“一把手”要带头宣讲，结合工作实际和岗位职责，有针对性地开展宣讲辅导。各乡镇要组织开展基层党组织宣讲、“第一书记面对面”宣讲活动，切实把党的十九大精神讲清楚、讲明白，让老百姓听得懂、能领会、可落实，推动党的理论创新成果走进群众，凝聚党心民心、扩大社会共识。要开展面向党外人士的宣讲工作，增进党外人士对党的十九大精神的认知认同。

（三）全面开展“大培训”。全县各级党委（党组）特别是农村基层党组织要把党的十九大精神作为党的理论武装工作的重点任务，面向全体党员开展多形式、分层次、全覆盖的学习培训，推进习近平新时代中国特色社会主义思想入脑入心，增强各级干部的理论自觉和行动自觉。县委党校要切实发挥主阵地作用，把党的十九大精神作为干部教育培训的主要内容，列出培训规划，采取专题讲座、辅导报告、学员论坛、课题调研、研讨交流等形式，集中一段时间，分期分批把全县副科级以上领导干部轮训一遍。要运用好《党的十九大报告辅导读本》和《党的十九大报告学习辅导百问》等辅导材料，运用好《将改革进行到底》、《法治中国》、《大国外交》、《巡视利剑》、《辉煌中国》、《强军》、《不忘初心、继续前进》等电视专题片，力求学深学透、融会贯通，切实增强学习效果。

（四）持续强化“大宣传”。要按照党中央和区市党委部署要求，制定学习宣传工作方案，充分利用各种宣传方式和手段，采取群众喜闻乐见的形式，推动党的十九大精神进企业、进农村、进机关、进校园、进社区、进军营、进网站，营造强大舆论声势。县电视台、同心党政信息网、“回乡同心”公众号要开设“新时代 新征程 新篇章”等专栏，制作党的十九大精神学习贯彻专题，广泛宣传、深入解读党的十九大精神。要依托城乡主干道、广场、机关学校、企事业单位、乡镇和村综合文化服务中心等公共场地电子屏、黑板报、宣传栏、文化墙、学习园地等各类宣传平台，推动党的十九大精神家喻户晓、人人皆知。要积极协调中央及区市媒体，策划新闻选题，采写一批反映我县学习贯彻的具体举措和实际行动，宣传广大干部群众在学习贯彻党的十九大精神过程中解决实际问题的新成效新进展，注重反映基层干部群众学习贯彻的典型事迹和良好风貌，广泛吸引干部群众积极参与，在全县形成学习贯彻党的十九大精神的浓厚氛围。

四、强化政治担当，切实抓好党的十九大精神贯彻落实

学习宣传贯彻党的十九大精神，是当前和今后一个时期首要的政治任务。贯彻落实党的十九大精神，必须坚持以习近平新时代中国特色社会主义思想为统领，与贯彻落实习近平总书记视察宁夏重要讲话精神结合起来，与贯彻落实自治区第十二次党代会精神结合起来，与决胜全面建成小康社会、推动当前和今后一个时期全县经济社会发展各项工作结合起来，实施好“三大战略”，落实好“五个扎实推进”，加快创建全区绿色经济示范县，以永不懈怠的精神状态和一往无前的奋斗姿态，坚决打赢脱贫攻坚战，以优异成绩向新中国改革开放40周年和自治区60周年大庆献礼，为实现自治区第十二次党代会经济繁荣、民族团结、环境优美、人民富裕，与全国全区同步建成全面小康社会宏伟目标砥砺奋进，为把我国建设成为富强民主文明和谐美丽的社会主义现代化强国贡献力量。2018年，全县地区生产总值增长10%左右；全社会固定资产投资增长12%左右；地方公共财政预算收入增长10%以上；社会消费品零售总额增长10%以上；城乡居民人均可支配收入分别增长9%、10%左右，贫困村农民人均可支配收入增幅高于全县农民人均可支配收入3—5个百分点。

（一）坚决打赢脱贫攻坚战，决胜全面建成小康社会。坚持把脱贫攻坚作为全面建成小康社会的底线任务，以习近平新时代中国特色社会主义思想为指引，大力实施脱贫富民战略，决战脱贫攻坚、决胜全面小康，确保到2020年，现行标准下贫困人口全部脱贫、贫困县摘帽，解决区域性整体贫困，如期建成全面小康社会，确保全面小康路上一户不少、一人不落，朝着实现全体人民共同富裕不断迈进。2018年，要用足用活自治区“五县一片区”深度贫困地区脱贫攻坚倾斜支持政策，认真贯彻落实《自治区党委、人民政府关于推进脱贫富民战略的实施意见》和吴忠市《盐同红集中连片特困地区区域发展与脱贫富民攻坚实施意见》，集中力量补短板、强弱项、提水平，坚持在精准、稳定、可持续上下功夫。严格落实党政主要负责人脱贫攻坚工作责任制和县乡村“三级书记”抓脱贫攻坚工作责任制，强化专项、行业、社会“三位一体”大扶贫格局支撑。坚持问题导向，特别要精准聚焦安全饮水、安全住房和产业发展三大短板，决战决胜安全饮水户户通、危窑危房改造全覆盖、健康扶贫全落实、教育扶贫全检测、生态移民庭院经济全辐射、村组道路路村村通“六个硬仗”，全面实施东部、中部饮水工程改造提升项目，加快青龙山等贫困村集雨场建设，逐步实现所有建档立卡贫困户供水保证率达到100%。全面实施危窑危房改造工程，建档立卡贫困户危窑危房改造覆盖率达到100%。全面实施健康扶贫，有效发挥健康扶贫基金作用，对所有因病返贫的建档立卡贫困户医疗费用个人自付部分报销95%以上、个人自付最高不超过5000元。全面实施教育扶贫，劝返辍学孩子重回校园，对所有因学返贫的建档立卡贫困户上学的孩子实行全程资助。全面实施生态移民村产业发展三年行动计划，盘活、整合“十一五”“十二五”“十三五”25个生态移民村闲置土地和棚圈设施，因地因村因户制宜、有针对性地发展庭院经济。探索实施县城劳务移民就业援助计划，确保住有所居、业有所从、劳有所得，加快农业转移人口市民化。全面实施贫困村村村通公路计划，年内全部通硬化路。实施贫困村整体提升工程，村村实现“五通八有”。实施“一乡一业、一村一品”特色产业发展规划，因村制宜建设扶贫车间，夯实脱贫基础。实施金融造血能力提升工程，2018年新增建档立卡贫困户金融扶贫贷款超过10亿元。加强中核集团等社会帮扶力量，动员社会力量广泛参与脱贫攻坚。坚持目标导向，对标“两不愁、三保障”“五通八有”标准，因村因户因人落实“五个一批”措施，确保2018年全县10个贫困村销号、2万贫困人口稳定脱贫，基本实现脱贫全覆盖。

（二）建设现代化经济体系，推动经济行稳致远。坚持质量第一、效益优先，坚持稳中求进工作总基调，以供给侧结构性改革为主线，大力实施创新驱动战略，推动经济发展质量变革、效率变革、动力变革，着力加快建设实体经济、科技创新、现代金融、人力资源协同发展的产业体系，着力构建市场机制有效、微观主体有活力、宏观调控有度的经济体制。一要深化供给侧结构性改革。把发展经济的着力点放在实体经济上，积极应对经济下行压力，坚决打好防范化解重大风险攻坚战。以提高供给体系质量为主攻方向，加快经济转型发展，扩大优质增量供给。实施传统产业提升工程、新兴产业提速工程、现代服务业提档工程，改造提升农副产品、羊绒、民族服饰用品等传统企业的生产质量和产品档次，稳步发展风电和光伏扶贫等新能源产业，促进现代物流、金融商务、健康养老、中医保健、生态观光等现代服务业融合互动。加快建立现代农业产业体系，打造有机枸杞、葡萄、道地中药材、油用牡丹等绿色有机产业集群和肉牛肉羊养殖、黑毛驴繁育等特色养殖产业集群，稳步推进清水河生态产业带和西部扬黄灌区现代农业种植、东部旱作节水农业、中部生态恢复林草产业“三大示范区”建设，实现一二三产业融合发展。坚持以产业链招商、以商招商，开展补链扩链、新兴产业招商，加快完善“一园四区”产业集聚功能，规划建设扶贫产业园二期、羊绒产业园二期。2018年上争资金突破35亿元，招商引资到位资金70亿元。放宽服务业准入限制，加快现代金融、全域旅游、电子商务等现代服务业发展，推动新产业、新业态、新模式和实体经济深度融合，筑牢服务业国民经济“半壁江山”。二要推进创新驱动发展。坚持把创新作为引领发展的第一动力，落实自治区“创新驱动30条”、吴忠市创新驱动战略行动计划，加大科技投入支持力度，着力构建功能完备的科技创新体系，加强技术研发和技术应用，推动低碳、循环、生态技术渗入绿色经济发展。突出创新主体培育，加快建立以企业为主体、市场为导向、产学研相结合的技术创新体系。突出科技创新平台建设，围绕“轻新健”产业集群发展和现代化农业科技创新示范园区建设，强化创新载体和平台建设，促进人才、技术、项目向产业园区集聚，形成绿色产业技术创新联盟。突出科技创新人才培育引进，加大招才引智力度，建立绿色发展智囊库，为绿色经济发展提供强大的科技和人力资源支撑。弘扬工匠精神、企业家精神，打造风生水起的创新生态。三要实施乡村振兴战略。坚持农业农村优先发展，按照产业兴旺、生态宜居、乡风文明、治理有效、生活富裕的要求，建立健全城乡融合发展体制机制和政策体系，加快推进农业现代化。实施特色产业品牌工程，积极构建现代农业产业体系、生产体系、经营体系，全力创建国家良好农业规范认证示范县。采取“公司+基地+农户+科技服务团队+基层党建”的产业发展模式，发展多种形式适度规模经营，培育新型经营主体185家，其中新引进农业产业化龙头企业5家、家庭农场20家、合作社60家、种养殖大户100户。新增有机枸杞2万亩、文冠果10万亩、葡萄2万亩、中药材10万亩、小杂粮30万亩。巩固和完善农村基本经营制度，深化农村土地制度改革，加快农村土地承包经营权抵押贷款、农民工返乡创业等国家级试点改革，探索实践、积累经验，创出“同心做法”。保持土地承包关系稳定并长久不变，第二轮土地承包到期后再延长三十年。落实各项支农惠农政策，进一步健全农业保险体系。加强农村基础工作，健全自治、法治、德治相结合的乡村治理体系。强化脱贫攻坚后备人才库建设，着力培养造就一支懂农业、爱农村、爱农民的“三农”工作队伍。四要统筹城乡、区域协调发展。坚持特色鲜明、布局合理、优势互补，统筹推进城乡建设，促进区域协调发展。统筹城乡协调发展，推动新型工业化、信息化、城镇化、农业现代化同步发展，编制完成县域空间规划，开展“城市建设管理提升年”专项行动，完善老城区基础设施配套，实施新城区基础设施提升工程，全面绿化、亮化、美化老城区和县城新区，强化道路交通管制，提升城市管理服务功能和承载能力。加快棚户区改造进度，年内拆迁4000户以上，新建普通商品房200万平方米。打通连接县城环城路，改造提升长征街、豫海街等道路，实施清水河两岸、北沟两岸综合整治。新建连接新区和扶贫产业园的跨清水河大桥。加快新农村建设，新建美丽乡镇1个、美丽村庄10个，启动建设润德枸杞小镇，加快建设韦州葡萄小镇和特色小镇。统筹区域协调发展，立足西部扬黄灌区、中部生态恢复区和东部旱作农业区实际，坚持生态优先、富民为本、绿色发展，清晰区域产业定位和发展方位，探索集约发展、集群发展、融合发展、协同发展的新路子。西部扬黄灌区以发展绿色经济为龙头，重点在调整产业结构上求突破，大力发展高效节水农业，打造现代农业种植示范区；中部干旱带重点在荒漠化生态系统治理和移民迁出区自然修复上做文章，打造中部生态恢复林草产业示范区；东部旱作塬区重点在发展旱作节水农业、庭院经济上下功夫，打造旱作节水农业示范区。各乡镇要立足区位优势，进一步明确产业定位，每个乡镇培育至少4—5个支柱产业，着力打造县有集群、乡有片区、户有支撑的产业发展格局，推动东、中、西区域协同发展。五要深化经济体制改革，发展外向型经济。加快推进经济体制改革，深化商事制度改革、投融资体制改革。深化对消费成为经济增长主要驱动力的认识，全面实施市场准入负面清单制度，完善促进消费的体制机制。建立现代财政制度，增强金融服务实体经济能力，促进多层次资本市场健康发展，守住不发生系统性金融风险的底线。推进金融领域创新，加大“引银入同”力度，逐步构建功能完善、服务健全、种类多样的金融组织体系，不断提升“一司一县、一行一县、一保一县”的合作质量和水平。扎实推进改革开放，积极主动参与“一带一路”建设，打造持续向东开放平台，加强与东部沿海地区和周边兄弟县市（区）的开放联动、合作共赢，培育开放合作和竞争新优势。全面深化校地、地企、地地合作模式，不断拓展与南昌市红谷滩新区、宁波市象山县的交流合作，力争在脱贫攻坚、产业发展、商贸流通等领域取得突破性进展。

（三）提高保障和改善民生水平，加强和创新社会治理。坚守底线、突出重点、完善制度、引导预期，完善公共服务体系，加快推进公共服务均等化，保障群众基本生活，不断满足人民日益增长的美好生活需要，不断促进社会公平正义，形成有效的社会治理、良好的社会秩序，使人民获得感、幸福感、安全感更加充实、更有保障、更可持续。一要优先发展教育事业。全面贯彻党的教育方针，落实立德树人根本任务，大力发展素质教育，推进教育公平。深化教育改革，加快教育现代化，办好人民满意的教育。启动新一轮教育事业发展三年行动计划，推动城乡义务教育一体化发展，高度重视农村义务教育，办好学前教育、特殊教育和网络教育，普及高中阶段教育，缩小区域、城乡、校际差距。开工建设县城第九小学，义务教育均衡发展顺利通过国家评估验收。完善职业教育和培训体系，深化产教融合、校企合作，职教中心建成投入使用。健全学生资助制度，持续壮大教育扶贫基金，实施精准资助，坚决阻断贫困代际传递。加强师德师风建设，培养高素质教师队伍，倡导全社会尊师重教。二要实施健康同心战略。持续深化医药卫生体制改革，建立健全基本医疗卫生制度、医疗保障制度和优质高效的医疗卫生服务体系，健全现代医院管理制度，公立医院综合改革取得明显成效。加强基层医疗卫生服务体系和全科医生队伍建设，新区医院、中医院综合楼、妇幼保健院和丁塘镇卫生院建成投入使用，三级医疗卫生网络基本建成、日臻完善，为人民群众提供全方位全周期健康服务。全面取消以药养医，健全药品供应保障制度。坚持预防为主，深入开展爱国卫生运动，倡导健康文明生活方式，预防控制重大疾病。实施食品安全战略，让人民吃得放心。坚持中西医并重，传承发展中医药事业。构建养老、孝老、敬老政策体系和社会环境，推进医养结合，加快老龄事业和健康养老产业发展。三要提高就业质量和人民收入水平。把就业作为最大的民生，坚持“两个同时同步”增收要求，实现更高质量和更为充分的就业。大规模开展职业技能培训，完成建档立卡贫困户就业培训6000人次。以创业带就业，争创全国创业孵化示范基地，新增就业容量大、劳动密集型中小微企业100家，加快下马关亿金民族服饰、田园村、河西镇旱天岭村“扶贫车间”建设，2018年年内就业岗位达到2000个。提供全方位公共就业服务，拓宽就业渠道，新增城镇就业1800人，农村劳动力转移就业7万人次、工资性收入8亿元，不断扩大中等收入群体，持续增加低收入者收入。四要加强社会保障体系建设。按照兜底线、织密网、建机制的要求，全面建成覆盖全民、城乡统筹、权责清晰、保障适度、可持续的多层次社会保障体系。实施全民参保计划、实现应保尽保。统筹城乡社会救助体系，完善最低生活保障和临时救助制度。发展残疾人事业，加强残疾康复服务。加快棚改安置房建设进度，建立多主体供给、多渠道保障、租购并举的住房制度，合理平抑房价，让群众住有所居。既尽力而为，又量力而行，高标准完成政府承诺为民实事办理。五要建设共建共治共享现代社会治理格局。落实总体国家安全观，坚决维护国家政治安全，完善党委领导、政府负责、社会协同、公众参与、法治保障的社会治理体制。规范和加强立体化社会治安防控体系建设改革，提高社会治理社会化、法治化、智能化、专业化水平，依法严厉打击宗族恶势力、“村霸”“水霸”“路霸”和黄赌毒黑拐骗等违法犯罪活动，保护人民人身权、财产权、人格权。加强社会心理服务体系建设，培育自尊自信、理性平和、积极向上的社会心态。加强社区治理体系建设，推动社会治理重心向基层下移，发挥社会组织作用，实现政府治理和社会调节、居民自治良性互动，维护社会和谐稳定，推动社会活力持续激发，社会秩序和谐稳定。加强预防和化解社会矛盾，正确处理人民内部矛盾，推进信访制度改革。树立安全发展理念，弘扬生命至上、安全第一的思想，健全公共安全体系，完善安全生产责任制，坚决遏制重特大安全事故，提升防灾减灾救灾能力。启动“全国双拥模范县”创建工作，深入推进军民融合发展。

（四）牢固树立社会主义生态文明观，加快建设美丽同心。尊重自然、顺应自然、保护自然，坚持走绿色发展道路不动摇，坚持发展绿色经济不松劲，深入贯彻落实自治区“生态立区28条”，深入实施生态立县战略，全力创建全区绿色经济示范县，创造更多优质生态产品，满足人民日益增长的优美生态环境需要。一要创建全区绿色经济示范县。贯彻落实县委十三届六次全会决策部署，加快建立绿色生产和消费的硬性制度和政策导向，建立健全绿色低碳循环发展的经济体系，构建以市场为导向的绿色技术创新体系，壮大节能环保产业、清洁生产产业、清洁能源产业，构建清洁低碳、安全高效的能源体系，在创建全区绿色经济示范县方面取得突破性进展。贯彻实施国家节水行动，降低能耗、物耗，节约集约用地，实现生产系统和生活系统循环链接。倡导简约适度、绿色低碳的生活方式，在开展创建节约型机关、绿色家庭、绿色学校、绿色社区和绿色出行等方面取得明显成效。二要着力解决突出环境问题。构建政府为主导、企业为主体、社会组织和公众共同参与的环境治理体系。实施“蓝天、碧水、净土”三大行动，坚决打好污染防治攻坚战。实施最严格的生态环保和水污染防治制度，突出以清水河综合治理为主的环保整治，严格落实“河长制”，加快水污染防治，实施流域环境综合治理。强化土壤污染管控和修复，加强农业面源污染防治，开展农村人居环境整治行动。加强固体废弃物和垃圾处置。提高污染排放标准，强化排污者责任，健全环保信用评价、信息强制性披露、严惩重罚等制度，落实节能减排任务。三要加大生态系统保护力度。优化生态安全屏障体系，实施中部生态移民迁出区10万亩生态修复工程，推进60万亩文冠果生态林场建设，构建生态廊道和生物多样性保护网络。完成生态保护红线、永久基本农田、城镇开发边界三条控制线划定工作，切实保护耕地。开展新一轮国土绿化行动，实施自治区生态经济林示范工程，推进同心县防沙治沙示范县建设。加强罗山生态保护和修复，继续实施禁牧封育，加强沙化土地封禁保护区建设和管理，在构筑“三山”生态安全屏障中体现同心担当。持续推进天然林保护、三北防护林、禁牧封育、退耕还林还草、防沙治沙、土地整治等生态建设工程，建立建强市场化、多元化生态补偿机制。四要改革生态环境监管体制。完善生态环境管理制度，对重点生态功能区、敏感区和脆弱区实现红线管控。构建国土空间开发保护制度，完善绿色发展长效投入机制，加强对生态文明建设的组织领导，实行领导干部生态环境损害责任终身追究制度，坚决制止和惩处破坏生态环境行为。

（五）扎实推进民主政治建设，切实保障人民当家作主。不断发展社会主义民主政治，不断深化机构和行政体制改革，推进社会主义民主政治制度化、规范化、程序化，巩固发展生动活泼、安定团结的政治局面。一要坚持党的领导、人民当家作主、依法治县的有机统一。改进党的领导方式和执政方式，扩大人民有序政治参与，保证人民依法享有广泛权力和自由。二要加强人民当家作主制度保障。支持和保证人民通过人民代表大会行使国家权力，切实保证人大依法行使监督权、重大事项决定权、任免权，完善人大专门委员会设置，进一步优化人大常委会和专门委员会组成人员结构，更好发挥人大代表作用。三要发挥社会主义协商民主重要作用。加强协商民主制度建设，统筹推进政党协商、人大协商、政府协商、政协协商、人民团体协商、基层协商以及社会组织协商，推动协商民主广泛、多层、制度化发展。支持人民政协积极履行政治协商、民主监督、参政议政职能。进一步规范和加强县委与党外知识分子、宗教界人士、非公有制经济人士等党外代表人士协商工作，全面落实会议协商、约谈协商和书面协商。四要深化机构和行政体制改革。转变政府职能，深化简政放权，创新监管方式，大力推进“放管服”改革，加快构建“不见面、马上办”的审批模式，增强政府公信力和执行力，建设人民满意的服务型政府。深入推进行政许可事项全部入驻政务服务中心，大力推行“互联网+政务服务”，全面实行“一站式”“代办式”办理。深化事业单位改革，推进政事分开、事企分开、管办分离。五要巩固和发展爱国统一战线。加强和发挥伊协、工商联的职能和作用。加强对工会、共青团、妇联等人民团体及各类群众团体的领导和阵地建设。加强党外知识分子工作，做好新的社会阶层人士工作，发挥他们在中国特色社会主义事业中的重要作用。构建亲清新型政商关系，促进非公有制经济健康发展和非公有制经济人士健康成长。建立同心县新社会阶层人士联席会议制度，健全同心县新媒体人士联谊会组织机构。加强党外人士培训，增进高度的政治认同、思想认同、理论认同、情感认同，夯实共同团结奋斗的思想政治基础。六要推进法治同心建设。建设法治政府，推进依法行政，提高政府工作法治化水平。深化司法体制改革综合配套改革，全面落实司法责任制，努力让人民群众在每一个司法案件中感受到公平正义。加大“七五”普法工作力度，实施法治惠民工程，营造全民尊法学法守法用法的良好氛围，推动形成办事依法、遇事找法、解决问题用法、化解矛盾靠法的良好法治环境，推动各项工作迈上法治化轨道。

（六）坚定文化自信，扎实推进社会主义文化繁荣兴盛。坚持中国特色社会主义文化发展道路，推动社会主义精神文明和物质文明协调发展。一要牢牢掌握意识形态工作领导权。把习近平新时代中国特色社会主义思想作为理论武装的重中之重，推动党的理论创新深入人心，切实提高广大党员干部的思想政治觉悟和理论水平，增强“四个意识”，坚定“四个自信”、传承红色基因、永葆政治本色。认真落实意识形态工作责任制，层层传导压力，完善责任链条。各级党委（党组）要切实履行主体责任，深入实施互联网内容建设工程，加强阵地建设和管理，提高新闻舆论传播力、引导力、影响力、公信力。党组织主要负责人要向党委（党组）述职，切实做到守土有责、守土负责、守土尽责，确保意识形态领域安全和政治安全。二要深入推进社会主义核心价值体系建设。大力弘扬以爱国主义为核心的民族精神和以改革创新为核心的时代精神，深入开展中国特色社会主义和中国梦宣传教育，持续深化社会主义核心价值体系建设。深入推进社会主义核心价值观“六进”活动，引导人们树立正确的历史观、民族观、国家观、文化观，不断培植精神家园。扎实推进“三城联创”，深化群众性精神文明创建活动，实施公民思想道德建设工程，加强和改进思想政治工作，持续开展各类精神文明和道德模范评选活动，引导全社会崇德向善、见贤思齐。扎实开展移风易俗、弘扬时代新风行动，深化“十个一”活动载体，推进“一约四会”常态化制度化建设，强化制度约束和教育引导，抵制腐朽落后文化侵蚀。推进诚信建设和志愿服务制度化，强化志愿服务品牌化建设，强化公民社会责任意识、规则意识、奉献意识。三要推动文化事业和文化产业发展。以创建国家公共文化服务体系示范区为目标，深入实施文化惠民工程，老城区综合体育馆和141个村综合文化中心投入使用，发挥文化服务作用，丰富群众文化体育生活。加大政府购买电影、戏剧、文艺演艺等公共文化服务力度，补齐基层文化服务短板。扎实开展“深入生活，扎根人民”主题实践活动，完善文化科技卫生“三下乡”“结对子、种文化”等工作机制，打通服务群众“最后一公里”。发挥“中国诗歌之乡”名片效应，创作学习贯彻十九大精神主题诗歌，举办诗歌朗诵会，弘扬和传播正能量。坚持以人民为中心的创作导向，弘扬中华优秀传统文化、革命文化和社会主义先进文化，深入挖掘历史文化、红色文化、民俗文化，推出一批讴歌党、讴歌祖国、讴歌人民、讴歌英雄的精品力作，繁荣发展社会主义文艺，抵制低俗、庸俗、媚俗。加强文物保护利用和非物质文化遗产保护传承，加快韦州5A级文化古镇和五道岭子写生基地建设，完善东部旅游环线基础设施，做强全域旅游文化产业。实施黄谷川文化旅游体育产业园项目，提升文化产业发展水平，增强文化软实力。

（七）扎实推进民族团结宗教和顺，维护社会大局和谐稳定。始终高举民族团结旗帜，坚持“中华民族一家亲，同心共筑中国梦”的总目标，全面贯彻党的民族政策和宗教工作基本方针，着力打造全国民族团结进步示范县。一要着力推动民族团结进步创建走在全国全区前列。以教育引导为重点，深入学习宣传贯彻十九大精神，深化民族团结进步教育，筑牢中华民族共同体意识，加强各民族交往交流交融，促进各民族共同团结奋斗、共同繁荣发展。扎实推进民族团结教育进学校、进教材、进课堂，丰富校园文化生活。扎实开展社会主义核心价值观、国旗、党报党刊、文化书屋“四进”宗教场所活动。发挥好民族团结教育基地作用，讲好民族团结同心故事，演好民族团结剧目，唱好民族团结歌曲，切实增强“五个认同”。深化“细胞创建”，以乡村、社区、学校、企业、机关、军营和宗教活动场所为主阵地，将创建活动延伸到新的经济社会组织、新社会群体及旅游景点之中，不断拓宽覆盖面和纵深度。实施“细胞工程”，着力打造乡村邻里节、巧媳妇厨艺大赛、社区家庭才艺展演、传统节日大家过等群众广泛参与、富有同心特色的细胞创建活动，促进各族群众交流互动、和睦相亲，推进民族团结进步创建工作引领全区、示范全国。二要着力推动宗教工作走在全国全区前列。坚持宗教中国化方向，着力构建积极健康的宗教关系，积极引导宗教与社会主义社会相适应。坚持开展“五联五促”活动，引导宗教界人士正确解经、正信正行，教育引导信教群众爱党爱国、尊法守法，创造和顺平静的宗教氛围。牢牢掌握宗教工作主动权，依法加强宗教事务管理，推动大型宗教活动服务管理工作程序化、精细化。坚决防范宗教领域涉国家政治安全的苗头性、倾向性问题。建立健全工作机制，坚决抵御非法宗教渗透，不断提高抵御非法宗教渗透的能力，确保现有宗教格局稳定。加强经文学校（班）管理，依法取缔非法经文班。建立网络舆情应对管控机制，严厉打击利用网络造谣生事、挑拨民族宗教感情的行为。强化宗教工作三支队伍建设，提高政治定力、思想认知和工作能力。制定宗教人士培训教育规划，坚持举办宗教人士学历教育大专班，落实宗教人士“三定”学习制度，有计划有步骤地培养政治上靠得住、宗教上有造诣、品德上能服众、关键时起作用的优秀教职人员队伍。

（八）全面落实新时代党的建设总要求，坚定不移扎实推进全面从严治党。牢牢坚持“两个毫不动摇”，以加强党的长期执政能力建设、先进性和纯洁性建设为主线，以党的政治建设为统领，思想建党、制度建党同向发力，统筹推进党的各项建设，不断提高党的建设质量，把各级党组织建设的更加坚强有力。一要立根固本铸魂，着力加强党的政治建设。坚持把党的政治建设放在首位，旗帜鲜明讲政治，牢固树立“四个意识”，在政治立场、政治方向、政治原则、政治道路上同以习近平同志为核心的党中央保持高度一致，自觉维护以习近平同志为核心的党中央权威和集中统一领导。要尊崇党章，严格执行新形势下党内政治生活若干准则，营造风清气正的良好政治生态。完善和落实民主集中制的各项制度，严格按照民主集中制原则作决策、办事情。二要凝心聚魂强党性，着力加强党的思想建设。用习近平新时代中国特色社会主义思想武装头脑，弘扬马克思主义学风，加强理想信念教育，扎实推进“两学一做”学习教育常态化制度化，深入开展“不忘初心、牢记使命”主题教育，教育引导党员干部牢记党的宗旨，自觉做共产主义远大理想和中国特色社会主义共同理想的坚定信仰者和忠实实践者，永葆共产党人政治本色。三要选准用顺管好干部，着力强化干部队伍建设。坚持党管干部原则，突出政治标准和“五个注重”，大力实施“百名年轻后备干部墩苗育才”工程，统筹女干部、少数民族干部和党外干部培养选拔，加大在脱贫攻坚一线、重大项目建设、急难险重岗位培养、锻炼和选拔干部力度，努力建设高素质专业化干部队伍。完善干部考核评价机制，建立正向激励和容错纠错机制，制定乡镇党政正职综合业绩考核评价、科级干部“三评一推优”日常考核等制度，推行干部“负面清单”和“干事档案”，探索设立“改革创新奖”，激发广大党员干部干事创业内生动力，让想干事的有价值感、能干事的有成就感、干成事的有获得感。坚持党管人才原则，实施“人才回引”工程，进一步完善人才回乡创业政策，加大对土专家、田秀才等本土人才和现有人才的培训。四要夯实固牢基础，着力加强基层组织建设。加大抓党建促脱贫富民力度，以提升组织力为重点，突出政治功能，持续开展星级基层服务型党组织创建活动，深化拓展“强龙工程”，加大软弱涣散党组织整顿力度。深入开展“三大三强”行动，大力实施“两个带头人”工程。严格落实驻村第一书记“三述三评”考核评议机制，实行村干部报酬待遇与党组织星级评定挂钩，激发基层干部干事创业积极性。加大从青年工人、农民、知识分子中发展党员力度。创新探索农村党员教育培训模式，坚持“三会一课”制度，丰富“支部主题党日”内容和形式，深入开展非公企业和社会组织“五个一”党建工程、机关“四从严四增强”行动、城市基层党建推进年、国有企业“三好一促进”活动，切实把基层党组织建设成为宣传党的主张、贯彻党的决定、领导基层治理、团结动员群众、推动改革发展的坚强战斗堡垒。五要持之以恒正风肃纪，夺取反腐败斗争压倒性胜利。巩固拓展落实中央八项规定精神和区市若干意见成果，清死角、扫盲区、查变异，坚持不懈改作风转作风，不断厚植党执政的群众基础。深入开展“铸勤铸廉”两大专项行动，重点强化政治纪律和组织纪律，带动廉洁纪律、群众纪律、工作纪律、生活纪律严起来。运用监督执纪“四种形态”，强化监督执纪问责，抓早抓小、防微杜渐。建设覆盖纪检监察系统的检举举报平台，深化标本兼治，坚持无禁区、全覆盖、零容忍，保持重遏制、强高压、长震慑，坚持受贿行贿一起查，夺取反腐败斗争压倒性胜利。认真贯彻落实习近平总书记关于严肃查处扶贫领域扶贫问题的重要批示指示精神，制定《关于深入开展扶贫领域腐败和作风问题专项整治实施方案》《扶贫资金监督管理责任追究办法》，深入开展扶贫领域腐败和作风问题专项整治，坚决斩断伸向扶贫资金的“黑手”。认真落实《中共同心县委巡察工作规划（2016—2021）》和《中共同心县委员会巡察工作实施办法》，实现十三届县委任期内巡察全覆盖。六要健全监督体系。加强组织监督、民主监督、同级相互监督，完善县委巡察制度，构建党统一指挥、全面覆盖、权威高效的监督体系。按照国家监察体制改革统一部署，圆满完成我县监察委员会的组建工作，构建集中统一、权威高效的监察机制，实现对所有行使公权力的公职人员监察全覆盖。七要全面增强执政本领。强化学习型政党、学习型机关建设，增强各级党组织和广大党员学习本领、政治领导本领、改革创新本领、科学发展本领、依法执政本领、群众工作本领、狠抓落实本领、驾驭风险本领，坚决贯彻落实党的理论和路线方针政策，确保党始终成为社会主义现代化事业的坚强领导核心，确保党始终同人民想在一起、干在一起。

五、强化组织领导，为全面学习宣传贯彻党的十九大精神提供坚强保障

学习宣传贯彻党的十九大精神，要立足我县改革发展、党的建设的实际，大力弘扬马克思主义学风，把党的十九大精神落实到经济社会发展各方面，体现到做好今年各项工作和安排好明年乃至今后一个时期工作之中。

（一）切实强化组织领导。党政军民学，东西南北中，党是领导一切的。要充分发挥党总揽全局、协调各方的作用。各级党委（党组）要按照党中央和区市党委的决策部署，强化对学习宣传贯彻党的十九大精神的组织领导，结合乡镇、部门实际，作出专题部署，提出具体要求，着力抓好落实，迅速兴起学习宣传贯彻党的十九大精神热潮。组织部门要把学习宣传贯彻党的十九大精神与干部教育培训工作、加强领导班子建设和基层党组织建设结合起来。宣传部门要扎实做好党的十九大精神宣传工作，营造学习贯彻党的十九大精神的浓厚氛围。工会、共青团、妇联等人民团体要充分发挥自身优势，开展各具群众特色的学习宣传教育活动。要加强工作指导，加强督促检查，务求取得实效，杜绝形式主义。

（二）牢牢把握正确导向。全县各级党组织要坚持团结稳定鼓劲、正面宣传为主，弘扬主旋律、传播正能量，着力用党的十九大精神统一思想、凝聚力量。要主动设置议题，开展具有网络特色的宣传报道，积极引导网上舆论，围绕社会普遍关注的热点难点问题，积极回应网民关切，多做解疑释惑、疏导情绪的工作，多做增进共识、增进团结的工作，形成网络正面宣传强大势头。要加强对宣传思想文化阵地的管理，绝不给错误思想言论提供传播渠道。

（三）不断强化执行力。一分部署、九分落实。学习宣传贯彻好党的十九大精神、奋力开创全县经济社会发展新局面，全县各级领导干部和广大党员不仅要有担当的宽肩膀，还要有成事的真本领；既要矢志抓发展，又要善于抓发展；既要勇于抓改革，又要善于抓改革；既要敢于直面矛盾和问题，又要善于化解矛盾和问题；既要有想干事、真干事的自觉，又要有会干事、干成事的本领，不断强化执行力，推动党的十九大精神在我县落地生根、开花结果，为决胜全面建成小康社会，夺取中国特色社会主义伟大胜利作出新贡献。

同心县 2017 年脱贫攻坚工作实施方案

为全面贯彻中央扶贫开发工作会议精神、习近平总书记关于脱贫攻坚工作系列重要讲话精神和区、市脱贫攻坚推进会会议精神，结合我县脱贫攻坚工作实际，制定 2017 年脱贫攻坚工作实施方案。

一、基本情况

全县现有 100 个贫困村，2014 年建档立卡贫困人口 96022 人。2014 至 2016 年全县累计脱贫销号 65 个贫困村、脱贫 79920 人，分别占贫困村总数和贫困人口总量的 65% 和 82%。2016 年末动态调整后，全县未脱贫销号的贫困村尚有 35 个，人口约 2 万人（2016 年返贫 492 人，2017 年新增 2490 人），分别占贫困村总数和贫困人口总量的 35% 和 18%。2016 年全县农村居民人均可支配收入达 7389 元，同比增长 10.1%；贫困村人均可支配收入达 6907 元，增幅为 15%。

二、指导思想

以中共中央、国务院《关于坚决打赢脱贫攻坚战的决定》和习近平总书记关于扶贫开发战略思想为指导，全面贯彻落实中央和区、市关于脱贫攻坚工作的总体部署，紧紧盯住贫困户“三不愁四保障”、“七有”和贫困村“五通八有”脱贫标准，充分调动社会力量参与扶贫的积极性，着力构建专项扶贫、行业扶贫和社会扶贫“三位一体”大扶贫格局。按照“把发展生产扶贫作为主攻方向，把易地搬迁扶贫作为重要补充，把生态补偿扶贫作为双赢政策，把发展教育扶贫作为治本之计，把社会保障兜底扶贫作为基本防线”的总体思路，全面推行“1455 脱贫攻坚工作法”（“1”是以特色产业为中心；“4”是强化教育、医疗、住房和政策兜底四项保障；“5”是推进全面落实压实责任、整合资源、“三项帮扶”、就业培训及严格奖惩五项措施；“5”是打好精准识别、易地搬迁、产业扶贫、美丽乡村建设、贫困村脱贫出列五场攻坚战），全面发力，确保已脱贫户、脱贫销号村巩固提升，未脱贫户、脱贫销号村整村推进，贫困户、贫困村产业持续发展，收入稳定增加，基础设施更加完善，为我县如期实现脱贫摘帽目标、全面建成小康社会打牢基础。

三、目标任务

坚持问题导向，补短板，促发展；兴产业，

促增收；夯基础，促脱贫。到2017年底，确保15个贫困村顺利销号、20个整村推进村达到销号条件、65个已销号贫困村巩固提升，全县2万建档立卡贫困人口全部脱贫，贫困村农民人均可支配收入增幅高于全县农民人均可支配收入2个百分点以上，为我县全部贫困人口脱贫、贫困村销号、贫困县脱贫摘帽打下坚实基础。

（一）专项扶贫

1. 易地搬迁。全面完成“十三五”易地扶贫搬迁移民住房建设任务；县内5842人，县外389人移民搬迁任务。上半年，全面完成“十二五”生态移民扫尾工作和县级验收。

2.“双到”工程。按照户均3000元的标准，扶持8303户建档立卡贫困户发展产业，增加收入。

3. 金融扶贫。不断创新金融扶贫模式，大力推进扶贫小额信贷和“扶贫保”，强化互助资金运行管理，切实解决贫困户贷款难贷款贵和发展产业资金不足的问题。

（1）扶贫小额信贷风险补偿金规模累计达到5000万元，贫困户评级授信达到100%，建档立卡户小额扶贫贷款累计达到12亿元，获得扶贫小额贷款的贫困户比例达到80%以上；实现建档立卡贫困户“扶贫保”全覆盖。

（2）A类互助社达到70%以上，全面应用贫困村互助资金自动化监管系统。

4. 扶贫培训。完成培训任务1.053万人，其中：雨露计划扶贫助学资助1100人，驾驶员B2照以上培训550人、C照培训1700人，其它技能培训6480人（培训后取得初级以上资格证书），实用技术培训500人，致富带头人200人。

5. 扶贫资金管理。统筹整合使用财政涉农资金，强化扶贫领域监督执纪问责，加快资金拨付进度，坚决杜绝扶贫领域违规、违纪、违法现象发生。财政涉农资金统筹整合率达到100%，项目资金使用县乡村公示公告率达到100%，年末结余结转资金数额不超过2017年统筹整合财政涉农资金总额的10%。

6. 精准识别。更新精准扶贫云信息数据，建档立卡贫困人口精准识别准确率不低于98%，退出准确率不低于98%。

（二）行业扶贫

全面完成各部门下达的14项行业扶贫年度计划任务。

7. 特色产业。根据自治区农牧厅等九部门《关于印发〈宁夏特色产业精准扶贫规划（2016—2020年）〉的通知》要求，编制我县2017年特色产业扶贫实施方案，完成全年脱贫销号村特色产业发展任务。

8. 村级道路。贫困村道路畅通率达到100%，客车通达率按自治区下达的计划完成任务。

9. 饮水安全。建档立卡贫困户自来水普及率不低于85%。

10. 安居工程。实施危房危窑改造1000户。

11. 教育扶贫。贫困村学前教育入学率、高中阶段毛入学率、小学巩固率、初中三年巩固率四项指标均达到自治区要求。

12. 健康扶贫。贫困村标准化村卫生室全覆盖（“十一五”、“十二五”和“十三五”移民迁出区空壳村除外），乡村医疗卫生技术人员配置达标率不低于80%。实施妇幼卫生项目，出生人口政策符合率不低于86%。加大医疗救助力度，完善重度残疾人、精神残疾人医疗救助措施，提高农村贫困残疾人医疗保障水平。

13. 社会保障。建档立卡贫困人口参加城乡居民养老保险达到90%以上，完成自治区下达基本医疗保险参保30.6万人的任务。

14. 社会救助。全面落实最低生活保障制度，促进农村低保和扶贫开发在政策、对象、标准、管理等方面的有效衔接，对符合条件的建档立卡贫困户要做到应保尽保。困难残疾人生活补贴每人每月100元、重度残疾人护理补贴每人每月80

元全部落实。

15. 就业扶贫。积极开展贫困村劳动力转移就业，实现贫困人口转移就业 8000 人，使每个有培训意愿的贫困劳动力都能接受 1—2 次免费职业培训。

16. 文化扶贫。新建 2 个乡镇综合文化站和 52 个村级文化服务中心，实现贫困村综合文化服务中心全覆盖（“十一五”、“十二五” 和 “十三五” 移民迁出区空壳村除外）。

17. 农村信息化。积极推动农村信息化扶贫开发工作，加快农村网络建设，实现贫困村宽带全覆盖（“十一五”、“十二五” 和 “十三五” 移民迁出区空壳村除外）。

18. 生态建设。全年完成营造林面积 5.8 万亩，不发生森林火灾和林木病虫害等。

19. 环境保护。大力开展贫困村村容村貌环境综合整治，完成自治区下达的大气和水的主要污染物减排任务，全年环境空气优良天数比例达到 78% 以上。

20. 科技扶贫。实施科技扶贫指导员对口帮扶贫困村，扩大帮扶村科技示范户比例，提高适用技术推广普及率。开展科技特派员创业扶贫服务，带动创业脱贫。

（三）社会扶贫

21. 驻村帮扶。逐步完善帮扶责任人管理考核机制，加强惠农和扶贫政策的宣传工作，加强贫困村驻村工作队（第一书记）、贫困户帮扶责任人的管理和考核，群众对帮扶工作满意度达到 100%。

22. 闽宁协作。努力完成闽宁对口扶贫协作联席会议确定的各项工作，建设闽宁协作示范村 4 个。

23. 央企对口帮扶。积极推进中核集团等企业定点帮扶工作，加快中核集团援建的扶贫产业园建设和两个定点帮扶移民村的整体推进工作。争取更多帮扶资金，实现帮扶工作新突破，帮扶工作取得更大实效。

24. 社会帮扶。深入开展“百企帮百村”活动，动员协调各方力量、各方资源共同参与脱贫攻坚。

（四）其他扶贫工作任务

25. 壮大贫困村集体经济。通过创新模式增收、发展产业增收、挖掘潜力增收，拓展村级集体经济发展空间，建立贫困村村级集体经济收入稳定增长机制。整村推进贫困村都要有集体经济收入，有条件的贫困村集体经济年收入大于 5 万元，村级基层组织健全。

26. 积极完成扶贫改革创新试点工作。围绕光伏、乡村旅游、电子商务等资产收益性扶贫试点项目，积极探索帮助贫困村、贫困户精准脱贫的有效途径，总结推广 3—5 个亮点工作和典型经验。

27. 35 个贫困村的整村推进工作。加大对 35 个整村推进村（其中：脱贫销号村 15 个）的脱贫攻坚力度，以稳定增加贫困户收入为核心，以完善基础设施建设和扶持产业发展为抓手，使贫困村人均可支配收入增长幅度高于全县平均水平 2 个百分点以上，贫困发生率下降至 3% 以内，力争年底前贫困人口全部脱贫（政策兜底人口除外）。

四、重点工作

紧紧围绕 65 个已销号村巩固提高、15 个贫困村脱贫销号、20 个贫困村整村推进工作，加快推进脱贫攻坚步伐。

2017 年全县共计划投入资金 21.1 亿元，实施脱贫攻坚重点项目 56 个。其中：计划投资 2.02 亿元，实施农业产业发展项目 9 个；计划投资 13.67 亿元，实施农村基础设施建设项目 20 个；计划投资 1.44 亿元，实施生态环境治理项目 12 个；计划投资 2.89 亿元，实施农村社会事业项目 10 个；计划投资 1.11 亿元，实施金融服务项目 5 个。

其中，在 35 个整村推进村（脱贫销号村 15

个）投资7.88亿元，实施重点项目27个。其中，计划投资4760万元，实施特色产业培育项目5个；计划投资5.082亿元，实施基础设施建设项目8个；计划投资1912万元，实施生态环境治理项目5个；计划投资5909万元，实施社会事业项目8个；计划投入金融信贷资金1.5388亿元。

（一）加快发展特色增收产业

投资2.02亿元，全县实施9个农业产业发展项目。

1. 投资250万元补栏基础母牛5000头；投资600万元新建棚圈1000座8万平方米；投资560万元，建设马铃薯良种繁育基地2万亩；投资7110万元实施农资、粮食、良种等补贴。

2. 投资569万元实施圆枣加工、枸杞加工、肉牛肉羊养殖等农业综合发展项目。

3. 投资200万元建设林业特色产业标准化基地等项目。

4. 投资4400万元对未脱贫的5428户建档立卡贫困户实施整村推进产业扶持项目；投资2490万元实施8303户建档立卡贫困户的“双到”项目；投资4000万元兑现2016年脱贫的约1万户贫困户奖励扶持资金。扶持标准：整村推进和“双到”项目，按照“扶持标准确定，发展项目自选，能发展什么产业、就鼓励发展什么产业、户均财政专项扶持资金不超过1万元”的原则，加大产业扶持力度。其中，基础母牛每头补助3000元；驴每头补助2000元；基础母羊每只补助500元；枸杞、黄花菜种植每亩补助600元；红葱、中药材和覆膜种植每亩补助300元；规模在100只以上的养鸡户，每只鸡补助10元，对建设鸡舍或购买鸡笼的给予一定扶持，对马鹿、火鸡等其他特色养殖业或特色种植业参照牛、羊补助标准和覆膜种植补助标准给予资金扶持。鼓励年龄60岁以上的“双老”家庭，发展养鸡产业，给予一定的资金扶持。

对不宜发展种植业、养殖业的建档立卡贫困户，积极探索鼓励发展劳务产业，外出务工人均纯收入达到1万元—2万元的，补助5000元；收入超过2万元（含2万元）的，补助7000元（劳务收入核查由县人社局负责）。

其中，在35个整村推进村（脱贫销号村15个）投资4760万元，新建标准化圈棚479座，补栏基础母羊3000只、基础母牛2000头，种植马铃薯1950亩，农资、粮食、良种补贴55.79万亩，实施整村推进和“双到”项目。

（二）强化农村基础设施建设

投资13.67亿元，全县实施农村基础设施建设项目20个。

1. 投资1000万元在预旺水库周边发展高效节水灌溉面积5000亩；投资1000万元解决全县1800户人饮问题；投资2000万元建设下马关生态移民区防洪工程；投资4.32亿元续建马塘、预旺、马高庄等3座水库。

2. 投资1600万元实施下马关高标准农田建设项目，发展节灌面积1万亩；投资2100万元，实施财政“一事一议”村级道路硬化70千米。

3. 投资7350万元解决“十二五”迁出区遗留人口问题；投资3.226亿元完成“十三五”易地扶贫搬迁1381套移民住房建设和搬迁入住工作；投资3900万元完善2014—2015年39个销号村村集体经济薄弱和基础设施落后问题；投资5200万元完善2016年26个销号村村集体经济薄弱和基础设施落后问题。

4. 投资3420万元实施河西、下马关、韦州等3个乡镇16个村4.435万亩土地整理项目。

5. 投资2亿元新建100千米农村公路；投资4000万元新建预旺至汪家塬东沟大桥。

6. 投资4000万元建设10个美丽乡村；投资1200万元改造危窑危房1000户。

7. 投资1106万元建设少数民族发展项目；投资200万元建设80个农村电商服务站；投资290万元建设王团镇农贸市场；投资29万元覆盖建设

6个贫困村的光网；投资2837万元建设农村电网改造工程。

其中，在35个整村推进村（脱贫销号村15个）投资5.082亿元，建设农村道路98.94千米，亮化工程3处，特色村寨1处，改造危房79户，新修高标准农田1万亩，续建马塘水库、马高庄水库、预旺水库，电网改造5个村，建设村级电商服务站12处。

（三）坚持优化环境与生态建设并举

投资1.44亿元，全县实施生态环境治理项目12个。

1. 投资845万元实施同预公路两侧造林1000亩，投资830万元实施城东造林1080亩；投资850万元实施四个蓄水池周边绿化造林1150亩；投资200万元实施4个移民村造林绿化120亩；投资350万元实施预旺镇乡村道路绿化200亩；投资150万元实施春季乡村绿化400亩；投资1500万元实施新一轮退耕还林造林1万亩；投资900万元实施天然林保护146.9万亩。

2. 投资1760万元实施已垦草原治理11万亩；投资2976万元实施396.8万亩草原生态补助奖励；投资2700万元实施阳光沐浴工程2.7万户。

3. 投资1304万元在深沟、吊堡子建设水土流失综合治理工程。

其中，在35个整村推进村（脱贫销号村15个）投资1912万元，为40户群众安装污水处理设施，村庄绿化33亩，实施阳光沐浴工程6000户，完成吊堡子村9.52平方千米水土流失综合治理工程；草原奖补112.53万亩。

（四）加强社会事业发展

投资2.89亿元，全县实施社会事业项目10个。

1. 投资8237万元实施49所学校“全面改薄”项目，建筑面积3.1421万平方米；投资1.3306亿元新建47所乡村幼儿园6.732万平方米。

2. 投资300万元新建丁塘卫生院2200平方米。

3. 投资1400万元实施张家塬乡莲花山、田老庄乡天台山等乡村旅游项目；投资800万元建设沿S202线（汪家塬、陈儿庄、南塬）乡村旅游项目；投资200万元建设豫海、石狮两个乡镇文化站；投资520万元建设52个村级文化服务中心。

4. 投资1600万元建设3500平方米的预旺敬老院及附属设施；投资450万元建设13个农村社区服务站，总建筑面积2600平方米。

5. 投资1806万元，开展雨露计划、驾驶员、闽宁月嫂、烹饪、保安、工程机械、建筑技工等各类技能培训1.053万人。

其中，在35个整村推进村（脱贫销号村15个）投资5909万元，改扩建学校15所2.1184万平方米，完成20处村级文化服务中心建设，农村社区2处400平方米，新建村级活动场所2处，新建卫生室2处160平方米，光网覆盖建设6个村，电信网络普遍性服务14处，开展各类技术技能培训2275人。

财政专项扶贫、行业扶贫项目实施方案，由有关部门研究确定，报请县扶贫开发领导小组讨论通过后实施。

五、组织实施及要求

（一）加强领导，落实责任。全县脱贫攻坚工作在县脱贫攻坚工作领导小组的统一领导和指导下开展，各乡镇、部门要成立相应机构，专门负责本乡镇（管委会）、本部门脱贫攻坚工作，形成一把手负总责，一级抓一级，层层抓落实的工作责任制。实行县级领导包乡包村，部门负责人包村包户，一般干部包户制度，定任务、定时间、定奖惩，保证按时、按质、按量完成全县脱贫攻坚各项工作任务。由各职能部门牵头，各乡镇配合，对全县100个贫困村逐村进行排查，查看是否达到“五通、八有”目标。由乡镇牵头，驻村工作队、帮扶责任人配合，围绕“三不愁、四保障”，逐户落实项目，实施到村到户项目，确保贫困村如期销号、贫困户如期脱贫。

（二）强化管理，安全运行。项目建设严格执行项目法人制、招投标制、项目合同制、项目公示制、项目效益监测评价制，严格按项目建设要求实施项目，确保项目实施质量。**一是**项目资金严格按照《宁夏财政专项扶贫资金管理实施办法》的规定和要求，由县财政局及时划拨到项目实施单位，专账核算，专款专用。**二是**项目实施单位根据项目实施进度实行项目资金报账制，即先施工、后验收、再报账。**三是**项目和资金都要采取不同形式进行公示公告，接受群众监督。**四是**项目财务收支接受上级项目管理机构和同级财政、审计部门的监督和审计。**五是**工程类项目要严格按照工程建设程序，实行"四制管理"；到户项目资金严格按照审批程序，全部采取"一卡通"方式直补到户，减少中间环节，确保项目资金落到实处。

（三）部门协作，加强整合。贫困村脱贫销号工作是一项系统工程，县脱贫攻坚领导小组各成员单位要明确责任，充分发挥其职能作用，根据年度项目计划，强化配合协调，形成工作合力，加快项目实施进度。各乡镇（管委会）和有关部门要抓好项目落实，将脱贫与新农村建设、美丽乡村建设、农村环境整治、危房危窑改造等有机结合起来，加大项目资金整合力度，强力推进脱贫攻坚工作。

（四）社会帮扶，合力攻坚。积极争取社会帮扶单位对贫困村的投入，形成脱贫攻坚工作合力。新一轮区、市、县各帮扶部门按照"定目标、定任务、定具体帮扶措施"的工作要求，要进一步完善"不脱贫不脱钩、一帮到底"的帮扶工作机制，确保每个贫困村有驻村工作队，每个贫困户有帮扶责任人，协助贫困村制定发展规划、选定致富项目、监督扶贫项目的落实，帮助引进龙头企业或组建经济合作组织，培训和吸收剩余劳动力到企业打工就业，提高自我发展能力。紧紧围绕《实施方案》确定的项目建设内容，开展帮扶工作，并将整村推进村项目实施工作列入县直帮扶部门目标管理考核内容之中。

（五）监督检查，严格考核。建立"精确瞄准、帮扶到户、考核问效"的工作机制，健全监督评价和考核机制。重点整村推进村项目工作启动后，各项工作任务都要纳入有关乡镇（管委会）、有关部门年度工作考核内容，年终逐项检查验收。县扶贫办、调查队、统计局对35个整村推进村的村均可支配收入、人均可支配收入及建档立卡贫困户的人均可支配收入进行定期监测、动态管理。县脱贫攻坚工作领导小组将工作成绩突出的给予表彰和奖励，对工作不力、任务完成较差的予以通报批评并责令完成。

关于推进"两学一做"学习教育常态化制度化的实施方案

根据中央和区市党委关于推进"两学一做"学习教育常态化制度化的意见及方案精神，结合我县实际，提出如下实施方案。

一、深刻理解推进"两学一做"学习教育常态化制度化的总体要求

（一）重要意义。推进"两学一做"学习教育常态化制度化，是坚持思想建党、组织建党、制度治党紧密结合的有力抓手，是严格党内政治生活、加强党的思想政治建设的有效途径，是推动党内教育从"关键少数"向广大党员拓展、从集中性教育向经常性教育延伸的重要举措，是全面从严治党的战略性、基础性工程。推进"两学一做"学习教育常态化制度化，进一步用习近平总书记系列重要讲话精神和治国理政新理念新思

想新战略武装头脑，加强和规范党内政治生活，对于推进全面从严治党，保持党的先进性和纯洁性，增强党的生机活力，确保全县各基层党组织和广大党员更加紧密地团结在以习近平总书记为核心的党中央周围，扎实推动“五个同心”建设具有重大而深远的意义。

（二）目标要求。推进“两学一做”学习教育常态化制度化，必须紧密联系实际，把思想教育作为首要任务，**确保实现“三坚持”“三增强”“三确保”目标要求。“三坚持”**就是坚持用党章党规规范党组织和党员行为，用习近平总书记系列重要讲话精神武装头脑、指导实践、推动工作，坚持学思践悟、知行合一，坚持全覆盖、常态化、重创新、求实效。**“三增强”**就是不断增强党组织和党员政治意识、大局意识、核心意识、看齐意识，不断增强党内政治生活的政治性、时代性、原则性、战斗性，不断增强各级党组织自我净化、自我完善、自我革新、自我提高能力。**“三确保”**就是确保党的组织充分履行职能、发挥核心作用；确保党员领导干部忠诚干净担当、发挥表率作用；确保广大党员做到政治合格、执行纪律合格、品德合格、发挥作用合格，把党员群众组织起来、凝聚起来，不忘初心、继续前行，为全县绿色发展、转型升级、全面小康提供组织保证。

（三）基本原则。推进“两学一做”学习教育常态化制度化，**要坚持常态长效**，突出经常性教育的特点，用好日常教育途径、教育方式，融入日常、抓在经常；**要突出问题导向**，建立完善及时发现和解决问题的有效机制，推动各级党组织和党员依靠自身力量修正错误、改进提高；**要注重以上率下**，抓住关键少数，严格和规范双重组织生活制度，充分发挥领导机关、领导干部带头示范作用，防止“灯下黑”；**要强化分类指导**，针对不同层级不同领域不同行业明确工作要求，体现具体化、精准化、差异化；**要激发基层活力**，树立党的一切工作到支部的鲜明导向，充分调动党支部积极性主动性创造性，探索创新党内教育和组织生活的有效方法；**要选树先进典型**，宣传践行“两学一做”优秀党员先进事迹，培育先进典型，树立时代楷模，引导党员、干部见贤思齐、勇创佳绩；**要坚持常抓不懈**，防止和克服紧一阵松一阵、表面化形式化、学习教育与思想工作实际“两张皮”等不良倾向；**要围绕服务大局**，把学习教育同做好改革发展稳定各项工作结合起来，同做好中心工作结合起来，同落实本地、本部门各项任务结合起来，统筹兼顾、合理安排，做到两手抓、两不误、两促进，使学习教育的成效体现在推动同心经济社会发展实践中，为打赢脱贫攻坚战、加快建设“五个同心”、打造绿色经济示范县、建成全面小康社会提供坚强的组织保证。

二、准确把握推进“两学一做”学习教育常态化制度化的重点任务

推进“两学一做”学习教育常态化制度化，基础在“学”，关键在“做”，重点在“改”，坚持学做改结合、知行合一，长期坚持、抓出成效。

（一）打牢“学”的基础。牢牢把握基础在“学”要求，把学习党章党规与学习习近平总书记系列重要讲话统一起来，坚持读原著、学原文、悟原理，联系实际学、带着问题学、不断跟进学，做到学而信、学而思、学而行。

1. 学习党章党规。深入学习《中国共产党章程》，深入领会党的性质、宗旨、指导思想、奋斗目标、组织原则、优良作风及党员义务、权利等，开展“万名党员默写入党誓词”活动，明确做合格党员的标准和条件。着眼明确基本标准、树立行为规范，深入学习《廉洁自律准则》《纪律处分条例》《地方委员会工作条例》《党组工作条例（试行）》，掌握廉洁自律准则规定的“四个必须”、“四个坚持”，掌握各类违纪行为的情形

和处分规定。强化学习《关于新形势下党内政治生活的若干准则》《党内监督条例》《中国共产党工作机关条例（试行）》、自治区党委《关于推进全面从严治党若干问题的意见》、市委《关于深入推进全面从严治党的实施意见》和县委《关于深入推进全面从严治党的实施意见》，牢记严格党内政治生活、加强党内监督和廉洁自律等各项规定要求，使之成为规范党员干部言行的硬约束。

2. 学习系列讲话。深入学习习近平总书记系列重要讲话，深刻认识讲话的重大理论意义和实践意义，认真领会讲话的战略性、思想性、指导性、针对性，深刻理解讲话的时代背景、鲜明主题、科学体系，准确把握蕴含其中的治国理政新理念新思想新战略，领会掌握贯穿其中的马克思主义立场观点方法。要把学习习近平总书记系列重要讲话同学习马克思列宁主义、毛泽东思想、邓小平理论、“三个代表”重要思想、科学发展观紧密结合起来。要原原本本、字斟句酌地学习习近平总书记2016年7月18日至20日在宁夏视察期间的重要讲话，深刻领会总书记对宁夏工作的总体要求，深刻领会总书记提出的“三个着力”重点任务，深刻领会总书记的鼓舞和鞭策。要学深悟透总书记关于民族宗教工作的重要论述，特别是在全国宗教工作会议上的重要讲话，切实把思想和行动统一到总书记重要讲话精神上来。党的十九大和自治区第十二次党代会召开后，各基层党组织要把两个会议精神作为重要学习内容。

3. 突出学习常态化。学习要在融入日常、抓在经常上下功夫。在抓好党章党规、系列讲话学习的同时，充分发挥县委党校主阵地作用，用好红军西征纪念馆、王团镇北堡子等红色教育资源，增强学习教育的实效性。学习革命先辈和先进人物，结合庆祝建党96周年，广泛开展“百部红色电影展播”“百首经典红歌传唱”“百名先进人物事迹宣传”活动，以正面典型激励引导党员。要认真学习先进典型，组织编写“学”“做”身边典型案例，在全县党员领导干部中深入开展学习廖俊波同志先进事迹活动，引导党员领导干部不忘初心、扎实工作、廉洁奉公，身体力行把党的方针政策落实到基层和群众中去，真心实意为人民造福。党委（党组）理论学习中心组和基层党组织每年要围绕“四个合格”设置专题，每2—3个月围绕专题开展1次集中学习讨论和讲党课。组织开展“千堂党课到一线”活动，坚持党员领导干部带头讲党课制度，县、乡镇、部门领导班子党员领导干部要在所在党支部讲党课的基础上，到分管或联系单位、包扶或联系的农村、社区、企业、社会组织、学校等基层党组织讲党课。党课内容要贴近党员、贴近实际，不搞照本宣科。广泛运用微型党课、故事党课、互动式情景式党课等方式，增强党课的吸引力和感染力。

（二）抓住“做”的关键。紧紧围绕关键在“做”要求，通过学习教育，促使党支部发挥主体作用，组织、教育、引导广大党员按照“四讲四有”标准，主动对照、深入查摆、学思践悟、筑牢“初心”，做到政治合格、执行纪律合格、品德合格、发挥作用合格。

1. 忠于核心、维护核心，做政治合格的忠诚人。重点是坚决贯彻落实党的路线方针政策，坚定理想信念，正确把握政治方向，坚定站稳政治立场，具备政治敏锐性和政治鉴别力，在原则问题和大是大非面前立场坚定，旗帜鲜明，坚决维护以习近平总书记为核心的党中央权威，在思想上、政治上、行动上与党中央保持高度一致；注重解放思想、勇于探索、锐意创新，牢固树立马克思主义民族宗教观，自觉贯彻党的民族宗教政策，自觉增强“四个意识”“四个自信”，深入践行“四讲四有”，切实做到“四个合格”，在统筹推进“五位一体”总体布局和协调推进“四个全面”战略布局中，永葆共产党人政治本色。

2. 严守纪律、恪守规矩，做执行纪律合格的

清醒人。重点是牢固树立党章意识，认真学习党章，严格遵守党章，自觉用党章规范一言一行；增强组织纪律性，坚决执行党的决定，严守党的政治纪律和政治规矩，做老实人、说老实话、干老实事，自觉做到“四个服从”，牢记“五个必须”，防止“七个有之”，绝不发表违背党中央和区市县党委决定的言论；遵循组织程序、服从组织分配，在贯彻执行决策部署中言行一致、令行禁止，做到不向组织讨价还价，不欺骗组织、对抗组织，不越权办事、管好亲属和身边工作人员；不参与非法组织和非法活动，不搞封建迷信，坚守共产党员不能信仰宗教底线。

3. 弘扬正气、立德修德，做品德合格的带头人。重点是继承发扬党的优良传统和作风，大力弘扬“不到长城非好汉”的宁夏精神和忠诚老实、实事求是、艰苦奋斗、清正廉洁等共产党人崇高品格，讲修养、讲道德、讲诚信、讲廉耻，守住做人、处事、交友底线，坚决同消极腐败现象作斗争；密切保持同人民群众的血肉联系，带头践行社会主义核心价值观，模范遵守社会公德、职业道德、家庭美德，培养健康的生活情趣和生活作风，时刻反躬自省，做到自重、自省、自警、自励，牢固树立正确的世界观、人生观、价值观和公私观、是非观、义利观。

4. 勇于负责、苦干实干，做发挥作用合格的担当人。重点是牢记党的根本宗旨，牢记“社会主义是干出来的”，紧紧围绕县委、政府坚持绿色发展、加快转型升级、建设绿色经济示范县、建成全面小康等重大部署，认真履行职责，勇于担当、敢于负责、甘于奉献，在工作、学习中讲认真、会求真、敢较真，在涉及改革发展的重大问题面前不回避、不推诿、不扯皮，在矛盾面前敢抓敢管、敢于碰硬、敢于担责，在关键时刻能冲得上、顶得住、打得赢，在促进全县改革发展稳定、维护民族团结、坚决打赢脱贫攻坚战中作表率、当先锋。

（三）突出“改”的重点。始终突出重点在“改”要求，坚持学做结合，敢于直面问题，勇于刀刃向内、自我革命，不断锤炼党性、提高觉悟，把经常性查找解决问题作为推进“两学一做”学习教育常态化制度化的落脚点。

1. 认真查摆问题。各级党委（党组）重点要利用开展专题研讨、召开民主生活会等时机，查找分析是否落实全面从严治党主体责任，是否坚决执行党的理论和路线方针政策，是否认真坚持民主集中制，着力解决党的领导弱化、党的建设缺失、管党治党宽松软，集体决策能力弱、议而不决贻误时机，党建基础薄弱，机关学习教育“灯下黑”、党建与业务存在“两张皮”，落实主体责任上紧下松、层层递减等问题。**党支部**重点要查找分析组织生活是否经常、认真、严肃，是否存在以业务会代替组织生活会、以行政手段代替党内管理等现象，党员教育管理监督是否严格、规范，团结教育服务群众是否有力、到位，着力解决基层党组织政治功能不强、软弱涣散、有活动没效果、有组织没力量、管理制度落实不到位、党务骨干配备不齐、素质不过硬、流动党员管理不规范、不按期换届或长期不换届等问题。**党员**重点要进行严格的“政治点名”，全面的“党性体检”，对照党章党规，对照系列讲话，对照先进典型，把自己摆进去，对照“四讲四有”标准和“四个合格”要求，认真查找理想信念是否坚定、对党是否忠诚老实、大是大非面前是否旗帜鲜明，对党组织的决策部署是否支持和配合、对组织安排的工作是否上心用心关心、对党章党纪和法规制度是否严格遵守，着力解决政治意识淡漠、理想信念弱化、宗旨观念淡薄、党的意识不强、组织观念不强、纪律规矩意识不强、道德行为不端、精神不振、发挥作用不够等问题。

2. 推动问题整改。要继续抓好基层党建 7 项重点任务的深化落实，把查找出的问题与县委全面从严治党“六大工程”和“铸廉铸勤”行动结合起来整改。建立党支部工作经常性督查指导机制，指导党支部健全和落实各项工作制度。严格落实基层党组织任期和换届选举制度，持续整顿软弱涣散党支部。探索建立责、权、利相结合的农村党支部星级管理制度，把开展学习教育、严格党内组织生活、脱贫攻坚和发展集体经济等作为实绩评定的主要内容，建立以绩定星、星酬挂钩、优胜劣汰的管理体系。落实基层党组织运转经费标准，为党支部开展工作和活动提供必要保障。针对查找出来的问题，建立整改清单，采取专项整治等办法，集中力量加以解决。对整改情况严格审核、严格把关、严格督办，做到不合要求不过关、不达目的不放过，进一步把党员的标准立起来、把党组织的形象树起来。

3. 注重讲求实效。要把抓好党的组织生活作为查找和解决问题的重要途径，注意听取群众的意见和反映，抓早抓小、防微杜渐。民主生活会和专题组织生活会要把好思想发动、征求意见、查摆剖析、谈心谈话、开展批评“五关”。严肃认真开展批评和自我批评，坚持“团结—批评—团结”，严于自我解剖，热忱帮助同志，做到思想认识见深见高见境界、查摆剖析见人见事见思想、谈心谈话见筋见骨见真情、开展批评见刀见枪见正气。各级党委（党组）要把中央、自治区及本系统严重违纪违法干部忏悔录作为反面教材，认真开展警示教育。民主评议党员要客观公正，帮助引导党员自觉认识问题、自我改进提高，严格稳慎处置不合格党员。整改落实要做到“五明确一承诺一公示”（明确整改项目、措施、目标、责任、时限，作出公开承诺，对整改落实情况进行公示）。落实好上级党组织对下级党组织民主生活会和组织生活会方案、班子和个人对照检查材料审核、参加下级党组织领导班子民主生活会和组织生活会制度。

结合推进“两学一做”学习教育常态化制度化，坚持问题导向，积极稳妥解决民族宗教领域存在的苗头性、倾向性问题，在防范和抵御境外宗教渗透、打击非法宗教活动、促进宗教事务依法管理中，充分发挥基层党组织的战斗堡垒作用和党员的先锋模范作用。严格落实各级党组织宗教工作责任，在全县集中开展“五联五促”活动。即，由县乡村三级党组织组织党员干部定点联系宗教事务管理部门、促进党的民族宗教政策落实到位；联系宗教活动场所、促进“和谐寺观教堂”创建；联系宗教界人士、促进宗教人士作用积极发挥；联系宗教活动场所民主管理组织成员、促进宗教事务管理规范化；联系广大信教群众、促进各族群众团结和睦。

三、全面落实推动“两学一做”学习教育常态化制度化的各项措施

（一）抓住“关键少数”。推进学习教育常态化制度化，要抓住“关键少数”，领导机关、领导干部要有更高标准、更高要求，以身作则、率先垂范，做到“三带头”。

1. 带头率先垂范。严格按照《中国共产党党委（党组）理论学习中心组学习规则》、自治区《实施办法》和吴忠市有关要求，创新理论学习中心组学习方式，规范学习管理，提高学习效果。各级党委（党组）要把学党章党规、学系列讲话作为理论学习中心组学习的主要内容，确定主题，加强研讨式、互动式、调研式学习，发挥引领示范作用。

2. 带头锤炼党性。党员领导干部要把“两学一做”学习教育作为锤炼党性的基本功、必修课，增强政治历练，加强能力训练，自觉做到“六带头”（带头参加学习讨论，带头谈体会、讲党课，带头参加组织生活会、民主评议，带头履职尽责、立足岗位做贡献，带头整改突出问题），把讲政治贯穿于日常工作生活全过程、贯穿于党性锻炼全过程，时刻牢记自己第一身份是党员，无论职务高低，都要以普通党员身份参加党的组织生活，坚持做到“六个一起”，即：与党员一起接受教育、一起学习讨论、一起查摆解决问题、一起进行党性分析、一起参加民主评议、一起立足岗位做贡献。要时刻检视存在的差距和不足，自觉同特权思想和特权现象作斗争，不断改造自己，提高思想政治觉悟。

3. 带头以上率下。党员领导干部要深入开展“五比五看五提升”活动（比学习，看自身素养，提升素质能力；比工作，看标准质量，提升工作水平；比担当，看负责尽职，提升责任意识；比奉献，看工作业绩，提升精神境界；比廉洁，看遵规守纪，提升底线意识），积极履职尽责、奋发有为，敢于担当、建功立业，重实干、务实功、办实事、求实效。严格带头执行中央八项规定精神和区市县有关规定，切实改进作风，严格要求自己和身边工作人员，注重家庭、家教、家风，保持清正廉洁的政治本色。

（二）抓实基本制度。以“三会一课”为基本制度，以党支部为基本单位，以落实党员教育管理制度为基本依托，把“两学一做”学习教育作为党员教育的基本内容，长期坚持、形成常态，推动各级党组织和广大党员真学实做、解决问题、发挥作用。

1. 深化拓展基层党建“强龙工程”。扎实推进基层服务型党组织建设，把开展以党支部“评星定级”、党员“评星定格”为主要内容的“双评双定”活动作为“两学一做”学习教育常态化制度化的有效载体，抓在日常、长期坚持。坚持以党支部为基本单位，通过建立成绩、问题、任务、责任“四个清单”，及时调整“评星定级”标准，实行动态管理。**在农村**，围绕脱贫攻坚、为民富民，推行支部建在产业链，持续整顿软弱后进村党组织，着力培育农村“富民先锋”；**在社区**，注重构建区域统筹、资源共享、条块结合的城市大党建格局，围绕和谐社区创建和联合党委工作，着力培育社区“服务先锋”；**在机关**，围绕转变作风、提能增效，开展机关党组织和党员“双联系双报到”活动，着力培育机关“扶贫先锋”；**在学校医院**，持续加强师德师风和医德医风教育，着力培育“育人先锋”和“医护先锋”；**在非公企业和社会组织**，实施发展一批党员、新建一批组织、建设一批阵地、创新一批载体、完善一套制度的“五个一”党建工程，开展党员责任岗、党员示范岗、党员先锋岗“三岗联创”活动，着力培育“红领先锋”和“聚能先锋”。

2. 严格落实“三会一课”制度。各基层党支部要加强“三会一课”组织管理，实行定频次、定主题、定人员、定责任和计划报备、活动纪实“四定一报备一纪实”制度，确保每个支部定期召开支部大会、支部委员会、党小组会和定期上党课。“三会一课”要突出政治学习和教育，突出党性锻炼，贴近党员思想和工作实际，采取党员能参加、有效果、受教育的方式方法进行，坚决防止表面化、形式化、娱乐化、庸俗化。各基层党（工）委要对所辖党支部执行“三会一课”情况进行督查和指导，对不经常、不认真、不严肃的要批评指正，情况严重的要采取整顿等措施，进行组织处理。

3. 推广党支部主题党日。各基层党支部要注重用好报刊、电视等传统媒体和“两微一端”等新兴媒体，要通过建立党员微信学习群，打造“指尖上的课堂”，方便党员随时随地开展学习交流。要组织党员在主题党日开展“三会一课”、牢记“政治生日”、默写入党誓词、交纳党费、志愿服务等活动，增强支部主题党日的实践性和生命力。上级党组织要对党支部开展“三会一课”情况进行指导检查，推动党的组织生活经常化、规范化、制度化。将每年6月份确定为全县“党建促进月”，通过“六个一”活动（互查互促、专题党课、专题讨论、红色主题教育、实践锻炼、集中走访慰问），增强基层党建工作活力。

4. 从严从实教育管理党员。发挥党支部从严教育管理党员的主体作用，形成环环相扣的管理链条。完善党建工作综合管理平台，以支部为单位，对党员履行基本义务、日常表现、组织任务和志愿服务等内容进行全程纪实。继续开展“党员上岗戴党徽”和“党员一句话承诺”活动。探索党员管理“红黄榜”和“告诫制”，以“红黄榜”管理加强对党员日常表现的定期量化考核、阶段性评价，以“告诫制”加强对党员现实表现的即时管理监督。结合民主评议党员工作，对上“红榜”的党员进行表彰奖励，对上“黄榜”和受告诫的党员进行教育、限期改正，对拒不改正或限期改正期满仍无转变的，纳入不合格党员处置对象。

四、切实加强推进“两学一做”学习教育常态化制度化的组织领导

推进全县“两学一做”学习教育常态化制度化，要在县委领导下进行，由县委组织部牵头组织实施，各有关单位配合做好相关工作，通过发挥“两学一做”学习教育的带动效应，聚焦基层党建工作短板，着力解决突出问题，集中力量攻坚克难，推进党的基层组织建设全面进步全面过硬。

（一）落实主体责任。各乡镇、各部门党委（党组）主要负责同志要切实履行主体责任，专题研究部署推进“两学一做”学习教育常态化制度化工作，制定本部门（单位）推进“两学一做”学习教育常态化制度化实施方案，对重点任务亲自部署，尽好责、抓到位、见实效。要注重选优配强基层党组织书记，健全工作制度，提供基础保障，确保“两学一做”学习教育有人抓、有人管。县委组织部要作出具体安排，加强督促指导。各乡镇、各部门党委（党组）要发挥关键作用，强化工作领导和具体指导，提要求、教方法、给保障，有计划有节奏推进学习教育。

（二）实施分类指导。各行业各领域要充分考虑不同层级、不同类型党组织和党员的实际状况，对照《关于在全县党员中开展“学党章党规、学系列讲话，做合格党员”学习教育实施方案及8个子方案》（同党办发〔2016〕27号）的要求，加强对本领域、本系统学习教育的指导，体现具体化、精准化、差异化，不搞一刀切、一锅煮，推动每个党组织都有具体方案、具体措施，确保每名党员都能受教育、有提高。对流动党员，按照流入地为主的原则，把流动党员编入一个支部，就近就便参加学习教育；对离退休干部职工党员和老党员，既要体现从严要求，又要考虑实际情况，以适当方式组织他们参加学习。

（三）强化督导检查。县委“两学一做”学习教育协调小组要持续发挥作用，抓具体谋划和推进落实。各基层党（工）委要采取随机抽查、听取汇报、专项调研、参加讨论学习、列席民主生活会等方式，严格进行督导，有效传导压力。县委“两学一做”学习教育督导组将适时开展督查，通过随机抽查、专项督查、情况通报、重点约谈等方式，重点督查基层党支部开展“两学一做”学习教育情况，及时发现和解决存在问题。要将推进“两学一做”学习教育常态化制度化工作纳入党（工）书记抓基层党建述职评议的重要内容，对工作落实不力、搞形式走过场的，严肃追责问责。

（四）抓好舆论宣传。按照具体化、接地气、有实效的要求，牢牢把握正确舆论方向，以正面宣传为主，集中宣传中央和区、市党委决策部署，确保学习教育各项要求及时落实到位。要在用好报刊、广播、电视等传统媒体的基础上，充分利用微博、微信、手机报等新兴媒体，开发制作形象直观、丰富多样的学习资源，及时推送学习内容。要在同心电视台、同心党政信息网开设“两学一做”学习教育常态化制度化专题专栏，及时宣传中央精神和区市县党委要求，深入宣传广大党员干部坚持学做结合、推动同心发展的先进事迹。要加大对“两学一做”先进典型的宣传力度，既要宣传“学”的典型、又要宣传“做”的楷模，既要宣传优秀领导干部的榜样、又要宣传基层优秀党员的标兵，引导广大党员见贤思齐，使学先进、赶先进、当先进成为时代风尚。

同心县“十三五”期间民族团结进步创建深化行动实施方案

为进一步深化民族团结进步创建工作，巩固创建成果，推动创建活动向全面扩展、向纵深推进，根据自治区党委办公厅关于印发《宁夏回族自治区民族团结进步创建活动“十三五”规划》（宁党办〔2016〕93号）和吴忠市委办公室《关于印发〈吴忠市民族团结进步创建深化行动实施方案〉的通知》（吴党办〔2016〕93号）等文件精神，结合同心实际，制定本方案。

一、指导思想和目标任务

（一）指导思想

以党的十八大、十八届三中、四中、五中、六中全会精神为指导，深入学习贯彻习近平总书记系列重要讲话特别是来宁视察重要讲话精神，认真学习贯彻中央统战工作会议、中央民族工作会议、全国宗教工作会议精神和《中共中央关于加强和改进新形势下民族工作的意见》，全面落实区、市统战工作、民族工作和宗教工作会议精神，认真执行党的民族宗教方针政策，坚持中国特色解决民族问题的正确道路，把握“两个共同”主题，强化“三个离不开”、“五个认同”思想，坚持民族工作“重在平时、重在交心、重在行动、重在基层”的理念，坚持创建活动“人文化、大众化、实体化”方向，巩固和发展平等团结互助和谐的社会主义民族关系，努力构建各民族共有精神家园。

（二）目标任务

结合同心实际，不断深化和拓展民族团结进步创建工作“585”模式，进一步创新活动载体，实施民族团结进步创建“细胞工程”，着力在巩固上下功夫、在提升上做文章、在创新上求突破、在常态上见实效，为实现与全区全国同步进入全面小康社会广泛凝心聚力，提供可靠力量支持。全县每年命名表彰民族团结进步创建活动先进集体25个、先进个人30人；力争到2020年，创建国家级示范单位5个，自治区级示范单位15个，吴忠市级示范单位50个。全县所有机关单位、12个乡镇、154个行政村、156所中小学校、622座寺庙实现创建工作全覆盖，努力争创全国民族团结进步模范县。

1. 中华民族共同体意识进一步增强。以中央民族工作会议精神为统领，切实增强中国特色解决民族问题正确道路的自觉与自信，进一步增强思想定力，牢固树立政治意识、大局意识、核心意识、看齐意识，使各族干部群众深刻认识中国是全国各族人民共同缔造的国家，中华文化是包括56个民族的文化，中华文明是各民族共同创造的文明，中华民族是56个民族共有的大家庭，自觉践行社会主义核心价值观，大力弘扬中华民族优秀传统文化，构筑起中华民族共有精神家园。

2. 各族群众交往交流交融进一步深入。大力弘扬“民族团结一家亲”的优良传统，积极推动建立相互嵌入式的社会结构和社会环境，创造各族群众共居共学共事共乐的社会条件，使相互了解、相互尊重、相互包容、相互欣赏、相互学习、相互帮助成为各族群众的普遍共识和行动自觉，引导广大干部群众自觉珍惜各民族团结和谐、和睦相处、共同进步的良好局面。

3. 民族团结宣传教育水平进一步提高。坚持开展民族团结普及性宣传教育，教育引导各族群众正确认识共同性和差异性的关系，树立正确的历史观、民族观、国家观；深入开展马克思主义民族观、宗教观以及党的民族宗教理论政策宣传教育，扩大民族宗教工作基本理论、基本政策、基本常识的知晓率和社会覆盖面。积极探索民族团结进步个性化宣传教育，使“三个离不开”“五个认同”“六个相互”等思想观念更加深入人心，自觉维护现有宗教格局，非法宗教渗透得到有效治理。

4. 民族团结进步创建活动的覆盖面和影响力进一步扩大。深刻把握民族工作“五个并存”新特征，主动适应信息社会和网络时代新要求，推进民族团结进步创建活动理念、手段、方法创新。打造实体化载体，坚持重在平时、重在交心、重在基层、重在行动，坚持规定动作和自选动作相结合，注重创建活动与“三城联创”、扶贫开发、小康建设等相结合，与民生改善、彰显公平正义相结合，培育一批让群众看得见、摸得着、得实惠的活动载体，让各族群众通过创建活动都有获得感，推动创建活动取得实实在在的效果。

5. 先进典型的示范引领作用进一步增强。民族工作机制更加健全，处理民族事务的能力和水平显著提高，对民族团结进步创建活动的认识不断提升，创建氛围日益浓厚，争创典型示范的积极性显著提高，民族团结进步创建活动示范单位测评指标体系更加完备，评选命名工作更加规范。

二、基本原则

——围绕中心、服务大局。按照同心县“十三五”规划要求，围绕脱贫攻坚和全面建成小康社会发展大局，坚持把推进民族团结进步作为富民强县的生命线工程，搞好顶层设计，落实深化措施，严格督查考核，服务“五个同心”建设，切实维护民族团结、宗教和顺、社会和谐的良好局面。

——教育引导、示范带动。持续深化民族团结进步创建“五项特色教育”，坚持正面教育为主、突出宣传引导，兼顾各界群体、注重群众参与，丰富活动载体、彰显同心特色，树立模范典型，发挥示范带动作用，营造良好的社会舆论氛围。

——广泛参与、共建共享。坚持民生优先，聚力推进社会事业发展，优先发展民族教育，做好社会保障工作，加快脱贫攻坚进程，夯实民族团结进步的物质基础和群众基础，使民族团结进步创建活动群众共创、社会共建、成果共享，不断增强各族群众的凝聚力和向心力。

——分类指导、分级负责。健全落实民族团结进步创建效能目标管理责任制，把创建深化行动作为一把手工程抓牢抓实。坚持顶层设计和分类指导相统一，坚持目标导向和问题导向相统一，坚持属地创建和分级负责相统一，坚持提质扩面和融合推进相统一，形成县、乡镇（管委会）两级党政主要领导牵头抓总、分管领导分工负责、人大政协倾力支持、机关单位（部门）狠抓落实、社会各界同心协力推进民族团结进步创建深化行动新格局。

三、工作措施

（一）聚焦繁荣发展抓深化，着力夯实民族团结进步物质基础

1. 抓好抓实产业转型升级。大力发展农业，以产业规模化、生产标准化、服务社会化为发展方向，着力培育“3+5”特色农业体系，即：培育扬黄灌区高效节水农业产业带，中部生态恢复林草产业带，东部旱作高效节水农业产业带三大农业产业带，发展有机枸杞、道地中药材、油用牡丹、同心圆枣和特色养殖5大优势产业，加快农业现代化发展，到2020年，农业总产值力争达到30亿元以上，特色优势产业产值占农业总产值比重达85%以上。推进工业强县战略，坚持循环、绿色、低碳理念，建设完善三大园区，全力打造“轻、新、健”三大产业，加快工业经济扩规上档，形成规模发展优势，到2020年，力争实

现工业产值114亿元。繁荣活跃第三产业，以发展商贸物流、新型服务业为重点，打造“两圈三园八场”商贸格局，建设功能完备的商贸物流体系，积极培育外贸增长点。着力构建现代服务业体系，打造宁夏中南部地区生态商贸县。到2020年，第三产业增加值力争达到36亿元。人民生活水平普遍提高，到2020年，城镇居民可支配收入29000元，农村居民可支配收入11000元。

2. 加速推进城乡一体化建设进程。紧抓宁南区域中心城市暨大县城建设的机遇，统筹推进城乡发展一体化。以推进县城新区建设和老城区改造为重点，不断加大市政设施建设力度，实施天然气入户工程，加强和完善电力、通讯、广播电视以及城市绿地广场、停车场、休闲公园等服务设施建设。大力发展教育文化、医疗卫生、社会保障、商贸物流、休闲娱乐等公共服务业，着力提升服务功能。到2020年，县城建成区达到25平方千米，常住人口达到15万人以上。进一步完善中心集镇发展规划，加快推进下马关等中心集镇建设，实施乡镇市政基础设施等项目，提升小城镇品位，增强镇区产业聚集能力和人口承载力。力争到2021年，全县12个乡镇、154个行政村全部建成美丽乡村，努力建设农民幸福家园和美丽宜居乡村。

（二）聚焦民生改善抓深化，全力推动民族团结进步成果惠　及各族群众

3. 扎实推进脱贫攻坚工程。围绕全面建成小康社会目标，进一步加大扶贫开发力度，按照基础设施到村、产业扶贫到户、培训转移到人、帮扶责任到单位的整村推进“四到”机制，整合扶贫资金，帮助贫困村完善基础设施、发展致富项目、发展特色产业。进一步构建精准扶贫“十子”机制，扎实开展“三个四”扶贫工程，全面压紧脱贫责任。全力推进生态移民、整村推进、产业推进、“双到扶贫”等精准扶贫、精准脱贫工程。完成“十三五”生态移民、易地搬迁任务，切实解决“十一五”、“十二五”县内生态移民后续产业发展问题，巩固和提高生态移民工作成效，助推县域经济全面发展。实施统一战线助力脱贫攻坚行动，积极争取国家政策支持，利用少数民族发展资金项目，推进“少数民族特色村寨”建设，实施农村公路等基础性项目。到2018年，实现贫困县摘帽、61个贫困村59079名贫困人口稳定脱贫的目标。

4. 统筹发展教育文化卫生和社会保障事业。推进教育均衡发展，建成国家级义务教育基本均衡县，普及学前教育和高中教育。做好同心清真大寺、明长城、娘娘庙、康济寺塔保护，推进非物质文化遗产的保护。建成一批农民文化大院，加快农村公共文化服务体系建设。深化公立医院综合改革，提升县乡村三级医疗卫生服务水平。健全完善城乡统一的医疗保险和大病保险制度，建立农村留守人员关怀机制，支持残疾人事业发展，健全助残扶残服务体系。落实基本养老制度，大力发展社会福利事业，重视老龄事业，加快健康养老服务建设。

（三）聚焦文化引领抓深化，大力促进各族群众人心归聚、精神相依

5. 坚持用社会主义核心价值观引领方向。以社会主义核心价值观为引领，进一步深化“六项特色教育”，在各级领导干部、中小学生、国家公职人员、宗教人士、信教群众及非公经济人士中，深入开展民族理论、民族政策及法律法规、民族宗教常识学习宣传，牢固树立各民族水乳交融、唇齿相依、休戚相关、荣辱与共的观念。扎实开展民风建设和“推进移风易俗，树立文明乡风”活动，积极倡导崇德向善、勤俭节约、文明健康的生活方式。举办民族团结文艺汇演、巡演；持续推进民族团结创建“八进”活动；在“文明单位”等各类评选活动中，要重点体现民族团结内容，把民族团结宣传教育活动转化为凝聚各族群众热爱家乡、建设家乡的思想共识，构筑各民族共有精神家园。

6. 坚持用特色文化滋养精神。注重红色文化、历史文化、民族文化等融合发展，保护好红色革命遗址，发挥好国家级民族团结教育基地的作用，开展红色文化宣传教育，让“爱民如天”、“有盐同咸、无盐同淡”等故事代代相传。注重民间剪纸、刺绣等传统特色文化的传承与创新，鼓励创作民族团结题材文学艺术作品，讲好民族团结同心故事，演好民族团结剧目，唱好民族团结歌曲，不断丰富各族群众的精神文化生活。加快构建农村公共文化服务体系，加大优质文化产品和服务供给，保护好移民文化、乡土文化，推动农村文化繁荣发展。

（四）聚焦服务群众抓深化，全面推进各民族交往交流交融

7. 激发“细胞”活力增强实效性。利用全县各族群众“大杂居、小聚居”、“你中有我、我中有你”的分布特点，推动建立嵌入式居住环境，创新开展“民族团结月”活动，充分利用中华民族的传统节日和开斋节、古尔邦节等民族节日，鼓励各族群众节庆互贺、交流互动。实施民族团结进步创建“细胞工程”，促使创建活动向乡镇扩展，向村（社区）覆盖，向村组延伸，向家庭普及。有基层单位的部门要加强牵头带动作用，突出行业特点，注重特色创新，细化分类实施，因地因时因人制宜，点面结合，激发活力，使创建工作进一步贴近群众、贴近生活、贴近基层，彰显创建“细胞”的生命力和亲和力。

8. 创新服务内容增强针对性。结合实际，注重发挥“小社区、大舞台”作用，开展民族团结微电影、微视频征集、评选、宣传活动，让大家能够真正听得懂、看得见、记得住；围绕各族群众日常生活密切相关的事宜，加强服务体系建设，提升服务管理水平，做好散居和外来流动少数民族群众的服务保障工作，使各民族在中华民族大家庭中手足相亲、守望相助。

（五）聚焦实施“八大工程”抓深化，努力实现民族团结进步创建活动全覆盖

9. 实施学校民族团结育苗工程。以民族团结进步创建活动进学校为重点，创新载体，深入开展中华民族认知认同宣传教育。采取唱歌谣、讲故事、诵古诗词、演讲比赛等形式，教育引导各族儿童、青少年牢固树立中华民族共同体意识；加强青少年爱国主义教育，以青少年入学、入队、入团、入党为契机，把爱国主义教育贯穿青少年成长的各个阶段；宣讲民族团结好故事，引导广大青少年从小树立尊重、包容、团结、和谐的理念，使“五个认同”思想根植于青少年心中，使民族团结之花香溢校园。

10. 实施幸福社区共建共享工程。以民族团结进步创建活动进社区为重点，开展社区宣传教育，通过社区橱窗、微信平台、座谈会等多种形式，积极宣传“中华民族一家亲、同心共筑中国梦”的思想；定期举办交流、座谈、联谊、慰问等活动和便于参与的文体活动，打造“邻里节”“联谊会”等有利于各族群众相互交往交流学习的平台，引导各族群众共建共享和谐社区。

11. 实施乡村和谐发展工程。以民族团结进步创建活动进乡村为重点，开展移风易俗和乡村携手致富奔小康宣传教育，引导各族群众把主要精力投入到脱贫攻坚和全面建成小康社会上来；发扬同心回汉群众互认“干亲”的好做法，鼓励支持回汉各族群众开展交往交流、互帮互助。结合民风建设工程的实施，建立村规民约、举办道德讲堂、建设文明巷、设置功德榜、开展“星级文明户”、“五好家庭”等评选活动，着力推动移风易俗，培育新型农民、优良家风、文明乡风和新乡贤文化，促进乡村精神文明建设。

12. 实施党政干部民族工作能力提升工程。以民族团结进步创建活动进机关为重点，不断提高各级党政干部民族理论政策水平，提升运用民族理论政策处理具体问题的能力，提升依法处理涉及民族宗教因素问题的能力，提升综合运用法律、行政等手段妥善处理涉及民族因素的人民内部矛盾的能力。加大对新闻从业人员及宣传工作人员的民族宗教理论政策教育，凡涉及民族宗教方面敏感问题的报道，一律报送县委统战部、民族宗教局审查。健全完善社会矛盾纠纷排查调处机制、预警机制和风险评估体系，切实把各类矛盾纠纷化解在萌芽状态。

13. 实施企业民族团结互助共赢工程。坚持把民族团结互助互惠教育纳入企业职工培训教育全过程，营造企业人员人人学习党和国家民族政策的氛围。开展民族团结进步示范班组、突击队、模范员工等评选表彰活动，引导各族员工在共同工作生活中加深了解、增进友谊。引导企业诚信经营，主动承担社会责任，积极参与公益事业和脱贫攻坚工作，帮助解决事关各族群众生产生活的民生问题。加强员工法治教育，坚持在法律和制度面前人人平等，凡属违反法律法规和企业规章制度的，都依法依规处理，保障企业和各族职工合法权益。

14. 实施军民互学共建工程。以民族团结进步创建活动进军营为重点，深化“军民鱼水情、共筑中国梦”军民共建活动，推动军地、军民融合发展。教育引导广大官兵尊重少数民族风俗习惯，增强维护民族团结的责任意识。充分发挥部队自身优势，加强同乡村、社区等基层单位的联系，帮助乡村、社区加强基层组织建设，开展军地融合发展的文体娱乐活动，指导宗教活动场所开展升国旗等活动，弘扬军民鱼水情深的优良传统。

15. 实施“和谐寺观教堂”创建工程。围绕“和谐寺观教堂”创建“五个好”标准，深入开展“和谐寺观教堂”创建活动，发挥宗教界正能量，促进民族团结，宗教和顺。深化“4+2”“和谐寺观教堂”创建模式，推进国旗、社会主义核心价值观、党报党刊、文化书屋“四进”宗教场所，深入开展“五大发展理念”和国策法规宣传教育活动。结合“三定”学习、集中培训、外出考察等方式，教育引导宗教人士和信教群众增强爱国爱教、服务社会、共建美好家园的意识。

16. 实施民族团结进步舆论引导工程。坚持正面引导为主，加强党的民族理论政策宣传教育，广泛宣传民族团结进步模范人物先进事迹，积极主动引导网络舆情，始终唱响民族团结进步的主旋律。以民族团结进步为主题，组织开展书画、摄影等展览活动和评选活动，充分挖掘回族文化中符合社会主义核心价值观的成份，传承发展回族优秀文化。定期举办各类文艺汇演，展示“回汉一家亲”的优良传统，进一步增强各族群众对中华民族和中华文化的认同，培育中华民族共同体意识。

（六）聚焦宗教和顺抓深化，维护社会和谐稳定良好局面

17. 坚持宗教中国化方向，提升宗教事务管理法治化水平。引导宗教界挖掘经典教义、宗教文化中与社会主义核心价值观、中华民族优秀传统文化、社会主义先进文化相契合的内容，开展科学解经、讲新“卧尔兹”等活动，引导广大信教群众坚持宗教中国化方向，秉承优良传统，践行社会道德风尚。支持宗教界开展公益活动，助力脱贫攻坚、禁毒人民战争等工作，鼓励信教群众移风易俗、提倡健康文明的生活方式。强化宗教事务规范管理，不断夯实四级工作网络，落实乡村所三级宗教工作责任制，除生态移民、城市拆建、多寺合建和有安全隐患的不再审批新建翻建宗教场所，做好大型宗教活动的审批、管理、服务工作，健全宗教场所民主管理制度，强化民主管理监督。全面做好朝觐组织管理服务工作，提升宗教事务管理法治化水平。

18. 加强宗教团体和宗教人士队伍建设。充分发挥宗教团体作为县委、政府联系宗教界人士、广大信教群众桥梁和纽带的作用，努力建设政治上可信、作风上民主、工作上高效的高素质领导班子。加强思想建设，通过举办场所负责人培训班、交流座谈会等方式，对宗教界人士进行爱国主义、社会主义教育，引导宗教人士发挥积极作用，争做促进和谐、助推发展的“八大员”。加强宗教教职人员长期教育培训工作，搞好宗教教职人员学历教育和在职培训，做好长远培育计划，建立宗教界人才培养机制，制定宗教教职人员培养使用规划及标准，帮助宗教团体有计划、有步骤地培养“政治上靠得住、宗教上有造诣、品德上能服众、关键时起作用”的优秀教职人员队伍。

19. 防范抵御非法宗教活动渗透。建立健全工作机制，不断提高抵御非法宗教活动渗透的能力。落实好舆情收集、监测、分析、研判的工作方法，坚持月谈、周查、日巡重点对象和场所工作机制，对非法宣教活动人员区别对待，对一般群众强化宣传教育，使之回归正常的宗教生活，对顽固分子，要依法打击，起到打头拔点的效果。加强经文学校（班）的管理，依法取缔非法经文班，维护现有宗教格局稳定。

（七）聚焦全面推进抓深化，切实营造齐抓共管的创建工作氛围

20. 领导包创促深化。推进民族工作联席会议机制实体化，进一步落实县处级领导干部民族宗教工作“三个一”联系制度，将包抓民族团结进步创建工作列为县处级领导分管、联系部门、乡镇工作的重要内容，强化对联系点民族团结进步创建工作的业务指导。建立统战系统领导干部联系包抓创建点工作制度，确保创建工作有指导、有过程、有成效。

21. 分工抓创促深化。民族团结进步创建是一项系统工程，要发挥好民族工作联席会议工作机制的作用，牵头抓总、协调推进，各单位、各部门要落实好本系统、本单位、本行业的工作任务，按照创建要求，对照创建标准，牵头抓好本系统内的创建工作。县直机关工委要牵头推进机关单位的创建工作；卫生和计划生育局要协调指导医院、乡镇卫生院、社区卫生站的创建工作；教育局要牵头推进全县各类学校的创建工作；工会、团县委、妇联要对应牵头推进基层工、青、妇组织的创建工作；工商联要指导企业开展好创建工作；各乡镇（管委会）要做好本辖区内行政村、社区的创建工作，民族宗教事务局负责指导宗教活动场所开展“和谐寺观教堂”创建工作。

22. 机关领创促深化。充分发挥民族团结进步创建中机关单位组织领导得力、业务覆盖面广、联系群众广泛的优势，进一步紧密结合本行业、本部门的工作特点，不断丰富民族团结创建内容，结合“扶贫攻坚”结对帮扶、“下基层”等工作，将民族团结进步创建与履行职能职责，联系服务群众相结合抓实抓细，争做全县民族团结的“排头兵”，形成机关领创的新模式。

23. 乡（镇）、村（社区）、宗教场所联创促深化。按照地域接近、工作关联的原则，建立乡（镇）、村（社区）、宗教场所联创制度。注重发挥党组织在基层的政治核心作用和创建工作引领作用，按照由乡镇出台统一规划，村（社区）、宗教场所分别实施的方法，由乡镇负责协调、统筹辖区内的村、宗教场所开展同创、联创工作，广泛开展互联互助、互帮互促活动，形成资源共享、优势互补、同创共进的工作机制。

24. 挂牌督创促深化。加强对民族团结进步创建工作的考核测评，做到创建一批，命名一批，提升一批。着力转变把创建工作当做阶段性任务，命名即滑坡的不良现象和错误观念，定期开展创建工作“回头看”督查，该限期整改的限期整改，该摘牌的坚决摘牌并通报批评，对工作突出的单位进行评选表彰，对工作不力的单位实行销号制，挂牌督创，做到创建不成功不放手。切实培育一批能经得起实践考验、发挥示范带头作用的精品亮点，促使创建活动常抓常新深入开展。

四、保障措施

坚持完善组织领导、考核评价、督促检查、典型引领、政策保障“五项机制”，切实推进民族团结进步创建活动健康发展。

（一）建立健全组织领导机制。县委统一战线工作领导小组办公室统一指导、协调、监督、检查全县民族团结进步创建工作。各部门、各乡镇（管委会）一把手要切实履行职责，亲自研究部署，亲自协调解决，确保创建活动落到实处。统战、民族宗教部门要切实承担起牵头协调职责，积极调动、充分发挥各成员单位职能作用，进一步构建党委统一领导、党政齐抓共管、部门密切配合、全社会共同参与的创建工作机制。

（二）建立健全考核评价机制。坚持将民族团结进步创建活动纳入全县年度效能目标管理考核中。进一步完善创建标准、考核细则，推进创建活动制度化、规范化。大力培育区、市、县级民族团结进步示范单位，对区、市、县已命名的示范单位，完善管理办法，实行动态管理。每半年开展一次督查考核，并进行评比排名，成绩纳入年终考核，对于工作落实不力、排名靠后的单位和乡镇（管委会），进行通报批评。

（三）建立健全督促检查机制。坚持把民族团结进步创建活动列入重点督促检查内容，采取定期督查、专题检查以及互检互评等方式，及时发现并着力解决创建活动中出现的问题和存在的薄弱环节，确保创建活动不走过场、不滑坡。发挥人大、政协的监督作用，强化社会舆论监督，增强监督实效。县民族工作联席会议每年组织一次创建活动专项督查和一次观摩交流活动，认真总结经验，查找不足，推动创建活动落到实处。统战、民族宗教部门要做好日常工作，加强对基层创建活动的指导，推动创建活动常态化、规范化。

（四）建立健全典型引领机制。重视对民族团结进步创建活动示范单位和个人的评选、推荐和命名，加强对中央、区、市已命名表彰的创建活动先进个人、示范单位先进事迹的宣传报道，充分发挥先进典型的示范引领作用，营造全社会学习典型、珍视团结的良好氛围，激发全社会共同参与创建活动的热情。

（五）建立健全政策保障机制。将创建活动与推进重点项目建设、社会保障和改善民生、维护社会和谐稳定等有机结合起来，统筹兼顾，以创建活动的实际成效助推经济社会发展。对创建工作给予专项经费保障，确保创建工作顺利开展。落实区、市相关要求，按照属地人口人均不少于 2 元标准预算民族团结进步创建工作经费；县直各部门（单位）按照不少于本单位财政预算经费 5% 的标准用于创建工作。

同心县全面推行河长制工作方案

全面推行河长制是贯彻绿色发展理念、推进生态文明建设的内在要求，是解决我县水资源、水环境问题，维护河湖沟渠健康生命的重要举措，是完善水治理体系、保障水安全的有效举措。为认真贯彻落实中共中央办公厅、国务院办公厅《关于全面推行河长制的意见》（厅字〔2016〕42 号）、自治区党委办公厅、政府办公厅《关于印发〈宁夏回族自治区全面推行河长制工作方案〉的通知》（宁党办〔2017〕43 号）和吴忠市委办公室、政府办公室《关于印发〈吴忠市关于全面推行河长制的意见〉〈吴忠市河长制工作方案〉〈吴忠市河长制管理考核办法（试行）〉的通知》（吴党办〔2017〕25 号）精神，进一步加强河湖沟道管理保护工作，落实属地管理责任，维护河湖沟道健康生命，完善水治理体系，保障发展水安全，现就全面推行河长制提出以下工作方案。

一、总体要求

全面贯彻中央新发展理念和自治区转型赶超发展新要求，认真落实党中央、国务院和自治区党委、政府决策部署，以管控水资源、防治水污染、改善水环境、修复水生态为主要任务，在全县河湖沟道全面推行河长制，构建责任明确、协调有序、监管严格、保护有力的河湖管理保护长效机制，促进经济社会与生态环境协调发展。

二、基本原则

（一）坚持属地管理、分级负责。按照“属地管理、分级负责”的管理责任体系，对全县河湖落实“河长制”管理，严格落实“谁分管、谁负责”的管理工作责任制，各“河长制”管理责任单位要认真履行相关的河湖管理职责，加强相互间的沟通、支持和配合，切实保证河湖的管理人（“河长”）、责任人、责任单位、管理制度“四落实”。

（二）坚持生态优先、合理开发。牢固树立生态为本、预防保护优先的发展理念，坚持绿色发展，确立我县水资源开发利用控制红线，用水效率控制红线和水功能区限制纳污红线，确保水资源永续利用的良性循环。强化规划约束，促进河湖沟渠休养生息、维护生态功能。

（三）坚持部门联动、精准发力。建立健全以党政领导负责制为核心的责任体系，明确各级河长职责，强化工作措施，协调各方力量，精准发力，集中力量办大事，形成一级抓一级、层层抓落实的工作格局。

（四）坚持超前谋划、分步实施。河湖环境、水质破坏不是一朝一夕造成的，河湖治理保护更不会一蹴而就。河湖管理保护是一项长期而艰巨的任务，实行“一河一策、一沟一策、一湖一策”，必须科学统筹、超前谋划、远近结合，总体安排、分步实施、扎实推进。

（五）坚持综合施治、建管并重。县直相关部门要科学规划，积极争取流域面源污染防治、河道岸线治理、水生态修复等项目进行重点治理。政府要强化监督、严格考核，加强河湖的日常维护与监督，制定建后管理措施，落实维修养护费，发动社会力量，形成人人关注河湖、爱护河湖的良好社会氛围。

三、工作目标

到2017年底，全县建立健全“两级党政领导、两级河长制”管理体制，实现辖区“河长制”管理全覆盖。明确县、乡（镇）河湖管理范围，并在两岸设置“河长制”标识牌，标明责任单位、河长姓名、联系电话、管理事项、整治目标等相关内容；完成河湖管理保护现状调查；统筹规划，严格落实水资源管理制度，开展源头和饮用水源地保护，加强水体污染综合防治、水域岸线及采砂管理、行政监管与执法，强化跨界断面和重点水域监测，出台河长制相关规章制度，完善河湖沟渠保护管理体制。

到2018年底，全县“河长制”管理实现常态化，出台河湖整治具体规划及实施方案，基本实现重点河湖水资源、水环境承载能力与区域经济发展相协调。建立联合执法机制，加强日常巡查监管，严格考核追责，以“河长制”推动“河长治”，全面改善河湖水质和水环境。

到2020年底，县域实施河长制的各河、湖、沟、渠地表水控制监测断面水质总体达到Ⅳ类以上，实现全县水质功能区达标要求。城市建成区黑臭水体全面消除；全县集中式饮用水源地水质达标率达到100%。

四、组织形式

（一）管理体系

根据我县河道水系及管理体制，实施按河道级别和河道所在地相结合的多级“河长制”，覆盖全县范围内的所有河道。县委主要领导担任总河长，全面负责全县河长制管理工作，统筹协调工作推进中的重大问题，政府县长、县委副书记担任副总河长。清水河（同心段）、甜水河、折死沟3条河流河长由县委、政府领导担任；其它各河、湖、沟河长由河湖沟道所经地区乡（镇）长担任。

设立县级“河长制”办公室，分管副县长兼任办公室主任，相关单位负责人兼任副主任，办公室设在县水务局，工作人员5名，从相关部门抽调或对外招聘，其它各部门确定一名副科级以上领导干部为成员。

（二）职责分工

1.“河长”职责

各级“河长”是所辖行政区域范围内河道保护管理的第一责任人，负责领导所辖行政区域“河长制”工作，承担督导、调度职责，推动河湖沟道综合治理的各项工作，包括组织领导水资源保护、水域岸线管理、水污染防治、水环境治理等河湖沟道管理和保护工作，牵头组织对侵占河道、超标排污、非法采砂、抢种滩地、滥开滥垦、破坏河道、倾倒垃圾等突出问题依法进行清理整治，实行联防联控，检查督导下级“河长”和相关部门履行职责，对目标任务完成情况进行考核，强化激励问责。

2.“河长制”办公室职责

具体负责建立健全“河长制”工作制度和考核办法，主要负责河长制日常管理工作，沟通河湖管理信息，组织河长制联席会议，落实河长制确定的事项，协调各级河长、部门按照职责分工，推进各项工作，开展重点综合治理工程督导检查，组织评估考核工作。

3.相关部门职责

县委组织部负责指导对下一级“河长”和责任单位责任人的考核。

县委宣传部负责组织河湖沟道保护管理的宣传教育和舆论引导。

县编办负责“河长制”有关机构设置和职能调整工作。

县政府法制办负责组织河湖沟渠保护管理有关规范性文件的审查工作。

县发展和改革局负责对全县重点项目、产业布局、河湖生态建设等项目工程进行生态环境考核评价，严把立项审批手续；负责规范环保产业市场，推广先进适用的节水、治污、修复技术和装备产业化发展。

县工业信息化和商务局负责指导工业企业落实河湖保护相关制度，协调新型工业化与河湖管理保护有关问题，联合相关部门集中治理工业园区污染；配合制定和实施工业企业污染物排放总量控制计划；推进工业节水。

县教育局负责指导和组织开展中小学生河湖沟渠管理保护和水生态文明教育活动。

县公安局负责依法打击破坏河湖沟渠环境、污染水体生态、影响社会公共安全的违法犯罪行为。

县财政局负责落实县级“河长制”日常管护经费和专项经费，协调落实河湖沟道综合治理所需资金，对资金使用情况进行监督检查。统筹安排环境保护项目和水利、环保等部门监管监测能力建设资金；对资源节约和循环利用、环境基础设施建设、生态修复与建设、生态保护补偿等给予资金支持；负责突发水环境事件应急处置的资金保障。

县国土资源局负责监管矿产资源开发整治过程中矿山地质环境保护与恢复治理工作；负责协调河湖沟道治理项目用地保障、水环境综合治理工程管理范围和保护范围划界确权；负责调解河湖及水利工程重大土地权属纠纷；配合开展地下水水质监测，负责季节性河道采砂管理及环境治理。

县环境保护局负责全县水污染防治的统一监督指导；负责拟定河湖水污染防治规划并组织实

施；开展入河入湖污染源的调查执法和达标排放监管，实施全县地表水水质监测评价，地下水污染防治；负责会同有关部门监督管理饮用水水源地环境保护工作；负责河湖沟道突发性水污染事件和生态破坏事件的应急、预警、调查处理和行政执法；负责联合相关部门发布有关河湖沟道环境信息。

县住房和城乡建设局负责县城建成区范围内的水域环境治理工作，全面消除黑臭水体，推进城镇污水等基础设施的建设与监管；清理城市规划区范围内挤占水域岸线的违法建设；开展农村生活垃圾、污水处理及改厕等农村人居生活环境综合整治。

县交通运输局负责协调做好河湖沿线公路桥梁的建设与保护，负责河湖水上交通安全及河道监管工作，负责水上运输污染防治及码头环境治理。

县水务局负责水资源管理保护、水功能区和跨界河流断面水质水量监测；推进节水型社会和水生态文明建设；组织水域岸线登记及管理、河湖沟渠划界确权、河道采砂管理、水土流失治理、防洪工程规划、实施、管理与养护、河流水库污染防治、河湖沟道水工程建设等，依法查处水事违法违规行为；负责河长制办公室日常工作。

县农牧和科学技术局负责拟定河湖流域中长期种植、畜牧、渔业专项规划，减少农业污染物排放，负责在重点河湖划定禁止养殖区和限制养殖区，监管农业面源、畜禽养殖和水产养殖污染防治工作；推进农业废弃物综合利用；依法依规查处破坏渔业资源的行为；负责组织开展节约用水、水资源保护和承载能力、河湖沟渠环境治理、水生态修复等技术引进、科学研究、科技创新和成果转化。

县卫生和计划生育局负责指导和监督饮用水卫生监测和农村卫生改厕，负责对突发公共卫生事件预防控制、医疗卫生救援、监测和风险评估。

县审计局负责河湖综合治理工程审计，并将水域、岸线、滩涂等自然资源资产纳入领导干部离任审计。

县林业局负责推进生态公益林和水源涵养林建设，负责全县湿地保护管理，协调推进河湖沟池沿岸绿化和湿地修复、生态补偿等工作。

县文化旅游体育广电局负责指导旅游线路规划、开发工作，指导和监督景区内河湖沟渠保护管理。

县市场监督管理局负责规范、监督无证无照经营行为。

县统计局负责指导河长制考核相关的统计工作。

县直有关部门各司其职，各负其责，协同配合，共同推动落实河长制工作。

五、河道范围

（一）实施范围

根据我县河湖沟道水系及管理体系，综合考虑河道的自然属性、管理属性及功能属性，以及其对社会、经济发展影响的重要程度等因素，实施按河湖沟道级别及所在地相结合的两级“河长制”，覆盖全县范围内所有的河湖沟道。确定县级河湖沟道主要有清水河（同心段）、甜水河、折死沟，乡（镇）级河湖沟道主要有：长沙河、小洪沟、西河、金鸡沟、边桥沟、豫海湖、大西沟、大台沟、前沟、八里沟、洞子沟、边浅沟、洪泉沟、白石头沟、干湾沟、红果子沟、杨家河沟、盐泥沟、红城水防洪沟、下马关防洪沟，共计23条。

1. 清水河（同心段）

基本情况：清水河（同心段）是同心县境内最主要的河流，清水河发源于固原市原州区开城镇黑刺沟脑，自原州区流经海原县于同心县王团镇吊堡子村入境，至同心县马家河湾出境经中宁县注入黄河，流经我县王团、豫海、丁塘、河西4个乡镇，同心县境内河长122km，流域面积2966km²，现状水质Ⅳ类。

存在问题：污水排放、河道冲刷、防洪隐患多。

对策措施：改善水质、综合治理、改善防洪。

实现目标：完善区域防洪体系，水质总体达到Ⅲ类以上，遏制水污染。

2. 甜水河

基本情况：甜水河属于苦水河的支流，发源于小罗山南麓，流经韦州、巴庄子，于甘沟子注入苦水河，流域面积为1184km²，现状水质Ⅲ类。

存在问题：侵占河道、河岸冲塌、乱倒垃圾。

对策措施：综合治理、加强监管。

实现目标：完善区域防洪体系，行洪通畅，河道整洁。

3. 长沙河

基本情况：长沙河属清水河左岸一级支流，发源于中卫市香山南麓，流经中宁县喊叫水乡，进入我县河西镇境内，于大洪沟村汇入清水河。在我县境内流域面积是115km²，河长12.35km，属季节性河流。

存在问题：非法采砂和侵占河道。

对策措施：严加监管、清障治乱。

实现目标：行洪通畅，河道整洁。

4. 小洪沟

基本情况：小洪沟属清水河左岸一级支流，发源于中宁县米钵山南麓，流经中宁县喊叫水乡进入我县河西镇境内，于大洪沟村汇入清水河。在我县境内流域面积是67km²，河长9.2km，下游有小洪沟小型水库1座，是我县农村饮水水源工程。沟道属季节性河流。

存在问题：非法采砂和乱侵乱占。

对策措施：严加监管、清障治乱。

实现目标：行洪通畅，河道整洁。

5. 西河

基本情况：发源于海原县，从海原县红谷村进入我县境内，于县城入清水河，在我县境内河道长为3km，该河道是我县唯一一处生态湿地。

存在问题：非法采砂、乱侵乱占、生态水环境脆弱。

对策措施：严加监管、清障治乱、综合治理。

实现目标：行洪通畅，恢复湿地。

6. 金鸡沟

基本情况：金鸡沟属清水河左岸一级支流，发源于中卫市高泉山，流经中宁县喊叫水乡，进入我县河西镇境内，于红旗村汇入清水河。在我县境内流域面积是94km²，河长8.3km。金鸡沟右岸属丁塘镇辖区，左岸属河西镇辖区。

存在问题：非法采砂、乱侵乱倒

对策措施：严加监管、清障治乱、综合治理。

实现目标：行洪通畅，沟道整洁。

7. 边桥沟

基本情况：边桥沟属清水河左岸一级支流，发源于海原县，流经同心县兴隆乡，于县城入清水河。河流全长23.1km，流域总面积216km²。通过河长制，加强对河道综合执法管理，打击非法采砂及侵占河道行为，改善河道行洪安全，保护河道生态环境。

存在问题：沟岸冲塌、乱侵乱倒。

对策措施：综合治理、清障治乱。

实现目标：行洪通畅，沟道整洁。

8. 豫海湖

基本情况：豫海湖位于同心县城清水河右侧，水面面积为200km²，该湖是一座人工湖，主要功能是改善县城及周边生态及人居环境，提高城市品味，现状水质为Ⅴ类。

存在问题：水质差、淤积严重。

对策措施：综合治理、水系连通、绿化美化。

实现目标：水质总体达到Ⅳ以上。

9. 折死沟

基本情况：折死沟属清水河右岸一级支流，发源于甘肃省环县毛井乡刘家庙南，流入我县马高庄乡境内，在阴洼村与田老庄乡的黑风沟汇合后，经预旺镇、张家塬乡和王团镇，最后在王团镇冯川村汇入清水河。河流全长102.1km，流域总面积1860km^2，其中：在我县境内流域面积是1417km^2，河长80.3km，折死沟属季节性河流。

存在问题：水土流失严重。

对策措施：综合治理。

实现目标：行洪通畅。

10. 大西沟

基本情况：大西沟发源于张家塬乡柳树崾岘村，主要流经王团镇羊路村后汇入清水河，河长9.1km，下游有小型水库1座。

存在问题：水土流失严重。

对策措施：综合治理。

实现目标：行洪通畅。

11. 前沟

基本情况：前沟发源于王团镇虎家红湾村，流经王团镇前红村后汇入清水河，河长9.45km。

存在问题：水土流失严重。

对策措施：综合治理。

实现目标：行洪通畅。

13. 八里沟

基本情况：八里沟发源于王团大湾村，流经王团镇大湾、黄草岭和大沟沿村，然后汇入清水河，河长26.2km。

存在问题：水土流失严重。

对策措施：综合治理。

实现目标：行洪通畅。

14. 洞子沟

基本情况：洞子沟发源于田老庄乡车路沟村，流经王团镇马套子、刘家湾、倒墩子村后汇入清水河，河长27.5km。

存在问题：水土流失严重、乱侵乱占。

对策措施：综合治理、清障治乱。

实现目标：行洪通畅。

15. 边浅沟

基本情况：边浅沟发源于田老庄乡套塘村，流经石狮开发区黄家水、余家梁、沙咀城村后汇入清水河，河长24.24km。

存在问题：水土流失严重、乱侵乱占。

对策措施：综合治理、清障治乱。

实现目标：行洪通畅。

16. 洪泉沟

基本情况：洪泉沟发源于河西镇丁家二沟村，流经丁塘镇八方、湾段头村，于城一村汇入清水河，河长27.75km。

存在问题：水土流失严重、乱侵乱倒。

对策措施：综合治理、清障治乱。

实现目标：行洪通畅、生态良好。

17. 白石头沟

基本情况：白石头沟发源于河西镇田家岭村，流经河西镇上河湾村后汇入清水河，河长17.29km。

存在问题：非法采砂、乱侵乱倒。

对策措施：严加监管、清障治乱。

实现目标：行洪通畅、生态良好。

18. 干湾沟

基本情况：干湾沟发源于丁塘镇杨家井村，流经吴家河湾村后汇入清水河，河长8.5km。

存在问题：非法采砂、乱侵乱倒。

对策措施：严加监管、清障治乱。

实现目标：行洪通畅、生态良好。

19. 红果子沟

基本情况：红果子沟发源于兴隆乡南泥沟，流经新生、李堡村后汇入清水河，河长13.85km。

存在问题：水土流失、乱侵乱倒。

对策措施：综合治理、严加监管、清障治乱。

实现目标：行洪通畅、生态良好。

20. 杨家河沟

基本情况：杨家河沟发源于河西镇周马庄，流经石坝村后汇入清水河，河长12.85km。

存在问题：非法采砂、乱侵乱倒。

对策措施：严加监管、清障治乱。

实现目标：行洪通畅、生态良好。

21. 盐泥沟

基本情况：盐泥沟发源于张家塬乡海棠湖，流经海棠湖、郭井沟、犁铧嘴、东梁洼村后汇入甘城沟，河长16km。

存在问题：水土流失严重、防洪标准低。

对策措施：加强小流域综合治理。

实现目标：行洪通畅、生态良好。

22. 红城水防洪沟

基本情况：红城水防洪沟位于小罗山东麓，全长2km，利用天然沟道，修建排洪沟与防洪堤，保障下游农田及村庄安全。

存在问题：冲刷严重、防洪标准低。

对策措施：工程治理与管理相结合。

实现目标：确保行洪通畅。

23. 下马关防洪沟

基本情况：下马关防洪沟西起五里墩，全长33.68km，终于土炭沟，是一处人工修建的防洪道沟，工程通过开挖排沟与建防洪堤相结合，保障下游农田及村庄安全。

存在问题：冲刷与淤积并存、防洪标准低。

对策措施：工程治理与管理相结合。

实现目标：确保行洪通畅。

（二）实施步骤

1. 工作方案和考核办法制定及人员确定。2017年5月中旬至6月中旬，初步完成县级《实施河长制工作方案》编制工作和县、乡两级河长人员确定工作。6月下旬至7月上旬，完成县级河长制办公室配置工作，出台考核制度，编制河长制责任追究制度，建立各级河长会议制度。2017年底，全县全面建成河长制。

2. 宣传培训。2017年6月初至8月底，做好宣传工作，向全社会深入宣传实施河长制管理的重大意义，通过公示牌等形式公开每条河道的河长、副河长和河长单位等信息，接受社会监督。开展县级业务培训，进一步明确各级河长、副河长和河长单位的工作职责，部署年度河长制管理工作的重点内容和要求。

3. 实施管理。2018年1月起，同步启动两级河长管理，各级河长、副河长和河长单位履行所联系、包干河道管理职责，进入常态化管理阶段。根据河长制管理工作实际，不断完善河长制管理的体制机制建设。

六、主要任务

（一）着力加强水资源保护工作

1. 落实最严格水资源管理制度。严守水资源开发利用控制、用水效率控制、水功能区限制纳污三条红线，实行水资源消耗总量和强度双控行动。到2020年，全县用水总量控制在2.18亿立方米以内，农田灌溉水有效系数提高到0.65，新增高效节水灌溉面积10万亩，万元工业增加值用水量比2015年下降22%，工业用水重复利用率达到85%以上，城镇供水水质达标率达100%。严格限制发展高耗水项目，加快实施农业、工业和城乡节水技术改造，坚决遏制用水浪费。落实水资源论证、取水许可和有偿使用制度。出台《同心县节水型社会建设全面量化管理体系》，全面推进节水型社会建设，加强农业、工业、城镇节水，建设项目节水设施应与主体工程同步设计、同步施工、同步投运。

2. 严格水功能区管理监督。根据水功能区划定的河流水域纳污容量和限制排污总量，落实污染物达标排放要求，切实监管入河湖沟渠排污口，严格控制入河湖沟渠排污总量。开展入河排污口调查，严格控制入河排污总量和污染项目审批。强化日常监管和应急管理，水功能区水质监测情况实行季度通报制。加强水功能区水质达标管理，对水功能区未达到水质目标的地区，限制审批新增取水和入河排污口。到2020年，实现建制镇和中心村污水处理全覆盖。

（二）依法加快河湖岸线范围划定

3. 加快河道岸线和河岸生态保护蓝线划定。2017年12月底前完成河道岸线和河岸生态保护蓝线划定并向社会公布，2018年6月底前完成确界立桩。在河岸生态保护蓝线内不得擅自建设与防洪、水文、交通、园林景观、取水、造林绿化、排水、排污管网无关的设施。

4. 实施人饮水源地保护蓝线制度。划定饮用水水源地保护蓝线，确定水源保护区范围，依法清理饮用水水源保护区内违法建筑、排污口和养殖户。2018年底前，县级以上集中式饮用水水源保护区内居民生活污水和垃圾要基本实现收集处理。2020年底前完成备用水源或应急水源建设。强化水源地水质监测，城区集中式饮用水源地实行一月一测，乡镇及农村饮用水水源地要增加监测频次和项目。到2020年，中心城区集中式饮用水水源地逐步实现水质自动监测。

（三）扎实推进水污染防治

5. 加强工业污染防治。严格环境准入，取缔不符合产业政策、严重污染水环境的“十小”企业。大力推进食品加工等重点行业专项治理。持续整治矿山采选行业，主要流域干流、饮用水源沿线范围内禁止矿产开采。强化工业园区污水集中处理。各开发主体应根据园区的发展计划和废水处理需要，完善配套建设污水管网，实现工业园区污水全收集。加快乡镇污水处理厂建设，着力完善支线污水管网，全面提高污水集中处理率。相关责任部门要整合治污项目，加强入河排污口监管，按照轻重缓急制定排污口治理方案和实施计划，减少入河污染源；县发改、工信商务、环保局要扎实推进工业污染防治，严格执行有关环境保护法律法规和规章等，对违反国家产业政策的项目、“五小”项目、“三无”企业，一律取缔；对未经环评审批或者未经竣工环保验收擅自建设和投产的项目，一律停建停产；加强污染企业的环境监管，严禁偷排、漏排、直排，确保工业企业每年实现稳定达标排放。

6. 加强农业面源污染防治。逐步建立农业面源污染防控体系，实现主要农作物化肥、农药使用量零增长。到2020年，主要农作物测土配方施肥技术推广覆盖率达到90%，主要农作物化肥利用率提高到40%以上，农药利用率达到40%以上，病虫害统防统治覆盖率达到40%以上。

7. 加强畜禽养殖污染防治。加快落实养殖场标准化改造任务。推广种养结合、循环利用的生态环保养殖模式，推进畜禽养殖废弃物综合利用。建立病死畜禽无害化处理机制。2018年底前全面完成非禁养区内规模养殖场标准化改造，2020年底前完成非禁养区内现有牛、羊、家禽等畜禽养殖场的标准化改造。

8. 强化生活污染治理。加强污水处理厂建设，加快污水收集管网特别是支线管网建设，积极推进雨污分流，提高污水收集率和污水处理厂进水浓度，全面封堵违法排污口。加强污水处理设施运行管理，实行镇村污水处理设施收归县管，推行第三方运营模式，实现污水处理厂专业化管理。加强进出水监管，提高污水处理厂出水达标率，推进污泥规范处理处置。2020年底前，全县污泥无害化处理处置率达到90%以上，县城街道污水基本实现全收集、全处理，所有乡镇镇区生活污水处理设施实现全覆盖，70%以上行政村生活污水得到有效治理；加强对农村河道、池塘、沟渠两旁及水面垃圾的清理，建立健全环境卫生长效管理机制，逐步推广“户保洁、村收集、乡镇中转、县处理”的农村垃圾处置模式，提高垃圾无害化处理水平，全面实现农村生活垃圾日产日清。

（四）切实加强水环境质量整治

9. 强化水环境质量目标管理。按照水功能区确定各类水体的水质保护目标，逐一排查达标状况，对水质不达标的区域实施挂牌督办。到2020年，全力推进全县水环境综合整治，切实实施点源和面源污染治理工程，各县区重点实施区域水资源配置工程建设和小流域综合治理项目，县饮用水水源地水质达标率达到100%，全县小流域水质优良比例（Ⅲ类以上水质）达到90%以上，主要湖泊水库水质达标率总体达60%以上，行政村生活垃圾治理常态机制基本建立，乱占乱建、乱排乱倒、乱采砂、乱截流等“四乱”现象得到有效遏制。

10. 保障饮用水源安全。加强从水源到水龙头全过程监管，定期监测、检测和评估本行政区域内饮用水水源、供水厂出水和用户水龙头水质等饮水安全状况，加强卫生评价和卫生监督。加强农村饮用水水源保护和水质检测，增加农村饮用水水源地水质监测频次和项目。

11. 健全流域监测预警和应急机制。加强流域水质监测，建立定期监测机制，强化行政交界断面和重点河段水质监测监控。制定和完善突发性水环境事件应急预案并向社会公布，加强应急物资的储备和应急装备的配置，定期开展应急演练，提高应急响应能力。加大财政投入，加快信息化平台建设，加快实施河湖检测预警建设，2020年底前，实现水质水量自动检测全覆盖，建立河湖生态监管网络，实现检测成果共享。

（五）重点修复水生态功能

12. 加强河流生态保护修复。开展河湖健康评估，禁止侵占自然河湖、湿地等水源涵养空间。开展小流域及农村环境综合整治，推进跨境流域污染治理，到2018年，全面消除劣Ⅴ类水体。持续开展“赛水质”活动，以赛促治，力求“小河净、大河清”，改善小流域水质，推进安全生态水系建设和河湖库水系连通建设，为生物提供多样化的生态环境。到2017年底，全面完成清水河（同心县城段）防洪工程、下马关防洪综合治理工程。

13. 强化山水林田湖系统治理。到2020年，治理水土流失面积45万亩，水土流失率控制在70%以内；加快水源涵养林建设，全面保护天然林，大力种植阔叶林，造林30万亩，森林覆盖率达到12%；推进全县水库综合治理，推广生态养殖技术；加强河道保洁工作，实施河道保洁全覆盖。林业等部门加强河道绿化日常管理和维护，采取多种形式，充分调动社会力量植树管树的积极性。多种常绿、乡土树种，适时修枝和抚育，及时清理受害树木、补植死亡树木，做好植物种植的管理与防护，确保河道绿化成型。加快石质山地、废弃矿山、河湖滩地等未利用地或废弃地造林绿化。

14. 推进实施重点流域生态补偿。到2020年，实现森林、草原、湿地、耕地等重点生态功能区保护补偿全覆盖，补偿水平与经济社会发展状况相适应，跨县、跨流域补偿试点示范取得明显进展，多元化补偿机制初步建立，基本建立符合我县的生态保护补偿制度体系。

（六）依法加大治水查处力度

15. 加大河湖管理保护监管力度。落实河湖沟渠管理保护执法监管责任主体、人员、设备和经费。发动群众积极参与监督举报涉河涉水违法行为，进一步健全行政执法与刑事司法衔接机制，严肃查处涉河涉水违法犯罪。加大执法力度，公安、农科、水务、环保、林业、住建等部门要定期或不定期联合开展水资源、水生态、水环境专项执法行动，将涉河涉水违法行为查处纳入智慧县城管理系统，加大对违法案件的媒体曝光力度，依法严厉打击乱占乱建、乱排、乱倒、乱采、乱截等危害水安全的违法行为。各级河长要对以各种名义侵占河道、围垦湖泊、非法采砂，对岸线乱占滥用、多占少用、占而不用等突出问题开展专项清理整治，恢复河湖沟渠水域岸线生态功能。

16. 落实河湖管理河长责任追究制度。各级河长要落实河道巡查和“蓝线”管理制度，适时掌握河道岸线动态变化和开发利用情况，及时发现和处置非法占用水域与岸线资源及设置河道障碍物等行为，充分发挥水域的综合功能，使水域得以持续利用。定期对管辖区内河道堤岸进行全面巡查，督促责任部门及时修复和更新堤岸工程及附属设施，防止出现自然损坏或人为破坏（如塌陷、裂缝及树木、草皮损坏等）及沿河各种宣传牌、标志牌、警示牌破损、颜色脱落、字迹不清等。

七、保障措施

（一）加强组织领导

县乡党委和政府要把实施“河长制”，保护河湖沟道健康，作为当前推动生态文明建设的重要工作，切实加强组织领导，明确岗位职责，狠抓责任落实，抓紧制定本区域实施“河长制”实施方案，发挥各级人大监督和政协参政议政的重要作用，形成河湖沟渠保护管理的合力。建立完善的管理责任制度，明确工作进度安排，到2017年底前全面建立河长制。

（二）健全工作机制

建立河长会议制度、信息共享制度、工作督察制度，协调解决河湖沟道管理保护的重点难点问题，定期通报管理保护情况，对河长制实施情况和河长履职情况进行督察。各级河长制办公室要加强组织协调，督促相关部门单位按照职责分工，落实责任，密切配合，协调联动，共同推进河湖管理保护工作。

（三）强化考核问责

根据不同河湖沟渠存在的主要问题，实行差异化绩效评价考核，将领导干部自然资源资产离任审计结果及整改情况作为考核的重要参考。县级河长负责组织对相应河湖沟道下一级河长进行考核，考核结果作为地方党政领导干部综合考核评价的重要依据。实行生态环境损害责任终身追究制，对因失职、渎职导致河湖沟道生态环境遭到严重破坏的，严格按照有关规定追究责任。

（四）落实经费保障

落实河湖管理与保护专项经费，形成稳定的投入增长机制。对河长制办公经费、督导检查、法规标准制定、水质水量检测、规划编制、信息平台建设、确权划界、执法管理、县级河湖巡查保洁、岸线维养、技术服务等费用由县财政给予支持保障。统筹整合项目资金，积极探索引导社会资金参与河湖沟渠环境治理与保护。

（五）加强社会监督

各乡镇（管委会）及有关部门要广泛宣传河湖沟渠保护管理的法律法规。建立河湖沟渠管理保护信息发布平台，通过主要媒体向社会公告河长名单，在河湖沟渠岸边显著位置竖立河长公示牌，标明河长职责、河湖沟渠概况、管护目标、监督电话等内容，接受社会监督和举报。聘请社会监督员对河湖沟渠管理保护效果进行监督和评价。有效发挥媒体舆论的引导和监督作用，着力引导企业履行社会责任，自觉防污治污，大力发展绿色循环经济。提高全社会对河湖沟渠保护工作的责任意识和参与意识，积极营造社会各界和人民群众共同关心、支持、参与和监督河湖沟渠保护管理的良好氛围。

八、考核管理

（一）考核对象

全县23条河湖沟渠及各级河长。

（二）考核内容

工作机制落实情况，包括：“河长制”组织领导、整治方案、河长全覆盖、工作进度报告、信息上报及处理、信息公示情况、工作台帐、工程项目完成情况、以奖代补项目工程完成情况、对辖区内河道进行巡查情况；在职责范围内对违法排污、排水行为进行查处情况；附加分指标完成情况等。

（三）考核方法

考核评分采用常规考评100分和附加奖励10

分复合分制，总计110分。考核结果分四档：90分以上为优秀、80—90分为良好、60—79分为合格、60分以下为不合格。因河湖管理不到位发生重大安全责任事故的，或辖区内发生重大水污染事件，考评结果直接评定为不合格。设置附加分，对工作有创新、在河长制工作中被树为典型和具有示范意义的、工作成效突出受到区、市表彰的，每项加2分，最高不超过10分。

（四）考核方式

"河长制"考核分为日常考核、年中考核和年度考核3种。由县委组织部和"河长制"办公室牵头组织，县直各相关责任部门配合实施，按照统一标准的原则，采用工作汇报、现场检查、查阅台帐资料、召开座谈会等方式，对各"河长制"工作进行现场考核，对相关台账和工作进展情况进行现场检查。

日常考核及通报结果计入年中、年度考核评分。每年7月份进行年中考核，次年1月份进行年度考核。

考核前，被考核县直相关责任部门及各级河长应对照考核标准进行自查，形成自查报告，做好考核准备工作。

（五）结果运用

考核结果是年度河长制工作考核主要依据，纳入领导干部年终考核，是年度评先评优的依据之一。对年度任务完成较好、考核靠前的，予以表彰奖励；对年度任务完成较差、考核排名靠后的实行约谈，并在全县通报考核结果。

2017年同心县党委发布重要文件目录

表6

发文标题	发文文号
关于印发《中共同心县委县人民政府2017年工作要点》的通知	同党发〔2017〕1号
关于深入推进全面从严治党的实施意见	同党发〔2017〕2号
关于召开同心县委领导班子2016年度民主生活会的请示	同党发〔2017〕3号
关于中共同心县委领导班子2016民主生活会召开情况的报告	同党发〔2017〕4号
关于表彰奖励2016年度全县政法、平安建设工作先进集体、先进个人的决定	同党发〔2017〕5号
关于表彰2016民族团结进步创建活动先进集体和先进个人的决定	同党发〔2017〕6号
关于命名同心县"无毒单位""无毒村""毒品预防宣传教育示范学校"的决定	同党发〔2017〕7号
关于撤销一批"无毒村"的决定	同党发〔2017〕8号
关于对2016年度全县禁毒工作先进集体示范集体和先进个人进行表彰奖励的决定	同党发〔2017〕9号
关于表彰2016年度全县宣传思想文化工作先进集体和先进个人的决定	同党发〔2017〕10号
关于表彰同心县2016年度精神文明暨民风建设先进集体和先进个人的决定	同党发〔2017〕11号
关于命名2016年度县级文明单位文明村的决定	同党发〔2017〕12号
关于表彰2016年度农业农村工作暨抗洪救灾先进集体、先进个人的决定	同党发〔2017〕13号
关于兑现2016年度全县人口和计划生育目标管理责任奖和表彰人口和计划生育工作先进集体先进个人的决定	同党发〔2017〕14号
关于表彰全县2014—2016周期计划生育三星级乡镇的决定	同党发〔2017〕15号
关于表彰奖励2016年度脱贫攻坚工作先进集体、先进个人的决定	同党发〔2017〕16号
关于邀请吴忠市领导参加三聚环保万吨级秸秆综合利用项目开工仪式的请示	同党发〔2017〕17号
关于上报第十二届自治区党委委员、候补委员和纪委委员候选人初步人选的推选报告	同党发〔2017〕18号

续表 6

发文标题	发文文号
关于表彰 2016 年度效能目标管理考核工作先进集体的决定	同党发〔2017〕19 号
关于邀请香港新华集团董事局主席蔡冠深博士来宁考察的请示	同党发〔2017〕20 号
关于马洪海同志随团赴法国西班牙保加利亚交流学习的请示	同党发〔2017〕21 号
关于对武警同心县中队荣获“基层建设标兵中队”通报表扬的决定	同党发〔2017〕22 号
关于对县公安局侦破“3.17”特大贩卖运输毒品案件予以通报表扬的决定	同党发〔2017〕23 号
关于对县公安局禁毒大队和马成等八名同志记功表彰的决定	同党发〔2017〕24 号
关于同心县农科局动物卫生监督所相关问题查处和整改情况的报告	同党发〔2017〕25 号
关于审定在深度贫困地区脱贫攻坚座谈会发言材料的请示	同党发〔2017〕26 号
关于认真学习宣传贯彻自治区第十二次党代会精神的通知	同党发〔2017〕27 号
关于香港新华集团董事局主席蔡冠深博士来宁访问一事的请示	同党发〔2017〕28 号
关于上报《同心县 2017 年上半年工作总结暨下半年工作要点》的报告	同党发〔2017〕29 号
关于印发《同心县城市管理综合执法体制改革实施方案》的通知	同党发〔2017〕30 号
关于中核集团董事长、党组书记王寿君来同调研脱贫工作的报告	同党发〔2017〕31 号
关于同心县建档立卡对象存在“五有人员”问题整改落实情况的报告	同党发〔2017〕32 号
关于表彰 2017 年全县教育工作先进集体和先进个人的决定	同党发〔2017〕33 号
关于深入贯彻中央八项规定精神进一步加强和改进县级领导班子作风建设的实施意见	同党发〔2017〕34 号
关于发起设立同心县教育扶贫基金的决定	同党发〔2017〕35 号
关于对马建堂等 224 名公务员进行嘉奖的决定	同党发〔2017〕36 号
关于表彰奖励金明琴等 42 名公务员的决定	同党发〔2017〕37 号
关于贯彻落实自治区第十二次党代会精神实施意见	同党发〔2017〕38 号
印发《关于自治区党委组织部对同心县脱贫攻坚工作督查反馈问题的整改方案》的通知	同党发〔2017〕39 号
关于印发《同心县省级交叉检查问题整改方案》的通知	同党发〔2017〕40 号
关于自治区党委组织部督查调研同心县脱贫攻坚发现问题整改落实情况专报一	同党发〔2017〕41 号
关于印发《中共同心县第十三届委员会常务委员会工作规则》的通知	同党发〔2017〕42 号
关于上报《同心县落实中央八项规定精神对照检查情况的报告》的报告	同党发〔2017〕43 号
关于追授李进祯同志为“全县脱贫攻坚优秀共产党员”称号的决定	同党发〔2017〕44 号
关于追授李进祯同志为市级“脱贫攻坚优秀共产党员”的请示	同党发〔2017〕45 号
关于印发《中共同心县委员会巡察工作规划（2016—2021 年）》的通知	同党发〔2017〕46 号
关于印发《中共同心县委员会巡察工作实施办法》的通知	同党发〔2017〕47 号
中共同心县委员会关于学习宣传贯彻党的十九大精神的实施意见	同党发〔2017〕48 号
关于印发《同心县创建绿色经济示范县规划》的通知	同党发〔2017〕49 号
关于在全区全市开展学习宣传李进祯同志先进事迹活动的报告	同党发〔2017〕50 号
同心县关于突出环保问题整改落实暨大气污染防治工作进展情况的专报	同党发〔2017〕51 号
关于上报《同心县深化国家监察体制改革试点工作实施方案》的报告	同党发〔2017〕52 号
关于设立县人大、政协机关和政府工作部门、人民团体党组的通知	同党发〔2017〕53 号

续表 6

发文标题	发文文号
关于《中共同心县委书记、副书记和常委工作分工》的请示	同党发〔2017〕54 号
中共同心县委县政府关于向李进祯同志学习的决定	同党发〔2017〕55 号
关于同心县监察委员会领导班子成员配备的请示	同党发〔2017〕56 号
关于召开同心县第十八届人民代表大会第二次会议和政协同心县第十一届委员会第二次会议的请示	同党发〔2017〕57 号
关于同心县出席自治区第十二届人民代表大会代表候选人初步入选的报告	同党发〔2017〕58 号

2017 年同心县党委办公室发布重要文件目录

表 7

发文标题	发文文号
印发《关于加强和改进领导干部思想理论建设的实施意见》和《关于加强和改进全县党委（党组）中心组学习工作的实施意见》的通知	同党办发〔2017〕1 号
关于印发《同心县 2017 年元旦春节期间文体活动工作方案》的通知	同党办发〔2017〕2 号
关于同心县委书记、副书记和常委工作分工的通知	同党办发〔2017〕3 号
关于印发《贯彻落实〈中共同心县委县人民政府 2017 年工作要点〉分工方案》的通知	同党办发〔2017〕4 号
关于印发《同心县“十三五”期间民族团结进步创建深化行动实施方案》的通知	同党办发〔2017〕5 号
关于印发《中共同心县委统一战线工作领导小组规则》的通知	同党办发〔2017〕6 号
关于印发《同心县禁毒“摘帽”攻坚战实施方案》的通知	同党办发〔2017〕7 号
关于印发《同心县 2017 年经济发展首季“开门红”工作方案》的通知	同党办发〔2017〕8 号
关于印发《同心县 2017 年县级领导包抓项目及“两大任务”分解实施方案》的通知	同党办发〔2017〕9 号
关于印发《同心县各级党委（党组）监督责任清单》和《同心县各级纪检组织专责监督责任清单》的通知	同党办发〔2017〕10 号
关于印发《同心县关于加强全县党政“一把手”管理监督若干规定（试行）》的通知	同党办发〔2017〕11 号
关于县级领导精准包抓工业企业和重点工业项目的通知	同党办发〔2017〕12 号
关于贯彻落实《宁夏回族自治区降低实体经济企业成本实施意见》的通知	同党办发〔2017〕13 号
关于印发《2017 年平安同心建设（综治）工作要点》的通知	同党办发〔2017〕14 号
关于印发《同心县义务教育均衡发展迎验工作实施方案》的通知	同党办发〔2017〕15 号
关于全力抓好抗旱保增收工作的紧急通知	同党办发〔2017〕16 号
印发《关于开展“推动移风易俗树立文明乡风建设尚俭同心”活动实施方案》的通知	同党办发〔2017〕17 号
关于印发《同心县规范党员领导干部操办婚丧喜庆事宜的暂行规定》的通知	同党办发〔2017〕18 号
关于印发《同心县委（党组）中心组 2017 年度理论学习安排》的通知	同党办发〔2017〕19 号
关于开展“下农村　送政策　抓改革　促发展”活动的安排意见	同党办发〔2017〕20 号
印发《关于做好新一轮扶贫开发干部驻村帮扶工作实施意见》的通知	同党办发〔2017〕21 号
关于印发《同心县 2017 年脱贫攻坚工作实施方案》的通知	同党办发〔2017〕22 号
印发《关于进一步加强和改进全县退休干部工作的实施意见》的通知	同党办发〔2017〕23 号
关于印发《2017 年同心县农业农村工作要点》的通知	同党办发〔2017〕24 号
关于印发《2017 年全面深化改革工作要点》的通知	同党办发〔2017〕25 号
关于 2016 年度全县效能目标管理考核结果的通报	同党办发〔2017〕26 号
印发《关于加强乡镇（管委会）综治中心建设的实施方案》的通知	同党办发〔2017〕27 号

续表 7

发文标题	发文文号
关于印发县级领导 2017 年重点调研课题的通知	同党办发〔2017〕28 号
印发《关于开展涉农扶贫领域腐败问题专项查处行动实施方案》的通知	同党办发〔2017〕29 号
印发《关于在全县开展铸廉和铸勤行动吧实施方案》的通知	同党办发〔2017〕30 号
关于印发《2017 年同心县党风廉政建设和反腐败主要任务分工》的通知	同党办发〔2017〕31 号
关于印发《同心县各级纪委对同级党委监督工作暂行方法》的通知	同党办发〔2017〕32 号
印发《贯彻落实〈中共同心县委员会深入推进全面从严治党的实施意见〉任务分工方案》的通知	同党办发〔2017〕33 号
印发《同心县关于加快培育资本市场助力脱贫攻坚的实施意见》的通知	同党办发〔2017〕34 号
关于印发《同心县“两代表一委员”参与 2017 年全县工作督查的实施方案》的通知	同党办发〔2017〕35 号
关于印发《2017 年全县宣传思想文化工作要点》的通知	同党办发〔2017〕36 号
关于印发《同心县领导同志包抓重点环保问题工作方案》的通知	同党办发〔2017〕37 号
关于印发《同心县贯彻落实中央第八环境保护督查组督查反馈意见整改方案》的通知	同党办发〔2017〕38 号
关于印发《同心县建档立卡贫困户脱贫奖励暂行办法实施细则》和《同心县建档立卡贫困户帮扶责任人管理考核暂行办法》的通知	同党办发〔2017〕39 号
关于印发《同心县开展资本收益扶贫发展壮大贫困村村集体经济实施方案》的通知	同党办发〔2017〕40 号
关于印发《同心县环境保护全面量化管理体系（试行）》的通知	同党办发〔2017〕41 号
印发《关于开展机关党组织和党员“双联系、双报到”活动实施意见》的通知	同党办发〔2017〕42 号
关于印发《同心县创建全区全国禁毒示范县工作实施方案》的通知	同党办发〔2017〕43 号
关于印发《同心县县乡两级党委书记抓党建促脱贫月度例会工作制度》的通知	同党办发〔2017〕44 号
关于切实做好全县信访工作的通知	同党办发〔2017〕45 号
关于印发《县委领导班子 2016 年度民主生活会整改清单》的通知	同党办发〔2017〕46 号
关于开展 2017 年春季机关单位义务植树劳动的通知	同党办发〔2017〕47 号
关于印发《同心县反假币工作联系会议工作制度》的通知	同党办发〔2017〕48 号
印发《同心县 2017 年农村环境综合整治实施方案》的通知	同党办发〔2017〕49 号
关于扶贫开发工作成效考核反馈问题整改工作责任分工的通知	同党办发〔2017〕50 号
关于印发《同心县土壤污染防治工作实施方案》的通知	同党办发〔2017〕51 号
印发《关于推进“两学一做”学习教育常态化制度化的实施方案》的通知	同党办发〔2017〕52 号
关于印发《同心县 2017 年度效能目标管理考核办法》的通知	同党办发〔2017〕53 号
关于加强金融机构助推脱贫攻坚工作的通知	同党办发〔2017〕54 号
关于印发《同心县 2017 年农村危窑危房改造实施方案》的通知	同党办发〔2017〕55 号
关于印发《同心县全面推行河长制工作方案》的通知	同党办发〔2017〕56 号
关于开展自治区第十二次党代会精神宣讲的通知	同党办发〔2017〕57 号
印发《关于在全县机关干部中开展新一轮“下基层”活动实施法案》的通知	同党办发〔2017〕58 号
关于印发《同心县生态移民迁出区剩余和新增遗留人口搬迁安置实施方案》的通知	同党办发〔2017〕59 号
关于切实做好自治区扶贫开发工作督查反馈问题整改落实的通知	同党办发〔2017〕60 号
印发《同心县关于加强城乡社区协商的实施方案》的通知	同党办发〔2017〕61 号
关于做好防旱抗旱工作的紧急通知	同党办发〔2017〕62 号
同心县城市管理综合执法体制改革工作联席会议制度	同党办发〔2017〕63 号
关于开展中国人民解放军建军 90 周年纪念活动的通知	同党办发〔2017〕64 号

续表 7

发文标题	发文文号
关于印发《同心县党委（党组）理论学习中心组学习实施细则》的通知	同党办发〔2017〕65 号
关于印发《同心县全民科学素质行动计划纲要实施方案（2016—2020）》的通知	同党办发〔2017〕66 号
关于印发《同心县“十二五”生态移民工程验收工作方案》的通知	同党办发〔2017〕67 号
转发《关于深入贯彻中央八项规定精神进一步加强和改进自治区党委党委会作风建设的若干意见》的通知	同党办发〔2017〕68 号
关于印发《同心县进一步做好相对集中行政许可权改革试点实施方案》的通知	同党办发〔2017〕69 号
印发《关于开展“抓落实勇担当提振干事创业精气神”主题活动实施方案》	同党办发〔2017〕70 号
关于切实加强网民留言办理工作的通知	同党办发〔2017〕71 号
关于组织开展 2017 年“民族团结月”活动的通知	同党办发〔2017〕72 号
关于印发《同心县教育扶贫基金管理暂行办法》的通知	同党办发〔2017〕73 号
印发《关于进一步加强和改进全县退休干部工作的实施意见》的通知	同党办发〔2017〕74 号
同心县关于进一步落实 2016 年扶贫审计反馈问题整改工作责任分工方案	同党办发〔2017〕75 号
关于进一步开展精准扶贫督查指导工作的通知	同党办发〔2017〕76 号
关于印发《同心县 2017“大干实干 100 天，决战决胜四季度”工作实施方案》的通知	同党办发〔2017〕77 号
关于印发《东部 6 乡镇集中连片贫困地区部分具体问题责任清单》的通知	同党办发〔2017〕78 号
关于印发《同心县县委、政府领导班子碰头议事会工作制度》的通知	同党办发〔2017〕79 号
关于印发《自治区脱贫攻坚第一检查组反馈问题整改工作方案》的通知	同党办发〔2017〕80 号
印发《关于开展“三大三强”行动实施“两个带头人”工程促脱贫富农战略的实施方案》的通知	同党办发〔2017〕81 号
关于印发《同心县推进农村土地股份合作经营改革试点实施方案》的通知	同党办发〔2017〕82 号
关于印发《同心县有效治理宗教领域突出问题责任分工方案》的通知	同党办发〔2017〕83 号
关于召开中共同心县委十三届六次全体（扩大）会议的通知	同党办发〔2017〕84 号
关于成立县委巡察工作领导小组的通知	同党办发〔2017〕85 号
关于进一步做好十九大期间信访维稳工作的紧急通知	同党办发〔2017〕86 号
关于进一步做好十九大期间信息报送工作的通知	同党办发〔2017〕87 号
印发《关于做好十九大期间全县维稳安保工作实施方案》的通知	同党办发〔2017〕88 号
关于印发《同心县河长制办公室及日常工作机构设置方案》的通知	同党办发〔2017〕89 号
关于印发《同心县健康扶贫救助基金管理办法（试行）》的通知	同党办发〔2017〕90 号
转发《吴忠市委办公室、人民政府办公室印发（关于支持加快农业特色优势产业发展的政策措施）的通知》的通知	同党办发〔2017〕91 号
关于加强秸秆焚烧监管工作的紧急通知	同党办发〔2017〕92 号
关于印发《同心县 2017 年全国扶贫日活动方案》的通知	同党办发〔2017〕93 号
印发《（中共同心县委员会关于贯彻落实自治区第十二次党代会精神实施意见）的分工方案》的通知	同党办发〔2017〕94 号
关于印发《同心县党委（党组）意识形态责任制考核方法（试行）》的通知	同党办发〔2017〕95 号
关于做好迎接第三方评估考核工作的紧急通知	同党办发〔2017〕96 号
关于印发《同心县扶贫项目资金监督管理责任追究办法》的通知	同党办发〔2017〕97 号
印发《关于深入开展扶贫领域腐败和作风问题专项整治实施方案》的通知	同党办发〔2017〕98 号
关于召开中共同心县委十三届八次全体（扩大）会议的通知	同党办发〔2017〕99 号
关于印发《同心县党的十九大精神宣传工作方案》的通知	同党办发〔2017〕100 号
关于同心县推荐中国人民政治协商会议宁夏回族自治区第十一届委员会委员人选考察情况的报告	同党办发〔2017〕101 号

续表 7

发文标题	发文文号
关于印发《同心县农业社会化服务体系建设实施方案》的通知	同党办发〔2017〕102 号
关于印发《同心县委巡察工作机构设置方案》的通知	同党办发〔2017〕103 号
关于印发《同心县被巡视（巡察）党组织配合做好巡视（巡察）工作暂行规定》的通知	同党办发〔2017〕104 号
印发《关于开展全县党政机关和领导干部通过网络走群众路线的实施方案》的通知	同党办发〔2017〕105 号
印发《“同心县创建绿色经济示范县规划”任务分工方案》的通知	同党办发〔2017〕106 号
关于印发《同心县职工医疗互助活动实施方案》的通知	同党办发〔2017〕107 号
关于印发同心县总工会、共青团、妇联、科协系统等 4 个改革方案的通知	同党办发〔2017〕108 号
关于做好 2017 年度基层党建述职评议考核工作的通知	同党办发〔2017〕109 号
关于印发《同心县全面落实普法责任制实施意见》的通知	同党办发〔2017〕110 号
印发《关于进一步规范和加强社会治安防控体系建设的实施方案》的通知	同党办发〔2017〕111 号
关于印发《同心县贯彻宁夏回族自治区大气污染防治条例专项行动工作方案》的通知	同党办发〔2017〕112 号
关于印发《同心县重点环境问题包抓整改责任分工》的通知	同党办发〔2017〕113 号
关于做好 2018 年度党报党刊征订工作的通知	同党办发〔2017〕114 号
关于印发《同心县环境监管网格化管理工作实施方案》的通知	同党办发〔2017〕115 号
关于做好国家脱贫攻坚考核评估验收准备工作的通知	同党办发〔2017〕116 号
关于印发《同心县党内规范性文件清理规定（试行）》的通知	同党办发〔2017〕117 号
关于成立同心县深化国家监察体制改革试点工作小组的通知	同党办发〔2017〕118 号
关于印发《同心县精神扶贫总体工作方案》的通知	同党办发〔2017〕119 号
关于组织开展全县脱贫攻坚优秀共产党员李进祯同志先进事迹报告会的通知	同党办发〔2017〕120 号
关于印发《同心县深化国家监察体制改革试点工作实施方案》的通知	同党办发〔2017〕121 号
关于转发《中共中央办公厅印发习近平总书记关于进一步纠正“四风”、加强作风建设重要批示的通知》的通知	同党办发〔2017〕122 号
关于印发《中共同心县纪律检查委员会监察委员会机关主要职责内设机构和人员编制方案》的通知	同党办发〔2017〕123 号
关于召开中共同心县委十三届九次全体（扩大）会议的通知	同党办发〔2017〕124 号
关于印发《同心县禁牧封育工作问责办法（试行）的通知	同党办发〔2017〕125 号
关于印发《同心县贯彻落实中央八项规定精神实施细则办法》的通知	同党办发〔2017〕126 号
关于上报《同心县 2017 年市级重点项目完成情况自查报告》的报告	同党办发〔2017〕127 号
关于做好 2018 年元旦春节期间有关工作的通知	同党办发〔2017〕128 号
关于印发《同心县争创全区双拥模范县“两连冠”暨争创全国双拥模范县工作实施方案》的通知	同党办发〔2017〕129 号
关于印发《同心县 2018 年元旦春节期间文体活动工作方案》的通知	同党办发〔2017〕130 号

2017 年同心县政府发布重要文件目录

表 8

发文标题	发文文号
2017 年棚户区改造目标任务的请示	同政发〔2017〕2 号
关于印发棚户区改造范围内停车场修理厂大型厂房补偿问题政策解释的通知	同政发〔2017〕3 号
关于 2016 年政府工作报告任务分工的通知	同政发〔2017〕4 号
关于 2017 年区市县三级政府承诺为民办实事责任分工的通知	同政发〔2017〕5 号
关于创建国家全域旅游示范县的请示	同政发〔2017〕6 号
关于将我县 101 户群众定为十二五生态移民对象的请示	同政发〔2017〕7 号

续表 8

发文标题	发文文号
关于 2016 年度粮食安全省长责任制落实情况自查自评的报告	同政发〔2017〕号
关于水污染防治资金审计反映问题整改情况的报告	同政发〔2017〕9 号
关于同心县国有林场改革工作的自查报告	同政发〔2017〕10 号
关于抗旱救灾资金的请示	同政发〔2017〕11 号
关于印发安全生产事故应急救援等 14 个专项应急预案的通知	同政发〔2017〕12 号
关于财政扶贫资金管理与使用情况审计报告（征求意见稿）有关问题的报告	同政发〔2017〕13 号
关于依法打击乱占土地滥建房屋违法行为加强城乡土地管理工作的紧急通知	同政发〔2017〕14 号
关于帮助解决全区电子商务示范基地建设项目资金的请示	同政发〔2017〕15 号
关于帮助解决八宝茶系列产品研发项目资金的请示	同政发〔2017〕16 号
关于解决帮助现代物流体系建设资金的请示	同政发〔2017〕17 号
加快农业产业结构调整扶持优势特色产业发展奖励办法的通知	同政发〔2017〕18 号
关于授予杨维川同志“见义勇为先进个人”荣誉称号的决定	同政发〔2017〕19 号
棚户区改造房屋征收补偿安置方案通知	同政发〔2017〕20 号
棚户区改造房屋征收补偿安置方案补充意见通知	同政发〔2017〕21 号
关于 2016 年保障性安居工程审计发现问题反馈意见的报告	同政发〔2017〕22 号
关于 2016 年财政扶贫资金管理与使用发现问题反馈意见的报告	同政发〔2017〕23 号
帮助解决 2017 新型工业化资金请示	同政发〔2017〕24 号
解决预旺中药材市场改造资金请示	同政发〔2017〕25 号
解决菜篮子连锁超市建设资金的请示	同政发〔2017〕26 号
帮助解决农产品外阜销售窗口建设资金的请示	同政发〔2017〕27 号
马家塘水库建设用地的请示	同政发〔2017〕28 号
为同心羊绒区域人员办理护照的请示	同政发〔2017〕29 号
关于支持发展村集体经济试点的请示	同政发〔2017〕30 号
安全生产先进集体先进个人的表彰决定	同政发〔2017〕31 号
请求取消新区过境段中间隔离带的请示	同政发〔2017〕32 号
将同心县列入枸杞品牌建设和产业转型升级试点县的请示	同政发〔2017〕33 号
田老庄乡套塘村部分群众举报有关扶贫问题的调查报告	同政发〔2017〕34 号
申报“金融环境创建奖”的自评报告	同政发〔2017〕35 号
关于 2017 年第一批次城镇建设用地的请示	同政发〔2017〕36 号
关于绒毛行业执行农产品增值税进项税额核定扣除政策的请示	同政发〔2017〕37 号
增加政务中心工作人员编制是请示	同政发〔2017〕38 号
邀请香港新华集团懂事主席蔡冠深博士来宁访问请示	同政发〔2017〕39 号
上报自治区考核吴忠市 2016 严格水资源管理制度和节水型社会工作存在问题整改意见的报告	同政发〔2017〕40 号
十三五易地扶贫搬迁项目实施情况自查报告	同政发〔2017〕41 号
解决中小微企业助保贷业务风险补偿的请示	同政发〔2017〕42 号
上报清洁发展委托项目的请示	同政发〔2017〕43 号
同心县道路交通安全管理工作的整改报告	同政发〔2017〕44 号
呈报丁炜同志 2016 年度安全生产工作履职情况报告	同政发〔2017〕45 号
农民工工资清欠自查报告	同政发〔2017〕46 号

续表 8

发文标题	发文文号
关于全面清理规范涉企收费政策措施情况的报告（机）	同政发〔2017〕47 号
关于恳请自治区政府主要领导接见香港新华集团主席的请示	同政发〔2017〕48 号
关于调整 2015 年棚户区改造项目贷款额度的请示	同政发〔2017〕49 号
银灵高速公路同心过境段增加韦州镇出口的请示	同政发〔2017〕50 号
关于同心县 2017 年第二批次城镇建设用地的请示	同政发〔2017〕51 号
关于同心县 2017 年第一批次工业项目建设用地的请示	同政发〔2017〕52 号
关于借用耕地占补平衡指标的请示	同政发〔2017〕53 号
关于 2017 年第一批次工业项目用地情况的报告	同政发〔2017〕54 号
关于解决葡萄种植补贴的请示	同政发〔2017〕55 号
调整 2016 菊花台村 4.4MWP 光伏扶贫试点工程项目建设单位的请示	同政发〔2017〕56 号
关于给予高标准农田建设项目支持的请示	同政发〔2017〕57 号
2016 财政总决算的报告	同政发〔2017〕58 号
关于 2017 年第一扎次工业项目用地情况的报告	同政发〔2017〕59 号
印发同心县扶贫产业园暨中小企业创业孵化园管理办法修订的通知	同政发〔2017〕60 号
关于审计发现问题整改落实情况的报告	同政发〔2017〕61 号
关于印发同心县棚户区改造房屋征收补偿安置方案的通知	同政发〔2017〕62 号
关于解决建档立卡贫困户技能培训资金的请示	同政发〔2017〕63 号
关于新增 2017 年棚户区改造任务的请示	同政发〔2017〕64 号
关于 2016 年扶贫审计发现问题整改情况的报告	同政发〔2017〕65 号
关于宁夏生态移民土地整治 2016 年度下马关镇陈儿庄等三个村项目（一期）立项的请示	同政发〔2017〕66 号
关于撤销宁夏生态移民土地整治 2016 年度同心县河西镇旱天岭李家村项目的请示	同政发〔2017〕67 号
关于成立同心水务一体化合作移交领导小组的通知	同政发〔2017〕68 号
关于同心县马家塘水库建设用地的请示	同政发〔2017〕69 号
关于同心县 2017 年第三批次城镇建设用地的请示	同政发〔2017〕70 号
关于 2017 年第三次次城镇工业项目用地情况的请示	同政发〔2017〕71 号
美丽村庄年度计划任务的请示	同政发〔2017〕72 号
关于全县安全生产工作审议意见整改落实情况的报告	同政发〔2017〕73 号
关于空间规划用地差异处理有关情况的报告	同政发〔2017〕75 号
公安消防大队成功处置 6.9 危险化学品泄漏事故给予表扬的通报	同政发〔2017〕76 号
同心县人民政府关于呈报同心县 2017 年扶持村集体经济试点工作方案	同政发〔2017〕77 号
关于呈报同心县 2017 年扶持村级集体经济试点村实施方案的报告	同政发〔2017〕78 号
关于清理偿还政府欠款的报告	同政发〔2017〕79 号
关于政策措施落实情况跟踪审计发现问题说的报告	同政发〔2017〕80 号
关于将我县 40 户群众确定为十二五生态移民对象的请示	同政发〔2017〕81 号
关于将我县 23 户群众确定为“十二五”生态移民对象的请示	同政发〔2017〕82 号
关于解决城乡工作一体化建设资金的请示	同政发〔2017〕83 号
关于同心县 2017 年第三批次城镇建设用地的请示	同政发〔2017〕84 号
关于同心县 2017 年第二批次工业项目建设用地的请示	同政发〔2017〕85 号

续表 8

发文标题	发文文号
关于国博二期风电项目用地的请示	同政发〔2017〕86 号
关于同心县 2017 年第二批次工业项目用地情况的报告	同政发〔2017〕87 号
关于耕地保护目标责任履行自查情况的报告	同政发〔2017〕88 号
增设人工影响天气固定作业点的请示	同政发〔2017〕89 号
调整省道 101 同心过境段路中央分隔型式的请示	同政发〔2017〕90 号
关于福建中医药大学与同心县签订校地合作协议相关事宜地请示	同政发〔2017〕91 号
关于印发同心县城市管理综合执法体制改革工作方案的通知	同政发〔2017〕92 号
关于宁夏国博新能源同心焦家畔 100mw 风电建设项目的请示	同政发〔2017〕93 号
关于同心县县境内中贵天然气管道占压问题整改情况的报告	同政发〔2017〕94 号
关于三峡新能源同心 99.5MW 风电建设项目的请示	同政发〔2017〕95 号
关于办理同心县丁塘镇建设光伏大点项目使用林地许可的请示	同政发〔2017〕96 号
关于支持罗山东麓葡萄种植基地调蓄水库的请示	同政发〔2017〕97 号
关于支持下马关防洪工程改造提升的请示	同政发〔2017〕98 号
关于新一轮退耕还林还草任务需求的报告	同政发〔2017〕99 号
关于增加灌溉水指标的请示	同政发〔2017〕100 号
关于请求协调解决同心县通用机场空域的请示	同政发〔2017〕101 号
关于上报同心县最严格水资源管理制度和节水型社会建设工作存在问题整改方案的报告	同政发〔2017〕102 号
关于发布实施同心县中心城区土地级别与基准地价更新成果的请示	同政发〔2017〕103 号
关于将生态移民迁出区集体所有土地收归为国有的决定	同政发〔2017〕104 号
关于注销预海镇园艺村杨增雄国有土地使用证的批复	同政发〔2017〕105 号
关于印发同心县统筹推进县域内城乡义务教育一体化改革发展实施方案的通知	同政发〔2017〕106 号
关于进一步调整学校布局规划方案的通知	同政发〔2017〕107 号
关于解决玉米粘虫灾害救灾资金的请示	同政发〔2017〕108 号
关于 8.20 交通事故处置情况报告	同政发〔2017〕110 号
关于同心县电子商务进农村示范绩效评价问题整改工作方案的报告	同政发〔2017〕111 号
关于上报同心县调整全面改薄项目规划的报告	同政发〔2017〕112 号
关于 2016 年扶贫审计发现问题整改情况的报告	同政发〔2017〕113 号
关于请求解决脱贫攻坚重点建设项目所需资金的请示	同政发〔2017〕114 号
关于 2016 年扶贫审计发现问题整改情况的报告	同政发〔2017〕115 号
关于建档立卡对象存在五有人员问题整改落实情况的报告	同政发〔2017〕116 号
关于审计署 2016 年度中央预算执行和其他财政收支审计查出问题整改情况的报告	同政发〔2017〕117 号
同心县政府人民武装部 2017 年征兵命令	同政发〔2017〕118 号
关于 2015—2016 涉农资金使用中发现问题的整改报告	同政发〔2017〕119 号
关于印发同心县医疗医保医药联动改革实施方案的通知	同政发〔2017〕120 号
关于设立同心县职业教育中心的请示	同政发〔2017〕121 号
关于同心县 2017 年度韦州镇马庄子村和丁塘镇杨家河湾村农用地转为建设用地的请示	同政发〔2017〕122 号
关于同心县 2017 年第四批次城镇建设用地的请示	同政发〔2017〕123 号
关于同心县民兵预备役综合训练基地建设用地的请示	同政发〔2017〕124 号
关于规范城乡结合部和集镇规划区原宅基地改变用途建设有关事宜的通知	同政发〔2017〕125 号

续表 8

发文标题	发文文号
关于同心县 2017 年第五批次城镇建设用地的请示	同政发〔2017〕126 号
关于新区污水处理厂题标改造工程进展情况的报告	同政发〔2017〕127 号
关于核减 20 蒸吨以下燃煤锅炉淘汰任务的请示	同政发〔2017〕128 号
关于将石狮中学纳入营养午餐计划的请示	同政发〔2017〕129 号
关于国博新能源有限公司 300MWp 光伏发电项目给予指标支持的请示	同政发〔2017〕130 号
关于创建自治区园林县城问题整改情况的报告	同政发〔2017〕131 号
关于对中民新能宁夏同心有限公司 300MWP 光伏发多点项目给予指标支持的函	同政发〔2017〕132 号
同心县人民政府关于同心县 2017 年第三批次工业项目建设用地的请示	同政发〔2017〕133 号
关于 2017 年第三批次工业项目用地情况的报告	同政发〔2017〕134 号
涉农资金方面	同政发〔2017〕135 号
关于审计署西安特派办审计报告中反馈我县主要问题的报告	同政发〔2017〕136 号
关于呈报同心县 2017 年统筹整合财政涉农资金（年中调整）使用方案的报告	同政发〔2017〕137 号
关于童仲武同志破格晋升高级农机工程师的请示	同政发〔2017〕137 号
关于立项实施清水河同心段水环境综合治理项目的请示	同政发〔2017〕139 号
关于呈报 2017 绿盾罗山自然保护区清理整治工作总结的报告	同政发〔2017〕140 号
关于同心工业经济发展有关事宜的请示	同政发〔2017〕141 号
关于支持建设下马关平远村扶贫车间的请示	同政发〔2017〕142 号
关于上报 2017 农业支持保护补贴有关数据的报告	同政发〔2017〕143 号
关于工业用地挂牌出让流拍及已建设未挂牌问题整改进展情况的报告	同政发〔2017〕144 号
关于报送 2018 年自治区重点项目投资计划的报告	同政发〔2017〕145 号
关于中央环保督查反馈问题整改及转办案件办理情况的报告	同政发〔2017〕146 号
关于呈报政府性债务风险化解工作实施方案的报告	同政发〔2017〕147 号
关于调整我县十三五异地搬迁扶贫移民搬迁花名册的报告	同政发〔2017〕148 号
关于印发财政资金拨付管理暂行办法的通知	同政发〔2017〕149 号
同心县人民政府关于验收国有林场改革工作的请示	同政发〔2017〕150 号
关于协调发放韦二煤矿采矿许可证抵押备案证明的请示	同政发〔2017〕151 号
关于呈报政府性债务风险化解工作实施方案的报告	同政发〔2017〕152 号
14、15 审计报告整改报告	同政发〔2017〕153 号
国家审计署反馈问题整改报告	同政发〔2017〕154 号
2018 国家重点生态功能区县域生态环境质量考核验收的通知	同政发〔2017〕155 号
2019 国家重点生态功能区县域生态环境质量考核资料汇编的报告	同政发〔2017〕156 号
延期拆除 20 吨以下燃煤锅炉的请示	同政发〔2017〕157 号
关于申请创建义务教育发展基本均衡县市级复评的请示	同政发〔2017〕158 号
关于呈报韦州特色小镇培育建设方案的报告	同政发〔2017〕159 号
同心县人民政府关于请求解决草畜产业发展资金的请示	同政发〔2017〕160 号
关于中央环保督查反馈问题整改情况的报告	同政发〔2017〕161 号
关于解决中民光伏同心光伏扶贫项目电网接入有关事宜的请示	同政发〔2017〕162 号
关于将马高庄乡沙化封禁区不列入生态红线的请示	同政发〔2017〕164 号

续表 8

发文标题	发文文号
关于审计署西安特派办《区 2017 年第三季度贯彻落实国家重大政策情况跟踪审计的报告》（征求意见稿）中反馈我县存在问题整改情况的报告	同政发〔2017〕165 号
关于工业用地分期登记发证制度和建设用地履约保证金制度工作开展情况的报告	同政发〔2017〕166 号
关于上报丁炜县长 2017 年度安全生产工作履职情况的报告	同政发〔2017〕167 号
关于全面二十条底线要求督导工作的自查报告	同政发〔2017〕168 号
关于呈报同心空间规划 2016—2030 年初稿的报告	同政发〔2017〕169 号
关于申报 2018 年村镇建设项目计划的请示	同政发〔2017〕170 号
关于 2017 年度耕地保护责任目标履行情况的自查	同政发〔2017〕171 号
关于同心县中宁县第三轮县级行政区域界线联合检查工作情况的报告	同政发〔2017〕172 号
审批县城乡建设用地增减挂钩（十三五异地扶贫搬迁项目）实施方案三期的请示	同政发〔2017〕173 号
关于中央环保督察组反馈意见整改落实情况的报告	同政发〔2017〕174 号
关于同心县 2017 年第六批城镇建设用地的请示	同政发〔2017〕175 号
关于同心县 2017 年第四批工业项目建设用地的请示	同政发〔2017〕176 号
关于同心县 2017 年农民新居农用地转为建设用地的请示	同政发〔2017〕177 号
关于同心中利光伏发电项目建设用地的请示	同政发〔2017〕178 号
关于新区污水处理厂题标改造工程进展情况的报告	同政发〔2017〕179 号
关于上报同心县 2017 年度质量工作自评报告的报告	同政发〔2017〕180 号
关于申报第三批县级食品安全检验检测资源整合试点项目的请示	同政发〔2017〕181 号
关于撤销石狮开发区成立石狮镇的请示	同政发〔2017〕182 号
关于对银柴胡实施地理标志产品保护的请示	同政发〔2017〕183 号
关于冬季供暖保障情况自查的报告	同政发〔2017〕184 号
关于对荞麦实施地理标志产品保护的请示	同政发〔2017〕185 号
关于取消 17 项行政职权事项的决定	同政发〔2017〕186 号
关于取消 18 项证照的决定	同政发〔2017〕187 号
关于废止宣布失效和修改部分规范性文件的决定	同政发〔2017〕188 号
2017 年度同心县财政专项资金绩效自评报告	同政发〔2017〕189 号
关于建设宁夏同德慈善产业园环境区的请示	同政发〔2017〕190 号
关于同心县 2018 年农民新居建设项目立项、选址等情况的报告	同政发〔2017〕201 号

2017 年同心县政府办公室发布重要文件目录

表 9

发文标题	发文文号
关于同心县 2017 老城区银平路片区棚户区（城中村）改造一期项目实施方案的通知	同政办发〔2017〕1 号
关于印发同心县 2017 年老城区东环路片区（城中村）改造一期实施方案的通知	同政办发〔2017〕2 号
关于转发宁夏回族自治区行政规范性文件制定和备案办法的通知	同政办发〔2017〕3 号
关于印发同心县健康扶贫工程实施方案的通知	同政办发〔2017〕4 号
关于成立空间规划（多规合一）编制工作领导小组的通知	同政办发〔2017〕5 号
关于做好县十八届人大一次会议代表议案建议和政协十一街一次会议委员提案办理工作的通知	同政办发〔2017〕6 号
关于印发国有林场改革实施方案的通知	同政办发〔2017〕7 号

续表 9

发文标题	发文文号
关于上报 2016 年度公务员考核结果的报告	同政办发〔2017〕8 号
关于调整同心县综合开发工作领导小组的通知	同政办发〔2017〕19 号
关于转发国务院安委会办公室关于切实做好全国两会期间安全生产工作的通知	同政办发〔2017〕10 号
关于抢抓降雪时机做好春耕等各项工作的紧急通知	同政办发〔2017〕11 号
关于印发开展非法盗挖文物和古生物化石专项整治行动方案的通知	同政办发〔2017〕12 号
成立同心困难群众基本生活保障工作协调小组的通知	同政办发〔2017〕13 号
关于县人大议案政协重点提案包抓工作的通知	同政办发〔2017〕14 号
关于印发同心县 2016 年度土地矿产卫片执法监督检查工作方案的通知	同政办发〔2017〕15 号
关于调整县人民政府领导班子成员分工的通知	同政办发〔2017〕16 号
关于印发 2017 年防范和处置非法集资宣传活动方案的通知	同政办发〔2017〕17 号
关于印发政务服务中心入住运行实施方案的通知	同政办发〔2017〕18 号
关于拟给马洪明等同志记记三等功奖励的请示	同政办发〔2017〕19 号
关于拟给马洪明等同志记嘉奖奖励的请示	同政办发〔2017〕20 号
关于调整消委会成员的通知	同政办发〔2017〕21 号
关于成立同心县 GPS 示范县创建工作领导小组的通知	同政办发〔2017〕22 号
2017 统筹整合使用财政涉农资金推进精准脱贫实施方案的通知	同政办发〔2017〕23 号
2017 统筹整合财政涉农资金使用方案的通知	同政办发〔2017〕24 号
印发建档立卡复查和查漏补缺工作实施方案的通知	同政办发〔2017〕25 号
印发燃煤锅炉专项整治的通知	同政办发〔2017〕26 号
关于印发 2017 年脱贫攻坚 5 个方案的通知	同政办发〔2017〕27 号
成立同心县政府教育督导委员会的通知	同政办发〔2017〕28 号
加强中小学控辍保学工作实施方案的通知	同政办发〔2017〕29 号
同心县中小学校责任督学挂牌督导工作实施细则的通知	同政办发〔2017〕30 号
同心县危险化学品安全综合治理方案	同政办发〔2017〕31 号
同心县社会救助与精准扶贫两项政策有效衔接实施方案的通知	同政办发〔2017〕32 号
同心县第二次全国污染源普查工作方案的通知	同政办发〔2017〕33 号
关于印发同心县创建自治区基本公共体育服务体系示范县实施方案的通知	同政办发〔2017〕34 号
关于转发进一步加强和规范设施农业用地管理的通知	同政办发〔2017〕35 号
关于印发同心县开展工程建设领域突出问题专项整治方案的通知	同政办发〔2017〕36 号
关于印发同心县落实残疾人两项补贴工作方案的通知	同政办发〔2017〕37 号
关于印发同心县特种设备生产安全事故应急救援预案的通知	同政办发〔2017〕38 号
关于印发精准扶贫财产类扶贫保实施方案的通知	同政办发〔2017〕39 号
国家绿色枸杞种植标准化示范区项目实施方案的通知	同政办发〔2017〕40 号
推进商品品牌战略发展 2017—2020 工作行动的通知	同政办发〔2017〕41 号
同心圆枣地理标志产品保护管理办法	同政办发〔2017〕42 号
同心银柴胡地理标志产品保护申报工作行动方案的通知	同政办发〔2017〕43 号
同心银柴胡地理标志产品保护申报工作领导小组的通知	同政办发〔2017〕44 号
同心荞麦地理标志产品保护申报工作行动方案的通知	同政办发〔2017〕45 号
同心荞麦地理标志产品保护申报工作行领导小组的通知	同政办发〔2017〕46 号
政府办公室 2016 内部控制报告	同政办发〔2017〕47 号
文化扶贫工程服务中心项目实施方案的通知	同政办发〔2017〕48 号

续表 9

发文标题	发文文号
关于印发 2017 年农村环境综合整治实施方案的通知	同政办发〔2017〕49 号
2017 农村社区服务站项目建设的通知	同政办发〔2017〕50 号
贫困村基础设施完善工程实施方案的通知	同政办发〔2017〕51 号
禁牧封育工作的紧急通知	同政办发〔2017〕52 号
同心县剩余村综合文化服务中心项目实施方案	同政办发〔2017〕53 号
关于印发“十三五”易地扶贫搬迁资金管理办法的通知	同政办发〔2017〕54 号
关于印发 2017 年精准脱贫能力培训实施方案的通知	同政办发〔2017〕55 号
关于印发畜禽禁养区规定工作方案的通知	同政办发〔2017〕56 号
开展增加企业和公民负担证照清理工作实施方案的通知	同政办发〔2017〕57 号
关于印发国有企业家属“三供一业”分离移交工作方案的通知	同政办发〔2017〕58 号
关于成立国有企业职工家属区“三供一业”分离移交工作领导小组的通知	同政办发〔2017〕59 号
关于印发 2017 年防范和处置非法集资专项排查整治工作方案的通知	同政办发〔2017〕60 号
关于转发《宁夏回族自治区兵役登记实施办法（试行）》的通知	同政办发〔2017〕61 号
同心县进一步推进“县乡村医疗卫生服务一体化”管理实施方案的通知	同政办发〔2017〕62 号
关于印发同心县推进家庭医生签约服务工作实施方案的通知	同政办发〔2017〕63 号
关于调整同心县招生委员会组成人员的通知	同政办发〔2017〕65 号
关于印发清真牛羊肉一二三融合发展实施方案	同政办发〔2017〕66 号
渣土运输专项整治工作实施方案的通知	同政办发〔2017〕67 号
关于印发同心县 2017 年大气污染防治重点工作安排的通知	同政办发〔2017〕68 号
关于成立同心县扶贫开发金融合作领导小组的通知	同政办发〔2017〕69 号
廉政工作会议通知	同政办发〔2017〕70 号
关于 2017 年法治政府工作要点的通知	同政办发〔2017〕71 号
关于切实做好抢收抢播工作的紧急通知	同政办发〔2017〕72 号
关于印发 2014.2015 年脱贫户产业扶持巩固提升项目实施方案的通知	同政办发〔2017〕73 号
关于启用同心县人民政府督查室印章的通知	同政办发〔2017〕74 号
政务大厅窗口单位工作人员绩效考核办法	同政办发〔2017〕75 号
关于印发棚户区依法强制拆迁工作方案	同政办发〔2017〕76 号
2017 全县行政执法证件申领考试的通知	同政办发〔2017〕77 号
关于开展规范性文件清理的通知	同政办发〔2017〕78 号
关于印发耕地保护目标考核办法的通知	同政办发〔2017〕79 号
关于开展金县安全生产大检查的实施方案	同政办发〔2017〕80 号
启动高温三级预案	同政办发〔2017〕81 号
关于印发非煤矿山扬坐整治专项实施方案的通知	同政办发〔2017〕82 号
解除高温三级响应	同政办发〔2017〕83 号
关于成立安全生产大督查领导小组的通知	同政办发〔2017〕84 号
关于印发河道清理专项行动实施方案的通知	同政办发〔2017〕85 号
关于印发 2017 年度全县水污染防治重点工作安排的通知	同政办发〔2017〕86 号
关于印发城市管理执法制式服装和标示采购方案的通知	同政办发〔2017〕88 号
关于高层建筑消防安全综合治理方案	同政办发〔2017〕89 号
关于印发同心县推进简政放权放管结合优化服务改革工作实施方案的通知	同政办发〔2017〕90 号
关于印发同心县 2017 年政务公开工作要点的通知	同政办发〔2017〕91 号

续表 9

发文标题	发文文号
关于印发同心县全面推进政务公开若干重点工作实施方案的通知	同政办发〔2017〕92 号
关于印发同心县城市建成区违法建设专项治理工作实施方案的通知	同政办发〔2017〕93 号
关于印发同心县企业信用信息归集和运用管理工作实施方案的通知	同政办发〔2017〕94 号
关于成立同心县科技助力精准扶贫工作领带小组的通知	同政办发〔2017〕95 号
关于做好玉米粘虫防治工作的紧急通知	同政办发〔2017〕96 号
关于印发建立城镇建设用地增加规模同吸纳农业转移人口落户数量挂钩机制实施方案的通知	同政办发〔2017〕97 号
关于调整政府领导分工的通知	同政办发〔2017〕98 号
办公设备资金请示	同政办发〔2017〕99 号
关于加挂政务公开办公室牌子的请示	同政办发〔2017〕100 号
关于转发自治区取消 81 项证照的决定的通知	同政办发〔2017〕101 号
关于印发同心县绿盾 2017 阻燃保护区清理整治专项行动工作方案的通知	同政办发〔2017〕102 号
关于进一步加强全县扬尘污染治理工作实施方案的通知	同政办发〔2017〕103 号
农建方案	同政办发〔2017〕104 号
关于印发同心县政务服务中心下马关分中心建设运行方案	同政办发〔2017〕105 号
关于调整县消防安全委员会成员的通知	同政办发〔2017〕106 号
关于印发同心县失地农民享受低保清理整顿工作实施方案的通知	同政办发〔2017〕107 号
慢性病防控示范区创建，遏制与防治艾滋病，“十三五”结核病防治的通知	同政办发〔2017〕108 号
关于印发同心县 2017 年第二批扶贫资金整合使用方案的通知	同政办发〔2017〕109 号
关于印发同心县 2017 年自治区第二批扶贫资金产业扶贫实施方案的通知	同政办发〔2017〕110 号
同心县脱贫攻坚问题整改工作方案	同政办发〔2017〕111 号
关于印发同心县知识产权保护和运用“”十三五“规划工作方案的通知	同政办发〔2017〕112 号
关于印发同心县 2017 年打击侵犯知识产权和制售假冒伪劣商品工作方案的通知	同政办发〔2017〕113 号
关于印发同心县电线电缆专项整治工作方案的通知	同政办发〔2017〕114 号
关于印发农村找基地“房地一体”确权登记颁证工作实施方案的通知	同政办发〔2017〕115 号
印发全覆盖排查整治问题地图专项行动工作方案的通知	同政办发〔2017〕116 号
关于印发绿盾 2017 罗山自然保护区清理整治专项行动包抓方案的通知	同政办发〔2017〕117 号
关于印发 2017 年第一批农业财政项目实施方案的通知	同政办发〔2017〕118 号
关于成立同心县油气田输油管道安全保护工作领导小组的通知	同政办发〔2017〕119 号
关于进一步加强火灾防控的通知	同政办发〔2017〕120 号
关于印发《同心县防治慢性病中长期规划（2017 年—2015 年）健康同心建设方案（2017—2020）》的通知	同政办发〔2017〕121 号
关于做好 10 月 7—9 日寒潮天气防范应对工作的通知	同政办发〔2017〕122 号
关于印发同心行政事业单位和社团工作人员住房货币化分配方案实施细则的通知	同政办发〔2017〕123 号
关于印发同心健康扶贫行动计划 2017—2020 的通知	同政办发〔2017〕124 号
关于印发同心退役士兵再就业工作实施方案的通知	同政办发〔2017〕125 号
四个一示范工程实施方案	同政办发〔2017〕126 号
关于成立同心县农业水价综合改革工作领导小组的通知	同政办发〔2017〕127 号
关于保障群众住房安全和温暖过冬的通知	同政办发〔2017〕128 号
关于做好环境保护税征管准备工作的通知	同政办发〔2017〕129 号
关于启用同心县城市管理综合执法局印章的通知	同政办发〔2017〕130 号
成立庆华集团韦二煤矿项目推进工作领导小组的通知	同政办发〔2017〕131 号
2018 国家重点生态功能区县域生态环境质量考核工作实施方案的通知	同政办发〔2017〕132 号

续表 9

发文标题	发文文号
同心农业水价综合改革实施方案	同政办发〔2017〕133 号
办公经费的请示	同政办发〔2017〕134 号
关于调整县政务公开工作领导小组的通知	同政办发〔2017〕135 号
关于转发解决同富村移民土地问题实施方案的通知	同政办发〔2017〕136 号
关于印发同心公共租赁住房清查清退工作方案的通知	同政办发〔2017〕137 号
关于印发同心县屋顶光伏扶贫项目实施方案的通知	同政办发〔2017〕138 号
关于开展 2017—2018 年秋冬季燃煤管控综合治理工作的通知	同政办发〔2017〕139 号
关于印发同心产业扶贫及落实自治区四个一示范带动工程实施方案的通知	同政办发〔2017〕140 号
关于进一步加强控辍保学工作的通知	同政办发〔2017〕143 号
关于进一步加强中小学音乐体育美术和综合实践等课程教育教学工作的通知	同政办发〔2017〕144 号
关于调整县退伍军人安置工作领导小组的通知	同政办发〔2017〕145 号
关于调整同心县森林防火指挥部组成人员的通知	同政办发〔2017〕146 号
关于成立同心县 2017 年度建档立卡贫困人口生态护林员选聘工作领导小组的通知	同政办发〔2017〕147 号
关于印发同心 2017 今冬明春火灾防控工作方案的通知	同政办发〔2017〕148 号
关于调整健康同心建设领导小组的通知	同政办发〔2017〕149 号
关于成立县统筹整合使用财政涉农资金推进协调组的通知	同政办发〔2017〕150 号
关于印发县财政专项扶贫资金绩效评价办法的通知	同政办发〔2017〕151 号
关于调整同心县粮食安全工作领导小组的通知	同政办发〔2017〕152 号
关于印发同心创新改革试点村级互助资金管理运行方式助力脱贫攻坚实施方案的通知	同政办发〔2017〕153 号
关于印发同心 2017 年脱贫攻坚社会保障兜底工作实施方案的通知	同政办发〔2017〕154 号
关于举办中国体育彩票杯宁夏同心首届农民篮球争霸赛的通知	同政办发〔2017〕155 号
关于印发生态移民村庭院经济发展实施方案的通知	同政办发〔2017〕156 号
关于印发同心县生态移民村生态经济林文冠果种植项目实施方案的通知	同政办发〔2017〕157 号
关于进一步加强禁牧封育工作的紧急通知	同政办发〔2017〕158 号
关于转发区政办关于实施行政规范性文件三统一和有效期制度的通知	同政办发〔2017〕159 号
关于印发打击黑加油站黑加油车黑窝点违法经营活动专项行动方案的通知	同政办发〔2017〕160 号
关于启用同心县城市管理综合执法大队印章的通知	同政办发〔2017〕161 号
十一五旱天岭移民安置区遗留问题解决方案的通知	同政办发〔2017〕162 号
关于启用同心县人民政府残疾人工作委员会印章的通知	同政办发〔2017〕163 号

媒体中的同心

电商扶贫成为同心县脱贫新引擎

1 月 8 日，国家商务部组织对同心县电商综合示范县项目实施情况进行检查，并给予了高度评价。近年来，同心县抢抓国家和自治区实施“互联网 +”战略行动计划政策机遇，引导贫困群众“触网”创业就业。

2015 年实施全国电子商务进农村综合示范县项目，率先在全区县一级建成闽宁协作电商服务中心，设立电子商务发展引导基金，建成村级电商服务站77个，其中贫困村34个，电商普惠性培训覆盖率达到80%以上，建档立卡贫困户从事电商创业人员100多人，有力推动了有机农产品、民族用品等特色产品线上销售和线下生产加快融合，带动2万人就业创业；新华村的苹果、菊花台村的羊肉、朝阳村的牛肉，线上销售势头良好。2015年以来，线上累计销售苹果9万多斤、牛羊肉2000多公斤，利润在传统线下销售的基础上翻了一番；有机枸杞、同心圆枣等特色农产品已进入北京西单商场专柜，提升了影响力和知名度；石狮开发区城一村52岁村民姜中云，双腿残疾，通过学习电子商务相关知识，同9名残疾人合作开设电子商务服务站，通过线上销售民俗产品、手工艺品及代买代卖，现在月收入达到了7000元左右。

原载于《新知讯报》 1月19日

（马进新）

同心万吨级秸秆综合利用“一石二鸟”

将秸秆资源炭化，生产秸秆生物质缓释炭基肥，实现农业废弃物的综合循环利用。日前，同心县三聚环保万吨级秸秆综合利用项目正式开工，项目的建设，能够有效解决秸秆露天焚烧、堆积、抛撒等问题，促进秸秆资源的有效利用、农业增产增收、生态环境改善。

同心县是全区农业大县，现有耕地210多万亩，其中水浇地50多万亩，年产玉米等秸秆100多万吨。由于秸秆利用率不高，群众以焚烧为主，既污染了环境，又浪费了资源。引进企业，将秸秆资源转化成经济优势，造福广大群众，一直是县委、政府关注考虑的一大课题，也是群众多年来的夙愿。2016年10月份以来，同心县委、政府多次与北京三聚环保新材料股份有限公司对接，最终促成了万吨级秸秆综合利用项目在同心落地。项目填补了同心县在秸秆生物资源综合循环利用方面的空白，为同心在生物高效循环利用、土壤改良、提升肥力、增产增收等方面提供全面的解决方案。

该项目利用同心县当地丰富的粮作物秸秆资源炭化生产秸秆生物质缓释炭基肥，实现农业废弃物的综合循环利用。项目概算总投资3.2亿元，全套工艺采用三聚环保专有技术，属目前国内该领域最先进的工艺技术、最高端的装置设备。万吨级秸秆综合利用项目经测产实验，生物炭复合肥与普通复合肥相比，氮磷钾无机肥减少5%—10%，籽粒粗蛋白提高15%，有机质增加20%，每亩增产约10%，增收100元—200元。

据介绍，项目计划分两期项目进行建设，2017年一期工程完成机械竣工，2018年正式商业运作，2019年完成二期工程。项目建成后可每年回收利用同心县18万吨粮作物秸秆，实现年销售收入3.6亿元，利润超过7230万元，新增就业岗位200余个，社会效益和经济效益均十分显著。

原载于《新知讯报》 3月20日

（马　忠）

同心建设万头安格斯牛繁育基地

日前，记者从同心县农科局获悉，海尔产业金融现代农业事业部投资14840万元在王团镇圆枣村建设占地1050亩万头安格斯牛繁育基地。计划建设年繁育1万头犊牛良种繁育场，年产3万吨有机肥生产场、年处理粪便3万吨的沼气池1个和配套建设2000亩有机小杂粮种植农业示范园区。

为深入推进农业供给侧结构性改革，加快培育农业农村发展新动能，政府应势利导，加大招商引资力度，协调宁夏杨哈吉清真农牧产业发展有限公司与中国海尔金融建立战略合作机制，依托同心县丰富的玉米、柠条及农作物秸秆作为饲草料资源，发挥合作双方的资源和优势，大力发展同心县高品质肉牛养殖加工产业，带动同心县百姓发展高档肉牛养殖，实现脱贫致富、助力打赢同心县脱贫攻坚战。按照项目分工，海尔产业金融现代农业事业部负责提供上游供应融资，产品销售渠道搭建和对接等，宁夏杨哈吉清真农牧产业发展有限公司作为业主单位，负责项目立项、工程建设与运营管理。项目全部建成后，每年可为同心县贡献工业产值约8000万元。可拉动地方、物流运输、餐饮娱乐、饲草种植、饲料加工等相关配套产业产值1亿元以上。为当地老百姓增解决富余劳动力100人以上，每年可增加工资性收入400万元以上，预计年回收与利用当地农作物秸秆5万吨以上。

该项目已于3月5日开工建设，预计于今年10月底完成一期工程建设，先繁育基地安格斯肉牛将存栏5000头以上。

原载于《塞上新农村》 4月19日

（马 忠）

“数说”同心公安2016

一、警务改革实现新创新

2016年，同心县公安局众志成城，发扬同心公安精神，主动作为、敢于奉献，为“十三五”开局之年和公安机关“四项建设”攻坚之年奠定坚实的基础，公安战果硕果累累：圆满高效完成“七大战役”各项目标任务，实现侦办命案积案“零”的突破；承担的“四项建设”42项任务全部启动，“1+1+X”警务模式落地……

持续巩固同心公安局豫海所“首办1号服务大厅”，下马关所“六警合署”办公模式；在9个基层派出所推行“3+X”警务改革；按照“1+1+X”社区警务机制，在全县范围筹建标准化4个城区警务室、11个农村警务室和25个警务联系点，聘用28名社区警务助力，在城区主要路口规划建设3个警银厅，实现服务全县群众“最后一公里”问题。

组成全县应急特巡警中队，以“特巡警中队、交警、消防、武警、豫海镇派出所”5个专业警种为支撑，实现“一个中心、五支队伍、一级接警、一级指令”的警务模式。

二、社会综治管理新突破

启动“五防工程”，社会治安防控体系建设不断完善。全年组织集中清查行动10次，公交车安保检查7次，开展防爆恐实战演练4场次，完成各类安保任务20余场次，组织全县40家宾馆、饭店负责人进行消防专题培训10场次，圆满完成全县541名穆斯林群众朝觐统送统接工作。成功查处2起非法经营和1起非法储存烟花爆竹案（价值20余万元），捣毁存储烟花爆竹窝点4处，查扣烟花爆竹2563箱，抓获犯罪嫌疑人3人。成功破获一起非法猎捕野生动物案，打掉了一个陕西籍非法猎捕野生动物团伙，劝返70余人，对3名违法人员予以行政处罚。主动配合住建、人社、信访等部门摸排梳理拖欠农民工工资案件30起人员3300余人、金额1.2亿元。及时妥善化解庆华集团韦二煤矿、同心光亚公司清欠农民工工资专项行动，化解涉及全县重点工程建设领域的社会矛盾110件。共依法治安拘留非访人员18名，训诫教育100余人次。聘请宁夏澄天环境信息咨询有限公司等5家评估公司为全县开展社会稳定风险评估“第三方”机构，今年共评估25个重点建设项目。

三、执法规范化新模式

以案管中心为依托，以“1+10+X”警务模式为载体，建设“执法、案管、物管”三大中心，“模块化”和音视频“三专五统一”管理模式，实现执法社会效果与法律效果的高度融合。出台《办案积分制》《主办侦查员制》等执法管理机制，推行“一案五表”“五级审核”“限时审核”及周点评、月通报制。建立重大决定执法管理委员会审议制度和公安机关法律顾问制度，提高了决策的合法性。对案件主办员进行积分考核，记入执法档案，作为评先选优依据，解决执法监督不力，执法效能评价滞后的问题。制定《警务实战化》等工作规范，对处警时间、装备配备、处警流程等作了详尽规定。推行“一周一执法问题晒单，半月一执法问题局长阅改，一月一执法管理委员会通报会商，一月一执法问题会诊”“四个一”执法问题清零模式。案管中心典型经验在全区推广。

四、“天眼”信息化工程全覆盖

对2014年之前建成的31路智能交通和治安卡口系统进行更新改造，2016年，采取“以租代建”模式启动28处电子警察，8处交通灯控设施、城区9处禁左及90秒违停抓拍和重点路段10处卡口系统新建改造工程。目前，全县共建成智能交通（卡口）系统25处54路，治安监控点233处372路，实现对重点区域视频监控精准覆盖。同时，在全县重点区域建设145处无线Wi-Fi审计系统。通过交通管理、大情报等警务平台，对重点人、车辆行动轨迹进行布控分析，为精准打击、精准防控提供技术保障和支撑。构建环县、环城8条交通主干线路，33处重点路口的“三级封控”应急处突警务卡点。

五、“七大战役”赢得新辉煌

通过开展“两强、两打、两防大干实干60天”“50天攻坚战”等专项行动，全局共查获吸毒人员348人，强戒吸毒人员233人，破获毒品案件84起（其中公厅级特大贩毒案8起），抓获贩毒人员102人，收缴毒品海洛因53.57公斤，冰毒240余克，大麻70余公斤，美沙酮187克；侦破公安部目标案件2起，自治区公安厅目标案件3起；侦破3人以上团伙案件8起。实现“外流贩毒、新增吸毒人员、新增贩毒人员”的三大降。

六、队伍管理迈向新境界

以精细化管理为抓手，细化队伍建设、纪律作风、后勤管理、信息化建设、执法质量等8项考评标准，下发《2016年重点工作任务清单》，出台《请销假制度》《值班备勤及问责制度》和“八不准”“四不准”等46项规章制度。建立20项党委主体责任和17项纪委监督责任，逐级签订党风廉政建设责任书和承诺书。筹措10万余元在重大节日期间慰问革命烈士、因公牺牲民警家属、困难民警，对2016年高考中榜10名民警子女送去慰问金3万元；落实18名基层派出所所长、教导员正科级编制，先后调整交流民警50人次，协勤30人次，进一步增强全体民警（协勤）职业自豪感、荣誉感和归属感，不断激发全警干事创业的激情和创造力。

原载于《宁夏法治报》1月17日

（何巧云　苏玉萍）

搬出大山天地宽——同心县“十三五”易地扶贫搬迁首批县内劳务移民搬迁入住仪式见闻

近日，一辆满载移民群众的大巴车在时隐时现的晨雾中穿行，车上群众有的安静小憩，有的三两攀谈，气氛显得格外轻松。但来自田老庄乡五道岭子村的顾义财心情有点忐忑，因为他要代表移民群众在易地扶贫搬迁首批县内劳务移民在搬迁入住仪式上发言。

今年56岁的顾义财全家7口人居住在不到40平方米的危房中，现在，顾义财交了21000元就住进了123平方米的楼房，顾义财对以后的日子充满了期待。站在话筒前，老顾挺直腰板儿，淳朴的话语里是由衷的幸福感：“我们搬迁楼附近也有学校，真替孩子高兴，能在县城学校上学，待在父母身边，接受好的教育，不再像以前我们在外打工，孩子每天上学回家后还要自己做饭烧炕，孩子的教育难以保障。除此之外，我还听说给有劳动能力的人可以获得就近介绍工作，这样一来我和媳妇两个人都能打工养家咧。”

在移民搬迁安置区门口，信息服务台、学生入学服务台、入住服务台、供电服务台等便民站台依次摆放，免费发放的米、面、油等日常生活用品一应俱全，方便了移民群众的搬迁。在企业招工报名处，同心县伊兰峰民族服饰有限公司负责人丁建芳介绍说，企业目前用工缺口在一百余人，随着这批移民的搬迁入住，将缓解企业用工难问题。

“‘十三五’时期，自治区下达同心县十三五易地扶贫搬迁任务1990户7468人，其中2016年搬迁任务1000户3745人。”同心县扶贫办主任马希丰说，同心县计划建设的王团镇罗台、马高庄乡白阳洼及毛家墩、预旺贺家塬等4个就近安置区移民房建设工程已全面完工，安置移民101户437人。

通过自建或回购劳务移民安置楼房900套，计划安置劳务移民900户3210人，当天组织已经交清建房自筹款的147户776名劳务移民对象搬迁入住，剩下的移民对象将分期分批组织搬迁入住。

从农民变市民，带来的不仅是生活方式的改变，更有思想观念的改变。市委常委、同心县委书记马洪海表示，“十三五”期间，同心县将深入实施“12356”脱贫攻坚思路，按照“五个一批”“六个精准”的要求，精准识别、精准施策、精准帮扶，通过发展特色产业、移民搬迁、生态脱贫、教育脱贫、政府兜底等五个一批精准扶贫，解决61个贫困村、15079户59709名贫困人口贫困问题。

原载于《吴忠日报》1月9日

（谷　刚）

同心县2017年国民经济和社会发展统计公报

同心县统计局　同心县社会经济调查队

（2017年4月30日）

2017年，县委、政府坚持稳中求进工作总基调，紧紧围绕脱贫攻坚和供给侧结构性改革，稳增长、促改革、惠民生、谋发展、调结构、抓项目、抓脱贫、补短板，全县各项社会事业全面发展，经济社会发展呈现良好态势。

一、综合

初步核算，全年实现地区生产总值633204万元，按可比价格计算，比上年增长9.6%。其中，第一产业增加值114138万元，比上年增长4.8%；第二产业增加值279305万元，比上年增长13.2%；第三产业增加值239762万元，比上年增长8.3%。按常住人口计算，全县人均生产总值19187元，比上年增长8.5%。

三次产业增加值构成由2016年的20∶41∶39调整为2017年的18∶44∶38。2017年，三次产业对经济增长的贡献率分别由2016年的8%、53%和39%转变为10%、57%、33%。

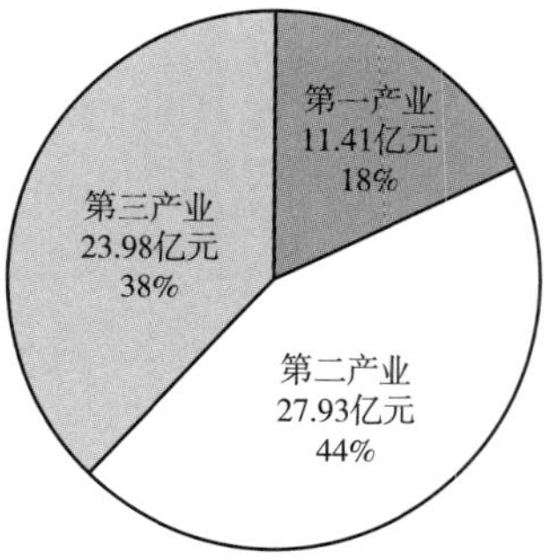

2017年地区生产总值构成图

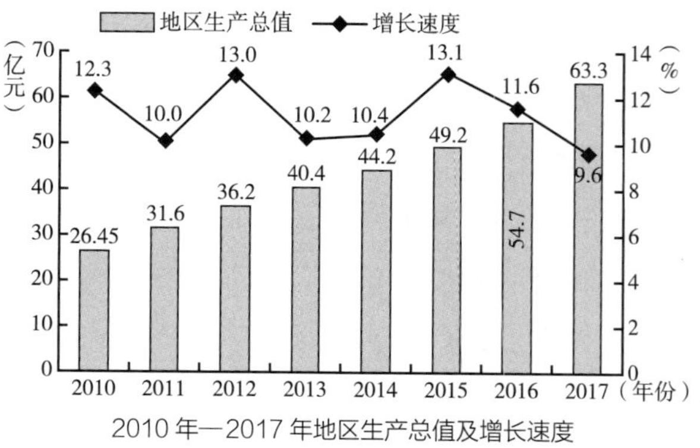

2010年—2017年地区生产总值及增长速度

2017 年地区生产总值及增长速度

表 10

指 标	绝对值（万元）	比上年增长（%）
全县生产总值	633204	9.6
第一产业	114138	4.8
第二产业	279305	13.2
工 业	192558	13.9
建筑业	86747	11.6
第三产业	239762	8.3
批发和零售业	20942	3.5
交通运输、仓储和邮政业	28204	2.1
住宿和餐饮业	10546	5.9
金融业	37752	18.4
房地产业	18042	7.8
其他服务业	119684	8.3

二、农业

全年实现农林牧渔业总产值 249095 万元，比上年增长 4.5%。其中，种植业产值 137231 万元，比上年增长 7.3%；林业产值 4722 万元，比上年下降 10%；畜牧业产值 99952 万元，比上年增长 1.3%；农林牧渔服务业产值 7190 万元，比上年增长 3.6%。

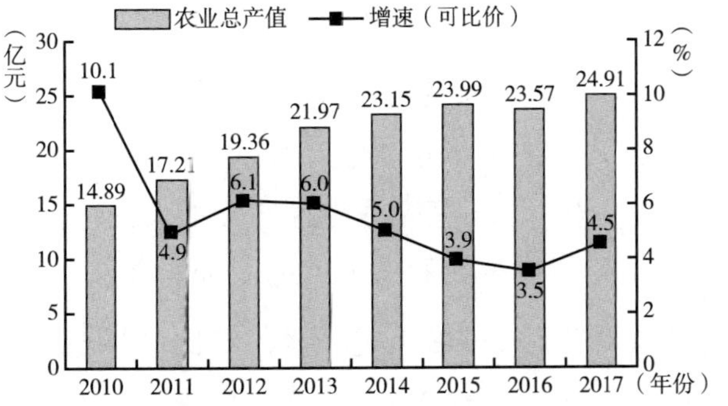

2010 年—2017 年农业总产值及增长速度

全年粮食播种面积 124.9 万亩，比上年增长 5.9%。其中，小麦播种面积 37.7 万亩，比上年增长 32.8%；玉米播种面积 35.8 万亩，比上年下降 1.9%；马铃薯播种面积 16.5 万亩，比上年下降 5.7%。油料播种面积 13.9 万亩，比上年下降 12.3%。全年粮食总产量 32.2 万吨，比上年增长 4.9%。其中，小麦产量 3.5 万吨，比上年增长 12.9%；玉米产量 23.7 万吨，比上年下降 0.03%；马铃薯产量 1.98 万吨，比上年增长 13.1%。

全年生猪存栏 0.5 万头，比上年增长 22.3%，出栏 0.45 万头，比上年增长 0.8%；牛存栏 5.5 万头，比上年增长 5.5%，牛出栏 6.4 万头，比上年增长 9.6%；羊只存栏 61.9 万只，比上年下降 2.0%，羊只出栏 79.1 万只，比上年增长 8.5%；家禽存栏 1060 百只，比上年增长 74.6%，家禽出栏 4123 百只，比上年下降 26.1%。全县肉类总产量 2.5 万吨，比上年增长 7.3%。

三、工业和建筑业

全年全部工业增加值 192558 万元，比上年增长 13.9%。全年规模以上工业实现增加值 182214 万元，比上年增长 14.2%。全年规模以上工业企业实现销售产值 661762 万元，比上年增长 5.1%，工业产品销售率为 87%。

全年规模以上工业企业总资产 2197108 万元，比上年增长 28.2%；流动资产 967143 万元，比上年增长 54.7%；实现主营业务收入 598225 万元，比上年增长 10.2%；实现利润 67352 万元，比上年增长 15.1%。

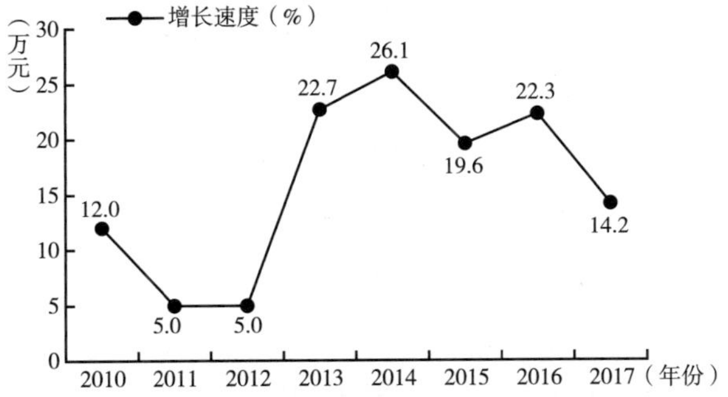

2010 年—2017 年全县规模以上工业增加值及增长速度

全县具有资质的总承包和专业承包建筑业企业 12 家，全年完成建筑业总产值 70790 万元，比上年增长 71.5%，建筑业企业房屋施工面积 187681 平方米，比上年下降 47.1%，房屋竣工面积 144892 平方米，比上年增长 273.8%。

四、固定资产投资

全年完成固定资产投资 860334 万元，比上年增长 14.9%。其中，县属固定资产投资 745169 万元，比上年增长 36%；在县属投资中：基本建设投资 577369 万元，比上年增长 36.5%；更新改造投资 11920 万元，比上年增长 346.4%；房地产开发投资 155880 万元，比上年增长 27.3%。从投资主体看，县属国有及国有经济控股完成投资 224945 万元，比上年增长 24.8%；非国有经济完成投资 520224 万元，比上年增长 41.4%。在总投资中，建筑安装工程完成投资 596102 万元，比上年增长 13.9%。

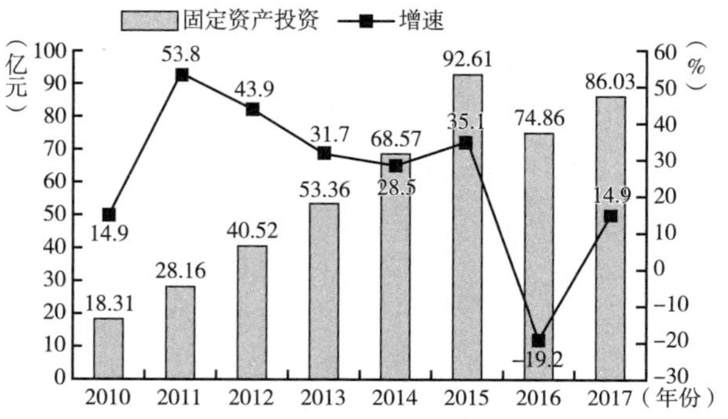

2010 年—2017 年全县固定资产投资及增长速度

从县属投资结构看，第一产业投资 117777 万元，比上年增长 137.9%；第二产业投资 275895 万元，比上年增长 47.1%；第三产业投资 351497 万元，比上年增长 13.0%。

全年固定资产投资施工项目 171 个，比上年下降 15.3%，施工项目计划总投资 1893822 万元，比上年增长 85.9%。5000 万元及以上投资施工项目 35 个，比上年同期增加 7 个，完成固定资产投资 454169 万元，比去年同期增长 96.8%。

全县房地开发投资完成 155880 万元，比去年同期增长 27.3%，其中，商品住宅开发投资 114992 万元，比上年增长 24.3%。

全年商品房销售面积为 265528 平方米，比上年增长 55.8%。其中，住宅销售面积 249632 平方米，比上年增长 58.7%；商品房销售额 107440 万元，比上年增长 72%。其中，住宅销售额 96754 万元，比上年增长 80.4%。

五、批发、零售、住宿、餐饮业

全年实现社会消费品零售总额 132231 万元，比上年增长 10.1%。按销售单位所在地分：城镇消费品零售额 107208 万元，比上年增长 10%；乡村消费品零售额 25023 万元，比上年增长 10.6%。按登记注册类型分：国有经济 31290 万元，比上年增长 10.4%；集体经济 64 万元，比上年增长 10.3%；私营经济 18293 万元，比上年增长 13.1%；个体经济 74657 万元，比上年增长 9.3%；其他各种经济 7927 万元，比上年增长 9.3%。

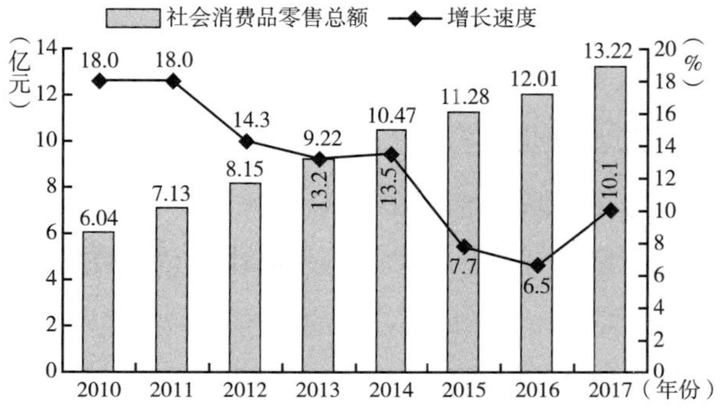

2010 年—2017 年全县社会消费品零售总额及增长速度

分行业看，批发零售贸易业实现 115718 万元，比上年增长 10.2%；住宿和餐饮业实现零售额 16513 万元，比上年增长 9.1%。

六、交通、邮电业

全年公路客运量 212 万人次，比上年下降 8.2%，公路客运周转量 17225 万人千米，同比下降 6.3%，公路货运量 675 万吨，增长 5.8%，公路货运周转量 13648 万吨千米，同比增长 6.1%。年末全县货车数量 3998 辆，客车数量 189 辆，其中，公交车 71 辆。2017 年全县公路通车里程达 2585.759 千米。

全年完成邮电业务总量 4829 万元，比上年增长 12.4%。其中，电信业务总量 4000 万元，比上年增长 14.3%；邮政业务总量 829 万元，比上年增长 4.0%。年末全县固定电话用户达 1 万户，移动电话用户 236138 户，计算机互联网用户达到 39465 户。

七、财政、金融和保险

全年完成地方公共财政预收入 23490 万元，比上年增长 19.7%。其中：增值税、业税、企业（个人）所得税等主体税种分别完成 7447 万元、42 万元和 2274 万元，比上年同期分别增长 58.1%、–96.4% 和 32.3%。

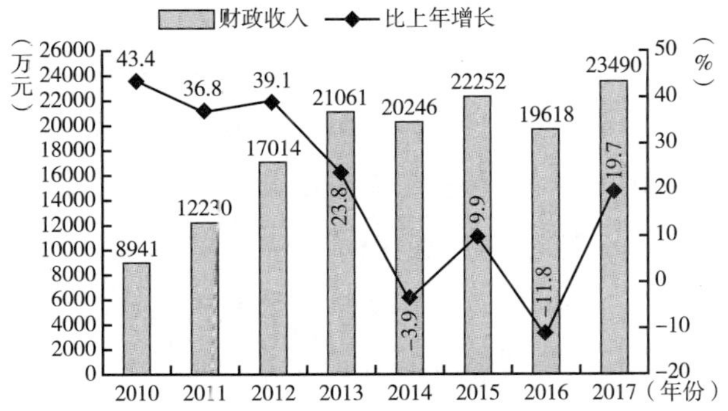

2010 年—2017 年公共财政预算收入及增长速度

全年公共财政预算支出 528471 万元，比上年增长 21%。其中，一般公共服务支出 22098 万元，比上年增长 18.8%；公共安全支出 13359 万元，比上年下降 7.2%；教育支出 95778 万元，比上年增长 29.8%，科学技术支出 600 万元，比上年下降 4.8%；社会保障与就业 64210 万元，比上年下降 13.5%；医疗卫生支出 55746 万元，与上年增长 33.0%；节能环保支出 20562 万元，比上年增长 234.9%；城乡社区事务支出 60576 万元，比上年下降 6.7%。

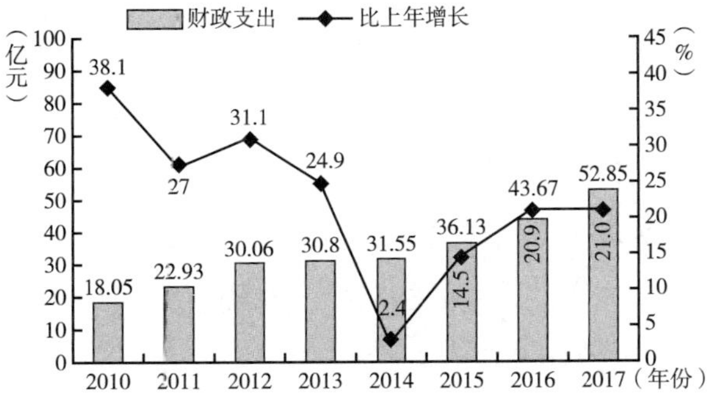

2010 年—2017 年公共财政预算支出及增长速度

年末金融机构各项存款余额 1278028 万元，比上年增长 11.5%。其中，城乡居民存款余额 596799 万元，比上年增长 16%。金融机构各项贷款余额 1001857 万元，比上年增长 43.2%。其中，短期贷款 406577 万元，比上年下降 28.1%；中长期 196600 万元，比上年增长 49.0%。

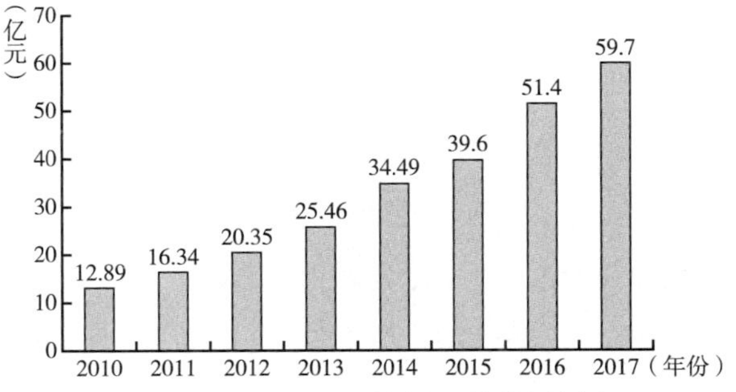

2010 年—2017 年全县城乡居民储蓄存款余额

全年实现保费收入 18618 万元，比上年增长 31.7%。其中，财产险收入 9372 万元，比上年增长 37.4%，人寿险保费收入 9246 万元，比上年增长 26.3%。全年各项赔款支出 7104 万元，比上年增长 4.1%，其中，财产险赔款支出 4987 万元，比上年下降 6.8%，人寿险赔款支出 2117 万元，比上年增长 43.9%。

八、教育、卫生和文化

全年有各级各类学校 162 所，（不含各类幼儿园 49 所），在校学生 65008 人，其中，小学 144 所，在校学生 39531 人；普通中学 16 所，在校学生 24582 人；中等专业学校 1 所，在校学生 515 人。全年有教职工 3916 人，其中，专任教师 3875 人。

全年共有卫生机构 190 个，其中：综合医院 7 个，中医院 1 个、乡镇卫生院 11 个、疾病预防控制中心 1 所、妇幼保健所 1 所、卫生监督所 1 所。全县有卫生技术人员 1319 人，其中：执业医师和执业助理医师 403 人，注册护士 533 人。卫生机构现有病床数 1267 张，每千人拥有床位数 3.8 张。

年末有文化馆 1 个，公共图书馆 1 个，广播电台 1 个，电视台 1 座。广播综合人口覆盖率

96.85%，电视综合人口覆盖率 98.15%。

九、人口、人民生活和社会保障

年末全县常住人口 332025 人，其中城镇人口 127530 人，城镇化率达 38.4%。人口出生率为 17.25‰，比上年下降 0.14 个千分点；人口死亡率为 4.81‰，比上年下降 0.39 个千分点；人口自然增长率为 12.44‰，比上年上升 0.25 个千分点。

2017 年末，全县户籍人口 379702 人。其中，乡村人口 266798 人，占总人口的 70.3%；城镇人口 112904 人，占总人口的 29.7%；回族人口 327690 人，占总人口的 86.3%。2017 年末城镇登记失业人数 550 人，失业率为 3.8%。

2017 年，城镇单位在岗职工工资总额为 96256.8 万元，比上年增长 23.7%，城镇单位在岗职工年平均工资 69640 元，比上年增长 5.7%。全年城镇居民人均可支配收入 22101.5 元，比上年增长 9%。其中，工资性收入 15667.8 元，比上年增长 8.4%；经营净收入 3760.8 元，比上年增长 7.5%；转移净收入 1534.7 元，比上年增长 16%；财产净收入 1138.2 元，比上年增长 13%。人均消费性支出 15216.3 元，比上年增长 8.6%。

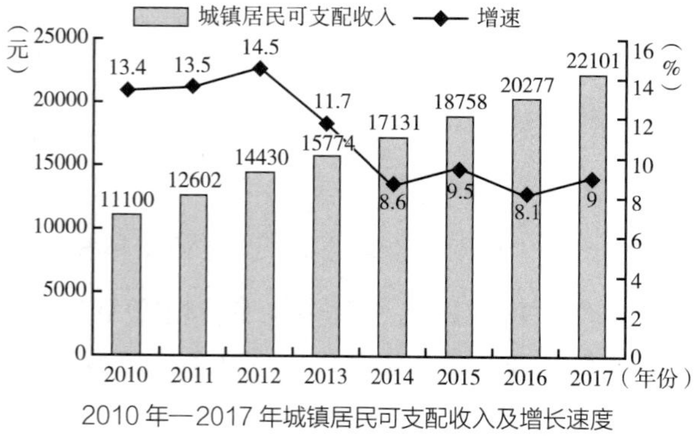

2010 年—2017 年城镇居民可支配收入及增长速度

2017 年农民人均可支配收入 8215.7 元，比上年增长 11.2%。其中，工资性收入 3164.1 元，比上年增长 11.4%；经营净收入 3957.5 元，比上年增长 8%；转移净收入 1077.9 元，比上年增长 26.8%；财产净收入 16.3 元，比上年下降 52.5%。人均消费性支出 7814.5 元，比上年增长 5.5%。

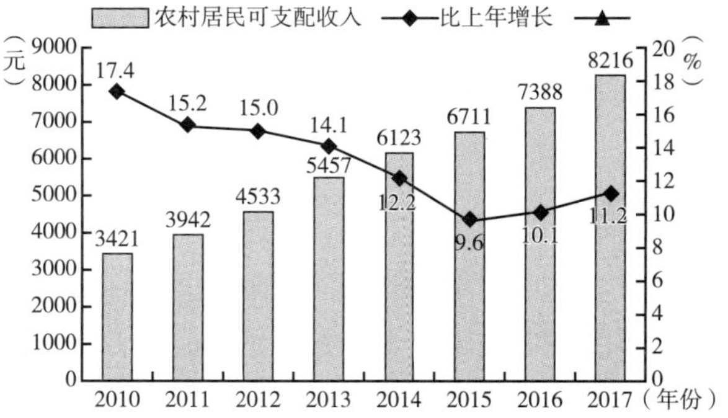

2010 年—2017 年农村居民可支配收入及增长速度

2017 年参加基本养老保险人数 147644 人，比上年下降 0.4%，其中，参保职工 5805 人，参保离退休人员 7336 人。参加城镇失业保险的人数 9535 人，比上年增长 1.6%。参加基本医疗保险人数 334300 人，其中参加城镇职工基本医疗保险 14206 人，参加城乡居民基本医疗保险 320094 人。2017 年末，全县享受低保救济的困难群众达 48238 人，比上年下降 26.8%。其中，享受城市低保的人数达 10395 人，比上年下降 55.3%；享受农村低保的人数达 37843 人，比上年下降 11.2%。

2017 年全县共有养老服务机构 6 个，床位数 600 张，收养人员 217 人。

十、能源、环境与安全生产

初步核算，2017 年全县能源消耗量为 26.1 万吨标准煤，比上年下降 10.13%。单位 GDP 能耗 0.4339 吨标准煤 / 万元，比上年下降 17.98%。

2017 年城市面积达到 38.6 平方千米，建成区面积 16.5 平方千米，城市拥有道路长度 128.15 千米，面积 231.74 万平方米，年末城市绿化覆盖面积 642 公顷，比上年增长 6.7%。

2017 年供水总量 343 万立方米，比上年增长 18.7%，全年供天然气总量 793.3 万立方米，液化石油气 229.3 吨，集中供热面积 254.8 万平方米。

2017 年，全县发生生产安全事故 3 起，（为道路交通事故），死亡 3 人，亿元 GDP 安全事故死亡人数为 0.047 人 / 亿元。

（同心县统计局 同心县社会经济调查队提供）

注：

1. 本公报各项统计数据为初步统计数。

2. 公报中地区生产总值、各产业增加值绝对数按现价计算，增长速度按可比价格计算。

3. 农业总产值增长速度为可比价，农业数据为社会经济调查队抽样调查数。

4. 常住人口是指在本乡镇居住半年以上的人口，或虽居住不满半年但离开户口登记地半年以上人口以及户口待定人口。

5. 户籍人口是指公民依照《中华人民共和国户口登记条例》，已在其经常居住地的公安户籍管理机关登记了常住户口的人。

6. 医疗卫生机构包括村卫生室。

7. 2013 年国家统计局实施了城乡一体化住户调查改革，统一了城乡居民收入名称、分类和统计标准。2010 年—2012 年为老口径计算的农村居民人均纯收入绝对数及增速，2013—2017 年为新口径计算的农村居民可支配收入绝对数及增速。

8. 因修订数据将 2016 年固定资产由 935496 万元调整为 748569 万元。

9. 将 2016 年财政预算收入由 21550 万元调整为 19618 万元。

资料来源：本公报中登记失业率、养老保险、医保等数据来自县人力资源社会保障局；邮政业务数据来自邮政局；电信数据来自电信局；户籍人口来自公安局；财政数据来自财政局；金融数据来自人民银行；教育数据来自教育局；医疗数据来自卫生和计划生育局；城乡居民人均可支配收入、农业、畜牧业数据来自经济社会调查队；低保数据来自民政局；环境保护和安全生产数据来自建环局、安监局；其他数据均来自统计局。

同心县粮食产量定案数

表 11

作　物	2017 年定案数			2016 年核定数			增减幅度		
	面积	总产量	亩产	面积	总产量	亩产	面积	总产量	亩产
	亩	吨	千克	亩	吨	千克	%	%	%
小麦	376500	35278	93.70	283500	31242	110.2	32.80	12.92	−14.97
夏杂	15000	285	19.00	28500	542	19	−47.37	−47.42	0.00
夏粮合计	391500	35563	75.30	312000	31784	101.9	25.48	11.89	−26.10
玉米	358000	237032	662.10	365000	237104	649.6	−1.92	−0.03	1.92
马铃薯	165000	19784	119.90	175000	17500	100	−5.71	13.05	19.90
秋杂	334500	29804	89.10	327500	20796	63.5	2.14	43.32	40.31
秋粮合计	857500	286620	334.30	867500	275400	317.5	−1.15	4.07	5.29
全年粮食	1249000	322183	258.00	1179500	307184	260.4	5.89	4.88	−0.92

同心县 2017 年城乡收入统计表

表 12

乡　镇	2017 年 可支配收入（元）	2016 年 可支配收入（元）	增　幅（%）
豫海镇	10415.5	9546.7	9.1
河西镇	8964.8	8238.8	8.8
丁塘镇	9170.2	8398.2	9.2
石狮镇	8225.7	7444.2	10.5
王团镇	7734.6	7128.8	8.5
预旺镇	6835.7	6033.3	13.3

续表 12

乡　镇	2017年	2016年	增　幅（%）
	可支配收入（元）	可支配收入（元）	
下马关镇	7982.4	7114.4	12.2
韦州镇	9782.7	8695.7	12.5
田老庄乡	6363.9	5631.7	13.0
张家塬乡	7364.9	6546.6	12.5
马高庄乡	7183.8	6368.6	12.8
兴隆乡	8089.6	7408.3	9.2

（同心县社会经济调查队提供）